LA THÉORIE GÉNÉRALE
DU CONTRAT ADMINISTRATIF

Le droit aujourd'hui

La collection « Le droit aujourd'hui » regroupe des études juridiques concernant des problèmes d'actualité nationale et internationale, dans divers domaines (éthique, politique, questions de société…).

Déjà parus

Thomas LARDEUX, *La sécurité juridique et le contentieux international des investissements*, 2021.
Coffi Dieudonné ASSOUVI, *L'influence du droit international des changements climatiques sur le droit de l'environnement de l'Union européenne*, 2021.
Zohra Aziadé ZEMIRLI, *Le statut juridique des non-musulmans en Algérie. L'exemple des évangéliques et des ahmadis,* 2020.
Moustapha KAMARA, Jean Baptiste BERTRAND, avec la collaboration de Samba THIAM et Isabel FALCONER, *Le contentieux international du transfert des joueurs, Football et autres sports collectifs, Nouvelle édition revue et augmentée,* 2020.
Béatrice BLOHORN-BRENNEUR (dir.), *Médiation, cultures et religions*, 2020.
Marion BROSSET BRIAND, Antonin CRINON, Élodie DELACOURE et Émilie DELCHER (dir.), *Le nombre et le droit*, 2020.
Mickaël LE BORLOCH, *L'application du droit d'auteur aux hyperliens, Analyse de droit français et de droit américain*, 2019.
Romain FEYDEL, *La société de libre partenariat. Régime juridique et fiscal*, 2019.
Arafat ABI, *La protection des droits des migrants, Interactions entre la protection des droits de l'homme et la protection diplomatique et consulaire*, 2019.
Georges LABRECQUE, *Les cours d'eau internationaux. Étude jurisprudentielle*, 2019.
Fabien BOTTINI, *Droits fondamentaux et crise(s) des solidarités*, 2019.

Carine Vaysse

La théorie générale du contrat administratif

Analyse de la résilience d'une notion oscillant entre forces de conservation et besoin de renouvellement

Préface de Bertrand Dacosta

L'Harmattan

5-7, rue de l'École-Polytechnique ; 75005 Paris

http://www.editions-harmattan.fr/

ISBN : 978-2-343-25041-0
EAN : 9782343250410

SOMMAIRE

SOMMAIRE

PREMIÈRE PARTIE
L'INCERTITUDE DE LA THÉORIE GÉNÉRALE DU CONTRAT ADMINISTRATIF

SECONDE PARTIE
LA NÉCESSITÉ D'UNE THÉORIE GÉNÉRALE DU CONTRAT ADMINISTRATIF

LISTE DES PRINCIPALES ABREVIATIONS

AJDA	Actualité juridique de droit administratif
AJFP	Actualité juridique fonctions publiques
APD	Archives de la philosophie du droit
art.	article
bibl.	bibliothèque
BJCP	Bulletin juridique des contrats publics
bull.	Bulletin des arrêts de la Cour de cassation
CAA	Cour administrative d'appel
Cass.	Cour de cassation
Cass. civ.	Cour de cassation chambre civile
Cass. com.	Cour de cassation chambre commerciale
Cass. crim.	Cour de cassation chambre criminelle
CC	Conseil constitutionnel
CCC	Cahiers du Conseil constitutionnel
CE Ass.	Conseil d'Etat Assemblée
CE Sect.	Conseil d'Etat Section
CEDH	Cour européenne des droits de l'homme
CGCT	Code général des collectivités territoriales
chron.	chronique
CJA	Code de justice administrative
CJCE	Cour de justice des communautés européennes
CJEG	Cahiers juridiques de l'électricité et du gaz
CJUE	Cour de justice de l'Union européenne
CMP	Revue contrats et marchés publics
coll.	collection
concl.	conclusions
D.	Recueil Dalloz
DA	Droit administratif
déc.	décision
dir.	direction
éd.	édition
et s.	et suivants
EDCE	Etudes et documents du Conseil d'Etat
GAJA	Les grands arrêts de la jurisprudence administrative
ibid.	*ibidem* (à l'endroit indiqué dans la précédente citation)
infra	ci-après
JCP A	Semaine juridique, Administration et collectivités territoriales

JCP E	Semaine juridique, Entreprises et affaires
JCP G	Semaine juridique, édition générale
JO	Journal officiel de la République française
JOCE	Journal officiel des communautés européennes
JOUE	Journal officiel de l'Union européenne
LGDJ	Librairie générale de droit et de jurisprudence
LPA	Les Petites affiches
n°	numéro
obs.	observations
op. cit.	*opus citatus* (ouvrage ou article précité)
p.	page
préc.	précité
PUAM	Presses universitaires d'Aix Marseille
PUF	Presses universitaires de France
PUG	Presses universitaires de Grenoble
Rec.	Recueil des décisions
RDC	Revue des contrats
RDI	Revue droit immobilier
RDP	Revue de droit public et de la science politique
RFDA	Revue française de droit administratif
RFDC	Revue française de droit constitutionnel
RJEP	Revue juridique de l'économie publique
RTD Civ.	Revue trimestrielle de droit civil
RTD Com.	Revue trimestrielle de droit commercial
RTD E	Revue trimestrielle de droit européen
supra	au-dessus
t.	tome
TA	Tribunal administratif
TC	Tribunal des conflits
TFUE	Traité sur le fonctionnement de l'Union européenne
v.	voir
vol.	volume

PREFACE

Est-il encore pertinent, voire concevable, en 2022, de rechercher la formule d'une théorie générale des contrats administratifs, alors que tout semble concourir à l'éclatement de cette catégorie ?

Si la plupart des disciplines juridiques ont connu, au cours de la période récente, d'importantes mutations, le droit des contrats administratifs, à bien des égards, constitue l'un des domaines dans lesquels elles ont été les plus significatives. A vrai dire, celui qui aurait enseigné, étudié ou pratiqué la matière il y une vingtaine d'années, puis, après avoir cessé de s'y intéresser, se pencherait aujourd'hui de nouveau sur celle-ci, aurait assurément quelque difficulté à s'y réacclimater ; à tout le moins, un sérieux effort d'actualisation s'imposerait…

Cette transformation du droit des contrats administratifs n'a pas une cause unique. Elle est la résultante d'une sorte de feu d'artifice juridique, auquel ont contribué plusieurs pyrotechniciens !

L'ouvrage que Mme Carine Vaysse m'a fait l'honneur de me demander de préfacer l'expose avec une grande clarté, même si son ambition n'est évidemment pas d'en rester à ce constat.

Au niveau européen, la notion même de contrat administratif, telle que nous l'entendons en droit interne, n'a guère de pertinence. Mais les évolutions du droit communautaire n'ont pas été sans conséquence. Pendant longtemps, ce droit a présenté plusieurs particularités : il ne régissait qu'une catégorie de contrats – les marchés publics – les États membres ayant délibérément refusé de l'étendre aux concessions, il était purement écrit (ce qui n'était pas régi par les directives étant supposé relever de la seule compétence des États), et il ne concernait qu'une problématique, celle de la passation. On sait que tout ceci a volé en éclats à la suite de la jurisprudence *Telaustria* de la Cour de justice, issue de son arrêt du 7 décembre 2000, laquelle, au fil des années, est venue enserrer la passation des concessions et des marchés publics exclus du champ d'application des directives, ainsi que la vie de ces contrats, en s'intéressant en particulier à la question de leur modification. On sait aussi que le législateur européen est venu tirer les conséquences de ces évolutions par les directives de 2014, redonnant une place plus importante au droit écrit dans la définition des règles applicables. Mais le mouvement ne s'est pas arrêté là : il suffit de se référer à l'arrêt de la Cour de justice du 14 juillet 2016, *Promoimpresa*, qui est venu interpréter la directive « *services* » de 2006 comme impliquant, sous certaines conditions, une obligation de mise en concurrence pour les conventions d'occupation domaniale, qui en étaient jusqu'alors exclues, au moins en France.

Sur le plan national, le juge n'est pas demeuré en reste. Le Conseil constitutionnel, dès sa décision du 26 juin 2003 relative aux contrats de partenariat, a haussé au niveau constitutionnel les principes généraux du droit de la commande publique. Le juge administratif, pour sa part, a fait produire à ces principes toutes leurs conséquences, soit pour combler les vides juridiques de la réglementation écrite, soit pour confronter les règles textuelles à ces principes. Là encore, un certain mouvement de balancier est intervenu avec la codification récente, à l'occasion de l'élaboration du code de la commande publique, non seulement de ces principes, mais aussi d'autres règles générales normalement applicables à l'ensemble des contrats administratifs (cf. le livre préliminaire du code).

Cette « communautarisation/constitutionnalisation » ne concerne pas tous les contrats administratifs et s'étend d'ailleurs à des contrats passés par des personnes publiques, ou par des personnes privées placées sous leur contrôle, qui, dans le droit national, revêtent le caractère de contrats de droit privé. Il en découle, s'agissant des contrats administratifs, une ligne de partage entre, pour simplifier, ceux dont la passation est soumise à des règles de publicité et de concurrence, règles qui irriguent aussi, par voie de conséquence la vie de ces contrats (durée maximale, évolution dans le temps…), et les contrats qui n'y sont pas assujettis. Comme le rappelle Mme Vaysse dans son ouvrage, la soumission des premiers à ces règles de publicité et de mise en concurrence rétroagit sur l'application d'autres règles, qui ont pourtant été regardées de longue date comme consubstantielles à la notion même de contrat administratif : ainsi, si le pouvoir de modification unilatérale est consacré par la jurisprudence du Conseil d'État comme étant au nombre des « *règles générales applicables aux contrats administratifs* », l'usage de ce pouvoir est-il désormais, pour ces contrats, assez strictement encadré.

La soumission, ou non, aux règles de publicité et de mise en concurrence est également susceptible de remettre en cause l'unité du contentieux contractuel. Il suffit, à cet égard, de rappeler que le champ des référés précontractuel et contractuel est limité aux contrats de la commande publique (et s'étend aux contrats de droit privé de la commande publique). Il est vrai, toutefois, que les autres outils contentieux disponibles concernent tous les contrats administratifs, et seulement les contrats administratifs. Ainsi, si le recours en contestation de la validité du contrat était initialement limité, avec la jurisprudence *Tropic Travaux*, aux seuls contrats pour lesquels une mise en concurrence avait été organisée, la jurisprudence *Département de Tarn-et-Garonne* de 2014 a étendu cette voie de recours à tous les contrats administratifs (tout en en modifiant la physionomie), réserve faite des contrats de recrutement des agents contractuels, dont le régime contentieux a toujours été plus proche de celui des actes unilatéraux que des contrats.

La définition même de la notion de contrat administratif n'a pas été à l'abri de certaines évolutions. Ce sont des critères jurisprudentiels qui ont, longtemps, joué le rôle le plus important. Pour qu'un contrat soit administratif, deux critères devaient normalement se conjuguer : un critère organique et un critère matériel. Un contrat administratif supposait la présence d'une personne publique, ce qui excluait, en principe, que revête un tel caractère un contrat conclu entre deux personnes privées, réserve faite de la théorie du « mandat administratif » et de feue la jurisprudence *Entreprise Peyrot*, relative aux marchés de travaux conclus par les sociétés concessionnaires d'autoroutes.

Mais cette condition nécessaire n'était pas suffisante : encore fallait-il que le contrat comporte une clause exorbitante du droit commun ou ait pour objet la participation à l'exécution même d'un service public. Or, la part de ces critères jurisprudentiels dans le droit positif s'étiole, à mesure que le législateur intervient pour qualifier lui-même telle ou telle catégorie de contrats. Les contrats par détermination de la loi ont toujours existé, notamment dans le domaine des travaux publics (loi du 28 pluviôse an VIII, abrogée par inadvertance en 2006, mais dont le contenu a été ensuite repris par la jurisprudence) et de l'occupation du domaine public (décret-loi du 17 juin 1938, aujourd'hui codifié à l'article L. 2331-1 du code général de la propriété des personnes publiques). Mais, dans la période récente, le législateur a repris la main, en modifiant ainsi les frontières. Que l'on songe aux marchés d'assurance, contrats administratifs depuis l'intervention de la loi dite « MURCEF » (*loi portant mesures urgentes de réforme à caractère économique et financier*) du 11 décembre 2001, alors qu'en réalité leur régime juridique, fixé par le code des assurances, est, sur certains points, très malaisément compatible avec les règles applicables aux contrats administratifs (et en particulier avec la règle selon laquelle la personne publique dispose, seule, du pouvoir de résiliation unilatérale du contrat). La transformation de nombre d'établissements publics en sociétés anonymes peut aussi conduire à remettre en cause le critère organique, lorsque le législateur estime opportun de conserver aux contrats conclus par la personne morale la qualité de contrats administratifs, alors que cette personne morale est devenue de droit privé (voir, sur ce point, à titre d'illustration, la loi du 12 juillet 2010, qui confère un caractère administratif aux contrats conclus entre EDF et les producteurs autonomes d'électricité). A vrai dire, rien n'exclurait d'ailleurs que législateur décide de modifier encore plus largement les frontières dans un sens ou dans un autre, voire de supprimer purement et simplement la catégorie même des contrats administratifs, qui ne bénéficie pas, en l'état de la jurisprudence, d'une protection constitutionnelle, ni d'ailleurs d'une protection conventionnelle sur le fondement de l'article 6 de la CEDH : comme l'a jugé le Tribunal des conflits, « *la répartition des compétences entre les deux ordres de juridiction est, en principe, par elle-même, sans incidence sur le droit au procès équitable* » (TC, 30 décembre 2010, *Société Green Yellow et autres c/ EDF*).

Aucun de ces changements, aucun de ces glissements, n'a échappé à Mme Vaysse. Comme elle le relève, face à ce paysage tourmenté, la doctrine a plutôt eu tendance à renoncer à mener une analyse théorique fondée sur la catégorie générale des contrats administratifs. La fameuse thèse du professeur Georges Pequignot, *Contribution à la théorie générale du contrat administratif* – vieille désormais de trois-quarts de siècle, puisque publiée en 1945 – fait toujours figure de statue du commandeur. D'autres focales que celles du contrat administratif paraissent plus aisées à manipuler : soit plus étroites (théorie de l'imprévision, des sujétions imprévues…), soit décalées (avec notamment la notion de contrats publics).

La difficulté n'a toutefois pas découragé Mme Vaysse, qui s'est attachée à démontrer qu'établir une théorie générale du contrat administratif renouvelée était possible, souhaitable, et même nécessaire. Prenant appui sur une parfaite maîtrise de la jurisprudence et de la doctrine, classique comme contemporaine, elle prouve qu'il est possible de penser et d'unifier la matière en dépassant le constat de son apparente hétérogénéité, et en ne se bornant pas au simple énoncé des quelques règles qui manifestent les prérogatives unilatérales des personnes publiques.

Au-delà des conclusions auxquelles elle parvient – et qui méritent bien sûr d'être débattues – la lecture de son ouvrage apportera à toutes les personnes qu'intéresse cette discipline à la fois une mise en perspective de près de deux siècles d'histoire du droit et des pistes de réflexion particulièrement stimulantes. Je souhaite ces lecteurs nombreux.

Bertrand DACOSTA,
Président de la 10ème chambre de la Section du contentieux du Conseil d'État

Introduction

> « *Aux traits essentiels du droit privé se substituent des traits différents qui sculptent la physionomie propre du contrat administratif. Analyser ces traits, les décrire, les expliquer, les systématiser, c'est faire la théorie du contrat administratif* »[1], cet « *instrument contractuel abstrait, capable de s'adapter à toutes les situations "innommées" auxquelles l'Administration peut avoir à faire face* »[2], G. PEQUIGNOT.

Lorsque l'on parcourt la thèse de G. PEQUIGNOT portant Contribution à la Théorie générale du Contrat administratif, cette dernière nous apparaît sous le prisme de l'unité et de la cohérence. Un peu plus de trois quarts de siècle après la parution de cet ouvrage de référence en la matière des contrats administratifs et au lendemain de l'adoption d'un Code de la commande publique, c'est davantage l'indigence de la théorie générale du contrat administratif qui interpelle. Les ambiguïtés propres à la notion de contrat administratif ont d'ailleurs conduit d'aucuns à admettre la « *vérité que les contrats administratifs n'existaient pas en tant que catégorie, au moins ne constituaient plus une catégorie homogène* »[3], mais ce sont surtout des forces contraires oscillant entre conservation et contestation qui marquent aujourd'hui la théorie générale. Doute, condamnation-réitération, et résignation-sommation marquent le discours de la doctrine sur la théorie générale.

Si le doute est essentiel en ce qu'il rompt avec un dogmatisme menaçant[4], il bouleverse néanmoins les équilibres. En doctrine, Y. GAUDEMET demande ainsi si le droit des contrats administratifs se prête à la théorie[5], quand F. MELLERAY s'interroge sur l'utilité même d'une théorie générale face au perfectionnement de l'instrument contractuel[6], tandis que Ch. GUETTIER

---

1 PEQUIGNOT Georges, *Contribution à la Théorie générale du Contrat administratif,* Imprimerie du midi, Montpellier, 1945, p. 8.

2 PEQUIGNOT Georges, *Contribution à la Théorie générale du Contrat administratif, ibid.*, p. 7.

3 GAUDEMET Yves, préface à la thèse de HOEPFFNER Hélène, *La modification du contrat administratif,* Paris : LGDJ, 2009, p. V.

4 JUILLIARD Olivier, « doute », *Encyclopædia Universalis,* http://www.universalis.fr/encyclopedie/doute/

5 GAUDEMET Yves, « Pour une nouvelle théorie générale du droit des contrats administratifs : mesurer les difficultés d'une entreprise nécessaire », *RDP* 2010.2.313.

6 MELLERAY Fabrice, « Le droit administratif doit-il redevenir jurisprudentiel ? Remarques sur le déclin paradoxal de son caractère jurisprudentiel », *AJDA* 2005.637.

constate son « *émiettement* »[7] et que Ph. YOLKA assimile la théorie générale à un « *paradis perdu* », à une « *coquille vide* »[8]. J.-B. AUBY exprime également son inquiétude concernant une théorie générale « *exposée à de grandes mutations qu'elle a parfois du mal à maîtriser* » et dont les repères se trouvent ébranlés, bousculés et déstabilisés[9]. La doctrine s'interroge donc : elle s'interroge d'abord sur la pertinence aujourd'hui d'une construction théorique qui semble figée depuis le milieu du XXème siècle. Elle s'interroge ensuite sur la possibilité même de théoriser le contrat administratif. Elle s'interroge en outre sur l'utilité d'une théorie générale reléguée au second plan, derrière le droit positif spécial et notamment derrière le Code de la commande publique. Elle s'interroge enfin sur la résilience d'une telle construction et sa faculté d'adaptation, nécessaire à son maintien dans la pensée juridique. Ces questions, loin d'être simplement rhétoriques, se doublent d'une attitude paradoxale de condamnation-réitération.

Le phénomène de condamnation-réitération consiste en une rupture entre le signe et le sens[10] et appelle une science des significations, une sémiotique permettant de procéder à une réelle critique[11]. Or, il est possible de remarquer que la condamnation de la théorie générale du contrat administratif (sens) n'annihile pas sa qualité de référence (signe) et sous-tend la nécessité de revenir sur le sens de ce signe. A cet égard, G. ECKERT reconnaît que la doctrine du début du XXème siècle a dégagé une théorie générale des contrats administratifs, tandis qu'à partir des années 1980 l'unité du contrat administratif périclitait[12], affectant l'idée même de théorie générale. Il semble alors, pour Y. GAUDEMET, que « *toute démarche théorique apparaît comme condamnée à l'avance, faute d'une réelle unité de la matière concernée* »[13]. Les contradictions sont fortes. D'ailleurs, l'hypothèse d'une théorie générale du contrat commune au droit civil et au droit administratif serait, pour J. WALINE « *beaucoup de vertu mais peut être aussi, tout simplement, la meilleure*

---

[7] GUETTIER Christophe, *Droit des contrats administratifs,* 3ème éd., Thémis, Paris : PUF, 2011, p. 28.

[8] YOLKA Philippe et HOURSON Sébastien, *Droit des contrats administratifs*, Systèmes, 2ème éd. Paris : LGDJ, 2020, p. 23.

[9] AUBY Jean-Bernard, « La bataille de San Romano, réflexions sur les évolutions récentes du droit administratif », *AJDA* 2001.912.

[10] RICŒUR Paul, « SIGNE ET SENS », *Encyclopædia Universalis*, http://www.universalis.fr/encyclopedie/signe-et-sens; v. aussi ATIAS Christian, *Epistémologie juridique*, Précis, Paris : Dalloz, 2002, p. 84 et s.

[11] KRISTEVA Julia, « SÉMIOLOGIE », *Encyclopædia Universalis*, http://www.universalis.fr/encyclopedie/semiologie/

[12] ECKERT Gabriel, « Les pouvoirs de l'Administration dans l'exécution du contrat et la théorie générale des contrats administratifs », *CMP* n° 10, octobre 2010, étude 9.

[13] GAUDEMET Yves, « Pour une nouvelle théorie générale du droit des contrats administratifs : mesurer les difficultés d'une entreprise nécessaire », *op. cit.*, p. 313.

preuve de leur bien-fondé »[14]. Oscillant entre renvoi à la théorie générale et remise en cause, la contradiction semble inextricable et conduit finalement à un phénomène de résignation-sommation.

Combinant résignation et sommation, Ch. GUETTIER montre que les mutations du droit applicable aux contrats rendent « *évidemment délicate l'élaboration d'une véritable théorie générale du contrat administratif qui se démarquerait de celle rencontrée en droit privé* »[15]. Mais, pour L. RICHER et F. LICHERE, l'ensemble des ouvrages classiques reste une « *référence en la matière* » malgré les évolutions substantielles qu'a connues le contrat administratif[16].

En définitive, axiomatique, la théorie générale du contrat administratif semble dépassée, fragilisée et la nécessité de réhabiliter l'étude du contrat administratif au singulier pour construire une nouvelle théorie générale du contrat administratif est réelle[17]. L'absence d'analyse substantielle et globale portée sur cette expression dans un contexte de remise en cause invite à ériger la théorie générale du contrat administratif en objet de connaissance et à en faire l'analyse. Celle-ci suppose quelques développements liminaires afin de présenter l'objet de la recherche (Paragraphe 1), pour ensuite démontrer l'intérêt de l'étude (Paragraphe 2), expliquer la méthode (Paragraphe 3) et, enfin, indiquer la problématique et le plan retenus (Paragraphe 4).

Paragraphe 1. Présentation de l'objet de la recherche

La présente recherche se donne pour objet l'étude de la théorie générale du contrat administratif et, comme le rappelle Y. GAUDEMET, il faut « *s'entendre sur les termes.* […] *Et, pour l'appliquer à notre matière, le droit des contrats administratifs est-il* […] *soluble dans la théorie ?* »[18]. Il s'agit ici de tenter de définir – du latin *finis,* « action de fixer les limites » – de donner une première signification aux termes du sujet[19] en s'intéressant d'abord à la notion de contrat administratif (A) puis à l'expression « théorie générale » (B).

---

[14] WALINE Jean, « La théorie générale du contrat en droit civil et en droit administratif », *in Le contrat au début du XXIe siècle, Etudes offertes à Jacques GHESTIN*, Paris : LGDJ, 2001, p. 981.

[15] GUETTIER Christophe, *Droit des contrats administratifs, op. cit.*, p. 37, n° 30.

[16] RICHER Laurent et LICHERE François, *Droit des contrats administratifs,* 11ème éd. Paris : LGDJ, 2019.

[17] GAUDEMET Yves, « Pour une nouvelle théorie générale du droit des contrats administratifs : mesurer les difficultés d'une entreprise nécessaire », *op. cit.*, p. 313.

[18] GAUDEMET Yves, « Pour une théorie générale du droit des contrats administratifs : mesurer les difficultés d'une entreprise nécessaire », *ibid.,* p. 313.

[19] BLAY Michel (dir.), *Dictionnaire des concepts philosophiques*, In extenso, Paris : Larousse, p. 188.

A. La notion de contrat administratif

Afin de présenter l'objet de la recherche, une présentation de la notion de contrat administratif semble indiquée. L'étude de la théorie générale du contrat administratif est en effet largement dépendante de celle du contrat administratif. Mais, si le contrat administratif suscite en permanence la réflexion de la doctrine, il constitue le lieu de nombreuses incertitudes. Par exemple, la question de la qualification n'est pas simplement d'ordre académique, elle est consubstantielle de la notion de contrat administratif[20]. Cela atteste de l'intérêt de revenir à la définition de ce dernier, de revenir au « *sens du mot, de l'acception et signification d'un vocable* »[21], puisque la qualification constitue « *la conclusion de l'application d'une définition à un objet concret, en vue de le classer, de fixer la classe à laquelle il appartient* »[22].

D'emblée, comparée à son homologue en droit civil, la notion de contrat administratif a fait l'objet d'une apparition relativement tardive. Jusqu'à la fin du XIXème siècle, elle reste absente des ouvrages classiques de droit administratif, seuls les contrats administratifs spéciaux sont évoqués. Ce n'est qu'au cours du XXème siècle, période d'affermissement d'un droit administratif autonome, que la doctrine entreprend d'asseoir la notion de contrat administratif à partir d'une conception établie en relation avec le contrat en droit privé, pour s'en démarquer ensuite[23].

De la sorte, définir le contrat administratif impose de revenir à la notion de contrat[24] – du latin *contractus, contrahere* qui signifient rassembler, réunir, conclure – laquelle dérive du terme convention et vient du latin *conventio, convenire,* c'est-à-dire venir ensemble, être d'accord. Le contrat administratif, en tant que contrat, se compose de deux éléments : il y a d'abord la conclusion du contrat, c'est-à-dire, « *l'opération contractuelle, c'est un ensemble d'actes faits par les contractants ; ils échangent des idées sur ce qu'ils vont conclure, ils rédigent un écrit ; ils apposent leurs signatures* »[25]. Il y a ensuite le contrat lui-même, « *le produit juridique qui a été élaboré et mis en vigueur par l'ac-*

---

[20] RAYNAUD Fabien et FOMBEUR Pascale, « Notion de contrat administratif », *AJDA* 1999.554, les auteurs assimilent la « notion » de contrat administratif à sa qualification.

[21] EISENMANN Charles, « Quelques problèmes de méthodologie des définitions et des classifications en science juridique », *APD* 1966, p. 25.

[22] EISENMANN Charles, *Cours de droit administratif,* Tome 1, Paris : LGDJ, 1982, p. 514.

[23] Pour une analyse détaillée, voir *supra*.

[24] BRENET François, *Recherches sur l'évolution du contrat administratif,* Poitiers : Thèse, 2002, p. 16 et s. ; CONSEIL D'ETAT, *Le contrat, mode d'action publique et de production de normes*, EDCE, n° 59, Paris : La Documentation française, 2008, p. 92 : « *Pour définir le contrat, y compris en droit administratif, il est d'usage de partir du code civil qui,, le premier en a cerné les caractéristiques, pour mieux faire ressortir, par différence, les particularités ou les spécificités du contrat administratif* ».

[25] EISENMANN Charles, *Cours de droit administratif, op. cit.*, p. 183.

cord de volontés des contractants ; c'est un ensemble de dispositions, un ensemble de normes – les clauses contractuelles »[26]. Plus généralement, « *le contrat est un accord de volontés, qui sont exprimées en vue de produire des effets de droit et auxquels le droit objectif fait produire de tels effets* »[27]. Il constitue une procédure juridique spécifique de formation d'un accord et, fondamentalement, en la considération *a priori* d'effets juridiques qui se produiront *a posteriori*. En tant que contrat, le contrat administratif est donc « *une procédure virtuelle envisagée dès maintenant comme accomplie* » et constituant « *la tentative la plus hardie qui se puisse concevoir pour établir la domination de la volonté humaine sur les faits, en les intégrant d'avance dans un acte de prévision* »[28].

Toutefois, la pluralité de qualificatifs attachée à la notion de contrat est à souligner : on parle volontiers de contrat civil, de contrat de droit privé, de contrat public, de contrat d'adhésion, de contrat de consommation, de contrat de mariage, de contrat de travail, de contrat administratif… Dans ce dernier cas, comme le remarque J. ROCHFELD[29] et, plus avant, M. HAURIOU, « *l'administration a enchainé sa volonté par un contrat, c'est vrai, mais jusqu'à quel point ?* »[30]. Il est ainsi possible de se demander si ces expressions se coulent dans un même moule, plus précisément, si le contrat administratif est « *un véritable contrat c'est-à-dire,* […] *un accord de volontés productif d'obligations* »[31] et non une simple « *modalité particulière d'administration* »[32]. Certaines définitions attestent de la première solution : A. VAN LANG, G. GONDOUIN et V. INSERGUET-BRISSET définissent le contrat administratif comme « *un acte juridique reposant sur un accord de volontés entre parties contractantes* »[33], tandis que F. BRENET démontre que « *tout porte à croire que les jurisprudences administrative et civile retiennent, peu ou prou, la même définition du contrat : il est, dans ses grandes lignes, un*

---

[26] EISENMANN Charles, *Cours de droit administratif, ibid.*, p. 183.

[27] GHESTIN Jacques, « La notion de contrat », *Recueil Dalloz* 1990, p. 147 ; dans le même sens, voir CORNU Gérard (dir.), *Vocabulaire juridique*, Quadrige, 10ème éd., Paris : PUF, 2014, p. 259.

[28] HAURIOU Maurice, *Principes de droit public*, 2ème éd., Paris : Sirey, 1916, p. 201.

[29] ROCHFELD Judith, *Les grandes notions du droit privé*, Thémis Droit, 1re éd., Paris : PUF, 2011, p. 474 : « Le *contrat administratif oscille entre alignement sur le régime contractuel de droit privé (fondé sur les raisonnements du droit civil) et la considération de la spécificité des contrats administratifs d'être consentis par la puissance publique et de confiner à des actes règlementaires* ».

[30] HAURIOU Maurice, *La jurisprudence administrative de 1892 à 1928*, Tome 1, Paris : Sirey, 1929, p. 233.

[31] De LAUBADERE André, *Traité théorique et pratique des contrats administratifs*, Paris : LGDJ, 1956, p. 24.

[32] GAUDEMET Yves, « Le contrat administratif, un contrat hors-la-loi », *Cahiers du Conseil constitutionnel* n°17, mars 2005.

[33] VAN LANG Agathe, GONDOUIN Geneviève et INSERGUET-BRISSET Véronique, *Dictionnaire de droit administratif*, 6ème éd., Paris : Sirey, 2012, p. 110 ; voir aussi SCHAEGIS Chrystelle, *Dictionnaire de droit administratif*, Paris : Ellipses, 2008.

accord de volontés conclu en vue de produire des effets de droit »[34]. La notion de contrat administratif ne semble donc pas soulever de difficultés de définition : selon J.-L. AUBERT et F. COLLART DUTILLEUL, elle « *consacre une diversification du mécanisme contractuel qui,* [...] *n'en a pas moins pour résultat d'enrichir sensiblement le concept contractuel* »[35], de sorte que, pour R. DRAGO, « *les contrats administratifs ne seraient que des contrats spéciaux* »[36]. A l'inverse, si le contrat administratif figure à l'entrée « contrat » au sein du *Vocabulaire juridique* dirigé par G. CORNU, une signification spécifique lui est attribuée en référence à la « *qualification des contrats dont, en principe, l'une des parties est une personne publique et dont la connaissance appartient à la juridiction administrative soit en vertu d'une attribution légale de compétence, soit parce qu'ils portent sur l'exécution même d'un service public ou comportent une clause exorbitante du droit commun* »[37].

En réalité, identifier le contrat administratif n'est pas forcément aisé : d'une part, il faut préciser ce qu'il n'est pas à l'aide de quelques exemples soigneusement sélectionnés. D'abord, le contrat administratif, s'il est un contrat, ne se confond pas avec son homonyme de droit privé[38]. Comme l'indique Ch. EISENMANN, le droit des contrats de droit privé – dont ceux passés par les Administrations – n'est généralement pas traité dans les manuels de droit administratif[39], alors que les privatistes évincent majoritairement le contrat administratif des manuels portant sur les contrats. Il semble que « *leur aspect "institutionnel" rend ces transactions moins propres à une analyse contractuelle* »[40], si bien que J. GHESTIN estime qu'« *il n'appartient pas aux civilistes de s'en occuper* »[41].

Ensuite, le contrat administratif ne peut être assimilé aux « *contrats de droit commun de l'administration* »[42], dont la jurisprudence – dans le silence de la loi – a établi les critères de partition. Plus encore, dans le prolongement de cette distinction, le contrat administratif mérite d'être distingué du contrat public que L. MARCUS définit à partir d'un critère organique, en application duquel cette notion englobe les contrats passés par une personne publique ou

---

[34] BRENET François, *Recherches sur l'évolution du contrat administratif, op. cit.*, p. 22.

[35] AUBERT Jean-Luc et COLLART DUTILLEUL François, *Le contrat, Droit des obligations*, Connaissance du droit, 4ème éd., Paris : Dalloz, p. 18.

[36] DRAGO Roland, « La notion d'obligation : droit public et droit privé », *in L'obligation, APD*, 2000, p. 45.

[37] CORNU Gérard (dir.), *Vocabulaire juridique, op. cit.*, p. 259.

[38] PEQUIGNOT Georges, *Contribution à la Théorie générale du Contrat administratif, op. cit.*, p. 5.

[39] EISENMANN Charles, *Cours de droit administratif, op. cit.*, voir en ce sens p. 556.

[40] BRODERICK J. A., « La notion d'"institution" de Maurice Hauriou dans ses rapports avec le contrat en droit positif français », *in Sur les notions du contrat, APD* 1968, p. 150.

[41] GHESTIN Jacques, *Traité de droit civil, Les obligations, Le contrat : formation*, 2ème éd., Paris : LGDJ, 1988, p. 164.

[42] De LAUBADERE André, *Traité théorique et pratique des contrats administratifs, op. cit.*, p. 29.

une personne privée sous contrôle public, tandis que M. AMILHAT fonde ce concept sur l'expression de champ public[43]. De la sorte, tous les contrats publics ne sont pas des contrats administratifs, mais tous les contrats administratifs constituent des contrats publics. Cette dernière notion est distincte et surtout plus large que le contrat administratif : « *à l'intérieur du droit des contrats publics, la notion de contrat administratif continue d'entrainer l'application de règles contentieuses et de règles d'exécution et de formation qui diffèrent de celles applicables aux autres contrats publics* »[44].

D'autre part, identifier le contrat administratif suppose de caractériser ce qu'il est. Le qualificatif administratif suggère d'emblée une idée d'autonomie par rapport au droit privé : le particularisme du droit administratif s'exprime traditionnellement au regard de son origine essentiellement jurisprudentielle, mais également du but qui lui est généralement reconnu relatif à la satisfaction des intérêts de la collectivité et de son caractère impératif et unilatéral. Ces propriétés justifient la persistance de la distinction entre droit administratif et droit privé, malgré l'existence de rapprochements[45]. La spécificité administrative irrigue ainsi toutes les notions du droit administratif et ressort de l'analyse du contrat administratif dont l'identification obéit à des règles propres, dites originales[46]. Il est alors généralement admis, suivant « *cette présentation aux vertus pédagogiques indéniables* »[47], que la singularité de la notion de contrat administratif se manifeste à l'aune du régime juridique[48], autrement dit, en considération de la « *densité de la règlementation administrative* »[49] dont il fait l'objet. Surtout, lorsque le législateur est resté silencieux quant à la nature du contrat (contrat nommé ou spécial), son administrativité se déduit de la jurisprudence qui a élaboré un corps de principes de nature organique et matériel permettant sa qualification[50]. Leur mise en œuvre traduit une idée géné-

---

43 AMILHAT Mathias, *L'influence du droit de l'Union européenne sur la notion de contrat administratif*, Thèse Dactyl. Toulouse, 2013, p. 125 et s.

44 AMILHAT Mathias, *L'influence du droit de l'Union européenne sur la notion de contrat administratif*, *ibid.*, p. 456.

45 TERRE François, *Introduction générale au droit*, Précis, 9ème éd., Paris : Dalloz, 2012, p. 95.

46 EISENMANN Charles, *Cours de droit administratif*, *op. cit.* p. 501 : « *Si l'on qualifie certains d'entre eux de "contrats administratifs", c'est en pensant à leur régime, au droit qui s'applique à eux, le droit spécifiquement administratif, le droit administratif "autonome" ou "original", par rapport au droit privé. C'est un tout autre point de vue que celui qui détermine les actes qui rentrent dans le champ d'étude de la discipline "droit administratif"* ».

47 BRENET François, *Recherches sur l'évolution du contrat administratif*, *op. cit.*, p. 627.

48 En ce sens, VAN LANG Agathe, GONDOUIN Geneviève et INSERGUET-BRISSET Véronique, *Dictionnaire de droit administratif*, 6ème éd., Paris : Sirey, 2012, p. 110 ; SYMCHOWICZ Nil, « Pour un Code de la commande publique », *CMP* n° 4, avril 2007, étude 4.

49 EISENMANN Charles, *Cours de droit administratif*, *op. cit.*, p. 557.

50 Voir AUTIN Jean-Louis et RIBOT Catherine, *Droit administratif général*, 5ème éd. Paris : Litec, 2007, p. 255 et s ; VAN LANG Agathe, GONDOUIN Geneviève et INSERGUET-BRISSET Véronique, *Dictionnaire de droit administratif*, *op. cit.*, p. 111 ; SCHAEGIS Chrystelle, *Dictionnaire de droit administratif*, *op. cit.*, p. 76.

rale de présence-prépondérance d'une personne publique contractante – directement ou indirectement – ainsi que des considérations d'intérêt général, insérées au sein d'une relation d'exorbitance et d'inégalité. Attestant de cette conception, le Tribunal des conflits a estimé en 2014 que n'était pas un contrat administratif le contrat qui « *ne comporte aucune clause qui, notamment par les prérogatives reconnues à la personne publique contractante dans l'exécution du contrat, implique, dans l'intérêt général, qu'il relève du régime exorbitant des contrats administratifs* »[51]. Contrairement à la conception classique du contrat de droit privé, en droit administratif, l'administration cocontractante bénéficie de prérogatives « exorbitantes »[52] (direction, contrôle, sanction, modification, résiliation), le cocontractant a droit à l'équilibre financier du contrat, les règles d'exécution mettent en évidence un souci réel de prise en compte de faits extérieurs et de faits nouveaux (force majeure, fait du prince, imprévision) et un contentieux spécifique[53] lui est attribué[54].

Cette autonomie du contrat administratif est en fait consubstantielle à la relation que cet acte entretient avec l'action publique[55], l'action de l'administration[56]. Partant, C. YANNAKOPOULOS démontre un paradoxe tenant en l'« *aspect objectif, voire réglementaire* » du contrat administratif qui, « *sans perdre sa nature contractuelle,* [...] *engendre une norme juridique comparable à celle engendrée par les actes administratifs unilatéraux. Il peut alors être considéré à la fois comme un acte administratif décisoire et un élément du bloc de légalité encadrant l'action administrative* »[57].

C'est ainsi que le contrat administratif ne saurait être confondu avec les autres actes contractuels[58]. Cette notion révèle « *un système global, animé*

---

[51] DESPORTES Frédéric, « Critères du contrat administratif : de la clause exorbitante de droit commun à la clause impliquant un régime exorbitant, Conclusions sur Tribunal des conflits, 13 octobre 2014, *Société Axa France IARD*, n° 3963 », *RFDA* 2014.1068.

[52] ECKERT Gabriel, « Les pouvoirs de l'Administration dans l'exécution du contrat et la théorie générale des contrats administratifs », *op. cit.*, étude 9.

[53] En ce sens, voir BRENET François, « Libres propos sur la "judiciarisation" du contrat administratif : un nouveau juge pour un nouveau contrat administratif ? », *in Mélanges en l'honneur du Professeur Laurent Richer, A propos des contrats des personnes publiques,* Paris : LGDJ Lextenso, 2013, p. 529.

[54] VAN LANG Agathe, GONDOUIN Geneviève et INSERGUET-BRISSET Véronique, *Dictionnaire de droit administratif*, 6ème éd., *op. cit.*, p. 112 ; SCHAEGIS Chrystelle, *Dictionnaire de droit administratif*, *op. cit.*, p. 78.

[55] CONSEIL D'ETAT, *Le contrat, mode d'action publique et de production de normes*, *EDCE* n° 59, Paris : La Documentation française, 2008, p. 10.

[56] EISENMANN Charles, *Cours de droit administratif*, *op. cit.*, p. 11-13 ; CONSEIL D'ETAT, *Le contrat, mode d'action publique et de production de normes*, *ibid.*, p. 95.

[57] YANNAKOPOULOS Constantin, « L'apport de la protection de la libre concurrence à la théorie du contrat administratif », *RDP* 1er mars 2008, n°2, p. 421 ; v. également SINKONDO Marcel H., « La notion de contrat administratif : acte unilatéral à contenu contractuel ou contrat civil de l'Administration ? », *RTD Civ.* 1993.239.

[58] PEQUIGNOT Georges, *Contribution à la Théorie générale du Contrat administratif*, *op. cit.*, p. 5.

d'une vie particulière »[59], lequel implique que les lieux communs contractuels soient inévitablement conciliés et tempérés eu égard aux intérêts supérieurs que poursuit et/ou subit l'administration cocontractante[60]. Malgré tout, si les notions de contrat et de contrat administratif sont au cœur de l'étude[61], l'objet de la recherche est bien la théorie générale du contrat administratif.

B. L'expression « théorie générale »

La définition de l'objet de la recherche est dépendante de celle de la « théorie générale », sachant que derrière l'expression apparemment fédératrice « théorie générale du contrat administratif », les auteurs n'entendent pas toujours la même chose. A ce stade, il ne saurait encore être question de définir la théorie générale du contrat administratif. C. ATIAS nous met en garde : « *l'erreur est répandue* [...]. *Elle consiste à se convaincre que la connaissance commence par une définition ; la délimitation de son objet relèverait d'une sorte de postulat innocent. Le rêve de savoir de quoi l'on parle avant de l'avoir analysé, observé, recherché* »[62]. Cependant, quelques explications paraissent s'imposer dès à présent.

Un souci de précision quant à l'objet de la recherche conduit à tenter de mieux identifier, à titre liminaire, le terme « théorie » qui découle du terme grec *theoria,* « représentation », « fait de voir », contemplation ». Il se définit dans le vocabulaire courant comme un « *ensemble relativement organisé d'idées, de concepts se rapportant à un domaine déterminé* »[63], c'est-à-dire un « *ensemble de concepts, des lois, des théorèmes d'un système scientifique* », l'« *ensemble des idées, des intuitions concernant un domaine particulier* »[64].

La définition de la théorie appelle surtout à considérer le rôle de la doctrine car la démarche théorique est indissociable du travail qu'elle réalise[65] par l'abstraction et la généralisation, lesquelles en composent les bases[66]. La fonction doctrinale est ainsi clairement liée au processus de théorisation. Une approche organique permet de considérer la doctrine « *de manière très générale,*

---

[59] De LAUBADERE André, MODERNE Franck, DELVOLVE Pierre, *Traité des contrats administratifs*, Tome 1, 2ème éd. Paris : LGDJ, 1983, p. 699.

[60] SAUNIER Sébastien, « L'autonomie de la volonté en droit administratif français : une mise au point », *RFDA* 2007.609.

[61] PEQUIGNOT Georges, *Contribution à la Théorie générale du Contrat administratif, op. cit.*, p. 1 ; LLORENS François, « Typologie des contrats de la commande publique », *CMP* n° 5, mai 2005, étude 7.

[62] ATIAS Christian, *Epistémologie juridique*, *op. cit.*, n° 30.

[63] Dictionnaire *Larousse.*

[64] *Encyclopaedia Universalis.*

[65] GAUDEMET Yves, « Pour une nouvelle théorie générale du droit des contrats administratifs : mesurer les difficultés d'une entreprise nécessaire », *op. cit.*, p. 313.

[66] GENY François, *Science et technique en droit privé positif, Nouvelle contribution à la critique de la méthode juridique,* Paris : Sirey, 1922, p. 130.

comme l'opinion des principaux auteurs »[67] ou comme l'ensemble des juristes. Une définition matérielle conduit à caractériser la doctrine comme un discours relatif au droit et susceptible d'influencer le droit. F. TERRE explique que sans la doctrine, le droit « *ne serait qu'un amas de règles et de décisions qui constituerait souvent un fouillis inextricable* ». Si la doctrine n'a pas force de loi, elle constitue une « *autorité* » qui présente des systèmes et théories et, en faisant « *prendre aux autres composantes du droit conscience de leur propre existence* », elle peut guider la jurisprudence ou influencer le législateur. L'activité doctrinale est une activité de connaissance, d'explication, d'ordonnancement, de mise en cohérence, d'harmonisation, de synthétisation et d'interprétation du droit[68]. Une telle fonction autorise à admettre l'existence « *d'une communauté scientifique, d'une communauté de savants* »[69], au sujet de laquelle la controverse conjuguée à la divergence des lectures doctrinales exprime tant la richesse de sa pluralité que l'impossible quête d'une vérité unique[70]. D'aucuns ont distingué la « *doctrine des systèmes* », dont l'activité se rapporte à l'analyse théorique, de la « *doctrine du juge* » relativement positiviste et que « *la théorie* […] *rebute, dans laquelle elle redoute par-dessus tout de perdre le contact avec les réalités* ». Cependant, le choix est fait ici de prendre en compte ces deux doctrines « *utiles et complémentaires* »[71].

A l'évidence, les expressions de contrat administratif et de théorie générale invitent à la réflexion et notamment à prendre conscience de ce que les notions « théorie générale du contrat administratif », « contrat administratif » et « droit du contrat administratif » ne sont pas équivalentes.

Paragraphe 2. Intérêt de l'étude

L'intérêt de la doctrine à l'égard de la théorie générale du contrat administratif, se manifestant paradoxalement par un réel attachement combiné à une vive contestation, justifie l'entreprise d'une recherche. Si le perfectionnement du droit du contrat administratif et la multiplication des contrats administratifs nommés attestent de la place fondamentale qu'occupe aujourd'hui cet acte au sein de l'action administrative[72], c'est l'absence de renouvellement de la théorie générale du contrat administratif, en tant que conception doctrinale globale,

---

[67] AUTIN Jean-Louis et RIBOT Catherine, *Droit administratif général, op. cit.*, p. 17.

[68] TERRE François, *Introduction générale au droit,* Précis, *op. cit.,* p. 161 et s. ; GHESTIN Jacques, « Les données positives du droit », *RTD Civ.* 2002.11.

[69] TERRE François, *Introduction générale au droit, ibid.*, p. 161 et s.

[70] GHESTIN Jacques, « Les données positives du droit », *op. cit.*

[71] GAUDEMET Yves, *Les méthodes du juge administratif,* Paris : LGDJ, 1972, p. 147 et s.

[72] CONSEIL D'ETAT, *Le contrat, mode d'action publique et de production de normes, op. cit.*, p. 7 : le contrat « *est devenu un outil indispensable aux collectivités publiques pour mettre en œuvre de très nombreuses politiques ou conduire leurs actions, spécialement celles qui sont définies et menées en concertation ou en partenariat* ».

qui motive la rédaction de cet ouvrage. D'ailleurs, toute théorie « *possède une part de vérité et recèle une part d'erreur* », mais surtout comporte un caractère provisoire et perfectible[73]. D. JULIA souligne à ce sujet que « *la vérité scientifique n'est jamais définitive ; les théories ont une histoire,* [...] *elles intègrent à chaque époque des découvertes nouvelles, des faits insoupçonnables qui peuvent modifier leur centre de gravité et ouvrir des domaines nouveaux à l'imagination et à la réflexion humaine* »[74]. Plus généralement, suivant l'analyse de J. DU BOIS DE GAUDUSSON, la théorie générale du contrat administratif ne saurait être fixée et figée une fois pour toutes « *tant les notions en droit sont les plus difficiles à cerner, à construire, comme le sont les relations complexes qu'elles entretiennent les unes avec les autres, mais aussi avec la réalité ; certaines sont usées par le temps et l'obsolescence ; d'autres (toutes ?), encore, voient leur définition et leur sort liés à ceux qui les utilisent et... les manipulent. On en vient même à se demander si éclatées qu'elles le sont, souvent vidées de leur substance, en perpétuelle crise pour nombre d'entre elles, souvent réduites à leur utilité purement fonctionnelle, elles existent encore en tant que telles* »[75]. De telles considérations déterminent forcément l'adoption d'un registre hypothétique que G. PEQUIGNOT avait déjà expliqué en 1945. Lorsqu'il propose de « *classer et d'étiqueter ces matériaux* », l'auteur concède que « *la construction définitive sera faite, un jour, si d'autres juristes persévèrent dans cette voie* »[76]. Et, comme l'explique plus récemment Ph. JESTAZ, il ne faut pas être dupe des théories générales[77] dont l'obsolescence reste une menace constante.

A ce titre, l'évolution du droit applicable au contrat administratif confirme la nécessité de repenser la théorie générale du contrat administratif établie sur la base et à l'aune du régime juridique du contrat des années 1945[78]. Du point de vue interne, un bouleversement procède notamment de l'inflation législative. Il n'est donc plus aussi évident que « *le droit des contrats administratifs*

---

[73] VIRALLY Michel, *La pensée juridique*, Les introuvables, Paris : Panthéon Assas, 2010.

[74] JULIA Didier, *Dictionnaire de la philosophie*, 2ème éd., Paris : Larousse, 2011, p. 281.

[75] DU BOIS DE GAUDUSSON Jean, « Avants propos », *in* TUSSEAU Guillaume (dir.), *Les notions juridiques*, coll. Etudes juridiques, Paris : Economica, 2009, p. IX.

[76] PEQUIGNOT Georges, *Contribution à la Théorie générale du Contrat administratif*, *op. cit.*, p. 8.

[77] JESTAZ Philippe, « Doctrine et jurisprudence : cent ans après », *RTD Civ.* 2002.1.

[78] En ce sens, AUBY Jean-Bernard, « La bataille de San Romano, réflexions sur les évolutions récentes du droit administratif », *op. cit.*, n° 912 ; DIDRICHE Olivier, « Les évolutions récentes des contrats administratifs », *AJCT* 2016.132.

est avant tout jurisprudentiel »[79] et que la théorie puisse se fonder essentiellement sur « *une étude scientifique de la jurisprudence* »[80]. Par exemple, si le procédé de qualification légale est ancien, comme le confirme la loi du 28 pluviôse an VIII concernant les marchés de travaux publics, son accroissement a conduit la doctrine à regretter le fait que « *la notion de contrat administratif a perdu en densité ce qu'elle a gagné en quantité* »[81], ce qui compromet la possibilité d'ériger une théorie générale du contrat administratif[82]. Un tel perfectionnement de la réglementation du contrat administratif se traduit par la prolifération des contrats administratifs nommés, qui, au surplus, se voient soumis à un droit spécial[83]. F. BRENET remarque alors que « *le droit des contrats administratifs spéciaux présente le double avantage d'être plus pratique et plus moderne que la théorie générale* », laquelle « *n'a plus qu'une influence lointaine* »[84]. L'unité laisse donc place à un phénomène de spécialisation, de fragmentation et de diversification du droit du contrat administratif qui se répercute sur la question de la pertinence même d'une conceptualisation[85]. Plus encore, les emprunts et influences entre droit administratif et droit privé du contrat déstabilisent les frontières juridiques. L'homogénéité ainsi que l'autonomie du droit du contrat administratif se voient affectées, ce qui conforte inévitablement les interrogations sur la consistance de la théorie générale du contrat administratif.

Du point de vue externe, l'influence du droit de l'Union européenne, dont l'enjeu principal est la protection du libéralisme et de la concurrence[86], atteint la notion même de contrat administratif et affecte indubitablement la théorisation dont il a initialement fait l'objet[87]. Le droit de l'Union met en exergue

---

[79] De LAUBADERE André, *Traité théorique et pratique des contrats administratifs, op. cit.*, p. 19 ; pour la critique voir LLORENS François, « Le droit des contrats administratifs est-il un droit essentiellement jurisprudentiel ? », *in Mélanges offerts à Max CLUZEAU*, Toulouse : Presses IEP Toulouse, 1985, p. 377.

[80] PEQUIGNOT Georges, *Contribution à la Théorie générale du Contrat administratif, op. cit.* p. 9.

[81] SYMCHOWICZ Nil, « Pour un Code de la commande publique », *op. cit.*, étude 4.

[82] GAUDEMET Yves, « Pour une nouvelle théorie générale du droit des contrats administratifs : mesurer les difficultés d'une entreprise nécessaire », *op. cit.*, p. 313.

[83] En ce sens, BRENET François, « La théorie du contrat administratif, Evolutions récentes », *AJDA* 2003.919.

[84] BRENET François, *Recherches sur l'évolution du contrat administratif, op. cit.*, p. 616.

[85] LLORENS François, « Typologie des contrats de la commande publique », *op. cit.*, étude 7 ; CLAMOUR Guylain, « Loi MURCEF : les enjeux de "l'administrativisation" des marchés publics », *JCP G* n° 13, mars 2012, I 123 ; TRUCHET Didier, « La reconstruction de l'office du juge du contrat administratif : comment et jusqu'où ? », *in Mélanges en l'honneur du Professeur Laurent Richer, A propos des contrats des personnes publiques*, Paris : LGDJ Lextenso, 2013, p. 715 ; MELLERAY Fabrice, « Du pouvoir de résiliation unilatérale d'un contrat administratif par le cocontractant de l'administration », *AJDA* 2015.396.

[86] YANNAKOPOULOS Constantin, « L'apport de la protection de la libre concurrence à la théorie du contrat administratif » *op. cit.*, p. 421.

[87] En ce sens, voir AMILHAT Mathias, *L'influence du droit de l'Union européenne sur la notion de contrat administratif, op. cit.*, p. 555 et s., l'auteur souligne « *l'avenir incertain de la*

une prise en compte partielle et spéciale des contrats administratifs, laquelle s'exprime par des catégories et notions contractuelles qui se superposent et/ou se combinent plus ou moins exactement avec les notions du droit national[88]. Plus généralement, il ressort de l'analyse de J.-B. AUBY que « *les différents vecteurs d'internationalisation des contrats publics ont* [...] *pour effet de provoquer une hybridation du droit des contrats* ». Ceux-ci affectent la cohérence du régime juridique autant que la conceptualisation des contrats administratifs puisque « *l'internationalisation vient introduire des germes juridiques différents, parfois très perturbateurs* »[89].

En outre, il faut remarquer que la norme contractuelle administrative se transforme. Du point de vue de sa formation, un mouvement de contractualisation bouleverse les cadres traditionnels : les relations contractuelles administratives se multiplient dans des domaines de plus en plus variés entre les divers acteurs publics[90] et privés[91]. Une difficulté résultant du développement de ces relations partenariales, collaboratives et consensuelles[92] tient au fait qu'« *il ne suffit pas que l'action publique soit contractualisée pour voir surgir de véritables contrats administratifs !* »[93]. Si ce mouvement vers le « tout contrat » expose un mode d'administration moins unilatéral[94], il a surtout le mérite de mettre clairement en évidence le besoin actuel de délimitation de la

théorie générale des contrats administratifs » ; TERNEYRE Philippe, « L'influence du droit communautaire sur le droit des contrats administratifs », *AJDA* 1996.84.

88 KALFLECHE Grégory, « Homonymie et intégration communautaire », *in* TUSSEAU Guillaume (dir.), *Les notions juridiques*, collection Etudes juridiques, Paris : Economica, 2009, p. 139 ; NOGUELLOU Rozen, « Les catégories du droit des contrats administratifs, *in* AUBY Jean-Bernard (dir.), *L'influence du droit européen sur les catégories du droit public*, Thèmes et commentaires, Paris : Dalloz, 2010, p. 679 ; AMILHAT Mathias, *L'influence du droit de l'Union européenne sur la notion de contrat administratif, op. cit.*, p. 63 et s.

89 AUBY Jean-Bernard, « L'internationalisation du droit des contrats publics », *DA* n° 8, août 2003, chron. 14 ; voir également WAKED JABER Rita, « La notion de contrat administratif international (Les potentialités d'une théorie d'avenir) », *LPA* 14 décembre 2012, n° 250, p. 6.

90 A ce sujet, voir DREYFUS Jean-David, « Contrats administratifs entre personnes publiques et théorie générale des contrats administratifs », *AJDA* 2013.846, l'auteur montre que « *la "présence au carré" de personnes publiques dans la relation contractuelle, si elle oblige à amender certaines règles applicables aux contrats administratifs, n'entraîne pas un complet bouleversement* ».

91 Voir en ce sens, BOULOUIS Nicolas, « Contrats administratifs entre personnes privées : *quid novi sub sole* ? », *in Mélanges en l'honneur du Professeur Laurent Richer, A propos des contrats des personnes publiques*, Paris : LGDJ Lextenso, 2013, p. 27.

92 DENOIX DE SAINT MARC Renaud, « La question de l'administration contractuelle », *AJDA* 2003.970 ; CONSEIL D'ETAT, *Le contrat, mode d'action publique et de production de normes, op. cit.*

93 AUTIN Jean-Louis et RIBOT Catherine, *Droit administratif général, op. cit.*, p. 250.

94 MORAND-DEVILLER Jacqueline, *Droit administratif*, 12ème éd., Paris : Montchrestien, 2011, p. 384.

théorie générale du contrat administratif pour n'inclure que les « *vrais contrats* »[95]. Le Conseil d'Etat rappelle ainsi la distinction proposée par L. DUGUIT et appelle « *à réserver le terme contrat aux actes multilatéraux qui répondent aux critères du contrat administratif et à réserver celui de convention à tous les autres* »[96], tandis que S. HOURSON invite à consacrer la catégorie des conventions d'administration[97]. Enfin, du point de vue de l'exécution, l'encadrement contractuel des composantes d'une théorie d'origine extracontractuelle interroge également sur la pertinence de la théorie générale[98].

En somme, si le registre théorique participe « *à la définition d'une vraisemblance juridique plutôt qu'à celle de la vérité, introuvable* »[99], il impose surtout le dialogue, la remise en cause, le questionnement : il incombe à la doctrine de combattre la rigidité des théories générales, c'est-à-dire de susciter de nouvelles réflexions, de ne pas se satisfaire des suggestions établies qu'elles induisent afin de faire évoluer ces conceptions.

Paragraphe 3. Méthode retenue

Consacrer une étude à la théorie générale du contrat administratif suppose de préciser les choix méthodologiques effectués. Identifier une méthode de recherche implique d'abord de délimiter le champ d'étude (A) pour présenter ensuite les méthodes propres au raisonnement mis en œuvre (B).

A. La délimitation du champ de l'étude

Une recherche sur la théorie générale du contrat administratif conduit à envisager l'analyse sous l'angle de la doctrine et du droit administratif français. Bien que le contrat administratif ne soit pas une notion exclusivement française, les divergences conceptuelles et juridiques entre Etats sont telles

---

[95] DELVOLVE Pierre, « Contrats publics et sécurité juridique », *in* CONSEIL D'ETAT, *Le contrat, mode d'action publique et de production de normes, op. cit.*, p. 340.

[96] CONSEIL D'ETAT, *Le contrat, mode d'action publique et de production de normes, ibid.*, p. 252.

[97] HOURSON Sébastien, *Les conventions d'administration*, Paris : LGDJ, 2014, p. 37 : « *d'apparence contractuelle, les conventions d'administration n'en produisent pas tous les effets en raison de l'absence de stipulation obligatoire. Seuls les contrats en contiennent et constituent, par conséquent, le noyau normatif des conventions d'administration. Débarrassée de ces fictions, la notion de contrat apparaîtra alors avec plus de netteté* ».

[98] ECKERT Gabriel, « Les pouvoirs de l'Administration dans l'exécution du contrat et la théorie générale des contrats administratifs », *op. cit.*, étude 9 ; HOEPFFNER Hélène, *La modification du contrat administratif*, Paris : LGDJ, 2009.

[99] PIMONT Sébastien, « Peut-on réduire le doit en théories générales ? Exemples en droit du contrat », *RTD. Civ.* 2009.417.

qu'il apparaît impossible de penser une théorie générale du contrat administratif qui dépasse les frontières[100]. Pour autant, l'évolution juridique du droit du contrat administratif français impose de considérer l'influence du droit supra-étatique sur l'étude théorique du contrat administratif[101].

Par ailleurs, en droit interne, il s'avère indispensable d'intégrer des considérations de droit privé[102], ne serait-ce que parce que cette branche du droit connaît également la notion de théorie générale du contrat[103], quoiqu'elle ne soit en rien substituable à son homologue de droit administratif. Pourtant, elle constitue une ressource intéressante, qui permet de multiplier les points de vue ainsi que de procéder à une comparaison interne en portant un regard du côté du droit privé des contrats[104]. Ces éléments seront autant de matériaux nécessaires à l'étude de la théorie générale du contrat administratif en droit administratif français.

B. Les méthodes de raisonnement

Identifier une méthode de raisonnement conduit à intégrer la recherche au sein d'une démarche scientifique qui donne « *une direction ferme et nette, qui guide les efforts et garantit leur efficacité* »[105]. Suivant la volonté d'atteindre « *une connaissance présentant un degré d'objectivité* »[106], la multiplication des points de vue[107] est incontournable.

D'abord, il convient donc de partir de l'observation ou, autrement dit, de faire débuter l'analyse des opinions les plus couramment énoncées concernant la théorie générale du contrat administratif. Une vision critique de ces éléments permet de faire progresser la recherche et de s'interroger au-delà de sa

---

100 DELVOLVE Pierre, « Le contentieux des contrats publics en Europe, Présentation », *RFDA* 2011.1.

101 AUBY Jean-Bernard, « L'internationalisation du droit des contrats publics », *op. cit.*, chron. 14 ; AMILHAT Mathias, *L'influence du droit de l'Union européenne sur la notion de contrat administratif, op. cit.* ; voir aussi PENTECOSTE Jérôme et VILLATEAU Éric, « La refonte du PPP français à la lumière du PFI 2 britannique », *in* REGOURD Serge et RAPP Lucien (dir.), *Du contrat de partenariat au marché de partenariat*, Bruxelles : Bruylant, 2016, p. 291.

102 HAURIOU André, « L'utilisation en droit administratif des règles et principes du droit privé », *in Recueil d'études sur les sources du droit en l'honneur de François Geny*, Tome III, Paris : Sirey, 1934, p. 99, l'auteur évoque la « *transposition en droit administratif, des règles et principes du droit privé* » des contrats ; v. aussi WALINE Jean, *Recherches sur l'application du droit privé par le juge administratif*, Paris, 1962 ; PLESSIX Benoît, *L'utilisation du droit civil dans l'élaboration du droit administratif*, Paris : Panthéon Assas, 2003.

103 SAVAUX Éric, *La théorie générale du contrat, mythe ou réalité ?*, Paris : LGDJ, 1997.

104 Voir en ce sens : BOULOUIS Nicolas, « Regards d'un rapporteur public du côté du droit privé des contrats », *AJDA* 2009, p. 921 ; GALLET Jean-Louis, « Juge judiciaire et droit administratif », *AJDA* 2013.391.

105 GENY François, *Science et technique en droit privé positif, Nouvelle contribution à la critique de la méthode juridique, op. cit.*, p. 165.

106 VIRALLY Michel, *La pensée juridique, op. cit.*, p. X.

107 ATIAS Christian, *Epistémologie juridique, op. cit.*, p. 69.

très grande familiarité. De ce point de vue, la méthode employée se veut « *explicative* » de la théorie générale du contrat administratif. Ce terme, défini par U. SCARPELLI, ne consiste ni à résumer les conceptions du passé, ni à convenir d'une définition « *stipulative* » de la théorie générale du contrat administratif, mais à rechercher « *une plus grande précision* », « *une meilleure définition* » et à « *clarifier la discipline concernée* ». Le procédé permet de « *réinterpréter, de reformuler, de placer, développer de façon plus cohérente, dans des systèmes plus larges, dans des perspectives plus ouvertes, avec des idées plus nouvelles, dans de nouveaux rapports avec d'autres idées, les idées que le passé nous a transmises* »[108]. Il est ainsi possible de s'inspirer de la méthode suivie par les « *faiseurs de systèmes* » qui, « *remontant du concret à l'abstrait, passant du multiple à l'un,* [vont] *s'efforcer de ramener la pluralité des solutions données* [...] *à quelques formules qui en dégagent les aspects fondamentaux* »[109].

Ensuite, il est important de prendre conscience de ce que « *pour nombre de notions, l'histoire est tout simplement constitutive, elle est la trame sans quoi leur unité est impensable* »[110]. Ici réside l'intérêt de tirer les enseignements appropriés d'un processus de sédimentation[111] composant un « *patrimoine contractuel historique français d'une impressionnante richesse* »[112]. Dès lors, la méthode historique sera sollicitée, considérant la forte résonance historique du thème étudié, mais également eu égard au rôle généralement attribué dans sa formation aussi bien à la doctrine qu'à la jurisprudence et ce, dès la fin du XIXème siècle. Une telle approche permet de souligner les ambigüités entourant l'apparition et la place actuelle conférée à la théorie générale du contrat administratif : absente du discours juridique entre les années 1820 et 1930, cette formulation s'impose peu à peu au sein du discours doctrinal administrativiste des années 1930 aux années 1980. A l'inverse, depuis les années 1980, la conception dominante se trouve affectée par une crise multidimensionnelle. L'intérêt de la méthode historique est double : d'abord, elle permet de relativiser la remise en cause de la théorie générale du contrat administratif, en ce qu'elle s'insère en réalité dans un mouvement permanent de balancier du général au spécial et du spécial au général[113]. Ensuite, le recours à une étude historique permet de revenir à l'origine même de la notion de théorie générale du contrat administratif, l'apparition de l'expression, sa si-

---

108 SCARPELLI Uberto, *Qu'est-ce que le positivisme juridique ?* Paris : LGDJ, 1996, p. 7.
109 RIVERO Jean, « Apologie pour les faiseurs de systèmes », *D.* 1951, chron. 23, p. 99.
110 AUROUX Sylvain (dir.), *Encyclopédie philosophique universelle*, Tome II, Les notions philosophiques, Dictionnaire, 1re éd. Paris : PUF, 1990, p. XII.
111 ATIAS Christian, *Epistémologie juridique*, *op. cit.*, p. 184 et s.
112 BEZANÇON Xavier, *Essai sur les contrats de travaux et de services publics, contribution à l'histoire administrative de la délégation de mission publique*, Paris : LGDJ, 2001, p. 579.
113 BRENET François, *Recherches sur l'évolution du contrat administratif*, *op. cit.*, p. 614 ; BRENET François, « La théorie du contrat administratif, Evolutions récentes », *op. cit.*, n° 919.

gnification première, les variations sémantiques, préalablement à tout processus d'évolution et indifféremment de tout phénomène de dénaturation par diffusion.

Enfin, il peut être fait référence à la distinction entre conceptualisme et empirisme tant elle traverse les études relatives au contrat administratif et affecte inévitablement le point de vue des auteurs quant à l'existence, la pérennité ou l'utilité de la théorie générale. L'empirisme, qui, suivant les termes de Th. FORTSAKIS, « *s'attache* [...] *à la simple description et juxtaposition des divers éléments qui constituent le droit administratif* » n'a « *pas le souci de la systématisation théorique* » et semble s'opposer au conceptualisme. Ce dernier en revanche, permet à la fois de saisir la notion de contrat administratif et d'ériger une systématisation, une théorie générale qui a pour objet le contrat administratif. Ainsi, confronté à l'évolution du droit, le courant conceptuel peut tenter de surmonter la crise théorique et concourir au réaménagement et/ou à la proposition de nouvelles systématisations[114]. Néanmoins, une approche conceptuelle – théorique – ne saurait être menée de manière exclusive de toute approche empirique, ne serait-ce que lorsqu'il s'agit d'appréhender l'impact de l'évolution normative sur la théorie générale, ce qui conduit par ailleurs à relativiser dès à présent l'opposition existante entre les termes de notion et de concept. Si tous deux sont entendus comme des abstractions, c'est-à-dire qu'ils consistent chacun en « *l'idée générale de l'objet proposé au travail de l'esprit* »[115], la doctrine invite fréquemment à les distinguer. La notion juridique – terme proche de la catégorie juridique puisque cette dernière met en ordre les notions – a trait à l'application d'un régime juridique tout en caractérisant le « *premier stade des opérations intellectuelles de l'élaboration du droit* »[116]. Le concept, quant à lui, permettrait davantage « *d'exprimer la réalité profonde de l'objet considéré, la "vérité" de l'institution* [...] *la part de rationnel qui se trouve, à un moment donné, dans l'institution considérée* »[117]. Il s'agit d'une « *signification extra-juridique* [...] *susceptible de justifier le regroupement des objets juridiques* »[118], autrement dit, la « *représentation générale ou réfléchie de ce qui est commun à plusieurs objets* [... et

---

[114] FORTSAKIS Théodore, *Conceptualisme et empirisme en droit administratif français*, Paris : LGDJ, 1987, p. 36 et 128 et s.

[115] GENY François, *Science et technique en droit privé positif*, *op. cit.*, p. 147 ; v. aussi BENOIT F.-P., « Notions et concepts, instruments de la connaissance juridique, Les leçons de philosophie du droit de Hegel », *in Mélanges en l'honneur de Gustave PEISER*, Grenoble : PUG, 1995, p. 23 ; WALINE Marcel, « Empirisme et conceptualisme dans la méthode juridique: faut-il tuer les catégories juridiques ? », *Mélanges en l'honneur de Jean DABIN*, Tome 1, Bruxelles-Paris : Bruylant-Sirey, 1963, p. 359.

[116] GENY François, *Science et technique en droit privé positif*, *ibid.*, p. 111.

[117] BENOIT F.-P., « Notions et concepts, instruments de la connaissance juridique. Les leçons de la Philosophie du droit de Hegel », *in Mélanges en l'honneur de Gustave PEISER*, Grenoble : PUG, 1995, p. 28.

[118] SAUNIER Sébastien, *Recherche sur la notion de formalisme en droit administratif français*, Aix-en-Provence : PUAM, 2007, p. 51.

qui] *s'oppose à l'intuition* »[119]. La thèse d'Y. GAUDEMET est à ce sujet riche d'enseignements et de nuances : l'auteur montre que le juge utilise *« un système »* conceptuel qui comprend différentes composantes parmi lesquelles la théorie, le principe, la notion ou la catégorie. S'il concède qu'« *il serait sans doute excessif d'opposer de façon absolue le concept de théorie à celui de notion* », une différence se dessine puisque la notion participe du souci « *beaucoup plus immédiat de trancher une difficulté particulière par le recours à un concept fonctionnel* » et *« opérationnel »*. Elle est un instrument de nature « *prélogique* », « *intuitive* » et « *souple* »[120]. Dans le même sens, X. BIOY explique que « *dégagé de tout réalisme essentialiste, le concept représente un niveau d'abstraction utile à une théorie scientifique qui n'entend pas rester au niveau de la notion adhérant parfois trop à un droit positif difficile à appréhender comme tout cohérent* »[121]. L'auteur invite toutefois à relativiser l'opposition étant entendu que « *la notion ayant quelque chose d'élémentaire et la connaissance du droit une part irréductible d'empirisme, un même syntagme peut renvoyer à la fois à une notion et à un concept* »[122]. Plus encore, comme le montre Ch. EISENMANN, on peut avoir tout autant affaire à « *une notion descriptive, "analytique" (elle repose sur l'analyse des actes, pris comme des objets d'observation et d'analyse)* [… qu'à] *une "notion de régime", – elle est fondée sur et opérée par le "régime" ou des "éléments de régime" des actes* »[123]. En ce sens, M.-T. CALAIS-AULOY met clairement en exergue l'existence de notions juridiques qui « *sont à la fois fonctionnelles et conceptuelles* »[124].

Il en résulte que s'il apparait logique d'évoquer la notion ou la catégorie de contrat administratif, il reste possible, sans altérer la cohérence du discours, de désigner – dans le cadre d'un raisonnement conceptuel – le concept de théorie générale du contrat administratif.

Paragraphe 4. Problématique et plan

Le point de départ sur lequel sera entreprise la recherche consiste dans l'idée première de l'existence d'une théorie générale du contrat administratif : un sentiment premier de connaissance de la notion résulte de la présence de

---

119 BLAY Michel (dir.), *Dictionnaire des concepts philosophiques*, *op. cit.*, p. 131.

120 GAUDEMET Yves, *Les méthodes du juge administratif*, *op. cit.*, p. 31 et s. : « Le *concept de notion se distingue de celui de théorie parce qu'il n'en a pas la puissance logique, de celui de principe parce qu'il présente un caractère plus immédiatement fonctionnel* ».

121 BIOY Xavier, « Notions et concepts en droit : interrogations sur l'intérêt d'une distinction », *in* TUSSEAU Guillaume (dir.), *Les notions juridiques*, coll. Etudes juridiques, Paris : Economica, 2009, p. 47.

122 BIOY Xavier, « Notions et concepts en droit : interrogations sur l'intérêt d'une distinction », *ibid.*, p. 51.

123 EISENMANN Charles, *Cours de droit administratif*, *op. cit.*, p. 728.

124 CALAIS-AULOY Marie-Thérèse, « Du discours et des notions juridiques (notions fonctionnelles et conceptuelles) », *LPA* 9 août 1999, n° 157, p. 4.

l'expression au sein du discours doctrinal classique[125]. Il convient alors de s'interroger sur le fait de savoir si le droit administratif du contrat constitue encore « *un ensemble cohérent et harmonieux* » de sorte qu'une « *tentative d'explication* – [...] *bénéficiant d'une certaine cohérence interne et ayant une portée explicative* » peut être effectuée. Question d'autant plus légitime que, comme le déplore J. WALINE, l'existence même de la théorie générale du contrat administratif, « *dans la mesure où il en existe une,* [est un] *problème qui n'est que fort rarement abordé* »[126]. Cette hypothèse première doit ainsi être vérifiée, ne serait-ce qu'eu égard à la contestation doctrinale dont la théorie générale du contrat administratif semble faire l'objet, laquelle préconiserait son abandon ou, à tout le moins, témoignerait d'une perte de signification de l'expression. Postulat quasi-dogmatique, la théorie générale est perturbée dans ses fondations traditionnelles – jurisprudentielles. Elle décline dans une relative indigence normative, visiblement reléguée – certes législativement – dans un modeste article L.6 du Code de la commande publique dont le potentiel doctrinal reste à définir. Mais en réalité, la crise de la théorie générale caractérise principalement l'état de la doctrine sur la matière[127]. Elle « *désigne ce moment où cherche à émerger une nouvelle forme de rationalité, sans que celle-ci ait nécessairement les instruments pour le faire. Il y a ainsi une fécondité de la crise, liée à la redéfinition des champs du savoir* »[128]. Il n'est donc pas certain que la doctrine contemporaine soit contrainte de renoncer pour cette seule raison à l'étude du contrat administratif comme un tout, comme un ensemble homogène conceptuel. Ainsi que l'explique Ch. ATIAS, « *qui ne veut pas croire que tout est clair par avance* [...] *se félicite de voir que les controverses ne sont jamais closes, que les théories* [...] *peuvent renaître* »[129]. Cependant, force est de constater que les réserves émises à l'encontre de la théorie générale du contrat administratif mettent clairement en évidence le fait que « *le savoir affronte des troubles, des turbulences, des incertitudes graves et profondes* »[130]. Les ambivalences doctrinales à l'égard de la théorie générale du contrat administratif invitent incontestablement à éprouver l'hypothèse de départ. D'ailleurs, suivant les termes d'Y. GAUDEMET, il apparaît plus que jamais nécessaire de « *tenter de bâtir une nouvelle théorie générale des contrats administratifs rendant compte du passé, pour y intégrer le présent et*

[125] Voir en ce sens : JEZE Gaston, *Théorie générale des contrats de l'administration*, Paris : M. Giard, 1934 ; PEQUIGNOT Georges, *Contribution à la Théorie générale du Contrat administratif*, *op. cit.* ; De LAUBADERE André, *Traité théorique et pratique des contrats administratifs*, *op. cit.*

[126] WALINE Jean, « Les contrats entre personnes publiques », *RFDA* 2006.229.

[127] V. en ce sens BIENVENU Jean-Jacques, « Le droit administratif : une crise sans catastrophe », *Droits* 1986, p. 93.

[128] BLAY Michel (dir.), *Dictionnaire des concepts philosophiques*, *op. cit.*, p. 169.

[129] ATIAS Christian, *Epistémologie juridique*, *op. cit.*, p. 93.

[130] ATIAS Christian, *Epistémologie juridique*, *ibid.*, p. 134.

y inscrire l'avenir »[131]. Un travail de reformulation de la théorie générale du contrat administratif est ainsi souhaité, lequel « *renseignera sur ce qui fait son unité, au-delà de l'inépuisable diversité de ses manifestations* »[132]. A cet égard, il importe de se demander si, effectivement, une théorie générale du contrat administratif existe et, plus précisément, si une conception renouvelée peut être formulée en vue de dépasser le phénomène de crise. Il s'impose alors de revenir sur les modalités relatives à son apparition ainsi que sur sa consistance afin de préciser sa signification et ses manifestations. Résoudre la situation de crise suppose par conséquent de répondre à une question fondamentale : celle de savoir si la notion de théorie générale du contrat administratif dispose d'un contenu réellement homogène et s'il est possible d'en proposer une définition générale et abstraite susceptible de rendre compte de ses manifestations. Cette problématique invite à présenter les deux parties de la recherche.

En premier lieu, il s'avère essentiel de mettre à jour les ambigüités de la théorie générale du contrat administratif. Cette redécouverte de la notion permet en effet de dévoiler les conditions de son apparition et les raisons de sa contestation.

En second lieu, apparaît la nécessité d'une théorie générale du contrat administratif compréhensive des évolutions du contrat administratif tant formelles, au regard des phénomènes de spécialisation et de codification, que matérielles, eu égard aux transformations des relations contractuelles administratives.

[131] GAUDEMET Yves, « Pour une nouvelle théorie générale du droit des contrats administratifs : mesurer les difficultés d'une entreprise nécessaire », *op. cit.*, p. 313.
[132] VIRALLY Michel, *La pensée juridique*, *op. cit.*, p. XXV.

PARTIE 1. LES AMBIGUITES DE LA THEORIE GENERALE DU CONTRAT ADMINISTRATIF

La théorie générale du contrat administratif est fréquemment invoquée. A cet effet, il est possible de relever des mentions à la « fameuse »[133] théorie générale du contrat administratif, en référence à la thèse de G. PEQUIGNOT, dédiée à la notion[134]. Néanmoins, en dépit d'une présentation menée sous le prisme de l'unité et de la cohérence, une partie de la doctrine administrativiste contemporaine s'interroge sur son existence[135] et en soulève les ambiguïtés[136]. Surtout, il semble que la théorie générale – défendue ou contestée – renvoie essentiellement au régime juridique du contrat administratif[137]. Or, établie ainsi, sur des fondations aussi mouvantes, la construction théorique souffre des mutations normatives et son identification devient difficile. Il importe alors de réhabiliter l'étude du contrat administratif au singulier et de mesurer les difficultés de cette entreprise nécessaire[138], consistant à rénover la théorie générale du contrat administratif. En effet, il est possible de penser que non, la théorie générale du contrat administratif n'est pas « *un objet d'histoire parmi tant d'autres* »[139] et que oui, elle mérite une recherche approfondie. En somme, se pose la question de savoir si la théorie générale du contrat administratif est bien une théorie, « *un ensemble de définitions et de principes ordonnés autour d'un certain objet dans le dessein d'expliquer de manière cohérente les solutions positives et de guider les solutions futures* »[140] ?

A ce titre, avant d'être épistémologique, la méthode sera historique puisque comme le souligne R. PONSARD, la méthode consiste « *à faire un détour, à prendre le chemin que l'on vient d'emprunter à l'envers* »[141]. Surtout, étant

133 BOULOUIS Nicolas, MELLERAY Fabrice, NOGUELLOU Rozen, PIMONT Sébastien, « Contrats publics, contrats privés, Convergences et divergences après la réforme du droit des contrats », *Cahiers de droit de l'entreprise* n° 5, septembre-octobre 2018, p. 9.

134 PEQUIGNOT Georges, *Contribution à la Théorie générale du Contrat administratif, op. cit.*, p. 8.

135 YOLKA Philippe, « Penser le droit administratif autrement ? », *AJDA* 2019.1622 ; DREYFUS Jean-David, « Contrats administratifs entre personnes publiques et théorie générale des contrats administratifs », *op. cit.*, n° 846.

136 GAUDEMET Yves, préface à la thèse de HOEPFFNER Hélène, *La modification du contrat administratif, op. cit.*, p. V.

137 Voir plus loin.

138 GAUDEMET Yves, « Pour une nouvelle théorie générale du droit des contrats administratifs : mesurer les difficultés d'une entreprise nécessaire », *op. cit.*, p. 313.

139 FRIEDRICH Clemmy, *Histoire doctrinale d'une mise en discours : des contrats de l'administration au contrat administratif*, Thèse dactyl. Toulouse, 2016, p. IX.

140 JESTAZ Philippe et JAMIN Christophe, *La doctrine*, Méthodes du droit, Paris : Dalloz, 2004, p. 231.

141 PONSARD Régis, « Pour une épistémologie de la science du droit administratif ? », *in Les méthodes en droit administratif*, Colloque AFDA juin 2017, Paris : Dalloz 2018, p. 99, spéc. p. 100.

donné que « *pour nombre de notions, l'histoire est tout simplement constitutive, elle est la trame sans quoi leur unité est impensable* »[142], la recherche sur la théorie générale du contrat administratif ne saurait éluder cette dimension. Une telle approche permet de souligner les ambigüités entourant l'apparition et la place actuelle conférée à la théorie générale du contrat administratif : absente du discours juridique entre les années 1820 et 1930, cette formulation s'impose peu à peu au sein du discours doctrinal administrativiste des années 1930 aux années 1980. A l'inverse, depuis les années 1980, la conception dominante se trouve affectée par un phénomène de spécialisation des analyses doctrinales portant sur le contrat administratif.

Une étude de la vie de la notion permet alors de mettre en avant une réelle insaisissabilité de la théorie générale du contrat administratif (Titre I) qui se double de lacunes déterminantes de son appréhension (Titre II).

[142] AUROUX Sylvain (dir.), *Encyclopédie philosophique universelle*, II, Les notions philosophiques, *op. cit.*, p. XII.

TITRE 1. L'insaisissabilité de la théorie générale du contrat administratif

La théorie générale du contrat administratif est de ces expressions qui semblent évidentes et intuitives[143]. Un tel constat n'est pas isolé et concerne de nombreuses notions, certaines étant considérées comme « *les plus anciennes et* [constitutives de] *l'un des domaines les mieux explorés du droit public* »[144]. Pour d'autres, la référence « *est facile mais rarement explicitée et l'exigence ne se déploie pas souvent au-delà de sa propre énonciation. Tout se passe en fait comme si un consensus tacite dispensait d'en déterminer le sens* »[145]. Dans le même sens, B. PLESSIX estime que le terme domanialité constitue une commodité de langage, sa diffusion résultant de ce que l'usage « *se prête d'une façon particulièrement appropriée à l'usage qu'on en fait* »[146]. Plus précisément, Y. GAUDEMET soulève un paradoxe. L'auteur explique que la relative banalité du recours à certaines locutions traduit en réalité une certitude apparente du vocabulaire[147]. Plus exactement, X. BIOY estime que certaines notions juridiques peuvent être assimilées à des « *topiques juridiques* » qui appartiennent au « *"non-dit" de la pratique du droit, au présupposé interprétatif* » tenant lieu de « *prêt à penser* »[148]. Il convient néanmoins de dépasser cette idée suivant laquelle ces notions « *feraient partie du domaine commun des connaissances juridiques ; et à vouloir s'y intéresser davantage, on prendrait le risque d'embrouiller une question naturellement limpide* »[149].

Si la notion de théorie générale du contrat administratif est l'une de ces composantes inévitables du discours juridique administrativiste, il apparaît intéressant de revenir sur la formation d'une conception dominante (Chapitre 1) soumise à un phénomène de crise (Chapitre 2).

---

143 En ce sens, voir GAUDEMET Yves, *Les méthodes du juge administratif*, *op. cit.*, p. 38.

144 HECQUARD-THERON Maryvonne, *Essai sur la notion de réglementation*, Paris : LGDJ, 1977, p. 7.

145 RAIMBAULT Philippe, *Recherche sur la sécurité juridique en droit administratif français*, Paris : LGDJ, 2009, p. 5.

146 PLESSIX Benoît, *L'utilisation du droit civil dans l'élaboration du droit administratif*, *op. cit.*, p. 421.

147 GAUDEMET Yves, *Les méthodes du juge administratif*, *op. cit.*, p. 9.

148 BIOY Xavier, « Notions et concepts en droit : interrogations sur l'intérêt d'une distinction… », *op. cit.*, p. 38.

149 GAUDEMET Yves, *Les méthodes du juge administratif*, *op. cit.* p. 9.

Chapitre 1. La formation de la conception dominante

Lorsqu'il s'agit de présenter la théorie générale du contrat administratif, un certain embarras se dégage. L'expression est connue mais ne semble pas avoir fait l'objet d'une recherche approfondie en ce qui concerne son origine ou sa signification, que celle-ci soit encore supposée ou réelle. Or, une étude portant sur le discours doctrinal ainsi que sur le droit positif met en évidence de réelles hésitations quant à la détermination de la théorie générale du contrat administratif. Il apparaît surtout que la présentation dominante subit une profonde remise en cause : un sentiment de crise émerge et manifeste ce « *moment où les grandes systématisations ne correspondent plus à l'état réel du droit administratif* »[150].

Il convient alors de s'interroger sur la nature de cette crise, mais également de tenter de comprendre les raisons sous-jacentes à cette situation. Dans ce dessein, il est intéressant revenir à la formation de la théorie générale du contrat administratif pour souligner le caractère progressif de l'apparition d'une conception dominante de théorie générale du contrat administratif dans les années 1930 (Section 2) qui contraste fortement avec son absence caractérisée lors de l'apparition et l'affermissement du droit administratif (Section 1).

Section 1. L'absence initiale de la théorie

A l'inverse de son homologue de droit privé[151], la théorie générale du contrat administratif est apparue relativement tard. Sa conceptualisation accompagne l'affermissement du droit administratif en tant que discipline autonome. Suivant une approche classique, il est ainsi possible de débuter l'analyse à compter du XIXème siècle[152], période durant laquelle la doctrine réalise une œuvre considérable de mise en ordre du droit administratif en vue de la constitution d'une véritable science administrative autonome[153]. C'est ainsi que, comme l'explique B. PLESSIX, l'adoption de la loi du 24 mai 1872 et les jurisprudences *Blanco* et *Cadot* ont conduit la majorité de la doctrine publiciste à établir aux « *débuts de la IIIème République l'acte officiel de naissance*

150 FORTSAKIS Théodore, *Conceptualisme et empirisme en droit administratif français*, *op. cit.*, p. 144.
151 Voir en ce sens SAVAUX Éric, *La théorie générale du contrat, mythe ou réalité ?*, *op. cit.*
152 Cf. PLESSIX Benoît, *L'utilisation du droit civil dans l'élaboration du droit administratif*, *op. cit.*, p. 54 et p. 349.
153 En ce sens, voir PLESSIX Benoît, *L'utilisation du droit civil dans l'élaboration du droit administratif*, *ibid.*, p. 361.

du droit administratif »[154] tandis que, comme le montre Th. FORTSAKIS, son enfance se situe davantage dans les années 1820[155].

Une recherche sur la théorie générale du contrat administratif ne saurait passer outre l'examen des principaux manuels de droit administratif publiés depuis les années 1820. Ainsi que le souligne F. MELLERAY, l'Histoire sert à connaître et comprendre le passé mais également à analyser le présent[156]. Surtout, il est incontestable que les notions d'aujourd'hui trouvent leurs racines dans les idées d'hier[157]. Les fondements historico-juridiques que constituent ces données permettent en effet de mettre en évidence l'absence de la théorie générale du contrat administratif des années 1820 à 1930 pour tenter d'en proposer une explication rationnelle (Paragraphe 1), tout en soulignant l'apparition de formules connexes constituant autant de prémisses à sa diffusion (Paragraphe 2).

Paragraphe 1. Les raisons de l'absence de référence à la théorie générale du contrat administratif de 1820 à 1930

Si l'acte de naissance de la théorie générale du contrat administratif est généralement établi au cours de la première moitié du XXème siècle, il est en revanche possible de mettre à jour ses premiers éléments constitutifs bien avant. D'ailleurs, dès 1887, le commissaire du gouvernement Le VAVASSEUR de PRECOURT pose la question « *Y-a-t-il une théorie générale des contrats administratifs* » pour ensuite évoquer une « *théorie doctrinale* » concernant la détermination de la nature privée ou administrative des contrats passés par les personnes publiques[158]. Malgré tout, c'est davantage l'absence de la « théorie générale du contrat administratif » dans le discours doctrinal des années 1820 à 1930 qui mérite d'être soulignée, bien que, comme le remarque Th. FORTSAKIS, « *contrairement aux idées reçues, un véritable effort de systématisation doctrinale a vu le jour très tôt, il serait injuste de ne pas y*

---

[154] PLESSIX Benoît, *L'utilisation du droit civil dans l'élaboration du droit administratif*, *ibid.*, p. 60, l'auteur reconnaît toutefois l'existence de controverses à ce sujet, et notamment la possibilité de faire remonter l'acte de naissance du droit administratif dès l'Ancien Régime (voir aussi p. 349 et s.).

[155] FORTSAKIS Théodore, *Conceptualisme et empirisme en droit administratif français*, *op. cit.*, introduction.

[156] MELLERAY Fabrice, « A propos de l'intérêt donnant qualité à agir en contentieux administratif, Le "moment 1900" et ses suites », *AJDA* 2014.1530.

[157] BARNABE Quentin, « Léon Aucoc, une vision actuelle du service public », *RFDA* 2018.577.

[158] Conclusions du commissaire du gouvernement Le VAVASSEUR de PRECOURT sous CE, 17 juin 1887, n° 65646, *Ville de Paris c. Institut des Frères des Ecoles chrétiennes*, *Lebon* p. 474, spéc. p. 477 et p.479.

insister »[159]. En ce sens, le commissaire du gouvernement CHARDENET relève le caractère doctrinal attaché au mot théorie puisque, suivant ses termes, de « *nombreuses décisions s'échelonnant sur de longues années, on en a déduit toute une doctrine que l'on a appelé la "théorie de l'imprévision"* »[160]. La théorie est de la sorte clairement mise en relation avec le travail de la doctrine. Cela ressort en outre de la jurisprudence rendue à cette époque car, bien que la « théorie de l'imprévision » apparaisse dans le corpus de certains arrêts du Conseil d'Etat, l'expression figure en réalité dans les moyens des parties[161] ou dans les visas[162].

L'intérêt d'une étude portant sur le discours doctrinal des années 1820 aux années 1930 est ainsi d'autant plus grand qu'elle permet d'exposer le processus d'apparition de la théorie générale du contrat administratif. Or, l'étude des principaux manuels accessibles met en évidence le caractère encore très embryonnaire de la notion, laquelle ne saurait se dégager que par un travail inductif partant de l'appréhension plurielle des contrats administratifs (A) effectuée dans un contexte d'insuffisance de l'analyse conceptuelle propre à cet acte (B).

A. Une absence générée par l'appréhension plurielle des contrats administratifs

La constitution de la théorie générale du contrat administratif suppose l'existence du contrat administratif en tant que notion juridique. Une étude portée sur la matière contractuelle témoigne de ce qu'avant l'apparition d'une théorie générale, une appréhension plurielle des contrats émerge : la genèse classique de la théorie générale passe par « les » contrats avant « le » contrat (1). X. BEZANÇON démontre d'ailleurs parfaitement cette multiplicité dans le processus de conceptualisation sur le contrat administratif et souligne une « *confusion ancienne du langage des contrats (bail, concessions, affermage...)* »[163] qui caractérise une vision relativement fonctionnelle : les contrats administratifs sont au service de l'action administrative et se dégage, au fur et à mesure des mutations de celle-ci, une contractualisation protéiforme dissimulant « le » contrat administratif » (2).

---

159 Sur l'intérêt d'effectuer une recherche au sein de cette doctrine souvent oubliée : FORTSAKIS Théodore, *Conceptualisme et empirisme en droit administratif français, op. cit.*, p. 39.
160 Conclusions CHARDENET sous CE, 2 mars 1916, n°59928, *Cie générale d'éclairage de Bordeaux, Lebon*, p. 125 et spéc. p. 129.
161 CE, 3 juin 1921, n° 66118, *Sté le Centre électrique c. ville de Châtellerault, Lebon*, p. 540, et CE, 13 mai 1921, n° 62820 et 67782, *Cie franco-belge du gaz c. Ville de Dinan, Lebon.*
162 CE, 12 mars 1920, n° 65058 et 67118, *Cie générale des automobiles postales, Lebon* p. 276.
163 BEZANÇON Xavier, *Essai sur les contrats de travaux et de services publics, contribution à l'histoire administrative de la délégation de mission publique op. cit.*, p. 429.

1. Une genèse classique : les contrats avant le contrat

L'étude de l'apparition du contrat en droit romain montre que « *c'est par les contrats que tout a commencé ; avant le concept, existait une pratique* »[164]. En atteste par ailleurs l'ouvrage de P. VERNET, lequel consacre sa recherche à la théorie des obligations en droit romain, mais dont le contenu consiste en réalité en la présentation des différents contrats spéciaux du droit romain et du droit positif qui leur est applicable[165]. Un même constat peut être fait en droit administratif : « *la terminologie contractuelle est, à toutes les époques, des plus imprécises* », puisque, soit le terme « contrat » n'apparaît pas dans la relation contractuelle, soit il se trouve concurrencé par d'autres acceptions[166]. Y. GAUDEMET affirme d'ailleurs que « *le contrat administratif – limité à la concession et au marché de travaux publics – n'est pas né contrat et n'avait vocation à rejoindre, autrement que sous bénéfice d'inventaire, la catégorie générique du contrat* »[167]. On ne saurait toutefois condamner de ce fait la notion de contrat administratif pour la simple raison que dans le processus d'apparition du contrat en droit privé, la notion « générique » de contrat telle que l'on l'entend aujourd'hui pourrait tout aussi bien être remise en cause à l'aune d'un argument identique : les contrats avant le contrat.

2. Une genèse dissimulée : une contractualisation administrative protéiforme

Dans l'étude de la théorie générale du contrat administratif, les questionnements que pose la place accordée aux actes contractuels spéciaux dans le discours doctrinal ne peuvent être éludés. Le contrat administratif a été initialement envisagé du point de vue du droit contractuel spécial. On parle alors de marchés, de ventes, de concessions, de baux… sachant que les catégories contractuelles sont variables et témoignent de la diversité du phénomène, mais dissimulent surtout la notion de contrat administratif derrière une multitude de techniques contractuelles spéciales. L'analyse d'ouvrages classiques de droit administratif est à ce sujet riche d'enseignements, elle permet de remarquer que le terme « contrat » est très rarement employé et que l'analyse porte exclusivement sur la présentation de différents contrats administratifs nommés.

---

164 GAZZANIGA Jean-Louis, *Introduction historique au droit des obligations*, Paris : PUF, 1992, p. 114. Les différents contrats n'étaient pas appréhendés comme composantes de la catégorie contrat mais en référence aux contrats *verbis* (*spontio* et *stipulatio*), *litteris* (*expensilatio*, *chirographa* et *synagraphae*), contrats réels (*mutuum*, *nauticus fenus*, fiducie, commodat, dépôt, gage), contrats consensuels (vente, louage, contrat de société, mandat).

165 VERNET Prosper, *Textes choisis sur la théorie des obligations en droit romain*, Paris : A. Durand, 1865.

166 BEZANÇON Xavier, *Essai sur les contrats de travaux et de services publics, contribution à l'histoire administrative de la délégation de mission publique*, *op. cit.*, p. 9-10.

167 Préface à la thèse de HOEPFFNER Hélène, *La modification du contrat administratif*, *op. cit.*, p. VI.

De CORMENIN s'intéresse ainsi aux marchés administratifs et ventes administratives[168]. Dans le même sens, De GERANDO consacre des développements importants aux conventions, marchés et traités pour expliquer notamment que « *l'adjudication fixe le choix de l'entrepreneur et constitue le contrat entre cet entrepreneur et l'administration publique* » ou pour reconnaître l'existence de droits de créance, d'obligations, ainsi qu'en vue de souligner l'exigence du consentement de l'entrepreneur[169]. Plus encore, si L. AUCOC définit les marchés et les concessions comme des contrats, il ne s'attarde pas sur cette notion. L'auteur, comme ses précurseurs, met davantage en évidence la spécificité de cet acte contractuel eu égard à son objet et son régime, que du point de vue de sa nature contractuelle[170]. La thèse d'E. PERRIQUET confirme clairement cette dissimulation du contrat administratif par les contrats administratifs spéciaux lorsqu'il applique les méthodes d'analyse des contrats spéciaux du droit civil à l'étude de la conclusion de contrats par l'Etat. N'accordant pas d'attention particulière à la notion de contrat, l'auteur consacre sa thèse à la définition et au régime spécifique de chaque contrat nommé en prenant pour modèle le contrat de droit privé. Sont alors analysés successivement la vente d'immeubles et de meubles, l'achat d'immeubles et de meubles, le partage et les licitations, les échanges, le louage de choses et d'ouvrages, les concessions de propriété et de mines, les concessions improprement dites, les prêts, les dépôts, les cautionnements, etc. ...[171]

Le contrat administratif reste relativement absent du discours doctrinal classique des années 1820 aux années 1930. Il semble exister une certaine réserve à évoquer le contrat administratif en raison de la tendance à considérer que l'administration ne saurait agir autrement que de manière unilatérale. D'ailleurs, lorsque M. HAURIOU étudie les actes contractuels des personnes administratives dans son Précis de droit administratif et de droit public, il réserve implicitement la nature contractuelle aux seuls contrats passés en tant que personne privée – les contrats de droit privé des administrations – en vue de révéler leur analogie avec les contrats du droit civil. Les contrats administratifs quant à eux ne sont pas envisagés *a priori* comme actes contractuels, mais au travers des notions de marchés de travaux publics ou de concessions[172].

---

168 De CORMENIN, *Questions de droit administratif*, 2ème éd., Paris : Bureau du journal des audiences de la Cour de cassation, 1823.

169 De GERANDO, *Institutes du droit administratif français ou éléments du Code administratif réunis et mis en ordre*, Tome 4, Paris : Nève, 1829-1830, p. 268, p. 285 et 333. Voir également, concernant les marchés de fournitures pour l'armée de Terre, p. 368 : « Le*s traités passés avec les entrepreneurs généraux deviennent les règles des obligations qui leur sont imposées, des droits qui leur sont acquis, et des obligations réciproques* ».

170 AUCOC Léon, *Conférences sur l'administration et le droit administratif faites à l'école des ponts et chaussées*, Tome 2, Paris : Dunod, 1870.

171 PERRIQUET Eugène, *Les contrats de l'Etat*, Paris : LGDJ, 1884.

172 HAURIOU Maurice, *Précis de droit administratif et de droit public*, Paris : Sirey, 12ème éd. mise à jour par A. HAURIOU, 1933, réédition Paris : Dalloz, 2002, p. 1085.

Il en résulte une réelle absence d'unité dans l'analyse du contrat administratif. La présentation doctrinale de l'action contractuelle de l'administration est alors scindée en de nombreuses approches concernant tel ou tel contrat administratif spécial, tendance que renforce l'existence de réglementations spécifiques applicables aux différents contrats administratifs, laquelle rend difficile l'émergence doctrinale d'une conception unitaire de contrat administratif.

B. Une absence générée par l'insuffisante conceptualisation du contrat administratif

Parallèlement à l'idée d'une contractualisation administrative protéiforme, en doctrine classique, une impression de relation naturelle entre contrat et droit privé se dégage. En 1823, dans ses Questions de droit administratif, De CORMENIN affirme d'ailleurs que « *l'unique loi, l'unique lien, l'unique juge des parties, en matière de conventions libres et synallagmatiques, c'est le contrat. C'est donc le contrat seul qu'il faut considérer, qu'il faut appliquer, qu'il faut exécuter. A ces motifs généraux tirés du droit commun, et qui sont décisifs, joignons les hautes considérations de l'intérêt de l'Etat* »[173]. Ces « hautes considérations » de l'Etat seraient alors irréductibles à l'action contractuelle. Plus précisément, l'affermissement du droit administratif passe par une tendance marquée à considérer une relation quasi-exclusive entre le contrat et le droit privé, pour s'intéresser davantage à l'acte de gestion en droit administratif (1) et, plus généralement à des conceptualisations propres à la matière (2).

1. Le contrat appréhendé à l'aune du droit privé et de la théorie de l'acte de gestion

D'emblée, il convient de remarquer que, dès le 7 ventôse an XII, lors de l'exposé des motifs du projet de loi du Titre XI, Livre III du Code civil, se manifeste une certaine frontière entre le contrat administratif et les autres actes contractuels. Ainsi, loin de concerner un acte contractuel de droit public, le terme contrat public désigne un contrat passé « en forme publique », c'est-à-dire un contrat passé entre particuliers dont la forme seulement relève du droit public, tel un acte notarié[174]. Ce contrat « public » reste donc un contrat soumis au droit privé. A cet égard, J.E.M. PORTALIS affirme l'existence d'une incompatibilité de nature entre le contrat et l'idée de contrat administratif. Les auteurs du Code civil insistent en effet sur la nécessité de distinguer le com-

---

[173] De CORMENIN, *Questions de droit administratif*, *op. cit.*, p. 317.

[174] PORTALIS Jean-Etienne-Marie, *Discours, rapports et travaux inédits sur le Code civil*, Paris : Joubert, 1844, p. 235 ; voir aussi GENY François, *Science et technique en droit privé positif*, Partie 3, *op. cit.*, 1921, p. 128.

merce ordinaire de la vie civile – contrats entre individus – du commerce proprement dit – lié aux grandes vues de l'administration et de la politique – car « *pour garantir cette bonne foi, cette égalité et cette réciprocité dans les engagements, on aurait tort de raisonner sur les affaires civiles comme sur les affaires de commerce* »[175].

Au fur et à mesure de l'affermissement du droit administratif, l'intérêt d'une action contractuelle administrative fait néanmoins l'objet d'une attention accrue : le terme de gestion manifeste généralement l'influence du commerce juridique en droit administratif et, plus précisément, le développement du procédé contractuel administratif[176]. Dès 1869, L. AUCOC différencie ainsi les actes de gestion des actes de police[177], tandis que Th. DUCROCQ traite des actes de gestion contractuels « *émanés de l'administration* »[178]. E. LAFERRIERE entend également confier les actes de gestion au juge judiciaire, exception faite cependant des « *actes de puissance publique ayant un caractère contractuel* » et constituant des « *contrats administratifs par leur nature* », des « *contrats d'une nature toute particulière* »[179]. Plus encore, M. HAURIOU qualifie les contrats passés pour assurer le fonctionnement des services publics d'actes de gestion[180], tout comme G. JEZE en ce qui concerne ces actes administratifs contractuels nécessitant le « *concours de volonté de celui pour lequel une situation juridique nouvelle va être créée* »[181]. Les incertitudes sont cependant persistantes et témoignent d'une réelle réticence à consacrer le contrat de droit administratif. D'ailleurs, M. HAURIOU explique qu'entre l'acte de gestion et l'acte d'autorité, il existe une sorte de hiérarchie ; ce dernier est primordial tandis que le contrat ne saurait qu'être secondaire, il s'appuie toujours sur un acte d'autorité[182].

Dès lors, si la notion de gestion crée une proximité entre l'administration et le rapport contractuel, se pose toujours la question de savoir « *comment la puissance publique censée représenter une certaine forme d'intérêt public ou*

---

[175] PORTALIS Jean-Etienne-Marie, *Discours, rapports et travaux inédits sur le Code civil, op. cit.*, p. 52.

[176] Voir en ce sens HAURIOU Maurice, *La gestion administrative, Etude théorique de droit administratif*, Paris : Larose, 1899, réédition par Paris : Dalloz, 2012, p. 22, l'auteur explique que l'acte de gestion administrative est notamment le contrat administratif.

[177] AUCOC Léon, *Conférences sur l'administration et le droit administratif faites à l'école des ponts et chaussées,* 2 Tomes, Paris : Dunod, 1869-1870, Tome 1, p. 20.

[178] DUCROCQ Théophile, *Cours de Droit administratif*, 2ème éd., Paris, Durand, 1863, p. 90

[179] LAFERRIERE Edouard, *Traité de la juridiction administrative et des recours contentieux*, Tome 1, Paris : Berger-Levrault, 1887, p. 549.

[180] HAURIOU Maurice, *Précis de droit administratif contenant le droit public et le droit administratif*, Paris : Larose et Forcel, 1892, p. 163 ; voir aussi COUZINET Paul, « La théorie de la gestion publique dans l'œuvre de Maurice Hauriou », *in La pensée du Doyen Maurice Hauriou et son influence,* Journées Hauriou, mars 1968, Paris : Pédone, 1969, p. 157 à 178.

[181] JEZE Gaston, *Les principes généraux du droit administratif*, Paris : Berger-Levrault, 1904, p. 60-61.

[182] HAURIOU Maurice, *Précis de droit administratif contenant le droit public et le droit administratif, op. cit.*, p. 164.

d'intérêt général, a organisé ses modes de gestion et quelle place elle a entendu donner au processus contractuel et sous quelles formes »[183]. La notion de contrat en droit administratif peine à s'affirmer au sein de la doctrine des années 1820 à 1930, elle voit également son développement retenu par l'existence d'hypothèses concurrentes à l'analyse contractuelle de l'action administrative.

2. Le contrat administratif absorbé par les conceptualisations dominantes

Le contrat administratif peine à émerger en tant que notion en droit administratif[184]. La doctrine classique administrativiste semble résister à s'approprier tant la logique que la terminologie contractuelle : la volonté d'autonomisation du droit administratif prime de telle sorte que l'administrativité l'emporte. Trois conceptualisations sont significatives de cette tendance.

Premièrement, la notion d'Institution a fait l'objet de développements qui ont pu se substituer à l'étude du contrat administratif et présente des aspects qui permettent encore aujourd'hui d'expliquer certains éléments du contrat administratif[185]. En ce sens, la doctrine classique a pris acte de ce que le contrat est actuel, éphémère, transitoire ; il constitue une action sur une situation juridique et un acte de prévision. Il est donc fragile, car temporaire, et rigide en raison du principe d'immutabilité des clauses prévues et arrêtées lors de la formation du contrat. Partant de ce constat et eu égard notamment au caractère durable et évolutif des relations développées entre les gouvernants et les administrés, telles les concessions de service public, la doctrine propose de substituer à la notion de contrat, trop instantanée, celle d'Institution. De cette manière, « *toutes les fois qu'on voit apparaître dans un contrat la lex, le caractère règlementaire, on peut affirmer qu'il y a institution sous roche* », autrement dit, « *toutes les fois qu'il est à long terme, ou toutes les fois qu'il intéresse les collectivités, il s'absorbe dans l'institution* »[186]. Suivant cette idée,

---

[183] BEZANÇON Xavier, *Essai sur les contrats de travaux et de services publics, contribution à l'histoire administrative de la délégation de mission publique, op. cit.*, p. 2.

[184] Sur l'apparition du terme à partir des années 1820 voir FRIEDRICH Clemmy, *Histoire doctrinale d'une mise en discours : des contrats de l'administration au contrat administratif, op. cit.*, p. 260 et s.

[185] Voir *supra.*

[186] HAURIOU Maurice, *Principes de droit public*, Paris : Sirey, 1910, réédition par Paris : Dalloz, 2010, p. 202 et s. ; voir aussi ROUBIER Paul, *Théorie générale du droit, Histoire des doctrines juridiques et philosophie des valeurs sociales*, 2ème éd. Paris : Sirey, 1951, p. 21 et DABIN Jean, *Théorie générale du droit*, 2ème éd., Bruxelles : E. Bruylant, 1953, p. 76 ; pour le rejet de cette conception, voir JOSSERAND Louis, « Aperçu général des tendances actuelles de la théorie des contrats », *RTD Civ.*, 1937.7 et JOSSERAND Louis, « L'essor moderne du concept contractuel », *in Recueil d'études sur les sources du droit en l'honneur de François Gény, Tome II, Les sources générales des systèmes juridiques actuels*, Paris : Sirey, 1977, p. 338.

la notion d'Institution voire de « *contrat institutionnel* » aurait permis de développer une conception moins absolue de l'action conventionnelle en droit administratif et de conserver la filiation avec la notion primitive de contrat, tout en reconnaissant et en priorisant les spécificités « institutionnalisantes » du régime de ces actes en droit administratif[187].

Deuxièmement, la notion de contrat administratif se voit concurrencée par l'idée d'union. L. DUGUIT développe d'abord une conception commune du contrat et précise qu'en droit administratif « *quand la puissance publique n'apparaît pas au premier plan, le contrat seul peut créer l'effet de droit et, dans ce domaine aussi, il y a contrat toutes les fois qu'il y a concours de volontés* » et création d'obligations[188]. En revanche, l'auteur remarque que, fréquemment, en droit public, c'est davantage d'union que d'obligations réciproques dont il s'agit. Dans ce cas, « *le droit commun des contrats doit être totalement écarté et les litiges* [...] *doivent être réglés d'après des principes différents, fondés sur cette idée primordiale que le fonctionnement du service public doit être assuré d'une manière ininterrompue et au mieux des intérêts du public qui en use* »[189]. L. DUGUIT explique cette situation à l'aide du terme union et développe une doctrine analogue à celle de l'Institution pour expliquer une partie du procédé conventionnel de l'administration. Particulièrement au sujet des concessions, dont la vocation est de durer et d'associer le cocontractant de l'administration à l'action administrative, l'auteur préfère l'expression d'union plutôt que de contrat en vue d'insister sur l'idée d'œuvre commune qui transparaît de l'exécution de ces actes[190]. Il est possible toutefois de nuancer ce facteur d'autonomie puisque l'union est également une donnée du droit des contrats privés. En ce sens, dès 1931, R. DEMOGUE énonce que « *les contractants forment une sorte de microcosme. C'est une petite société où chacun doit travailler dans un but commun* [...] *à l'opposition entre le droit du créancier et l'intérêt du débiteur tend à se substituer une certaine union* [...] *un devoir de collaboration* »[191]. Se fondant sur l'article 6 du Code civil, G. RIPERT reconnaît aussi que « *tout contrat est une union. Il crée entre*

---

187 J.A. BRODERICK, « La notion d'"institution" de Maurice Hauriou dans ses rapports avec le contrat en droit positif français », *op. cit.*, p. 150 : au sujet des contrats administratifs, « *Leur aspect "institutionnel" rend ces transactions moins propres à une analyse contractuelle* », l'auteur propose la notion de « *contrats institutionnels* » concernant la « *situation où les deux parties* [...] *conserveraient leurs identités distinctes, et où la transaction serait interprétée comme une "communion fondatrice" dans une sorte d'entreprise coordonnée* » répondant aux exigences de la justice distributive, de la continuité et de la prospérité de l'entreprise, p. 159.

188 DUGUIT Léon, *Traité de droit constitutionnel, Tome 1, La règle de droit, le problème de l'Etat*, 2ème éd., Paris : E de BOCCARD, 1921, p. 272.

189 DUGUIT Léon, *Traité de droit constitutionnel, Tome 1, La règle de droit, le problème de l'Etat, ibid.*, p. 314.

190 DUGUIT Léon, *Traité de droit constitutionnel, Tome 1, La règle de droit, le problème de l'Etat, ibid.*, p. 313, au sujet des concessions.

191 DEMOGUE René, *Traité des obligations en général,* Tome 6, Paris : A. Rousseau, 1931, p. 9.

le créancier et le débiteur une petite société temporairement constituée pour une fin déterminée. Cette petite société ne peut être formée que si elle ne compromet pas la vie et le fonctionnement du corps dans lequel elle prétend vivre »[192]. L'union se présente en réalité potentiellement comme une référence commune au phénomène contractuel en droit privé et en droit administratif, bien que l'union administrative puisse revêtir une toute autre dimension.

Troisièmement, il convient de mentionner d'autres propositions doctrinales visant principalement les concessions dont la nature contractuelle fait l'objet de controverses[193]. Certains auteurs vont alors disséquer l'acte en plusieurs éléments dont l'un seulement est de nature contractuelle. L. DUGUIT met en avant la théorie de l'acte mixte afin de nuancer la nature contractuelle des concessions. Pour l'auteur, celles-ci sont composées d'un acte règle et d'un acte condition. Les clauses règlementaires (acte-règle) sont celles qui « *seraient possibles dans un règlement unilatéral fixant l'exploitation d'un service public non concédé* ». Les clauses contractuelles sont celles qui « *ne sont recevables que lorsqu'il y a concession* » et qui « *seraient impossibles si le service public était exploité directement* »[194]. Dans le même sens, du point de vue de ses composantes, R. BONNARD considère que la concession est un acte complexe, constituée notamment d'un acte contractuel[195]. Il est ainsi possible de mettre en évidence ce caractère composé de la convention en droit administratif à l'aide de l'opération administrative mêlant acte contractuel et acte unilatéral au sein d'une même unité juridique. Du point de vue de ses

---

[192] RIPERT Georges, « L'ordre économique et la liberté contractuelle », *in Recueil d'études sur les sources du droit en l'honneur de François Gény*, Tome II, Les sources générales des systèmes juridiques actuels, Paris : Sirey, 1977, p. 347.

[193] DRAGO Roland, « Paradoxe sur les contrats administratifs », *in Etudes offertes à Jacques FLOUR*, Paris : Defrénois, 1979, p. 152 : « *La tentation, pour les commissaires du gouvernement et les auteurs, de transposer les règles de la concession dans les marchés publics et de considérer que la concession est le type même du contrat administratif. Et si la concession était au contraire, une situation exorbitante par rapport à la théorie du contrat administratif ?* ». Ce phénomène semble s'expliquer par le fait que la concession concernait la majeure partie des contrats administratifs et de la jurisprudence ; voir aussi BLONDEAU Ange, *La concession de service public, Etude d'histoire du droit administratif*, Grenoble, 1929, p. 82 : L'auteur reprend l'analyse de Léon DUGUIT et qualifie la concession de service public comme « Le *plus administratif des contrats administratifs* ». Cependant l'auteur critique cette conception et défend la nature contractuelle des concessions de service public à l'aune de l'arrêt du CE 22 juillet 1927 « *Syndicat des employés du secteur électrique de la Seine* ». Il précise que le « *caractère légal et règlementaire des clauses organiques de service* » n'ouvrent pas la voie du recours en excès de pouvoir, mais permettent l'application d'un régime exorbitant (p. 168 et 169).

[194] DUGUIT Léon, *Traité de Droit Constitutionnel*, Tome 3, la Théorie générale de l'Etat, (suite et fin), 2ème éd., Paris : E de Boccard, 1923, p. 446 ; MELLERAY Fabrice, « Léon Duguit », *in Le renouveau de la doctrine Française*, HAKIM Nader et MELLERAY Fabrice (dir), Paris : Dalloz, 2009.

[195] BONNARD Roger, *Précis élémentaire de droit administratif*, Paris : Sirey, 1926, p. 338 : la concession serait composée d'un vrai contrat si l'on s'intéresse à la garantie de l'équilibre financier, d'un acte condition et d'un acte règlementaire. La prégnance des considérations relatives au service public nuance la nature contractuelle.

manifestations, l'idée d'acte mixte appliquée à la concession n'est pas forcément à exclure[196], permettant de mettre en évidence deux phases composant l'acte : « *dans une première phase, il y a création d'un véritable contrat par la recherche de deux ou plusieurs volontés ayant, sinon des motifs, du moins des buts identiques. Cependant les effets de ce contrat ne se déroulent pas uniquement entre les parties : c'est ici que se situe la seconde phase. Le contrat* [...] *produit de véritables effets règlementaires* »[197].

Les insuffisances de l'analyse du contrat administratif expliquent vraisemblablement l'absence de la théorie générale du contrat administratif des années 1820 aux années 1930. En revanche, il est possible d'en percevoir les prémisses dans l'apparition de formulations connexes à la théorie générale du contrat administratif de 1820 à 1930.

Paragraphe 2. L'apparition de formules connexes à la théorie générale du contrat administratif de 1820 à 1930

Malgré l'absence manifeste de l'expression au sein du discours doctrinal classique, il est néanmoins possible de deviner les premiers éléments de la théorie générale du contrat administratif dès les années 1820-1930. Ainsi que l'explique R. LATOURNERIE, les notions se forment progressivement et de façon complexe. En ce sens, « *avant qu'une institution domine pleinement son domaine, si indiscutés que soient ses titres et la qualité de ses antécédents, il s'écoule nécessairement une certaine durée* »[198]. De même que « *toute construction juridique doit* [...] *se présenter comme ces édifices où l'architecte a pris la précaution de laisser latéralement des pierres d'attente, pour permettre le raccordement éventuel des constructions de l'avenir* »[199]. Par exemple, M. UBAUD-BERGERON met en évidence l'existence d'une pluralité attachée à la notion de droits réels en droit administratif, laquelle s'exprime par l'absence d'unité concernant le statut de l'occupant du domaine, les titres constitutifs de droit réels ou l'objet du droit réel, ce qui traduit « *la difficulté qu'a le droit administratif à s'approprier pleinement cette notion de*

---

[196] Cf. concl ODENT, CE, 5 mai 1944, *Compagnie générale des Eaux*, DC, 1944, J.121.

[197] MADIOT Yves, *Aux frontières du contrat et de l'acte administratif unilatéral : recherches sur la notion d'acte mixte en droit public français*, Paris : LGDJ, 1971, p. 28. Dans une conception différente, dès les années 1950, dans ses cours, Charles EISENMANN avait déjà qualifié les contrats administratifs d'actes mixtes eu égard notamment à la mixité organique (personne publique / personne privée) : EISENMANN Charles, *Cours de droit administratif*, Paris : LGDJ, Tome 1 : 1982, Tome 2 : 1983.

[198] LATOURNERIE Roger, « Essai sur les méthodes juridictionnelles du Conseil d'État », *in Livre Jubilaire du Conseil d'État*, Paris : Sirey, 1952, p. 177, spéc. p. 208.

[199] LATOURNERIE Roger, « Essai sur les méthodes juridictionnelles du Conseil d'État », *op. cit.*, p. 219.

droit réel »[200]. Or, tout comme en ce qui concerne la notion de droit réel, il est possible de noter une certaine difficulté à s'approprier les notions contractuelles en droit administratif. En revanche, c'est par petites touches, via des formulations connexes, que la conceptualisation du contrat administratif se forme lentement. Dans les manuels classiques de droit administratif, il est ainsi possible de déceler des principes (A), des règles générales ou encore des droits communs (B) intéressant les contrats administratifs bien avant que ne soit clairement formalisée la théorie générale du contrat administratif.

A. L'apparition de principes intéressant les contrats administratifs

L'examen des manuels de droit administratif classiques permet de souligner « *l'importance accordée à la formulation de principes généraux, concept élaboré dans le cadre des méthodes doctrinales bien avant d'inspirer le juge administratif* »[201]. Significative, la formulation des principes en droit administratif des contrats n'est toutefois pas univoque et présente deux caractères principaux, à savoir une vocation fonctionnelle (1) et une fonction didactique (2).

1. Des principes fonctionnels en droit des contrats administratifs

Il est possible de mentionner l'existence de principes fonctionnels, c'est-à-dire de principes dont la vocation est essentiellement de concourir à l'application d'un régime juridique spécifique. Ces principes se situent dans le cadre d'une première approche majoritairement empiriste du contrat administratif puisqu'ils constituent l'expression directe du droit applicable aux contrats administratifs. En ce sens, dès 1823 et indépendamment de toute formulation théorique, De CORMENIN démontre que l'analyse du contrat administratif suppose de dégager « *quelques principes généraux, applicables à tous les cas* » et particulièrement le principe de force obligatoire du contrat, sachant que ce dernier constitue la loi des parties[202]. Ce caractère empirique se dégage également de l'analyse effectuée par L. AUCOC, lequel évoque l'existence de

---

[200] UBAUD-BERGERON Marion, « La notion de droit réel en droit administratif », *in* TUSSEAU Guillaume (dir.), *Les notions juridiques*, coll. Etudes juridiques, Paris : Economica, 2009, p. 85, spéc. p. 100.

[201] FORTSAKIS Théodore, *Conceptualisme et empirisme en droit administratif français*, *op. cit.*, p. 90 ; l'auteur explique, p. 93 : « *L'existence de ces principes authentifie, en quelque sorte, l'existence d'un droit administratif ; la formulation de ces principes est faite cependant avec suffisamment de souplesse pour laisser subsister des brèches capables de résorber les secousses que provoquent à chaque coup les multiples changements législatifs ou jurisprudentiels* ».

[202] De CORMENIN, *Questions de droit administratif*, *op. cit.*, p. CC et 317.

« *principes généraux du contrat de concession de travaux publics* »[203] qui constituent le droit positif applicable à ces contrats administratifs spéciaux. Plus encore, concernant les marchés de fournitures, E. LAFERRIERE explique que « *dans le silence du cahier des charges, les principes généraux sont applicables, parce qu'ils édictent des règles de justice et de raison qui dominent tous les contrats* »[204]. Plus généralement, regardant la légitimité des interventions du législateur dans l'exécution des contrats, L. DUGUIT affirme que ces immixtions constituent certes une grave restriction à la liberté des contrats, elles ne violent toutefois pas « *les principes du droit supérieur* ». Dans ce cas, le principe d'intangibilité des situations subjectives applicable aux contrats administratifs est à mettre en relation avec le principe de non application des lois nouvelles aux contrats conclus[205].

Caractérisant une conceptualisation relativement primaire, les principes fonctionnels ont le mérite d'opérer une première généralisation, un effort de systématisation sur le droit applicable soit à l'ensemble des contrats administratifs, soit à l'une des catégories de contrats de l'administration. D'ailleurs, poursuivant cet effort, il est aisé de remarquer qu'à ces principes fonctionnels à vocation « utile » viennent s'ajouter des principes dont l'intérêt est davantage didactique.

2. Des principes didactiques relatifs aux contrats administratifs

Les principes relatifs aux contrats administratifs se teintent d'une coloration conceptuelle plus affirmée lorsqu'ils deviennent didactiques. Leur spécificité réside alors dans leur potentiel en termes d'explication du droit positif et non plus dans la simple application d'un régime juridique propre. Ces principes sont le signe du perfectionnement de la recherche en droit des contrats administratifs et l'illustration du phénomène suivant lequel le discours doctrinal dépasse peu à peu le stade des principes empiriques pour préférer une approche plus conceptuelle[206]. Il faut par exemple mentionner l'ouvrage de G. JEZE intitulé Les principes généraux du droit administratif[207], au sein duquel les principes constituent des « *constructions doctrinales, destinées à rendre plus intelligible l'objet étudié* » bien que « *des recoupements entre les deux types de principes sont dans la logique des choses dès lors que les présentations doctrinales dont il s'agit ici s'efforcent de dégager des fondements d'une*

---

203 AUCOC Léon, *Conférences sur l'administration et le droit administratif faites à l'école des ponts et chaussées, op. cit.*

204 LAFERRIERE Edouard, *Traité de la juridiction administrative et des recours contentieux*, Tome 2, Paris : Berger-Levrault, 1888, p. 135.

205 DUGUIT Léon, *Traité de droit constitutionnel,* Tome 4, Les libertés publiques, 2ème éd., Paris : Cujas, 1923, p. 308-309.

206 Sur le processus d'évolution, voir FORTSAKIS Théodore, *Conceptualisme et empirisme en droit administratif français, op. cit.*

207 JEZE Gaston, *Les principes généraux du droit administratif, op. cit.*

matière, les lignes de force et de mettre en cohérence les solutions »[208]. La visée explicative et pédagogique de ces principes, notamment en droit des contrats administratifs, leur donne le caractère de « *précepte* »[209]. Autrement-dit, le principe constitue certes « *l'exposé de l'ensemble des règles qui composent le droit positif, ou tout au moins une discipline déterminée. Il traduit* [néanmoins] *un effort de construction : l'exposé est conduit suivant une certaine méthode ; les développements s'ordonnent autour d'idées maîtresses* »[210]. Ces principes, construits en parallèle de la réglementation et de la jurisprudence, témoignent de la naissance d'un réel travail doctrinal et conceptuel encore embryonnaire sur le(s) contrat(s) administratif(s).

La formulation de principes fonctionnels et didactiques en doctrine classique met en lumière un processus de constitution progressive d'une réflexion doctrinale sur le contrat administratif, ce que l'apparition de règles générales et de droits communs applicables aux contrats administratifs confirme.

B. L'apparition de règles générales et de droits communs applicables aux contrats administratifs

A côté des principes, la doctrine classique recourt fréquemment à l'idée de règles générales applicables aux contrats administratifs (1). A cet égard, il faut dès à présent souligner que ces règles générales ne sauraient être l'apanage de la jurisprudence. Au contraire, leur exposé se retrouve en doctrine et témoigne d'une certaine ambiance de droit public[211] qui se dégage des contrats administratifs dès les années 1820 et que la doctrine identifie de la sorte. Il en va de même des droits communs présents au sein du discours doctrinal, lesquels illustrent un réel processus de stigmatisation autour des contrats administratifs (2) et qui, combinés aux règles générales et aux principes, constituent autant de préludes à l'apparition de la théorie générale du contrat administratif.

1. Des règles générales des contrats administratifs

Si l'on se réfère à la doctrine administrativiste classique, une double remarque s'impose : premièrement, il apparaît que les auteurs utilisent fréquemment l'expression « règles générales » dans l'étude des contrats administratifs

---

208 CAUDAL Sylvie (dir.), « Rapport introductif », *Les principes en droit*, Etudes juridiques, Paris : Economica, 2008.

209 MORVAN Pascal, *in* ALLAND Denis et RIALS Stéphane, *Dictionnaire de la culture juridique*, Quadrige, Paris : PUF, 2003, p. 1202.

210 BOULANGER Jean, « Les principes généraux du droit et droit positif », *in Le droit privé français au milieu du XXe siècle, Etudes offertes à Georges Ripert,* Tome 1, Paris : LGDJ, 1950, p. 54.

211 WEIL Prosper « Le critère du contrat administratif en crise », *in Le juge et le droit public, Mélanges offerts à Marcel WALINE,* Tome II, Paris : LGDJ, 1974, p. 847.

spéciaux. Deuxièmement, à la lecture des manuels de droit administratif classique, il faut nuancer le caractère conceptuel de telles formulations : les règles générales ainsi reconnues par la doctrine de 1820 aux années 1930 concernent en réalité les règles de droit positif applicables aux différents contrats administratifs spéciaux.

En ce sens, De GERANDO limite son propos aux marchés de l'Etat et met en exergue l'existence de « *quelques règles générales qui embrassent tous les marchés passés au nom et pour le compte de l'Etat* »[212], mais également de règles générales applicables aux marchés de travaux publics et aux marchés de fournitures conclus pour les besoins des services publics. Un exemple dont l'actualité est frappante peut d'ailleurs être relevé. Bien avant que le droit de l'Union européenne ne vienne imposer des obligations dans le cadre de la passation des contrats de la commande publique, l'exigence de mise en concurrence est qualifiée par De GERANDO de règle générale[213], alors que, suivant les termes de Th. DUCROCQ, la publicité et la concurrence sont assimilées à des règles à suivre en principe[214]. L. AUCOC quant à lui expose les « *règles générales relatives à l'exécution des travaux publics* »[215], tandis que R. BONNARD évoque des règles générales qui sont « *les mêmes pour tous les travaux exécutés par chaque service public* »[216]. Les travaux de M. HAURIOU traduisent aussi implicitement cette vocation à la conceptualisation des règles générales. L'auteur explique qu'« *en matière de contrats administratifs notamment, il faut se défier de l'assimilation avec les contrats ordinaires* », car leur exécution se traduit par la mise en œuvre de « *règles spéciales, qui sont des règles de droit public, et proprement des règles de droit administratif* »[217]. L'auteur entend ici désigner la spécificité des règles applicables aux contrats

---

212 De GERANDO, *Institutes du droit administratif français ou éléments du Code administratif réunis et mis en ordre*, Tome 1, *op. cit.*, p. 56.

213 De GERANDO, *Institutes du droit administratif français ou éléments du Code administratif réunis et mis en ordre, ibid.*, p.56, voir aussi tome 4, p. 246 : la « *règle générale et commune à toutes les branches de dépenses publiques, c'est que dans toutes les circonstances où elles donnent lieu à une entreprise c'est-à-dire à l'emploi de l'industrie privée, par une convention ou un marché, la plus grande et la plus libre concurrence doit être provoquée par les adjudications publiques* », et p. 364 : « *petit nombre de règles générales* » applicables aux marchés de fournitures passés pour les services publics.

214 DUCROCQ Théophile, *Cours de Droit administratif*, 2ème éd., *op. cit.*, p. 163.

215 AUCOC Léon, *Conférences sur l'administration et le droit administratif faites à l'école des ponts et chaussées*, Tome 2, *op. cit.*, p. 95 ; réitération dans AUCOC Léon, *Conférences sur l'administration et le droit administratif faites à l'école des ponts et chaussées*, Tome 3, 2ème éd., Paris : Dunod, 1882 p. 632.

216 BONNARD Roger, *Précis de droit administratif*, Partie générale, Paris : Sirey, 1935, p. 476.

217 HAURIOU Maurice, *Précis de droit administratif contenant le droit public et le droit administratif*, *op. cit.*, p. 406, v. aussi p. 666, l'auteur évoque l'existence d'un « *contrat spécial qui a ses règles à lui ; qu'il doit s'inspirer des règles générales des contrats, mais qu'il ne faut point étendre par analogie les règles des contrats spéciaux du Code civil ou du Code de commerce qui présentent avec lui quelque parenté. C'est d'ailleurs la règle que nous avons posée pour tous les contrats administratifs* ».

administratifs en ce sens qu'il convient de les concilier avec de nombreuses règles générales dont relèvent les contrats de droit privé.

Quoique les règles générales soient identifiées dans le cadre de l'étude des contrats spéciaux, l'analyse effectuée a le mérite de démontrer que la formule est bien présente dès les années 1820. Il convient alors de nuancer l'opinion émise suivant laquelle la construction de la théorie générale du contrat administratif est largement issue de la jurisprudence du juge administratif, et particulièrement du Conseil d'Etat, lequel serait « *parvenu à dégager une véritable théorie générale en étendant la portée de (ces) règles à l'ensemble des contrats administratifs* »[218]. En effet, l'expression de règle générale, communément imputée au Conseil d'Etat et assimilée fréquemment à la contribution de la haute juridiction à la théorie générale du contrat administratif, est en réalité latente dans les ouvrages doctrinaux classiques. Voilà de quoi relativiser un peu le rôle conféré au Conseil d'Etat dans l'élaboration de la théorie générale du contrat administratif[219] et désigner cette dernière en référence à ce qu'elle est intrinsèquement, une construction doctrinale.

En outre, si la genèse de la théorie générale du contrat administratif ressort des écrits de la doctrine administrativiste classique – à ce stade encore envisagée à travers le prisme des contrats nommés – à l'aune des règles générales applicables aux contrats administratifs, l'idée de droit commun est elle aussi présente et confirme l'existence d'une première réflexion globale sur les contrats.

2. Des droits communs des contrats administratifs

En 1852, VIVIEN part du postulat selon lequel les contrats passés entre les gouvernants et les gouvernés sont conclus pour le compte de l'Etat et considère par analogie que « *divers seulement par leur objet, ils sont intrinsèquement les mêmes, la loi et les règlements les ont soumis à des règles communes* »[220]. Également, il est fréquemment avancé que les cahiers des charges incarnent des droits communs aux contrats administratif, si bien que Th. DUCROCQ énonce que certaines de leurs clauses étant applicables à tous « *forment le droit commun des travaux publics* »[221]. En revanche, parfois et conformément à la jurisprudence accessible de cette période, les auteurs recourent à l'expression de droit commun pour caractériser le droit commun du contrat,

---

[218] BRENET François, « La théorie du contrat administratif, Evolutions récentes », *op. cit.*, n°919.

[219] RICHER Laurent et LICHERE François, *Droit des contrats administratifs, op. cit.*, p. 14, les auteurs affirment que « *la théorie générale du contrat administratif* [...] *a été élaborée par les efforts conjugués de la jurisprudence et de la doctrine. Les textes législatifs et règlementaires n'y ont contribué que pour une moindre part* ».

[220] VIVIEN, *Etudes administratives*, Tome 1, 2ème éd., Paris : Guillaumin, 1852, p. 335.

[221] DUCROCQ Théophile, *Cours de Droit administratif,* 2ème éd., *op. cit.*, p. 115, *idem* DUCROCQ Théophile, *Cours de droit administratif,* 6ème éd., Paris : Thorin, 1881, Tome 1, p. 293.

applicable au contrat administratif comme au contrat de droit privé. L. DUGUIT fervent opposant à la distinction entre droit administratif et droit privé du contrat défend d'ailleurs cette notion de « *droit commun* » du contrat et invite à « *bannir de la langue du droit cette expression de contrat de droit privé et de droit public et parler seulement de contrat* »[222]. L'idée de droit commun du contrat – qu'elle constitue un argument en faveur d'une théorie générale propre au contrat administratif ou à l'inverse contre l'idée d'une spécificité du régime du contrat administratif – caractérise incontestablement l'ancrage en doctrine d'une vision unitaire et englobante sur l'acte contractuel.

L'apparition de règles générales et de droits communs intéressant les contrats administratifs dans les travaux doctrinaux dès les années 1820 témoigne de ce que, s'il a été possible d'affirmer que le contrat administratif n'est pas né contrat[223], la théorie générale du contrat administratif n'est pas non plus née *ex nihilo* et qu'elle est encore moins le résultat de l'œuvre de la jurisprudence du XXème siècle[224]. Elle est le fruit d'un long processus de réflexion doctrinale portant sur l'action administrative dans un contexte d'affermissement progressif du droit administratif comme discipline[225].

Conclusion de la section

Le recours à l'Histoire permet d'expliquer l'absence de l'expression théorie générale du contrat administratif du discours doctrinal des années 1820 aux années 1930, les auteurs étant confrontés de prime abord au contrat administratif sous les formes des contrats nommés. Les analyses concernent donc les contrats administratifs spéciaux avant le contrat administratif au singulier. Se généralisent d'ailleurs les notions de principes, règles générales et droits communs applicables aux différents contrats administratifs existants. Ce n'est qu'à partir de la diffusion et de la multiplication de ces travaux encore trop empreints d'empirisme – car s'attachant essentiellement à la description du droit des contrats administratifs – qu'a pu se développer et se préciser une réflexion

222 DUGUIT Léon, *Traité de droit constitutionnel*, Tome 3, *op. cit.*: Sur les créances de l'Etat, « *quand il y a un contrat, il faut appliquer le droit commun. La créance existe au moment où le contrat est formé suivant la théorie générale et s'il n'y a rien de particulier à dire* » (p. 381). Pour l'auteur, il faut « *une fois pour toutes, bannir de la langue du droit cette expression de contrat de droit privé et de droit public et parler seulement de contrat* » (p. 403) ; voir également ROUQUETTE Rémi, *Droit des marchés publics et contrats publics spéciaux, L'exécution des marchés publics*, Le Moniteur, IV.111.2, p. 8 : « *Ce régime inclut cependant des règles de droit commun, parfois réinterprétées par le juge administratif sous forme de principes dont s'inspire telle disposition du Code civil, parfois appliquées purement et simplement* ».

223 GAUDEMET Yves, « Le contrat administratif, un contrat hors-la-loi », *op. cit.*

224 Contrairement à ce qui est communément admis, par ex., De LAUBADERE André, *Traité élémentaire de droit administratif*, 3ème éd. Paris : LGDJ, 1963, p. 31-32.

225 Voir en ce sens notamment la proposition de De GERANDO d'élaborer un code administratif : De GERANDO, *Institutes du droit administratif français ou éléments du Code administratif réunis et mis en ordre*, Tome 1, *op. cit.*, p. 6.

réellement conceptuelle, visant davantage à ordonner et rationnaliser la matière existante pour laisser émerger progressivement l'expression de théorie générale du contrat administratif.

Section 2. L'affirmation progressive de la théorie

La période des années 1930-1980 est marquée par l'avènement du contrat administratif en tant que mode d'action publique[226] dans un contexte d'intensification de l'interventionnisme public. A ce titre, la doctrine s'intéresse de plus en plus au droit administratif appréhendé essentiellement du point de vue de l'action administrative, ses modalités et ses critères[227]. Corrélativement au perfectionnement du contrat en droit administratif, la notion de théorie générale du contrat administratif apparaît en doctrine sans que l'on ne soit encore assuré de l'existence d'une signification unique[228]. Ainsi que l'explique Ch. GUETTIER avec perplexité, « *au tournant des XIXe et XXe siècles, la nouveauté a consisté dans l'élaboration progressive d'une prétendue théorie générale du contrat administratif* »[229]. L'affirmation de la théorie générale du contrat administratif à partir des années 1930 présente en effet une dualité : d'une part, elle fait l'objet d'une consécration doctrinale progressive (Paragraphe 1), tandis que d'autre part, il est possible de relever quelques hésitations autour de la théorie générale du contrat administratif (Paragraphe 2). Il s'agit surtout de reconnaitre avec B. PLESSIX qu'« *une théorie ne sort jamais achevée des écrits d'un seul auteur, fût-il le plus illustre de sa génération ; une théorie nécessite une longue maturation que seules les contributions apportées par d'autres auteurs sont susceptibles de lui conférer* »[230].

Paragraphe 1. La consécration de l'expression par la doctrine

G. JEZE est généralement élevé au rang de « *père de la théorie des contrats administratifs qu'il a à peu près tirée du néant* »[231], de sorte que la doctrine y renvoie fréquemment lorsqu'il s'agit d'analyser le contrat administratif. Par exemple, lorsque L. ROLLAND entend traiter du contrat administratif, il se réfère aux écrits de G. JEZE et indique en note de bas de page : « *Sur la théorie*

---

226 CONSEIL D'ETAT, *Le contrat, mode d'action publique et de production de normes*, EDCE 2008, n° 59, Paris : La Documentation française, 2008.

227 Rappr. MELLERAY Fabrice, « Marcel Waline et la manière française contemporaine de faire du droit administratif », *RFDA* 2014.145 ; VENEZIA Jean-Claude, « Complément au Printemps de la jeune recherche Gaston Jèze », *RFDA* 2012.1229.

228 JEZE Gaston, *Théorie générale des contrats de l'administration*, *op. cit.* ; PEQUIGNOT Georges, *Contribution à la Théorie générale du Contrat administratif*, *op. cit.* ; De LAUBADERE André, *Traité théorique et pratique des contrats administratifs*, *op. cit.*, 1956.

229 GUETTIER Christophe, *Droit des contrats administratifs*, *op. cit.*, p. 26.

230 PLESSIX Benoît, *L'utilisation du droit civil dans l'élaboration du droit administratif*, *op. cit.*, p. 398.

231 VEDEL Georges, *Droit administratif*, Tome 2, Thémis, Paris : PUF, 1959, p. 589.

des contrats de l'administration, v. les articles de M. JEZE »[232]. Malgré l'apport incontestable de G. JEZE à la théorie générale du contrat administratif, force est de reconnaître que sa consécration est davantage le résultat d'une histoire doctrinale sur le contrat administratif dont la manifestation la plus aboutie mérite certainement d'être alléguée à la thèse de G. PEQUIGNOT. Toujours est-il que la réception doctrinale des œuvres de ces deux auteurs (A) permet l'affermissement et la diffusion d'une conception qui sera dominante de la théorie générale du contrat administratif (B).

A. L'apport de l'œuvre de G. JEZE et de la thèse de G. PEQUIGNOT à la théorie générale du contrat administratif

La consécration de la théorie générale du contrat administratif est le fruit d'un travail de façonnage sur une matière première encore brute. Ainsi, si l'œuvre de G. JEZE ne constitue pas exactement LE moment, elle révèle une réflexion théorique générale relative au contrat administratif et constitue une contribution substantielle déterminante (1). C'est d'ailleurs quelques années plus tard que, s'appuyant notamment sur cet apport, G. PEQUIGNOT édifie une théorie générale du contrat administratif à la base d'une conception qui sera dominante (2). Il apparaît ainsi que, comme le souligne J.-P. CHAZAL, la théorie du contrat « *n'est qu'un filet destiné à capter l'univers du contrat, à le rendre rationnel, l'expliquer et le maîtriser* » qui comporte pour une part une « *illusion de neutralité* », car « *la doctrine y joue un rôle constructif* »[233]. Et c'est ce rôle que les modalités d'apparition de la théorie générale du contrat administratif trahissent.

1. La contribution de G. JEZE à la théorie générale du contrat administratif

Dès 1904, G. JEZE classe les actes des gouvernants selon leur contenu, au sein desquels l'acte administratif contractuel se distingue en ce qu'il nécessite le « *concours de volonté de celui pour lequel une situation juridique nouvelle va être créée* »[234]. C'est en revanche la publication de ses cours de droit public en 1930 et notamment la partie intitulée Théorie générale des contrats de l'administration[235] qui constitue la première esquisse d'une théorie générale du

---

232 ROLLAND Louis, *Précis de droit administratif*, Précis Dalloz, 4ème éd., Paris : Dalloz, 1932, p. 52.

233 CHAZAL Jean Pascal, « De la théorie générale à la théorie critique du contrat », *RDC*, 1er décembre 2003, n° 1, p. 27.

234 JEZE Gaston, *Les principes généraux du droit administratif*, *op. cit.*, p. 60.

235 JEZE Gaston, *Cours de droit public (licence), professé à la Faculté de Droit de Paris pendant le 1er semestre 1929-1930, Théorie générale des contrats de l'administration, formation et exécution*, Paris : Giard, 1930, p. 3 ; v. également JEZE Gaston, *Théorie générale des contrats de l'administration*, *op. cit.*

contrat administratif. L'auteur reconnaît que tous les contrats de l'administration sont régis par des règles communes concernant l'administration, telles que celles relatives à la compétence, au libre consentement, à l'objet, aux motifs déterminants et aux formes. Il n'en demeure pas moins vrai que les contrats administratifs restent soumis à des règles spéciales ; un « *régime de droit public* »[236] résultant de la collaboration du cocontractant à l'exécution du service public. G. JEZE explique ainsi que le contrat administratif proprement dit est « *conclu en vue d'assurer le fonctionnement d'un service public et soumis à des règles spéciales* » et qu'à ce titre, il forme une catégorie[237]. Seulement, l'auteur expose le régime juridique applicable aux contrats conclus par l'administration et présente les spécificités attachées à ceux-ci, sans pour autant définir précisément une théorie générale du contrat administratif. Plus encore, si l'on s'attache aux propos de l'auteur, son ambition est de formuler des « *théories générales communes aux contrats administratifs* »[238], il ne s'agit manifestement pas de proposer « la » ou « une » théorie générale du contrat administratif. A l'évidence, l'objectif poursuivi est de présenter les règles juridiques applicables aux contrats de l'administration – de droit administratif comme de droit privé – c'est-à-dire leur formation et exécution (Vol. 1, Partie 1, 1934), la rémunération du cocontractant (Vol. 2, Partie 2, 1936), la sanction des obligations contractuelles et la fin des contrats (Vol. 3, Partie 3, 1936).

En conséquence, bien que dans la troisième édition de l'ouvrage Les principes généraux du droit administratif, G. JEZE fasse référence en note de bas de page à la « théorie générale des contrats administratifs »[239] pour renvoyer au Tome 3 de son œuvre, en réalité, il est plus juste de rester fidèle au titre originel pour évoquer l'idée d'une théorie des contrats de l'administration. Cette construction doctrinale contient en effet une étude détaillée des différents contrats passés par les personnes publiques relevant soit du droit administratif, soit du droit privé[240]. Nonobstant, par ses travaux, G. JEZE procède à l'une des premières systématisations juridiques portant sur les contrats de l'administration. Mais il faut bien comprendre que l'utilisation du pluriel dans le titre annonce implicitement des développements qui intéressent chacun des

---

[236] JEZE Gaston, *Cours de droit public (licence), professé à la Faculté de Droit de Paris pendant le 1er semestre 1929-1930, Théorie générale des contrats de l'administration, formation et exécution, op. cit.* p. 3.

[237] JEZE Gaston, *Cours de droit public (licence), professé à la Faculté de Droit de Paris pendant le 1er semestre 1929-1930, Théorie générale des contrats de l'administration, formation et exécution, ibid.*, p. 3.

[238] JEZE Gaston, *Théorie générale des contrats de l'administration, op. cit.*, p.6.

[239] JEZE Gaston, *Les principes généraux du droit administratif, Notion de service public, les individus au service public, le statut des agents publics,* Livre 2, 3ème éd. Paris : Giard, note de bas de page : « *Pour la théorie des contrats administratifs, voyez* » (le Tome 3), p. 5 et 14.

[240] Dans le même sens, voir la formulation de ROLLAND Louis, *Précis de droit administratif,* Précis Dalloz, 11ème éd., Paris : Dalloz, 1957, p. 49 relativement à la théorie des actes l'auteur explique que « *la théorie des contrats de l'administration* [...] *ne concerne, parmi les actes plurilatéraux, que ceux qui sont vraiment des contrats* ».

principaux contrats de l'administration : les concessions de service public, les marchés de travaux publics et les marchés de fournitures. Ce pluriel témoigne surtout du caractère encore relativement empirique de l'analyse effectuée, de l'état embryonnaire de la théorie générale du contrat administratif, ce que souligne d'ailleurs G. PEQUIGNOT en 1945 dans sa Théorie générale du Contrat administratif[241].

2. L'apport de G. PEQUIGNOT à la constitution de la théorie générale du contrat administratif

La thèse de G. PEQUIGNOT marque un certain aboutissement doctrinal : se substitue désormais à une première posture empirique, le conceptualisme nécessaire à l'affirmation de la théorie générale. Dès l'introduction, l'auteur pose d'ailleurs la question suivante : « *au-delà de l'étude de chaque contrat administratif envisagé isolément, n'y a-t-il pas place pour une théorie générale commune à tous les contrats administratifs ?* »[242]. Sa recherche traduit la volonté de disposer d'un « *instrument contractuel abstrait* », d'une « *généralisation* » qui soit « *applicable à tout contrat administratif par nature* »[243]. Il émet ainsi l'hypothèse d'une « *théorie générale du contrat administratif* » en référence aux « *règles qui sont de leur essence à tous* »[244] et qui se trouvent dans la jurisprudence. L'ambition affichée dépasse néanmoins le stade de la simple retranscription du droit positif parce qu'il entend établir l'originalité et l'unité du contrat administratif par rapport au contrat de droit privé[245]. Plus encore, il souhaite « *doter le droit administratif du moule, de la forme, qui lui permettra de vêtir indistinctement tous les contrats innomés* »[246]. Poursuivant une démarche théorique, G. PEQUIGNOT fonde la spécificité du contrat administratif sur l'idée de prérogatives propres à l'administration, justifiées par la gestion d'intérêts publics (p. 8) et de missions de services publics (p. 178).

---

241 PEQUIGNOT Georges, *Contribution à la Théorie générale du Contrat administratif*, *op. cit.*, p. 5 : l'auteur dénonce l'étude par contrat nommé de G. JEZE et revendique une théorie générale du contrat administratif tout en consacrant des développements conséquents relatifs à chaque contrat nommé.

242 PEQUIGNOT Georges, *Contribution à la Théorie générale du Contrat administratif*, *ibid.*, p. 2.

243 PEQUIGNOT Georges, *Contribution à la Théorie générale du Contrat administratif*, *ibid.*, p. 2 et s.

244 PEQUIGNOT Georges, *Contribution à la Théorie générale du Contrat administratif*, *ibid.*, p. 2 et 3.

245 PEQUIGNOT Georges, *Contribution à la Théorie générale du Contrat administratif*, *ibid.*, p. 573 : « Le *contrat administratif nous apparaît maintenant avec sa physionomie particulière qui l'assimile plus à un acte administratif proprement dit qu'à un contrat de droit privé* ».

246 PEQUIGNOT Georges, *Contribution à la Théorie générale du Contrat administratif*, *ibid.*, p. 56, l'auteur entend « *tenter de doter le droit administratif (qui ne possède jusqu'ici que des vêtements sur mesure pour quelques contrats nommés), du moule, de la forme, qui lui permettra de vêtir indistinctement tous les contrats innomés, laissant aux nécessités pratiques, aux préoccupations et à l'ingéniosité des praticiens, le soin d'en modeler les détails* », p. 56.

Cette démonstration lui permet d'asseoir le particularisme attaché à la notion de contrat administratif, pour exposer avec cohérence les critères du contrat administratif, sa formation, ses effets ainsi que son contentieux. L'expression « théorie générale du contrat administratif » est donc utilisée pour décrire, fonder et expliquer une réalité positive[247] recouvrant le droit commun du contrat tout en considérant le contrat administratif dans sa généralité et son unité, son essence et sa fonction. Sa conception théorique amène à « *analyser ces traits* [« *qui sculptent la physionomie propre au contrat administratif* »], *les décrire, les expliquer, les systématiser* »[248].

Prenant appui sur les publications de ses prédécesseurs et, particulièrement, sur les recherches effectuées par G. JEZE, les travaux de G. PEQUIGNOT constituent vraisemblablement la première formulation nette d'une conception qui sera dominante de l'expression « théorie générale du contrat administratif ». Une conceptualisation propre au contrat administratif figure désormais au sein de la science administrative, si bien que la doctrine s'approprie aussitôt cette théorie générale qui passe du statut d'expression absente à celui d'expression incontournable du droit administratif.

B. La diffusion de la théorie générale du contrat administratif au sein du discours doctrinal

L'affirmation en 1983 suivant laquelle « *le contrat administratif, lorsque l'on observe le régime juridique de son exécution, apparaît ainsi, en conséquence des données générales qui lui sont propres, comme un système d'équilibre global, animé d'une vie particulière, d'un dynamisme ignoré du contrat civil* »[249] est le résultat d'une diffusion de la conception dominante, voire « *canonique* »[250], de la théorie générale du contrat administratif. Elle s'établit à partir de l'apport à la matière de G. JEZE et G. PEQUIGNOT. Les administrativistes s'y réfèrent massivement et viennent y ajouter les analyses concomitantes portant sur l'action administrative effectuées notamment par M. HAURIOU et L. DUGUIT. En ce sens, l'œuvre d'A. de LAUBADERE est un exemple emblématique d'appropriation de la théorie générale du contrat administratif (1) qui se généralise peu à peu en doctrine administrativiste (2)

---

[247] Une conception analogue se retrouve en droit privé : ATIAS Christian, *Epistémologie juridique*, Droit fondamental, Paris : PUF, 1985, n° 83 ; SAVAUX Éric, *La théorie générale du contrat, mythe ou réalité ?, op. cit.* ; CHAZAL Jean Pascal, « De la théorie générale à la théorie critique du contrat », *op. cit.*, p. 27.

[248] PEQUIGNOT Georges, *Contribution à la Théorie générale du Contrat administratif, op. cit.*, p. 8.

[249] De LAUBADERE André, MODERNE Franck, DELVOLVE Pierre, *Traité des contrats administratifs*, Tome 1, *op. cit.*, p. 11.

[250] V. FRIEDRICH Clemmy, *Histoire doctrinale d'une mise en discours : des contrats de l'administration au contrat administratif, op. cit.*, p. 811.

1. L'appropriation de la théorie générale du contrat administratif en doctrine, l'exemple de l'œuvre d'A. de LAUBADERE

Prolongeant l'entreprise, A. de LAUBADERE décrit en 1946 le « *particularisme de la théorie du contrat administratif* »[251], bien que l'attention de la doctrine soit portée davantage sur les trois Tomes de son Traité théorique et pratique des contrats administratifs de 1956. Dans cette œuvre, dont l'exhaustivité mérite d'être soulignée, l'auteur prend pour point de départ la distinction entre le contrat administratif et les contrats de droit commun de l'administration pour rendre compte de la différence existante entre gestion publique et gestion privée[252]. Il caractérise ainsi le contrat administratif à l'aune de « *traits généraux* », au sein desquels il convient d'inclure des « *théories fondamentales et des règles de détail* » issues de la jurisprudence. A. de LAUBADERE reconnaît ensuite le « *particularisme* » de la « *catégorie* » que forme le contrat administratif pour mentionner la « *théorie du contrat administratif* », la « *théorie générale du contrat administratif* » ou la « *théorie juridique des contrats administratifs* »[253]. La théorie générale du contrat administratif semble envisagée davantage comme un postulat que comme une construction propre à l'auteur. Il apparaît effectivement que l'emploi de ces expressions procède, non d'une démonstration théorique mais d'une assimilation des œuvres de G. JEZE et G. PEQUIGNOT – qu'il mentionne d'ailleurs en bibliographie – comme base aux développements consacrés au régime juridique du contrat administratif, fondé sur les notions de prérogatives administratives, de service public et d'intérêt général[254]. Du reste, la réédition en 1963 du Traité élémentaire de droit administratif précise encore l'idée d'une acception convenue de la théorie générale en ce sens que l'« *autonomie de la théorie du contrat administratif* » se manifeste par l'existence d'un « *régime foncièrement autonome* » matérialisant les exigences du service public et de l'intérêt général primant sur les intérêts particuliers[255]. Cette conception se retrouve d'ailleurs sous la plume de nombreux administrativistes et témoigne de la diffusion par généralisation de la notion de théorie générale du contrat administratif.

---

251 De LAUBADERE André, *Manuel de droit administratif, conforme au programme des facultés de droit et écoles d'enseignement supérieur*, Paris : LGDJ, 1946, p. 186.

252 De LAUBADERE André, *Traité théorique et pratique des contrats administratifs, op. cit.*

253 De LAUBADERE André, *Traité théorique et pratique des contrats administratifs, ibid.*, notamment : p. 22 et p. 85 : « *théorie du contrat administratif* », p. 94, p. 100 et 101 : « *théorie générale du contrat administratif* », p. 137 : « *théorie juridique des contrats administratifs* ».

254 De LAUBADERE André, *Traité théorique et pratique des contrats administratifs, ibid*, p. 19 et s.

255 De LAUBADERE André, *Traité élémentaire de droit administratif, op. cit.*, p. 281.

2. La généralisation de la théorie générale du contrat administratif en doctrine administrativiste

L'ouvrage de M. WALINE rend compte de la généralisation d'une approche théorique sur le contrat administratif particulièrement lorsqu'il défend l'idée suivant laquelle « *la théorie des contrats présente en droit administratif d'importantes différences avec la théorie correspondante du droit privé* »[256] en raison du but qui lui est attribué, tenant à la satisfaction de l'intérêt public et, plus précisément, tendant à l'organisation et au fonctionnement d'un service public. Comme A. de LAUBADERE, l'auteur fait expressément référence aux travaux de G. JEZE et montre qu'il existe un droit contractuel spécifique fondé sur l'utilité publique et les raisons impérieuses d'intérêt public[257].

Dans la continuité, J. RIVERO reconnaît aussi l'apport de G. JEZE en la matière[258] pour renvoyer plus précisément aux travaux d'A. de LAUBADERE[259]. A cet égard, il explique que si certains contrats administratifs sont prévus et règlementés[260], ils sont surtout complétés par les apports de la jurisprudence, qui a permis l'affermissement d'une « *théorie générale du contrat administratif* »[261] applicable aux contrats administratifs spéciaux ainsi qu'aux contrats innomés. L'auteur indique alors que la distinction entre le contrat administratif et le contrat de droit privé, qui s'exprime dans la théorie générale du contrat administratif, résulte de ce que « *la personne publique met en œuvre un certain nombre de prérogatives liées à la primauté de l'intérêt général dont elle a la garde, et qui la placent, par rapport à son cocontractant, en position de supériorité* ».

---

[256] WALINE Marcel, *Traité élémentaire de droit administratif*, 5ème éd. Paris : Sirey, 1950, p. 523.

[257] WALINE Marcel, *Droit administratif*, Traités Sirey, 9ème éd. Paris : Sirey, 1963, p. 11 et 15.

[258] RIVERO Jean, *Droit administratif*, Paris : Dalloz, 1960. D'emblée Jean RIVERO reconnaît les apports de la doctrine antérieure, et signale l'importance du *Traité de droit constitutionnel* de Léon DUGUIT, du *Précis de droit administratif* de Maurice HAURIOU ou des *Principes généraux du droit administratif* de Gaston JEZE.

[259] RIVERO Jean, *Droit administratif*, *ibid.*, p. 222.

[260] RIVERO Jean, *Droit administratif*, *ibid*, p. 91 et s., ce sont les marchés de fournitures, marchés de transport, concessions de service public, concessions de travail public, emprunts publics, offres de concours.

[261] RIVERO Jean, *Droit administratif*, *ibid.*, p. 27, suivant les termes de l'auteur, « *C'est* [...] *à l'occasion de la détermination des cas dans lesquels le juge administratif, plutôt que le juge judiciaire, devait connaître un litige portant sur un contrat qu'a été élaborée la Théorie du contrat administratif* », et p. 91 : « Le*s plus anciens, et les plus importants, sont prévus et règlementés, au moins en partie, par des textes ; les règles ainsi posées ont été complétées par la jurisprudence ; elle a dégagé pour se faire un corps de principes communs qui constituent la théorie générale des contrats administratifs, et qui trouvent leur application même en dehors des contrats spéciaux réglementés par les textes* ».

Dans le même sens, G. VEDEL fait hommage aux écrits d'A. de LAUBADERE, G. JEZE et G. PEQUIGNOT[262] et énonce que « *si* [...] *le juge administratif est compétent, c'est la théorie des contrats administratifs, radicalement différente de la théorie civiliste qui jouera* »[263]. L'auteur insiste d'ailleurs sur la spécificité lorsqu'il révèle que *« l'autonomie du droit administratif est beaucoup plus perceptible si l'on envisage la théorie des contrats administratifs que si l'on envisage la théorie de la responsabilité* »[264]. De la sorte, l'auteur élabore sa conception du contrat administratif sur le fondement de la soumission à un « *régime de puissance publique* », lequel traduit une ambiance, « *une contexture générale* »[265].

Il en résulte qu'au-delà des divergences doctrinales quant aux formulations employées – « théorie générale du contrat », « théorie du contrat administratif », « théorie juridique des contrats administratifs », « théorie des contrats », « théorie des contrats administratifs » ...[266] –, une convergence vers une vision théorique portant sur le contrat administratif se dégage.

L'analyse des principaux ouvrages de droit administratif entre 1930 et les années 1980 témoigne de l'affermissement d'un discours théorique relativement univoque qui s'appuie sur le droit commun du contrat administratif, bien que chaque auteur accorde un intérêt particulier[267] aux principaux contrats administratifs nommés (marchés de travaux publics, concessions de travaux publics, concessions de services publics, marchés de fournitures et de transports). Si cette dernière remarque pourrait laisser perplexe quant à l'élaboration d'une véritable théorie générale du contrat administratif, toujours est-il que les approches doctrinales de cette période manifestent une réflexion théorique exhaustive, générale et globalisante sur le contrat administratif.

La notion de « théorie générale du contrat administratif » permet ainsi à la doctrine de faire référence au droit commun, au régime juridique – essentiellement jurisprudentiel – du contrat administratif, au sein duquel se manifestent

[262] VEDEL Georges, *Droit administratif, Licence 2ème année*, 4ème éd. Paris : PUF, 1968, p. 202.

[263] VEDEL Georges, *Droit administratif*, Tome 1, Thémis, Paris : PUF, 1958, p. 31.

[264] VEDEL Georges, *Droit administratif, Licence 2ème année*, *op. cit.*, p. 202 à 235, voir aussi p. 301.

[265] VEDEL Georges, *Droit administratif, Licence 2ème année*, *ibid*, p. 204 et p. 221 : L'auteur affirme que « *la contexture générale du régime des contrats administratifs s'exprime-t-elle par deux idées : l'existence au profit de l'Administration de prérogatives exorbitantes du droit commun des contrats ; le droit du cocontractant au respect de l'équilibre financier* ».

[266] « *Théorie générale du contrat* » pour Georges PEQUIGNOT et Jean RIVERO, « *théorie du contrat administratif* », « *théorie générale du contrat administratif* » ou « *théorie juridique des contrats administratifs* » pour André de LAUBADERE ou encore « *théorie des contrats administratifs* » pour Georges VEDEL.

[267] Par exemple, Georges PEQUIGNOT (p. 5) dénonce l'étude par contrat nommé de Gaston JEZE, et revendique une théorie générale *du* contrat administratif tout en consacrant des développements conséquents relatifs à chaque contrat nommé.

des prérogatives administratives, dont le principe réside dans les notions d'intérêt général[268] et/ou de service public et dont le contentieux relève du droit administratif. Respectant le concept de théorie tel qu'Y. GAUDEMET l'a analysé, et qui renvoie à « *toute explication – ou tentative d'explication – de l'ensemble d'une discipline, bénéficiant d'une certaine cohérence interne et ayant une portée explicative universelle à l'intérieur de cette discipline* »[269], cette conception dominante peine cependant à dissimuler la persistance d'hésitations.

Paragraphe 2. La persistance d'hésitations autour de la théorie générale du contrat administratif entre 1930 et 1983

La consécration de la théorie générale du contrat administratif et sa diffusion au sein du discours doctrinal administrativiste traduisent une mutation dans l'étude du contrat administratif. Toutefois, certaines ambigüités méritent d'être soulignées : d'abord, la doctrine des années 1930 aux années 1980 reste attachée à des formulations connexes à la théorie générale. Elle recourt ainsi aux notions de principes, règles générales et droits communs (A). Ensuite, malgré une utilisation fréquente de l'expression en doctrine et l'invitation d'un Commissaire du gouvernement, le juge refuse de consacrer la notion : la théorie générale du contrat administratif reste cantonnée au discours doctrinal (B).

A. L'affermissement doctrinal des principes, règles et droits communs applicables aux contrats administratifs entre 1930 et 1983

La théorie générale du contrat administratif a su s'imposer dès les années 1930 grâce à la réalisation d'un travail inductif reposant sur une conceptualisation des principes, règles générales et droits communs applicables aux contrats administratifs nommés – éléments dégagés par la doctrine entre les années 1820 et 1930. Mais, parallèlement, il faut signaler que cette évolution dans l'étude du contrat administratif a aussi permis l'affermissement de principes (1), règles (2) et droits communs (3) du contrat administratif (au singulier). Ainsi, l'approche relativement empirique du contrat administratif demeure et vient autant concurrencer qu'alimenter la théorie générale du contrat administratif tout juste consacrée en doctrine.

---

[268] Georges PEQUIGNOT évoque l'« intérêt public » pour ensuite l'assimiler implicitement à l'intérêt général (cf sa thèse p. 76).
[269] GAUDEMET Yves, *Les méthodes du juge administratif*, *op. cit.*, p. 32.

1. Principes et théorie générale du contrat administratif

Il a été vu que les principes peuvent avoir une vocation explicative, pédagogique, conceptuelle. Les principes ne sauraient donc être exclus de l'analyse du contrat administratif. Ils illustrent au contraire, selon G. PEQUIGNOT, le génie propre du contrat administratif. D'ailleurs, quelques années avant, G. JEZE adopte une conception large lorsqu'il explique que « *le principe fondamental qui domine la théorie des contrats de l'administration est celui-là même qui domine le Droit moderne ; c'est le respect de la parole donnée* [...] *exécuter leurs obligations respectives de bonne foi dans les conditions où elles ont été stipulées. Ce principe essentiel ne comporte pas de développements spéciaux. Il est capital* »[270]. L'auteur évoque ensuite « *un principe fondamental* » des contrats administratifs constitué de l'exigence d'exécution personnelle[271], ce « *principe général* » selon lequel tout contrat administratif comporte une sanction[272] ainsi qu'un « *un principe général qui vaut pour tous les contrats administratifs* » relatif au pouvoir de modification unilatérale[273].

Plus encore, l'étude de la doctrine administrativiste permet de saisir une certaine tendance à présenter le contrat administratif grâce à l'exposé de ses « *principes propres* », de « *principes spéciaux régissant les contrats administratifs* »[274] ou de « *principes généraux* »[275]. Suivant les termes d'A. de LAUBADERE, il existe des « *principes communs de la théorie générale des contrats de l'administration* »[276], tandis que pour J. RIVERO, la jurisprudence a élaboré « *un corps de principes communs, qui constituent la théorie générale du contrat administratif* »[277]. Dès lors, une analogie semble effectuée entre la théorie générale et différents principes : ces derniers renvoient à l'existence de « *règles premières* » qui « *guident le juge qui en est l'artisan autant que l'interprète* » tandis que, « *c'est fréquemment autour d'un de ces principes*

---

[270] JEZE Gaston, *Théorie générale des contrats de l'administration, op. cit.*, p. 180.
[271] JEZE Gaston, *Théorie générale des contrats de l'administration, ibid.*, p. 193.
[272] JEZE Gaston, *Théorie générale des contrats de l'administration, ibid.*, p. 216 et 315.
[273] JEZE Gaston, *Théorie générale des contrats de l'administration, ibid.*, p. 224.
[274] VEDEL Georges, *Droit administratif*, Tome 1, *op. cit.* p. 108 et Tome 2, *op. cit.*, p. 375.
[275] RIVERO Jean, *Droit administratif, op. cit.*, p. 92.
[276] De LAUBADERE André, *Traité théorique et pratique des contrats administratifs, op. cit.*, Tome 1, p. 11 ; voir également LLORENS François, « Typologie des contrats de la commande publique », *op. cit.*, étude 7 : « *principes fondamentaux qui régissent ces contrats qu'ils soient issus de leur théorie générale telle que l'a dégagée la jurisprudence administrative ou du corps de normes (constitutionnelles ou communautaires) désormais applicables aux contrats de la commande publique* ».
[277] RIVERO Jean, *Droit administratif, op. cit.*, p. 91 et s., ce sont les marchés de fournitures, marchés de transport, concessions de service public, concessions de travail public, emprunts publics, offres de concours.

que s'articule une théorie »[278]. Cette confusion apparente entre théorie et principe se retrouve d'ailleurs dans le recours aux règles applicables au contrat administratif.

2. Règles et théorie générale du contrat administratif

Aux côtés des principes, en doctrine, les règles générales sont peu à peu appréhendées comme des émanations de la théorie générale du contrat administratif. Par exemple, le titre même de la Théorie générale des contrats de l'administration de G. JEZE explicite la relation entre les règles et la théorie générale des contrats administratifs ; de même lorsqu'il reconnaît qu'une « *idée est à la base des règles spéciales qui dominent l'exécution des obligations des contrats administratifs* »[279]. Il consacre le pouvoir de résiliation unilatérale comme « *règle de la théorie des contrats administratifs* »[280] et démontre que cette prérogative fait partie des « *règles générales inhérentes aux contrats administratifs* »[281]. Dans le même sens, G. PEQUIGNOT met en corrélation la théorie générale avec la présentation des « *règles qui sont de leur essence à tous* »[282]. Quelques années plus tard, M. WALINE, dans un sens comparable et suivant son « *positivisme techniciste* »[283], explique que la spécificité de la théorie des contrats administratifs par rapport à la théorie du contrat en droit privé procède de la différence des règles juridiques et, plus particulièrement, de l'existence de « *règles communes à tous les contrats administratifs* »[284]. La doctrine semble unanime pour considérer que « *la théorie générale des contrats administratifs comporte toute une série de règles caractéristiques* »[285] ou, comme l'affirme J. RIVERO, qu'elle se compose des « *règles générales applicables à tout contrat administratif en tant que tel, et*

---

[278] GAUDEMET Yves, *Les méthodes du juge administratif, op. cit.* p. 34.
[279] JEZE Gaston, *Cours de droit public (licence), professé à la Faculté de Droit de Paris pendant le 1er semestre 1929-1930, Théorie générale des contrats de l'administration, formation et exécution, op. cit.*, p. 184.
[280] JEZE Gaston, *Théorie générale des contrats de l'administration, op. cit.*, p. 198.
[281] JEZE Gaston, *Théorie générale des contrats de l'administration, ibid.* p. 208.
[282] PEQUIGNOT Georges, *Contribution à la Théorie générale du Contrat administratif, op. cit.*, p. 2 et 3.
[283] MELLERAY Fabrice, « Marcel Waline et la manière française contemporaine de faire du droit administratif », *op. cit.*, n° 145.
[284] WALINE Marcel, *Traité élémentaire de droit administratif, op. cit.*, p. 527, voir aussi p. 523 « *la théorie des contrats présente en droit administratif d'importantes différences avec la théorie correspondante du droit privé* ». Il explique ensuite (p. 527) que « *toutes les différences* [...] *résultent, non d'une différence dans la nature intime du contrat, mais des différences que présentent les règles juridiques définissant leurs obligations respectives et constituant leur statut légal (ou jurisprudentiel)* ».
[285] De LAUBADERE André, *Traité théorique et pratique des contrats administratifs, op. cit.*, p. 100.

inhérentes à sa nature »[286]. Il en ressort une confusion entre les termes théorie, principe et règles, confusion à laquelle vient s'ajouter l'expression de droit commun.

3. Principes, règles, droit commun et théorie générale du contrat administratif

G. VEDEL défend l'autonomie du droit administratif à l'aune de l'argument suivant lequel « *les règles du Code civil relatives aux contrats ne s'appliquent pas aux contrats administratifs* »[287]. Il illustre ensuite la théorie générale du contrat administratif à l'aide des « *principes spéciaux régissant les contrats administratifs* »[288]. Plus encore, il estime que les cahiers des charges constituent une « *sorte de "droit commun" des marchés administratifs et certaines de leurs règles ont été regardées par la jurisprudence comme reflétant des principes généraux du droit des contrats administratifs* »[289]. La notion de droit commun s'ajoute ainsi à l'éventail des termes usités pour représenter le contrat administratif, sachant que ce droit commun est en fait propre au contrat administratif – à ne pas confondre avec le droit commun du contrat. Cette nuance est fondamentale, elle ressort par exemple de l'analyse proposée par J. BRETHE de La GRESSAYE, qui précise que les « *contrats administratifs se distinguent des contrats de Droit privé, que l'Administration peut aussi conclure suivant le droit commun, par des règles particulières de forme* [...] *et surtout par des règles de fond qui dérogent gravement aux principes du droit contractuel* »[290]. Le droit commun contractuel, assimilé au droit civil est donc clairement différent du droit commun ici envisagé, ce dernier faisant alors figure de droit commun du contrat administratif mais... exorbitant du droit commun.

Le discours doctrinal des années 1930 à 1983 indique que plusieurs notions se retrouvent véritablement dans une relation de substituabilité sans que l'on ne soit en mesure de définir la fonction, le rôle et la place à attribuer à chacune. Dans les ouvrages de droit administratif, la théorie générale du contrat administratif se voit ainsi concurrencée par des principes, des règles générales et un droit commun applicables aux contrats administratifs. Cette diversité accrédite un sentiment d'incertitude lorsqu'il s'agit de définir précisément la théorie générale du contrat administratif et de spécifier son rapport avec les

---

[286] RIVERO Jean, *Droit administratif*, *op. cit.*, p. 99. Voir aussi ROUQUETTE Rémi, Le moniteur, *Droit des marchés publics et contrats publics spéciaux, L'exécution des marchés publics*, IV.111.2, p. 8 : « *règles générales valables pour tous les contrats administratifs* ».
[287] VEDEL Georges, *Droit administratif*, Tome 1, *op. cit.*, p. 24.
[288] VEDEL Georges, *Droit administratif*, Tome 2, *op. cit.*, p. 375.
[289] VEDEL Georges, *Droit administratif*, Tome 2, *op. cit.*, p. 600.
[290] BRETHE de La GRESSAYE Jean, « Droit administratif et droit privé », *in Le droit privé français au milieu du XXe siècle, Etudes offertes à Georges Ripert*, Tome 1, Paris : LGDJ, 1950, p. 310.

principes, règles générales ou droit commun, d'autant plus qu'à cette époque, les formulations retenues en droit positif alimentent les incohérences.

B. La tentative avortée de consécration de la théorie générale du contrat administratif en droit positif en 1983

L'affirmation de la théorie générale du contrat administratif est le résultat d'un travail doctrinal de conceptualisation progressive entrepris dès les années 1820 pour trouver une présentation complète dans la thèse de G. PEQUIGNOT en 1945 et dont la diffusion avalise l'existence d'une conception dominante en doctrine. Ce constat invite nécessairement à se demander si, en droit positif, une telle mutation a également été opérée. Autrement dit, se pose la question de savoir si, entre 1930 et les années 1980, la consécration doctrinale de la théorie générale s'est accompagnée d'une reconnaissance en droit positif car, comme le rappelle H. KELSEN, « *toute tentative visant à définir un concept doit partir de l'usage courant du mot qui dénote ce concept* »[291]. La recherche effectuée au sein du droit positif des années 1930 à 1983 relativement à l'expression de théorie générale du contrat administratif permet de constater davantage le recours à une notion de « théorie » (1), mais également une tentative avortée de consécration par un rapprochement habile entre la théorie générale et les règles générales applicables au contrat administratif (2).

1. Le recours à la théorie dans le droit positif applicable au contrat administratif

Il faut souligner dès à présent le rôle des commissaires du gouvernement dans la consécration éventuelle de la théorie générale du contrat administratif en droit positif. Par exemple, sous l'arrêt du Conseil d'Etat rendu le 9 décembre 1932, *Cie des tramways de Cherbourg*[292], le commissaire du gouvernement M. JOSSE évoque l'évolution de la « *théorie de l'imprévision* » mais le Conseil d'Etat n'emploie que le terme « imprévision ». En revanche, quelques années plus tard, l'expression théorie, appliquée au contrat administratif, apparaît dans la circulaire du 20 novembre 1974 portant « *indemnisation des titulaires de marchés publics en cas d'accroissement imprévisible de leurs charges économiques (Application de la théorie de l'imprévision)* »[293]. Ce texte consacre la théorie jurisprudentielle de l'imprévision, usitée dès 1916, et

---

[291] KELSEN Hans, *Théorie générale du droit et de l'Etat*, 1945, trad. B. Laroche, V. Faure, Paris : LGDJ - Bruylant, 1997, p. 56.

[292] CE Ass. 9 décembre 1932, n° 89655, *Cie des tramways de Cherbourg, Lebon* p. 1050.

[293] Circulaire du 20 novembre 1974, *relative à l'indemnisation des titulaires de marchés publics en cas d'accroissement imprévisible de leurs charges économiques (Application de la théorie de l'imprévision)*, *JORF* du 30 novembre 1974 page 11971. V. aussi l'annexe I-III (car elle se réfère à la précédente) à la circulaire du 10 février 1976, *relative à la détermination des prix de règlement dans les marchés publics*, *JORF* du 7 mars 1976, p. 1492.

traduit les interactions entre le juge administratif et la règlementation[294]. Les termes de la circulaire explicitent en outre la relation en doctrine entre théorie et principe puisqu'il apparaît que « *de la jurisprudence relative à l'exécution des contrats administratifs se dégagent quelques principes généraux susceptibles d'être invoqués par les titulaires de marchés* [...] *l'imprévision* ». Malgré tout, si le terme théorie apparaît dans le titre, force est de constater sa rareté dans le texte, exception faite de la précision suivant laquelle « *il n'y a pas lieu de recourir à la théorie de l'imprévision si le marché comporte un mécanisme de révision des prix* ». Plus encore, le recours à cette notion pose deux difficultés : la première résulte de ce que cette référence concerne un cas de figure particulier qui survient lors de l'exécution du contrat administratif, excluant l'idée de généralité de la théorie générale du contrat administratif. La seconde réside dans la valeur juridique des circulaires, lesquelles sont en principe interprétatives et sans valeur normative, hormis le cas où le juge détermine leur

[294] CE, 30 mars 1916, n° 59928, *Compagnie générale d'éclairage de Bordeaux*, *Lebon*. p. 125, concl. CHARDENET ; AUTIN Jean-Louis, « 50è anniversaire des Grands arrêts de la jurisprudence administrative, Les grands arrêts disparus », *RFDA* 2007.242 : « Le*s interactions entre la jurisprudence et la loi sont fréquentes en droit administratif, mais le plus souvent le législateur intervient pour conforter ou consacrer un principe ou un ensemble de règles qui ont été peu à peu dégagés par le juge* ». Cette idée se voit d'ailleurs confirmée par le droit positif en vigueur : le décret n° 2015-154 du 11 février 2015 approuvant le contrat de partenariat passé entre SNCF Réseau et la SAS Gare de la Mogère pour la conception, la construction, l'entretien, la maintenance et le financement du pôle d'échange Multimodal Montpellier Sud de France énonce que suite à la réalisation d'une modification unilatérale d'un contrat administratif, «*lorsque la mise en œuvre de ces modifications entraîne des surcoûts ou pertes de toute nature pour le titulaire, ce dernier dispose d'un droit à compensation du préjudice subi conformément aux principes dégagés par la jurisprudence administrative.* ». Ce décret prévoit également que dans le cas où « le *bouleversement de l'équilibre économique du contrat serait ou deviendrait irrémédiable, la résiliation du contrat peut être prononcée par SNCF-R ou, à la demande du titulaire, par le juge administratif, dans les conditions et selon les principes dégagés par la jurisprudence du conseil d'Etat* » et que « *au cas où un événement présentant les caractéristiques de la force majeure rend impossible l'exécution du contrat pendant une période d'au moins douze (12) mois, ou est de nature à rendre impossible l'exécution du contrat pour une période qui va nécessairement dépasser douze (12) mois, la résiliation du contrat peut être prononcée par SNCF-R, ou, à la demande du titulaire, par le juge administratif, dans les conditions et selon les principes dégagés par la jurisprudence du Conseil d'Etat, y compris s'agissant des modalités d'indemnisation du titulaire* ». Dans le même sens, une note à la circulaire du 18 janvier 2010 relative aux relations entre les pouvoirs publics et les associations : conventions d'objectifs et simplification des démarches relatives aux procédures d'agrément confirme l'origine jurisprudentielle de principes applicables au contrat administratif : « *La résiliation du contrat pour motif d'intérêt général ouvrant par ailleurs droit à indemnité est un principe général de droit des contrats administratifs. Il fait l'objet d'une jurisprudence constante : Conseil d'Etat du 2 mai 1958, affaire commune de Magnac-Laval. Elle s'applique d'office sans qu'il y ait lieu de la mentionner* ».

caractère impératif[295]. D'ailleurs, saisi de la circulaire précitée du 20 novembre 1974[296], le Conseil d'Etat conclut à l'absence de valeur normative.

Un examen du droit positif du contrat administratif entre les années 1930 à 1983 permet de constater que s'il est possible de retrouver la notion de théorie, à aucun moment le pouvoir législatif, règlementaire ou jurisprudentiel ne saisit l'opportunité que constitue la règlementation ou encore le contentieux contractuel pour consacrer la théorie générale du contrat administratif, malgré une tentative remarquée.

2. La tentative de rapprochement en droit positif entre les règles générales et la théorie générale du contrat administratif

Il est important de signaler que le juge administratif recourt aux « règles (générales) applicables au contrat administratif » : le Conseil d'Etat consacre cette expression à propos à la mise en œuvre du pouvoir de résiliation unilatérale pour motif d'intérêt général, qualifié de « *règle applicable aux contrats administratifs* », dans la décision du 2 mai 1958, *Distilleries de Magnac-Laval*[297]. Le pouvoir de modification unilatérale du contrat, dont dispose la personne publique cocontractante, est, quant à lui, désigné comme « *règle générale applicable aux contrats administratifs* » par un arrêt du Conseil d'Etat rendu le 2 février 1983[298] ; cet arrêt reconnaît également implicitement la valeur de règle générale au principe d'équilibre financier du contrat[299]. Mais, si une relation peut être établie entre cette expression et la théorie générale du contrat administratif, il semble néanmoins plus juste de considérer les règles générales comme de simples indices regardant la théorie générale du contrat administratif. En effet, à l'occasion d'un arrêt rendu le 9 décembre 1983, *SA d'études, de participation et de développement*, le juge administratif s'est trouvé devant l'alternative d'emprunter le vocable de « théorie générale du contrat administratif » ou de rester fidèle à sa jurisprudence la plus proche : le

---

[295] Voir conclusions M. TRICOT sur CE Ass., 29 janvier 1954, *Institution Notre Dame du Kreisker, Lebon* 64, *RFDA* 1954.53 ; CE Sect., 18 décembre 2002, n° 233618, *Mme Duvignères, Lebon* p. 463, *GAJA* 18ème éd., 2011, n° 110.

[296] CE, 8 janvier 1982, n° 27028, *Lebon* p 665 : « *Considérant que les circulaires du 7 novembre 1973 et du 20 novembre 1974 qui ont servi de base aux appréciations successives de l'administration n'ont pas de caractère règlementaire et ont pour seul objet de fournir des références aux maîtres d'ouvrage* ».

[297] CE Ass, 2 mai 1958, n° 32401, *Distilleries de Magnac-Laval, Rec.* p. 246, *AJDA* 1958.282, concl. M. KAHN, *D.* 1958, p. 730, note A. de LAUBADERE, le juge évoque alors un pouvoir qui appartient à l'administration « *en tout état de cause, en vertu des règles applicables aux contrats administratifs* ».

[298] CE, 2 février 1983, n° 34027, *Union des transports publics urbains et régionaux, Lebon* p. 33, *RDP* 1984.212, note J.-M. AUBY ; HOEPFFNER Hélène, *La modification du contrat administratif, op. cit.* Ce pouvoir renvoie au principe d'adaptation du service public.

[299] « *Les modifications ainsi apportées ne doivent pas être incompatibles avec le mode de gestion choisi, les auteurs du décret attaqué se sont bornés à faire application des règles générales applicables aux contrats administratifs* ».

Conseil d'Etat ayant, quelques mois précédant cette espèce, qualifié le pouvoir de modification unilatérale dont il est ici question de règle générale applicable aux contrats administratifs[300].

Précisément, dans le cadre de cette affaire, les conclusions de B. GENEVOIS[301] sont explicites : le commissaire du gouvernement identifie cette prérogative en tant qu'« *élément de la théorie générale des contrats administratifs* ». L. RICHER et F. LICHERE précisent d'ailleurs, en s'appuyant sur ces conclusions, que le pouvoir de modification unilatérale ne peut être supprimé en ce sens qu'il est lié au pourvoir d'organiser le service public dont il constitue une application[302]. Néanmoins, si le juge n'a pas suivi les conclusions, leur apport mérite d'être souligné pour deux raisons : d'une part, cette invitation à l'adresse du juge administratif de consacrer jurisprudentiellement la notion de « théorie générale des contrats administratifs » traduit manifestement l'aboutissement d'un processus de formation doctrinale. Surtout, cette expression était déjà apparue dans les conclusions de l'avocat général H. MAYRAS présentées le 16 juin 1977 devant la Cour de justice[303], tout comme les notions de « *théorie des contrats* » – dont l'avocat général M. LAGRANGE souligne le caractère doctrinal[304] – et de « *théorie générale des contrats, en droit civil* »[305]. D'autre part, force est de constater que le Conseil d'Etat choisit délibérément de ne pas reprendre la formulation proposée par le commissaire du gouvernement, attestant implicitement du caractère fondamentalement doctrinal de la théorie générale du contrat administratif.

Cette tentative avortée de consécration devant le Conseil d'Etat et son absence au sein de la règlementation accentuent la relative insaisissabilité de l'expression lors du processus de formation de la conception dominante de la théorie générale du contrat administratif. La raison réside peut-être tout simplement dans le fait que le droit positif, qu'il soit issu de la règlementation ou

---

300 CE, 2 fév. 1983, n° 34027, *Union des transports publics urbains et régionaux, Lebon*, p. 33, *RDP* 1984.212, note J.-M. AUBY ; HOEPFFNER Hélène, *La modification du contrat administratif, op. cit.*

301 GENEVOIS Bruno, concl. sur CE Sect., 9 décembre 1983 *SA d'étude, de participation et de développement*, *RFDA* 1984.39.

302 RICHER Laurent et LICHERE François, *Droit des contrats administratifs, op. cit.*, p. 251-253.

303 Conclusion de l'avocat général H. MAYRAS présentées le 16 juin 1977 devant la Cour de justice dans l'affaire *Bavaria fluggesellshaft et Germanair / Eurocontrol*, Aff. 9 et 10/77, Recueil de la jurisprudence de la Cour, spéc. p. 1528 : « *illustration de la théorie des contrats administratifs comportant des clauses exorbitantes du droit commun* ».

304 Conclusions de l'avocat général M. LAGRANGE, présentées le 29 mai 1952 devant la Cour de justice, sous les affaires *SNUPAT c. Haute Autorité de la Communauté européenne du charbon et de l'acier*, n° 32/58, 33/58 et *SAFE c. Haute Autorité de la Communauté européenne du charbon et de l'acier*, n° 42/58, Recueil de la jurisprudence de la Cour, spéc. p. 325.

305 Conclusions de l'avocat général M. LAGRANGE, présentées le 15 novembre 1956 devant la Cour de justice, dans l'affaire *Mlle Miranda Mirossevich c. Haute Autorité de la Communauté européenne du charbon et de l'acier*, n°10/55, Recueil de la jurisprudence de la Cour, spéc. p. 414 et 416.

de la jurisprudence, ne saurait avoir pour fonction d'élaborer des « théories générales ». Des théories sont certes consacrées, mais il n'en va pas de même de la théorie générale du contrat administratif, de telle sorte que l'examen du droit positif des années 1930 à 1983 indique la préférence du juge pour l'empirisme. Aussi, bien que le juge s'approprie certaines terminologies doctrinales et que la règlementation s'inspire de certains termes tels que « théorie », « principe » ou « règles générales », la diffusion doctrinale de la théorie générale et l'existence d'une communauté de langage n'a pas permis l'avènement, en droit positif, d'une telle conceptualisation.

Conclusion de la section et du chapitre

La théorie générale du contrat administratif est incontestablement le résultat d'une histoire que l'on peut faire débuter autour des années 1820. Mais c'est progressivement qu'elle trouve la conformation nécessaire à sa confirmation dans la thèse de G. PEQUIGNOT en 1945. Plus exactement, une lente maturation explique l'absence de l'expression de théorie générale du contrat administratif au sein du discours doctrinal des années 1820 aux années 1930. Le contrat administratif apparaît d'abord dissimulé sous une multitude de contrats et dans le cadre d'analyses portant sur les contrats administratifs spéciaux. Les premières conceptualisations voient néanmoins le jour et se développe ensuite une réflexion sur les contrats administratifs qui laisse émerger l'expression de théorie générale du contrat administratif. Elle s'apparente alors au droit commun, au régime juridique – essentiellement jurisprudentiel – du contrat administratif, au sein duquel se manifestent des prérogatives administratives, dont le principe réside dans les notions d'intérêt général et/ou de service public et dont le contentieux relève du droit administratif. Pour autant, le recours complémentaire et concomitant aux « principes », « règles générales » ou « droit commun » dans le cadre de présentations doctrinales portant sur le contrat administratif laisse deviner la persistance d'hésitations ouvrant une brèche à la remise en cause.

Chapitre 2. La crise de la conception dominante

La « crise » est un terme complexe qui peut caractériser tout aussi bien le droit du contrat administratif que l'« *état de la doctrine* » sur la matière[306]. Elle peut, en outre, être multiforme et peut tout autant caractériser un état de permanence qu'une crise de croissance ou une crise de vieillesse[307]. Cette idée de crise renvoie néanmoins, en son sens courant, à la « *manifestation aigue d'un trouble* [...] *une période difficile* »[308]. A cet égard, il convient de remarquer que nombre d'auteurs manifestent un sentiment d'inquiétude et de questionnement quant à la prospérité de la théorie générale du contrat administratif[309]. Y. GAUDEMET pose d'ailleurs la question de savoir si le droit des contrats administratifs serait rebelle à la théorie, eu égard au « *parcours théorique chaotique* » dont il a fait l'objet pour émettre ensuite l'hypothèse d'une « *nouvelle théorie* »[310]. Ainsi, la crise de la théorie du contrat administratif suggère une profonde remise en cause de la conception théorique portant sur le contrat administratif. Cette rupture semble générale : la théorie subit un phénomène de marginalisation et d'émiettement de son champ d'application, lesquels se manifestent par une « *déformation* » du concept doctrinal[311]. De sorte que, comme en droit privé, « *c'est donc le modèle qu'il faut interroger pour savoir s'il mérite encore d'être défendu et (pourquoi pas ?) développé* »[312], étant entendu que si « *la notion de crise ne peut s'appliquer qu'à la seule systématisation et par conséquent à la seule doctrine* », elle est également tributaire de l'évolution du droit, mettant en exergue le « *dépassement des constructions doctrinales* »[313]. Il est dès lors possible de caractériser la crise actuelle de la théorie générale du contrat administratif à l'aune des difficultés intrinsèques à la conception dominante (Section 1) mais également au regard de l'affirmation de son recul (Section 2).

---

306 V. BIENVENU Jean-Jacques, « Le droit administratif : une crise sans catastrophe », *op. cit.*, p. 93.

307 TERRE François, « Sur la sociologie juridique du contrat », *APD* 1968, p. 71.

308 Dictionnaire *Larousse*.

309 AUBY Jean-Bernard, « La bataille de San Romano, réflexions sur les évolutions récentes du droit administratif », *op. cit.*, p. 912 ; GAUDEMET Yves, « Pour une nouvelle théorie générale du droit des contrats administratifs : mesurer les difficultés d'une entreprise nécessaire », *op. cit.*, p. 313.

310 Voir en ce sens, notamment, GAUDEMET Yves, « Pour une nouvelle théorie générale du droit des contrats administratifs : mesurer les difficultés d'une entreprise nécessaire », *ibid.*, p. 313.

311 GUETTIER Christophe, *Droit des contrats administratifs, op. cit.*, p. 29.

312 JAMIN Christophe, « Quelle nouvelle crise du contrat ? », *in La nouvelle crise du contrat*, Ch. JAMIN et D. MAZEAU (dir.), Paris : Dalloz, 2003, p. 7 et s.

313 FORTSAKIS Théodore, *Conceptualisme et empirisme en droit administratif français, op. cit.* p. 126.

Section 1. Les difficultés de la conception dominante de théorie

L'analyse du discours doctrinal de 1983 à nos jours met en évidence une certaine permanence de l'emploi de l'expression « théorie générale du contrat administratif ». La réédition du Traité théorique et pratique des contrats administratifs d'A. de LAUBADERE, sous l'intitulé Traité des contrats administratifs, à la rédaction duquel se sont associés F. MODERNE et P. DELVOLVE en 1983[314], traduit cette continuité. La structure et les thèmes abordés, actualisés en termes de références au droit positif, sont conformes à ceux de 1956[315]. Les documents d'étude réunis par J.-P. LEBRETON et S. MANSON[316] confirment tout autant cette représentation puisque les auteurs adoptent une approche similaire. Nonobstant, si la théorie générale du contrat administratif est encore assimilée à une « *présentation formelle, volonté explicative et globale de la pratique du droit et de la jurisprudence (qui est la substance de la théorie)* »[317], une étude plus détaillée des discours juridiques permet de mettre en exergue l'existence d'incertitudes substantielles surtout que, comme le souligne F. BRENET, la « *théorie générale est d'autant plus importante qu'elle est façonnée par des constructions doctrinales et jurisprudentielles que l'on a également pris l'habitude de présenter sous la forme de théories* »[318]. Exposer les difficultés affectant la théorie générale du contrat administratif depuis 1983 suppose donc de s'intéresser d'abord au discours doctrinal (Paragraphe 1), pour ensuite porter une attention plus particulière au droit positif (Paragraphe 2).

Paragraphe 1. Les difficultés affectant la théorie dans le discours doctrinal

La doctrine semble quelque peu délaisser l'analyse théorique du contrat administratif. F. LLORENS appelle d'ailleurs à restaurer la notion de contrat

---

[314] De LAUBADERE André, MODERNE Franck, DELVOLVE Pierre, *Traité des contrats administratifs*, Tome 1, *op. cit.*

315 De LAUBADERE André, MODERNE Franck, DELVOLVE Pierre, *Traité des contrats administratifs, ibid.*, p. 11 : « Le *contrat administratif, lorsque l'on observe le régime juridique de son exécution, apparaît ainsi, en conséquence des données générales qui lui sont propres, comme un système d'équilibre global, animé d'une vie particulière, d'un dynamisme ignoré du contrat civil* ».

[316] LEBRETON Jean-Pierre et MANSON Stéphane, *Le contrat administratif*, Documents d'étude, Droit administratif, n° 2.11, Paris : La documentation française, 1999.

[317] GAUDEMET Yves, « Pour une théorie générale du droit des contrats administratifs : mesurer les difficultés d'une entreprise nécessaire », *op. cit.*, p. 313.

[318] BRENET François, Les contrats administratifs, *in* GONOD Pascale, MELLERAY Fabrice, YOLKA Philippe, *Traité de droit administratif*, Tome 2, Paris : Dalloz, 2011, p. 263 : « *Cette théorie générale est d'autant plus importante qu'elle est façonnée par des constructions doctrinales et jurisprudentielles que l'on a également pris l'habitude de présenter sous la forme de théories* ».

administratif afin de renouveler la théorie générale du contrat administratif[319] tandis qu'Y. GAUDEMET confirme l'existence d'une crise doctrinale et plaide « *pour une nouvelle théorie générale du droit des contrats administratifs* »... en dépit du fait que « *moins que jamais, on dispose d'une notion homogène du contrat administratif propre à la construction d'une théorie* » et que, par conséquent, « *toute démarche théorique apparaît comme condamnée à l'avance, faute d'une réelle unité de la matière concernée* »[320]. En réalité, les insuffisances doctrinales que supporte la théorie générale du contrat administratif sont doubles : en premier lieu, elles caractérisent l'existence d'un mouvement de dépassement (A) et, en second lieu, elles illustrent un phénomène de fragmentation de la théorie générale (B)

A. Le dépassement de la théorie générale du contrat administratif

Si une partie de la doctrine administrativiste insiste sur la nécessité de renouveler la théorie générale du contrat administratif, il faut toutefois remarquer que cette hypothèse se trouve altérée par le développement de notions concurrentes qui la dépassent, telles que la théorie du contrat public (1) ou la théorie du contrat (2).

1. L'hypothèse d'une théorie des contrats publics

Plusieurs auteurs appellent à conceptualiser le contrat public[321]. Cette notion, fondée sur un critère organique, englobe « *tous les contrats passés par une personne morale de droit public* [sachant que] *ces contrats publics se subdivisent en deux catégories : les contrats de droit privé des personnes publiques et les contrats administratifs des personnes publiques* »[322]. A ce sujet, X. BEZANÇON s'appuie sur une approche historique du contrat administratif et appelle à recomposer une théorie contractuelle publique établie sur « *la permanence du contenu et de la passation des contrats publics* »[323]. Plus précisément, conformément aux travaux réalisés par le dédicataire de son article, G.

---

319 LLORENS François, « Typologie des contrats de la commande publique », *op. cit.*, étude 7.
320 GAUDEMET Yves, « Pour une nouvelle théorie générale du droit des contrats administratifs : mesurer les difficultés d'une entreprise nécessaire », *op. cit.*, p. 313.
321 Notion de contrat public dégagée par GUIBAL Michel, « Droit des marchés publics », *JCP E* 2002, n° 16, 677 et « A propos d'une incertitude : la notion de personne publique contractante », *in Mélanges en l'honneur du professeur Jean-Philippe COLSON*, Grenoble : PUG, 2004, p. 230. Voir aussi DELVOLVE Pierre, « Constitution et contrats publics », *in Mouvement du droit public, Mélanges en l'honneur de Franck MODERNE*, Paris : Dalloz, 2004, p. 469 ; ECKERT Gabriel, « Réflexions sur l'évolution du droit des contrats publics », *RFDA* 2006, p. 238.
322 RICCI Jean-Claude, « Rapport introductif », *in* Y. LUCHAIRE (dir.), *Collectivités territoriales et gouvernance contractuelle*, coll. Logiques juridiques, Paris : L'Harmattan, 2006, p. 3.
323 BEZANÇON Xavier, *Essai sur les contrats de travaux et de services publics, contribution à l'histoire administrative de la délégation de mission publique, op. cit.*, p. 577.

CLAMOUR, loin de vouloir attiser les cendres d'une théorie du contrat administratif, tente l'esquisse d'une théorie générale des contrats publics[324]. Une mutation se dégage ainsi dans l'analyse doctrinale effectuée sur les contrats administratifs puisque ces derniers se trouvent intégrés au sein d'études consacrées à l'ensemble des contrats de l'administration, contrats dont la nature juridique peut être de droit privé comme de droit administratif. Cette évolution se voit d'ailleurs confirmée par certaines thèses récentes. L. MARCUS consacre sa recherche à L'unité des contrats publics[325] et, partant du postulat de leur singularité, qualifie les contrats publics en vertu d'un critère organique, en application duquel une des parties doit être une personne publique ou une personne privée sous contrôle public, qui s'incorpore à la sphère publique[326]. Elle précise ensuite que le contrat public se caractérise par un mode de formation, des modalités d'exécution et des effets particuliers, distincts de ceux des contrats de droit privé des personnes privées. L. MARCUS considère que la typologie des contrats publics spéciaux permet d'en formuler une théorie générale « *constituée des régimes spéciaux des catégories contractuelles identifiées* »[327]. Plus récemment, M. AMILHAT suggère l'abandon de la notion de contrat administratif pour préférer celle de contrat public à laquelle serait consacrée une théorie générale[328], étant entendu que « *par l'utilisation de ce critère organique particulier, toutes les personnes du "champ public" peuvent ainsi être considérées comme passant des contrats publics. Le renvoi au "champ public" permet ici* [...] *de prendre en compte l'ensemble des contrats passés par des pouvoirs adjudicateurs ou par des entités adjudicatrices* »[329]. Cette approche organique prend appui sur l'influence du droit de l'Union eu-

---

324 CLAMOUR Guylain, « Esquisse d'une théorie générale des contrats publics », *in Contrats publics, Mélanges en l'honneur du Professeur Michel Guibal*, vol. II, Montpellier : Presses de la Faculté de Droit de Montpellier, 2006, p. 637 : à cet égard l'auteur estime que « *c'est "en miettes" que le droit des contrats administratifs se donne désormais à voir. C'est en cendres que se consumerait la théorie générale des contrats administratifs* », pour mieux envisager une théorie générale des contrats publics ; voir aussi GUIBAL Michel, « Droit des marchés publics », *op. cit.*, p. 677.

325 MARCUS Laure, *L'unité des contrats publics*, Paris : Dalloz, 2010.

326 MARCUS Laure, *L'unité des contrats publics, ibid.* p. 197, la justification de cette hypothèse se révèle pourtant tautologique (p. 238) : « Le *choix du critère organique est d'abord justifié négativement par l'inopérance des critères matériels, tirés de l'objet et du régime du contrat, pour définir la notion de contrat public qui puisse être utilisée pour évaluer la spécificité de ces contrats due à la présence d'une personne publique. Le choix du critère organique est ensuite fondé positivement sur l'aptitude de ce dernier critère à définir une notion de contrat public qui permette d'atteindre les objectifs théoriques et pratiques que cette recherche sur l'unité des contrats publics se fixe* ».

327 MARCUS Laure, *L'unité des contrats publics, ibid.*, p. 544.

328 AMILHAT Mathias, *L'influence du droit de l'Union européenne sur la notion de contrat administratif, op. cit.*, p. 577-579.

329 AMILHAT Mathias, *L'influence du droit de l'Union européenne sur la notion de contrat administratif, ibid.*, p. 116, indépendamment de tout critère matériel (p. 135).

ropéenne, dont l'incorporation concrétise une logique de protection du libéralisme et de la concurrence se manifestant par des règles juridiques propres aux contrats publics[330]. Ph. YOLKA et S. HOURSON limitent néanmoins cette vision d'une théorie générale des contrats publics et estiment que « *la difficulté provient du fait que cette approche personnelle paraît elle-même dépassée par le droit de l'Union européenne* »[331]. Malgré l'existence d'incertitudes, ces hypothèses accréditent le sentiment de crise de la théorie générale du contrat administratif.

2. L'hypothèse d'une théorie du contrat commune au droit public et au droit privé

L'hypothèse émise par J. WALINE regardant la construction d'une théorie générale du contrat unique incorporant le contrat en droit civil et en droit administratif est intéressante à plus d'un titre. L'auteur part de la notion commune de contrat pour mieux contester l'autonomie du contrat en droit administratif et, *a fortiori*, la spécificité de la théorie générale du contrat administratif, cette « *œuvre admirable de différenciation* »[332]. Il s'interroge : « *sur le fond dans quelle mesure les solutions du droit administratif s'écartent-elles de celles du droit civil en ce qui concerne la théorie générale du contrat ?* ». Il en vient à l'équation suivante : « *la logique voudrait qu'à un concept unique* [le contrat] *corresponde une théorie générale unique, commune aux deux disciplines* »[333]. J. WALINE estime alors que « *l'on ne peut pas invoquer l'"autonomie" du droit administratif pour affirmer que la théorie générale du contrat administratif écarterait, par principe, la théorie civiliste. Tout est une question d'analyse du droit positif* »[334]. Cette difficulté ressort tout autant de la lecture du manuel rédigé par L. RICHER et F. LICHERE puisque, dès les premières pages, les auteurs portent leur attention sur la place des contrats administratifs au sein de la théorie du contrat, étant entendu que le contrat

---

330 AMILHAT Mathias, *L'influence du droit de l'Union européenne sur la notion de contrat administratif*, *ibid.*, p. 351, il s'agit de « *l'existence d'un droit des contrats publics au niveau de l'Union européenne avec d'un côté l'existence de principes généraux applicables à l'ensemble des contrats publics, et de l'autre des régimes particuliers applicables à certaines catégories de contrats* », les principes visés sont l'égalité, la transparence, la proportionnalité, la reconnaissance mutuelle et le droit à un recours juridictionnel effectif.

331 YOLKA Philippe et HOURSON Sébastien, *Droit des contrats administratifs*, *op. cit.*, p. 24.

332 PEQUIGNOT Georges, *Contribution à la Théorie générale du Contrat administratif*, *op. cit.*, p. 9.

333 WALINE Jean, « La théorie générale du contrat en droit civil et en droit administratif », *op. cit.*, p. 965.

334 WALINE Jean, « La théorie générale du contrat en droit civil et en droit administratif », *ibid.*, p. 967.

administratif est avant tout un acte de nature contractuelle[335]. Inéluctablement, ces éléments posent la question de la pertinence d'une théorie générale propre au contrat administratif puisque, comme le souligne F. BRENET, tout contrat repose sur des « *principes moraux, philosophiques... qui ignorent ou transcendent les distinctions contentieuses* »[336]. La réforme du droit des obligations de 2016[337] accroit d'ailleurs ce sentiment puisque, comme le souligne J. ANTIPPAS, bien que marginale, une analyse de droit comparé interne du droit privé vers le droit administratif permettrait de déceler à certains égards une « *identité contractuelle française* »[338] et de mieux mettre à jour les ressemblances entre les deux branches du droit[339].

L'élaboration doctrinale de conceptions théoriques regardant le contrat administratif, mais qui en transcendent l'appréhension, illustre une part des difficultés actuelles. Paradoxalement, c'est dans un mouvement opposé que se caractérise l'autre versant de la crise doctrinale puisqu'elle est le résultat d'un processus de fragmentation dans l'étude du contrat administratif.

B. La fragmentation de la théorie générale du contrat administratif

Le développement des relations contractuelles des personnes publiques a eu notamment pour conséquence la multiplication des normes applicables aux contrats administratifs. Or, le législateur n'a vraisemblablement pas fait le choix de la simplicité et de l'uniformité par l'adoption d'une règlementation générale sur le contrat administratif au singulier. Cela a eu pour effet la prolifération de dispositions spécifiques applicables aux différents contrats administratifs nommés – essentiellement les marchés publics et délégations de services publics dont l'adoption du Code de la commande publique le 1er avril 2019 constitue une illustration emblématique. Face à ce mouvement notable en droit positif – qui participe du recul de la théorie générale – de nombreux travaux doctrinaux traduisent une tendance à la fragmentation dans l'étude du contrat administratif. L'analyse s'oriente vers les contrats administratifs spéciaux (1) et une spécialisation de l'étude sur les contrats administratifs se généralise (2).

---

335 RICHER Laurent et LICHERE François, *Droit des contrats administratifs, op. cit.*, p. 32. Les auteurs admettent toutefois la conceptualisation d'une théorie générale du contrat administratif grâce aux œuvres de G. JEZE, G. PEQUIGNOT et A. de LAUBADERE, en référence aux prérogatives de puissance publique, à l'intérêt général et au service public.

336 BRENET François, *Recherches sur l'évolution du contrat administratif, op. cit.*, p. 497.

337 Ordonnance n° 2016-131 du 10 févr. 2016, *JORF* 11 février, n° 26.

338 ANTIPPAS Jeremy, « Regards comparatistes internes sur la réforme du droit des contrats, Réflexion sur l'identité contractuelle française », *AJDA* 2016.1620.

339 ANTIPPAS Jérémy, « L'utilisation du droit administratif en droit civil », *RFDA* 2014.795.

1. Le retour vers une étude des contrats administratifs spéciaux

Après une tendance à l'homogénéisation, le droit positif du contrat administratif subit un phénomène de spécialisation, lequel conduit R. DRAGO à affirmer que « *vouloir dans un esprit de rigidité doctrinale maintenir un régime unique du contrat administratif relève de la gageure ou même de l'entêtement* »[340]. F. BRENET considère d'ailleurs que « *toute la question est de savoir si les pouvoirs publics sauront tirer profit du droit des contrats administratifs spéciaux pour rénover et enrichir la théorie générale* ». Il se dégage une impression d'obsolescence de la théorie générale du contrat administratif telle que formulée par la doctrine, c'est-à-dire en relation avec l'idée d'un droit commun uniforme applicable au contrat administratif. Malgré une apparente constance[341], la conception dominante de la théorie générale fait l'objet d'un réel « *émiettement* »[342]. L. RICHER et F. LICHERE montrent à ce sujet que « *le régime des contrats administratifs ne consiste cependant pas seulement en une "théorie générale", il se diversifie en fonction des collectivités concernées et de l'objet du contrat. Dans la définition de ces règles spécifiques, les textes législatifs et règlementaires tiennent une place importante* »[343]. Clairement, l'unité de la théorie générale du contrat administratif cède devant une recherche plurielle sur le(s) contrat(s) administratif(s).

Par exemple, Ch. GUETTIER entend appréhender le contrat administratif à l'aune du « *droit "des" contrats administratifs* » et non du droit (ou de la théorie) « *du* » contrat administratif. L'auteur admet que « *par certains côtés, on peut reprocher au droit des contrats administratifs une conception d'ensemble par trop empreinte d'un empirisme excessif* ». Cependant, il ajoute qu'« *il n'est pourtant pas sûr qu'une théorie générale du contrat administratif permette de mieux appréhender la réalité. Défions-nous de ces belles constructions rêvées* »[344]. L'auteur souligne ainsi l'existence d'un mouvement de « *déformation de la théorie générale du contrat administratif* »[345], justifiant désormais l'emploi du pluriel, en lieu et place d'une théorie générale. L'usage

---

340 DRAGO Roland, « Le contrat administratif aujourd'hui », *Droits*, 1990, n° 12, p. 110.

341 BRENET François, « La théorie du contrat administratif, Evolutions récentes », *op. cit.*, n° 919 : « *Cette spécialisation (du droit du contrat administratif) provoque en réaction le recul de la théorie générale du contrat administratif qui n'est plus qu'un droit résiduel auquel la doctrine reste très attachée mais dont le rôle se limite à n'intervenir que dans les interstices laissés à l'air libre par le droit spécial. En effet, la théorie générale demeure d'application exceptionnelle et fait souvent l'objet d'une contractualisation qui lui enlève tout intérêt.* […] *l'influence de la banalisation et de la privatisation de la théorie générale : alors que la banalisation correspond à la diffusion des règles administratives, ou de leur esprit, en droit civil, la privatisation renvoie à un alignement, plus ou moins explicite, du droit des contrats administratifs sur le droit commun des obligations* ».

342 GUETTIER Christophe, *Droit des contrats administratifs, op. cit.*, p. 28.

343 RICHER Laurent et LICHERE François, *Droit des contrats administratifs, op. cit.*, p. 15.

344 GUETTIER Christophe, *Droit des contrats administratifs, op. cit.*, p. 29.

345 GUETTIER Christophe, *Droit des contrats administratifs, ibid.*, p. 25 et s.

du pluriel n'est pas neutre. Les remarques de G. GUGLIELMI et G. KOUBI concernant le choix de l'appellation de leur manuel « *droit du service public* » ou « *droit des services publics* » sont parfaitement transposables[346] : la mention du « droit des contrats administratifs » en révèle en effet les fragmentations, s'attachant à énumérer les différents domaines où le droit du contrat administratif trouve à s'appliquer suivant des aménagements spécifiques. L'expression « droit du contrat administratif » soulignerait au contraire le choix de se référer à un ensemble de règles juridiques ordonné autour d'une notion univoque de contrat administratif. Dans le même sens, il convient de souligner que L. RICHER et F. LICHERE usent également du pluriel en intitulant leur ouvrage Droit des contrats administratifs ce qui explique qu'après une première approche globale du contrat administratif, ils consacrent leurs développements à l'analyse des principaux contrats administratifs. Les auteurs s'intéressent aux contrats spéciaux de manière séparée par rapport aux développements regardant le droit commun du contrat. C'est ainsi qu'une conception plurielle des contrats administratifs – malgré l'existence de certaines règles générales qui s'appliquent graduellement selon les contrats[347] – semble peu à peu préférée en doctrine au détriment de la théorie générale du contrat administratif.

2. Le retour vers la spécialisation de l'étude sur les contrats administratifs

Si quelques exemples mettent en lumière un phénomène de retour vers une appréhension des contrats administratifs au pluriel, qui n'est ni récente ni isolée, son impact sur la théorie générale du contrat administratif est manifeste. Plus encore, force est de constater que la prise d'acte doctrinale de la scissiparité du droit applicable au contrat administratif s'accompagne d'une certaine tendance à recentrer l'analyse sur une approche spécialisée et catégorielle des contrats administratifs. Tandis que H.-G. HUBRECHT oriente alors sa recherche sur l'étude des contrats de service public[348], F. LLORENS rédige une thèse consacrée à l'analyse des contrats d'entreprise et marchés de travaux publics[349] et J.-D. DREYFUS intitule sa thèse : Contribution à une théorie générale des contrats entre personnes publiques[350]. Poursuivant ce mouvement

---

346 GUGLIELMI Gilles et KOUBI Geneviève, *Droit du service public*, Paris : Montchrestien, 2012, n° 1.

347 BRENET François, « La théorie du contrat administratif évolutions récentes », *op. cit.*, 919. L'auteur parle alors d'une « *échelle d'administrativité des contrats* ».

348 HUBRECHT Hubert-Gérald, *Les contrats de service public*, Bordeaux, 1980.

349 LLORENS François, *Contrat d'entreprise et marchés de travaux publics*, Paris : LGDJ, 1981.

350 DREYFUS Jean-David, *Contribution à une théorie générale des contrats entre personnes publiques*, Paris : L'Harmattan, 1997.

de spécialisation, Y. GAUDEMET évoque l'existence d'une théorie des marchés publics[351] mais remarque surtout qu' « *il manque en droit administratif, une théorie des contrats spéciaux* », laquelle « *prendra l'objet de ces contrats pour critère principal des distinctions et catégories qu'elle établira* »[352]. Quelques années plus tard, et conformément à cette aspiration, F. BRENET consacre sa thèse à l'évolution du droit des contrats administratifs et propose la construction d'une théorie générale des contrats administratifs spéciaux[353], considérant que le droit spécial est « *la partie la plus "vivante" du droit des contrats administratifs* »[354]. Il faut aussi mentionner l'apparition de la notion de contrat public d'affaires[355] ou d'une catégorie « *incontournable* » de contrat domanial[356] et surtout évoquer la thèse de G. KALFLECHE relative aux contrats de la commande publique[357]. Plus encore, dans leur manuel, Ph. YOLKA et S. HOURSON analysent les contrats administratifs spéciaux et dégagent deux « *méta-catégories* » composées, pour l'une, des contrats administratifs soumis au droit commun de la commande publique et, pour l'autre, de ceux qui ne le sont pas[358].

Ces dernières hypothèses s'appuient notamment sur la spécialisation du droit applicable aux contrats administratifs nommés qui semble imposer une nouvelle perspective et inviter à procéder à de nouveaux regroupements et de nouvelles typologies englobant les principaux contrats spéciaux. D'ailleurs, l'adoption du Code de la commande publique en 2019 a renouvelé et favorisé cette approche en ce qu'elle « *dessine les éléments essentiels du régime juridique commun à tous les contrats de la commande publique* »[359] et semble

---

[351] GAUDEMET Yves, *Droit administratif général,* Tome 1, Traité de droit administratif, 16ème éd., Paris : LGDJ, 2001, p. 684.

[352] GAUDEMET Yves, « Prolégomènes pour une théorie des obligations en droit administratif français », *in Nonagesimo anno, Mélanges en hommage à Jean GAUDEMET,* Paris : PUF, 1999, p. 625.

[353] BRENET François, *Recherches sur l'évolution du contrat administratif, op. cit.,* p. 613 ; voir aussi BRENET François, « La théorie du contrat administratif, Evolutions récentes », *op. cit.,* n° 919 ; ECKERT Gabriel, « Les pouvoirs de l'Administration dans l'exécution du contrat et la théorie générale des contrats administratifs », *op. cit.,* étude 9.

[354] BRENET François, « Théorie du contrat administratif, Evolutions récentes », *ibid.*

[355] LOUVARIS Antoine, « La dénomination de "contrats publics d'affaires" », *AJ Contrats d'affaires – Concurrence – Distribution,* 2015.152 ; DREYFUS Jean-David, « Le régime des contrats publics d'affaires, Passation et exécution des contrats publics d'affaires », *AJ Contrats d'affaires – Concurrence – Distribution,* 2015.156 ; BRACONNIER Stéphane, « La typologie des contrats publics d'affaires face à l'évolution du champ d'application des nouvelles directives », *AJDA* 2014.832 ; HARDY Jacques, « La résistible classification des contrats de la commande publique », *AJDA* 2014.1497.

[356] BRENET François, « Le contrat domanial », *AJDA* 2016.1803 ; dans le même sens CLAMOUR Guylain, « Le sort des contrats domaniaux », *RFDA* 2016.270.

[357] KALFLECHE Grégory, *Des marchés publics à la commande publique : l'évolution du droit des marchés publics,* Thèse Paris II, 2004.

[358] YOLKA Philippe et HOURSON Sébastien *Droit des contrats administratifs, op. cit.,* p. 23.

[359] DACOSTA Bertrand, « L'écriture du code », *AJDA* 2019.376.

constituer davantage qu'un code des contrats spéciaux[360]. D'aucuns voient néanmoins ici une surestimation[361] de la notion de commande publique, bien que la dénomination du Code à elle-seule traduit une évolution en la matière.

Depuis le tournant de 1983, si le contrat administratif reste une référence, les travaux de la doctrine administrativiste se démarquent en empruntant des champs d'analyse diversifiés. Suivant une conception plus globale, la théorie générale du contrat administratif se trouve dépassée par une conceptualisation progressive du contrat public fondée sur un critère essentiellement organique, ou encore par l'hypothèse d'une théorie du contrat commune au droit administratif et au droit privé établie à l'aune de l'unité de la notion de contrat. Ensuite, selon un point de vue plus restrictif, la doctrine prend acte de la complexification juridique du droit applicable aux différents contrats administratifs pour s'orienter vers une appréhension fragmentée. L'analyse se déplace alors du contrat administratif vers les contrats administratifs spéciaux et la théorie générale se trouve confrontée à des conceptions concurrentes. La crise de la théorie générale du contrat administratif trouve d'ailleurs dans le droit positif une sorte de ratification – qu'il s'agira ensuite d'expliquer pour dépasser – puisque manifestement, cette expression n'y figure toujours pas.

Paragraphe 2. Les difficultés affectant la théorie dans le droit positif

Si la crise de la théorie générale du contrat administratif ressort avant tout du discours doctrinal, il semble néanmoins intéressant de confirmer cet état grâce à une observation du droit positif, conçu comme l'« *ensemble des règles de droit applicables à un moment donné dans un lieu donné* »[362]. Il convient dès lors de s'intéresser tant à la réglementation qu'à la jurisprudence[363], dans la mesure où elles sont toutes deux susceptibles de préciser cette idée. En effet, la théorie générale du contrat administratif constitue une référence établie en droit administratif – qu'elle soit défendue ou critiquée – mais les données tirées du droit positif laissent dubitatif sur la place à lui conférer. L'étude de l'usage même de l'expression ne permet de dégager aucune vision claire de

[360] BRENET François, « La codification des textes "épars" du droit de la commande publique », *AJDA* 2019.389.

[361] AMILHAT Mathias, « Le code, les principes fondamentaux et la notion de commande publique, Une copie à revoir ? », *AJDA* 2019.793.

[362] CABRILLAC Rémy (dir.), *Dictionnaire du vocabulaire juridique*, 2ème éd., Paris : Litec, 2004, p. 154.

[363] Sur une conception stricte de la réglementation, v. cependant HECQUARD-THERON Maryvonne, *Essai sur la notion de réglementation, op. cit.* L'auteur exclut implicitement la jurisprudence de la notion de réglementation. Il est cependant possible de recourir aux notions de force de chose jugée ou de « *puissance exécutoire* » qui consacrent celle-ci comme une source du droit, à côté de la réglementation. V. CANIVET Guy, « Le juge et la force normative », *in* THIBIERGE Catherine (dir.), *La force normative, naissance d'un concept*, Paris : LGDJ, 2009, p. 23.

son contenu et ce aussi bien que l'on étudie les données issues de la réglementation (A) ou de la jurisprudence (B).

A. L'absence de la théorie générale du contrat administratif dans la réglementation

Il semble qu'une étude de l'utilisation de l'expression « théorie générale du contrat administratif » dans l'ensemble des normes en vigueur ait été délaissée par les théoriciens du contrat, alors qu'elle est aujourd'hui facilitée par le développement des ressources juridiques en ligne. Cette analyse de la réglementation conduit à examiner « *l'ensemble des mesures légales et réglementaires régissant une question* »[364] ou, autrement dit, « *un ensemble de règles, de règlements, de prescriptions qui concernent un domaine particulier* »[365]. Le concept de réglementation renvoie au produit d'un « *procédé unilatéral et normateur* »[366] qui doit être rapproché des expressions de puissance publique, d'intervention publique et d'intérêt général. Surtout, celui-ci a pour conséquence de modifier l'ordonnancement juridique. Identifier la crise de la théorie générale du contrat administratif invite ainsi à en rechercher la présence l'absence au sein de la réglementation interne (1) pour étudier ensuite les sources internationales et européennes (2).

1. L'analyse du droit interne

L'identification des insuffisances affectant la théorie générale du contrat administratif en droit interne invite à examiner l'usage de cette expression dans la Constitution, ainsi qu'au sein des textes législatifs et règlementaires.

Un premier constat peut être effectué selon lequel la « théorie générale du contrat administratif » n'apparaît à aucun moment dans le texte constitutionnel. Cela n'est guère surprenant puisque, comme l'explique P. DELVOLVE, « *dans bien des domaines de l'organisation administrative et de l'action administrative, le droit administratif conserve son contenu propre et son autonomie normative* »[367]. Un lien entre la constitutionnalisation du droit administratif et la théorie générale du contrat administratif peut néanmoins être dé-

---

[364] Dictionnaire *Larousse.*

[365] Dictionnaire de la langue française, *Le Petit Robert.*

[366] HECQUARD-THERON Maryvonne, *Essai sur la notion de réglementation, op. cit.*, p. 265. L'auteur se réfère aux *« sources publiques »* (p. 83), notamment le législateur et le pouvoir réglementaire.

[367] DELVOLVE Pierre, « La constitutionnalisation du droit administratif », *in Cinquantième anniversaire de la Constitution française*, Association française de droit constitutionnel, Paris : Dalloz, 2008, p. 418.

gagé, en ce sens que « *le droit constitutionnel a contribué à l'étayer et à l'enrichir* [le droit administratif] »[368] en lui fournissant un cadre[369]. Le droit constitutionnel constitue désormais une source indiscutable du droit des contrats administratifs. Par exemple, le principe de liberté personnelle qui figure à l'article 4 de la Déclaration des droits de l'homme et du citoyen de 1789 et les articles 34 et 72 de la Constitution, relatifs à la compétence du législateur concernant les obligations civiles et commerciales et au principe de libre administration des collectivités territoriales, fondent la liberté contractuelle des personnes publiques[370]. Ces dispositions constitutionnelles traduisent ainsi la relation entre le texte constitutionnel et le contrat administratif[371].

Un second constat peut être effectué : aucun texte législatif ne paraît contenir l'expression « théorie générale du contrat administratif ». A nouveau, il ne s'agit pas de nier que la loi constitue une source du droit du contrat administratif, de même qu'une partie de ce droit procède du Code civil[372]. Il suffit notamment d'étudier la jurisprudence relative aux vices du consentement pour s'en convaincre[373]. Cependant, la recherche de l'utilisation de la locution apparaît fort décevante. Le résultat est du reste surprenant à l'aune de ce que d'aucuns dénoncent sous l'expression de « *logorrhée législative* »[374], bien que, contrairement au contrat de droit privé, le contrat administratif n'ait pas fait l'objet d'une codification générale[375] malgré l'apport conséquent résultant

---

[368] DELVOLVE Pierre, « La constitutionnalisation du droit administratif », *ibid.*, p. 418.

[369] DELVOLVE Pierre, « L'actualité de la théorie des bases constitutionnelles du droit administratif », *RFDA* 2014.1211.

[370] CC, 30 novembre 2006, n° 2006-543 DC, *Loi relative au secteur de l'énergie, AJDA* 2007.192, note G. MARCOU, *RDP*.845, P.Y. GAHDOUN ; FLEURY Thibault, « Liberté contractuelle des personnes publiques, Questions critiques à l'aune de quelques décisions récentes », *RFDA* 2012.231 ; LLORENS François, « La liberté contractuelle des collectivités territoriales », *CMP* n° 5, mai 2007, étude 6 ; voir aussi CC, 23 janvier 2014, n° 2013-687 DC, *Loi de modernisation de l'action publique territoriale et d'affirmation des métropoles, JORF* 28 janvier 2014, p. 1622, *AJDA* 2014.188, *D.* 2014, p. 281, obs. J.C. ZARKA : la décision mentionne « *la protection constitutionnelle de la liberté contractuelle* », bien que cette décision en limite la portée pour les établissements publics.

[371] STIRN Bernard, *Les sources constitutionnelles du droit administratif*, Introduction au droit public, Systèmes Droit, 6ème éd. Paris : LGDJ, 2008.

[372] CHENEDE François, « Les emprunts du droit privé au droit public en matière contractuelle », *AJDA* 2009.923.

[373] En ce sens PLESSIX Benoît, « La théorie des vices du consentement dans les contrats administratifs », *RFDA* 2006.12.

[374] CONSEIL D'ETAT, *De la sécurité juridique, EDCE* 1991, n° 43, Paris : La documentation française, 1992, p. 19.

[375] Malgré tout, dès le XIXème siècle, certains auteurs ont entendu présenter les premiers manuels de droit administratif sous forme de Code : De GERANDO, *Institutes du droit administratif français ou éléments du Code administratif réunis et mis en ordre*, Tome 4, *op. cit.* De plus, il faut mentionner un projet de loi générale sur le contrat administratif, apparu 1997 (qui a ensuite été abandonné), lequel révèle toutefois le rôle de la réglementation dans cette discipline ROBINEAU Yves, « Droit administratif et codification », *AJDA* 1995.110 ; PIMONT Sébastien, « Peut-on réduire le droit en théories générales ? Exemple du droit du contrat », *RTD. Civ.* 2009.417.

de l'adoption du Code de la commande publique, dont le champ d'application reste partiel.

Dans ce silence législatif, il convient toutefois de noter que la source règlementaire – au sens strict – semble plus prolixe, ce qui est certainement à mettre en relation avec le caractère traditionnellement règlementaire du droit applicable aux principaux contrats administratifs, à savoir, les marchés publics[376]. Par exemple, le Code de commerce, dans la partie arrêtés, mentionne la « théorie générale du contrat » relativement au programme d'examen du certificat préparatoire aux fonctions de commissaire aux comptes[377]. Il met en relation le concept de théorie générale du contrat avec le contenu suivant : « *notion et fonctions économiques du contrat - Principes fondateurs du droit des contrats : liberté contractuelle, force obligatoire et bonne foi – La formation du contrat : conditions de formation, clauses contractuelles particulières, sanctions des conditions de formation – L'exécution du contrat : obligations à exécuter (voulues par les parties, imposées par le juge), interprétation du contrat – Les personnes obligées : principe de l'effet relatif et ses exceptions – Le paiement, mode normal d'exécution du contrat – Les sanctions de l'inexécution* ». Toutefois, c'est indépendamment de réelles précisions quant à son contenu que la « *théorie des contrats* »[378] tout comme la « *théorie générale du contrat* »[379] figurent au programme d'examen de plusieurs concours. D'ailleurs, la portée de ces dispositions semble devoir être relativisée. A cet effet, il convient de souligner qu'il s'agit ici non seulement de la théorie générale du contrat de droit privé, mais surtout que l'objet de ces textes est un programme d'examen professionnel, dépourvu de tout développement juridique complémentaire. A l'inverse, il est à souligner que l'arrêté du 16 avril 2014 fixant la nature, la durée et le programme des épreuves des concours d'entrée à l'Ecole nationale d'administration mentionne expressément, dans le cadre du

---

376 En ce sens, voir GAUDEMET Yves, « Rapport de synthèse : bilan et perspectives du processus de réforme du droit de la commande publique », *CMP* n° 5, mai 2005, étude 12 ; GAUDEMET Yves, « Le contrat administratif, un contrat hors-la-loi », *op. cit.*

377 Code de commerce, LIVRE VIII : De quelques professions réglementées, Annexes partie A Livre VIII, ANNEXE 8-9, ANNEXE À L'ARTICLE A. 822-1-1.

378 Arrêté du 29 janvier 2013 *portant organisation des concours pour le recrutement d'élèves administrateurs des affaires maritimes* ; Arrêté du 2 mars 2011 *fixant les règles d'organisation générale, la nature et le programme des épreuves des concours pour l'accès au grade d'inspecteur des finances publiques.*

379 Arrêté du 28 novembre 2006 *fixant le programme des concours d'admission en première année et en troisième année à l'Ecole normale supérieure de Cachan* ; Arrêté du 11 septembre 2003 *fixant le programme et les modalités de l'examen d'aptitude à la profession d'avocat* ; Arrêté du 11 septembre 2003 *fixant le programme et les modalités de l'examen d'accès au centre régional de formation professionnelle d'avocats* ; Arrêté du 22 novembre 2001 *relatif aux concours de recrutement de magistrats prévus par l'article 21-1 de l'ordonnance n° 58-1270 du 22 décembre 1958 portant loi organique relative au statut de la magistrature.*

programme des matières à l'épreuve, « *la théorie générale du contrat administratif* ». Mais aucune précision supplémentaire n'est apportée quant à la signification de l'expression.

Si l'on fait exception de cette dernière référence, concernant le programme d'un concours administratif fixé par arrêté, force est de constater la relative absence de la « théorie générale du contrat administratif » au sein de la réglementation interne. Dès lors, il convient de s'interroger sur la place que réservent à la théorie générale du contrat administratif les sources européennes et internationales.

2. L'analyse du droit international

L'identification de la théorie générale du contrat administratif appelle l'analyse du droit supranational en raison de l'« *internationalisation des contrats publics* [qui a] *tout d'abord pour effet naturel de provoquer une hybridation du droit de ces contrats* […et] *vient introduire des germes juridiques différents, parfois très perturbateurs* »[380].

Force est de constater que le droit de l'Union européenne constitue désormais une source majeure du droit des contrats administratifs. Par exemple, le droit de l'Union européenne, dont la vocation est la réalisation d'un marché commun, fixe des règles regardant la passation des marchés publics. Dès 1969, deux directives « libéralisation » visaient la suppression des discriminations en matière de fournitures et travaux[381]. Elles laisseront place ensuite à une multiplication des sources du droit de l'Union et à un élargissement du champ d'application des directives, concernant le droit des contrats administratifs. Pourtant, ni les traités, ni les directives, ni les accords internationaux de l'Union ne se réfèrent à l'existence d'une « théorie générale du contrat administratif ».

En revanche, il faut indiquer l'emploi de la notion de « commande publique », consacrée aujourd'hui par le Code de la commande publique. Les directives 2004/18 et 2004/17 du 31 mars 2004[382] mentionnaient à cet égard la volonté de l'Union « *d'élargir la concurrence et d'améliorer l'efficacité de*

---

[380] AUBY Jean-Bernard, « L'internationalisation du droit des contrats publics », *op. cit.*, chron. 14.

[381] Directive n° 70/32/CEE du 17 décembre 1969, *concernant les fournitures de produits à l'Etat, à ses collectivités territoriales et aux autres personnes morales de droit public, JOCE* du 19 janvier 1970, p. 1 ; Directive n° 71/304/CEE du 26 juillet 1971, *concernant la suppression des restrictions à la libre prestation de services dans le domaine des marchés publics de travaux et à l'attribution de marchés publics de travaux par l'intermédiaire d'agences ou de succursales, JOCE* n° L 185 du 16 août 1971, p. 1.

[382] Directive n° 2004/18/CE du 31 mars 2004, *relative à la coordination des procédures de passation des marchés publics de travaux, de fournitures et de services, JOCE* n° L 134 du 30 avril 2004, p. 114 ; Directive n° 2004/17/CE du 31 mars 2004, *portant coordination des procédures de passation des marchés dans les secteurs de l'eau, de l'énergie, des transports et des services postaux, JOCE* n° L 134 du 30 avril 2004, p. 1.

la commande publique ». Les directives 2014/24/UE[383] et 2014/25/UE[384] expriment la volonté de « *rationaliser la commande publique* » mais également de « *professionnaliser la commande publique* » tandis que la directive 2014/23/UE a pour but d'« *ouvrir davantage les marchés internationaux en matière de commande publique* », laquelle « *joue un rôle essentiel dans la stratégie Europe 2020* »[385]. Se pose alors la question de savoir s'il est possible de reconnaître ici une formulation « substitut » à la théorie générale du contrat administratif. Autrement dit, l'expression « commande publique » en droit de l'Union européenne peut-elle être considérée comme un synonyme de la précédente ? Une réponse négative semble à ce stade s'imposer car, de ce point de vue, ces termes dégagent davantage un intérêt fonctionnel que théorique, en relation avec la notion d'efficacité et par référence à la mise en œuvre matérielle de principes de la commande publique[386]. Ce constat est confirmé par le Code de la commande publique en droit national, représentant un véritable « détricotage »[387] normatif. Il codifie à droit quasi-constant[388] la règlementation au sens large et certains éléments jurisprudentiels applicables aux seuls contrats administratifs inclus dans son champ d'application[389] en vue de constituer non pas une théorie mais, plus modestement, une boîte à outil[390]. Il n'est ainsi pas possible d'identifier la théorie générale du contrat administratif au sein de la réglementation européenne ou de la notion qui en découle : la commande publique. Une tendance plus générale à la conceptualisation est toutefois notable puisque depuis 2001, la Commission émet la volonté d'établir des « *principes communs du droit des contrats* »[391] consistant dans l'élaboration de « *principes et une terminologie communs dans le domaine du droit européen des contrats* »[392] au sujet desquels C. AUBERT DE VINCELLES voit

---

383 Directive 2014/24/UE du Parlement et du Conseil du 26 février 2014 *sur la passation des marchés publics et abrogeant la directive 2004/18/CE, JOUE* du 28 mars 2014, L. 94/65.

384 Directive 2014/25/UE du Parlement européen et du Conseil du 26 février 2014 *relative à la passation des marchés par des entités opérant dans les secteurs de l'eau, de l'énergie, des transports et des services postaux et abrogeant la directive 2004/17/CE.*

385 Directive 2014/23/UE du Parlement européen et du Conseil du 26 février 2014 *sur l'attribution de contrats de concession, JOUE* du 28 mars 2014, L. 94/1.

386 Voir CHEROT Jean-Yves et TREMEAU Jérôme, « La commande publique et le partenariat public/privé à nouveau devant le Conseil constitutionnel », *AJDA* 2002.1059.

387 DACOSTA Bertrand, « L'écriture du code », *op. cit.*, p. 376.

388 BOURDON Pierre, « Le code de la commande publique : une codification à droit quasi constant », *AJDA* 2020.149.

389 BRENET François, « La codification des textes "épars" du droit de la commande publique », *op. cit.*, n° 389 ; MELLERAY Fabrice et NOGUELLOU Rozen, « La codification de règles jurisprudentielles », *AJDA* 2019.381.

390 BEDIER Laure, « Une boîte à outils organisée selon la vie du contrat », *AJDA* 2018.2364

391 Communication n° COM(201)398 final du 11 juillet 2001 de la Commission au Conseil et au Parlement européen concernant le droit européen des contrats.

392 Communication n° COM(2003)68 final du 12 février 2003 de la Commission au Parlement européen et au Conseil - *Un droit européen des contrats plus cohérent - Un plan d'action, JOCE* n° C 63 du 15 mars 2003. Le plan d'action vise à « *accroître la cohérence de l'acquis commu-*

une future théorie générale du contrat[393] dont on ne peut supposer qu'elle écarterait le contrat administratif.

Il convient également de signaler que le droit international public est une source du droit des contrats administratifs. En témoigne l'Accord sur les marchés publics (AMP) signé le 15 avril 1994, dans le cadre de l'Uruguay Round et dont l'Organisation mondiale du commerce est gardienne[394]. L'AMP se fonde sur les principes d'ouverture, de transparence et de non-discrimination, lesquels s'appliquent aux marchés publics. Des liens avec la théorie générale du contrat sont fréquemment effectués par la doctrine comme si, implicitement, le droit international pouvait en constituer une source. Or, aucune référence explicite à une théorie générale du contrat administratif ne peut être relevée. D'autant moins que, d'une part, l'Accord vise les marchés publics dont le montant dépasse un certain seuil, passés par les entités spécifiées à l'appendice I[395]. D'autre part, l'objectif qui ressort est davantage celui d'une harmonisation du droit positif – un « cadre multilatéral » – que d'une démarche théorique. En effet, aux termes de l'AMP, « *un cadre multilatéral efficace de droits et d'obligations concernant les lois, règlements, procédures et pratiques en matière de marchés publics est nécessaire en vue de réaliser l'expansion et une libération plus large du commerce mondial et d'améliorer le cadre international qui régit le commerce mondial* ». Sans prétendre à l'exhaustivité, il convient aussi de signaler la Résolution de l'Assemblée générale des Nations Unies du 13 janvier 2012, laquelle « *recommande à tous les États d'utiliser la Loi type lorsqu'ils évalueront leur régime juridique relatif à la passation de marchés publics et de s'en inspirer de préférence* », en référence à la Loi type de la Commission des Nations Unies pour le Droit Commercial International sur la passation des marchés publics, adoptée le 1er juillet 2011. Ce texte s'applique à tous les marchés publics et prévoit des procédures et des principes communs. Cependant, cette Loi type, dont la vocation est, tout comme l'AMP, de favoriser le commerce international, est étrangère à la théorie générale.

---

nautaire dans le domaine du droit des contrats ; promouvoir l'élaboration de clauses contractuelles standards sur une base communautaire, et examiner plus avant si les problèmes que pose le droit européen des contrats est susceptible de requérir des solutions qui ne soient pas spécifiquement sectorielles, telles que, par exemple un instrument optionnel ».

393 AUBERT DE VINCELLES Carole, « La recherche d'une cohérence en droit européen de l'acquis communautaire à l'ébauche d'un droit européen du contrat », *in Droit européen du contrat et droits du contrat en Europe*, Paris : Litec, 2008, p. 19 : « *Cette cohérence du droit européen des contrats se cherche aujourd'hui en allant du spécial au général, des contrats spéciaux à la théorie générale du contrat.* [...] *La théorie générale du contrat semble passer du mythe à la réalité, et cette nouvelle réalité sera peut-être le fruit de l'Europe* ».

394 Accord entré en vigueur le 1er janvier 1996 dont les Etats de l'Union européenne sont signataires.

395 L'Appendice I est divisé en cinq Annexes qui listent les entités du gouvernement central, les entités des gouvernements sous-centraux, toutes les autres entités qui passent des marchés conformément aux dispositions de l'accord, les services qui sont visés par le présent accord, les services de construction visés. Chaque annexe fixe les seuils d'application.

En somme, l'absence de référence à l'expression « théorie générale du contrat (administratif) » incite à considérer celle-ci comme propre au droit français[396]. Plus précisément, sa relative absence au sein de la règlementation nationale et internationale conduit à reprendre l'idée selon laquelle « *loin de rendre compte de la positivité du droit, la théorie du contrat est avant tout une construction édifiée par le sujet qui tente de saisir la matière juridique. La théorie participe de la réalité, mais ne l'incarne pas ; elle la modèle et la déforme en la reflétant plus qu'elle ne la transcrit* »[397]. Partant de ce constat, il convient dès à présent de compléter cette étude à l'aide de la jurisprudence.

B. L'absence de la théorie générale du contrat administratif en jurisprudence

La jurisprudence constitue une source principale du régime du contrat administratif[398]. Il est ainsi généralement admis que le juge est au fondement de la théorie générale du contrat administratif. A cet effet rappelons par exemple que F. BRENET concède la construction de la théorie générale du contrat administratif au juge administratif, et particulièrement au Conseil d'Etat, lequel « *est parvenu à dégager une véritable théorie générale en étendant la portée de* [ces] *règles à l'ensemble des contrats administratifs* »[399]. Cependant, l'analyse de la jurisprudence accessible de 1983 à nos jours ne permet pas de relever de référence explicite à la théorie générale du contrat administratif (1), tandis que le juge recourt toujours à des formulations connexes (2).

1. L'absence de l'expression théorie générale du contrat administratif dans la jurisprudence

L'étude de la jurisprudence administrative montre que l'expression « théorie générale du contrat administratif » y est totalement absente. Le caractère conjoncturel des décisions de jurisprudence explique vraisemblablement ce constat[400]. Manifestement, même si le juge administratif est fréquemment considéré comme étant à l'origine de l'élaboration de celle-ci, celui-ci répugne à

---

[396] NOGUELLOU Rozen, « Les catégories du droit des contrats administratifs », *op. cit.*, p. 697 : l'auteur examine le rapport entre le droit européen et la notion de contrat administratif pour expliquer à cet effet que « *le droit communautaire est susceptible d'avoir une vision différente de l'acte contractuel de celle retenue par le droit interne* ».

[397] CHAZAL Jean Pascal, « De la théorie générale à la théorie critique du contrat », *op. cit.*, p. 27.

[398] RICHER Laurent et LICHERE François, *Droit des contrats administratifs, op. cit.*, p. 15 ; GUETTIER Christophe, *Droit des contrats administratifs, op. cit.*, p. 8.

[399] BRENET François, « La théorie du contrat administratif, Evolutions récentes », *op. cit.*

[400] Malgré l'affirmation de Jacques CAILLOSSE selon laquelle, « *face à l'instabilité accrue du droit légiféré, la jurisprudence finit par apparaître comme productrice d'une sorte de stabilité et, osons le mot, d'une certaine sérénité juridique* », CAILLOSSE Jacques, « Le juge administratif et la question de l'efficacité », *RDP* 2013.1. 27.

utiliser l'expression. Ce constat, rarement effectué, s'impose à la lecture des décisions publiées sur le site Légifrance. Une recherche plus exhaustive, notamment de la jurisprudence moins accessible, permettrait éventuellement de trouver quelques exceptions à cette appréciation. Il reste qu'elles n'atténueraient qu'à la marge cette conclusion et qu'elles ne constitueraient – au-delà de la joie du chercheur qui tombe sur « la pépite » –, en tout état de cause, que des décisions marginales dérogeant au silence de principe.

Toutefois, il convient de souligner que le juge administratif utilise ponctuellement les termes de « théorie générale du contrat » en référence à la théorie générale du contrat de droit privé. Par exemple, le Conseil d'Etat, par un arrêt du 20 octobre 1995, emploie cette expression relativement au programme de deuxième année de droit à l'Université Aix Marseille III, en considération du règlement de scolarité[401]. C'est aussi la décision du 10 mai 2019 dans laquelle la Cour administrative d'appel de Nantes évoque simplement la « théorie générale des contrats »[402]. Mais aucun éclaircissement quant à la signification du concept ou à son contenu n'est apporté, excluant quelconque analyse théorique de la part du juge. Il faut également mentionner l'arrêt du 20 juin 1990[403], aux termes duquel le Conseil d'Etat se réfère à l'annexe de l'arrêté du 14 octobre 1982 modifié, lequel fixe les programmes des épreuves des concours d'entrée à l'Ecole Nationale d'Administration de 1984, et mentionne la « théorie générale des obligations ». Le Conseil d'Etat vise ici encore la théorie du contrat de droit privé. Par ailleurs, il faut noter que la jurisprudence constitutionnelle ignore également la théorie générale du contrat administratif. Toutefois, la question prioritaire de constitutionnalité pourrait donner une dimension nouvelle à la relation entre le juge constitutionnel et le contrat administratif puisque, par une décision du 2 novembre 2020, le Conseil constitutionnel est venu rappeler que « *les contrats administratifs et les contrats de droit privé répondent à des finalités et des régimes différents* »[404]. De même,

[401] CE, 20 octobre 1995, n° 144527, inédit – *Dalloz jurisprudence* : « *Considérant* [...] *que la rubrique "droit civil" du programme de deuxième année avait été ainsi détaillée par le règlement de scolarité de l'université d'Aix-Marseille III applicable à l'examen contesté : "droit des obligations : Notions générales sur les obligations.* ***Théorie générale du contrat****, la responsabilité civile, les quasi-contrats et l'enrichissement sans cause. Effets et sanctions des obligations simples. Transmission, modification et extinction des obligations. Les obligations complexes* ».
[402] CAA Nantes, 10 mai 2019, n° 17NT03474, Inédit au recueil *Lebon*.
[403] CE, 20 juin 1990, n° 63914, Inédit – *Dalloz jurisprudence* : « *Considérant qu'il ressort des pièces du dossier qu'au concours externe d'accès à l'Ecole Nationale d'Administration de 1984,* [...]*; que la rubrique "droit des affaires" avait été détaillée comme suit à l'annexe de l'arrêté du 14 octobre 1982 modifié par l'arrêté du 15 novembre 1982 fixant les programmes des épreuves des concours d'entrée à l'Ecole Nationale d'Administration : "I- Connaissance approfondie de la* ***théorie générale des obligations*** ».
[404] CC, 2 octobre 2020, n° 2020-857 QPC, *Société Bâtiment mayennais*, *JORF* 3 octobre 2020, *Dalloz actualités*, comm. N. MARIAPPA.

il faut signaler que, dans une décision du 20 janvier 2020, le Conseil constitutionnel mentionne la notion d'« *exigence constitutionnelle relative à la commande publique* »[405].

Du côté de la jurisprudence judiciaire, il est aussi possible de relever l'arrêt du 16 février 1994, par lequel la 1re chambre civile de la Cour de cassation[406] emploie la formulation de « théorie générale du contrat » de droit privé, dans le cadre d'un litige où était en cause un contrat de cautionnement. De même, la chambre criminelle de la Cour de cassation, par un arrêt du 29 septembre 1992[407], s'y réfère afin de caractériser les obligations du vendeur. Plus récemment, la Cour de cassation, dans une décision de la 1re chambre civile rendue le 10 septembre 2015 a estimé qu'« *en vertu de la théorie générale des contrats, c'est l'offre préalable acceptée qui constitue la loi des parties* »[408]. Également, le juge judiciaire recourt aux expressions de « *théorie du bloc de contrats* »[409] ou de « *théorie des groupes de contrats* »[410].

En outre, le Tribunal de première instance de l'Union européenne, dans une décision rendue le 17 décembre 1998 a pu évoquer la « *théorie du contrat apparent* »[411]. Malgré tout, force est de constater que les formules auxquelles recourent les juges ne permettent pas d'identifier précisément la théorie générale du contrat administratif.

Du reste, il est possible de relever, au sein de la jurisprudence, la présence de formulations théoriques, dont il n'est pas aisé de déterminer si elles renvoient à d'autres réalités ou si elles en constituent des compléments. Bien que le Conseil d'Etat puisse être qualifié de « *véritable puissance doctrinale* » au

---

405 CC, 24 janvier 2020, n° 2019-821 QPC, *Société nationale d'exploitation industrielle des tabacs et allumettes*, *JORF* n°0021 du 25 janvier 2020, texte n° 83.

406 Cass., 1re civ., 16 février 1994, n° 92-14.205, *Rev. crit. DIP* 1994, p. 341, note H. MUIR WATT, « De la loi applicable au cautionnement d'un crédit en compte courant et au calcul des intérêts », *Revue critique de droit international privé* 1994, p. 341 : « *attendu qu'après avoir justement décidé que le cautionnement litigieux, souscrit en Arabie Saoudite, pour garantir les obligations d'une société de droit saoudien envers une banque saoudienne, était présumé soumis, en l'absence de stipulation contraire, à la loi saoudienne, loi de l'obligation qu'il garantissait, l'arrêt attaqué a retenu que les questions de droit propres au litige et ressortissant à la* ***théorie générale des contrats*** *ou plus spécialement au mécanisme du cautionnement relevaient de l'application de règles communes aux deux systèmes juridiques français et saoudien* ».

407 Cass., crim., 29 septembre 1992, n° 92-82.040, Inédit – *Dalloz jurisprudence* : « *Les juges se bornent à énoncer que l'inexécution par le vendeur de ses obligations résultant de la vente relève de la* ***théorie générale des contrats*** *; que le paiement du prix entre les mains dudit vendeur avant l'établissement de l'acte de vente et du contrat de prêt, effectué suivant les conventions synallagmatiques passées entre les parties et n'ayant causé aucun préjudice à l'acquéreur, est également du domaine du contentieux civil* ».

408 Cass. 1re civ, 10 septembre 2015, n° 13-17119, *Dalloz jurisprudence*.

409 Cass. comm., 26 novembre 2013, n° 12-27456, *Dalloz jurisprudence*.

410 Cass., 1re civ., 6 novembre 2013, n°11-17736, *Dalloz jurisprudence*.

411 TPICE, 4ème chambre, 17 décembre 1998, affaire T-203/96, *Embassy Limousines & Services c/ Parlement européen, Recueil de jurisprudence* 1998, II-04239.

regard des « *enjeux théoriques de la jurisprudence* »[412], plusieurs expressions théoriques semblent préférées à celle de théorie générale du contrat administratif. Par exemple, le juge administratif utilise fréquemment le terme « théorie » dans le contentieux contractuel. Il est ainsi possible de relever dans la jurisprudence administrative la référence à la théorie de l'enrichissement sans cause[413], la théorie de l'imprévision[414], la théorie du fait du prince[415], la théorie des sujétions imprévues[416] ou encore à la théorie des dommages intermédiaires[417]. La théorie de l'imprévision, dont la consécration résulte de l'arrêt du Conseil d'Etat rendu le 30 mars 1916[418], mérite une attention particulière en ce sens où elle constitue une spécificité du contrat administratif, bien qu'introduite en droit civil sous une figure quelque peu différente par la réforme du droit des obligations de 2016[419]. Sa singularité réside ici dans le rapport étroit du contrat administratif avec le principe de continuité du service public qui ressort fréquemment de la jurisprudence administrative[420]. L'imprévision traduit l'exigence suivant laquelle, dans une situation de bouleversement économique du contrat, le cocontractant doit continuer à exécuter ses obligations ; le Conseil d'Etat élève d'ailleurs la théorie de l'imprévision au rang de règle d'ordre public en 1948[421]. De même, il convient de s'intéresser à la théorie du fait du prince[422], laquelle procède d'une approche organique du contrat administratif, une autorité publique étant partie au contrat. Cette théorie jurispru-

---

412 CAILLOSSE Jacques, « Le juge administratif et la question de l'"efficacité" », *op. cit.*, p. 27.

413 CE, 04 mars 2020, n° 423443, *Sté SAVIMA, Lebon* ; CAA Bordeaux, 23 octobre 2012, n° 11BX02842, *CMP* n° 12, décembre 2012, comm. 339, note M. UBAUD-BERGERON ; CE, 15 février 2008, n° 288210, Inédit – *Dalloz jurisprudence.*

414 CE, 21 octobre 2019, n° 419155, *Sté Alliance, Lebon, AJDA* 2020.796, note C.-A. DUBREUIL ; CAA Nancy, 28 janvier 2020, n° 18NC02597, Inédit – *Dalloz jurisprudence* ; CAA Douai, 12 janvier 2021, n° 19DA00887, Inédit – *Dalloz jurisprudence.*

415 CAA Marseille, 22 novembre 2019, n° 17MA02160, *Sté Paradis*, Inédit – *Dalloz jurisprudence* ; CAA Lyon, 5 avril 2012, n° 11LY01943, Inédit – *Dalloz jurisprudence.*

416 CE, 31 juillet 2009, n° 300729, *Sté Campenon Bernard et autres, Lebon, CMP* 2009, n° 349, note ZIMMER ; CE, 6 mars 2015, n° 376465, Inédit – *Dalloz jurisprudence.*

417 CAA Bordeaux, 9 avril 2015, n° 12BX02225, *CMP* 2015, comm. 153, obs. H. HOEPFFNER ; CE, 11 décembre 2013, n° 364311, *Commune de Courcival, Lebon, AJDA* 2013.2521.

418 CE, 30 mars 1916, n° 59928, *Compagnie générale d'éclairage de Bordeaux, Lebon* p. 125, concl. CHARDENET.

419 Voir plus loin.

420 CE Ass., 9 décembre 1932, *Cie des Tramways de Cherbourg, Lebon* p. 1050, concl. JOSSE ; CE, n° 184722, 14 juin 2000, *Commune de Staffelfelden, Lebon, RDI* 2000.565, note F. LLORENS ; CE, 4 octobre 2019, n° 419312, Inédit au recueil *Lebon* ; CE, 05 février 2018, n°416581, *Ville de Paris, Lebon, AJDA* 2018.246 et 1338, note M.-C. VINCENT-LEGOUX

421 CE, 10 mars 1948, *Hospices de Vienne, Lebon* p. 124, *AJDA* 1948.31.

422 DREYFUS Jean-David, « Les mesures de police affectant l'exécution du contrat », *AJDA* 2010.800 ; LUXEMBOURG Fanny, « Le fait du prince : convergences du droit privé et du droit public », *JCP G* n°8, 20 février 2008, I.119.

dentielle vise à indemniser le préjudice du cocontractant résultant d'une mesure licite, imprévisible et de portée particulière, prise par l'administration cocontractante agissant comme puissance publique[423]. La théorie du fait du prince exprime la volonté du juge de concilier le caractère contractuel avec les intérêts publics protégés par la personne publique cocontractante. Les « théories » jurisprudentielles applicables au contrat administratif illustrent son particularisme par rapport au contrat de droit privé. Surtout, comme l'explique Y. GAUDEMET, lorsque le juge administratif recourt à des théories, cela lui permet de « *ranger sous l'étiquette de théorie toute explication – ou toute tentative d'explication – de l'ensemble d'une discipline, bénéficiant d'une certaine cohérence interne et ayant une portée explicative universelle à l'intérieur de cette discipline* »[424]. Elles ne permettent toutefois pas d'identifier une théorie générale du contrat administratif car, indépendamment de toute référence explicite à celle-ci, le juge emploie le terme « théorie » face à des questions spécifiques, pour lesquelles le droit issu de la réglementation n'a pas ou insuffisamment apporté de réponse. Le but est ici de trouver une solution au problème contentieux posé et non de contribuer à une conceptualisation.

2. La persistance du recours à des formulations connexes dans la jurisprudence

L'absence de la théorie générale du contrat administratif au sein de la jurisprudence récente conduit à s'intéresser à la persistance de formulations connexes. A ce titre, il convient de souligner l'emploi du terme « principe » dans la jurisprudence pour signaler l'existence de règles spécifiques applicables au contrat administratif. Tel est le cas de la décision du 18 janvier 1985 dans laquelle le Conseil constitutionnel énonce « *que le pouvoir de résiliation d'un contrat d'association conféré, dans les conditions ci-dessus rappelées, au représentant de l'État, au demeurant conforme aux principes applicables aux contrats administratifs, n'est contraire à aucune règle ou principe de valeur constitutionnelle* »[425]. Parallèlement, le Conseil d'Etat a également consacré

---

[423] En tant qu'autorité légitime, publique et compétente : CE, 20 octobre 1971, n° 79315, *Compagnie du chemin de fer de Bayonne à Biarritz, Lebon* p. 624.
[424] GAUDEMET Yves, *Les méthodes du juge administratif, op. cit.*, p. 32.
[425] CC, 18 janvier 1985, n° 84-185 DC, *Loi modifiant et complétant la loi n° 83-663 du 22 juillet 1983 et portant dispositions diverses relatives aux rapports entre l'Etat et les collectivités territoriales, Rec* p. 36, *JORF* du 20 janvier 1985, p. 821.

les expressions de « *principe, qui s'applique à tous les contrats administratifs* »[426], de « *principes applicables aux contrats administratifs* »[427] ou évoque encore des « *principes qui régissent l'action des collectivités publiques et des personnes chargées d'une mission de service public* »[428]. Ne pouvant se confondre, une relation peut néanmoins être effectuée avec la théorie générale. Ainsi que le démontre Y. GAUDEMET, le principe est le fondement des théories, la « *règle première de portée suffisamment large, et comprenant virtuellement, à titre de conséquences, une théorie de règles juridiques qui se justifient par référence à ce principe* »[429].

Une continuité jurisprudentielle peut également être relevée dans l'emploi de l'expression de règles générales applicables au contrat administratif. Le Conseil d'Etat, qui a consacré cette formulation à propos à la mise en œuvre du pouvoir de résiliation unilatérale pour motif d'intérêt général continue de s'y référer ensuite[430] et même récemment[431]. Cette expression s'étend d'ailleurs au pouvoir de modification unilatérale[432]. Plus encore, le Conseil d'Etat semble avoir donné un nouveau souffle à cette notion, estimant le 9 novembre 2016 que la réalisation aux frais et risques est l'une des règles générales applicables aux contrats administratifs et qu'il s'agit d'une règle d'ordre public[433]. Le rapport entre ces règles et la théorie générale reste ambigu : en doc-

---

[426] CE, 11 mai 2016, n° 383768, *Rouveyre*, *Lebon*, *AJDA* 2016.924 : « *l'étendue et les modalités de l'indemnisation due par la personne publique à son cocontractant en cas d'annulation ou de résiliation pour un motif d'intérêt général du contrat peuvent être déterminées par les stipulations du contrat, sous réserve qu'il n'en résulte pas, au détriment de la personne publique, une disproportion manifeste entre l'indemnité ainsi fixée et le montant du préjudice résultant, pour le titulaire du contrat, des dépenses qu'il a exposées et du gain dont il a été privé ; que ce principe, qui s'applique à tous les contrats administratifs, découle de l'interdiction faite aux personnes publiques de consentir des libéralités* ».

[427] CE, 28 janvier 2013, n° 357272, *Commune de Tullins, Lebon, AJDA* 2013.263.

[428] CE, 9 juillet 2015, n° 375542, *Football Club des Girondins de Bordeaux, Lebon, AJDA* 2015.1391.

[429] GAUDEMET Yves, *Les méthodes du juge administratif, op. cit.*, p. 34 à 37.

[430] CE Ass., 2 février 1987, n° 81131, *Sté TV6*, *Lebon* 28, *AJDA* 1987.314, chron. M. AZIBERT et M. de BOISDEFFRE : le pouvoir de résiliation unilatérale pour motif d'intérêt général « *appartient à l'autorité concédante en vertu des règles générales applicables aux contrats administratifs* ». Ce pouvoir prospère quand bien même le contrat ne s'y réfère pas : TC 2 mars 1987 *Sté d'aménagement et de développement de Briançon-Montgenèvre c/ commune de Montgenèvre, RFDA* 1987.191, note F. MODERNE ; voir aussi Ph. DELELIS, « Résiliation des délégations de service public », *CMP* n°5, mai 2004, p. 13.

[431] CE, 11 décembre 2020, n° 427616, *Sté Copra Méditerranée, Lebon T, AJDA* 2020.2466 ; CE, 10 juillet 2020, n° 430864, *Sté Comptoir négoce équipements, Lebon, AJDA* 2020.1445 ; CE, 3 mars 2017, n° 392446, *Sté Leasecom, Lebon, AJDA* 2017.494 et 1678, note F. LOMBARD.

[432] CE, 6 mai 1985, n° 47861, *Ministre des PTT c/ Ricard, Lebon, RFDA* 1985.697 ; CE, 29 mai 2019, n° 428628, *Sté Complétel, CMP* 2019, n° 283, obs. DIETENFOEFFER ; CE, 25 juin 2018, n° 418493, *ADEME, Lebon T., CMP* 2018, n° 198, note M. UBAUD-BERGERON.

[433] CE, Ass., 09 novembre 2016, n° 388806, *Société Fosmax, Lebon, AJDA* 2016.2368, chron. L. DUTHEILLET de LAMOTHE et G. ODINET ; CE, 14 février 2017, n° 405157, *Société*

trine, F. BRENET assimile les règles générales applicables au contrat administratif à la théorie générale du contrat administratif[434], tandis que G. ECKERT y voit davantage sa fragilisation[435].

Il faut aussi mentionner la notion de commande publique qui, suite à l'adoption du Code de la commande publique en 2019, bénéficie d'une nouvelle dimension davantage conceptuelle. C'est ainsi que le juge recourt par exemple aux « principes de la commande publique »[436] ou encore aux « règles de la commande publique »[437] pour désigner un ensemble de règles applicables aux contrats de la commande publique, dont la majorité sont des contrats administratifs.

Malgré tout, si la théorie générale du contrat administratif est généralement mise en relation avec l'œuvre jurisprudentielle, une analyse de cette dernière ne permet pas de relever quelque mention explicite. Tout au plus, des rapprochements peuvent être effectués dans la mesure où il a été possible de mettre en relief des formulations proches à partir de l'emploi de l'expression « théorie » et au regard de la persistance de formulations connexes avec les « principe » et « règles générales » relatifs aux contrats administratifs ou en référence à la commande publique. De 1983 à nos jours, l'objet d'étude reste finalement insaisissable tant dans le discours jurisprudentiel qu'au sein de la règlementation, ce qui accentue le sentiment de crise de la théorie générale du contrat administratif.

Conclusion de la section

La crise de la théorie générale du contrat administratif est un phénomène complexe et complet. Elle caractérise tant l'état de la doctrine que le résultat des recherches entreprises en droit positif. Sur le plan doctrinal, l'étude du

---

manutention portuaire d'Aquitaine, Lebon, AJDA 2017.1453 ; CE, 18 décembre 2020, n°433386, *Sté Treuils et Grues Labor, Lebon T., AJDA* 2020.2526.

434 Voir BRENET François, « La théorie du contrat administratif, Evolutions récentes », *op. cit.* p. 919 : « *la théorie générale connaît une privatisation indirecte qui se traduit par la réduction des hypothèses dans lesquelles les "règles générales applicables aux contrats administratifs" sont effectivement appliquées* ».

435 ECKERT Gabriel, « Les pouvoirs de l'Administration dans l'exécution du contrat et la théorie générale des contrats administratifs », *op. cit.*, étude 9 : « *La résiliation du contrat pour motif d'intérêt général puis sa modification unilatérale ont pris la qualité de "règle générale applicable aux contrats administratifs"* [...]. *Parallèlement, la doctrine cherchait à étendre le contenu de ces prérogatives unilatérales* [...]. *Pour autant et c'est le dernier temps de cette histoire, ces extensions, comme celle de la notion de contrat administratif, loin de consolider la théorie, l'ont plutôt fragilisée* ».

436 CE, 18 décembre 2019, n° 432590, *Port autonome de la Nouvelle Calédonie, Lebon, AJDA* 2020.10 et 640, note S. BRAMERET.

437 En ce sens : CE, 17 juin 2019, n° 430782, Inédit – *Dalloz jurisprudence* ; CE, 19 décembre 2019, n° 434071, Inédit – *Dalloz jurisprudence, AJCT* 2020.305, obs. HUIGE ; CC, 3 décembre 2020, n° 2020-807 DC, *Loi d'accélération et de simplification de l'action publique (ASAP), JORF* 8 décembre 2020, *AJDA* 2020.2399.

contrat administratif fléchit. Dans un premier sens, que l'on pourrait qualifier de « macro », la doctrine appréhende le contrat administratif sous sa nature contractuelle, afin de l'incorporer au sein d'une théorie générale du contrat commune au droit privé et au droit public. Elle conçoit également le contrat administratif comme l'une des composantes de l'action publique et envisage une théorie du contrat public intégrant les contrats de droit privé et de droit administratif des personnes publiques. Suivant une autre logique, davantage « micro », certains auteurs prennent acte de la spécialisation du droit applicable au contrat administratif pour proposer une vision fragmentée à travers l'hypothèse d'une théorie des contrats administratifs spéciaux ou encore d'une théorie des contrats de la commande publique. Sur le plan du droit positif ensuite, il s'avère que la théorie générale du contrat administratif reste essentiellement absente tant de la règlementation que de la jurisprudence. Les difficultés qui se présentent en doctrine et en droit positif sous différentes formes confirment une situation de crise de la théorie générale du contrat administratif. Plus encore, cette remise en cause trouve une confirmation dans le recul des principales composantes de la conception dominante de théorie générale du contrat administratif.

Section 2. Le recul de la conception dominante de théorie

Pour mémoire, dans la conception dominante, la théorie générale du contrat administratif s'apparente au régime juridique – essentiellement jurisprudentiel – du contrat administratif, au sein duquel se manifestent des prérogatives administratives, dont le principe réside dans les notions d'intérêt général et/ou de service public et dont le contentieux relève du droit administratif. L'étude de la crise dont fait l'objet la théorie générale du contrat administratif invite en réalité à s'intéresser au phénomène de diversification du système normatif qui affecte l'ensemble du droit administratif. La multiplication des sources du droit du contrat administratif traduit en effet un « *rééquilibrage des sources écrites et jurisprudentielles* »[438]. En ce sens, l'évolution du droit du contrat administratif ne confère désormais à la jurisprudence qu'un rôle subsidiaire[439]. Précisément, un phénomène de recul se manifeste ici sur deux plans : il s'agit, d'une part, de la contestation du champ d'application de la conception dominante de théorie générale du contrat administratif (Paragraphe 1) et, d'autre part, de la critique affectant les fondements classiques qui lui sont généralement attribués (Paragraphe 2).

[438] LARZUL Tanneguy, *Les mutations des sources du droit administratif*, Lyon : L'Hermès, 1994, p. 275.
[439] LLORENS François, « Le droit des contrats administratifs est-il un droit essentiellement jurisprudentiel ? », *op. cit.*, p. 377 ; MELLERAY Fabrice, « Le droit administratif doit-il redevenir jurisprudentiel ? Remarques sur le déclin paradoxal de son caractère jurisprudentiel, *op. cit.*, n° 637.

Paragraphe 1. La contestation du champ d'application de la théorie

Force est de constater que la nature essentiellement jurisprudentielle du droit du contrat administratif[440] n'est plus aussi évidente et que cette « *fameuse théorie générale du contrat administratif décrite et même à certains égards inventée par Georges Péquignot* »[441] interroge. Comme l'affirme Y. GAUDEMET, la dispersion normative accentue l'incohérence en matière de contrats administratifs[442]. Une contestation de la théorie générale s'appuie notamment sur les bouleversements juridiques que subit le contrat administratif. Pour ne citer que l'adoption du Code de la commande publique, il est désormais possible de lire que « *l'article L. 6 qui procède en particulier à la codification des pouvoirs généraux de l'administration* [...] *à l'égard de son cocontractant, pouvoirs qui constituent le cœur de ce que l'on nomme la théorie générale des contrats administratifs* »[443]. Cette remise en cause affecte le champ d'application – tel qu'il résulte de la conception dominante – de la théorie générale, tant du point de vue du droit des contrats administratifs spéciaux, dont le régime ne cesse de se perfectionner (A), que de la progression de la règlementation sur la source jurisprudentielle (B).

A. L'enrichissement du droit des contrats administratifs spéciaux

Un aspect majeur de la contestation de la théorie générale du contrat administratif découle du déclin des règles communes – extracontractuelles – d'exécution contractuelle. Les règles générales laissent place à un phénomène de spécialisation[444] et d'anticipation de l'aléa dans un contrat qui devient résilient[445], phénomène qui procède plus généralement de la multiplication de normes applicables distinctement à l'exécution de chaque contrat administratif. Cette évolution et son impact sur la théorie générale du contrat administratif sont pertinemment soulignés par G. ECKERT, selon lequel il convient désormais de tendre « *à réduire les ambitions de la théorie générale du con-*

---

[440] De LAUBADERE André, *Traité théorique et pratique des contrats administratifs, op. cit.*, p. 19 ; Pour la critique voir LLORENS François, « Le droit des contrats administratifs est-il un droit essentiellement jurisprudentiel ? », *op. cit.*, p. 377.

[441] MELLERAY Fabrice et NOGUELLOU Rozen, « La codification de règles jurisprudentielles », *op. cit.*, n° 381.

[442] GAUDEMET Yves, « Pour une nouvelle théorie générale du droit des contrats administratifs : mesurer les difficultés d'une entreprise nécessaire », *op. cit.*, p. 313

[443] MELLERAY Fabrice et NOGUELLOU Rozen, « La codification de règles jurisprudentielles », *op. cit.*, n° 381.

[444] LACHAUME Jean-François, « L'évolution du contrat administratif en droit français », *in L'évolution contemporaine du droit des contrats*, Journées R. SAVATIER, Paris : PUF, 1986, p. 61.

[445] V. SOURZAT Lucie, *Le contrat administratif résilient*, Thèse dactyl. Toulouse, 2017.

trat administratif et à lui préférer la construction d'un droit spécial des contrats de l'Administration »[446]. Plus précisément, la mutation en cause affecte les pouvoirs exorbitants de l'administration (1) et la théorie de l'équilibre financier (2).

1. La spécialisation des pouvoirs exorbitants de l'administration

La théorie générale du contrat administratif est fréquemment assimilée aux prérogatives administratives dans l'exécution du contrat. Celles-ci s'expriment par la détention de l'administration de trois pouvoirs exorbitants : les pouvoirs de contrôle, de modification unilatérale et de résiliation unilatérale pour motif d'intérêt général. Or, le phénomène de spécialisation altère le caractère commun de ces composantes classiques de la théorie générale du contrat administratif, et témoigne, nous le verrons plus loin, de l'existence d'un mythe d'unité entre la théorie générale et le droit positif applicable au contrat administratif.

D'abord, le pouvoir de contrôle n'est pas univoque[447], il est généralement gradué et ne s'applique pas avec la même intensité selon les contrats[448]. Un premier degré, relatif à la surveillance de la bonne exécution du contrat administratif, se retrouve dans la majorité des contrats. Un second degré, qui consiste en un pouvoir de direction, se dégage lorsque l'administration intervient dans l'exécution. Il concerne les marchés publics, dès lors que l'administration assure la maîtrise d'ouvrage[449] ; tandis qu'il est (en principe) absent des délégations de service public[450], le concessionnaire bénéficiant d'une liberté de gestion[451]. Son exécution est toutefois soumise au contrôle du concédant[452]. Au-delà d'une spécialisation matérielle, une spécialisation formelle est à relever. Ainsi, l'article L. 2231-2 du Code de la commande publique pose le principe de l'existence d'un pouvoir de contrôle de l'acheteur sur l'exécution du

[446] ECKERT Gabriel, « Les pouvoirs de l'administration dans l'exécution du contrat et la théorie générale des contrats administratifs », *op. cit.*, étude 9.

[447] DACOSTA Bertrand, « Le statut des biens de retour », Conclusions sur CE, Ass., 21 décembre 2012, n° 342788, *Commune de Douai*, *RFDA* 2013.25.

[448] De LAUBADERE André, MODERNE Franck, DELVOLVE Pierre, *Traité des contrats administratifs*, *op. cit.*, p. 383.

[449] CE Sect., 25 février 1994, n° 144641 et n° 145406, *Sofap-Marignan*, *Lebon*. p. 94, *RFDA* 1994.510, concl. J. ARRIGHI de CASANOVA, *AJDA* 1994.550, *RDI* 1994.229, note J.-B. AUBY ; voir aussi : CE, 12 octobre 1988, n° 56690, *SA Entreprise Olim*, Inédit au recueil *Lebon* ; CAA Nancy, 10 novembre 2020, n° 18NC02371-18NC02377, Inédit – *Dalloz jurisprudence*.

[450] ROBLOT-TROIZIER Agnès, « Le pouvoir de contrôle de l'Administration à l'égard de son cocontractant », *RFDA* 2007.990.

[451] CE, 18 octobre 2018, n° 420097, *Électricité de Tahiti*, *Lebon*, *AJDA* 2018.2047

[452] Voir art. R. 3131-2 du Code de la commande publique ; voir aussi ROBLOT-TROIZIER Agnès, « Le pouvoir de contrôle de l'Administration à l'égard de son cocontractant », *op. cit.* : « *la limite du pouvoir de contrôle de la personne publique délégante se situe dans la définition même de la délégation de service public* ».

marché de partenariat tandis que l'article L. 3131-5 prévoit la remise par le concessionnaire d'un rapport annuel relatif à l'exécution et à la gestion du service public[453]. Plus précis, le contrôle peut également être institutionnalisé avec l'obligation de désigner un commissaire du gouvernement[454]. Il convient aussi de remarquer que certains textes exigent l'insertion par les parties d'une clause de contrôle. Cette clause est par exemple obligatoirement présente dans les baux emphytéotiques administratifs soumis à l'article L. 2341-1 du Code général de la propriété des personnes publiques en ce sens que « *les modalités de contrôle de l'activité du preneur par la personne publique propriétaire sont prévues dans le bail* ». Surtout, il faut noter l'article L. 6 du Code de la commande publique qui prévoit désormais que « *l'autorité contractante exerce un pouvoir de contrôle sur l'exécution du contrat, selon les modalités fixées par le présent code, des dispositions particulières ou le contrat* ». Le pouvoir de contrôle se fonde ainsi sur le droit spécial, au détriment de la théorie générale.

Ensuite, l'exercice du pouvoir de modification unilatérale se voit fréquemment envisagé dès l'origine, les clauses fixant sa survenue et l'allocation de l'indemnité[455] voire son renoncement[456]. Cette modification conventionnelle, dite aussi programmée[457], se traduit, comme l'explique H. HOEPFFNER, par des « *modifications spontanées* » avec l'avenant ou des « *modifications anticipées* » résultant de clauses d'adaptation intégrées au contrat[458]. Le contrat devient alors le fondement de la modification. Ainsi que le souligne B. DACOSTA, leur « *encadrement rigoureux* [...] *implique qu'une décision unilatérale* [ne saurait...] *avoir une portée supérieure à celle que pourrait avoir un avenant* »[459]. Plus encore, les avenants aux délégations/concessions de services publics, qui ont fait l'objet d'un avis du Conseil d'État en date du 19

[453] Rappr. Art. L. 2224-31 du Code général des collectivités territoriales en ce qui concerne les contrats de concession de distribution d'électricité, FONTAINE Cécile et BODA Jean-Sébastien, « La cour administrative d'appel de Nancy et le régime juridique des concessions de distribution publique d'électricité », *JCPA* n° 50.2014. 2346.

[454] Art. 2 du Décret n° 2001-942 du 9 octobre 2001, *relatif au contrôle par l'Etat des sociétés concessionnaires d'autoroutes et d'ouvrages d'art, JORF* n° 240 du 16 octobre 2001, p. 16254

[455] CE, 25 octobre 2017, n° 402921, *Commune du Croisic, Lebon, AJDA* 2017.2104 ; CAA Versailles, 7 mars 2006, n° 04VE01381, *Commune de Draveil, Lebon* p. 592, *AJDA* 2006.1044, concl. P. BRESSE.

[456] CE, 19 déc. 2012, n° 350341, *Sté AB Trans, DA* 2013, comm. 42, E. COLSON ; *CMP* 2013, comm. 29, note G. ECKERT.

[457] SOURZAT Lucie, *Le contrat administratif résilient, op. cit.*

[458] HOEPFFNER Hélène, *La modification du contrat administratif, op. cit.* ; voir aussi RAPP Lucien, « Stabilité du contrat et mutabilité de son objet », *CMP* n°7, juillet 2008 ; BOUHIER Vincent et HEINICH Julia, « Clause de réexamen, de dureté et de hardship », *in Contrats de droit privé et contrats de droit administratif, Droit comparé interne,* Paris : LGDJ Lextenso 2019, p. 147.

[459] DACOSTA Bertrand conclusions sous CE, 27 octobre 2010, n° 318617, *Syndicat intercommunal des transports publics de Cannes, le Cannet, Mandelieu-la Napoule, RJEP* avril 2011, p. 18 ; voir aussi DUDOGNON Charles, « L'avenant au contrat administratif », *RDP*, 20 septembre 2009, n° 5, p. 1353.

avril 2005[460], se trouvent aujourd'hui règlementés aux côtés des marchés publics dans le Code de la commande publique. Ainsi, suivant une formulation analogue et fondée plus généralement sur les principes de la commande publique[461], l'article L. 2194-1 encadre les modifications apportées aux marchés publics et l'article L. 3135-1 concerne les modifications apportées aux contrats de concessions, prévoyant dans les deux cas la faculté d'organiser contractuellement la modification. Ces dispositions devront toutefois se combiner de façon encore un peu douteuse avec l'article L. 6 du Code de la commande publique[462]. C'est aussi l'article L. 2432-2 du Code de la commande publique qui pose un cadre pour la modification du marché public de maîtrise d'œuvre et l'article L. 300-5 du Code de l'urbanisme qui rend obligatoire l'insertion d'une clause relative à la modification dans les concessions d'aménagement. Il en résulte que de plus en plus, en doctrine[463] comme en jurisprudence[464], la modification « *intervient au terme d'un processus de renégociation contractuellement organisé* » et fait l'objet d'un consentement *ab initio* des parties[465]. Le pouvoir de modification du contrat administratif, conçu théoriquement

---

460 CE Avis, 19 avril 2005, n° 371234, *EDCE* 2006, p. 197, *CMP* n°12, décembre 2006, étude 19, note H. HOEPFFNER.

461 HOEPFFNER Hélène, « L'encadrement de la modification d'une concession par les principes généraux de la commande publique », *AJDA* 2018.1104.

462 CE, 9 mars 2018, n° 409972, *Compagnie des parcs et passeurs du Mont-Saint-Michel, Lebon, AJDA* 2018.534 ; et 1104, note H. HOEPFFNER ; CE Avis, 26 avr. 2018, *relatif à diverses questions de droit des concessions dans le contexte résultant de l'annonce, le 17 janvier 2018, par le Premier ministre de la décision du gouvernement de renoncer au projet d'aéroport de Notre-Dame-des-Landes.*

463 Sur la question voir notamment LIMOUZIN-LAMOTHE Philippe, « Les avenants : observations complémentaires », *AJDA* 1998.767 ; HOEPFFNER Hélène, « Le régime des modifications conventionnelles des conventions de délégation de service public. - À propos de l'avis du Conseil d'État du 19 avril 2005 », *CMP* n° 12, Décembre 2006, étude 19 ; DACOSTA Bertrand, conclusions sous CE n° 318617, 27 octobre 2010, *Syndicat intercommunal des transports publics de Cannes, le Cannet, Mandelieu-la Napoule, RJEP* avril 2011, p. 18 ; DUDOGNON Charles, « L'avenant au contrat administratif », *op. cit.*, p. 1353 ; PEYRICAL Jean-Marc, « Les avenants source d'unification du droit des contrats publics », *in Contrats publics, Mélanges en l'honneur du Professeur Michel Guibal*, Montpellier : Presses de la Faculté de Droit de Montpellier, 2006, p. 825 ; FATOME Etienne, « Les avenants », *AJDA* 1998.760 ; LIBERT Xavier, « Les modifications du marché en cours d'exécution : avenants, décisions de poursuivre, régularisations », *AJDA* 1994.65 ; RAPP Lucien, « Stabilité du contrat public et mutabilité de son objet », *CMP* n° 7, juillet 2008, étude 7 ; DELACOUR Éric, « Modification du contrat par avenant : incidences sur le financement des investissements du service », *CMP* n° 5, mai 2002, comm. 123, note sur TA Nancy, 22 janv. 2002, n° 00846, *Troglic M.*

464 CE, 25 novembre 1998, n° 151067, *Préfet de Corse c/ Cianfarini, AJDA* 1998.1047 ; CE 29 décembre 2004, n° 239681, *Sté de chauffe, de combustibles, de réparations et d'appareils mécaniques, Lebon T., AJDA* 2005.607, note J.-D. DREYFUS ; CE Avis, 19 avril 2005, n° 371234, *EDCE* 2006, p. 197 ; CE, 8 juin 2005, n° 255987, *M. Tomaselli c/ Cne de Ramatuelle, Lebon, AJDA* 2005.1686.

465 FEVROT Olivier, « Oxymore pour les contrats administratifs : la modification unilatérale consentie des clauses financières », *CMP* n° 4, avril 2008, note sur CAA Nancy, 20 décembre 2007, n° 05NC00897, *Commune de Saint Dizier, AJDA* 2008.774.

comme unilatéral et général, se transforme : il trouve une justification en interne et consensuellement[466] lorsque le contrat prévoit lui-même sa modification et, en externe lorsque le droit positif règlemente la modification de certains contrats administratifs.

Enfin, comme le pouvoir de modification, le pouvoir de résiliation unilatérale pour motif d'intérêt général fait l'objet de textes spéciaux qui prévoient ses modalités de mise en œuvre. D'abord, la réglementation peut en poser les modalités : dans le cadre des marchés publics d'assurance, la loi prévoit une faculté de résiliation annuelle[467], tandis que le Code de la commande publique énumère les cas de résiliation unilatérale des marchés et des concessions incluant le motif d'intérêt général[468]. Plus spécifiquement ensuite, la résiliation peut être prévue par le contrat lui-même[469]. Dans ce cas, le juge applique les clauses regardant les modalités et/ou l'indemnité de résiliation[470] exception faite du cas d'irrégularité de la clause. En effet, comme le souligne le juge par un arrêt du 3 mars 2017, en cas d'« *illicéité de la clause d'indemnisation du contrat, le cocontractant de la personne publique peut* [...] *fonder sa demande*

[466] Toutefois, doctrine défendue dès 1953 par L'HUILLIER et F.-P. BENOIT.

[467] Art. L. 113-12 Code des assurances : « *l'assuré a le droit de résilier le contrat à l'expiration d'un délai d'un an* [...]. *Ce droit appartient, dans les mêmes conditions, à l'assureur* [...] *Le droit de résilier le contrat tous les ans doit être rappelé dans chaque police. Le délai de résiliation court à partir de la date figurant sur le cachet de la poste* » ; POURCEL Éric, « De la résiliation appliquée aux marchés publics d'assurance », *CMP* 2008, n° 2.

[468] Voir les articles L. 6, L. 2195-1 et suivants et L. 3136-1 et suivants du Code de la commande publique.

[469] En jurisprudence : CE, 31 octobre 2017, n° 409064, Inédit – *Dalloz jurisprudence* ; CE, 03 mars 2017, n° 392446, *Sté Leasecom, Lebon T., CMP* 2017, n° 127, note M. UBAUD-BERGERON ; CE, 8 octobre 2014, n° 370644, *Société Grenke Location, Lebon, AJDA* 2015.396, note F. MELLERAY ; CE, 3 novembre 2006, n° 270248, *Commune Puy-Saint-Vincent, JCPA* n° 9, 26 février 2007.2051, note F. LINDITCH, *CMP* n° 1, janvier 2007, comm. 8, note F. OLIVIER. En doctrine : ECKERT Gabriel, « Les pouvoirs de l'administration dans l'exécution du contrat et la théorie générale des contrats administratifs », *op. cit.*, étude 9 ; CANEDO Marguerite, « L'exorbitance du droit des contrats administratifs », *in L'exorbitance du droit administratif en question(s)*, Etudes réunies par F. MELLERAY, Poitiers : Université de Poitiers, 2004, p. 137 ; DOURLENS Nicolas et De MOUSTIER Roland, « Les clauses de résiliation dans les contrats publics », *CMP* n° 2, février 2014, 2 ; PROS-PHALIPPON Chloé, « La recherche d'un meilleur équilibre contractuel par le contrat : la clause de résiliation au profit de la personne privée cocontractante », *RFDA* 2015.47 ; MELLERAY Fabrice, « Du pouvoir de résiliation unilatérale d'un contrat administratif par le cocontractant de l'administration », *op. cit.*, p. 396 ; PUGEAULT Serge, « Les clauses de résiliation unilatérale dans les contrats administratifs sont désormais admises mais sous conditions », *D.* 2015, p. 145.

[470] CE, 19 décembre 2012, n° 350341, *Société AB Trans, AJDA* 2013.722, *CMP* 2013, n° 29, note G. ECKERT, *DA* 2013, n° 42, note E. COLSON ; CE, 4 mai 2011, n° 334280, *Chambre de commerce et d'industrie de Nîmes, Uzès, Bagnols, Le Vigan, Lebon* p. 205, *AJDA* 2011.929, *RDI* 2011. 396, obs. S. BRACONNIER, *RJEP* 2011 n° 692, comm. 55 concl. B. DACOSTA ; CE n° 250436, 24 novembre 2003, *Société Le Cadoret, Lebon.* p. 945 ; plus généralement, voir aussi DELACOUR Éric, « Contrôle juridictionnel d'une mesure de résiliation », *CMP* n° 2, février 2004, n° 32.

de réparation sur ces règles générales applicables aux contrats administratifs »[471].

Ce faisant, en bousculant les équilibres, la jurisprudence et la réglementation alimentent la crise de la théorie générale du contrat administratif. Il en ressort que les pouvoirs de contrôle, de modification et de résiliation unilatérales du contrat administratif se trouvent fréquemment encadrés par la volonté des parties et/ou par le droit spécial applicable à certains contrats administratifs. Ces pouvoirs dits exorbitants, marqueurs jadis de la spécificité du contrat administratif, se spécialisent et emportent le déclin de la conception dominante de la théorie générale qui devient subsidiaire[472]. D'ailleurs, ce phénomène semble se confirmer si l'on s'intéresse à la théorie de l'équilibre financier.

2. La spécialisation de la théorie de l'équilibre financier

La contestation du champ d'application de la théorie générale du contrat administratif suit l'encadrement de la célèbre théorie de l'équilibre financier par le droit spécial du contrat administratif. Au sein de la théorie générale, la théorie de l'équilibre financier est appréhendée de façon générale par référence à l'existence d'une contrepartie économique à l'exercice de ses pouvoirs dits exorbitants par l'administration. Elle traduit une prise en compte – voire une prise en charge – des aléas de l'exécution du contrat administratif[473]. Un mouvement de spécialisation affecte là aussi ses principales composantes : la théorie des sujétions imprévues, la théorie de l'imprévision et la théorie du fait du prince.

La théorie des sujétions imprévues vise à indemniser, comme le rappelle régulièrement le Conseil d'Etat, la survenance de « *difficultés matérielles rencontrées lors de l'exécution d'un marché, présentant un caractère exceptionnel, imprévisibles lors de la conclusion du contrat et dont la cause est extérieure aux parties* »[474] qui bouleversent l'économie générale du marché[475] à

---

[471] CE, 03 mars 2017, n° 392446, *Société Leasecom, op. cit.*

[472] ECKERT Gabriel, « Les pouvoirs de l'administration dans l'exécution du contrat et la théorie générale des contrats administratifs », *op. cit.*, étude 9.

[473] PEZ Thomas, *Le risque dans les contrats administratifs*, Paris : LGDJ, 2013.

[474] CE, 25 mars 2020, n° 427085, *Ministre de la transition écologique et solidaire c/ Sté Guintoli*, Inédit – *Dalloz jurisprudence* ; CE, 13 octobre 1978, n° 95863, 00903, 00998, *Département de la Vendée, Lebon* p. 871 ; CE, 30 juillet 2003, n° 223445, *Commune de Lens, Lebon*, p. 960, *RDI* 2004.113, obs. M. DEGOFFE.

[475] CE, 10 février 2014, n° 365828, *Sté Arc Ame, Lebon, AJDA* 2014.378, le Conseil d'Etat rappelle que les sujétions imprévues présentent « *un caractère exceptionnel et imprévisible, dont la cause est extérieure aux parties et qui ont pour effet de bouleverser l'économie du contrat* » ; v. également CE, 1er juillet 2015, n° 383613, *Régie des eaux du canal de Belletrud (RECB), Lebon, AJDA* 2015.1343, *JCPA*, n° 46, 16 novembre 2015.2328, obs. F. LINDITCH, *CMP* n°10, octobre 2015, comm. 235, J.-P. PIETRI.

prix forfaitaire[476]. Or, force est de constater que le fondement initialement jurisprudentiel ne suffit plus à l'expliquer. Les sujétions imprévues sont en effet appréhendées par le Code de la commande publique aux articles L. 2194-1 et L. 3135-1 prévoyant des modifications aux marchés et concessions rendues nécessaires par la survenance de « *circonstances imprévues* »[477]. Par rapport à la théorie générale, la mise en œuvre de ces dispositions contractualise et sécurise juridiquement la situation imprévue d'autant que le juge administratif se montre parfois rigoureux quant à l'application de la théorie des sujétions imprévues[478].

Également d'origine jurisprudentielle, la théorie de l'imprévision s'applique lorsque des évènements imprévisibles et extérieurs aux parties bouleversent l'économie du contrat[479]. Remise en cause, cette théorie semble laisser place à la spécialité et se voit marquée par « *une improbable désuétude* »[480]. « Désuétude » tout d'abord : ce substantif amène à considérer la prévision de l'imprévision et traduit une conception selon laquelle la théorie de l'imprévision « *a nécessairement un fondement contractuel* »[481] en lieu et place de la théorie générale. A cet égard, l'essor d'instruments endogènes regardant l'imprévision se vérifie par l'insertion dans le contrat de clauses d'actualisation, de variation et de révision des prix[482], permettant de tenir compte des fluctua-

---

476 CE, 25 mars 2020, n° 427085, *Ministre de la transition écologique et solidaire c/ Sté Guintoli*, Inédit – *Dalloz jurisprudence*.

477 Voir aussi, CAA Marseille, 19 décembre 2011, n° 09MA01523, *Communauté urbaine Nice-Côte d'Azur, CMP* n° 3, mars 2012, p. 81, note J.-P. PIETRI ; CAA Paris, 25 février 2013, n°12PA00638, *AJDA* 2013.1102, conclusions S. DEWAILLY, « L'article 20 du code des marchés publics et les augmentations du forfait de maîtrise d'œuvre ».

478 CE, 8 mars 1996, n° 165075, *Commune de Petit-Bourg, RDI* 1996.370, note F. LLORENS et Ph. TERNEYRE ; CAA Marseille, 21 novembre 2000, n° 98MA00892, *Département du Var*, F. OLIVIER, « Avenant pour sujétions imprévues », *CMP* n° 6, juin 2001, p. 119 : ici la détermination du besoin, exigée par le CMP, limite l'application de la théorie des sujétions imprévues ; CAA Lyon, 16 février 2012, n° 11LY00685, *Sté Savignon, JCPA* 2012, n° 27, 2246, comm. F. LINDITCH, sur les retards ne constituant pas une sujétion imprévue, et l'appréciation *in concreto* de cette notion ; Voir cependant CE, 1er juillet 2015, n°383613, *Régie des eaux du canal de Belletrud, Lebon, AJDA* 2015.1343, *JCPA,* n° 46, 16 novembre 2015, 2328, obs. F. LINDITCH, *CMP* n°10, octobre 2015, comm. 235, J.-P. PIETRI : le Conseil d'Etat précise que le bouleversement de l'économie générale d'un contrat entraîné par des sujétions techniques imprévues apparues pendant l'exécution d'une partie sous-traitée d'un marché s'apprécie en comparant le montant des dépenses résultant de ces sujétions par rapport au montant total du marché et non au montant de la partie sous-traitée.

479 CE, 30 mars 1916, n° 59928, *Compagnie d'éclairage de Bordeaux, op. cit.*

480 CLOUZOT Ludivine, « La théorie de l'imprévision en droit des contrats administratifs : une improbable désuétude », *RFDA* 2010.937.

481 LLORENS François, « Inapplicabilité de la théorie de l'imprévision à un contrat nul », *CMP* n° 5, 2010, n° 179.

482 CE, 20 décembre 2017, n° 408562, *Sté Area Impianti, Lebon T., CMP* 2018, n° 51, note PIETRI ; CE, 9 décembre 2009, n° 328803, *Préfet de l'Eure, Lebon, RDI* 2010.155, obs. R. NOGUELLOU ; CAA Nancy, 8 avril 2013, n° 12NC00503, *Sté Constructions Métalliques Savoyardes, CMP* n° 6, juin 2013, comm. 165, obs. M. UBAUD-BERGERON ; CAA Paris, 10

tions économiques qui pourraient affecter l'exécution contractuelle. D'ailleurs, le droit spécial avalise la prévision de l'imprévision : l'article R. 2112-11 du Code de la commande publique impose de prévoir dans les marchés à prix fermes une actualisation lorsque l'exécution des prestations débute plus de trois mois après la signature. Suivant une même idée et comme vu ci-avant, le marché public ou la concession peuvent être adaptés en cas de circonstances imprévues[483]. « Improbable » néanmoins car d'aucuns ont pu considérer que ce mouvement constitue en réalité la consécration contractuelle de la théorie de l'imprévision[484]. Il semble toutefois plus approprié de considérer que deux fondements – théorie générale/droit spécial – évoluent en parallèle. En effet, le juge est encore amené fréquemment à se prononcer sur l'imprévision[485]. Il s'agit davantage d'une subsidiarité des manifestations de la théorie générale du contrat administratif que de leur abandon.

La théorie du fait du prince, comme les théories précédentes, se fonde sur la notion d'imprévu. Elle procède d'une mesure licite et générale prise par l'administration cocontractante, en tant qu'autorité administrative, qui rend l'exécution du contrat plus difficile ou plus onéreuse[486]. Cependant, le droit spécial, qui reconnaît la gestion contractuelle des risques, semble altérer l'intérêt de la théorie du fait du prince. Les parties ont en effet la faculté de considérer cet aléa administratif, *a priori,* par l'intégration au contrat de clauses de révision ou de rendez-vous et, *a posteriori,* par l'adoption d'un avenant[487].

De façon générale, l'anticipation contractuelle du risque[488] et, plus largement, de l'aléa[489], entraine un phénomène de spécialisation du droit de l'exécution du contrat administratif. L'équilibre financier est peu à peu investi par la règlementation et, surtout, devient l'affaire des parties de telle manière que

---

juillet 2015, n° 12PA04253 et n° 14PA03595, *SAS Balas Mahey, CMP* n°10, octobre 2015, comm. 239, obs. H. HOEPFFNER.

483 Articles L. 2194-1 et L. 3135-1 du Code de la commande publique ; voir aussi sous l'ancienne réglementation : Rép. min. n° 49419, *JOAN* Q. 1er avril 2014, p. 3034 (Q. 11 févr. 2014, M. Fabrice VERDIER), CMP n° 6, juin 2014, comm. 181, B. ROMAN-SEQUENSE

484 De LAUBADERE André, MODERNE Franck, DELVOLVE Pierre, *Traité des contrats administratifs,* Tome 2, *op. cit.*, p. 248

485 CE, 23 janvier 2020, n° 426421, *Commune de la Trinité sur mer*, Inédit – *Dalloz jurisprudence* ; CE, 21 octobre 2019, n° 419155, *Sté Alliance, Lebon, AJDA* 2020.796, note C.-A. DUBREUIL ; CE, 14 juin 2000, n° 184722, *Commune de Staffelfelden, Lebon, RDI* 2000.565, note F. LLORENS. Ce qui confirme l'affirmation suivant laquelle : « [la théorie de l'imprévision] *n'est pas pour autant devenue objet de musée* », CHAPUS René, *Droit administratif,* Tome 1, 15ème éd., Montchrestien, Paris : Domat Droit Public, 2001 p. 1214.

486 Voir plus loin et voir notamment CAA Douai, 25 octobre 2000, n° 97DA01950, Inédit – *Dalloz jurisprudence.*

487 LUXEMBOURG Fanny, « Le fait du prince : convergence du droit privé et du droit public », *op. cit.*, n° 119 ; RUELLAN Aymeric, « Le partage des risques et la portée matérielle des théories de la force majeure, du fait du prince et de l'imprévision », *AJDA* 2006.1597.

488 PEZ Thomas, *Le risque dans les contrats administratifs*, *op. cit.*

489 SOURZAT Lucie, *Le contrat administratif résilient*, *op. cit.*

sa théorisation s'efface devant le perfectionnement de l'ingénierie contractuelle… Et si le spécial prime sur le général, la théorie générale du contrat administratif recule pour devenir secondaire face à l'incorporation contractuelle des aléas. Ce déclin ressort également de l'évolution des sources normatives qui entourent le contrat et plus exactement de la progression de la règlementation sur la source initialement jurisprudentielle de cette conception doctrinale.

B. La progression de la règlementation sur la source jurisprudentielle

A titre liminaire, il faut rappeler que la conception dominante de la théorie générale du contrat administratif a été élaborée principalement à partir d'une généralisation doctrinale – parfois excessive – de la jurisprudence relative au contrat administratif. Le droit du contrat administratif est en réalité plus complexe, il est un complexe juridique. Comme cela a été souligné dans le cadre de la spécialisation du droit des contrats administratifs, les mutations normatives et, plus exactement, l'inflation et le rééquilibrage opérés au sein des sources du droit des contrats administratifs s'effectuent au détriment d'une conception unitaire générale. A la prolifération des qualifications légales (1) vient s'ajouter une diversification matérielle des sources juridiques (2) en la matière.

1. Le développement des qualifications légales

La multiplication des qualifications légales du contrat administratif confère un caractère secondaire aux critères jurisprudentiels d'administrativité du contrat. Par qualification légale il faut comprendre que, fréquemment, la nature juridique d'un contrat se voit déterminée par le législateur ou le pouvoir règlementaire sur habilitation du pouvoir législatif. Cette qualification peut être directe lorsqu'elle intéresse expressément le contrat ou indirecte par attribution de la compétence contentieuse. Or, lorsque la réglementation qualifie le contrat administratif, les critères jurisprudentiels d'administrativité des contrats ne s'appliquent pas[490] ; on parle alors de contrat nommé ou spécial. Ce phénomène de multiplication des contrats administratifs spéciaux qui se développe « *au détriment de l'homogénéité* […] *compromet ainsi toute démarche théorique* »[491]. Sont apparus, par exemple, de nouveaux contrats administratifs parmi lesquels le bail emphytéotique administratif, le bail emphytéotique de valorisation, le contrat de partenariat, la concession de travaux, le

---

[490] TC, 2 mars 1970, n° 01936, *Société Duvoir c/ SNCF, Lebon* p. 885.

[491] GAUDEMET Yves, « Pour une nouvelle théorie générale du droit des contrats administratifs : mesurer les difficultés d'une entreprise nécessaire », *op. cit.*, p. 313.

marché de partenariat, etc. De la sorte, de nouveau[492], l'espèce a précédé le genre[493], le spécial a repris le pas sur le général. Il faut d'ailleurs dès à présent préciser qu'en application de l'article 34 de la Constitution, le législateur est compétent quant aux principes fondamentaux des « *obligations civiles* ». Cette expression concerne « *un droit qui peut être évalué en argent* », indépendamment de son caractère civil[494] et inclut inéluctablement le contrat administratif. Par ailleurs, le Conseil constitutionnel reconnaît compétence au législateur pour « *unifier les règles de compétence juridictionnelle au sein de l'ordre juridictionnel principalement intéressé* »[495]. Vraisemblablement, il incombe donc à la loi de qualifier le contrat administratif, tant directement qu'indirectement. Quelques exemples viennent d'ailleurs illustrer la mise en œuvre de cette compétence législative. Tout d'abord, l'article 4 de la loi du 28 pluviôse an VIII – « *abrogé par erreur* »[496] par l'ordonnance n° 2006-460 du 21 avril 2006, art.3[497] – a permis d'octroyer au juge administratif le contentieux entre les entrepreneurs de travaux publics et l'administration, bien que l'interprétation jurisprudentielle attractive de la notion de travaux publics ait entrainé un élargissement de cette attribution de compétence à des contrats auxiliaires aux marchés de travaux publics[498] ou à des contrats qui concernent certes des travaux publics mais surtout l'exécution de marchés publics[499]. Il convient également de signaler la loi du 12 juillet 2010 qualifiant les contrats d'achat obligatoire d'électricité de contrat administratif[500] et la loi du 17 août

---

[492] Voir en ce sens, ci avant concernant l'apparition de l'analyse du contrat administratif au singulier postérieurement à celle portant sur les différents contrats administratifs spéciaux.

[493] GAUDEMET Yves, « Les contrats de partenariat public-privé : étude historique et critique », *BJCP* 2004, p. 331.

[494] LUCHAIRE François, « Les fondements constitutionnels du droit civil », *RTD Civ.* 1982.245.

[495] CC, 23 janvier 1987, n° 86-224 DC, *Conseil de la concurrence*, *JORF* du 25 janvier 1987, p. 924, RFDA 1987.287, note B. GENEVOIS, *D.* 1988, p. 117, note F. LUCHAIRE, *JCP* 1987.II.20854, note J.-F. SESTIER.

[496] YOLKA Philippe et HOURSON Sébastien, *Droit des contrats administratifs*, *op. cit.*, p. 57 ; voir aussi concl. GLASER sur CE, 7 août 2008, n° 289329, *SAGEP*, *BJCP* 2009, n° 62, p. 41 qui estime que cette abrogation est « *un accident, non pas de travaux publics, mais de codification... sans incidence sur la compétence du juge administratif* ».

[497] Ordonnance n° 2006-460 du 21 avril 2006, *Relative à la partie législative du code général de la propriété des personnes publiques*, *JORF* du 22 avril 2006.

[498] CE Sect., 13 novembre 1981, n° 165004, *Plunian*, *Lebon* p. 413, pour les contrats relatifs au financement des travaux ; CE, 15 décembre 1950, *Mathiot*, *Lebon* p. 812 : pour les contrats entre l'administration et les architectes. Sur la question cependant : FONT Nicolas, « L'attractivité des travaux publics dépassée ? », *AJDA* 2015.1326.

[499] TC, 2 juin 2008, n° 3642, *Société Aravis-Enrobage c/ Commune de Cusy et Entreprise Grosjean*, *Lebon*, *AJDA* 2008.2448, note G. EVEILLARD, *RJEP* 2008 p. 45, concl. I. de SILVA, voir aussi MARTIN Julien, « L'autonomie du raisonnement sur la compétence juridictionnelle, L'exemple de l'action "contractuelle" du voiturier », *AJDA* 2020.1668.

[500] Art. 88 de la loi n° 2010-788 du 12 juillet 2010, *portant engagement national pour l'environnement*, *JORF* 13 juillet 2010 ; RAPP Lucien, « Electrique ! », *AJDA* 2010.1337 ; LI-

2015 qui dispose que les contrats de complément de rémunération entre EDF et les producteurs d'énergie renouvelable qui revendent celle-ci au marché de gros sont des contrats administratifs[501].

Dans un souci de sécurité juridique, la qualification s'accompagne parfois d'une définition. A titre d'exemple, aux termes de la loi n° 88-13 du 5 janvier 1988[502], le législateur a créé le bail emphytéotique administratif (BEA) et l'a défini de la manière suivante : « *le bail emphytéotique de biens immeubles confère au preneur un droit réel susceptible d'hypothèque ; ce droit peut être cédé et saisi dans les formes prescrites pour la saisie immobilière. Ce bail doit être consenti pour plus de dix-huit années et ne peut dépasser quatre-vingt-dix-neuf ans ; il ne peut se prolonger par tacite reconduction* ». De même, l'article 3 de la loi n° 2001-1168 du 11 décembre 2001[503] est venu définir les délégations de service public et qualifier de contrats administratifs les marchés passés en application du Code des marchés publics. F. MODERNE y voyait une atteinte à la liberté contractuelle de conclure un contrat administratif en supprimant la faculté d'introduire ou non une clause exorbitante. Il dénonçait un « *petit coup de force* »[504], dès lors que des contrats qui, en application de la théorie générale seraient de droit privé, deviennent artificiellement administratifs. Y. GAUDEMET évoque à cet égard des contrats administratifs « *par construction* »[505] tandis que L. RAPP dénonce des contrats administratifs « *par position* »[506] qui ne justifient guère l'application d'un régime de droit public, à l'inverse de contrats administratifs « d'origine », ou « par nature ». En revanche, l'ordonnance du 23 juillet 2015 est venue consacrer le marché de partenariat – défini par l'ordonnance du 17 juin 2004 relative aux contrats de partenariats[507] – comme une catégorie spécifique de marchés publics qui –

CHERE François, « Les contrats d'achat obligatoire d'électricité : naissance, mort et résurrection du régime exorbitant du droit commun ? », *in Mélanges en l'honneur du Professeur Laurent Richer, A propos des contrats des personnes publiques,* Paris : LGDJ Lextenso, 2013, p. 149.

501 Art. 104 de la loi n° 2015-992 du 17 août 2015, *relative à la transition énergétique pour la croissance verte, JORF* 18 août 2015.

502 Loi n° 88-13 du 5 janvier 1988, *d'amélioration de la décentralisation, JORF* du 6 janvier 1988, codifiée aux articles L.1311-2 du Code général des collectivités territoriales et L. 451-1 du Code rural et de la pêche maritime.

503 Loi n° 2001-1168 du 11 décembre 2001, *portant mesures urgentes de réformes à caractère économique et financier (*dite *loi MURCEF), JORF* n° 288 du 12 décembre 2001, p. 19703.

504 MODERNE Franck, « Faut-il vraiment "administrativiser" l'ensemble des marchés publics ? », *AJDA* 2001.707 ; voir aussi CLAMOUR Guylain, « Loi MURCEF : les enjeux de "l'administrativisation" des marchés publics », *op. cit.*, n° 123.

505 GAUDEMET Yves, « Pour une nouvelle théorie générale du droit des contrats administratifs », *op. cit.*, p. 313.

506 RAPP Lucien, « Nature juridique et régime contentieux du contrat de raccordement électrique », *AJDA* 2012.764.

507 Ordonnance n° 2004-559 du 17 juin 2004, *sur les contrats de partenariat, JORF* n° 141 du 19 juin 2004, p. 10994 ; DREYFUS Jean-David, « Modalités de publicité des contrats de partenariat : publication du décret d'application de l'ordonnance n° 2004-559 du 17 juin 2004 »,

comme ces derniers – lorsqu'il est passé par une personne morale de droit public, est un contrat administratif[508]. Il convient de rappeler aussi que l'ordonnance du 15 juillet 2009[509] a posé une définition et qualifié la concession de travaux publics, auparavant régie par la loi n° 91-3 du 3 janvier 1991. Désormais, ces contrats sont soumis au Code de la commande publique et son article L. 6 confirme la nature administrative des contrats passés sur son fondement par les personnes publiques et répondant aux définitions qu'il contient au Livre Ier. Cette qualification concerne tant les marchés publics que les marchés de partenariat ou les concessions de service public et de travaux. Elle confirme aussi une « *conception transversale de la commande publique* » non exempte d'inconvénients[510] mais qui maintient la spécificité des contrats administratifs[511].

Cette évolution normative traduit un recul formel des critères jurisprudentiels tout en entretenant un trouble. L'adoption du Code de commande publique en limitant l'administrativité aux contrats passés par une personne publique, ne met ainsi pas fin au débat relatif aux contrats de la commande publique. Elle le déplace en posant au niveau législatif l'existence de contrats privés de la commande publique. Et, comme les y invite L. LEVENEUR, « *aux privatistes de s'en occuper !* »[512] D'autant que, saisi d'une question prioritaire de constitutionnalité sur une disposition du Code de la commande publique, le Conseil constitutionnel dans une décision du 2 octobre 2020[513] rappelle que « *les contrats administratifs et les contrats de droit privé répondent à des finalités et des régimes différents* ». Pourtant une interrogation persiste chez l'administrativiste confronté à cette inéluctable « *hybridation* »[514].

RDI 2004.545 ; DELVOLVE Pierre, « Les contrats globaux », *RFDA* 2004.1079, MENEMENIS Alain, « L'ordonnance sur les contrats de partenariat : heureuse innovation ou occasion manquée ? », *AJDA* 2004.1737 ; LANDAIS Claire et LENICA Frédéric, « Légalité sous réserve de l'ordonnance du 17 juin 2004 sur les contrats de partenariat », *AJDA* 2004.2383

[508] Ordonnance n° 2015-899 du 23 juillet 2015 *relative aux marchés publics*, *JORF* du 24 juillet 2015 ; LINDITCH Florian, « L'ordonnance relative aux marchés publics : champ d'application », *JCPA* n°41, 12 octobre 2015.2290.

[509] Ordonnance n° 2009-864 du 15 juillet 2009, *relative aux contrats de concession de travaux publics*, *JORF* n° 0162 du 16 juillet 2009, p. 11853 ; COSSALTER Philippe, « La renaissance de la concession de travaux : un contrat ni souhaité ni souhaitable », *AJDA* 2009.1882 ; ROYER Erwan, « Publication d'une ordonnance sur les contrats de concession de travaux publics », *Dalloz actualité* 23 juillet 2009 ; PAULIAT Hélène, « Les concessions de travaux publics : grand renouvellement ou simple actualisation ? », *RDI* 2010.416.

[510] UBAUD-BERGERON Marion, « Le champ d'application organique des nouvelles dispositions », *RFDA* 2016.218.

[511] DELVOLVE Pierre, « Les contrats de la "commande publique" », *RFDA* 2016.200.

[512] LEVENEUR Laurent, « L'originalité du régime des contrats privés des personnes publiques », *RFDA* 2020.957.

[513] CC, n° 2020-857 QPC du 2 octobre 2020, *Société Bâtiment mayennais*, *JORF* 3 octobre 2020, *Dalloz actualités*, comm. N. MARIAPPA.

[514] BRENET François, « Les contrats de droit privé des personnes publiques », *AJDA* 2021.76.

En effet, comment expliquer la divergence de régime jurisprudentiel des contrats de la commande publique du seul point de vue d'un critère organique alors que leur objet justifie une certaine unité de régime et que leur contenu porte une « *marque très administrative* »[515] ? Si, suivant les termes de P. DELVOLVE, il « *ne faut peut-être pas exagérer l'importance de ces différences* »[516], toujours est-il que soumettre les contrats de la commande publique au principal à deux juges différents brise leur unité[517] et interroge[518] sur la *ratio legis* et plus encore quant à la rationalité de telles solutions et leur pérennité dans un contexte de quête d'une bonne administration de la justice. Le risque de contradictions par confrontation de logiques est réel et, comme l'indique B. PLESSIX, chaque juridiction converse « *dans sa propre langue, avec ses propres mots, avec ses propres raisonnements juridiques, pourvu qu'ils se rejoignent sur les objectifs à atteindre* »[519].

En outre, bien que les qualifications légales (au sens large) du contrat administratif se réalisent ainsi en lieu et place du recours à la jurisprudence, il est en réalité possible de déceler une relation de complémentarité. Pour illustrer cette idée, il convient de s'intéresser au Décret-loi du 17 juin 1938, lequel attribuait à la connaissance des juridictions administratives le contentieux des contrats comportant occupation du domaine public, passés par les collectivités territoriales et leurs concessionnaires. Ce texte est aujourd'hui codifié et consacré à l'article L. 2331-1 Code général de la propriété des personnes publiques, dont le champ d'application organique s'étend dorénavant à toute personne publique ou à ses concessionnaires. Or, ces procédés de qualification peinent à éluder le rôle du juge lorsqu'il s'agit d'en préciser le sens et l'application[520]. Procédant à une interprétation large, il s'est parfois estimé compétent quand bien même le contrat était arrivé à expiration, que le lien avec l'occupation du domaine public était limité[521], ou encore au détour d'une « *exorbitance renforcée* » de contrats portant sur le domaine privé[522].

---

515 LEVENEUR Laurent, « L'originalité du régime des contrats privés des personnes publiques », *op. cit.*, p. 957.

516 DELVOLVE Pierre, « Les nouvelles dispositions du code civil et le droit administratif », *RFDA* 2016.613.

517 DELVOLVE Pierre, « Les contrats de la "commande publique" », *op. cit.*, p. 200.

518 ECKERT Gabriel, « Faut-il "administrativiser" les contrats privés de la commande publique ? », *CMP* n° 1 Repère janvier 2020 ; KARPENSCHIF Michaël, « Haro sur les contrats de droit privé de la commande publique », *AJDA* 2020.2281.

519 PLESSIX Benoît, « La nullité d'un contrat de l'administration devant le juge judiciaire », *RFDA* 2013.541.

520 Cf. DIDIERLAURENT Matthieu, « La remise en ordre inachevée de l'occupation contractuelle du domaine public », *AJDA* 2015.1519 ; plus généralement sur la question v. ZARADNY Aude, « L'influence de la légistique sur les caractéristiques du droit administratif », *in Les méthodes en droit administratif*, Colloque AFDA juin 2017, Paris : Dalloz 2018, p. 19.

521 Pour le premier cas de figure : CE, 1er octobre 1958, n° 39090, *Hild, Lebon* p. 463 ; CE, 8 janvier 1960, *Lafon, AJDA* 1960.II.183, note J. GARDIES ; pour le second : CE, 19 juin 1965, *Brangeon, Lebon* p. 118.

522 BRENET François, « Les contrats de droit privé des personnes publiques », *op. cit.*, n° 76.

Illustration d'une remise en question du point de vue de son fondement essentiellement jurisprudentiel, la théorie générale fait montre encore une certaine résilience voire résistance mais peine à dissimuler la diversification de ses sources juridiques.

2. La diversification des sources juridiques

Parallèlement à l'interrogation générée par les mutations que subissent les procédés de qualification du contrat administratif, c'est le droit du contrat administratif dans son ensemble qui semble ne plus pouvoir être appréhendé à l'aune des seules règles jurisprudentielles[523].

Il faut souligner d'abord le caractère initialement règlementaire du droit des marchés publics : le premier Code des marchés publics a été adopté par le décret du 17 juillet 1964, *portant codification des textes réglementaires relatifs aux marchés publics, (JORF* du 21 juillet 1964, p. 6438). Il a ensuite fait l'objet de nombreuses réformes[524] avant son abrogation[525] et avant que soit entreprise la codification de la commande publique[526]. Autant dire que « *le droit de la commande publique revient de loin* »[527] et que l'adoption d'un tel corpus législatif et réglementaire a supposé d'éclaircir quelques zones juridiques troubles. En effet, si l'article 34 de la Constitution donne compétence au législateur pour déterminer les principes fondamentaux des obligations civiles – ce qui a pu fonder la compétence législative lors de la qualification du contrat –, il n'en reste pas moins que le Conseil constitutionnel estime que « *ni l'article 34 de la Constitution ni aucune autre règle de valeur constitutionnelle n'exige que les conditions de passation des marchés et contrats passés par l'Etat soient définies par la loi* »[528]. Il ne s'agirait là que de procédure. Il en va

---

[523] Contrairement au postulat de départ de la thèse de G. PEQUIGNOT ; dans le même sens : LLORENS François, « Le droit des contrats administratifs peut-il rester indéfiniment jurisprudentiel ? », *op. cit.*, p. 383. Plus généralement, voir aussi MELLERAY Fabrice, « Le droit administratif doit-il redevenir jurisprudentiel ? Remarques sur le déclin paradoxal de son caractère jurisprudentiel », *op. cit.*, n° 637.

[524] Réforme qui aboutit au rapport du 8 mars 1996 – établi par M. Alfred Trassy-Paillogues, député, au terme de la mission parlementaire sur la réforme du droit de la commande publique que le Premier Ministre lui avait confiée le 25 août 1995 – qui sera renouvelée à l'aune de l'adoption de Codes successifs en 2001, 2004 et 2006.

[525] Remplacé par l'Ordonnance n° 2015-899 du 23 juillet 2025, *JORF* 24 juillet 2015 et ses décrets du 25 mars 2016.

[526] FRACKOWIAK Céline et De la ROSA Stéphane, « La genèse du code de la commande publique », *AJ contrat* 2019, p. 156 ; voir sur la question notamment : BRENET François, « La codification des textes "épars" du droit de la commande publique », *op. cit.*, n° 389 ; BOULOUIS Nicolas et DACOSTA Bertrand, « L'élaboration du code de la commande publique : cinq actes sans tragédie », *RFDA* 2019.197.

[527] FRACKOWIAK Céline et De la ROSA Stéphane, « La genèse du code de la commande publique », *op. cit.*, p. 156.

[528] CC, 22 août 2002, n° 2002-460 DC, *Loi d'orientation et de programmation pour la sécurité intérieure, Rec.* p. 198 (point 11), *AJDA* 2002.1059, note J.-Y. CHEROT et J. TREMEAU, CE,

bien sûr autrement lorsque la libre administration des collectivités territoriales est en jeu, auquel cas, le législateur recouvre une entière compétence[529]. Une partie de la doctrine a pu contester cette position et dénoncer des « *solutions ainsi adoptées* [...] *très critiquables* »[530]. Surtout, s'étaient développées en parallèle des exigences législatives relatives à la passation des contrats administratifs, tenant à la transparence et à la régularité des procédures[531] qui ont été précisées sous l'influence de la jurisprudence européenne[532].

Nonobstant, opérant un relatif compromis entre une compétence législative qui semblait s'imposer et une tradition réglementaire, le Code de la commande publique élève, dans sa partie législative, de nombreuses dispositions relatives

30 juin 1999, n° 169336, 169545, *Département de l'Orne c/ Société Gespace-France, BJCP* 1999, n° 7, p. 622, concl. C. BERGEAL, *RDI* 1999.634, note F. LLORENS ; CE Ass., 5 mars 2003, n° 238039, *Ordre des avocats à la Cour d'appel de Paris, Lebon, AJDA* 2003.718, chron. F. DONNAT et D. CASAS ; Y. GAUDEMET, « Rapport de synthèse : bilan et perspectives du processus de réforme du droit de la commande publique », *CMP* n° 5, mai 2005, étude 12.

[529] CC, 13 août 2015, n° 2015-257, *AJDA* 2015.1566 ; LOMBARD Frédéric, « Constitution et contrats publics : développements récents, A propos de la décision Conseil constitutionnel, 13 août 2015, n° 2015-257 L et des ordonnances relatives aux marchés publics (23 juillet 2015) et aux contrats de concession (29 janvier 2016) », *Constitutions*, 2016, p. 277 ; UBAUD-BERGERON Marion, « Le champ d'application organique des nouvelles dispositions », *op. cit*, p. 218.

[530] RAPP Lucien et TERNEYRE Philippe (dir.), *Lamy Droit public des affaires, op. cit.*, p. 1133 à 1134, n° 2619 : « *La protection assurée à la liberté contractuelle* [...] *cède le pas en ce qui concerne les marchés publics, pour la réglementation desquels le statut de principe général du droit ou de principe fondamental des obligations civiles et commerciales de la liberté contractuelle est totalement indifférent.* [...] *Cette position* [...] *est évidemment loin d'être satisfaisante* », et p. 1206, n° 2773.

[531] Loi n° 91-3 du 3 janvier 1991, *relative à la transparence et à la régularité des procédures de marchés et soumettant la passation de certains contrats à des règles de publicité et de mise en concurrence*, *JORF* n° 4 du 5 janvier 1991, p. 236 ; Loi n° 93-122 du 29 janvier 1993, *relative à la prévention de la corruption et à la transparence de la vie économique et des procédures publiques*, *JORF* n° 25 du 30 janvier 1993, p. 1588 ; Loi n° 2001-1168 du 11 décembre 2001 *portant mesures urgentes de réformes à caractère économique et financier* (dite loi *MURCEF*), *JORF* n° 288 du 12 décembre 2001, p. 19703.

[532] CJCE, 7 décembre 2000, Aff C. 324/98, *Telaustria Verlags GmbH*, *AJDA*.106, note L. RICHER, *CMP* 2001, comm. 50, obs. F. LLORENS, *BJCP* 2001, p. 133, concl. N. FENELLY, *Europe* 2001, comm. 61, obs. F. KAUFF-GAZIN.

aux marchés publics. Il incorpore et définit également le régime des concessions et des marchés de partenariat et, par effet attractif[533], codifie notamment[534] la loi n° 75-1334 du 31 décembre 1975, *relative à la sous-traitance*[535] et la loi n° 85-704 du 12 juillet 1985, *relative à la maîtrise d'ouvrage publique et à ses rapports avec la maîtrise d'œuvre privée*[536]. Le plus significatif dans l'adoption de ce Code, et sûrement le plus déstabilisant pour les administrativistes attachés au caractère jurisprudentiel de leur matière, reste la codification de nombreuses solutions jurisprudentielles applicables à l'ensemble des contrats administratifs, de telle sorte que « *c'est la puissance créatrice de la jurisprudence administrative en matière contractuelle qui est en jeu* »[537]. Le souci de sécurité juridique, de simplification normative et d'accessibilité du droit, mêlé au caractère séculaire de nombreuses jurisprudences expliquent certainement cette (r)évolution normative du droit des contrats de la commande publique au premier rang desquels figure le marché public. Une partie du droit applicable sort ainsi d'une sorte de statut de *common law* qui fait reculer d'autant la conception dominante de la théorie générale du contrat administratif ou plutôt sa praticabilité.

En outre, il convient de signaler le processus de constitutionnalisation du droit des contrats administratifs à l'aune, notamment, de la liberté contractuelle[538]. D'une part, le droit constitutionnel intéresse le contrat en amont, au stade de la formation : le Conseil constitutionnel reconnaît le droit aux personnes publiques de nouer des relations contractuelles dès 1983[539] et leur applique un « *principe de la liberté contractuelle,* [qui] *découle de l'article 4 de la Déclaration des droits de l'homme et du citoyen de 1789* » dans sa décision du 30 novembre 2006[540]. Le Conseil précise, en parallèle, les domaines exclus

---

533 UBAUD-BERGERON Marion, « Passation et exécution : le code de la commande publique innove-t-il ? », *RFDA* 2019.219.

534 Ont été notamment intégrés la loi : le titre IV de la loi n° 2013-100 du 28 janvier 2013, *relatif aux délais de paiement* (*JORF* 28 janvier 2013) ainsi que son décret d'application ; l'article 67 de la loi n° 94-679 du 8 août 1994, *portant diverses dispositions d'ordre économique et financier* (*JORF* 10 août 1994), les articles liminaires du décret n° 2004-1144 du 26 octobre 2004 *relatif à l'exécution des marchés publics par carte d'achat* (*JORF* 29 octobre 2004), le décret n° 2010-1525 du 8 décembre 2010, *relatif aux comités consultatifs de règlement amiable des différends ou litiges relatifs aux marchés publics* (CCRA) (*JORF* 11 décembre 2010).

535 Loi n° 75-1334 du 31 décembre 1975, *relative à la sous-traitance, JORF* du 3 janvier 1976, p. 148.

536 Loi n° 85-704 du 12 juillet 1985, *relative à la maîtrise d'ouvrage publique et à ses rapports avec la maîtrise d'œuvre privée, JORF* du 13 juillet 1985, p. 7914.

537 MELLERAY Fabrice et NOGUELLOU Rozen, « La codification de règles jurisprudentielles », *op. cit.*, n° 381.

538 GAHDOUN Pierre-Yves, « Le Conseil constitutionnel et le contrat », *Nouveaux cahiers du conseil constitutionnel*, 2011, p. 51 : « *La jurisprudence constitutionnelle relative aux contrats, dans son immense majorité est avant tout une jurisprudence de la liberté contractuelle* ».

539 CC, 19 juillet 1983, n° 83-160 DC, *Territoire de Nouvelle-Calédonie, JORF* 21 juillet 1983, *RFDA* 1984.3, note F. MODERNE, *AJDA* 1984.28, note J.-P. JARNEVIC.

540 CC, 30 novembre 2006, n° 2006-543 DC, *Loi relative au secteur de l'énergie, op. cit.* et CC, 16 juillet 2009, n° 2009-584 DC, *Loi portant réforme de l'hôpital et relative aux patients, à la*

du recours au procédé contractuel et l'exigence du respect des principes de la commande publique[541]. D'autre part, le droit constitutionnel protège le contrat administratif en aval, au stade de l'exécution : le Conseil constitutionnel vise la stabilité contractuelle lorsqu'il affirme que « *le législateur ne saurait porter à l'économie des conventions et contrats conclus, une atteinte d'une gravité telle qu'elle méconnaisse manifestement la liberté découlant de l'article 4 de la Déclaration* »[542], sauf à la justifier par un motif d'intérêt général suffisant[543]. Toutefois, l'encadrement traditionnellement réglementaire des marchés publics affectait la protection constitutionnelle, excluant la question prioritaire de constitutionnalité[544] – recevable seulement en présence d'une disposition législative (art. 61-1 de la Constitution). La question n'aurait d'ailleurs dû guère se poser si on reprend l'hypothèse selon laquelle ce droit se constitue simplement de normes de procédure, de règles de passation des marchés publics n'ayant que la partie publique pour destinataire[545]. Or, l'adoption du Code de la commande publique perturbe cette conception et la codification de solutions jurisprudentielles pourrait bien bousculer encore les équilibres jurisprudentiels en place : *quid* du cas où le juge constitutionnel sera saisi d'une question prioritaire de constitutionnalité sur une disposition passée le 1er avril 2019 du rang jurisprudentiel à la postérité législative. Il devra se prononcer alors indirectement sur la plus stable des jurisprudences administratives et ... par ricochet sur la conception dominante de la théorie générale du contrat administratif. D'ailleurs, saisi d'une question prioritaire de constitutionnalité sur une disposition du Code de la commande publique, le Conseil constitutionnel, par une décision du 2 octobre 2020[546] est venu rappeler que « *les contrats administratifs et les contrats de droit privé répondent à des finalités et des régimes différents* ».

Enfin, et c'est une dernière remarque, une partie du droit du contrat administratif procède aujourd'hui du droit international. D'une part, le droit de

santé et aux territoires, JORF du 22 juillet 2009, p. 12244. La première référence explicite à « la liberté contractuelle » provient de la décision CC, 19 décembre 2000, n° 2000-437 DC, *Loi de financement de la sécurité sociale pour 2001*, *JORF* du 24 décembre 2000, p. 20576, *LPA* 22 décembre 2000, p. 5-18, comm. J.-E. SCHOETTL, *RFDC* 2001, p. 134-137, D. RIBES.

541 CC, 29 août 2002, n° 2002-461 DC, *Loi d'orientation et de programmation pour la justice*, *JORF* du 10 sept. 2002, p. 14953, *AJDA* 2002.1059, note J.-Y. CHEROT et J. TREMEAU ; CC, 26 juin 2003, n° 2003-473 DC, *Loi habilitant le Gouvernement à simplifier le droit, JORF* du 3 juillet 2003, p. 11205, *DA* 2003, comm. 191, obs. MENEMENIS.

542 CC, 10 juin 1998, n° 98-401, *Loi d'orientation et d'incitation relative à la réduction du temps de travail, JORF* du 14 juin 1998, p. 903, *AJDA* 1998.540, obs. J.-E. SCHETTL.

543 CC, 13 janvier 2003, n° 2002-465 DC, *Loi relative au salaire, au temps de travail et au développement de l'emploi, JORF* 18 janvier 2002, *D.* 2003. chron. 638, obs. B. MATHIEU.

544 CE, 27 octobre 2011, n° 350790, *Société TAT, Lebon T., AJDA* 2011.2093, note R. GRAND

545 GAUDEMET Yves, « Le contrat administratif, un contrat hors la loi », *op. cit.*

546 CC, 2 octobre 2020, n° 2020-857 QPC, *Société Bâtiment mayennais*, *JORF* 3 octobre 2020, *Dalloz actualités*, comm. N. MARIAPPA.

l'Union européenne est une source importante du droit des contrats administratifs qu'il s'agisse de leur formation ou de leur fin[547]. De nombreux règlements et directives, qu'il n'est pas ici question de recenser, concernent les marchés publics et les concessions[548], tant et si bien que J.-B. AUBY évoque un « *droit administratif européen* »[549]. D'autre part, un droit international du contrat administratif se manifeste par des normes et standards davantage incitatifs[550]. Il convient de mentionner l'Accord sur les Marchés Publics dont une version renégociée a été ratifiée le 2 décembre 2013 par l'Union européenne et vise globalement l'ouverture des marchés avec pour principes ceux du traitement national, de la non-discrimination et de la clause de la nation la plus favorisée. C'est aussi le modèle du BOT (*Build operate transfert* : construire, exploiter et transférer la propriété en fin de contrat) développé par la Banque Mondiale et le Fonds Monétaire International. De plus, le droit du contrat administratif peut s'inspirer de conventions conclues dans le cadre de la « *bonne gouvernance* » internationale[551].

En définitive, un tel « *rééquilibrage des sources écrites et jurisprudentielles* »[552] emporte une remise en question globale des éléments caractéristiques du contrat administratif. Une partie du droit du contrat administratif se trouve désormais dans la réglementation[553] au sens large, c'est-à-dire réglementaire, législative, constitutionnelle ou internationale. La conséquence première de cette prolifération des textes[554] est le recul d'une conception générale sur le contrat administratif face à l'existence de « *voies contractuelles de plus*

---

547 Sur cette question voir notamment RICHER Laurent, « La fin des contrats », *RFDA* 2016.294.

548 TERNEYRE Philippe, « Les marchés publics et le droit communautaire », *in B. LUKASZEWICZ et H. OBERDORFF* (dir.), *Le juge administratif et l'Europe*, PUG, 2004, p.171 ; TERNEYRE Philippe, « L'influence du droit communautaire sur le droit des contrats administratifs, *op. cit.*, n° spécial 87.

549 AUBY Jean-Bernard, « La bataille de San Romano, réflexions sur les évolutions récentes du droit administratif », *op. cit.*, p. 912 ; voir aussi SIRINELLI Jean, *La transformation du droit administratif par le droit de l'Union européenne. Une contribution à l'étude du droit administratif européen*, Paris : LGDJ, 2011.

550 Cf. FOLLIOT-LALLIOT Laurence, « La globalisation du droit des marchés publics », *BJCP* mars 2005, p. 94 ; AUBY Jean-Bernard, « L'internationalisation du droit des contrats publics », *op. cit.*, chron. 14.

551 RAUX Jean, « *§ 2 - Bonne gestion des affaires publiques et « bonne gouvernance », Afrique - Caraïbes – Pacifique* - septembre 2003 selon lequel la « bonne gouvernance » renvoie à : «*"la consolidation de l'économie de marché", c'est-à-dire à l'établissement et à l'observation de règles de concurrence transparentes, au recours à la compétitivité et à des politiques saines en matières économique et sociale. La bonne gouvernance, englobant la bonne gestion des affaires publiques, est de nature à accroître les capacités de développement de chaque État* […] *avec l'appui du partenariat ; en ce sens, elle peut favoriser une gestion transparente et durable* »

552 LARZUL Tanneguy, *Les mutations des sources du droit administratif, op. cit.*, p. 275.

553 MELLERAY Fabrice, « Le droit administratif doit-il redevenir jurisprudentiel ? Remarques sur le déclin paradoxal de son caractère jurisprudentiel », *op. cit.*, n° 637.

554 CONSEIL D'ETAT, *De la sécurité juridique, EDCE* 1991, n° 43, Paris : La documentation française, 1992.

en plus diversifiées »[555]. Ni totalement contractuel, ni totalement jurisprudentiel, ni totalement réglementaire, certains ont alors pu « *vivement regretter l'incapacité des pouvoirs publics à codifier le droit des contrats administratifs de manière cohérente* »[556]. D'ailleurs, il faut bien concéder que l'adoption de Code de la commande publique confirme ce triptyque normatif puisque, ainsi que le soulignent Ch. MAGÜE et S. ROUSSEL, cette dernière codification ne « *cristallise* » finalement que les règles purement prétoriennes suffisamment établies pour laisser le pouvoir juridictionnel d'interprétation faire son œuvre[557]. Toujours est-il que ces transformations participent au recul d'une certaine vision du contrat administratif, consolidé par la critique des fondements classiques de la conception dominante de la théorie générale du contrat administratif.

Paragraphe 2. La critique des fondements classiques de la théorie

Si le recul de la théorie générale procède essentiellement d'une mutation normative affectant le contrat administratif et renversant certains cadres établis par la doctrine entre les XIXème et XXème siècles, il se trouve également soutenu par la critique de ses fondements classiques. Or, ces fondements sont aujourd'hui remis en cause et, ainsi que le déplore J. WALINE, il manque cet effort consistant à « *rechercher ce qui serait l'idée centrale autour de laquelle s'agencerait cette théorie générale* »[558]. Plus précisément, il s'avère que les fondements classiques de la conception dominante de la théorie générale du contrat administratif que représentent l'intérêt général, le service public (A) et le critère contentieux (B) font l'objet de vives contestations.

A. La nébuleuse autour des notions d'intérêt général et de service public

La recherche d'une théorie générale du contrat administratif qui soit autonome de la théorie civiliste du contrat a conduit la doctrine à édifier celle-ci à partir des grandes notions du droit administratif : l'intérêt général, le service public et le critère contentieux. Si la référence à ces notions permet de spéci-

555 BEROUJON François » Evolution du droit administratif : avancée vers la modernité ou retour aux Temps modernes ? », *RFDA* 2008.449.

556 YOLKA Philippe et HOURSON Sébastien, *Droit des contrats administratifs*, *op. cit.*, p. 27 ; MODERNE Franck, « A propos de la codification du droit des contrats publics. Réflexions sur l'expérience française », *in Etudes en l'honneur de Gérard Timsit*, Bruxelles : Bruylant, 2005, p. 433.

557 MAUGÜE Christine et ROUSSEL Sophie, « La codification de la jurisprudence dans le code de la commande publique : jusqu'où ? », *RFDA* 2019.213.

558 WALINE Jean, « La théorie générale du contrat en droit civil et en droit administratif », *op. cit.*, p. 965.

fier l'administrativité du contrat, et donc l'autonomie de la construction doctrinale qui s'en inspire, leur remise en cause porte nécessairement atteinte à la théorie générale du contrat administratif. Raison d'être du contrat administratif[559], ces fondements classiques, à la fois souples et fonctionnels[560], souffrent du caractère insaisissable de l'intérêt général (1) et de la multiplicité du service public (2).

1. L'insaisissabilité de l'intérêt général

Il faut souligner que la notion d'intérêt général (ou intérêt public[561]) est omniprésente dans le discours juridique regardant le contrat administratif. Pour A. de LAUBADERE, la primauté de l'intérêt général imprime au contrat administratif son particularisme[562]. En premier lieu, l'intérêt général justifie et limite le recours au contrat. C'est l'idée selon laquelle le contrat administratif concourt à la satisfaction de l'intérêt général[563] en ce sens qu'il participe à l'action publique. D. LINOTTE explique que « *la considération de l'intérêt général est le fondement de l'organisation sociale et politique de l'Etat* »[564] et révèle la conception du rôle de l'Etat. En second lieu, l'intérêt général fonde la qualification administrative du contrat[565], tout comme les prérogatives administratives témoignent de l'exorbitance[566] de son exécution. Seulement, si

---

[559] BRENET François, « Le service public dans le code de la commande publique », *Cahiers de droit de l'entreprise*, n° 6 novembre-décembre 2019, p. 31.

[560] GAUDEMET Yves, *Les méthodes du juge administratif*, *op. cit.*, p. 37-39 : sur le terme « notion ».

[561] TRUCHET Didier, *Les fonctions de la notion d'intérêt général dans la jurisprudence du Conseil d'Etat,* Paris : LGDJ, 1977, p. 265 : La doctrine emploie de manière presque synonyme les termes d'intérêt public et d'intérêt général.

[562] De LAUBADERE André, *Traité théorique et pratique des contrats administratifs, op. cit.*, p. 23.

[563] LACHAUME Jean-François, PAULIAT Hélène, BOITEAU Claudie, DEFFIGIER Clotilde, *Droit des services publics,* Paris : LexisNexis, 2012, p. 30 ; p. ex : CE, 23 décembre 1970, n° 79410, *Préfet du val d'Oise c/ Cne de Montmagny* : le juge met en relation le « *besoin de la population* » et l'« *intérêt public local* ».

[564] LINOTTE Didier, *Recherches sur la notion d'intérêt général en droit administratif français,* Bordeaux 1975.

[565] TC, 13 octobre 2014, n° C3963, 2014, *Sté Axa France IARD, Lebon, AJDA* 2014.2031, *D.* 2014, p. 2115, obs. M.-C. de MONTECLER, *RFDA* 2014.1068, concl. F. DESPORTES ; LESSI Jean et DUTHEILLET de LAMOTHE Louis, « Les habits neufs de la clause exorbitante », *AJDA* 2014.2180 ; PONTIER Jean-Marie, « Le retour de la clause exorbitante du droit commun », *AJDA* 2018.1721.

[566] CHEVALLIER Jacques, *Variations autour de l'idéologie de l'intérêt général,* Paris : PUF, 1978 ; FARDET Christophe, « La clause exorbitante et la réalisation de l'intérêt général », *AJDA* 2000.115.

la représentation dominante du contrat administratif est en relation avec la notion d'intérêt général[567], cette dernière ne fait pas l'objet d'une définition univoque. Elle peut tout autant soutenir l'exorbitance du contrat administratif que la restreindre : une conception utilitariste, considérant l'intérêt général comme la somme des intérêts particuliers, conduit à réduire les prérogatives administratives. A l'inverse, une conception volontariste de l'intérêt général traduit un dépassement des intérêts particuliers afin d'exprimer une volonté générale. Sous cette dernière acception, l'intérêt général est « *immanent et transcendant aux intérêts particuliers* »[568]. Il justifie l'exorbitance du contrat administratif[569]. D'ailleurs, le Conseil d'Etat, dans son Rapport de 1999[570], inscrit « *la tradition française* [...] *dans la filiation volontariste de l'intérêt général* », tout en reconnaissant un flottement autour du concept.

Indépendamment de toute définition précise – qui semble improbable[571] – il convient de remarquer ensuite que l'évolutivité est consubstantielle à la notion d'intérêt général. La jurisprudence relative aux théâtres municipaux en est un exemple emblématique. Par un arrêt du 7 avril 1916, *Astruc,* le Conseil d'Etat a refusé de reconnaître le caractère d'intérêt général aux théâtres municipaux : « *le Palais dont s'agit n'était pas destiné* [...] *à pourvoir à un objet d'utilité publique* »[572]. Puis, il opère un revirement de jurisprudence, avec l'arrêt du 21 janvier 1944, *Léoni*. Le juge met en évidence le caractère souple et fonctionnel de l'intérêt général. Il expose une vision finaliste et non théorique de la notion. Le recours à cette expression marque une étape dans la démonstration jurisprudentielle, que celle-ci conduise à qualifier un contrat administratif ou à justifier l'intervention administrative dans son exécution. Le Conseil d'Etat évoque alors la « *plasticité consubstantielle à l'idée d'intérêt général, qui peut ainsi évoluer en fonction des besoins sociaux à satisfaire et des nouveaux enjeux auxquels est confrontée la société* »[573].

---

567 Pour une présentation voir RICCARDI David, « Le coût financier, un motif d'intérêt général pour faire obstacle à la résiliation », *AJDA* 2017.2198.

568 CLAMOUR Guylain, « Esquisse d'une théorie des contrats publics », *op. cit.,* 648 et s.

569 MACAREL Louis-Antoine, *Cours de droit administratif,* Tome I, 2ème éd. Paris : Thorel, 1848, p. 29.

570 CONSEIL D'ETAT, *L'intérêt général, EDCE* n° 50, Paris : La documentation française, Paris, 1999.

571 Voir notamment Y. BLANC, « Le triangle du bien commun », *JA* 2012, n° 464, p.21 ; CLAVAGNIER Brigitte, « Comment définir l'intérêt général ? », *JA* 2016, n° 541, p.3.

572 CE 7 avril 1916, *Astruc, S.* 1916, 3, p. 41, note M. HAURIOU.

573 CONSEIL D'ETAT, *L'intérêt général, EDCE* n° 50, Paris : La documentation française, 1999.

Il convient enfin de souligner que ce fondement théorique subit plusieurs critiques : une critique « *idéologique* »[574] traduit l'idée selon laquelle la caractérisation de l'intérêt général menace les libertés individuelles[575]. Un exemple provenant du droit des contrats administratifs peut être trouvé dans la résiliation unilatérale pour motif d'intérêt général, qui vient relativiser la liberté contractuelle. Une critique « *sociologique* » met en cause la conception traditionnellement volontariste de l'intérêt général. La notion se trouve alors concurrencée par des « *intérêts généraux-particuliers* »[576], parmi lesquels il convient de mentionner l'intérêt local, l'intérêt national, l'intérêt communautaire, l'intérêt européen ou l'intérêt international. L'intérêt général se transforme parallèlement à l'évolution des procédés utilisés par les administrations, laissant émerger un intérêt général commun[577]. De même, il est possible de caractériser l'apparition d'un intérêt général transactionnel illustrée par le développement des procédures de contractualisation de l'action publique. Malgré tout, il n'est pas certain que la doctrine doive renoncer à ce fondement pour expliquer la théorie générale du contrat administratif. La diversification qui affecte l'intérêt général semble manifester davantage une transformation de cette notion que sa disparition, d'autant plus que cette dernière est et reste un élément constitutif d'un autre fondement classique : le service public.

2. La multiplicité du service public

Dès 1914, G. JEZE explique que le service public est la pierre angulaire du droit administratif[578] et qu'en ce qui concerne la qualification du contrat administratif, « *le critérium du service public est très simple, logique, satisfaisant. Restons-en là* »[579]. En 1945, G. PEQUIGNOT considère également que « *la théorie du contrat administratif s'est formée uniquement autour de l'idée de la collaboration à un service public* »[580]. Plus récemment, Ch. GUETTIER constate que la formation de la théorie du contrat administratif s'est beaucoup appuyée sur la notion de service public[581], tandis que J. LESSI

---

574 PONTIER Jean-Marie, « L'intérêt général existe-t-il encore ? », *D.* 1998, p. 327.

575 CHEVALLIER Jacques, *Variations autour de l'idéologie de l'intérêt général, op. cit.*, p. 41, l'auteur explique que, d'une conception de légitimation du pouvoir, l'idéologie « *semble connaître, depuis peu, une certaine désagrégation, et remplir moins bien sa fonction d'occultation/production du réel* ».

576 BELORGEY Jean-Michel, « Le point de vue du juge judiciaire et du juge administratif, L'expérience du Conseil d'Etat français », *LPA* 21 décembre 2006 n° 254, p. 20.

577 AMILHAT Mathias, « Contractualisation, négociation, consensualisme : nouvelles approches du droit public », *RFDA* 2018.1 ; CHEVALLIER Jacques, « La gouvernance et le droit », *in Mélanges Paul Amselek*, Bruxelles : Bruylant, 2005, p. 189.

578 JEZE Gaston, « Utilité des études de jurisprudence », *RDP* 1914, p. 318.

579 JEZE Gaston, *RD Publ.* 1914 p. 153.

580 PEQUIGNOT Georges, *Contribution à la Théorie générale du Contrat administratif, op. cit.*, p. 128.

581 GUETTIER Christophe, *Droit des contrats administratifs, op. cit.*, p. 26.

et L. DUTHEILLET de LAMOTHE affirment que, presque toujours en arrière-plan, le service public colore le contrat administratif[582] et que F. LLORENS et P. SOLLER-COUTEAUX lui confèrent un rôle historique de matrice de la théorie générale[583].

Dans une filiation directe avec le rôle joué par l'intérêt général, le service public permet, en amont, de qualifier le contrat administratif[584] et, en aval, de justifier les prérogatives de l'administration[585], la théorie de l'équilibre financier et la compétence du juge administratif[586]. Cependant, trois difficultés affectent ce fondement. Premièrement, force est de constater le caractère indéfini de la notion[587] de service public, soumise à des oppositions doctrinales fondamentales. Ces controverses sont, de plus, confortées par son indétermination jurisprudentielle[588]. Dès 1903, une confusion apparaît lorsque le commissaire du gouvernement ROMIEU, dans ses conclusions sous l'arrêt *Terrier*, admet que l'exécution d'un service public peut donner lieu à l'application du droit privé[589]. Un contrat de service public peut ainsi relever soit du droit administratif, soit du droit privé. Si en 1963, le juge caractérise le service public au regard de trois critères cumulatifs, eux-mêmes incertains (une activité d'intérêt général, la détention de prérogatives de puissance publique et le contrôle de la personne publique)[590], en 2007, il revient sur cette jurisprudence et

---

582 LESSI Jean et DUTHEILLET de LAMOTHE Louis, « Les habits neufs de la clause exorbitante », *op. cit.*, p. 2180.

583 LLORENS François et SOLER-COUTEAUX Pierre, « La catégorie des contrats de service public a-t-elle encore un avenir ? », *CMP* n° 5 Repère mai 2018.

584 Voir par exemple la définition de la clause réglementaire par référence à la notion de service public : CE, 9 février 2018, n° 404982, *Communauté d'agglomération Val d'Europe agglomération, Lebon, AJDA* 2018.301 ; ALLIEZ Quentin, « Une définition de la clause réglementaire ? Oui. Une simplification du contentieux ? Non », *AJDA* 2018.1168 ; AMILHAT Mathias, « Les tiers au contrat ne peuvent se prévaloir que des clauses réglementaires de ce dernier... et elles sont strictement définies ! », *JCP A* 2014.2154 ; UNTERMAIER-KERLEO Elise, « La double définition de l'acte réglementaire. Encore des zones d'ombre ! », *AJDA* 2017.1725.

585 CE, 3 mars 2017, n° 398901, *Commune de Clichy-sous-Bois, Lebon*, HOEPFFNER Hélène, « Respect du principe de continuité du service public par le concessionnaire », *AJDA* 2017.1286.

586 De LAUBADERE André, *Traité théorique et pratique des contrats administratifs, op. cit.*, p. 22.

587 PEQUIGNOT Georges, *Contribution à la Théorie générale du Contrat administratif, op. cit.*, p. 72 et LATOURNERIE Roger, « Sur un Lazare juridique, bulletin de santé de la notion de service public ; agonie, convalescence ou jouvence », *EDCE*, Paris, La documentation française n° 14, 1960, p. 61 ; plus récemment, BIGOT Grégoire, « Les faillites conceptuelles de la notion de service public en droit administratif », *RFDA* 2008.1.

588 Pour une vision générale, De CORAIL Jean-Louis, « L'approche fonctionnelle du service public : sa réalité et ses limites », *AJDA* 1997.20 ; BOUSSARD Sabine, « L'éclatement des catégories de service public et la résurgence du "service public par nature" », *RFDA* 2008.43.

589 CE, 6 février 1903, *Terrier, Lebon*, concl. ROMIEU, *GAJA* n° 11 ; TC, 22 janvier 1921, *Société commerciale de l'Ouest africain, Lebon, GAJA* n° 36 ; CE, 23 décembre 1921, *Société générale d'armement, Lebon.*

590 CE, 28 juin 1963, *Sieur Narcy, Lebon* ; CE, 17 février 1992, n° 73230, *Société Textron, Lebon.*

choisit la méthode équivoque du faisceau d'indices[591], de laquelle se dégage un impressionnisme jurisprudentiel avéré[592]. La saga[593] du service public interroge. En proposer une définition apte à jouer un rôle précis dans la qualification du contrat[594] semble impossible tant la notion se rapproche d'un simple label[595].

Deuxièmement, il convient de constater l'instabilité de la notion de service public : la théorisation de la jurisprudence relative à l'administrativité du contrat portant collaboration au service public[596] permet de distinguer deux approches de l'évolutivité de cette notion. Une première approche renvoie au fait que la qualification d'une activité peut évoluer. Il faut ici mentionner simplement les concessions d'exploitation de casinos municipaux dont le caractère de service public a été nié pour être ensuite reconnu et enfin relativisé[597]. Le juge consacre ainsi librement (sauf qualification légale) l'existence d'un service public. Une seconde approche concerne l'inconstance jurispruden-

---

591 CE Sect., 22 février 2007, n° 264541, *Association du personnel relevant des établissements pour inadaptés (APREI)* : « *même en l'absence de telles prérogatives, une personne privée doit également être regardée, dans le silence de la loi, comme assurant une mission de service public lorsque, eu égard à l'intérêt général de son activité, aux conditions de sa création, de son organisation ou de son fonctionnement, aux obligations qui lui sont imposées ainsi qu'aux mesures prises pour vérifier que les objectifs qui lui sont assignés sont atteints, il apparaît que l'administration a entendu lui confier une telle mission* », *Lebon, RDSS* 2007, p. 499, concl. C. VEROT, *AJDA* 2007.793, chron. F. LENICA et J. BOUCHER ; BOITEAU Clotilde, « Vers une définition du service public ? », *RFDA* 2007.803.

592 LACHAUME Jean-François, PAULIAT Hélène, BOITEAU Claudie, DEFFIGIER Clotilde, *Droit des services publics, op. cit.*, p. 12, « *malgré cette clarification, les éléments jurisprudentiels de la définition du service public ne brillent pas individuellement par leur précision* ».

593 WALINE Jean, « Marceau Long et le critère du service public », *in Le service public, Mélanges en l'honneur de Marceau Long*, Paris : Dalloz, 2016, p. 481, spéc. p. 482.

594 Rappr. HAMELIN Jean-François et MULLER Etienne, « La qualification du contrat », *in Contrats de droit privé et contrats de droit administratif, Droit comparé interne*, Paris : LGDJ Lextenso 2019, p. 3 spéc. p. 25.

595 TRUCHET Didier, « Nouvelles récentes d'un illustre vieillard : label de service public et statut du service public », *AJDA* 1982.430.

596 CE, 6 février 1903, *Terrier, op. cit.* ; CE, 4 mars 1910, *Thérond*, *Lebon* p.193, concl. PICHAT, *GAJA* n° 20.

597 CE, 12 mai 1922, *Ville de Saint Malo*, *Lebon* p. 413 : « *l'immeuble destiné à abriter un casino n'était pas destiné à assurer un service public* », puis CE, 25 mars 1966, *Ville de Royan*, *Lebon* p. 237, le juge reconnaît une « *concession de service public conclue dans l'intérêt du développement de la station touristique et balnéaire* » ; plus récemment le Conseil d'Etat a précisé que « *si ces jeux de casinos ne constituent pas, par eux-mêmes, une activité de service public, les conventions obligatoirement conclues pour leur installation et leur exploitation, dès lors que le cahier des charges impose au cocontractant une participation à ces missions et que sa rémunération est substantiellement assurée par les résultats de l'exploitation, ont le caractère de délégation de service public* », CE, 19 mars 2012, n° 341562, *SA Groupe Partouche*, *AJDA* 2012.573, *CMP* mai 2012, n° 5, comm. 157, note G. ECKERT, *RJEP* août 2012, n° 700, comm. 41, note G. PELLISSIER, *JCP A* 8 Octobre 2012 n° 40.2319, note U. NGAMPIO-OBELE-BELE.

tielle du lien exigé entre le contrat et le service public qui conduit à des solutions contestables et sibyllines[598]. Par exemple, le contrat sera administratif s'il porte exécution[599], modalité d'exécution[600] ou participation au service public[601] ; il ne le sera pas s'il vise seulement la satisfaction des besoins du service[602]. Cette variabilité questionne forcément quant à la possibilité d'une réflexion théorique basée sur le service public.

Troisièmement, il faut souligner un phénomène de mutation du service public qui participe du recul de la notion, ou plus précisément de sa spécificité française[603]. En effet, le droit de l'Union se réfère à l'existence d'« *obligations spécifiques de service public* »[604], pour distinguer des services d'intérêt général, d'intérêt économique général[605] et universels[606]. Se pose la question de savoir si ces concepts ont vocation à remplacer le *Service public à la française*,

---

598 Voir en ce sens l'analyse complète de la jurisprudence proposée : CANEDO Marguerite, « Faut-il renoncer au critère de la participation à l'exécution du service public ? », *RFDA* 2019.861, À propos de la décision du Tribunal des conflits, 10 décembre 2018, n° 4140, *Association pour le Musée des Îles Saint-Pierre-et-Miquelon c/ Collectivité territoriale de Saint-Pierre-et-Miquelon, AJDA* 2019.557, *AJCT* 2019.193, obs. P. NOUAL.

599 CE Sect., 20 avril 1956, *Epoux Bertin, Lebon* p. 167, *GAJA* n° 71.

600 CE Sect., 20 avril 1956, *Ministre de l'Agriculture c/ Grimouard, Lebon.* p. 168, *GAJA* n° 71 ; TC, 18 décembre 2000, n° 3234, *Préfet de l'Essonne c/ TGI d'Evry, Lebon* p. 779, *D.* 2001 p. 354.

601 CE Sect., 4 juin 1954, *Affortit et Vingtain, Lebon* p. 342 ; TC, 25 mars 1996 *Berkani, Lebon* p. 535, *RFDA* 1996.819, concl. MARTIN, *AJ* 1996.354, chron. J.-H. STAHL et D. CHAUVAUX.

602 CE Sect., 11 mai 1956, *Société française des transports Gondrand frères, Lebon* p. 202, *AJDA* 1956.II.427, concl. LONG ; TC, 22 octobre 2001, n° 03257, *Commune de Villepinte, Lebon* p. 748, *CMP* 2002, n° 13, obs. P. SOLER COUTEAUX.

603 PONTIER Jean-Marie, « Sur la conception française du service public », *D.* 1996, p. 9 ; CHEVALLIER Jacques, « Le service public : regards sur une évolution », *AJDA* 1997.8 ; voir cependant BARNABE Quentin, « Léon Aucoc, une vision actuelle du service public », *op. cit.*, n° 577.

604 Communication n° COM(2007)725 final du 20 novembre 2007, *Les services d'intérêt général, y compris les services sociaux d'intérêt général : un nouvel engagement européen,* non publié au *JOUE.*

605 Art. 14 du Traité sur le fonctionnement de l'Union européenne, *JOUE* n° C 83/47 du 30 mars 2010 et Traité de Lisbonne *modifiant le traité sur l'Union européenne et le traité instituant la Communauté européenne,* signé à Lisbonne le 13 décembre 2007, *JOUE* n° 2007/C 306/01 du 17 décembre 2007, V. le Protocole sur les services d'intérêt général.

606 Livre vert de la Commission n° COM(2003) 270 final du 21 mai 2003, *sur les services d'intérêt général, JOCE* n° C 76 du 25 mars 2004 ; LOMBARD Martine, « Service public et service universel ou la double inconstance », *in Les mutations contemporaines du droit public, Mélanges en l'honneur de Benoît Jeanneau,* Paris : Dalloz, 2002, p. 507 ; plus généralement, voir KOVAR Robert, « Droit communautaire et service public », *RTD eur.* 1996, p. 215 ; KARPENSCHIF Michaël, « Vers une définition communautaire du service public ? », *RFDA* 2008.58 ; KALOUDAS Christos, « La conception française du service public à l'épreuve du droit de l'Union européenne », *Revue de l'Union européenne* 2013, p.156 ; GUGLIELMI Gilles et KOUBI Geneviève, « La notion de service public en droit européen », *AJDA* 2009.1783 ; MONJAL Pierre-Yves et KOUAKOU KOUASSI Samuel, « Les services d'intérêt général (SIG) : quelles perspectives pour les services publics en Europe ? », *Rev. UE* 2013, p. 391.

car il suffit de se référer au service universel pour constater qu'il est désormais une réalité en droit national[607], surtout que la doctrine semble intégrer ce pluralisme pour reconnaître le recul du service public, qu'elle l'approuve ou qu'elle s'y oppose[608].

Mais, comme l'intérêt général, l'évolutivité n'est pas synonyme de condamnation, de sorte qu'il est possible de percevoir dans ces mutations l'expression de celles affectant l'action administrative. Nonobstant, la nébuleuse autour des notions de service public et d'intérêt général pose une autre question dans le cadre de la conception dominante de la théorie générale du contrat administratif. Le critère contentieux du contrat administratif s'appuie en effet sur ces notions, qui « *fondent la compétence de la juridiction administrative pour connaître de ce contrat* »[609].

B. La décomposition contentieuse du contrat administratif

L'éclatement normatif autour du contrat administratif et la plasticité des fondements classiques de la théorie générale amènent à s'intéresser maintenant au contentieux dont cet acte fait l'objet. Effectivement, pour le chercheur, le contentieux est bien souvent la seule manière de rencontrer son objet d'étude – une connaissance plus avertie des pratiques, que seule une professionnalisation permet, pourrait d'ailleurs bien souvent nuancer des analyses parfois bien tranchées sur les notions administratives. Toujours est-il que l'étude de son traitement contentieux permet d'avoir une vision plus compréhensive de l'acte. A l'évidence, il n'est guère possible d'accéder à l'idée suivant laquelle le contrat « *ne présente plus qu'un élément commun, la compétence contentieuse du juge administratif pour en connaître* »[610] face à l'existence d'un phénomène de fractionnement juridictionnel (1) qui s'accompagne

---

607 RAPP Lucien, « La politique de libéralisation des services en Europe, entre service public et service universel », *RMCUE* 1995, p. 352 ; voir plus récemment : Décret n° 2007-29 du 5 janvier 2007, *relatif au service universel postal et aux droits et obligations de La Poste et modifiant le code des postes et des communications électroniques, JORF* n° 6 du 7 janvier 2007, p. 397.

608 LONG Marceau, « Service public, services publics : déclin ou renouveau ? », *RFDA* 1995.497 ; TRUCHET Didier, « Renoncer à l'expression "service public" », *AJDA* 2008.553 ; MARCOU Gérard, « Maintenir l'expression et la notion de "service public" », *AJDA* 2008.833 ; LE BERRE Christophe, « La logique économique dans la définition du service public », *RFDA* 2008.50 ; BRACONNIER Stéphane, *Droit des services publics,* Thémis, Paris : PUF, 2007 : L'auteur distingue les services publics « mineurs », nécessaires à l'accomplissement d'une mission d'intérêt économique général (SIEG) et universel. Il différencie aussi le service de puissance publique du service économique.

609 PEQUIGNOT Georges, *Contribution à la Théorie générale du Contrat administratif, op. cit.,* p. 178 ; voir aussi LACHAUME Jean-François, « La liaison entre la compétence et le fond en droit administratif », *in L'exorbitance du droit administratif en question(s),* Etudes réunies par F. MELLERAY, Paris : LGDJ, 2004, p. 71.

610 V. GAUDEMET Yves, « Pour une nouvelle théorie générale du droit des contrats administratifs : mesurer les difficultés d'une entreprise nécessaire », *op. cit.*, p. 313.

d'une démultiplication des recours devant le juge administratif (2) dont l'office, désormais désinhibé[611], s'apparente à une longue course d'obstacles[612] lorsqu'il s'agit d'atteindre le contrat administratif.

1. Le fractionnement juridictionnel du contrat administratif

Le principe de séparation des autorités administrative et judiciaire semble fonder un précepte d'attribution du contentieux du contrat administratif au juge administratif[613]. Or, cette identité juridictionnelle subit deux phénomènes de fractionnement.

Un premier phénomène de fractionnement juridictionnel procède du développement d'une concurrence interne. Tout d'abord, au détour d'une question préjudicielle[614] ou plus directement, il existe un contentieux du contrat administratif devant le juge judiciaire[615]. Particulièrement, les litiges relatifs aux contrats d'affermage concernant la perception des droits de place relèvent du juge civil[616] conformément à l'article 136 du Décret du 17 mai 1809. Plus généralement, ce dernier est compétent pour connaître du contrat administratif lorsque se pose une question relative à une liberté individuelle (art. 66 de la Constitution) ou au droit de propriété[617], notamment intellectuelle[618]. C'est

---

611 TRUCHET Didier, « Office du juge et distinction des contentieux : renoncer aux "branches" », *RFDA* 2015.657.

612 BRETONNEAU Aurélie et LESSI Jean, « Contentieux contractuel : la révolution rentre au port », *AJDA* 2014.1035.

613 Lois du 16 août 1790, *sur l'organisation judiciaire, JORF* du 20 août 1944 p. 361 et Décret du 16 fructidor an III, *qui défend aux tribunaux de connaître des actes d'administration et annule toutes procédures et jugements intervenus à cet égard, JORF* du 21 août 1944 p. 315 ; sauf exception législative : CC, 23 janvier 1987, n° 86-224 DC, *Conseil de la concurrence*, *JORF* du 25 janvier 1987, p. 924, *RFDA* 1987.287, note B. GENEVOIS, *D.* 1988, p. 117, note F. LUCHAIRE, *JCP* 1987.II.20854, note J.-F. SESTIER. Aux termes de la décision, « *il est loisible au législateur, dans un souci de bonne administration de la justice, d'unifier les règles de compétence* [...], *au sein de l'ordre principalement intéressé* ».

614 LESSI Jean, « Les questions préjudicielles du juge administratif à l'autorité judiciaire », *AJDA* 2015.274.

615 Plus généralement sur la question : EVEILLARD Gweltaz, « Les matières réservées par nature à l'autorité judiciaire », *AJDA* 2017.101.

616 TC, 23 avril 2007, n° C3567, *Commune de Cabourg, Lebon, AJDA* 2007.1316, *RTD Com.* 2008.51, note G. ORSONI ; Cass. 1re civ, 14 novembre 2006, n° 04-20.009, *Bull.* 2006 I, n° 490, p. 435 : Le juge administratif reste compétent pour connaître, sur renvoi préjudiciel, de la légalité de ces conventions ; Cass 1re civ., 16 octobre 2013, n° 12-23.077, *F-P+B* : le juge judiciaire apprécie la validité du contrat administratif au regard de la « jurisprudence établie » du juge administratif ; voir aussi Cass. 1re civ., 26 avril 2017, 16-10.500.

617 TC, 30 octobre 1947, *Barinstein, Lebon* p. 511 ; CC, 25 juillet 1989, n°89-256 DC, *Loi portant diverses dispositions en matière d'urbanisme et d'agglomérations nouvelles, Rec. Cons., CJEG* 1990 p. 1, note B. GENEVOIS, *RFDA* 1989.1009, note P. BON.

618 TC, 2 mai 2011, n° 3770, *Société d'équipements industriels urbains c/ Société Frameto et Commune de Ouistreham, Lebon* 686, *AJDA* 2011.924 ; TC, 9 décembre 2019, n° C4169, *Sté Biomediqa Groupement de coopération sanitaire Uniha, Lebon T., AJDA* 2020.1801, note S. FRANCOIS.

aussi le cas, qui semble d'applicabilité exponentielle devant le juge judiciaire, lorsqu'« *il apparaît manifestement, au vu d'une jurisprudence établie, que la contestation peut être accueillie par le juge saisi au principal* »[619] lui permettant alors de statuer sur un contrat administratif[620]. Le juge pénal, quant à lui, peut « *apprécier la validité* [du contrat administratif] *lorsque, de cet examen, dépend la solution du procès* »[621]. Ensuite, il faut signaler que les autorités administratives indépendantes ou les autorités publiques indépendantes peuvent être amenées à se positionner sur les contrats administratifs, notamment lors de la mise en œuvre de leurs pouvoirs de contrôle, de recommandation ou de sanction. Plus encore, le contentieux devant ces institutions, soumis au respect de l'article 6 paragraphe 1 de la Convention européenne des droits de l'homme[622], échappe parfois totalement au juge administratif lorsque l'appel et/ou la cassation relèvent du juge judiciaire « *dans l'intérêt d'une bonne administration de la justice* »[623]. Ce contentieux contractuel confié aux autorités indépendantes en matière de règlement des différends consolide le déclin du critère contentieux du contrat administratif.

En outre, l'éclatement juridictionnel conduit à s'intéresser au développement de l'arbitrage, le principe initial d'interdiction du recours à ce procédé pour les personnes publiques[624] faisant l'objet de nombreuses exceptions, codifiées à l'article L. 311-6 du CJA[625]. Que cette faculté soit ou non généralisée, le recours à l'arbitrage constitue une alternative juridictionnelle dont il est possible néanmoins de relativiser la portée : certes, le règlement arbitral bénéficie de l'autorité de la chose jugée, il reste susceptible d'appel et de recours

---

[619] TC, 17 octobre 2011, n° 3828 et 3829, *Préfet de la région Bretagne, Préfet d'Ile et Vilaine, SCEA du Chéneau, Rec. Dalloz* 2011 p. 3046, *RFDA* 2011.1136, note A. ROBLOT-TROIZIER, *RFDA* 2011.1129, note B. SEILLER.

[620] Cass. 1re civ., 24 avril 2013, n° 12-18.180, *Cne de Sançoins*, *Bull. civ.* I, n° 89, *AJDA* 2013.687, note R. GRAND et 1630, note J.-D. DREYFUS.

[621] Art. 111-5 du nouveau Code pénal.

[622] CE Ass., 3 décembre 1999, n°207434, *Didier, Lebon* p. 399 : l'application de l'article 6-1 de la CEDH résulte de la nature, la composition et les attributions de l'organisme.

[623] Par exemple, concernant le transfert du contentieux de l'Autorité de la concurrence au juge judiciaire : CC, 23 janvier 1987, n° 86-224 DC, *Conseil de la concurrence*, *JORF* du 25 janvier 1987, p. 924, *RFDA* 1987.287, note B. GENEVOIS, *D.* 1988, p. 117, note F. LUCHAIRE, *JCP* 1987 II. 20854, note J.-F. SESTIER ; art. L464-7 du Code de commerce.

[624] CE Sect. Travaux publics, Avis, 6 mars 1986 *Euro-Disneyland, EDCE* 1987, n° 38, p. 178 ; CE, 29 octobre 2004, n° 269814, *Sueur, Lebon*, *RFDA* 2004.1103, concl. D. CASAS, *AJDA* 2004.2383, chron. C. LANDAIS et F. LENICA ; CC, 2 décembre 2004, n° 2004-506 DC, *Loi de simplification du droit, JORF* du 10 décembre 2004, p. 20876 ; article 2060 du Code civil (principe à valeur législative).

[625] LABETOULLE Daniel, « L'arbitrage en droit public, Etude du groupe de travail sur l'arbitrage », *JCP A* 2007.2082 ; TERNEYRE Philippe, « L'arbitrage des litiges contractuels intéressant les personnes publiques », *BJCP* 2007, n° 52, p. 170 ; CLAY Thomas, « Arbitrage pour les personnes morales de droit public : le grand bazar ! » *LPA* mars 2008, p. 3.

en cassation devant le juge administratif[626]. De plus, seul le Président du Tribunal administratif, par une ordonnance d'*executatur,* peut conférer un caractère exécutoire à la sentence arbitrale[627]. L'éclatement juridictionnel est dans ce cas secondaire et ne se manifeste qu'au premier degré contentieux.

Un second phénomène de fractionnement juridictionnel est externe. En principe, l'application du droit de l'Union européenne relève des juridictions nationales[628]. Toutefois, afin d'uniformiser l'interprétation du droit européen des contrats administratifs, la CJUE peut connaître du contentieux des contrats administratifs. La procédure de renvoi préjudiciel permet ainsi à la juridiction nationale en charge du litige de saisir la CJUE qui est compétente pour statuer sur l'interprétation des traités et sur la validité et l'interprétation des actes pris par les institutions, organes ou organismes de l'Union[629]. La décision rendue par la Cour, qui s'impose au juge administratif, caractérise tant la diversification contentieuse que l'institutionnalisation d'un « *dialogue des juges* » sur le contrat administratif, dont l'arrêt *Telaustria* constitue la confirmation[630]. En parallèle, il convient de souligner que le Protocole n° 1 à la Convention européenne des droits de l'Homme consacre le droit au respect des biens. Or, la Cour européenne des droits de l'homme conditionne l'application de cette disposition à la démonstration de l'existence d'une « *créance suffisamment établie pour être exigible* »[631], pour ensuite exercer un contrôle minimum par exemple sur la réglementation de « *l'usage des biens* »[632]. Deux jurisprudences illustrent l'applicabilité de ce contrôle au contrat administratif. Il s'agit tout d'abord de l'affaire *Hutten-Czapska* où la Cour examine des lois qui réglementent les baux d'habitation[633]. C'est ensuite l'arrêt *Megadat.com SRL c/*

---

626 TC, 17 mai 2010, n° 3754, *Inserm, Lebon, AJDA* 2010.1047 et p. 1564, étude P. CASSIA, *RFDA* 2010.959, concl. M. GUYOMAR.

627 CAA Lyon, 27 décembre 2007, n° 03LY01017, *SA Lagarde et Meregnani, AJDA* 2008.698, note VINET.

628 Art. 274 du TFUE ; TPICE, 10 juillet 1990, aff. T-51/89, *Tetra Pak, Rec.* 1990 II-00309, (point 42) : « Le *juge national agit en qualité de juge communautaire de droit commun* ».

629 Article 267 du TFUE.

630 STECK Olivier, « L'arrêt De Groot et Bejo : une nouvelle illustration du dialogue des juges », *Dalloz* 2007 p. 994 ; CJCE, 7 décembre 2000, aff C. 324/98, *Telaustria Verlags GmbH, AJDA* 2000.106, note L. RICHER, *CMP* 2001, comm. 50, obs. F. LLORENS, *BJCP* 2001, p. 133, concl. N. FENELLY, *Europe* 2001, comm. 61, obs. F. KAUFF-GAZIN ; voir aussi CJCE, 18 juillet 2007, aff C-503/04, *Commission c/ Allemagne, RFDA* 2007.958, concl. V. TRSTENJAK et 972, note P. DELVOLVE.

631 CEDH, 9 déc. 1994, n° 13427/87, *Raffineries grecques Stran et Stratis Andreadis c/ Grèce, Rec.* CEDH série A, n° 301 B, *DA* 1995, comm. 200, *JCP* 1995 G, I, 3823, obs. F. SUDRE, *AJDA* 1995, p. 124, chron. J.-F. FLAUSS.

632 CEDH, 23 octobre 1990, n° 11581/85, *Darby c/ Suède, RFDA* 1991.843, chron. V. BERGER, H. LABAYLE et F. SUDRE.

633 CEDH, 28 avril 2008, n° 35014/97, *Hutten-Czapska, RTD Civ.* 2008.641, note J.-P. MARGUENAUD.

Moldova aux termes duquel la Cour contrôle le retrait de deux licences relatives à la fourniture d'accès à l'Internet et aux services de téléphonie fixe[634]. Incontestablement, les deux cours européennes exercent, par leurs jurisprudences, une influence sur les droits et sur les juges nationaux[635].

Le fractionnement juridictionnel interne et externe dont fait l'objet le contrat administratif affecte l'idée d'une équation ferme entre contrat administratif et juge administratif. Plus encore, lorsque celui-ci est compétent pour en connaître, la lecture du contentieux contractuel n'est pas simple.

2. La démultiplication des recours devant le juge administratif

La compétence du juge administratif pour connaître du contrat administratif a été théorisée à partir de l'idée « une notion, un régime, un juge » ainsi qu'à l'aune du recours en excès de pouvoir et du plein contentieux. G. PEQUIGNOT évoquait déjà « *le rapprochement, en matière de contrat administratif, des deux contentieux* »[636], tandis que les évolutions récentes semblent conduire à « *prophétiser la fin de la distinction binaire* »[637] pour y substituer une cartographie des pouvoirs du juge[638]. Cependant, à l'analyse, il est plutôt possible de regretter la démultiplication et la sophistication[639] du contentieux juridictionnel du contrat administratif.

Ne prétendant pas réaliser une présentation exhaustive, le choix est fait ici de souligner la multiplicité de recours entourant la formation du contrat administratif. Ainsi, le Code de justice administrative ouvre deux recours de pleine

---

634 CEDH, 8 avril 2008, n° 21151/04, *Megadat.com SRL c/ Moldova.*

635 STIRN Bernard, *Vers un droit public européen,* Paris : Montchrestien, 2012, p. 12.

636 PEQUIGNOT Georges, *Contribution à la Théorie générale du Contrat administratif, op. cit.,* p. 602.

637 BRETONNEAU Aurélie et LESSI Jean, « Contentieux contractuel : la révolution rentre au port », *op. cit.,* n° 1035.

638 TRUCHET Didier, « Office du juge et distinction des contentieux : renoncer aux "branches" », *op. cit.,* n° 657.

639 TERNEYRE Philippe, « Le droit du contentieux des contrats administratifs a-t-il enfin atteint sa pleine maturité ? », *in Rapport public du Conseil d'Etat, op. cit.,* 2008, p. 383, spéc. p. 388 : « *si le droit du contentieux des contrats administratifs était autrefois "paradoxal", il est peut être devenu aujourd'hui trop "sophistiqué" et réservé à une petite élite de fins connaisseurs seuls aptes à en suivre les méandres* » ; LAFAIX Jean-François, « La jurisprudence Tarn-et-Garonne appliquée aux concurrents évincés », *AJDA* 2016.1120 : « *malgré le degré de sophistication déjà atteint pour diversifier les modes de traitement des irrégularités, il y a encore matière à introduire un peu plus de souplesse* ».

juridiction avec le référé précontractuel[640] et le référé contractuel[641] à ceux qui « *ont un intérêt à conclure le contrat et qui sont susceptibles d'être lésés par des manquements aux obligations de publicité et de mise en concurrence auxquelles sont soumis ces contrats, ainsi que le représentant de l'Etat* », tandis que « *tout concurrent évincé de la conclusion d'un contrat administratif* » pouvait former le recours de pleine juridiction dit Tropic[642] ou encore que les parties au contrat peuvent former un recours de plein contentieux contestant la validité du contrat qui les lie[643]. Il faut noter également la jurisprudence Tarn-et-Garonne qui s'applique à tout contrat administratif et donne naissance à un recours de pleine juridiction bénéficiant à « *tout tiers à un contrat administratif susceptible d'être lésé dans ses intérêts de façon suffisamment directe et certaine par sa passation ou ses clauses* » et aux « *membres de l'organe délibérant de la collectivité territoriale ou du groupement de collectivités territoriales concerné ainsi qu'au représentant de l'Etat dans le département dans l'exercice du contrôle de légalité* »[644]. En ce sens, la jurisprudence Tarn-

640 Issu de directives : Directive n° 89/665/CEE du Conseil du 21 décembre 1989, *portant coordination des dispositions législatives, réglementaires et administratives relatives à l'application des procédures de recours en matière de passation des marchés publics de fournitures et de travaux, JOCE* n° L 395 du 30 décembre 1989 p. 33 ; Directive n° 92/13/CEE du Conseil du 25 février 1992, *portant coordination des dispositions législatives, réglementaires et administratives relatives à l'application des règles communautaires sur les procédures de passation des marchés des entités opérant dans les secteurs de l'eau, de l'énergie, des transports et des télécommunications, JOCE* n° L 76 du 23 mars 1992, p. 14 ; transposées par les lois n° 92-10 du 4 janvier 1992, *relative aux recours en matière de passation de certains contrats et marchés de fournitures et de travaux, JORF* n° 5 du 7 janvier 1992, p. 327 et n° 93-1416 du 29 décembre 1993, *relative aux recours en matière de passation de certains contrats de fournitures et de travaux dans les secteurs de l'eau, de l'énergie, des transports et des télécommunications, JORF* n° 1 du 1er janvier 1994 page 10 ; codifié à l'article L. 551-1 et suivants du Code de justice administrative.

641 Référé incorporé en droit français par l'ordonnance n° 2009-515 du 7 mai 2009, *relative aux procédures de recours applicables aux contrats de la commande publique, JORF* n° 0107 du 8 mai 2009, p. 7796 qui transpose la directive 2007/66/CE du 11 décembre 2007, *modifiant les directives 89/665/CEE et 92/13/CEE du Conseil en ce qui concerne l'amélioration de l'efficacité des procédures de recours en matière de passation des marchés publics, JOUE* n° L 335/31 du 20 décembre 2007. Codifié aux articles L. 551-13 et s. du Code de justice administrative.

642 CE Ass., 16 juillet 2007, n° 291545, *Société Tropic travaux signalisation Guadeloupe, Lebon* p. 360, *RFDA* 2007.696, concl. D. CASAS, *AJDA* 2007.1577, chron. F. LENICA et J. BOUCHER, *D.* 2007, p. 2500, note D. CAPITANT, *JCP A* 2007.2212, note F. LINDITCH, 2221, note M.-C. ROUAULT, et 2227, note B. SEILLER, *DA* 2007, comm. 142, P. COSSALTER, *RFDA* 2007.917, note F. MODERNE, *RFDA* 2007.923, note D. POUYAUD, *RFDA* 2007.935, note M. CANEDO-PARIS.

643 CE Ass., 28 décembre 2009, n° 304802, *Commune de Béziers, Lebon* p. 509, *RFDA* 2010.506, concl. E. GLASER, *AJDA* 2010.142, chron. S.-J. LIEBER et D. BOTTEGHI ; *RDI* 2010.265, obs. R. NOGUELLOU.

644 CE Ass., 4 avril 2014, n° 358994, *Département de Tarn et Garonne c/ Bonhomme, GAJA* 901, *Lebon* 70, *AJDA* 2014.1035 chron. A. BRETONNEAU et J. LESSI, *AJDA* 2014.945, tribune S. BRACONNIER, *RFDA* 2014.425, concl. B. DACOSTA et 438, note P. DELVOLVE

et-Garonne élargit et absorbe pour l'avenir[645] la solution Tropic[646] à tout tiers intéressé. Surtout, celle-ci ferme désormais le recours en excès de pouvoir contre la plupart des actes détachables[647] – restant recevable avant la conclusion du contrat. Ensuite, il faut signaler que le tiers qui a un intérêt suffisant peut former un recours en excès de pouvoir contre le recrutement d'agents publics[648] ou contre les clauses règlementaires d'un contrat administratif[649] sans avoir à rechercher la divisibilité des clauses[650]. Le référé suspension est également possible concernant un contrat administratif et peut accompagner un autre recours[651]. La responsabilité extracontractuelle semble en outre pouvoir être invoquée dans le cadre de la violation de règles de formation de contrats publics[652]. Ce sont aussi les actions prévues par le droit de la concurrence qui s'appliquent aux activités de « *production, de distribution et de services, y compris celles qui sont le fait de personnes publiques* »[653]. Par ailleurs, il convient de mentionner le déféré préfectoral[654], permettant au préfet d'obtenir

---

645 HENRARD Olivier (Rapporteur public), « Le recours du concurrent évincé : le maintien provisoire de la jurisprudence Tropic », *RFDA* 2016.301.

646 CE, 5 févr. 2016, n° 383149, *Syndicat mixte des transports en commun Hérault Transport, Lebon* ; LAFAIX Jean-François, « La jurisprudence Tarn-et-Garonne appliquée aux concurrents évincés », *op. cit.*, p. 1120.

647 CE, 4 août 1905, *Martin, D.* 1907, 3, 49, concl Romieu.

648 CE Sect., 30 oct. 1998, n° 149663, *Ville Lisieux, Lebon* p. 375, *RFDA* 1999.128, concl. STAHL et note D. POUYAUD.

649 CE Ass., 10 juillet 1996, n° 138536, *Cayzeele, Lebon* p. 274, *RFDA* 1997.89, note P. DELVOLVE ; CE 19 juin 2015, n° 380379, *Association des élus pour la défense du Cévenol, Lebon T.*, AJDA 2015.1642 concl. DOMIDO ; CE, 9 février 2018, n° 404982, *Communauté d'agglomération Val d'Europe agglomération, Lebon, AJDA* 2018.301 ; ALLIEZ Quentin, « Une définition de la clause réglementaire ? Oui. Une simplification du contentieux ? Non », *AJDA* 2018.1168 ; AMILHAT Mathias, « Les tiers au contrat ne peuvent se prévaloir que des clauses réglementaires de ce dernier... et elles sont strictement définies ! », *op. cit.*, n° 2154 ; UNTERMAIER-KERLEO Elise, « La double définition de l'acte réglementaire. Encore des zones d'ombre ! », *op. cit.*, n° 1725.

650 CE Sect., 8 avril 2009, n° 290604, *Assoc. Alcaly, Lebon, BJCP* 2009 p. 276, concl. N. BOULOUIS, *JCP A* 2009.2215, note O. GUILLEMONT.

651 CE, 6 mars 2009, n° 324064, *Sté Biomérieux, Lebon, AJDA* 2009.455 ; CE, 3 févr. 2010, n° 330237, *Communauté de communes Arc Mosellan, Lebon T., BJCP* 2010 p. 217, concl. N. BOULOUIS ; CE, 9 mai 2012, n° 355665, *Syndicat départemental des ordures ménagères de l'Aude, Lebon, AJDA* 2012.1688, note J. MARTIN.

652 CE, 19 décembre 2012, n° 355139, *Simon, Lebon, AJDA* 2013.5, *JCPA* 2013.2100, concl. DACOSTA.

653 Cf. : Décision n° 98-MC-04 du 12 mai 1998, *Renouvellement des contrats de DSP de l'eau potable* ; Décision n° 06-MC-03 du 11 décembre 2006, *Transports maritimes entre la Corse et le continent*, cassée par CE, 15 décembre 2006, *SAS Corsica Ferries* ; voir aussi CE, 3 novembre 1997, n° 169907, *Société Million et Marais, Lebon, AJDA* 1997.1012 et 945, chron. T.-X. GIRARDOT et F. RAYNAUD, *AJDA* 1998.247, note O. GUEZOU, *RFDA* 1997.1228, concl. J.-H. STAHL.

654 Créé par la Loi n° 82-213 du 2 mars 1982, *relative aux droits et libertés des communes, des départements et des régions, JORF* du 3 mars 1982, p. 730.

la nullité du contrat devant le juge administratif[655], absorbé en partie par le recours de plein contentieux Tarn-et-Garonne. Assimilée soit au recours en excès de pouvoir, soit au recours de pleine juridiction[656], cette procédure est symptomatique de la permanence, de l'évolution et surtout de la complexité du contentieux du contrat administratif.

Finalement, la pluralité des recours applicables à la formation du contrat administratif constitue une première limite à leur conceptualisation, laissant comme unique voie, au pire la présentation d'un panorama, au mieux la classification[657]. En effet, de nombreux recours concernent des contrats administratifs spéciaux[658] de sorte que l'unité (dans la diversité) se réduit, du point de vue du champ d'application, à des recours qui ne sont d'ailleurs pas tous forcément dédiés directement à l'acte contractuel. Il s'agit de ce qui reste en matière contractuelle du déféré préfectoral, du recours en excès de pouvoir contre les clauses règlementaires d'un contrat, du recours en excès de pouvoir contre les actes administratifs détachables d'un contrat conclu avant 2014, du recours prévu par l'arrêt Tarn-et-Garonne, du référé suspension ou encore du recours en contestation de validité par les parties et de l'énigmatique responsabilité contractuelle en droit administratif[659]. L'intérêt à agir est également variable selon les recours[660] : sont tour à tour admis à agir les parties, les tiers soit qu'ils justifient d'un intérêt suffisant qui peut être collectif[661], qu'ils s'estiment lésés

---

655 CE, 14 mars 1997, n° 143800, *Département des Alpes Maritimes, AJFP* 1997, p. 4, note G.-D. MARILLIA.

656 Le déféré préfectoral relevait de l'excès de pouvoir : CE Sect., 26 juillet 1991, n° 117717, *Commune de Sainte-Marie de la Réunion, Lebon* p. 302, *RFDA* 1991.966, concl. H. LEGAL, *RDI* 1991.474, note F. LLORENS et Ph. TERNEYRE ; puis, du contentieux de pleine juridiction : CE, 23 décembre 2011, n° 348648, *Ministre de l'intérieur, Lebon* 662, *AJDA* 2012.5, *RFDA* 2012.683, note P. DELVOLVE.

657 BOUSQUET Jérémy, « Les fondements de l'action en responsabilité en présence d'un contrat administratif », *AJDA* 2019.2535.

658 Référé précontractuel, référé contractuel, recours Tropic, recours en excès de pouvoir contre les contrats de recrutements d'agents publics, délit d'avantage injustifié.

659 Sur la question v. TERNEYRE Philippe, *La Responsabilité contractuelle des personnes publiques en droit administratif*, Paris : Economica, 1999 ; OUM-OUM Joseph Franck, *La responsabilité contractuelle en droit administratif*, Paris : LGDJ, 2014 ; BOUSQUET Jérémy, *Responsabilité contractuelle et responsabilité extracontractuelle en droit administratif*, Paris : LGDJ, 2019 ; SYMCHOWICZ Nil, « L'intervention du juge du contrat dans l'exécution des contrats administratifs », *AJDA* 2015.320 ; DUBREUIL Charles-André, « La responsabilité contractuelle : quelle originalité du droit administratif ? », *AJDA* 2019.2546.

660 Voir toutefois GUEZOU Olivier, « Concurrents évincés et recevabilité des recours dans les contrats publics : un exemple de darwinisme contentieux », *in Mélanges en l'honneur du Professeur Laurent Richer, A propos des contrats des personnes publiques,* Paris : LGDJ Lextenso, 2013, p. 651, spéc. p. 674 : l'auteur estime qu'au-delà de ce « *foisonnement terminologique* » il s'agit des mêmes personnes qu'il est possible de regrouper sous la notion de « *concurrent évincé ayant intérêt à conclure le contrat* ».

661 Voir en ce sens l'action ouverte aux Conseils national et régionaux de l'ordre des architectes, FAVRET Jean-Marc, « Recevabilité du recours pour excès de pouvoir en matière contractuelle », *AJDA* 2018.909.

par un acte d'une collectivité territoriale, qu'ils aient un intérêt à conclure le contrat et soient susceptibles d'être lésés par les moyens invocables, qu'ils soient susceptibles d'être lésés dans leurs intérêts, qu'ils soient des concurrents évincés, des membres de l'organe délibérant d'une collectivité territoriale, le préfet ou encore le requérant dans le cadre d'un contentieux principal en annulation ou en réformation. Surtout, il faut noter que le juge administratif a opéré un « *changement copernicien dans la remise en cause de la faculté d'invoquer tout moyen* »[662], lorsqu'il a lui-même délimité les moyens invocables par ces intéressés qui, de plus, varient au gré des recours. Temporellement ensuite, les actions peuvent être introduites avant la conclusion du contrat ou bien après. Dans ce dernier cas, le délai peut être précisé – 31 jours, 6 mois, 2 mois, aucun délai – ou déterminé de manière conditionnelle – pendant la durée d'exécution du contrat ou suivant le déroulé d'une instance. Et l'empirisme du contentieux de la conclusion du contrat administratif redouble si l'on s'intéresse aux pouvoirs du juge qui dispose d'une palette[663] de solutions possibles, lesquelles s'appliqueront au contrat, à certaines de ses clauses voire aux actes qui gravitent autour. Le juge peut ainsi solliciter une régularisation assortie ou non d'un délai, prononcer des injonctions, prononcer des astreintes provisoires ou définitives et/ou conservatoires, infliger des pénalités financières, allouer une indemnisation, suspendre l'exécution de décisions ou bien du contrat, annuler des actes unilatéraux, modifier des clauses, réduire la durée du contrat, supprimer des clauses, résilier le contrat, annuler le contrat totalement ou partiellement, avec effet différé ou pas…

[662] DUTHEILLET de LAMOTTE Louis et ODINET Guillaume, « La recevabilité des moyens en contentieux administratif », *AJDA* 2016.479.

[663] TERNEYRE Philippe, « Le droit du contentieux des contrats administratifs a-t-il enfin atteint sa pleine maturité ? », *op. cit.*, p. 392 ; TRUCHET Didier, « La reconstruction de l'office du juge du contrat administratif : comment et jusqu'où ? », *op. cit.*, p. 724.

L'absence d'unité du contentieux de la formation du contrat administratif est frappante[664]. Espérons[665] toutefois que l'arrêt Tarn-et-Garonne marque, comme l'estime B. DACOSTA, un « *point d'arrivée, elle est aussi un point de départ...* »[666] vers un contentieux plus intelligible et simplifié[667] applicable au contrat administratif. Le rapporteur public G. PELLISSIER y voit d'ailleurs une recomposition pas complètement achevée mais qui se rapproche progressivement d'un jardin à la française[668]. Cependant, dans le cadre de la théorie générale du contrat administratif, deux remarques s'imposent : d'une part, la superposition, la spécialisation des recours et « *l'habitude prise, dans les années récentes, de moderniser à tout va le contentieux contractuel* »[669] sont source d'inintelligibilité de la pratique contentieuse. Cette décomposition rend compte du caractère inadapté du critère contentieux à constituer un fondement théorique. D'autre part, cette démultiplication des voies de recours suscite forcément un « *forum law* contentieux administratif », une stratégie procédurale dont le but exclusif est d'améliorer sa situation juridique contentieuse[670] qui n'explique pas l'essence même du contrat administratif. En revanche, une ap-

---

664 GLASER Emmanuel, « L'office du juge du contrat », *RFDA* 2010.506, le rapporteur public évoque l'existence d'une « *vaste panoplie contentieuse* » ; SAUVE Jean-Marc, L'actualité du contentieux des contrats publics, 4èmes États généraux du droit administratif, 27 juin 2014 : « *en dépit d'efforts de rationalisation et de simplification, son unité demeure encore en gésine* » ; TERNEYRE Philippe, « Le droit du contentieux des contrats administratifs a-t-il enfin atteint sa pleine maturité ? », *op. cit.*, p. 388, l'auteur attend le « *grand soir* » où seul le juge du contrat, juge de pleine juridiction, serait reconnu compétent pour ce contentieux ; dans le même sens, LAFAIX Jean-François, « Le juge du contrat face à la diversité des contentieux contractuels », *RFDA* 2010.1089 ; CASSIA Paul, « Le référé contractuel : beaucoup de bruit pour – presque – rien », *in Mélanges en l'honneur du Professeur Laurent Richer, A propos des contrats des personnes publiques, op. cit.*, p. 561, spéc. p. 588, l'auteur appelle à l'instauration d'une voie de recours unique contre les contrats administratifs et considère qu'« *il n'est plus possible que le contentieux contractuel procède par touches successives, balloté entre grands et petits arrêts, et remanié de textes en textes* » ; voir aussi BOURDON Pierre, *Le contrat administratif illégal*, Paris : Dalloz, 2014, p. 748 : « *la création d'une voie de recours spécifique au contrat administratif illégal serait utile* ».

665 Pour une critique de la logique qui s'en dégage eu égard à l'intérêt à agir reconnu d'office aux démembrements organiques de l'Etat – préfet, élu local – et fortement encadré pour les autres tiers, voir LAFFAILLE Franck, « La jurisprudence Tarn-et-Garonne ou le tiers "sans qualité" », *AJDA* 2018.1201.

666 DACOSTA Bertrand, « Esquisse d'une typologie des requérants en matière contractuelle », *AJDA* 2014.2049.

667 BRACONNIER Stéphane, « Contentieux des contrats : le choc de sécurisation ? », *AJDA* 2014.945.

668 CE Sect., 30 juin 2017, n° 398445, *Syndicat mixte de promotion de l'activité transmanche (SMPAT), Lebon, AJDA* 2017.1359, *RFDA* 2017.937, concl. G. PELLISSIER.

669 BRETONNEAU Aurélie et LESSI Jean, « Contentieux contractuel : la révolution rentre au port », *op. cit.*, n° 1035.

670 Règlement CE, 29 mai 2000, n° 1346/2000, *relatif aux procédures d'insolvabilité*, *JOCE* n° L 160/1 du 30 juin 2000 ; FINK et STORCK Pierre, « "Forum Shopping" et concurrence entre les procédures collectives en Europe », *Journ. sociétés* sept. 2009, p. 30.

proche conceptuelle portant sur la méthode du juge semble possible[671] puisqu'il se dégage de la formation et de la pratique du contentieux une certaine cohérence, un bilan[672] entre, d'une part, l'impératif de protection de l'intérêt général et de la légalité[673] et, d'autre part, les exigences de loyauté et de bonne foi[674], de stabilité[675], de sécurité des relations contractuelles[676] et de bonne gestion des deniers publics[677]... Méthode de compromis qui n'est toutefois pas absolue en termes de poids dans la balance, le vice d'une particulière gravité et son traitement contentieux rigoureux pouvant encore s'imposer face à la politique jurisprudentielle de stabilité[678].

---

671 En ce sens LANGELIER Elise, *L'office du juge administratif et le contrat administratif*, Poitiers : Presses universitaires juridiques de Poitiers, 2012, p. 192.

672 En ce sens GLASER Emmanuel, « L'office du juge du contrat », *op. cit.*, p. 506 : « *Toutes ces décisions imposent au juge de mettre en balance l'impératif de rétablissement de la légalité, qui dépend lui-même de la gravité de l'illégalité commise, et les atteintes à l'intérêt général que ce rétablissement peut entraîner, notamment l'interruption ou la perturbation du service public qui peut en résulter* » ; LANGELIER Elise, *L'office du juge administratif et le contrat administratif*, Poitiers : Presses universitaires juridiques de Poitiers, 2012, p. 752 : « *Parce qu'il est administratif, il n'en est pas moins un contrat. Mais parce qu'il est un contrat, il n'en est pas moins administratif L'office du juge administratif contractuel doit traduire la tension entre ces deux polarités* ». Également p. 759 : Le recours au bilan traduit la « *question de l'équilibre à trouver entre protection des droits subjectifs, respect du droit objectif et garantie de l'intérêt général* ».

673 En ce sens BOURDON Pierre, *Le contrat administratif illégal*, *op. cit.*, p. 742, et p. 746 : « *Seul l'intérêt général, qui traverse tout le régime juridique du contrat administratif illégal, joue nécessairement dans le choix du remède* » ; ROTOULLIE Jean-Charles, « Sécurité juridique et tolérance des illégalités », *AJDA* 2019.1094.

674 VIER Charles-Louis, « La bonne foi dans le contrat administratif », », *in Mélanges en l'honneur du Professeur Laurent Richer, A propos des contrats des personnes publiques, op. cit.*, 2013, p. 477, spéc. p. 480 ; LAFAIX Jean-François, « La loyauté des relations contractuelles au regard de la théorie du contrat », », *in Mélanges en l'honneur du Professeur Laurent Richer, A propos des contrats des personnes publiques, op. cit.*, p. 365.

675 En ce sens, voir notamment les conclusions de PELLISSIER Gilles sur l'arrêt SMPAT du Conseil d'Etat, Sect., 30 juin 2017, n° 398445, *Syndicat mixte de promotion de l'activité transmanche (SMPAT), Lebon, RFDA* 2017.937. Le Rapporteur public rappelle que l'encadrement des moyens et de l'intérêt à agir « *est une composante essentielle de l'équilibre entre la légalité et la stabilité des relations contractuelles, qui ne doivent pas être placées sous la menace permanente d'un recours contentieux* ». Voir aussi DOUTEAUD Stéphanie, *La stabilisation des contrats de l'administration par le juge de la validité,* Thèse dactyl. Pau, 2017.

676 En ce sens, voir TRUCHET Didier « La reconstruction de l'office du juge du contrat administratif : comment et jusqu'où ? », *op. cit.,* p. 715 ; LAFAIX Jean-François, « La loyauté des relations contractuelles au regard de la théorie du contrat », *op. cit.*, p. 365 ; MELLERAY Fabrice, « A propos de l'intérêt donnant qualité à agir en contentieux administratif, Le "moment 1900" et ses suites », *AJDA* 2014.1530.

677 RICCARDI David, « Le coût financier, un motif d'intérêt général pour faire obstacle à la résiliation », *op. cit.*, n° 2198.

678 En ce sens voir SOURZAT Lucie, « Appréciation d'une mesure d'annulation d'une concession d'aménagement et de ses effets à l'égard de l'intérêt général », *AJDA* 2019.1459 ; ROTOULLIE Jean-Charles, « La reconnaissance d'un nouveau motif de résiliation unilatérale : l'irrégularité du contrat administratif », *AJDA* 2021.164.

Pour conclure, la critique des fondements classiques est une réalité qui n'a pas nécessairement pour conséquence l'abandon de ces notions. Elle illustre surtout leur caractère évolutif. Si le critère contentieux est trop éclaté pour présenter l'unité requise à fonder la théorie générale, tout comme les notions d'intérêt général et de service public, il s'agit davantage d'une invitation à reconsidérer leur place dans la théorie générale du contrat administratif.

Conclusion de la section et du chapitre

La crise de la théorie générale du contrat administratif se manifeste d'abord sur le plan doctrinal en ce sens que la vision générale et unitaire semble délaissée. Une revisite de la nature contractuelle du contrat administratif conduit la doctrine à l'incorporer au sein d'une théorie générale du contrat commune au droit privé et au droit public. Le contrat administratif est également appréhendé sous son aspect organique et comme l'une des composantes de l'action publique, à l'aune de l'hypothèse d'une théorie du contrat public. Parallèlement, la spécialisation du droit applicable au contrat administratif donne naissance à une vision conceptuelle fragmentée de l'acte. La doctrine évoque alors une théorie des contrats administratifs spéciaux ou encore une théorie des contrats de la commande publique. Sur le plan du droit positif ensuite, force est de constater l'absence de la théorie générale du contrat administratif.

Plus encore, transcendance, atomisation et absence caractérisent désormais le discours sur la théorie générale du contrat administratif qui alimente la crise, laquelle se confirme par le recul de ses principales composantes. A cet égard, le phénomène de diversification du système normatif qui affecte l'ensemble du droit administratif impacte la conception dominante de la théorie générale. Plus précisément, le contrat administratif semble attaqué de toutes parts dans son unité par un phénomène général de spécialisation : les éléments emblématiques de la théorie générale – les pouvoirs exorbitants de l'administration et la théorie de l'équilibre financier – se trouvent modulés et adaptés par les cocontractants et/ou sont appréhendés par la règlementation. Ces mutations concourent ainsi à la crise d'une conception dominante de la théorie générale entendue comme la mise en œuvre d'un ensemble homogène de règles jurisprudentielles. Or, l'évolution du droit du contrat administratif ne confère désormais à la jurisprudence qu'un rôle subsidiaire accréditant l'idée du recul de la conception dominante de la théorie générale et emportant avec elle une remise en cause des fondements classiques qui lui sont généralement attribués : l'intérêt général, le service public et le critère contentieux.

Conclusion du titre

La théorie générale du contrat administratif est le résultat d'une évolution doctrinale, marquée par une absence de la notion dans le discours doctrinal des années 1820 aux années 1930. Le contrat administratif est en effet d'abord analysé au pluriel, à l'aune des différents contrats nommés. Une approche conceptuelle émerge progressivement et se forme peu à peu l'expression de théorie générale du contrat administratif par référence au droit commun, au régime juridique – essentiellement jurisprudentiel – du contrat administratif, au sein duquel se manifestent des prérogatives administratives, dont le principe réside dans les notions d'intérêt général et/ou de service public et dont le contentieux relève du droit administratif. Cependant, des hésitations sémantiques découlent des notions de « principes », « règles générales » ou « droit commun », procédant des présentations doctrinales portant sur le contrat administratif.

D'ailleurs, ce contexte intermédiaire de relatif consensus doctrinal a laissé place, à compter de 1983, à un sentiment de crise de la théorie générale du contrat administratif. Cette crise est multiple dans ses expressions. En doctrine d'abord, le point de vue est soit plus large et postule d'une idée de théorie générale commune au contrat administratif et de droit privé ou encore d'une théorie des contrats publics ; soit, il est plus étroit et tend par exemple vers les contrats administratifs spéciaux ou les contrats de la commande publique. En droit positif ensuite, aucune mention directe à la théorie générale du contrat administratif ne peut être relevée. Surtout, les perturbations et mutations normatives du droit administratif se retrouvent en droit du contrat administratif. Les caractéristiques classiques du contrat administratif, socles de la conception dominante de la théorie générale se trouvent alors malmenées par la technique contractuelle et sont fréquemment prévues et encadrées à l'avance par les textes législatifs et réglementaires. Le recul de la conception dominante de la théorie générale est total.

Nonobstant, la crise pourrait n'avoir qu'un effet platonique sur la théorie générale du contrat administratif, entendue comme construction doctrinale sur le droit et non une simple transcription du droit. La doctrine exprime malgré tout des réserves quant à sa pérennité, reconsidérant l'autonomie et la spécificité d'une théorie générale propre au contrat administratif contenant le contrat administratif et tout le contrat administratif. Inéluctablement, ce constat de crise appelle une réflexion relative à son renouvellement[679] et aux modalités suivant lesquelles une telle entreprise peut être menée. En témoigne d'ailleurs le thème du colloque, « Pour une nouvelle théorie générale du droit des contrats administratifs », qui s'est tenu à l'université de Paris X – Nanterre, les 24

---

[679] A cet égard, voir BURDEAU Georges, « Le déclin de la loi », *APD* 1963, p. 35 : « *Si notre monde est gonflé de ces pseudo-déclins qui n'ont de réalité que dans l'humeur morose de ceux qui les dénoncent, il faut bien convenir que sa marche en avant ne va pas sans l'abandon de valeurs de croyances et d'institutions* ».

et 25 septembre 2009, sous la direction de F. ROLIN. Surtout, comme l'explique E. SAVAUX, « *même si l'on renonçait, en législation et en jurisprudence, au droit commun des contrats, la théorie générale subsisterait pour ce qu'elle est fondamentalement : une interrogation sans fin de ceux qui s'efforcent de connaître et de faire connaître le contrat et le droit des contrats* »[680]. En réalité, l'identification de la théorie générale sous l'angle de sa formation et de la crise qui affecte tant ses fondations positivistes que ses fondements idéologiques permet d'en nuancer la portée : elle met à jour la nécessité de ne pas confondre l'évolution du droit avec la construction intellectuelle doctrinale réalisée sur la notion juridique. En conséquence, si la mutation normative autour du contrat administratif alimente une profonde remise en cause de la conception dominante de la théorie générale du contrat administratif, c'est en raison même de ses fondations. En revanche, cela ne saurait conduire à son abandon : « *la théorie générale survivra ainsi éternellement à un éclatement du droit des contrats comme œuvre de science juridique fondamentale* »[681]. Le dépassement de la crise en vue de faire émerger une conception renouvelée est nécessaire. Il suppose de mettre à jour les lacunes affectant la présentation dominante de la théorie générale du contrat administratif.

680 SAVAUX Éric, *La théorie générale du contrat, mythe ou réalité ?, op. cit.*, p. 294.
681 SAVAUX Éric, *La théorie générale du contrat, mythe ou réalité ?, ibid.* p. 294.

TITRE 2. LES LACUNES DE LA THEORIE GENERALE DU CONTRAT ADMINISTRATIF

La crise dont fait l'objet la conception dominante de la théorie générale du contrat administratif, entendue comme le droit commun, le régime juridique – essentiellement jurisprudentiel – du contrat administratif, au sein duquel se manifestent des prérogatives administratives, dont le principe réside dans les notions d'intérêt général et/ou de service public et dont le contentieux relève du droit administratif trouve son expression dans le discours doctrinal. Elle repose essentiellement sur l'évolution du droit applicable au contrat administratif. En dépit du caractère global de ces difficultés, il ne peut être question d'abandonner définitivement toute analyse théorique générale portant sur le contrat administratif. La crise peut alors être entendue, non pas comme une condamnation, mais plutôt comme une invitation à prendre conscience des lacunes affectant la conception dominante pour, *in fine*, s'autoriser à en proposer une redéfinition. Il faut dès lors tenter de mieux comprendre les incertitudes entourant la terminologie généralement employée. Dans un objectif d'identification, le caractère insaisissable de la théorie générale du contrat administratif peut être précisé sur deux plans : d'abord, une première recherche permet de mettre en évidence l'imprécision dans l'emploi des termes « théorie », « principes », « règles générales » et « droit commun » (Chapitre 1). Ensuite, il convient de remarquer que cette relative incohérence sémantique s'accompagne également d'incohérences méthodologiques en ce sens que le discours théorique sur le contrat administratif laisse deviner l'existence d'une confusion entre les différentes composantes de la théorie générale du contrat administratif (Chapitre 2).

Chapitre 1. L'imprécision terminologique

Lorsqu'il s'agit d'analyser la théorie générale du contrat administratif d'un point de vue terminologique, les difficultés se multiplient. Une réelle imprécision se dégage. L'emploi des différentes notions regardant le contrat administratif est pluriel. Le discours théorique portant sur le contrat administratif peut être appréhendé sur le plan doctrinal et au sein du droit positif. Dans les deux cas, il fait l'objet d'interprétations doctrinales disparates dont l'analyse permet de mettre en évidence le caractère contingent et gradué du discours théorique (Section 1). Force est de constater également que les notions de « principes », « règles générales » et « droit commun », qui concourent à l'étude du contrat administratif, souffrent également d'imprécision lexicale (Section 2). Plus exactement, il est question ici de souligner les incertitudes procédant de l'absence de définition clairement établie de ces dernières expressions, que la doctrine a d'ailleurs tendance à considérer comme interchangeables.

Section 1. Les limites du recours au terme « théorie » en droit des contrats administratifs

La conception dominante de la théorie générale du contrat administratif, telle que formulée par la doctrine, suppose l'existence d'interactions fortes entre droit positif et théorie générale. Rappelons simplement la présence du terme « théorie » au sein de la règlementation et de la jurisprudence relative au contrat administratif et, simultanément, le recours fréquent à cette expression en doctrine. Le pluralisme semble caractériser cette notion, si bien que le mot théorie est parfois utilisé pour désigner une construction purement doctrinale, un système explicatif qui permet de réfléchir à la manière dont le droit des contrats administratifs s'organise, quand il est d'autres fois davantage l'expression d'une réalité positive sur le contrat administratif (Paragraphe 1). L'examen du recours au terme « théorie » permet également de mettre en évidence l'existence de graduations. En droit administratif par exemple, il est possible de relever la formulation de « théories » qui soit contiennent, soit sont contenues dans la théorie générale du contrat administratif, ce qui renforce la difficulté d'identification de cette dernière (Paragraphe 2).

Paragraphe 1. Le pluralisme du terme « théorie » générale du contrat administratif

Comme précisé dès l'introduction, dans le cadre d'une recherche portant sur la théorie générale du contrat administratif, il ne saurait être admis de s'en tenir à l'hypothèse initiale, à savoir celle de son existence présupposée sans mettre à l'épreuve ce postulat de base. En effet, si la théorie générale du contrat administratif apparaît comme une notion *a priori* bien connue, il a été possible de relativiser ce sentiment premier eu égard au caractère relativement insaisissable de cette expression dite aujourd'hui en crise. D'ailleurs, en revenant plus précisément sur le recours au terme « théorie » dans le discours juridique portant sur le contrat administratif les incertitudes restent vives : la notion de théorie ne semble pas faire l'objet d'un emploi rigoureux de sorte qu'à la coexistence de théories doctrinales et de théories en jurisprudence (A), s'ajoute une diversité d'appréciations portées par la doctrine quant à la signification à donner à chacune de ces formulations (B).

A. Des théories doctrinales et des théories en jurisprudence

Si la théorie générale du contrat administratif consiste en une « *présentation formelle, volonté explicative et globale de la pratique du droit et de la jurisprudence (qui est la substance de la théorie)* »[682], force est de constater une certaine pluralité attachée au terme « théorie » en la matière sans que l'on puisse affirmer qu'il s'agit de la théorie générale du contrat administratif. Cette situation, dont il est également fait état en droit privé du contrat[683], conduit F. BRENET à souligner le paradoxe suivant lequel « *la théorie générale est d'autant plus importante qu'elle est façonnée par des constructions doctrinales et jurisprudentielles que l'on a également pris l'habitude de présenter sous la forme de théories* »[684]. Effectivement, la doctrine n'hésite pas à développer tout un tas de formulations théoriques sur le contrat administratif (1) que complète la terminologie employée par le juge (2).

1. Des « théories » doctrinales sur le contrat administratif

Lorsqu'il s'agit de préciser le sens à donner au terme théorie à l'aune de son emploi en doctrine, le pluralisme est notable. Il est possible de citer R. BONNARD, qui distingue la théorie dite du contrat de droit public de la théorie du contrat administratif[685], alors qu'A. de LAUBADERE invoque la théorie de la concession de services publics[686], mais également la théorie des

---

682 GAUDEMET Yves, « Pour une théorie générale du droit des contrats administratifs : mesurer les difficultés d'une entreprise nécessaire », *op. cit.*, n° 313.

683 LACHIEZE Christophe, *Droit des contrats*, 2ème éd. Paris : Ellipses, 2007, p. 127 : « *La théorie de l'autonomie de la volonté reste une pièce essentielle dans la théorie générale du contrat, mais elle n'en constitue plus le principe unique. Il convient de faire une place à différentes théories contemporaines : la théorie de l'attente légitime, la conception normativiste et enfin les doctrines sociales* ».

684 BRENET François, Les contrats administratifs, *in* GONOD Pascale, MELLERAY Fabrice, YOLKA Philippe, *Traité de droit administratif*, Tome 2, *op. cit.*, p. 263 : « *Cette théorie générale est d'autant plus importante qu'elle est façonnée par des constructions doctrinales et jurisprudentielles que l'on a également pris l'habitude de présenter sous la forme de théories* ».

685 BONNARD Roger, *Précis de droit administratif*, *op. cit.*, 1935, p. 374.

686 De LAUBADERE André, *Manuel de droit administratif, conforme au programme des facultés de droit et écoles d'enseignement supérieur*, Paris : LGDJ, 1946, p. 9 ; v. également une

marchés administratifs[687]. G. VEDEL, quant à lui, présente la théorie du contrat de concession[688], tandis que Y. GAUDEMET reconnaît l'existence d'une théorie des marchés publics[689] et que, plus récemment, Ph. TERNEYRE évoque la théorie des marchés « *in house* »[690].

Suivant une conception plus restrictive ensuite, l'étude de différents travaux portant sur les contrats administratifs permet de mettre en évidence le recours au terme « théorie » afin de traiter spécifiquement de certaines propriétés propres au régime juridique du contrat administratif. C'est d'ailleurs lors de la présentation des modalités d'exécution du contrat administratif que G. PEQUIGNOT développe la théorie générale des conditions d'indemnisation dans le cadre de la théorie de l'équation financière[691]. Celle-ci se résume en ce que « *l'Administration a le droit d'apporter, dans un but de service public, certaines modifications à ses contrats et le particulier ne peut faire valoir, pour s'opposer à ces modifications, aucun droit qu'il tiendrait de la convention ; mais le cocontractant a de son côté le droit d'être indemnisé du préjudice qu'il subit du fait de l'exercice par l'Administration de son pouvoir modificateur ou de recevoir, pour le contrat modifié, une rémunération qui, par référence à la rémunération originairement prévue, maintient l'équilibre financier du système contractuel malgré la modification* »[692]. En outre, l'auteur expose la théorie de la mutabilité du contrat administratif[693] qui, selon ses termes, ne figure dans aucun texte, mais se trouve « *postulée par le génie du droit administratif français et exigée par les nécessités sociales* »[694], ainsi que la théorie des sanctions des contrats administratifs dominée par la règle de

mention à l'expression : DOUENCE Jean-Claude, « Les contrats de délégation de service public », *RFDA* 1993.936.

687 De LAUBADERE André, *Manuel de droit administratif, conforme au programme des facultés de droit et écoles d'enseignement supérieur*, *ibid*, p. 185.

688 VEDEL Georges, *Droit administratif*, Tome 2, *op. cit.*, p. 575.

689 GAUDEMET Yves, *Droit administratif général,* Traité de droit administratif, Tome 1, 16ème éd. Paris : LGDJ, 2001, p. 684.

690 TERNEYRE Philippe, « L'avenir de la coopération entre personnes publiques : un avenir réel mais limité », *RFDA* 2014.407.

691 PEQUIGNOT Georges, *Contribution à la Théorie générale du Contrat administratif, op. cit.*, voir notamment p. 468 et p. 497.

692 PEQUIGNOT Georges, *Contribution à la Théorie générale du Contrat administratif, ibid.*, p. 448, et p. 452 : « *Elle n'est inscrite dans aucun texte* [...elle] *est la traduction juridique des règles de l'équité. Elle rend juste et rationnellement acceptable l'économie du contrat administratif* ».

693 PEQUIGNOT Georges, *Contribution à la Théorie générale du Contrat administratif, op. cit.*, p. 363 et 394 ; plus récemment, H. HOEPFFNER évoque la théorie générale de la modification dans » La modification des contrats de la commande publique à l'épreuve du droit communautaire », *RFDA* 2011.98.

694 PEQUIGNOT Georges, *Contribution à la Théorie générale du Contrat administratif, ibid.*, p. 452.

continuité, de régularité et de bon fonctionnement du service public[695]. Il recourt enfin à la théorie d'origine pratique et prétorienne de l'imprévision[696]. Quelques années plus tard, A. de LAUBADERE complète cette présentation et s'intéresse notamment à la théorie générale des causes d'extinction des contrats administratifs[697] pour évoquer ensuite la théorie juridique de l'exécution du contrat administratif[698]. Plus récemment, D. POUYAUD consacre sa thèse à la théorie de la nullité des contrats administratifs, bien qu'elle reconnaisse à ce sujet un « *aspect plus pragmatique que théorique qui ne se laisse pas enfermer dans des constructions intellectuelles parfaitement cohérentes* »[699]. Enfin, C. DUDOGNON fait référence à l'existence d'une théorie générale de l'avenant au contrat administratif[700].

En parallèle, il faut également faire état de conceptions théoriques relatives à la qualification du contrat administratif telles que la théorie de la clause exorbitante[701] ou la théorie de l'accessoire qui permet d'administrativiser des contrats par lien d'accessoire avec un contrat administratif, indépendamment du fait de savoir si les critères jurisprudentiels de qualification des contrats sont remplis[702]. Il faut tout autant souligner le recours, dans le cadre de la dé-

---

695 PEQUIGNOT Georges, *Contribution à la Théorie générale du Contrat administratif, ibid.*, p. 328 et p. 338.

696 PEQUIGNOT Georges, *Contribution à la Théorie générale du Contrat administratif, ibid.*, p. 502 et 510-511, l'auteur voit ici « *l'un des meilleurs exemples de la formation du droit par la conjonction de l'œuvre prétorienne et de la pratique juridique. Par un effort hardi, les juges dégagèrent des nécessités de la vie juridique une théorie qui s'avéra tout de suite si adéquate aux faits qu'elle voulait règlementer, que les parties l'adoptèrent d'elles-mêmes sans difficultés et sans que le législateur n'ait eu à intervenir pour la leur imposer* ».

697 De LAUBADERE André, *Traité théorique et pratique des contrats administratifs*, Tome 3, *op. cit.*, p. 139.

698 De LAUBADERE André, *Traité théorique et pratique des contrats administratifs*, Tome 2, *op. cit.*, p. 7 et p. 11, en référence à « *des données générales qui lui sont propres, comme un système d'équilibre global, animé d'une vie particulière, d'un dynamisme ignoré du contrat civil* » ; voir aussi POUYAUD Dominique, « L'office du juge du contrat », *RFDA* 2010, p. 519, l'auteur évoque la théorie de l'exécution du contrat administratif.

699 POUYAUD Dominique, *La nullité des contrats administratifs*, Paris : LGDJ, 1991, p. 549.

700 DUDOGNON Charles, « L'avenant au contrat administratif », *op. cit.*, p. 1353.

701 PEQUIGNOT Georges, *Contribution à la Théorie générale du Contrat administratif, op. cit.*, p. 171-177 : Théorie de la clause exorbitante laquelle procède de la théorie de la séparation des autorités car la clause exorbitante est ce qui « *au nom de la division du travail, justifiait la compétence administrative* » en ce sens qu'elle n'est pas habituelle dans les contrats de droit privé, « *elle doit être jugée par la juridiction administrative pour recevoir son sens véritable* […] *Le procédé administratif suppose, non seulement ce qui est formellement stipulé dans le contrat, mais tous les harmoniques que chaque stipulation éveille dans le droit administratif* » ; plus récemment GROS Manuel, « L'erreur de Léon Blum ? », *AJDA* 2013, p. 1489.

702 En ce sens, voir ROUQUETTE Rémi, « Contribution à la classification des contrats synallagmatiques de l'administration », *AJDA* 1995.483 ; DREYFUS Jean-David, « L' "élément exorbitant", critère de qualification des contrats entre personnes publiques », *AJDA* 2003.2205 ; MOLLION Grégory, « La théorie de l'accessoire dans les contrats publics », *CMP* 2009, Etude

termination des règles applicables au contrat administratif, à la théorie générale des services publics[703]. Tel est également le cas de la théorie de l'effet utile, en vertu de laquelle « *lorsqu'un contrat comporte une clause de renvoi à un cahier des charges de l'administration ayant vocation à régler les problèmes non évoqués dans le texte de la convention, la jurisprudence estime qu'il faut faire application de la théorie de l'effet utile. En d'autres termes, une telle clause de renvoi n'est susceptible d'entrainer l'administrativité du contrat que dans l'hypothèse où le cahier des charges contient lui-même une clause exorbitante du droit commun* »[704]. Il faut encore signaler la théorie des dommages de travaux publics, dont il est fait mention dans le cadre du règlement des litiges résultants de leur exécution[705]. Enfin, il convient de relever l'expression de théorie relative au caractère obligatoire des contrats de l'Etat[706] et l'applicabilité de la théorie civiliste des vices du consentement au contrat administratif[707].

Force est de constater que ces quelques exemples expriment clairement la diversité des théories en doctrine. Ainsi que le concède E. SAVAUX, « *bien que le mot "théorie" évoque principalement une activité spéculative tournée vers la connaissance fondamentale du droit, il arrive aussi qu'il décrive des objets plus directement liés à l'application des normes, telles ces constructions élaborées pour expliquer ou fonder une solution ou pour favoriser une*

---

10 ; BRENET François, « La qualification jurisprudentielle du contrat administratif », *Jurisclasseur,* Fasc. 603, p. 4 ; voir CE Sect., 13 octobre 1972, *SA Le Crédit du Nord, Lebon* p. 630 ; *AJDA* 1973.213 ; CE, 13 juin 186, *Dpt Réunion, Lebon* p. 162, *AJDA* 1986.652, obs. J. MOREAU ; *Rev. Adm.* 1986, p. 359, note Ph. TERNEYRE ; voir aussi RICHER Laurent et LICHERE François, *Droit des contrats administratifs, op. cit.*, p. 103.

703 WALINE Marcel, *Droit administratif, op. cit.* ; BRECHON-MOULENES Christine, « Liberté contractuelle des personnes publiques », *AJDA* 1998.643 : l'auteur met en relation la formation de la théorie générale du contrat administratif à partir de la théorie du service public ; v. aussi la notion de théorie des services publics sociaux : BRENET François, « Le droit des marchés publics et les services publics sociaux », *RDSS* 2006, p. 811.

704 BRENET François, La qualification jurisprudentielle du contrat administratif, *Jurisclasseur*, Fasc. 603, p. 19 ; voir en ce sens TC, 5 juillet 1999, *Union des groupements d'achats publics*, JurisData n° 1999-100127, *AJDA* 1999.554, chron. F. RAYNAUD et P. FOMBEUR, *CJEG* 2000, p. 169, note Ph. TERNEYRE et D. de BECHILLON.

705 PEQUIGNOT Georges, *Contribution à la Théorie générale du Contrat administratif, op. cit.*, p. 553 ; voir aussi HOSTIOU René, « Complémentarité des compétences juridictionnelles et indemnisation des préjudices consécutifs à la réalisation d'une voie routière », *AJDI* 2001.451 ; BOULOUIS Nicolas, « Responsabilité contractuelle et responsabilité décennale des constructeurs : une remise en perspective », *RFDA* 2007.712 ; De SILVA Isabelle, « Le régime de l'action en garantie du maître de l'ouvrage contre les constructeurs », *RFDA* 2004.895.

706 DUGUIT Léon, *Les transformations du droit public*, Paris : A. Colin, 1913, p. 162.

707 V. notamment TRUCHET Didier, *Droit administratif*, 3ème éd. Thémis Droit, Paris : PUF, 2010, p. 275 ; WEBER Yves, « La théorie des vices du consentement dans les contrats administratifs », *in L'unité du droit, Mélanges en hommage à Roland Drago*, Paris : Economica, 1996, p. 315 ; PLESSIX Benoît, « La théorie des vices du consentement dans les contrats administratifs », *op. cit.*, p. 12.

évolution souhaitable »[708]. Il en ressort néanmoins une impression de désordre laissant place rapidement à l'interrogation : comment situer ces théories par rapport à la théorie générale du contrat administratif ? Sont-elles réellement des « théories » ? Est-ce là une vision réductionniste[709] ? Le terme « théorie » serait-il finalement devenu un simple label doctrinal ? Une attitude mesurée s'impose. Il semble possible de tirer les conséquences de ce foisonnement dans l'emploi du terme « théorie » afin de les incorporer à l'analyse théorique du contrat administratif. Certes, ces théories ne peuvent être confondues avec la théorie générale du contrat administratif, elles contribuent pourtant à sa constitution puisque « *la théorie implique une vision d'ensemble ; idée à laquelle s'ajoute celle de la mise en œuvre d'un minimum de systématisation, de sorte que la vision permette une perception rationnelle, organisée, du terrain visé* »[710]. Ces théories dont le domaine d'application se révèle plus ou moins réduit visent incontestablement à présenter de façon logique, ordonnée et explicative certains caractères du contrat administratif. En cela, sans se confondre avec elle, elles font partie intégrante de la théorie générale du contrat administratif. D'ailleurs, Th. FORTSAKIS reconnaît que des théories (au pluriel) procurent « *une explication logique globale d'un ensemble de données juridiques* » et que leur formulation peut tout autant rendre compte que guider la jurisprudence[711].

2. Des « théories » jurisprudentielles sur le contrat administratif

Une partie du pluralisme attaché au terme théorie découle de la terminologie employée par le juge. De nombreuses décisions jurisprudentielles font référence à des théories « applicables » au contrat administratif. Comme cela a déjà été signalé, les théories consacrées par le juge administratif concernent essentiellement l'exécution du contrat[712]. Elles sont relatives à la théorie de l'enrichissement sans cause, la théorie de l'imprévision, la théorie du fait du prince, la théorie des sujétions imprévues. L'examen de ces théories a permis de caractériser l'absence formelle de l'expression « théorie générale du contrat administratif » au sein de la jurisprudence, pour mettre en évidence la préférence du juge administratif envers des formulations théoriques plus spéci-

---

708 SAVAUX Éric, *La théorie générale du contrat, mythe ou réalité ?, op. cit.*, p. 288.
709 En ce sens GRZEGORCZYK Christophe, « Statut et fonction de la théorie dans la science du droit (remarques méthodologiques », *APD* 1977, p. 177, spéc. p. 179, l'auteur déplore le « *foisonnement des théories du droit aux dépens de la théorie du droit* » et le qualifie de « *réductionnisme* ».
710 FORTSAKIS Théodore, *Conceptualisme et empirisme en droit administratif français, op. cit.*, p. 287.
711 FORTSAKIS Théodore, *Conceptualisme et empirisme en droit administratif français, ibid.*, p. 287.
712 Voir ci-avant.

fiques dans le cadre du contentieux contractuel administratif. Surtout, l'examen précise les lacunes entourant la théorie générale du contrat administratif. A cet égard, Th. FORTSAKIS s'interroge : « *l'élaboration de "théories" de la part du juge ne peut-elle surprendre à première vue et être considérée comme en dehors, et même franchement exclue du cadre normal de ses fonctions ?* »[713] En réalité, si l'on suit la démonstration effectuée par Y. GAUDEMET, il semble que cette méthode jurisprudentielle permette au juge administratif de définir un cadre, « *un ensemble logique autonome dans lequel les règles secondes se déduisent immédiatement des règles premières, lesquelles se regroupent elles-mêmes autour d'une donnée unique* »[714]. La théorie dégagée par le juge constitue ainsi vraisemblablement un ensemble normatif doté d'une harmonie interne, d'une certaine unité, autrement dit, une sorte de droit commun[715]. Cependant, et malgré tout l'intérêt en termes de cohérence et d'ordonnancement du droit du contrat administratif qui émane de ces théories jurisprudentielles, certaines faiblesses doivent être signalées et sont parfois soulignées en doctrine. Par exemple, au sujet de la mise en œuvre de la théorie de l'acte détachable par le juge administratif, D. de BECHILLON et Ph. TERNEYRE considèrent qu'« *il convient sans doute de ne pas exiger de la notion d'acte détachable une cohérence théorique à toute épreuve* »[716]. Cette mise en garde se fonde essentiellement sur l'aspect artificiel et avant tout fonctionnel de la détachabilité[717]. Plus généralement, si l'on s'intéresse à la théorie des principes généraux du droit, il s'avère parfois délicat d'accréditer la nature fondamentalement théorique de constructions jurisprudentielles. Ainsi, suivant les termes de B. GENEVOIS, la théorie des principes généraux du droit « *apparaît surtout comme une technique privilégiée de création de la règle de droit par le juge administratif* », une émanation de son pouvoir normatif[718].

---

[713] FORTSAKIS Théodore, *Conceptualisme et empirisme en droit administratif français*, *op. cit.*, p. 289.

[714] GAUDEMET Yves, *Les méthodes du juge administratif*, *op. cit.*, p. 33.

[715] FORTSAKIS Théodore, *Conceptualisme et empirisme en droit administratif français*, *op. cit.*, p. 290 : « Le *recours du juge administratif à des théories se trouve-t-il intimement lié à son rôle créateur* ».

[716] De BECHILLON Denys et TERNEYRE Philippe, « Contentieux des contrats administratifs », *Rép. Cont. Adm.* Dalloz, p. 17, ils poursuivent : « *mieux vaut même considérer qu'il existe au sein de cette très vaste catégorie, certains actes effectivement munis d'une nature unilatérale (une autorisation administrative, par exemple ou un acte de tutelle) et d'autres, comme la décision de passer le contrat, dont le statut demeure infiniment plus indécis. Dans ce dernier groupe d'hypothèses, la recevabilité du recours demeure fondée de manière assez artificielle* ».

[717] De BECHILLON Denys et TERNEYRE Philippe, « Contentieux des contrats administratifs », *Rép. Cont. Adm.* Dalloz, p. 19, les auteurs critiquent le recours à la théorie de l'acte détachable pour reconnaître que la détachabilité « *doit s'entendre comme une pure et simple opération juridique destinée avant tout à pallier l'impossibilité d'intenter directement le recours pour excès de pouvoir contre la convention* ».

[718] GENEVOIS Bruno, « Les principes généraux du droit », *Rép. Cont. Adm.* Dalloz, p. 10.

Selon J.-M. MAILLOT « *la théorie des principes généraux du droit est inhérente et consubstantielle au Conseil d'Etat, qui l'a engendrée, qui l'a systématisée, qui l'a développée* »[719].

Se pose la question de savoir si les théories jurisprudentielles constituent des normes techniques propres au juge administratif et des manifestations du droit jurisprudentiel comparables aux nombreuses règles auxquelles recourt le juge dans l'élaboration de ses décisions, ou bien si un degré d'abstraction et de conceptualisme colore leur formulation, permettant de les considérer comme de véritables formulations théoriques. A l'analyse, il semble que c'est davantage leur caractère fonctionnel[720] qui les définit, à l'inverse des théories exclusivement doctrinales. Ces constructions jurisprudentielles s'apparentent alors à des moyens à disposition du juge administratif pour régler un litige[721]. Pour cette raison, il ne saurait être question de les assimiler à la théorie générale du contrat administratif, ni de les éluder purement et simplement, mais de considérer que la théorie générale du contrat administratif contient les théories jurisprudentielles spéciales[722].

Le pluralisme du recours au terme « théorie » au sein des discours doctrinal et jurisprudentiel peut être déconcertant. Cependant, dans les deux cas, l'analyse effectuée conduit à adopter une position intermédiaire consistant à intégrer ces formulations au sein de la théorie générale du contrat administratif avant d'en proposer une explication plus précise. Néanmoins, force est de constater que cette situation doctrinale et jurisprudentielle reste peu satisfaisante et atteste de lacunes affectant la présentation dominante de la théorie générale du contrat administratif. Le sentiment d'imprécision qui se dégage, conduisant à envisager des théories conceptuelles et explicatives côtoyant des théories empiriques et fonctionnelles concernant le contrat administratif, se voit d'ailleurs renforcé par la diversité des appréciations doctrinales relatives à la rhétorique théorique appliquée au contrat administratif.

---

719 MAILLOT Jean-Marc, *La théorie administrative des principes généraux du droit, Continuité et modernité*, Paris : Dalloz, 2003, p. 9.

720 En ce sens, MONJAL Pierre-Yves, « Au fondement du droit de l'Union européenne. Recherches doctrinales sur le concept de « commun » », *RDP* 1er septembre 2007 n° 5.1291 : sur les théories : « *loin d'être spéculatives, elles ont au contraire pour objet de prévoir de manière certaine les régimes qui découleront de leur application* ».

721 Par ex, GUETTIER Christophe, *Droit des contrats administratifs, op. cit.*, p. 465 : « *la théorie des sujétions imprévues a pour objet de reconnaître un droit à indemnité à l'entrepreneur lorsque celui-ci rencontre au cours de l'exécution des travaux des difficultés d'ordre matériel* ».

722 De LAUBADERE André, *Traité théorique et pratique des contrats administratifs, op. cit.*, L'auteur évoque la théorie du contrat administratif au sein de laquelle il inclut des « *théories fondamentales et des règles de détail* » issues de la jurisprudence.

B. La diversité des appréciations doctrinales attachées au terme théorie

Qu'il s'agisse de théories dont l'origine est doctrinale ou jurisprudentielle, l'analyse qu'en fait la doctrine renvoie à des réalités variées, ce qui accroît le caractère imprécis du terme théorie lorsqu'il est appliqué à l'étude du contrat administratif. Fréquemment, les auteurs recourent à l'expression théorie afin d'exposer l'une ou l'autre des composantes de la théorie générale du contrat administratif. La présentation dominante de cette dernière permet de l'appréhender en référence au droit commun, au régime juridique (1), essentiellement jurisprudentiel, du contrat administratif. En son sein se manifestent des prérogatives administratives, dont le principe (2) réside dans les notions d'intérêt général et/ou de service public et dont le contentieux relève du droit administratif. Le vocabulaire théorique tel qu'appréhendé par la doctrine caractérise alors alternativement ou cumulativement l'influence de chacun de ces éléments sur le contrat administratif et se révèle pluriel.

1. Des théories normativistes du contrat administratif

Il est possible de relever une conception normativiste du registre théorique. D'abord, de nombreux auteurs assimilent clairement la théorie générale du contrat administratif aux prérogatives exorbitantes[723] dont dispose l'administration dans l'exécution du contrat (modification[724] et résiliation[725], pouvoir de contrôle[726]) ainsi qu'au pouvoir de sanction d'office reconnu à l'administration[727], ou encore aux droits financiers du cocontractant. Ces éléments sont

---

723 ECKERT Gabriel, « Les pouvoirs de l'Administration dans l'exécution du contrat et la théorie générale des contrats administratifs », *op. cit.*, étude 9 ; BRENET François, « L'obligation d'exécution du contrat administratif unilatéralement modifié par l'administration pour motif d'intérêt général », *DA* janvier 2011, n° 1 : l'auteur reconnait l'existence de *« Trente glorieuses »* du droit des contrats administratifs : 1902-1932, les arrêts consacrant les pouvoirs exorbitants de modification et de résiliation unilatérales par l'administration qui constituent « *l'originalité de la théorie générale du contrat administratif* »

724 YOLKA Philippe, « Le sort des contrats domaniaux en cas de déclassement », *JCPA* n° 3, 14 janvier 2013. 2011 ; HOEPFFNER Hélène, « La modification des contrats », *RFDA* 2016.280.

725 CASAS Didier et DELVOLVE Pierre, « Un nouveau juge pour le contrat administratif », *RJEP* octobre 2007, n° 646 Toutefois, sur la modification, certains auteurs sont plus réservés : « *le pouvoir de modification des clauses par le juge administratif est difficilement acceptable au regard de la théorie des contrats administratifs* ».

726 ROBLOT TROIZIER Agnès, « Retour sur le pouvoir de contrôle de l'administration à l'égard de son cocontractant », *RFDA* 2007.990 ; De LAUBADERE André, *Traité théorique et pratique des contrats administratifs*, Tome 1, *op. cit.*, p. 94.

727 De LAUBADERE André, *Manuel de droit administratif, conforme au programme des facultés de droit et écoles d'enseignement supérieur*, Paris : LGDJ, 1946 ; GAUDEMET Yves, *Droit administratif*, 20ème éd., Paris : Lextenso LGDJ, 2012, p. 337.

présentés de façon parfois synthétique sous le principe d'équilibre financier[728]. Incontestablement, ce point de vue traduit une confusion entre théorie et droit positif commun applicable au contrat administratif, confusion sur laquelle nous reviendrons[729]. Suivant cette acception, la théorie générale constituerait une « *présentation* [doctrinale] *globale et explicative* » du régime juridique du contrat administratif. Elle correspondrait à un ensemble cohérent, synthétisable sous la formule : « *une notion, un régime, un juge* »[730].

L'emploi du terme théorie (générale) au sein du discours doctrinal sur le contrat administratif matérialise fréquemment l'existence de conceptions restrictives. L'expression est alors employée pour désigner des réalités manifestement disparates et circonscrites. La théorie générale du contrat administratif cohabite alors avec la théorie générale de l'avenant[731], la théorie générale des conditions d'indemnisation lorsqu'il est fait application de la théorie de l'équation financière[732], la théorie générale du montant de l'indemnité lors de la mise en œuvre de la théorie de l'équation financière[733] ou la théorie générale des causes d'extinction des contrats administratifs[734].

---

728 BRENET François, « La portée des clauses d'indemnisation en cas de résiliation unilatérale », *DA* juillet 2011, n° 7 : « *La théorie générale du contrat administratif existe autant par les prérogatives exorbitantes qu'elle attribue aux personnes publiques que par les droits financiers conséquents qu'elle accorde à leurs contractants* ». V. également De LAUBADERE André, *Manuel de droit administratif, conforme au programme des facultés de droit et écoles d'enseignement supérieur*, Paris : LGDJ, 1946 ; De VILLIERS Michel, De BERRANGER Thibault (dir), *Droit public général*, 5ème éd., Paris : LexisNexis, 2011, p. 721 ; BRENET François, « La théorie du contrat administratif, Evolutions récentes », *op. cit.*, n° 919 ; GAUDEMET Yves, *Droit administratif*, 20ème éd., *op. cit.*

729 Voir *supra*, Section 2, Paragraphe 1, A., 1. ; et par ex. : AUBY Jean-Bernard, « La bataille de San Romano, réflexions sur les évolutions récentes du droit administratif », *op. cit.*, n° 912 ; JOSSAUD Alain, « Pour un droit public des marchés », *AJDA* 2002.1481 ; MELLERAY Fabrice, « Le droit administratif doit-il redevenir jurisprudentiel ? », *op. cit.*, n° 637 ; YANNAKOPOULOS Constantin, « L'apport de la protection de la libre concurrence à la théorie du contrat administratif », *op. cit.*, p. 421 ; MOLLION Grégory, « La préservation de la distinction entre contrats domaniaux et délégations de service public », *AJDA* 2010.731 ; BRENET François, « La portée des clauses d'indemnisation en cas de résiliation unilatérale », *DA* n°7, juillet 2011, comm. 67 ; DIDRICHE Olivier, « Les évolutions récentes des contrats administratifs », *op. cit.*, p. 132.

730 BRENET François, Les contrats administratifs, *in* GONOD Pascale, MELLERAY Fabrice, YOLKA Philippe, *Traité de droit administratif*, Tome 2, *op. cit.*, p. 261-263 ; PEQUIGNOT Georges, *Contribution à la Théorie générale du Contrat administratif*, *op. cit.*, ; DREYFUS Jean-David, « Contrats administratifs entre personnes publiques et théorie générale des contrats administratifs », *op. cit.*, n° 846.

731 DUDOGNON Charles, « L'avenant au contrat administratif », *op. cit.*, p. 1353.

732 PEQUIGNOT Georges, *Contribution à la Théorie générale du Contrat administratif*, *op. cit.*, p. 468.

733 PEQUIGNOT Georges, *Contribution à la Théorie générale du Contrat administratif*, *op. cit.*, p. 497.

734 De LAUBADERE André, *Traité théorique et pratique des contrats administratifs*, Tome 3, *op. cit.*, p. 139.

Cette coexistence au sein d'une conception normativiste entre une approche qui se veut générale et des conceptualisations plus restrictives suscite des interrogations. Si la théorie générale peut se présenter comme un artifice de pensée, intellectuel et logique[735] résultant d'« *une construction intellectuelle, méthodique et organisée, visant à ériger en synthèse cohérente la pensée relative à une matière déterminée* »[736], ces formulations attestent de réelles lacunes terminologiques et confirment le besoin de revenir à sa définition, d'autant plus que des « théories » davantage instrumentales voire idéologiques peuvent être relevées.

2. Des théories instrumentales et idéologiques sur le contrat administratif

Plus rarement que les théories normativistes, il est possible de relever une vision instrumentale de la théorie générale du contrat administratif. Cette dernière devient alors un instrument permettant « *de pallier l'effet de fragmentation que produisent les interventions au coup par coup du législateur et d'en combler les failles* »[737]. La théorie générale devient un moyen, une référence nécessaire dans le cadre de la procédure de formation du contrat administratif[738] ou bien lorsqu'il s'agit de définir les critères d'identification du contrat administratif[739] en vue de procéder à sa qualification[740]. La théorie générale constituerait alors, dans une recherche d'utilité pratique, un outil servant à pallier les vides juridiques.

---

735 GENY François, *Science et technique en droit privé positif, Nouvelle contribution à la critique de la méthode juridique, op. cit.*, 1922, p. 159.

736 MARTIN Didier, Préface à la thèse de DUCLOS José, *L'opposabilité (Essai d'une théorie générale),* Paris : LGDJ, 1984.

737 LLORENS François, « Typologie des contrats de la commande publique », *op. cit.*, étude 7

738 TERNEYRE, Philippe, « Marchés administratifs », *JCPG* novembre 1986, n° 48 : l'auteur mentionne « *la théorie générale de la formation du contrat administratif* » ; v. également BERTHON Geoffroy et CHENU Damien, « L'application de la notion de cause illicite au contrat administratif », *LPA* 24 juillet 2008, n° 148, p. 13.

739 SAUNIER Sébastien, « L'autonomie de la volonté en droit administratif français : une mise au point », *op. cit.,* n° 609 ; BRENET François, Les contrats administratifs, *in* GONOD Pascale, MELLERAY Fabrice, YOLKA Philippe, *Traité de droit administratif,* Tome 2, *op. cit.* p. 223 et p. 226 ; BRENET François, « La qualification des contrats de mobilier urbain : nouvelles précisions », *RFDA* 2003.252 ; LESSI Jean et DUTHEILLET de LAMOTHE Louis, « Les habits neufs de la clause exorbitante », *op. cit.,* p. 2180.

740 LLORENS François et SOLER-COUTEAUX Pierre, « La concurrence à tout et à n'importe quel prix ? », *CMP* juin 2002, n° 6 : les auteurs soulignent l'existence d'une « *interrogation plus fondamentale sur notre théorie générale des contrats administratifs* », à savoir l'« *insécurité contractuelle* » concernant la qualification des contrats administratifs ; COUDEVYLLE Andrée, *Précis de droit public*, Optimum, Paris : Ellipses, 2005, p. 278 : « *La loi ou le juge, par la théorie générale des contrats, peut requalifier un contrat indépendamment du choix de l'administration* ».

De même, une conception plus idéologique se dégage dans le sens où il n'est pas rare que lorsqu'il s'agit d'évoquer la théorie générale du contrat administratif, la doctrine insiste surtout sur l'importance conférée aux buts propres du droit public, la marque administrative[741]. Il s'agit ici de souligner le rôle joué par le contrat administratif relativement à la protection et à la poursuite de l'intérêt général et ainsi de justifier le caractère inégalitaire des parties[742].

L'impression d'une absence de rigueur dans l'utilisation du terme « théorie (générale) » est forte. Indubitablement, et comme le déplorait déjà E. SAVAUX en 1997 concernant le droit privé, « *cet emploi irraisonné de la formule est dû à une absence totale de réflexion sur le concept même de théorie générale du contrat* »[743]. Néanmoins, en dépit des lacunes exposées, procédant du recours surabondant et désordonné au vocabulaire théorique, les théories doctrinales apportent incontestablement un point de vue explicatif et conceptuel centré sur tel ou tel élément du droit du contrat administratif ou concernant les fondements de son régime juridique. Les théories jurisprudentielles quant à elles, se situent sur un plan davantage fonctionnel et empirique. Elles sont généralement la manifestation de l'existence de règles jurisprudentielles propres au contrat administratif dont l'application souligne la spécificité. Enfin, la diversité des appréciations doctrinales sont autant d'éléments à l'appui desquels il sera possible de redéfinir la théorie générale du contrat administratif en prenant conscience de cette richesse. Autrement dit, la combinaison de ces points de vue préjuge des différents caractères de la théorie générale : établie sur une notion juridique, elle intègre l'approche normativiste ; développée en droit administratif, elle incorpore les spécificités de l'administrativité du contrat ; conçue dans un cadre doctrinal, elle traduit une vision conceptuelle. En dépit de cela, à ce stade, c'est surtout un sentiment de flottement entourant le recours au registre théorique et la portée à lui attribuer qui domine. Plusieurs travaux doctrinaux traduisent d'ailleurs parfaitement l'existence de degrés dans ce registre. Quelques exemples sélectionnés permettent dès à présent de souligner le fait que la notion est susceptible de se voir dotée d'une portée très large ou, au contraire, beaucoup plus réduite.

---

741 En ce sens : De LAUBADERE André, *Traité théorique et pratique des contrats administratifs*, Tome 1, *op. cit.*, p. 100, Sur la clause exorbitante : « *clause qui emprunte à la théorie générale du contrat administratif une de ses règles caractéristiques* [...] *qui est inspirée par les considérations et les buts propres au droit public* » ; MELLERAY Fabrice, « Précisions sur la notion de clause exorbitante », *DA* mai 2008, n° 5.

742 POULET-GIBOT LECLERC Nadine, « La contractualisation des relations entre personnes publiques », *RFDA* 1999.551.

743 SAVAUX Éric, *La théorie générale du contrat, mythe ou réalité ?, op. cit.*, p. 11.

Paragraphe 2. Les degrés de la « théorie » en doctrine administrativiste

Le recours à la notion de théorie témoigne de l'existence de degrés dans les conceptions théoriques, il est intéressant de s'attarder sur quelques-unes. La volonté est ici seulement d'illustrer – à partir d'exemples soigneusement sélectionnés et jugés significatifs dans le cadre de la démonstration – le pluralisme de la notion de théorie concernant le contrat administratif. D'ailleurs cette sélection est volontairement effectuée au sein de la doctrine concomitante à l'affirmation de la conception dominante de la théorie générale du contrat administratif afin de mieux de souligner l'ambiguïté du vocable théorique. A cet égard, il est possible de remarquer que la doctrine administrativiste consacre, d'une part, des théories contenant la théorie générale du contrat administratif (A) et, d'autre part, des théories intégrées à la théorie générale du contrat administratif (B).

A. Des exemples de théories contenant la théorie générale du contrat administratif

Le caractère gradué dans l'emploi du terme « théorie » se dégage d'abord de conceptions globales incluant la théorie générale du contrat administratif. A titre d'illustrations, il convient de présenter la théorie des actes administratifs de L. ROLLAND (1), pour ensuite s'intéresser à la théorie des obligations en droit administratif de M. WALINE (2).

1. La théorie des actes administratifs de L. ROLLAND

En 1957, dans son Précis Dalloz de droit administratif, L. ROLLAND présente sa conception de la « théorie des actes administratifs »[744]. L'auteur envisage cette expression sous trois paragraphes : « notions générales sur les actes de l'administration et leurs divers aspects »[745], « les décisions administratives exécutoires »[746] et « les contrats de l'Administration »[747]. Si le deuxième paragraphe ne concerne pas l'action contractuelle de l'Administration – celui-ci traitant des actes unilatéraux – le premier paragraphe intéresse nécessairement le contrat administratif en ce qu'il le situe parmi les différents actes administratifs. A cet égard, l'auteur intègre explicitement la « *théorie des contrats de l'Administration* » au sein d'une théorie des actes administratifs[748]. L'acte administratif se définit alors comme « *tout acte émanant d'un*

744 ROLLAND Louis, *Précis de droit administratif*, 11ème éd., *op. cit.*, p. 46.
745 ROLLAND Louis, *Précis de droit administratif*, *ibid.* p. 47 et s.
746 ROLLAND Louis, *Précis de droit administratif*, *ibid.* p. 50 et s.
747 ROLLAND Louis, *Précis de droit administratif*, *ibid.* p. 55 et s.
748 ROLLAND Louis, *Précis de droit administratif*, *ibid.* p. 49.

organe administratif appelé par les lois et règlements à remplir une mission déterminée pour la gestion des services publics et agissant en vue de l'accomplissement de cette mission. En bref, c'est tout acte émanant d'un organe administratif agissant dans l'exercice de ses fonctions »[749]. Plus précisément, l'analyse de ces actes comprend celle du contrat administratif puisque celui-ci constitue un acte plurilatéral, qu'il convient de distinguer de l'acte administratif unilatéral. En ce sens, L. ROLLAND explique que, suivant une distinction fondée sur les conditions de formation des actes, « *l'acte plurilatéral ou collectif est le produit du concours de deux ou plusieurs manifestations de volonté dont l'une au moins est celle d'un agent public ou d'une autorité publique agissant en cette qualité* »[750]. L'auteur prend comme exemples les cas de la concession et de l'affermage, lesquels supposent « *deux manifestations de volonté. L'une provient d'une autorité publique ou d'un agent public agissant au nom de l'Etat, du département, de la commune, l'autre provient du particulier qui devient concessionnaire ou fermier* »[751]. Il précise toutefois que tout acte plurilatéral n'est pas pour autant un contrat : « *il n'y a contrat que dans le cas où sont en présence deux déclarations de volonté émanant de deux personnes ou de deux groupes ayant des intérêts opposés* »[752], c'est-à-dire que « *pour partie, tout au moins, les personnes en présence veulent des choses différentes et poursuivent des buts différents. Le contrat implique un débat au moins possible. Les contractants cherchent à rapprocher leurs intérêts opposés, à les combiner, à les souder de telle manière que des situations juridiques nouvelles apparaissent. Le débat aboutit ainsi à faire naître, à la charge des personnes en présence, des obligations qui sont dans la dépendance les unes des autres, conditionnées les unes par les autres* »[753]. Ensuite, lorsqu'il envisage précisément le cas des contrats de l'administration au sein de sa théorie des actes administratifs, L. ROLLAND précise l'incorporation de la théorie générale des contrats administratifs à cette dernière. Ainsi, dès l'énoncé de l'intitulé du paragraphe 3 (« les contrats de l'Administration ») l'auteur effectue un renvoi à « *la théorie des contrats de l'Administration* » et, à ce sujet, aux études réalisées sur ce thème entre 1930 et 1936 par G. JEZE au sein de la Revue de droit public, à la thèse de G. PEQUIGNOT portant théorie générale du contrat administratif publiée en 1945, mais également au *Traité théorique et pratique des contrats administratifs* d'A. de LAUBADERE publié en 1956[754]. Est ensuite exposée la spécificité attachée aux contrats administratifs résultant de leur proximité avec les services publics. Suivant l'auteur, cette relation a pour conséquence le fait que « *la plupart du temps, les règles les concernant sont en liaison avec le régime juridique spécial applicable aux*

[749] ROLLAND Louis, *Précis de droit administratif, ibid.* p. 47.
[750] ROLLAND Louis, *Précis de droit administratif, ibid.* p. 48.
[751] ROLLAND Louis, *Précis de droit administratif, ibid.* p. 48.
[752] ROLLAND Louis, *Précis de droit administratif, ibid.* p. 48.
[753] ROLLAND Louis, *Précis de droit administratif, ibid.* p. 49.
[754] ROLLAND Louis, *Précis de droit administratif, ibid.* p. 55.

services publics ; l'Administration y bénéficie de privilèges et de prérogatives. [...] *Les litiges les concernant sont portés devant les tribunaux administratifs* »[755]. En outre, suivant ses termes, s'« *il n'existe pas de dispositions générales concernant le régime des contrats administratifs* »[756], l'auteur insiste sur certains aspects emblématiques. Par exemple, l'administration met en œuvre des procédés particuliers lors de la conclusion du contrat tandis que, dans le cadre de l'exécution du contrat « *l'Administration dispose de moyens d'action n'appartenant pas aux particuliers* »[757]. De plus, elle peut modifier le contenu du contrat voire y mettre fin unilatéralement « *de sa propre volonté* »[758]. Enfin, l'auteur mentionne la théorie de l'imprévision. Cependant, il convient de souligner que ces particularismes propres aux contrats administratifs ne concernent pas les contrats de droit privé passés par les administrations. Nécessairement, il convient donc de savoir lorsqu'il s'agit du premier ou du second, ne serait-ce que parce que – outre l'existence d'un régime juridique différent – leur contentieux relève de juges distincts. Hormis les cas où le législateur a entendu préciser la nature juridique du contrat, se pose inéluctablement la question du critérium à appliquer. L. ROLLAND reconnaît à ce sujet l'existence d'un certain flottement produit par le caractère déterminant reconnu à plusieurs indices lors de la qualification jurisprudentielle du contrat administratif : l'intention de l'autorité administrative, la présence de clause(s) exorbitante(s), la participation à un service public ou l'occupation du domaine public.

En conséquence, parmi les actes administratifs et, plus spécifiquement, concernant les actes contractuels de l'administration, l'administrativité du contrat se manifeste par la soumission à un régime juridique propre, relevant du juge administratif et résultant de la mise en œuvre de critères jurisprudentiels. Surtout, cette analyse témoigne de l'existence de degrés dans l'application du terme théorie. Suivant L. ROLLAND, il apparaît en effet que les contrats administratifs ont des caractères spécifiques qui supposent la présence d'une théorie générale du contrat administratif, qu'il convient d'inclure dans une théorie des contrats de l'administration, composante elle-même d'une théorie des actes administratifs.

Ce modèle traduit l'existence d'imbrications théoriques en droit administratif incluant le contrat administratif ; il se retrouve également sous la plume d'autres publicistes.

---

755 ROLLAND Louis, *Précis de droit administratif, ibid.* p. 55.
756 ROLLAND Louis, *Précis de droit administratif, ibid.* p. 56.
757 ROLLAND Louis, *Précis de droit administratif, ibid.* p. 56.
758 ROLLAND Louis, *Précis de droit administratif, ibid.* p. 57.

2. La théorie des obligations en droit administratif de M. WALINE

Lorsqu'il s'agit d'analyser l'existence de « macro-théories » sur le contrat administratif, une mention particulière doit être faite à la parution, en 1950, de la cinquième édition du *Traité élémentaire de droit administratif* de M. WALINE[759], où celui-ci expose sa théorie des obligations en droit administratif. L'auteur met en garde contre toute assimilation avec la théorie des obligations en droit civil et explique que « *le droit administratif l'a empruntée au droit civil, mais en lui faisant subir des altérations considérables, en vue d'augmenter les moyens d'action de l'administration. Les principes sont les mêmes qu'en droit civil, mais dans l'application, ils subissent des altérations qui les rendent parfois presque méconnaissables* »[760]. Trois aspects sont touchés par cette administrativisation : les sources des obligations, la théorie générale des obligations et l'extinction des obligations. Or, lorsqu'il envisage le contrat administratif comme source d'obligations, incorporé alors dans une théorie des obligations en droit administratif, M. WALINE précise encore le caractère gradué dans l'application du terme théorie. Il affirme que « *la théorie des contrats présente en droit administratif d'importantes différences avec la théorie correspondante du droit privé* » en ce sens que le contrat administratif n'est que « *l'un des moyens d'action, entre beaucoup d'autres, dont disposent les personnes administratives* »[761]. Plus encore, l'auteur insiste sur la spécificité conférée aux effets du contrat administratif puisque, de ce procédé, « *les personnes administratives en tirent des pouvoirs et des avantages supérieurs à ceux qu'en tireraient des contractants ordinaires* »[762]. Il apparaît ainsi que la théorie du contrat administratif figure au sein d'un ensemble plus vaste : la théorie des obligations en droit administratif. Elle s'insère d'ailleurs dans une réflexion plus globale portant sur l'administrativité de notions communes au droit privé et au droit administratif. Suivant l'auteur, il faut alors s'intéresser à trois éléments principaux : à « *la place du contrat dans le droit administratif, aux effets des contrats administratifs, et au critérium auquel on reconnaît qu'un contrat a le caractère administratif* »[763]. Or, étudier la place du contrat dans le droit administratif conduit à remarquer l'existence de nombreux actes plurilatéraux non contractuels à côté des actes administratifs unilatéraux, ce qui nuance le rôle de celui-ci parmi les moyens d'action de l'administration. M. WALINE démontre ensuite que si le consentement est l'élément essentiel de la formation des contrats, en droit civil comme en droit ad-

---

759 WALINE Marcel, *Traité élémentaire de droit administratif, op. cit.*
760 WALINE Marcel, *Traité élémentaire de droit administratif, ibid.*, p. 521.
761 WALINE Marcel, *Traité élémentaire de droit administratif, ibid.*, p. 523.
762 WALINE Marcel, *Traité élémentaire de droit administratif, ibid.*, p. 523.
763 WALINE Marcel, *Traité élémentaire de droit administratif, ibid.*, p. 523.

ministratif, certains éléments de la formation du contrat administratif sont spécifiques : la forme administrative et le privilège du préalable. S'agissant plus spécifiquement des effets du contrat, le particularisme du contrat administratif résulte de ce que le contenu des obligations peut se voir modifié unilatéralement et que le contractant est susceptible d'être sanctionné directement par l'administration. C'est également le fait que celui-ci bénéficie de l'indemnisation par l'administration de divers aléas survenant lors de l'exécution de ses obligations. Ainsi, « *l'administration a tous pouvoirs pour exiger que le travail ou le service soit exécuté dans les conditions les plus satisfaisantes ; l'autre contractant n'a droit qu'à l'équilibre financier de son contrat* »[764]. Il se dégage ainsi un « *statut* »[765] spécial applicable au contrat administratif, ce qui suppose de savoir quel critérium utiliser afin de l'identifier. D'ailleurs, ce particularisme juridique procède, suivant les termes de l'auteur, du but d'intérêt public, à savoir du fait que « *les contrats administratifs mettent en cause d'une part un intérêt purement privé (l'intérêt du cocontractant de l'administration) et de l'autre un intérêt public, du fait que la personne administrative, par l'organe de ses agents, a contracté en vue de gérer un service public* »[766]. Il faut alors déterminer ce but au regard de certains indices (personne publique, exécution d'un service public) en vue de caractériser le contrat administratif et le soumettre à un régime juridique et juridictionnel propre.

M. WALINE intègre à la « théorie générale des obligations en droit administratif » de nombreux éléments du régime juridique du contrat, sous couvert d'adaptations toutefois : la cause en droit administratif, les conditions potestatives en droit administratif, les vices du consentement, la stipulation pour autrui en droit administratif et les sanctions des obligations[767]. Sont aussi transposées ici les notions de prescription, de déchéance, de compensation et de force majeure[768].

En définitive, tout comme le manuel de L. ROLLAND, l'ouvrage de M. WALINE témoigne d'un phénomène d'imbrication théorique en droit administratif puisque sa conception de la théorie des obligations en droit administratif, à l'instar de la théorie des actes administratifs de ce premier, renferme la théorie générale du/des contrat(s) administratif(s). Cet examen permet de souligner l'existence en doctrine de théories explicatives regardant de larges pans du droit administratif – actes, obligations pour ce qui est des exemples sélectionnés – au sein desquelles la théorie générale du contrat administratif trouve sa place afin d'exprimer la spécificité de l'action administrative contractuelle. Et parallèlement, ce phénomène se prolonge dans le cadre même de la théorie générale du contrat administratif puisque la doctrine

---

764 WALINE Marcel, *Traité élémentaire de droit administratif, ibid.*, p. 527.
765 WALINE Marcel, *Traité élémentaire de droit administratif, ibid.*, p. 527.
766 WALINE Marcel, *Traité élémentaire de droit administratif, ibid.*, p. 527.
767 WALINE Marcel, *Traité élémentaire de droit administratif, ibid.*, p. 572 et s.
768 WALINE Marcel, *Traité élémentaire de droit administratif, ibid.*, p. 580 et s.

recourt tout autant à des formulations théoriques dont le champ d'application est plus réduit.

B. Des exemples de théories intégrées dans la théorie générale du contrat administratif

Si, initialement, l'appréhension plurielle des contrats administratifs a pu retarder la formation d'une théorie générale du contrat administratif et si la spécialisation du droit du contrat administratif engendre aujourd'hui un phénomène de remise en cause de cette conceptualisation[769], force est de souligner que ces éléments ont aussi eu pour conséquence de diluer la notion même de théorie. En ce sens, la doctrine administrativiste recourt à des formulations théoriques intégrées à la théorie générale du contrat administratif. A. de LAUBADERE expose ainsi une théorie des marchés administratifs puis une théorie de la concession de services publics (1) tandis qu'Y. GAUDEMET présente une théorie des marchés publics (2).

1. La théorie des marchés administratifs et de la concession de services publics d'A. de LAUBADERE

En 1946, A. de LAUBADERE, dans son *Manuel de droit administratif* présente le procédé contractuel en droit administratif sous l'expression de « *théorie des marchés administratifs* »[770]. Il défend l'idée suivant laquelle « *le contrat du droit administratif est ou du moins peut être profondément différent du contrat du droit civil* »[771] du point de vue du régime qui lui est applicable. L'on pourrait penser que l'auteur traite ici de la théorie générale du contrat administratif, d'autant plus que celui-ci évoque le « *particularisme de la théorie du contrat administratif* »[772] qui « *est dominé et commandé par la notion et les exigences du service public que les contrats administratifs ont pour but d'alimenter,* […mettant en évidence l'existence] *d'intérêts inégaux, l'intérêt général représenté par le service public devant primer les intérêts particuliers* »[773]. Cependant, force est de constater que cette théorie des marchés administratifs, visant à exposer les « *traits communs essentiels qui constituent*

[769] Voir *supra.*

[770] De LAUBADERE André, *Manuel de droit administratif*, Paris : LGDJ, 1946, p. 185.

[771] De LAUBADERE André, *Manuel de droit administratif, ibid.*, p. 185.

[772] De LAUBADERE André, *Manuel de droit administratif, ibid.*, p. 186. Voir aussi p. 189 : l'auteur traite de l'exécution des marchés et affirme que « *l'autonomie de la théorie des contrats administratifs apparait surtout dans le système des sanctions pour manquement du cocontractant à ses obligations* ». Et, p. 191, l'auteur définit les pouvoirs de l'administration lors de l'exécution des marchés publics et énonce que « *le particularisme de la théorie des contrats administratifs se traduit surtout par des pouvoirs exorbitants de l'administration, fondés sur la primauté de l'intérêt du service public et aboutissant à la mise à l'écart de certains principes qui constituent la base même du droit civil des contrats* ».

[773] De LAUBADERE André, *Manuel de droit administratif, ibid.*, p. 186-187.

précisément l'originalité de leur théorie par rapport à celle des contrats du droit privé », ne correspond pas à la théorie générale des contrats administratifs. En effet, A. de LAUBADERE entend restreindre son analyse à certains contrats administratifs : les marchés de travaux publics, les marchés de fournitures, les marchés de transports. Il s'agit donc d'une théorie spécifique aux principaux marchés publics passés par l'administration, qualifiés ici de marchés administratifs. L'étude théorique portant sur une partie seulement des contrats administratifs – les marchés publics – l'auteur peut alors présenter de manière synthétique les différents éléments qui les caractérisent. A. de LAUBADERE expose d'abord l'originalité du procédé de conclusion des marchés (adjudication, forme écrite) pour, ensuite, étudier l'exécution de ces contrats dont les particularités résultent des obligations, mais aussi des droits reconnus au cocontractant de l'administration et, enfin, exposer les pouvoirs exorbitants de l'administration. A. de LAUBADERE met ainsi en exergue une théorie des marchés administratifs nécessairement intégrée à la théorie générale du/des contrat(s) administratif(s).

L'auteur développe également une théorie de la concession de service public[774]. Il prend d'ailleurs le soin de préciser que « *la concession de service public étant un accord entre l'administration et un particulier, on peut songer que son régime va se rapprocher de la théorie générale des marchés administratifs* », sachant qu'il existe « *entre les deux théories un parallélisme certain* »[775]. Celui-ci explique toutefois que la différence entre ces théories[776] réside dans le degré d'association au service public : dans le cas de la concession, « *c'est le service public lui-même, son exploitation, qui constituent l'objet de la convention ; c'est-à-dire que l'idée du service public va marquer ici la théorie d'une manière encore plus accusée et souvent même différente* »[777]. Il convient alors, selon A. de LAUBADERE, de construire une théorie propre aux concessions de service public articulée autour de deux idées à concilier. D'une part, ce contrat ayant pour objet un service public, les règles applicables au service public lui sont opposables. D'autre part, le cocontractant étant un particulier, son intérêt notamment pécuniaire doit être assuré et garanti[778]. Sa théorie de la concession se compose de sept éléments : la question de la nature juridique de la concession de service public, la détermination des obligations et droits du concessionnaire, les pouvoirs du concédant, les moyens d'action du concessionnaire, les difficultés regardant le contentieux applicable à la concession de service public, la distinction entre concession de service public et

---

774 De LAUBADERE André, *Manuel de droit administratif, ibid.*, p. 215 et s.

775 De LAUBADERE André, *Manuel de droit administratif, ibid.*, p. 215.

776 Cependant, l'auteur nuance la nature contractuelle de la concession et adhère à l'idée de son caractère mixte c'est à dire mi-règlementaire, mi-contractuel : « *l'acte de concession a* […] *un caractère mixte : il est pour partie un contrat et pour partie un acte condition* », De LAUBADERE André, *Manuel de droit administratif, ibid.*, p. 216-217.

777 De LAUBADERE André, *Manuel de droit administratif, ibid.*, p. 216.

778 De LAUBADERE André, *Manuel de droit administratif, ibid.*, p. 216.

concession d'entreprise d'intérêt général et le cas de la gestion des services publics par des organismes privés en dehors de la concession.

Si l'œuvre d'A. de LAUBADERE, grâce à l'exposé de sa théorie des marchés administratifs et de sa théorie de la concession de service public, rend parfaitement compte de la scissiparité des conceptions théoriques relatives au contrat administratif, le manuel d'Y. GAUDEMET atteste de l'actualité de ce point de vue.

2. La théorie des marchés publics d'Y. GAUDEMET

Reprenant et poursuivant le travail d'A. de LAUBADERE suite à sa disparition en 1981, la seizième édition du *Traité de droit administratif* par Y. GAUDEMET en 2001[779] confirme l'existence de théories doctrinales incluses dans la théorie générale du contrat administratif. D'emblée, il convient de remarquer que dans le cadre du Livre I dédié à l'étude des actes de l'administration, Y. GAUDEMET consacre l'existence d'une « théorie générale de l'acte administratif »[780] (Titre Ier). Celle-ci concerne le contrat administratif en tant qu'acte administratif, bien que l'auteur ne développe pas davantage cet aspect[781]. Le contrat administratif fait en revanche l'objet du Titre III[782]. L'auteur souligne la spécificité de la théorie du contrat administratif, laquelle se résume dans la proposition suivante : « *si, en effet, la notion même de contrat est commune au droit administratif et au droit privé, le régime juridique des deux types de contrats reste au moins partiellement différent* »[783]. Cependant, lorsqu'il s'agit de présenter la formation des contrats administratifs, Y. GAUDEMET reconnaît la spécificité du régime juridique applicable à la conclusion de l'ensemble des contrats administratifs. Il entend néanmoins restreindre son analyse à certains contrats administratifs. Suivant les termes de l'auteur, « *la variété pour laquelle le régime de conclusion offre le plus de particularisme mérite d'être étudiée est celle des marchés publics* » en ce qu'elle met en évidence l'existence d'une « *théorie des marchés publics en général* »[784]. Or, cette théorie propre aux marchés publics, intégrée à la théorie générale du contrat administratif, se manifeste par l'existence de règles juridiques dérogatoires et relativement homogènes justifiées par « *l'intervention d'une personne publique selon des règles de compétence et de forme* [...visant à] *protéger les intérêts, notamment financiers, de l'administration* »[785]. La théorie des marchés publics se compose de deux éléments principaux : les modalités de conclusion de ces contrats et les compétences et formes à respecter lors de

---

[779] GAUDEMET Yves, *Traité de droit administratif*, 16ème éd., *op. cit.*
[780] GAUDEMET Yves, *Traité de droit administratif*, *ibid.*, p. 511.
[781] GAUDEMET Yves, *Traité de droit administratif*, *ibid.*, p. 529.
[782] GAUDEMET Yves, *Traité de droit administratif*, *ibid.*, p. 663 et s.
[783] GAUDEMET Yves, *Traité de droit administratif*, *ibid.*, p. 672.
[784] GAUDEMET Yves, *Traité de droit administratif*, *ibid.*, p. 684.
[785] GAUDEMET Yves, *Traité de droit administratif*, *ibid.*, p. 684.

la passation d'un marché public. Le régime des marchés publics semble alors présenter une certaine unité et une réelle singularité en ce qui concerne la formation du contrat, justifiant apparemment une conception théorique propre à ce moment de la vie de ce contrat administratif spécial. Telle que présentée par Y. GAUDEMET, la théorie des marchés publics – théorie spéciale – peut ainsi être incorporée à la théorie générale du contrat administratif.

Les exemples tirés des ouvrages d'A. de LAUBADERE, définissant une théorie des marchés administratifs puis une théorie de la concession de services publics, et d'Y. GAUDEMET relativement à l'existence d'une théorie des marchés publics, démontrent que le contrat administratif peut faire l'objet de conceptions théoriques plurielles. Ces conceptualisations partielles portant sur un contrat administratif spécial, voire sur un aspect précis du régime juridique applicable à un contrat nommé, manifestent la possibilité d'inclure des théories spéciales au sein de la théorie générale du contrat administratif, sans pour autant emporter la disparition de cette dernière.

Conclusion de la section

Le terme « théorie » est caractérisé par son ambigüité. La théorie est une de ces expressions dont l'usage se retrouve tant en droit positif qu'au sein du discours doctrinal. Il en résulte une multiplicité d'appréciations doctrinales en ce sens que, suivant l'objet appréhendé sous cette locution, la signification et la portée données au terme par les auteurs sont variables. C'est ainsi que l'analyse dans certains ouvrages de droit administratif contemporain de l'apparition de la conception dominante de la théorie générale du contrat administratif a permis de confirmer l'existence de degrés. Des théories relativement larges contiennent la théorie générale du contrat administratif, tandis que des théories plus circonscrites semblent pouvoir être incluses dans celle-ci. Si cette imprécision sémantique et conceptuelle précise un peu plus les lacunes entourant la présentation dominante de la théorie générale du contrat administratif, il faut remarquer qu'un constat similaire peut être effectué concernant les notions qui gravitent autour, telles que les « principes », « règles générales » et « droit commun ».

Section 2. Les limites dans l'emploi des termes « principes », « règles générales » et « droit commun »

Le recours à l'épistémologie juridique permet d'adhérer à l'idée suivant laquelle les notions telles que « *principes, droit commun, règles générales, exceptions, dérogations, règles spéciales* […] *émaillent le discours des juristes. Elles sont utilisées sans rigueur. Leurs significations sont multiples et complexes* »[786]. Ce constat se retrouve en droit administratif en ce sens que les

[786] ATIAS Christian, *Epistémologie juridique*, *op. cit.*, 2002, p. 193.

expressions principe, règles générales ou droit commun sont fréquemment utilisées mais qu'une recherche plus approfondie met en évidence leur caractère indéterminé et une réelle confusion lexicale[787]. Le droit du contrat administratif n'y déroge pas puisque plusieurs principes, règles générales ou droits communs modèlent son analyse, sans que l'on soit certain de la portée ou de la consistance à attribuer à ces termes. L'absence de définition unitaire des expressions (Paragraphe 1) se double d'ailleurs d'ambigüités relatives au caractère interchangeable des formulations (Paragraphe 2).

Paragraphe 1. L'absence de définition unitaire des expressions

L'affirmation progressive de la théorie générale du contrat administratif s'est effectuée au détriment d'une terminologie bien définie. L'imprécision qui se dégage de l'emploi du terme « théorie » se double d'un sentiment d'indétermination quant au recours alternatif aux notions de principe, règles générales et droit commun. De nombreux principes et règles générales constitutifs parfois d'une idée de droit commun, sont ainsi apparus dans une relation équivoque avec la théorie générale du contrat administratif, oscillant entre subsidiarité, équivalence, déduction ou induction. Or, force est de constater qu'il existe une diversité de significations attribuées au terme « principe » (A) et qu'une pluralité d'acceptions sont admises concernant les règles générales et le droit commun (B).

A. La diversité des significations attribuées au terme « principe »

Le terme « principe » est ambivalent, il se retrouve en droit positif mais également dans des discours purement doctrinaux. D'ailleurs, sa diversité se confirme sur le plan des définitions en philosophie (1) et en théorie du droit (2).

1. Le principe en philosophie

En ce qui concerne le terme « principe », les données tirées de la philosophie mettent à jour toute une diversité de manières d'analyser la locution. Dans une perspective statique, le principe constitue généralement « *ce qui est premier* [...] *soit à titre d'élément constitutif, soit à titre de cause ou de raison originaire* »[788]. Ainsi, le principe est au commencement de la réflexion, à la

[787] Voir en ce sens, GENEVOIS Bruno, « Les principes généraux du droit », *Rép. Cont. Adm.* Dalloz, p. 11 : « *la notion de "principe général du droit" a connu un succès grandissant, tant et si bien que les notions de "principes", de "règles générales" ou de "principes fondamentaux", ont été utilisées concurremment avec la notion primitive, ce qui a constitué un facteur supplémentaire d'imprécision* ».

[788] BARAQUIN Noëlla, BAUDART Anne, DUGUE Jean, LAFFITTE Jacqueline, RIBES François, WILFERT Joël, *Dictionnaire de philosophie*, 4ème éd. Paris : A. Colin, 2011, p. 409 :

base de la connaissance[789] ; que ce principe soit donné à titre de postulat, d'axiome ou d'hypothèse à vérifier. Il présente les caractères suivants : fondamental, premier et originaire… au sens rationnel comme au sens causal[790]. Autrement dit, le principe est premier dans le temps car il est au commencement, à l'origine, mais aussi de façon ontologique puisqu'il est l'élément constitutif d'une chose, ainsi que de manière causale car il représente ce qui constitue la raison d'être d'une chose, sa cause ou son motif[791]. Dans ce sens, le principe se suffit à lui-même. Il n'a pas à être expliqué, ni justifié. Il ne peut être invalidé ou remis en cause par l'expérience eu égard justement à son caractère « premier ». Ce principe premier se rattache à la notion de fondement. Dans une perspective dynamique ensuite, le principe peut être envisagé en référence à « *toute proposition admise par hypothèse et dont découlent par déduction les théorèmes.* […] *Loi fondamentale qui commande toute une discipline, toute une section de la science* […il est une] *direction donnée à la recherche à partir d'un choix théorique* »[792]. Le principe dirige la réflexion. Davantage qu'une hypothèse, il constitue la proposition directrice de l'ensemble du raisonnement. Il est principal et compose alors ce qui est premier en termes d'importance, ce qui est fondamental[793]. Cette conception se retrouve en droit puisque le principe peut se définir comme une « *règle ou norme d'action, clairement représentée à l'esprit, énoncée par une formule* »[794]. Il est en ce sens le « *point de départ en tête d'un système de ce genre, et que l'esprit n'admet précisément que parce* [servant] *à organiser et à unifier leurs conséquences* »[795]. Il est possible de mentionner encore l'existence de principes logiques, qui régissent la recherche et la connaissance en général[796] ou de principes moraux qui s'imposent à toute conduite humaine mais surtout à

Les auteurs poursuivent en expliquant que le principe constitue « *ce qui est premier du point de vue de la connaissance, soit à titre de proposition non démontrable posée au fondement d'une déduction ou du développement d'une théorie, soit à titre d'hypothèse explicative fondamentale* ».

789 BLAY Michel (dir.), *Dictionnaire des concepts philosophiques*, *op. cit.*, p. 658 : Le principe est le « *commencement de l'être d'une chose, en tant qu'il conditionne aussi la possibilité d'une connaissance adéquate de la chose* ».

790 AUROUX Sylvain (dir.), *Encyclopédie philosophique universelle*, Tome II, Les notions philosophiques, *op. cit.*, p. 2039 ; LALANDE André, *Vocabulaire technique et critique de la philosophie*, Quadrige, 19ème éd. Paris : PUF, 2010, p. 828. Le principe est la « *proposition posée au début d'une déduction, ne se déduisant elle-même d'aucune autre dans le système considéré, et par suite mise, jusqu'à nouvel ordre, en dehors de toute discussion* ».

791 FOULQUIE Paul et SAINT-JEAN Raymond, *Dictionnaire de la langue philosophique*, 2ème éd. Paris : PUF, 1969, p. 570 et s.

792 MORFAUX Louis-Marie et LEFRANC Jean, *Nouveau vocabulaire de la philosophie et des sciences humaines*, Paris : A. Colin, 2011, p. 451.

793 LALANDE André, *Vocabulaire technique et critique de la philosophie*, *op. cit.*, p. 828.

794 LALANDE André, *Vocabulaire technique et critique de la philosophie*, *ibid.* p. 828.

795 LALANDE André, *Vocabulaire technique et critique de la philosophie*, *ibid.* p. 829.

796 JULIA Didier, *Dictionnaire de la philosophie*, *op. cit.*, p. 226, l'auteur dégage un principe d'identité, de non-contradiction et de tiers exclu.

la conscience et « *se distinguent en cela des "postulats théoriques" qui sont en eux-mêmes arbitrairement posés* »[797]. Multiple est donc le principe, des incertitudes affectant la notion puisque les philosophes ne semblent pas s'entendre lorsqu'il s'agit de formuler une définition ou même une typologie des principes ; le recours à la théorie du droit confirme d'ailleurs ce constat.

2. Le principe en théorie du droit

Le recours à la théorie du droit permet également de présenter différentes conceptions du terme « principe ». Dans cette matière, il est possible de relever d'abord l'existence de principes de logique. Il s'agit « *d'une part, d'un corps de règles issues d'une élaboration méthodique, réfléchie, disposées dans un ordre systématique et, d'autre part, des axiomes fondateurs de cet édifice rationnel* »[798]. Les principes peuvent aussi être analysés comme des normes indéterminées. Cette notion désigne alors des normes générales, vagues ou programmatiques[799], autrement dit, le principe devient une sorte de « *maxime générale juridiquement obligatoire bien que non écrite dans un texte législatif* »[800]. La doctrine admet en outre que les principes constituent effectivement des normes et, à cet égard, caractérisent la mise en œuvre d'une technique de création du droit couramment appréhendée comme le résultat de l'activité jurisprudentielle[801], le fruit de son invention[802]. Cependant, il semble que des principes se retrouvent aussi au sein de la législation et représentent la formation d'un « *ensemble systématique de règles. En route, le législateur rencontre des notions qui ont déjà été élucidées, des difficultés qui ont déjà été résolues. Il renvoie à ce qu'il a décidé. L'appel aux principes n'est que le moyen de simplifier la référence que l'on donne à des règles juridiques* »[803]. Dès lors, le principe normatif se manifeste sous la forme d'un instrument

---

[797] JULIA Didier, *Dictionnaire de la philosophie, ibid.*, p. 226.
[798] MORVAN Pascal, *in* ALLAND Denis et RIALS Stéphane, *Dictionnaire de la culture juridique, op. cit.*, p. 1201.
[799] TROPER Michel, *La philosophie du droit*, Que sais-je ?, 3ème éd. Paris : PUF, 2003, p. 76 : « *Les principes ne sont donc pas autre chose que des normes, qui ne se distinguent des autres normes que par leur degré élevé de généralité ou leur caractère vague ou programmatique* ».
[800] CORNU Gérard (dir.), *Vocabulaire juridique, op. cit.*, p. 804.
[801] GRABARCZYK Katarzyna, *Les principes généraux dans la jurisprudence de la Cour européenne des droits de l'homme*, Aix-en-Provence : PUAM, 2008, p. 24.
[802] MAULIN Éric, « L'invention des principes » *in* CAUDAL Sylvie (dir.), *Les principes en droit*, Etudes juridiques, Paris : Economica, 2008, p. 23, spéc. p. 27 : « *Les principes ne sont pas créés, ils ne sont pas non plus découverts. Ils sont en réalité inventés, dans le double sens que peut prendre ce verbe qui désigne à la fois l'action de trouver quelque chose de nouveau mais aussi de trouver ou de découvrir quelque chose qui existe mais reste jusque-là inconnu* » ; voir également MUIR WATT Horatia, « Les principes généraux du droit international privé français », *JDI* 1997 n° 2, p. 403, l'auteur évoque « *l'énigme bien connue du juge-inventeur* ».
[803] BOULANGER Jean, « Les principes généraux du droit et droit positif », *op. cit.*, p. 55.

d'uniformisation et de régulation du droit en général[804], de rationalisation juridique[805] en vertu de sa transversalité et sa proximité avec des valeurs réputées inspirer l'ordre juridique[806]. De cette manière, « *"les principes règnent sur le droit positif" tandis que les règles juridiques n'en sont que des applications ou des exceptions. Ainsi les principes généraux débordent les limites des différentes branches du droit* ». Ce sont des « *principes fédérateurs du droit* »[807], des normes fondamentales[808]. A l'inverse, d'aucuns estiment que si certains principes fondent le droit, ils constituent tout autant des « *préceptes synthétisant la réalité même du droit* »[809]. En outre, et sur un autre plan, les principes sont parfois assimilés à des instruments créés par la doctrine[810]. Si l'on se réfère à P. ROUBIER, les principes sont des règles non formelles fon-

---

804 UNTERMAIER Elise, *Les règles générales en droit public français*, Paris : LGDJ, 2011, p.357 : Les principes traduisent l'« *attachement du droit français aux règles générales, d'une volonté d'uniformité de la réglementation* ». Mais, chaque principe trouve en face son contraire, « *le droit français essaie-t-il de parvenir à un juste milieu entre l'uniformité et la diversité* ».

805 MAC CORMICK Neil, *Raisonnement juridique et théorie du droit*, trad. J. GAGEY, Les voies du droit, Paris : PUF 1996, p. 276 : l'auteur explique que les principes rationalisent les règles.

806 JEAMMAUD Antoine, « De la polysémie du terme "principe" dans le langage du droit et des juristes », *in* CAUDAL Sylvie (dir.), *Les principes en droit,* Etudes juridiques, Paris : Economica, 2008, p. 49 spéc. p. 72.

807 BERGEL Jean-Louis, *Théorie générale du droit*, Méthodes du droit, 5ème éd. Paris : Dalloz, 2012, p. 97-105.

808 GUASTINI Riccardo, « Les principes de droit en tant que source de perplexité théorique », in CAUDAL Sylvie (dir.), *Les principes en droit*, Etudes juridiques, Paris : Economica, 2008, p. 113 spéc. p. 115. Le principe « *caractérise le système juridique (identification de la physiologie axiologique)* », il « *donne un fondement axiologique à des normes* », tandis que la norme « *n'exige à son tour aucun fondement, aucune justification éthico-politique car elle est conçue, dans la culture juridique existante, comme une sorte d' "axiome", c'est à dire une norme évidemment "juste" ou "correcte"* » ; voir également STAMATIS Constantin, *Argumenter en droit, Une théorie critique de l'argumentation juridique*, Manuels 2000, Paris : Publisud, 1995, p. 238, l'auteur qualifie les principes de « *normes fondamentales de l'ordre juridico-politique* » ; dans le même sens PONTIER Jean-Marie, « Considérations générales sur les principes en droit », *in* PONTIER Jean-Marie (dir.), *Les Principes et le droit*, Aix-en-Provence : PUAM 2007, p. 9 spéc. p. 13 : « *les principes constituent le soubassement du droit, des disciplines juridiques* ». L'emploi du terme n'est pas « *neutre et impliquant, ou bien une certaine solennité, ou une certaine importance* » ; voir aussi GERARD Philippe, « Aspects de la problématique actuelle des principes généraux du droit », *Déviance et société*, 1988, vol. 12, n° 1, p. 87.

809 GENY François, *Science et technique en droit privé positif*, Tome 1, *op. cit.*

810 ROUBIER Paul, *Théorie générale du droit, Histoire des doctrines juridiques et philosophie des valeurs sociales*, *op. cit.*, p. 12 : « *règles fondées sur la raison, qui correspondent à l'idéal de justice, ce sont les principes généraux du droit, c'est à dire, les règles découvertes par la doctrine, les règles doctrinales* » ; voir également dans le même sens MUIR WATT Horacia, « Les principes généraux du droit international privé français », *JDI* 1997, n° 2, p. 403, spéc. p. 404 : « *l'activité académique se manifestant essentiellement ici par la formulation de principes synthétiques ou explicatifs des solutions positives, le droit international privé a toujours entretenu des relations privilégiées, intimes, avec les principes généraux* ».

dées sur l'autorité de la raison. Ils représentent le résultat d'un « *travail d'abstraction et de systématisation des juristes* » dont l'intérêt procède de leur caractère de règles à grand rayonnement[811]. Plus encore, comme l'explique J. BOULANGER, « *le mot "principes" peut également servir à présenter une étude systématique des caractères essentiels d'une législation positive à travers son évolution* »[812]. Il est ainsi possible de rattacher les principes généraux à la pensée juridique, qu'il s'agisse de l'interprétation des textes ou de la proposition doctrinale de nouvelles constructions juridiques[813]. Dans un autre sens encore, les principes apparaissent comme des instruments d'identité juridique. Les principes sont alors mis en relation avec une histoire commune, une tradition qui se transmet[814]. Ils sont des données préalables[815] qui, s'ils « *peuvent être reconnus, ils ne peuvent être ni prouvés objectivement, ni vérifiés, ni exprimés par des concepts sans ambigüité comme les axiomes mathématiques* »[816]. Les principes traduisent alors des « *préférences* »[817], c'est-à-dire qu'ils sont le reflet d'orientations historiques, économiques et sociales. De la sorte que si le principe peut être considéré comme une « *règle générale qui doit, à défaut de texte spécial ou de dérogation particulière, régir une sorte de cas, par opposition à l'exception* », il s'agit néanmoins d'un « *élément essentiel qui caractérise un régime* »[818] juridique particulier. Cette conception invite d'ailleurs à reconnaître que les principes incarnent parfois des

---

811 ROUBIER Paul, « L'ordre juridique et la théorie des sources du droit », *in Le droit privé français au milieu du XXe siècle*, Etudes offertes à Georges Ripert, Tome 1, Paris : LGDJ, 1950, p. 11, l'auteur explique que les principes généraux du droit sont des règles « *qui sont établies par la doctrine juridique, c'est-à-dire par les juristes, lesquels guidés par un idéal de justice, s'efforcent d'en suivre les aspects dans les différents domaines du droit* ».

812 BOULANGER Jean, « Les principes généraux du droit et droit positif », *op. cit.*, p. 54 : L'auteur poursuit en énonçant que « *le mot "principes" est choisi pour annoncer un effort doctrinal de synthèse* ».

813 BERGEL Jean-Louis, *Théorie générale du droit*, *op. cit.*, p. 111-112. Ces principes généraux « *constituent l'armature de la pensée juridique et jouent un rôle important dans l'interprétation de la loi* », ils « *servent de support à d'autres constructions juridiques et participent à la création de nouvelles règles de droit, donc à l'évolution du système juridique* ».

814 AARNIO Aulis, *Le rationnel comme raisonnable, La justification en droit*, trad. G. Warland, Story Scientia, Paris : LGDJ, 1992, p. 107 : « *Les principes juridiques généraux font partie de la tradition juridique et, même s'ils ne sont pas inscrits dans le droit, ils se transmettent, à travers les décisions et leurs justifications, d'une génération à l'autre* ».

815 HUSSON Léon, « Les apories de la logique juridique », *in La logique juridique, travaux du 2ème colloque de philosophie du droit comparée*, Toulouse, sept. 1966, Philosophie comparée du droit et de l'Etat, Paris : A. Pedone, 1967, p. 29 spéc. p. 44 : « *Les principes d'une science sont pour le logicien des données préalables que, dès l'instant qu'elles satisfont à certaines conditions formelles, il ne lui appartient ni de justifier ni de critiquer* ».

816 PARAIN-VIAL J., « Logique juridique et Fondement du Droit », *in La logique juridique, travaux du 2ème colloque de philosophie du droit comparée*, Toulouse, sept. 1966, Philosophie comparée du droit et de l'Etat, Paris : A. Pedone, 1967, p. 163 spéc. p. 179.

817 FISH Stanley, *Respecter le sens commun, Rhétorique, interprétation et critique en littérature et en droit*, trad. O. WERHOT, La pensée juridique moderne, Paris : LGDJ, 1995, p. 11.

818 CORNU Gérard (dir.), *Vocabulaire juridique*, *op. cit.*, p. 804.

données axiologiques et idéologiques. Ils concrétisent l'attachement des juristes à des valeurs[819] telles que la justice, l'équité ou la morale[820]. Ils peuvent, en ce sens, être comparés à des directives philosophiques[821]. Il en résulte qu'en cas de conflit entre plusieurs principes, la solution réside dans la mise en œuvre d'une pondération entre principes et dans le recours à ce qu'il est possible d'appeler une « *hiérarchie axiologique mobile* »[822].

Finalement, les difficultés ne se résorbent pas vraiment : aucune définition unique ne se dégage des ouvrages de philosophie et de théorie du droit. L'analyse du discours doctrinal tenu en philosophie et théorie du droit permet plutôt d'exposer le pluralisme du terme « principe ». D'ailleurs J. WROBLEWSKI ne différencie pas moins de cinq sortes de principes[823] : au « *"principe positif du droit"* [...], *la norme explicitement formulée dans le texte du droit positif* », s'ajoute le « *"principe implicite du droit"* [...], *une règles traitée comme prémisse ou conséquence des dispositions légales ou des normes* », puis le « *"principe extrasystémique du droit"* [...], *une règle traitée comme principe, mais qui n'est ni principe positif du droit, ni principe implicite du droit* », le « *"principe-nom du droit"* [...], *c'est le nom caractérisant les traits essentiels d'une institution juridique* » et enfin le « *"principe construction du droit"* [...], *c'est la construction du législateur rationnel ou parfait, présupposée dans l'élaboration dogmatique du droit ou dans l'application et l'interprétation juridique* ». Lacune ou richesse, l'imprécision de la notion de principe est manifeste et se répercute sur l'analyse du contrat administratif ; elle invite dès à présent à vérifier si un constat comparable peut être établi concernant les « règles générales » et le « droit commun ».

---

[819] Voir MAC CORMICK Neil, *Raisonnement juridique et théorie du droit*, *op. cit.*, p. 277-278. Les principes sont « *une manière de rendre ces valeurs relativement plus explicites* ».

[820] DWORKIN Ronald, *Prendre les droits au sérieux*, trad. F. MICHAUT, Léviathan, Paris : PUF, 1995, p. 80 : l'auteur évoque un « *standard qu'il faut appliquer non pas parce qu'il assurera la survenue ou la protection d'une situation économique, politique ou sociale jugée désirable, mais parce qu'il est une exigence dictée par la justice, l'équité ou quelque autre dimension de la morale* ».

[821] KAHN Philippe, « Les principes généraux du droit devant les arbitres du commerce international », *JDI* 1989, n° 2, p. 306, spéc. p. 324 : les principes généraux du droit sont « *plus une directive philosophique d'évaluation du comportement qu'une véritable règle en raison de son imprécision* ». Mais, le recours à « *l'instrument des principes généraux du droit aboutit à la mise en place d'un ensemble de règles qui couvrent un vaste champ des problèmes* ».

[822] GUASTINI Riccardo, « Les principes de droit en tant que source de perplexité théorique », *op. cit.*, p. 117. Voir également WINTGENS Luc J., *Droit, principes et théories, pour un positivisme critique*, Bruxelles : Bruylant, 2000, notamment p. 72-73 : « Le *point de vue herméneutique permet d'introduire les principes, situés géographiquement à l'extérieur de l'ordre juridique, dans le raisonnement juridique* ».

[823] WROBLEWSKI Jerzy, « Principes du droit », *in* ARNAUD André-Jean (dir.), *Dictionnaire encyclopédique de théorie et de sociologie du droit*, Paris-Bruxelles : LGDJ-Story-Scientia, 1988, p. 317-319.

B. Le pluralisme d'acceptions admises concernant les expressions de règles générales et de droit commun

La volonté de préciser la signification à attribuer aux « règles générales » (1) et au « droit commun » (2) dans la théorie générale du contrat administratif conduit à examiner les interprétations fournies par la philosophie puis la théorie du droit.

1. Les règles générales en philosophie et en théorie du droit

Dans un premier temps, il convient de remarquer qu'en philosophie, la règle est habituellement perçue comme un instrument régulateur. Elle indique ou prescrit ce qui doit être fait[824]. La règle représente un instrument qui oriente, qui trace, qui donne la direction à suivre dans l'entreprise poursuivie[825]. S. AUROUX dénombre plusieurs caractéristiques de la règle : la règle implique la conscience de règle, l'obligation : « *c'est ordonner* [...] *mettre de l'ordre et prescrire* », la règle se distingue par sa circonstancialité car elle n'a pas de valeur universelle, c'est-à-dire qu'« *elle compose avec d'autres règles les éléments d'un système* »[826]. En revanche, saisir la notion de « règle générale » est moins évident. Il en sera question plus précisément ensuite, mais il faut noter dès à présent la relativité de la généralité d'une règle. En effet, la généralité doit d'abord être envisagée comme une manifestation du genre. En ce sens « *est général ce qui convient à tout genre* »[827] au sein duquel se concrétisent des espèces. La « règle générale » pose donc nécessairement la question du degré de généralité à partir duquel on reconnaît une règle générale par rapport à une espèce, S. AUROUX estime finalement qu'« *il n'y a pas de règles générales* »[828]. Force est d'admettre qu'en philosophie, aucune signification précise ne se dégage du terme « règle générale ».

Dans un second temps, le recours aux données tirées de la théorie du droit permet d'appréhender la règle de droit en référence à l'existence d'une « *règle de conduite qui s'impose aux hommes vivant en société, et dont le respect est*

---

[824] BARAQUIN Noëlla, BAUDART Anne, DUGUE Jean, LAFFITTE Jacqueline, RIBES François, WILFERT Joël, *Dictionnaire de philosophie*, *op. cit.*, p. 439 : la règle est une « *proposition indiquant ou prescrivant ce qui doit être fait dans un cas déterminé, qu'il s'agisse d'un procédé de calcul, d'une méthode de raisonnement, des conditions de réalisation d'une œuvre, de déroulement d'un jeu ou d'une conduite à tenir. La règle trace le chemin à suivre. Elle est constitutive de la méthode. Elle a un pouvoir régulateur* ».

[825] BLAY Michel (dir.), *Dictionnaire des concepts philosophiques*, *op. cit.*, p. 706 : l'auteur évoque « *ce qui est imposé ou que l'on adopte comme ligne directrice d'une conduite* [...] *en indiquant la régularité* ».

[826] AUROUX Sylvain (dir.), *Encyclopédie philosophique universelle*, Tome II, Les notions philosophiques, *op. cit.*, p. 2207-2208.

[827] AUROUX Sylvain (dir.), *Encyclopédie philosophique universelle, ibid.*, p. 1046.

[828] AUROUX Sylvain (dir.), *Encyclopédie philosophique universelle, ibid.*, p. 2208.

assuré par l'autorité publique »[829]. La règle dirige l'action, elle fournit des motifs, un modèle et une finalité[830]. La règle générale devrait vraisemblablement pouvoir faire l'objet d'une définition tant elle semble connue. Suivant les termes de M. VIRALLY, cette expression « *est comprise par tous et suffit à tous les besoins* »[831]. En réalité, la diversité des acceptions proposées ne semble pas vraiment permettre de définir ce terme. D'abord, si la généralité de la règle concerne son champ d'application, plusieurs conceptions existent. Par exemple, il peut s'agir de considérer l'empire de la règle quant aux personnes[832], l'empire de la règle dans le temps ou encore l'empire de la règle dans l'espace[833]. Ensuite, il convient de signaler l'existence d'une opposition entre généralité absolue et généralité relative. Comme l'explique E. UNTERMAIER, la généralité absolue permet de distinguer les règles générales des règles particulières (ou individuelles), tandis que la généralité relative invite à confronter les règles générales aux règles spéciales[834]. Il a également été avancé la possibilité de considérer une généralité intrinsèque coexistant avec une généralité extrinsèque[835]. La première doit être mise en relation avec la généralité du champ d'application de la règle. A savoir que la généralité intrinsèque conduit à distinguer les sujets visés, le nombre de situations. Cette notion permet d'appréhender le contenu, la formulation ou la matière que la règle régit. La seconde peut être comprise à travers le prisme de la normativité. La généralité extrinsèque traduit ainsi l'exercice d'une puissance normative. Enfin, une conception quantitative permet de caractériser la généralité de la règle à l'aune de son origine juridique et d'exclure les règles spéciales[836]. Les

---

829 ROUBIER Paul, *Théorie générale du droit, Histoire des doctrines juridiques et philosophie des valeurs sociales*, *op. cit.*, p. 12.

830 VIRALLY Michel, *La pensée juridique*, *op. cit.*, p. 8 : la règle « *ne gouverne pas l'action de l'extérieur, mais la dirige de l'intérieur en lui fournissant des motifs, un modèle, une finalité* ».

831 VIRALLY Michel, *La pensée juridique*, *ibid.*, p. 151 : pour l'auteur, « *l'expression* [...] *de règle générale est comprise par tous et suffit à tous les besoins* ».

832 HART Herbert Lionel Adolphus, *Le concept de droit*, trad. M. Vandekerchove, Bruxelles : Presses Universitaires Saint Louis, 1976, p. 36 : la règle générale renvoie à un « *type général de comportement et s'applique à une catégorie générale de personnes dont on attend qu'elles s'aperçoivent qu'elle s'applique à elles et qu'elles y obéissent* ».

833 ROUBIER Paul, *Théorie générale du droit, Histoire des doctrines juridiques et philosophie des valeurs sociales*, *op. cit.*, p. 25-28-29 ; voir également JEAMMAUD Antoine, « La règle de droit comme modèle », *D.* 1990, p. 199 : la généralité de la règle traduit l'existence d'un « *nombre a priori indéterminé, sinon illimité* [...] *d'applications* » ainsi qu'une « *large opposabilité et invocabilité* ».

834 UNTERMAIER Elise, *Les règles générales en droit public français*, *op. cit.* ; voir également CORNU Gérard (dir.), *Vocabulaire juridique*, *op. cit.*, p. 489 : la règle générale s'applique « *à toute une série de cas semblables, posée en termes abstraits, impersonnels et de portée permanente (par opposition à décision individuelle et spéciale)* ».

835 PIERO BUZZINI Gionata, « La "généralité" du droit international, réflexion sur la polysémie d'un concept », *RGDIP* 2004, n° 2, p. 381 et 387.

836 VIALETTES Maud et BARROIS de SARIGNY Cécile, « Le projet d'un code des relations entre le public et les administrations », *AJDA* 2014.402.

règles générales sont donc une réalité juridique que la doctrine saisit de manières diverses et dont l'appréciation est tout autant diversifiée. A cet égard, J. GHESTIN explique que « *d'un point de vue fonctionnel, il est logique d'accorder une importance toute particulière aux règles générales qui, par définition, sont susceptibles d'applications répétées, voire multiples* »[837]. Néanmoins, toute règle générale a vocation à se concrétiser davantage par sa spécialisation et sa particularisation[838]. Dès lors, comme l'affirme J.-L. BERGEL, « *il n'y a guère de règles générales dans l'absolu* »[839]. D'ailleurs, H.L.A HART explique parfaitement que les règles générales présentent un degré d'incertitude, elles ont une « *texture ouverte* », laquelle, en raison de leur degré d'imprécision inévitable, ouvre le champ à l'interprétation[840]. Plus généralement, il faut bien reconnaître que si une définition unitaire de la règle générale ne saurait se dégager clairement des ouvrages de philosophie et de théorie du droit, il sera cependant possible de tenter de caractériser la règle générale à l'appui de ces premiers éléments de définition. Intéressons nous maintenant à la notion de « droit commun ».

2. Le droit commun en philosophie et en théorie du droit

La notion de « droit commun » reste relativement absente des principaux ouvrages de philosophie consultés. En revanche, le terme « commun » renvoie généralement à l'idée d'appartenance à plusieurs êtres, d'acceptabilité générale, bien que son contenu reste insaisissable[841]. Malgré tout, une distinction entre la règle générale et le droit commun peut être effectuée en ce sens que « *règle générale ne signifie donc pas droit commun en tout point uniforme, ce qui serait absurde. Il suffit que le ou les destinataires de la règle ne soient pas*

---

837 GHESTIN Jacques, « Les données positives du droit », *op. cit.*, n° 11.

838 DABIN Jean, *Théorie générale du droit, op. cit.*, p. 73 : « *Toute règle générale est appelée à se particulariser dans son application aux individus faisant partie de la "généralité" envisagée* […]. *Cependant, par règle générale, on entend une règle établie dans l'abstrait indépendamment de la considération d'individus ou des cas particuliers* ».

839 BERGEL Jean-Louis, *Théorie générale du droit, op. cit.*, p. 77 : l'auteur poursuit et explique qu'il existe néanmoins un « *rapport d'espèce à genre. Les textes spéciaux ne sont donc que des exceptions par rapport à des textes plus généraux, quel que soit leur degré de plus ou moins grande généralité* ».

840 HART Herbert Lionel Adolphus, *Le concept de droit, op. cit.*, p. 36 : « *chaque fois que nous sommes disposés à appeler quelque chose une règle, il est possible de distinguer des cas centraux et clairs, auxquels elle s'applique avec certitude et d'autres pour lesquels il existe des raisons aussi bien d'affirmer que de nier qu'elle s'y applique* ». Et, p. 153 : « *dualité qui existe entre un noyau de certitudes et une pénombre de doutes, lorsque nous sommes appelés à subsumer les situations particulières sous des règles générales. Cela aboutit à reconnaître à toutes les règles une marge d'appréciation ou une "texture ouverte"* ».

841 AUROUX Sylvain (dir.), *Encyclopédie philosophique universelle*, Tome II, Les notions philosophiques, *op. cit.*, p. 360 ; Dans un même sens v. LALANDE André, *Vocabulaire technique et critique de la philosophie*, *op. cit.*, p. 151.

un ou plusieurs individus déterminés in concreto »[842]. Il est possible cependant de préciser que ce qui est « commun » est fréquemment assimilé à ce « *qui concerne tous les membres d'un groupe, par opposition à individuel, collectif, unilatéral* ». C'est ce « *qui est largement répandu dans le public par opposition à personnel* » et « *qui s'applique à toutes les espèces d'un genre, par opposition à spécial ou à particulier* »[843]. Le droit commun s'oppose donc à ce qui est particulier et caractérise un regroupement de règles applicables à un domaine[844], à une situation juridique[845]. Le droit commun peut ainsi être considéré comme un ensemble de normes formant un système juridique[846]. De cette manière, « *la notion de droit commun implique la hiérarchisation des normes, la supériorité du corps des règles auxquelles on reconnaît cette qualité* »[847]. M. DELMAS-MARTY évoque à cet effet l'idée d'un « *pluralisme ordonné* » se manifestant à travers l'existence d'un « *droit de référence commune, placé au-dessus* »[848]. La méthode de formulation du droit commun procède alors d'une logique unitaire du raisonnement juridique, elle se traduit par un processus d'unification et d'harmonisation juridiques tout en conservant un certain pluralisme juridique[849]. La notion de droit commun est proche de celle de règle générale, pour se distinguer ensuite des règles spéciales[850]. Le

---

842 *Dictionnaire de philosophie*, Encyclopaedia Universalis et A. Michel, Paris, 2006, p. 575

843 CORNU Gérard (dir.), *Vocabulaire juridique*, *op. cit.*, p. 206.

844 ATIAS Christian, *Philosophie du droit*, Thémis Droit, 3ème éd., Paris : PUF, 2012, p. 181 : La mise en œuvre des règles de droit « *y puise sa légitimité. Lorsqu'il parait l'avoir acquise sur certaines règles, volontiers reconnues comme de qualité supérieure, il les organise en un corps ; ainsi, naît le droit commun* » ; dans le même sens voir BERGEL Jean-Louis, *Théorie générale du droit*, *op. cit.*, p. 77.

845 GINCHARD Serge et DEBARD Thierry (dir.), *Lexique des termes juridiques*, 21ème éd., Paris : Dalloz, 2014, p. 353, les auteurs exposent deux dimensions : « a*u sens large : règle applicable à une situation juridique, ou à un rapport juridique entre des personnes physiques ou morales, quand il n'est pas prévu qu'une règle particulière s'applique à cette situation* [...]. *Sens strict : règle normalement applicable au droit privé ; le droit civil constitue le droit commun* ».

846 DELMAS-MARTY Mireille, *Vers un droit commun de l'humanité*, *Conversations pour demain*, Paris : Textuel, 2005, p. 69 ; le droit commun constitue la « *systématisation du droit comparé c'est à dire le repérage des convergences, des divergences et des lacunes entre les divers systèmes de droit* » ; voir aussi SCHWARZE Jürgen, « Tendances vers un droit administratif commun en Europe », *RTDE*, 1993, n° 2, p. 235, spéc. p. 243 ; voir dans le même sens CASTAING Cécile, « L'extension du contrôle de conventionalité aux principes généraux du droit communautaire », *RTDE*, 2003, n° 2, p. 197, spéc. p. 228.

847 THIREAU Jean-Louis, « Droit commun », *in* ALLAND Denis et RIALS Stéphane, *Dictionnaire de la culture juridique*, *op. cit.*, p. 446.

848 DELMAS-MARTY Mireille, *Vers un droit commun de l'humanité, Conversations pour demain*, *op. cit.*, p. 37-39 et p. 75.

849 AUBY Jean-Bernard, *La globalisation, le droit et l'Etat*, Systèmes droit, 2ème éd., Paris : LGDJ, 2010, p. 50.

850 THIREAU Jean-Louis, « Droit commun », *in* ALLAND Denis et RIALS Stéphane, *Dictionnaire de la culture juridique*, *op. cit.*, p. 446 : l'auteur montre que « *dans nos droits unifiés et codifiés, la notion de droit commun n'introduit qu'une distinction selon le degré de généralité ou de spécialisation de normes de même origine et de même nature* ».

droit commun, sous cette dernière acception, représente la « règle de principe » c'est-à-dire une règle « *qui s'applique en l'absence de texte spécial, une règle de principe par opposition aux règles dérogatoires* », un droit qui s'applique « *communément* » c'est-à-dire, « *sauf exception* »[851]. Finalement, aucune définition du droit commun ne semble se dégager vraiment et la relation de l'expression avec celle de « règles (générales) » accroît les incertitudes terminologiques.

Si la philosophie et la théorie du droit sont généralement des disciplines clés dans l'entreprise de définition des notions, les résultats immédiats obtenus de l'analyse effectuée sur les termes principe, règles générales et droit commun restent relativement décevants. Aucune définition précise et univoque ne se dégage ; chaque auteur appréhende ces notions de manière parfois proche mais toujours différente. D'ailleurs, cette modularité dans l'appréhension des notions explique certainement les modalités de leur mise en œuvre, leur caractère interchangeable.

Paragraphe 2. Le caractère interchangeable des expressions

Confronté à la multitude de principes, règles générales et droit commun dans le cadre de la théorie générale du contrat administratif, la recherche d'une définition en philosophie et en théorie du droit se révèle riche mais équivoque : il existe là aussi un réel pluralisme, lequel se manifeste par une diversité d'acceptions. Plus encore, le sentiment d'indétermination redouble dans l'impression d'interchangeabilité qui émane de leur emploi. Des difficultés méthodologiques procèdent des relations et interactions entre ces locutions (A) ainsi que de la tendance à assimiler les principes, règles générales et droit(s) commun(s) à la théorie générale du contrat administratif (B).

A. Les difficultés induites par les relations et interactions entre principes et règles

Lorsqu'il s'agit de préciser la signification des principes et des règles, l'étude du discours juridique laisse perplexe : la place à attribuer à chacune de ces notions reste relativement incertaine, le discours juridique oscillant entre relations (1) et interactions (2) sans que l'on soit toujours en mesure de déterminer exactement le rapport entre les expressions.

---

[851] SESTIER Jean-François, « Les principes de la commande publique » *in* CAUDAL Sylvie (dir.), *Les principes en droit,* Etudes juridiques, Paris : Economica, 2008, p. 189 ; voir également CORNU Gérard (dir.), *Vocabulaire juridique*, *op. cit.,* p. 206.

1. Les relations entre principes et règles

Dans un premier temps, il convient de remarquer que le discours juridique général traduit une certaine assimilation entre principes, droit positif et règles générales. Ainsi, les principes – appréhendés comme constitutifs de normes – ne sont pas forcément distingués des autres normes juridiques. F. MODERNE parle à cet égard de « *principes-normes* » afin de désigner des principes du droit positif[852], c'est-à-dire des dispositions juridiques expressément formulées par le législateur ou par le pouvoir règlementaire. D'ailleurs, ainsi que l'explique A. AARNIO, dans le raisonnement juridique, si les principes « *sont considérés comme "dérivés" de la législation existante. Ils expriment des règles juridiques non écrites et cependant déjà valides* ». Il faut également prendre en considération l'usage commun et notamment le fait que, « *d'un point de vue linguistique, il n'y a pas de différence entre les règles et les principes. Les règles comme les principes peuvent être formulés de façon claire ou ambiguë* »[853]. Cette manière d'appréhender l'ensemble du corpus juridique via une analogie entre les principes et les règles n'est pas isolée : A. JEAMMAUD évoque l'existence de « *principes règles* » qui renvoient à « *d'autres règles, comme s'ils en étaient la matrice,* [et] *semblent se déduire à la manière d'applications particulières, alors même que leur consécration est le fruit d'une induction qu'elles nourrissent. Ces principes auxquels il faudrait, en rigueur des termes, réserver les épithètes "fondamentaux" ou "généraux" en les distinguant des "principes instrumentaux" relatifs à la réalisation du droit* »[854].

Néanmoins, la relation entre le principe et les règles mérite d'être précisée puisque, fréquemment, une hiérarchie se dégage de l'examen des discours juridiques. En théorie du droit notamment, le principe se rapproche vraisemblablement de l'idée de norme fondamentale (H. KELSEN) ou de règle secondaire de reconnaissance (H.L.A. HART). En ce sens, suivant l'analyse de A. JEAMMAUD, le terme « principe » confère aux règles qui en découlent une « *autorité singulière, dénotant la valeur axiologique reconnue à la norme en question* »[855]. En tant que « *"propositions directrices", les principes règnent*

---

[852] MODERNE Franck, « Principes fondamentaux, principes généraux, Actualité des principes généraux du droit », *RFDA* 1998.495 : pour l'auteur, les « *principes normes* » constituent des « *principes positifs du droit, dotés d'une force juridique suffisante pour qu'ils puissent être considérés comme normatifs, c'est-à-dire produire des effets de droit, s'inscrire dans une hiérarchie des normes* » ; voir également MODERNE Franck, « Actualité des principes généraux du droit », *in* AVRIL Pierre et VERPEAUX Michel (dir), *Les règles et les principes non écrits en droit public*, Paris : Panthéon Assas, 2000, p. 47.

[853] AARNIO Aulis, *Le rationnel comme raisonnable, La justification en droit*, *op. cit.*, pour l'auteur, « *il ne peut y avoir tout au plus qu'une différence de degrés entre ces deux catégories* ».

[854] JEAMMAUD Antoine, « La règle de droit comme modèle », *op. cit.*

[855] JEAMMAUD Antoine, « Le principe de faveur », *Droit social*, 1999, p. 115 ; voir aussi JEAMMAUD Antoine, « La règle de droit comme modèle », *op. cit.*, p. 199 : « *L'usage du*

sur le droit positif ; ils en dirigent le développement. Les règles juridiques sont des applications des principes, à moins que, sous l'empire de considérations relatives à des situations juridiques particulières, elles n'apportent des exceptions »[856]. Sous cette acception, les principes constituent le fondement des règles et les règles émanent des principes[857]. Ces premiers composent le genre, alors que les règles sont les espèces de ce genre[858]. Plus précisément, cette logique suppose que « *les principes expriment un système de valeurs à partir duquel un ensemble de comportements et de règles sont possibles* »[859]. Cette vision relationnelle entre les principes et les règles invite à souligner non pas l'équivalence mais les interactions substantielles qui existent entre des notions juridiques.

2. Les interactions entre principes et règles

A l'analyse, il est possible de remarquer que souvent les règles – et le droit positif en général – sont susceptibles de trouver leur explication et leur justification dans des principes. La formulation de ces derniers permet une meilleure compréhension du droit[860] car ils sont liés à une question de légitimité des règles et des décisions[861]. Autrement dit, les principes sont des « *facteurs*

---

vocable [principe règle] *tend alors à signaler la stabilité et la valeur particulière reconnue à la règle, qui vont parfois de pair avec une position élevée dans la hiérarchie des normes. Elle dénote en tout cas une remarquable généralité de pertinence (de compétence) liée à une fréquente indétermination de la teneur du modèle* ».

856 BOULANGER Jean, « Les principes généraux du droit et droit positif », *op. cit.*, p. 57.

857 PONTIER Jean-Marie, « Considérations générales sur les principes en droit », *op. cit.*, p. 18 ; TROPER Michel, *La philosophie du droit, op. cit.*, p. 74-75 ; PERELMAN Chaïm, *Ethique et droit, traité de l'argumentation, la nouvelle rhétorique*, 5ème éd., Bruxelles : Université Bruxelles, 1990, p. 442 ; MAC CORMICK Neil, *Raisonnement juridique et théorie du droit, op. cit.*, p. IX.

858 JEAMMAUD Antoine, « De la polysémie du terme "principe" dans le langage du droit et des juristes », *op. cit.*, p. 72 : le principe « *constitue une variété identifiable dans le genre des règles de droit (ou normes juridiques)* [...] *Loin d'opposer règles de droit et principes juridiques comme deux espèces de normes juridiques, on est ainsi conduit à faire des seconds une espèce – s'ils s'avèrent composer un groupe d'instruments normatifs suffisamment singulier – du genre des règles de droit* » ; JEANNEAU Benoît, *Les principes généraux du droit dans la jurisprudence administrative*, Paris : Sirey, 1954, p. 244, l'auteur explique alors que les principes « *se manifestent parfois au niveau de la jurisprudence par l'intermédiaire de règles ou de théories d'un moindre rayonnement* ».

859 MAULIN Éric, « L'invention des principes », *op. cit.*, p. 23-24.

860 GHESTIN Jacques, « Les données positives du droit », *op. cit.*, n° 11.

861 ATIAS Christian, *Philosophie du droit, op. cit.*, p. 20 ; dans le même sens voir GERARD Philippe, « Aspects de la problématique actuelle des principes généraux du droit », *op. cit.*, p. 75 ; TROPER Michel, *La philosophie du droit, op. cit.*, p. 74-75 ; PERELMAN Chaïm, *Logique juridique, Nouvelle rhétorique*, 2ème éd., Paris : Dalloz, 1999, p. 86 ; GENY François, *Science et technique en droit privé positif*, Tome 3, *op. cit.*, p. 189 : il faut « *combiner ensemble des principes à tendance diverses,* [ce qui] *adoucit la rigueur d'une logique unilatérale et aboutit à faire dominer, dans la mise en œuvre des règles juridiques, cette "déduction tempérée" qui forme la marque distinctive de nos raisonnements les plus plausibles* ».

qui rationnalisent les règles selon des buts cohérents et acceptables. C'est ainsi que les principes juridiques sont des points de rencontre entre règles et valeurs »[862]. Les principes comblent les lacunes juridiques en ce qu'ils sont dotés d'une force explicative des règles et apportent une justification aux décisions : ils disposent d'une capacité d'éclaircissement du droit[863].

A l'inverse, toutefois, la doctrine admet parfois que les règles sont à la base de la consécration de principes[864] et qu'à partir de celles-ci, il est possible de découvrir des principes[865]. En ce sens, concernant les principes généraux du droit, B. JEANNEAU démontre qu'« *il y a longtemps que le Conseil d'Etat s'appuie sur le droit positif considéré dans ses expressions les plus diverses et sa continuité historique pour en déduire les principes essentiels. Ce qui lui permet d'affirmer qu'il ne les crée pas, mais qu'il les dégage de toute une tradition juridique ou de l'esprit des institutions* »[866]. Les principes sont alors implicitement contenus dans les règles, dont seule l'analyse permet d'en obtenir la formulation[867]. La métaphore de P. BRUNET explicite d'ailleurs bien cette relation puisque, suivant les termes de l'auteur, les principes « *en émanent comme l'essence du pétrole sous l'effet de la flamme, autrement dit,* [...] *ces principes ne sont susceptibles d'être extraits du droit positif que parce qu'ils le constituent ; ils correspondent aux valeurs qui régissent le droit positif* »[868]. Selon cette logique, les principes peuvent également être considérés comme la formulation doctrinale de règles générales. P. ROUBIER explique à cet effet que « *la masse des lois et des arrêts doit donc être liée dans un*

862 MAC CORMICK Neil et WEINBERGER Ota, *Pour une théorie institutionnelle du droit, Nouvelles approches du positivisme juridique*, La pensée juridique moderne, Paris : LGDJ, 1992, p. 78.

863 GRABARCZYK Katarzyna, *Les principes généraux dans la jurisprudence de la Cour européenne des droits de l'homme*, *op. cit.* ; v. aussi : MODERNE Franck, « Légitimité des principes généraux et théorie du droit », *RFDA*, 1999, p. 722 ; CHAMBOREDON Anthony, « La "texture ouverte" d'un code européen du droit des contrats », *JDI* 2001, n° 1, p. 5.

864 PONTIER Jean-Marie, « Considérations générales sur les principes en droit », *op. cit.*, p. 18.

865 BELLIER Stéphanie, « De l'art de découvrir des principes : le Conseil d'Etat entre sécurité juridique et confiance légitime », *in* PONTIER Jean-Marie (dir.), *Les Principes et le droit*, Aix-en-Provence : PUAM, 2007, p. 79 : « Les *principes généraux du droit sont des règles générales, abstraites et dégagées par le juge. Ils sont inscrits dans le système juridique mais se fondent à lui tant que leur découverte par le juge n'a pas été réalisée* ».

866 JEANNEAU Benoît, « La théorie des principes généraux du droit à l'épreuve du temps », *EDCE*, Paris : La Documentation française, 1981-1982, p. 33, spéc. p. 42-43.

867 En ce sens voir MAC CORMICK Neil, *Raisonnement juridique et théorie du droit*, *op. cit.*, p. 181.

868 BRUNET Pierre, « A quoi sert la "théorie" des principes généraux du droit ? », *in* CAUDAL Sylvie (dir.), *Les principes en droit*, Etudes juridiques, Paris : Economica, 2008, p. 175, spéc. p. 181 ; voir aussi PERELMAN Chaïm, *Logique juridique, Nouvelle rhétorique*, *op. cit.*, p. 86 : « *S'il est vrai qu'un principe général, pour devenir une règle de droit positif, doit être "déclaré" par une instance judiciaire, qui en détermine la portée et en circonscrit les limites, on ne peut nier que ces principes reprennent, d'une façon plus moderne, plusieurs règles de droit traditionnelles, auxquelles on reconnaît un champ d'application plus vaste* ».

ensemble, ou apparaissent des règles générales qui ne pourraient pas être saisies d'une autre manière ». Toujours selon l'auteur, « *quantité de règles importantes sont de formation doctrinale ; c'est ce qu'on nomme les principes généraux du droit* », c'est-à-dire des « *règles à grand rayonnement* ». P. ROUBIER nuance toutefois son propos : il confirme l'essence doctrinale de principes généraux du droit qui « *commandent toute l'armature juridique* » mais, concède que la jurisprudence recourt également aux principes[869]. Une conception synthétique est aussi possible : J. BOULANGER reconnaît que la doctrine apporte un concours à la jurisprudence en ce sens que « *pour rendre les règles plus compréhensibles en vue de l'enseignement, il faut les regrouper autour des principes ; la jurisprudence profite de cet effort* »[870].

Manifestement, c'est l'ambigüité qui constitue le dénominateur commun du rapport entre les principes et les règles. Vraisemblablement, les principes sont des notions qui « *transcendent, et en même temps orientent la règle de droit* »[871]. Il reste que « *la genèse du principe c'est le corps des règles apparentées mais distinctes de lui dont il émerge, au terme d'une métamorphose, au point que chaque règle initiale apparaît alors comme un épiphénomène du principe. Elle est en effet du domaine de l'essence qui devient secondaire par rapport à sa substance* »[872]. De même, pour Y. GAUDEMET, « *le principe n'est pas, par essence, une règle de droit ; il est riche d'implications juridiques* »[873]. Plus simplement, il semble que les principes soient premiers en importance puisqu'ils sont en fin de compte présents « avant » les règles afin d'en légitimer l'adoption, et « après » les règles pour en justifier l'interprétation et l'application. Le principe, par son envergure, se définit alors par sa capacité à « *enfanter* » des règles[874], tout en constituant le « *nom de famille* »[875] de celles-ci. Plus précisément, en droit administratif, la règle jurisprudentielle – spéciale et instable, pragmatique et concrète – se distingue du principe – général, permanent et transcendant[876]. Les principes répondent ainsi à un besoin car « *la nature a horreur du vide et, lorsque les règles précises*

---

[869] ROUBIER Paul, *Théorie générale du droit, Histoire des doctrines juridiques et philosophie des valeurs sociales*, *op. cit.*, p. 13-14 et 101 ; dans le même sens et plus récemment JESTAZ Philippe, *Le droit*, Connaissance du droit, 7ème éd., Paris : Dalloz, 2012, p. 68 : « *A la doctrine il revient le soin d'élaguer, de dégager les principes, de les combiner entre eux, d'en classer les applications et surtout de coordonner le tout en résolvant les inévitables contradictions* ».

[870] BOULANGER Jean, « Les principes généraux du droit et droit positif », *op. cit.*, p. 57.

[871] MAILLOT Jean-Marc, *La théorie administrative des principes généraux du droit, Continuité et modernité*, *op. cit.*, p. 8.

[872] MAILLOT Jean-Marc, *La théorie administrative des principes généraux du droit, Continuité et modernité*, *ibid.*, p. 16.

[873] GAUDEMET Yves, *Les méthodes du juge administratif*, *op. cit.*, p. 37.

[874] MAILLOT Jean-Marc, *La théorie administrative des principes généraux du droit, Continuité et modernité*, *op. cit.*, p. 350.

[875] JEAMMAUD Antoine, « Le principe de faveur », *op. cit.*, p. 115.

[876] JEANNEAU Benoît, *Les principes généraux du droit dans la jurisprudence administrative*, *op. cit.*, p. 189 ; voir aussi p. 242-243.

reculent, qu'elles laissent davantage de place [...] *les principes généraux avancent* »[877]. De cette manière, il se dégage une relation d'interaction traduite en termes de complémentarité entre les principes et les règles.

D'ailleurs, l'analyse du contrat administratif n'est pas étrangère à ces considérations. Une étude qui porte sur les marchés publics peut être étendue au contrat administratif afin de clarifier la position des principes et règles dans la théorie générale du contrat administratif comme suit. Selon O. GUEZOU, « *le droit des marchés publics ne peut se contenter de n'être qu'une réglementation de procédures, technique, voire tatillonne. Il a besoin de s'enrichir de principes directeurs plus affirmés. La complémentarité entre règles précises et principes permet également de distinguer un socle général et universel, composé des principes généraux qu'il convient toujours de respecter, et des règles plus précises à géométrie variable qui s'adaptent aux circonstances* »[878]. Sur la base de cet exposé, les principes et les règles constituent tous deux des normes obligatoires, mais la spécificité de ces premiers est d'apporter, par leur étendue, un remède à un excès de précision de la réglementation sur le contrat administratif. Ils indiquent la direction fondamentale et contiennent l'âme, la logique et l'esprit du régime juridique applicable au contrat administratif.

Sur cette base, il semble maintenant possible de considérer les relations et interactions entre principes et règles dans la théorie générale du contrat administratif : le principe est une « *règle première de portée suffisamment large, et comprenant virtuellement, à titre de conséquences, une théorie des règles juridiques qui se justifient par référence à ce principe* »[879]. Mais l'analogie entre les deux termes s'arrête là : ainsi que le démontre Y. GAUDEMET, le principe est « *la règle première, la clé de voûte des théories* » car les principes « *ne sont pas, par eux-mêmes et immédiatement, des règles de droit ; mais ils en sont le support et l'explication logique* »[880]. Appréhendés sous le prisme de la théorie générale[881], les principes traduisent alors la faculté de procéder à une

---

[877] GUEZOU Olivier, Le moniteur Droit des marchés publics et contrats publics spéciaux, La passation des marchés publics III.110.1, p. 2.

[878] GUEZOU Olivier, *Droit des marchés publics et contrats publics spéciaux, La passation des marchés publics*, Le moniteur, III.110.1, p. 2 ; l'auteur poursuit : « *Pour ne pas s'assécher, le droit des marchés publics a besoin d'être irrigué par des principes fondamentaux. Sans eux, le droit des marchés publics courrait le risque de n'être qu'une réglementation purement technique, sans âme et, ce qui est peut-être encore plus grave, sans logique ni esprit* » ; en ce sens CE, 7 octobre 2005, n° 278732, *Région Nord-Pas-de-Calais [Louvre 2]*, concl. D. CASAS, *JCP A* 24 octobre 2005, p. 1594, *AJDA* 2005. 2128, note J.-D. DREYFUS, *CMP* novembre 2005, p. 5, note F. LICHERE.

[879] GAUDEMET Yves, *Les méthodes du juge administratif*, *op. cit.*, p. 36.

[880] GAUDEMET Yves, *Les méthodes du juge administratif*, *ibid.*, p. 36.

[881] En ce sens voir OPPETIT Bruno, « Les principes généraux en droit international privé », *APD* 1987, p. 179 : l'auteur explique que la vocation à l'universalité des principes » *possède une résonnance théorique* ».

approche compréhensive et explicative de la matière[882]. Les principes peuvent donc se présenter de deux manières au sein de la théorie générale du contrat administratif : une première façon de comprendre les principes est au plus proche de la théorie. Ils caractérisent alors l'âme, la couleur de la théorie et s'apparentent davantage à des principes conceptuels explicatifs des règles. Une deuxième orientation quant à la détermination des principes se rapproche davantage d'une logique empirique. Cela permet d'intégrer dans la théorie générale du contrat administratif les principes fonctionnels[883] reconnus par le juge administratif et qui se trouvent au fondement des règles juridiques. Cependant, l'on ne saurait nous en tenir à l'exposé de ces rapports ambigus entre principes et règles générales puisque ces notions sont fréquemment assimilées à la théorie générale du contrat administratif.

B. Les difficultés résultant de l'assimilation des principes et règles générales à la théorie générale du contrat administratif

Les difficultés générales sémantiques affectant le recours aux termes « théorie », « principes » et « règles générales », qui s'étendent d'ailleurs à leurs rapports, se retrouvent dans le cadre plus spécifique de la théorie générale du contrat administratif par un phénomène d'assimilation (1) rarement questionné (2).

1. « Principes » et « règles générales », avatars de la théorie générale du contrat administratif

D'emblée, il convient de remarquer que, dès 1956, la doctrine crée la confusion entre la théorie générale du contrat administratif et les règles applicables au contrat administratif. A. de LAUBADERE assimile déjà la théorie des contrats à un ensemble de « *règles propres inspirées des exigences du droit public et que le juge administratif détermine en transposant les notions civilistes* »[884]. Dans le même sens et plus récemment, une tendance à l'identification entre les règles générales applicables au contrat administratif et la théorie générale du contrat administratif peut être soulignée. En ce sens, F. BRENET concède la construction de la théorie générale du contrat administratif au Conseil d'État, qui « *est parvenu à dégager une véritable théorie*

---

882 Rappr. JESTAZ Philippe et JAMIN Christophe, *La doctrine*, *op. cit.*, p. 231.

883 TRUCHET Didier, *Droit administratif*, Thémis Droit, 5ème éd. Paris : PUF, 2013, p. 187, l'auteur semble regretter le caractère hétéroclite des principes et explique que « *le Conseil d'Etat agit avec une indépendance et un pragmatisme qui ne facilitent pas la synthèse* […] *ils visent à imposer à l'administration des règles dont il entend garder la maîtrise, à élargir le droit commun administratif, à y étendre des règles issues d'un autre corps de règles ou à corriger les lacunes ou les errements du droit écrit* ».

884 De LAUBADERE André, *Traité théorique et pratique des contrats administratifs*, Tome 1, *op. cit.*, p. 15.

générale en étendant la portée de règles à l'ensemble des contrats administratifs »[885]. H. HOEPFFNER estime de son côté que la modification et la résiliation unilatérales sont des pouvoirs emblématiques de la théorie générale du contrat administratif[886]. Objet d'une diffusion au sein de la doctrine, cette idée se retrouve dans la plupart des manuels de Droit administratif. Il est ainsi possible de relever les affirmations suivant lesquelles la jurisprudence « *a dégagé un corps de principes communs, qui constituent la théorie générale des contrats administratifs* », ou encore que « *cette théorie générale n'est qu'une juxtaposition des règles dégagées par la jurisprudence et applicables à tous les contrats administratifs* »[887].

L'analogie entre les différentes notions se précise ensuite à l'aune de la pratique, répandue en doctrine, consistant à confondre les règles générales applicables au contrat administratif et les principes du contrat administratif. Régulièrement, une assimilation a lieu à l'endroit de règles générales applicables au contrat administratif avec la formation de principes généraux du droit. En ce sens, selon B. SEILLER, les pouvoirs de l'administration « *sont d'autant plus impressionnants que les plus radicaux d'entre eux lui appartiennent même sans stipulation en ce sens en vertu des règles générales applicables aux contrats administratifs. Ils sont alors autant de principes généraux du droit en la matière* »[888]. Force est de constater que suivant les auteurs ou parfois chez un même auteur[889], tel ou tel aspect du droit administratif contractuel peut se voir qualifié alternativement de principe ou de règle. De nouveau, l'impression d'une confusion se dégage de l'emploi de ces notions. G. VEDEL exprime d'ailleurs bien cette ambivalence et cette ambigüité sémantique. L'auteur décrit en effet la théorie générale du contrat administratif, c'est-à-dire la réflexion sur les « *idées* » du contrat administratif, eu égard à l'existence d'un « *ensemble de règles spécifiques parfois fondamentalement différentes des règles du droit civil* »[890], qu'il rapproche de « *principes spéciaux régissant les contrats administratifs* »[891]. Malgré tout, ce bilan obscur et mal agencé peut être relativisé parce qu'une distinction entre principes, règles générales et théorie générale semble encore possible.

---

885 BRENET François, « La théorie du contrat administratif, Évolutions récentes », *op. cit.*, n°919.

886 HOEPFFNER Hélène, « Exécution des marchés publics », *CMP* n°1, janvier 2019.

887 WALINE Jean, *Droit administratif*, Précis Dalloz, 24ème éd., Paris : Dalloz, 2012, p. 446.

888 SEILLER Bertrand, *Droit administratif 2, L'action administrative*, Champ université, 4ème éd., Paris : Flammarion, 2011, p. 201.

889 BONNARD Roger, *Précis de droit administratif*, *op. cit.*, 1935 : p. 6 : « *principe de droit privé de l'immutabilité des contrats qui a été maintenu en droit administratif, y a subi des atténuations particulières dans ses conséquences* », puis, p. 478 : « *la règle de l'immutabilité contractuelle* » ; voir aussi BONNARD Roger, *Précis de droit administratif*, 3ème éd. Paris : LGDJ, 1940, p. 14-23.

890 VEDEL Georges, *Droit administratif, Licence 2ème année*, *op. cit.*, p. 204 et p. 221.

891 VEDEL Georges, *Droit administratif, Licence 2ème année*, *ibid*, p. 515.

2. La nécessité de distinguer « principes », « règles générales » et théorie générale

Si l'assimilation entre principes et règles est courante, il reste possible de souligner avec J.-F. SESTIER que les principes de la commande publique ne sauraient être entendus comme de simples règles. Ainsi que l'explique l'auteur, certes les principes de la commande publique sont le résultat « *d'une sacralisation par les législateurs et les juges communautaire comme nationaux de règles anciennes* », il n'en demeure pas moins que cette consécration « *suppose que de simples règles à caractère technico-économique* [...] *auront atteint cette généralité, voire l'universalité, permettant de reconnaitre les caractères inhérents à un principe, un "champ d'application ouvert pour une solution fermée"* »[892]. Dans le même sens, A. ROBLOT-TROIZIER évoque implicitement la distinction entre principes et règles dans une analyse du pouvoir de contrôle que détient l'administration au cours de l'exécution du contrat administratif. Elle estime alors que le pouvoir de contrôle-direction n'est pas considéré comme un principe des contrats administratifs, tandis que le pouvoir de contrôle-surveillance est consacré comme règle générale des contrats administratifs[893].

En outre, bien qu'au sein de la théorie générale du contrat administratif, une partie de la doctrine affirme l'absence d'équivalence entre règles et principes, il semble également possible de condamner l'amalgame effectué entre, d'une part, les règles générales et les principes et, d'autre part, la théorie générale. Sans exposer précisément le critère de partition entre les notions, G. ECKERT suggère d'ailleurs implicitement la différence (*qui sera précisée plus loin*) puisque suivant son analyse, le développement des règles générales traduit davantage une fragilisation de la théorie que sa consécration[894].

Conclusion de la section et du chapitre

Les lacunes affectant la présentation dominante de la théorie générale du contrat administratif se manifestent clairement lorsque l'on procède à une analyse terminologique. Une imprécision se dégage de l'emploi des termes « théorie », « principes », « règles générales » et « droit commun ». Chacune de ces expressions présente ainsi une double nature : empiriques, elles sont mentionnées fréquemment au sein du droit positif et en référence à un ensemble de normes applicables au contrat administratif ; conceptuelles, elles

---

892 SESTIER Jean-François, « Les principes de la commande publique » *op. cit.*, p. 190 ; voir également DREYFUS Jean-David et BASSET Bruno, « Autour de la notion de "droit commun de la commande publique" », *AJDA* 2004.2256.

893 ROBLOT TROIZIER Agnès, « Retour sur le pouvoir de contrôle de l'administration à l'égard de son cocontractant », *op. cit.*, p. 990.

894 ECKERT Gabriel, « Les pouvoirs de l'Administration dans l'exécution du contrat et la théorie générale des contrats administratifs », *op. cit.*, étude 9.

sont couramment formulées et consacrées par la doctrine. Lorsqu'il s'agit par exemple de théories doctrinales, chaque auteur possède sa propre conception de la théorie, laquelle se trouve plus ou moins rattachée au droit positif et plus ou moins générale dans son domaine d'expression. Les principes, règles générales et droit commun n'échappent pas non plus au constat d'imprécision. A l'absence de rigueur dans l'emploi de ces termes qui semblent alors interchangeables, se rajoute une incertitude plus profonde concernant leur signification propre. Aucune définition n'est clairement établie, un recours à la philosophie et à la théorie du droit n'ayant pas permis de proposer une définition univoque de ces notions. Plus encore, cette imprécision terminologique atteste également de réelles difficultés méthodologiques et d'une ambivalence sémantique au sein de la conception dominante de la théorie générale du contrat administratif. Cela confirme la nécessité de dépasser la confusion pour distinguer plus précisément ses éléments constitutifs.

Chapitre 2. La confusion méthodologique

Déceler l'existence de lacunes au sein de la présentation dominante de la théorie générale du contrat administratif afin d'identifier plus précisément la notion, mais surtout afin d'en proposer ensuite une conception rénovée, suppose d'adopter un point de vue épistémologique. L'analyse terminologique effectuée représente à cet égard une base substantielle mettant en évidence une confusion méthodologique dans l'étude sur le contrat administratif. La nature à la fois conceptuelle et empirique des notions usitées met à jour deux nécessités : il s'agit d'abord de tendre à mieux distinguer les composantes de la théorie générale du contrat administratif (Section 1) pour ensuite prendre en considération le besoin de clarification du rapport entre théorie générale et droit positif (Section 2).

Section 1. La confusion dans la distinction des composantes de la théorie

Une attention portant sur l'utilisation des termes « théorie », « principes », « règles générales » et « droit commun » a permis de caractériser une certaine indétermination sémantique, une confusion traduisant une alternance entre conceptualisme et empirisme. Les interprétations doctrinales qui s'en dégagent confirment ce constat. Il est désormais intéressant de préciser la partition à effectuer entre ces termes, laquelle doit gouverner leur usage. Ainsi, dans un premier temps, il convient de tenter d'affermir la distinction entre théorie et régime juridique (Paragraphe 1) pour, dans un second temps, se risquer à proposer une détermination plus exacte des expressions « règles générales », « principes » et « droit commun » (Paragraphe 2) dans la théorie générale du contrat administratif.

Paragraphe 1. La distinction entre théorie et régime juridique

L'analyse doctrinale du contrat laisse apparaître la nécessité de distinguer la théorie générale du contrat administratif du régime juridique applicable au contrat administratif pour deux raisons : d'abord, certaines difficultés majeures, telles que le discours relatif à la crise de la théorie générale du contrat administratif, résultent justement de la diffusion de cette confusion (A). Surtout, le recours à une conception alternative à la tendance générale permet d'éclaircir les relations entre ces deux niveaux d'analyse en vue de dépasser la crise. A cet égard, l'apport d'E. SAVAUX à la distinction entre « droit commun savant » et « droit commun positif » mérite d'être souligné (B).

A. Les difficultés résultant de la confusion au sein des conceptions dominantes

La mise en évidence d'amalgames dans l'emploi des termes « théorie », « principes », « règles générales » et « droit commun » a conduit à signaler des incohérences terminologiques affectant l'exposé même de la théorie générale du contrat administratif. Globalement, cette étude rend compte d'une confusion plus profonde entre les différents niveaux d'analyse sur le contrat. Il s'agit ici de souligner les lacunes résultant de l'absence de distinction entre le régime juridique et la théorie générale ou, plus exactement, de la tendance à réduire celle-ci à celui-là, confusion qui se retrouve en droit administratif (1) comme en droit privé (2) du contrat.

1. Une confusion présente en droit administratif du contrat

La confusion entre la théorie générale du contrat administratif et son régime juridique se manifeste de diverses manières. Il est par exemple communément admis d'évoquer l'application de la théorie générale du contrat administratif[895], de mettre en relation la formation de la théorie générale du contrat administratif avec la formation d'un régime juridique spécifique au contrat administratif[896] pour ensuite souligner que les mutations de ce régime juridique impactent la théorie générale[897]. J.-D. DREYFUS s'interroge d'ailleurs sur l'existence même d'une théorie générale du contrat administratif ce dont, selon ses termes, « *on peut douter, car s'il existe bien des "règles générales applicables aux contrats administratifs", suffisent-elles à elles seules à bâtir une théorie générale ?* »[898]. Il peut aussi être relevé que le juge se serait « *engagé sur la voie d'une réécriture de la théorie générale des contrats administratifs* »[899]. Également, J. CHEVALLIER explique que la personnalité morale de droit public présente une singularité « *justifiant la construction d'un "régime" spécifique (le régime administratif)* [et que] *par-là se trouve fondée l'autonomie du droit administratif, expurgée de toute référence à la théorie civiliste des obligations* »[900]. Dans le même sens, J. WALINE assimile la théo-

---

[895] GUETTIER Christophe, *Droit des contrats administratifs, op. cit.*, p. 29.

[896] RICHER Laurent et LICHERE François, *Droit des contrats administratifs, op. cit.*, p. 32 et p. 33 ; HOEPFFNER Hélène, *Droit des contrats administratifs*, 2ème éd., Paris : Dalloz, 2019, p. 2 ; DRAGO Roland, « La notion d'obligation : droit public et droit privé », *op. cit.*, p. 45.

[897] DIDRICHE Olivier, « Les évolutions récentes des contrats administratifs », *op. cit.*, p. 132.

[898] DREYFUS Jean-David, « Contrats administratifs entre personnes publiques et théorie générale des contrats administratifs », *op. cit.*, n° 846.

[899] NGAMPIO-OBELE-BELE Urbain, « Les évolutions jurisprudentielles relatives à la résiliation des contrats administratifs », *DA* n°11 Etude 14 novembre 2015.

[900] CHEVALLIER Jacques, « L'obligation en droit public », *in APD*, *L'obligation*, Tome 44, 2000, p. 188.

rie générale du contrat administratif aux décisions rendues par la jurisprudence administrative concernant le contrat administratif[901]. Plus explicites, F. LLORENS et P. SOLER-COUTEAUX estiment que l'adoption de la loi MURCEF a eu pour principal effet que dorénavant, des contrats se trouvent « *brutalement soumis à la théorie générale des contrats administratifs et aux prérogatives de l'administration* ». Les auteurs reconnaissent ensuite que le juge administratif peut « *moduler l'application de la théorie générale des contrats en fonction de leur objet* »[902]. Plus spécifiquement, C. DUDOGNON rattache la théorie générale du contrat administratif au régime juridique des avenants[903]. Plus généralement, F. BRENET souligne le recul de la théorie générale du contrat administratif à l'aune de la spécialisation du droit des contrats administratifs[904] et considère que le Code de la commande publique est venu codifier certaines règles de la théorie générale du contrat administratif[905]. Plus encore, M.-Ch. ROUAULT affirme que « *la jurisprudence a complété ces règles* [issues de la réglementation] *et créé un corps de principes communs constituant la théorie générale des contrats administratifs* »[906].

La difficulté induite par cette tendance généralisée à assimiler la théorie générale au régime juridique applicable au contrat administratif alimente forcément le discours sur la crise de la théorie générale du contrat administratif, dont le recul est tributaire des évolutions normatives. Elle se trouve d'ailleurs renforcée par un phénomène identique en droit privé.

2. Une confusion confirmée en droit privé du contrat

L'identification de la théorie générale du contrat administratif au régime juridique applicable au contrat administratif bénéficie de l'appui d'une majorité de la doctrine administrativiste, elle trouve au surplus un secours substantiel dans les analyses effectuées en droit privé du contrat. A cet égard, E. SAVAUX émet le constat suivant lequel « *dans tous les cas la théorie générale*

---

[901] WALINE Jean, *Droit administratif*, *op. cit.*, p. 446 : La jurisprudence « *a dégagé un corps de principes communs, qui constituent la théorie générale des contrats administratifs* [...] *Cette théorie générale n'est qu'une juxtaposition des règles dégagées par la jurisprudence et applicables à tous les contrats administratifs* » ; voir aussi De LAUBADERE André, *Manuel de droit administratif, conforme au programme des facultés de droit et écoles d'enseignement supérieur*, Paris : LGDJ, 1946.

[902] LLORENS François et SOLER-COUTEAUX Pierre, « Marchés publics, compétence juridictionnelle et fond du droit », *CMP*, août 2001, n° 8.

[903] DUDOGNON Charles, « L'avenant au contrat administratif », *op. cit.*, p. 1353.

[904] BRENET François, « La théorie du contrat administratif, Evolutions récentes », *op. cit.*, n° 919.

[905] BRENET François, « Le service public dans le code de la commande publique », *Cahiers de droit de l'entreprise*, *op. cit.*, p. 31.

[906] ROUAULT Marie-Christine, *Droit administratif*, Mémentos LMD, Gualino, 6ème éd. Paris : Lextenso, 2010, p. 135.

du contrat se présente donc à l'esprit comme une fraction du droit des contrats, un ensemble de règles positives ayant vocation à trancher les difficultés juridiques communes à toutes les conventions »[907]. L'auteur remarque alors « *de multiples indices de la positivité de la théorie générale du contrat* [qui] *permettent d'affirmer que les définitions usuelles expriment en fait un sentiment très profondément enraciné en la matière* »[908]. En droit privé, il est ainsi d'usage d'appréhender la théorie générale du contrat comme le droit commun du contrat ou, plus exactement, en référence aux règles juridiques qui s'appliquent à lui. Alors que A. BENABENT considère que la théorie générale des contrats « *est au cœur du droit privé* »[909], Y. BUFFELAN-LANORE et Y. LARRIBAU-TERNEYRE précisent que c'est « *le Code civil qui l'a mise en forme* » en ce qu'il contient « *l'ensemble des règles générales gouvernant le contrat* »[910]. La présentation de la distinction entre contrats nommés et innommés effectuée par S. PORCHY-SIMON témoigne encore de cette conception. L'auteur explique que « *le contrat nommé fait en effet l'objet d'une règlementation distincte par la loi, et son régime juridique est donc déterminé par la combinaison des règles de la théorie générale du contrat et des règles spécifiques à la catégorie envisagée* » sachant que « *les difficultés nées du contrat innommé sont, quant à elles, résolues par le seul recours aux règles de la théorie générale* »[911].

Malgré le sentiment qu'il existe un réel consensus doctrinal et bien que Ph. DELEBECQUE et F.-J. PANSIER confirment la pertinence de l'analogie effectuée tant en droit privé qu'en droit administratif puisque, vraisemblablement, « *le contrat administratif obéit en grande partie à la théorie générale des contrats, élaborée par le Code civil et la jurisprudence* »[912], une autre approche semble envisageable. Une telle hypothèse suppose d'adopter un point de vue dépassant la stricte étude du contrat administratif pour s'étendre au contrat en tant que notion. Il est alors intéressant de s'appuyer sur les explications fournies par E. SAVAUX dans le cadre de sa thèse intitulée La théorie générale du contrat, mythe ou réalité ? afin de démontrer qu'une autre conception de la théorie générale est possible en droit privé, comme en droit administratif du contrat.

---

907 SAVAUX Éric, *La théorie générale du contrat, mythe ou réalité ?, op. cit.*, p. 19.

908 SAVAUX Éric, *La théorie générale du contrat, mythe ou réalité ?, ibid.*, p. 21.

909 BENABENT Alain, *Droit des obligations*, Domat Droit privé, 13ème éd. Paris : Montchrestien, 2012, p. 11.

910 BUFFELAN-LANORE Yvaine et LARRIBAU-TERNEYRE Virginie, *Droit civil, Les obligations*, Sirey, 13ème éd. Paris : Dalloz, 2012, p. 229.

911 PORCHY-SIMON Stéphanie, *Droit civil, 2ème année, Les obligations*, Hypercours, 7ème éd. Paris : Dalloz, 2012, p. 24.

912 DELEBECQUE Philippe et PANSIER Frédéric-Jérôme, *Droit des obligations, Contrat et quasi-contrat*, Objectif droit, Cours, 6ème éd. Paris : LexisNexis, 2013, p. 16.

B. La possibilité d'une conception alternative : l'apport d'E. SAVAUX à la distinction entre « droit commun savant » et « droit commun positif »

Comme en droit administratif, la doctrine privatiste a tendance à considérer équivalents la théorie générale du contrat et le régime juridique qui lui est applicable. Or, la remise en cause de ce postulat par E. SAVAUX constitue un élément structurant pour une conception renouvelée de la théorie générale du contrat administratif. La thèse d'E. SAVAUX est à ce point fondamentale dans le cadre de la recherche entreprise que les questions soulevées par l'auteur (1) peuvent être parfaitement transposées en droit administratif des contrats (2).

1. L'apport substantiel de la thèse d'E. SAVAUX à la recherche sur la théorie générale du contrat administratif

E. SAVAUX prend acte de la tendance doctrinale dominante afin de mieux démontrer que « *la théorie générale du contrat est irréductible au droit commun des contrats, lequel se rencontre en outre sous deux formes, positive et savante, qui ne doivent pas être confondues* »[913]. Loin d'assimiler les niveaux d'analyses entre eux – théorique et empirique – l'auteur précise que « *les instruments de connaissance que fournit la théorie générale du contrat sont donc susceptibles de déterminer des perceptions différentes du droit moderne des contrats* »[914]. Plus avant, à l'issue de sa démonstration, l'auteur parvient à une conclusion qui semble tout à fait appropriée en droit administratif du contrat : « *la formule "théorie générale du contrat" désigne en réalité une activité doctrinale de connaissance du contrat et le produit de cette activité, c'est-à-dire une vision du contrat acquise au terme de recherches consacrées à cet acte* »[915].

La thèse d'E. SAVAUX est incontestablement l'ouvrage de référence lorsqu'il s'agit d'étudier la signification de la notion de théorie générale du contrat et, si son analyse semble à contre-courant de la conception dominante,

[913] SAVAUX Éric, *La théorie générale du contrat, mythe ou réalité ?*, *op. cit.*, p. 23, voir aussi p. 329 : « *on peut penser que le mythe de la positivité de la théorie générale du contrat est, dans une certaine mesure, une manifestation de cette prétention de la science du droit à une scientificité calquée sur le modèle des sciences empiriques* » et p. 336, l'auteur explique que cet amalgame permet « *de masquer une conception du droit souvent plus jusnaturaliste que positiviste* [...] *c'est sans doute par crainte d'être considérés comme de pauvres savants que les civilistes qui, sur ce point au moins, ont assez nettement conscience du caractère toujours personnel et subjectif de leurs choix, font semblant de croire que ce qu'ils rapportent est bien le droit tel qu'il est* ».

[914] SAVAUX Éric, *La théorie générale du contrat, mythe ou réalité ?*, *op. cit.*, p. 315.

[915] SAVAUX Éric, *La théorie générale du contrat, mythe ou réalité ?*, *ibid.* p. 345.

elle n'est pas pour autant isolée. Dès 1988, J. GHESTIN[916] fonde la théorie du contrat sur deux principes fondamentaux : l'utilité sociale et la justice contractuelle[917]. Surtout, témoignant d'une approche conceptuelle, il signale que l'évolution de cette première conduit à s'interroger sur la notion même de contrat indépendamment de l'étude du droit positif qui lui est applicable[918]. Dans le même sens, lorsque Ph. MALAURIE, L. AYNES et Ph. STOFFEL-MUNCK entendent présenter la théorie des contrats, les auteurs précisent qu'il s'agira d'examiner d'abord « *la notion de contrat et les classifications des contrats afin d'en percevoir l'unité et la diversité* »[919]. En outre, la conception défendue par E. SAVAUX trouve une certaine audience grâce à la reproduction de certaines de ses hypothèses au sein du manuel corédigé avec J. FLOUR et J.-L. AUBERT – ce dernier ayant d'ailleurs été son directeur de recherche[920]. Par exemple, concernant la présentation des fondements du contrat, les auteurs estiment avoir affaire à une « *question de théorie générale. Il s'agit de répondre à une série d'interrogations majeures : quelle est l'essence du contrat ? Est-elle la même aujourd'hui qu'hier ? Dans quel sens le droit des contrats évolue-t-il ? Est-il toujours fondé sur les mêmes principes ? ...* »[921] Plus explicite, A. SERIAUX affirme que le Code civil fixe « *un véritable droit commun à tous les contrats (et, non, comme on le dit parfois à tort, une théorie générale des contrats* »[922] tandis que pour Ch. ATIAS, les théories du contrat « *ont en commun une certaine assise concrète ; elles correspondent à une partie de la réalité qui s'y observe, mais elles y ajoutent* »[923]. V. FORRAY, adhérant à la thèse d'E. SAVAUX, lui reconnaît le mérite d'avoir réalisé « *une redistribution, particulièrement éclairante, fondée sur la distinction du droit et de la science du droit. La théorie générale du contrat emprunte à l'activité scientifique sur le droit* »[924]. En définitive, force est de concéder que « *la théorie générale du contrat ne se confond ni avec une re-*

---

[916] Voir aussi DELEBECQUE Philippe et PANSIER Frédéric-Jérôme, *Droit des obligations, Contrat et quasi-contrat*, *op. cit.*, p. 32 : les auteurs estiment que la détermination du fondement du contrat constitue une « *question théorique* ».

[917] GHESTIN Jacques, *Traité de droit civil, Les obligations, Le contrat : formation*, *op. cit.*, avant-propos.

[918] GHESTIN Jacques, *Traité de droit civil, Les obligations, Le contrat : formation, ibid.*, p. 35

[919] MALAURIE Philippe, AYNES Laurent, STOFFEL-MUNCK Philippe, *Les obligations*, Défrénois, 11ème éd. Paris : LGDJ, 2020.

[920] FLOUR Jacques, AUBERT Jean-Luc, SAVAUX Éric, *Droit civil, Les obligations, 1. L'acte juridique*, Université, Sirey, 15ème éd., Paris : Dalloz, 2012.

[921] FLOUR Jacques, AUBERT Jean-Luc, SAVAUX Éric, *Droit civil, Les obligations, 1. L'acte juridique, ibid.*, p. 81.

[922] SERIAUX Alain, *Manuel de droit des obligations*, Droit fondamental, 2ème éd. Paris : PUF, 2014, p. 32.

[923] ATIAS Christian, *Précis élémentaire de contentieux contractuel*, 3ème éd. Aix-en-Provence : PUAM, 2006, p. 24.

[924] FORRAY Vincent, *Le consensualisme dans la théorie générale du contrat*, Paris : LGDJ, 2007, p. 13.

présentation théorique de l'acte juridique "contrat", ni avec une représentation théorique du droit applicable à cet acte juridique. Elle englobe ces deux points parmi d'autres, tels que les essais doctrinaux de définition du contrat, les propositions de nature, de régime ou de traitement judiciaire de ses effets. En définitive, le terme "contrat" associé à la théorie générale, renvoie à l'état du savoir sur le "sujet " contrat »[925]. De la sorte, la théorie générale du contrat ne saurait constituer une pâle copie du droit positif qui serait simplement ordonné en synthèse doctrinale. Elle est davantage. Il conviendra d'y revenir ensuite plus précisément dans le cadre d'une conception rénovée de la théorie générale du contrat administratif, mais il est dès à présent manifeste que la théorie générale du contrat s'appuie sur le régime juridique du contrat, elle constitue surtout une pensée globale sur la matière juridique en question. Cette conception est parfaitement transposable au droit administratif.

2. La réception de l'analyse d'E. SAVAUX dans la recherche sur la théorie générale du contrat administratif

Le droit administratif n'est pas nécessairement hermétique à la thèse défendue par E. SAVAUX. J. CHEVALLIER remarque d'ailleurs que la personnalité morale de droit public permet de « *construire une véritable théorie générale du contrat administratif, en s'adossant aux principes fondamentaux du droit des contrats* »[926]. J.-Y. CHEROT évoque aussi « *la pertinence et la légitimité d'une doctrine savante extérieure à la jurisprudence ou faisant son chemin à côté d'elle* »[927]. Par ailleurs, bien que Ph. YOLKA et S. HOURSON mettent en évidence l'existence de relations entre droit positif et théorie générale du contrat administratif, ils démontrent surtout la complémentarité entre jurisprudence et doctrine en les consacrant toutes deux comme piliers de la théorisation du contrat administratif[928]. En outre, les auteurs attestent implicitement de l'importance de distinguer théorie générale et régime juridique. Ils soulignent le caractère propre à l'étude théorique lorsqu'ils s'interrogent en ces termes à propos de l'impact doctrinal de la spécialisation du droit du contrat administratif sur la théorie générale : « *la question est de savoir si le droit des contrats administratifs peut encore être théorisé ou, plus exactement, si les auteurs restent en mesure d'en produire une théorie* », d'« *articuler une véritable dogmatique* »[929]. Si elle n'est pas évidente, l'idée de préciser le concept de théorie générale du contrat administratif moyennant une distinction plus claire entre régime juridique et théorie générale, c'est-à-dire entre droit

---

925 FORRAY Vincent, *Le consensualisme dans la théorie générale du contrat, ibid.*, p. 18.
926 CHEVALLIER Jacques, « L'obligation en droit public », *op. cit.*, p. 188.
927 CHEROT Jean-Yves, « Rapport de synthèse », *in Les méthodes en droit administratif,* Colloque AFDA juin 2017, Paris : Dalloz 2018, p. 261, spéc. p. 273.
928 YOLKA Philippe et HOURSON Sébastien, *Droit des contrats administratifs, op. cit.*, p. 19.
929 YOLKA Philippe et HOURSON Sébastien, *Droit des contrats administratifs, ibid.*, p. 20.

commun positif et droit commun savant[930], est loin d'être improbable. Elle semble à même de dépasser les lacunes issues de la tendance à définir la théorie générale du contrat administratif en référence au régime du contrat administratif et, partant, de relativiser la crise de la théorie générale fondée essentiellement sur l'évolution du droit positif. Désormais, la théorie générale du contrat administratif ne saurait être réduite au droit positif.

La distinction entre le régime juridique – ou le droit commun positif – applicable au contrat administratif et la construction d'une théorie générale a pour principal effet d'affaiblir le discours sur la crise de la théorie générale du contrat administratif. Plus précisément, si elle invite à recomposer épistémologiquement la conception dominante, elle évince toute condamnation dans l'absolu de la théorie générale du contrat administratif à la seule lumière des évolutions normatives. Toutefois, afin de compléter cette analyse, il semble intéressant de revenir, sous cette nouvelle vision, sur les « principes », les « règles générales » et le « droit commun » du contrat administratif pour mieux les distinguer.

Paragraphe 2. La distinction entre les principes, règles générales et droit commun

L'imprécision qui se dégage de l'emploi des termes « principes », « règles générales » et « droit commun » se manifeste essentiellement sur deux plans. Le premier renvoie à un usage alternatif concernant des objets ou situations identiques, tandis que le second plan concerne davantage une incertitude quant à la signification respective de chaque terme. Cette situation n'est pas propre au droit administratif du contrat mais intéresse vraisemblablement l'ensemble du vocabulaire juridique. G. CORNU considère d'ailleurs « *la polysémie des termes juridiques comme l'une des marques linguistiques essentielles du vocabulaire du Droit* » en conséquence de quoi « *le phénomène irréductible de la polysémie s'imposait comme une évidence et une richesse scientifique à exploiter* »[931]. En revanche, Ch. ATIAS nous met en garde et affirme que « *l'hypothèse d'une relative indétermination de la langue juridique, d'une malléabilité de ses termes, d'une divergence potentielle entre ce que le juriste croit dire, ce qu'il pourrait dire et ce que tel autre juriste entend ou croit comprendre, a quelque chose d'hérétique, d'inacceptable* »[932]. Ces incohérences, présentes en droit administratif, affectent la théorie générale du contrat administratif de telle manière qu'il est nécessaire d'apporter quelques éclaircissements. Il semble en effet possible et souhaitable, dans un premier temps,

---

[930] SAVAUX Éric, *La théorie générale du contrat, mythe ou réalité ?*, *op. cit.*, p. 327 : l'auteur souligne que « *tout – ou presque – en matière de théorie générale du contrat est donc doctrinal : le mot, les définitions qu'on en a, les objets qu'il recouvre en réalité* ».
[931] CORNU Gérard (dir.), *Vocabulaire juridique*, 7ème éd., *op. cit.*, p. XI.
[932] ATIAS Christian, *Epistémologie juridique*, *op. cit.*, 2002, p. 85.

de reconsidérer le caractère interchangeable des expressions afin de lui substituer un principe de distinction (A) pour, dans un second temps, proposer certains caractères généraux à partir desquels chaque notion pourrait être utilisée (B).

A. Le principe de distinctions des principes et des règles

De manière générale, il faut admettre que l'emploi d'un terme traduit forcément une signification unique. Il est alors difficile de se satisfaire de la tendance à assimiler les principes et les règles générales entre eux ou avec la théorie générale du contrat administratif. Surtout, comme le signalent les auteurs du Dictionnaire du vocabulaire juridique, « *le droit est une science dont la rigueur repose sur la précision du langage. Un terme juridique employé à la place d'un autre* [...peut] *emporter des conséquences aussi fondamentales qu'indésirables* »[933]. Si des termes différents existent, ils doivent être distingués. Aussi, bien que l'amalgame entre les notions soit courant au sein du discours doctrinal, quelques auteurs ont participé à l'élaboration d'une définition (1) permettant une discrimination (2) plus aisée entre des expressions traditionnellement proches.

1. Des tentatives doctrinales de définition

Concernant les principes et les règles, P. ROUBIER expose sa conception : « *plus qu'une règle, c'est un principe de droit, c'est-à-dire le résultat d'un effort d'abstraction et de généralisation, qui a une force de rayonnement bien supérieure à celle de la règle ordinaire dont l'objet est un point particulier et précis* »[934]. La différenciation ainsi fondée sur la précision de la norme conduit également J.-M. PONTIER à reconnaître que « *le principe se rapproche de la valeur par son impersonnalité, son absence de référence à des préférences subjectives, sa tendance à l'universalisation. La règle évoque quelque chose de plus concret, de plus proche de l'action* »[935]. De cette manière, il semble possible de retenir que, certes, les principes sont dotés du caractère de la généralité, tout comme la règle générale ; cependant, cette généralité est d'une nature particulière dans l'un et l'autre cas. Comme l'explique J. BOULANGER, « *une règle juridique est générale en ce qu'"elle est établie pour un nombre indéterminé d'actes ou de faits". Mais, sous un certain rapport, elle est spéciale, en ce qu'elle ne régit que tels actes ou faits ; elle est décidée en*

---

933 CABRILLAC Rémy (dir.), *Dictionnaire du vocabulaire juridique*, *op. cit.*, avant-propos, p. VII.
934 ROUBIER Paul, *Théorie générale du droit, Histoire des doctrines juridiques et philosophie des valeurs sociales*, *op. cit.*, p. 13-14 et 111.
935 PONTIER Jean-Marie, « Considérations générales sur les principes en droit », *op. cit.*, p. 18.

vue d'une situation juridique déterminée. Un principe au contraire, est général en ce qu'il comporte une série indéfinie d'applications »[936]. Le principe, à l'inverse de la règle, traduit un sentiment de stabilité, de permanence et d'universalité.

2. Des tentatives doctrinales de discrimination

L'approche doctrinale de définition n'est pas univoque, la distinction entre les principes et les règles se prolonge aussi par une analyse portant sur leur caractère plus ou moins souple. En ce sens, l'existence d'une pluralité de principes juridiques suppose la faculté de les mettre en balance en vue de déterminer la solution à un problème juridique donné[937]. Ainsi que l'explique R. DWORKIN, « *les règles sont applicables dans un style tout-ou-rien* » tandis que *« les principes ont une dimension dont sont dépourvues les règles : celle du poids ou de l'importance* »[938]. De même, C. M. STAMATIS démontre que si « *les principes sont des maximes qui ne peuvent pas être entièrement suivies, ce qui les distingue des règles* », ils constituent tout autant la « *figure de proue d'un système juridique, occupent donc un rang supérieur dans l'agencement hiérarchique des normes* »[939]. Le principe fait l'objet d'une interprétation alors que la règle pose ses conditions d'application, conséquences et exceptions[940]. En revanche, suivant K. GRABARCZYK, les règles de droit évoluent, peuvent être modifiées, abrogées, révisées, tandis qu'« *à côté de ces dispositions, il existe des principes non écrits qui ne peuvent pas être changés, modifiés, abrogés ou révisés. Ils constituent les bases, la philosophie ou les fondements de systèmes et donnent toute leur signification au droit, à la morale, à l'éthique ou à l'équité* »[941].

Indépendamment de toute définition univoque, il est ainsi possible de signaler l'existence d'un principe de distinction entre principes et règles qui

---

[936] BOULANGER Jean, « Les principes généraux du droit et droit positif », *op. cit.*, p. 56.
[937] PONTIER Jean-Marie, « Considérations générales sur les principes en droit », *op. cit.*, p. 18
[938] DWORKIN Ronald, *Prendre les droits au sérieux*, *op. cit.*, p. 82-85.
[939] STAMATIS Constantin M, *Argumenter en droit, Une théorie critique de l'argumentation juridique*, *op. cit.*, p. 228.
[940] GUASTINI Riccardo, « Les principes de droit en tant que source de perplexité théorique », *op. cit.*, p. 116 : l'auteur explique qu' « *une norme "précise" – donc une "règle" – est une norme immédiatement susceptible d'application à des cas concrets* [...] *Une norme structurellement vague – donc un "principe" – est une norme qui a) d'un côté exige la création d'autres normes – des normes d' "exécution" ou de "concrétisation" – pour lui donner la capacité de résoudre des cas concrets ; mais b) de l'autre côté, elle peut bien être exécutée ou concrétisée de plusieurs façons différentes et alternatives* [...] *Pour être employé dans le raisonnement d'un organe d'application, tout principe exige une "concrétisation" c'est à dire qu'il doit être "transformé", pour ainsi dire, en une règle précise* ».
[941] GRABARCZYK Katarzyna, *Les principes généraux dans la jurisprudence de la Cour européenne des droits de l'homme*, *op. cit.*, p. 35.

conduit inévitablement à mieux distinguer les principes du contrat administratif des règles générales applicables au contrat administratif. D'ailleurs, certains caractères propres aux principes, règles générales et droit commun peuvent dès à présent être exposés et confirment l'importance de différencier chacune de ces expressions.

B. Les caractères des principes, règles générales et droit commun

Face à la diversité des conceptions en présence, prétendre caractériser le principe, les règles générales et le droit commun traduit surtout le souhait de distinguer les composantes de la théorie générale du contrat administratif. L'essai de spécification repose, non pas sur l'idée péremptoire de proposer une définition, mais davantage sur la volonté de mieux comprendre les choix sémantiques et la signification des expressions par la mise en évidence de leurs caractères communs et prédominants pour *in fine* conférer la place adéquate aux principes (1), règles générales (2) et droit commun (3) dans la théorie générale du contrat administratif.

1. Le principe

Dans La pensée juridique, M. VIRALLY procède à une véritable synthèse des diverses acceptions attribuées au principe juridique qui rend compte de la richesse de l'expression[942] : l'auteur explique qu'il s'agit de « *règles d'une très grande généralité d'application, qui se retrouvent dans de nombreuses parties d'un ordre juridique et peuvent donc être considérées comme dominant dans son ensemble. Elles sont découvertes par déduction, à la suite d'une étude de l'ordre juridique tout entier, considéré dans son esprit, c'est-à-dire dans les valeurs qu'il consacre* »[943]. Plus précisément, et ainsi que le souligne Ph. GERARD, la science juridique contient plusieurs sortes de principes généraux. Premièrement, le principe peut relever d'un travail doctrinal. Dans ce cas, la doctrine recourt au principe afin d'exposer « *de manière synthétique le contenu de l'ensemble ou de larges secteurs du droit positif. Cette notion leur permet d'exprimer les grandes tendances de la réglementation juridique* ». Le principe est ici un instrument à disposition de la doctrine permettant la compréhension et l'analyse du droit. Deuxièmement, une approche normativiste permet de recourir aux principes pour désigner certaines normes juridiques en

[942] Voir *supra*.

[943] VIRALLY Michel, *La pensée juridique*, *op. cit.*, p. 171 : l'auteur va plus loin, il énonce que les principes généraux résultent du « *rapprochement d'un grand nombre de précédents* [nbp : constitués par des actes mais aussi des règles positives] *révélant l'existence d'un consensus général* [...d'] *une autorité qui en fait en quelque sorte une super-coutume. Grâce à eux, les tribunaux ont le moyen de faire prévaloir sur la législation gouvernementale et même parlementaire des règles de droit à la découverte et à la formation desquelles ils ont eu la plus grande part* ».

tant que telles. Il s'agit dans ce cas *« des règles juridiques supérieures qui relèvent du droit positif »*. Troisièmement les principes consistent également en un instrument de création, notamment jurisprudentielle, du droit en ce sens qu'ils ne sont parfois *« formulés par aucune disposition constitutionnelle ou législative »*[944]. Incontestablement, le principe est un objet juridique à plusieurs visages que la théorie générale du contrat administratif doit retenir : à des principes doctrinaux explicatifs, s'ajoutent des principes normatifs qui parfois emportent la création de nouvelles règles de droit, sachant que dans les deux cas, le principe se rapproche de ce qui est premier ou principal.

2. La règle générale

En ce qui concerne la règle générale, force est de reconnaître que si la règle est ce qui dirige, guide et oriente le comportement, la règle générale pourrait être rapprochée de ce qui dirige, guide et oriente de façon générale. Or, la généralité de la règle renvoie à plusieurs situations : d'une part, la règle est générale car elle s'applique à plusieurs personnes dans un large cadre spatio-temporel. En cela elle s'oppose aux règles particulières et individuelles. De même, la règle générale est entendue comme celle qui vise un large éventail de situations juridiques et mérite d'être distinguée des règles spéciales. Une relation de subsidiarité se dégage alors : la règle générale s'applique lorsque la règle spéciale ou particulière est imprécise ou inexistante. Elle pallie aux carences des droits spéciaux et particuliers et, en cela, contribue à la sécurité juridique. D'autre part, les règles générales peuvent servir à mettre en évidence l'unité résidant au sein d'un corpus juridique procédant de sources diverses. L'ensemble de ces normes compose les « règles générales applicables » à un objet juridique donné. La règle générale se présente ainsi sous deux aspects principaux : premièrement, il s'agit de souligner son critère général d'applicabilité, tempéré par sa relation aux autres règles qui pourront éventuellement y déroger – règles spéciales et particulières. Deuxièmement, la mention à des règles générales peut sous-entendre l'existence d'un corpus juridique relativement homogène applicable à une situation juridique et alors traduire une approche plus conceptuelle de la notion.

---

[944] En ce sens, GERARD Philippe, « Aspects de la problématique actuelle des principes généraux du droit », *op. cit.*, p. 87 ; dans le même sens JEAMMAUD Antoine, « Le principe de faveur », *op. cit.*, p. 115 : l'auteur reconnaît que les principes incarnent la « *tendance d'un ordre juridique, d'une de ses branches ou institutions, la valeur ou l'idée qui paraît l'inspirer ou qui s'en évince* » mais qu'ils peuvent aussi consister en une « *authentique règle de l'ordre juridique en vigueur* ». Ce « *principe-règle est, en tant que règle de droit, valide ("positif", "en vigueur") ou non* [...] *Il y a donc "principes" et "principes", des passages peuvent toutefois se produire d'une catégorie à l'autre* [...] *la mutation s'opérant par le canal de la jurisprudence, éventuellement inspirée par des écrits savants* ».

3. Le droit commun

L'adjectif « commun » dans l'expression « droit commun » semble autoriser à évoquer une première opposition avec ce qui est individuel, personnel, spécial et/ou particulier pour davantage se rapprocher de ce qui est global. Le droit commun doit alors vraisemblablement pouvoir être distingué du droit particulier pour caractériser un ensemble de normes s'appliquant à une matière ou une situation juridique dans leur globalité. Cet ensemble peut alors faire l'objet d'un traitement doctrinal plus poussé et fonder un système juridique. Ce système, élaboré sur le fondement d'un droit commun, se situe à un niveau supérieur – en termes d'abstraction et d'homogénéité – par rapport aux autres normes. Il représente une référence, tout comme le droit commun des contrats issu du Code civil est présumé constituer LE modèle en droit des contrats. En ce sens, J. BOULANGER précise que « *ce que l'on appelle "droit commun" n'est peut-être pas autre chose que l'ensemble des principes énoncés ou implicitement adoptés par le Code, avec toutes les solutions positives qui s'y rattachent* »[945]. E. SAVAUX définit d'ailleurs le droit commun du contrat comme une « *fraction du droit positif, regroupant l'ensemble des normes ayant vocation à trancher les difficultés juridiques communes à tous les contrats* ». Plus exactement, il constitue un « *sous ensemble du droit positif des contrats* »[946]. Quelques années plus tard, Ch. GOLDIE-GENICON prend acte du phénomène de spécialisation du droit des contrats et explique que le droit commun se réduit désormais à un « *complément utile des règlementations spéciales qui peuvent, à l'occasion, s'en détacher* »[947]. Distinct d'une simple somme des normes de droit positif applicables aux contrats, le droit commun supporte sans les incorporer l'exception et la dérogation résidant dans le droit spécial du contrat.

Partant d'un principe de distinction, la recherche des caractères du principe, de la règle générale et du droit commun se révèle féconde. Elle permet de mieux cerner la signification de chacune de ces expressions et d'en percevoir la portée ainsi que la place dans la théorie générale du contrat administratif. Facteur de compréhension de la crise, mettre à jour certaines ambiguïtés sémantiques invite surtout à préciser la signification intrinsèque de la théorie générale, non pas pour condamner la théorie générale du contrat administratif mais au contraire, pour ensuite en proposer une conception renouvelée moins sensible aux fluctuations normatives.

---

945 BOULANGER Jean, « Les principes généraux du droit et droit positif », *op. cit.*, p. 58.
946 SAVAUX Éric, *La théorie générale du contrat, mythe ou réalité ?*, *op. cit.*, p. 23.
947 GOLDIE-GENICON Charlotte, *Contribution à l'étude des rapports entre le droit commun et le droit spécial des contrats*, Paris : LGDJ, 2009, p. 19.

Conclusion de la section

La confusion entre la théorie générale et le régime juridique est habituelle. Elle innerve le discours sur la crise de la théorie générale du contrat administratif. Or, l'hypothèse d'une conception renouvelée suggère que le remède aux lacunes affectant la théorie générale existe et qu'il suppose de procéder à une nouvelle analyse de la notion. A cette fin, la thèse d'E. SAVAUX et sa distinction entre droit commun positif et droit commun savant est riche d'enseignements. Elle témoigne de ce que la théorie générale du contrat ne saurait se réduire à une présentation du droit positif applicable à la matière, tel que cela est fréquemment observé en doctrine. Mais, à la distinction entre théorie générale et régime juridique, s'ajoute également la nécessité de clarifier l'emploi des termes « principe », « règles générales » ou « droit commun ». L'inquiétude résultant du caractère aléatoire de leur utilisation et de leur absence de définition peut désormais être nuancée : il est possible de dépasser ce sentiment à l'aide, d'une part, d'un principe de distinction en lieu et place d'une tendance à l'assimilation et, d'autre part, de la mise en exergue des caractéristiques de chacune de ces expressions. L'hypothèse d'une distinction plus affirmée entre la théorie générale et le régime juridique ainsi qu'entre les principes, règles générales et droit commun du contrat permet d'apporter certains éclaircissements lorsqu'il s'agit d'identifier la conception dominante de la théorie générale du contrat administratif et d'expliquer les bouleversements qu'elle semble subir. Cette démonstration doit néanmoins être prolongée pour s'intéresser plus globalement au rapport entre la théorie générale et le droit positif.

Section 2. La confusion dans les rapports entre théorie et droit positif

La présentation dominante de la théorie générale du contrat (administratif) souffre d'une lacune commune au droit privé et au droit administratif : la confusion entre théorie générale et régime juridique. C'est l'idée répandue suivant laquelle la « *théorie générale se définit alors comme un sous-ensemble de normes contractuelles ; elle se confond avec le droit positif là où toutes les théories juridiques s'en distinguent peu ou prou* »[948]. Il ne semble pourtant pas que la notion juridique de contrat soit à ce point spécifique ou dérogatoire que sa théorisation emporterait une déformation méthodologique telle que le droit positif doive exclusivement et totalement être pris en compte. Ch. ATIAS signale à cet effet que « *le projet théorique du positivisme ne s'est jamais réalisé* »[949], tandis que J.-L. BERGEL précise qu'« *on ne peut se limi-*

[948] SAVAUX Éric, *La théorie générale du contrat, mythe ou réalité ?, op. cit.*, p. 7.
[949] ATIAS Christian, *Epistémologie juridique, op. cit.*, 2002, p. 150.

ter à une approche purement jus-naturaliste, ni à une approche seulement positiviste et empiriste du droit »[950]. Cette impossibilité est intellectuelle et matérielle pour la simple raison que le théoricien réalise un travail de l'esprit sur la matière juridique. Ainsi, suivant les termes de V. FORRAY, « *en tant que représentation doctrinale,* [la théorie générale du contrat] *ne se confond pas avec la réalité – le droit positif – mais lui est indéfectiblement liée* »[951]. Quel que soit le niveau d'abstraction souhaité, la construction d'une théorie générale en droit ne peut évidemment faire l'impasse ni se soustraire totalement à l'analyse plus ou moins détaillée du droit positif. Elle ne peut toutefois se limiter à ce domaine d'investigation. Inévitablement, le droit positif constitue un matériau de la théorie générale du contrat administratif qui, non seulement n'est pas exclusif (Paragraphe 1), mais encore fait l'objet d'une sélection (Paragraphe 2).

Paragraphe 1. Le droit positif, un matériau non exclusif dans la théorie

La nécessité de distinguer la théorie générale du contrat administratif par rapport au régime juridique applicable au contrat administratif mais aussi de différencier certaines des locutions couramment utilisées dans le cadre de la théorie générale entre elles et avec elle, invite à poursuivre cette analyse pour s'interroger sur la place du droit positif. A ce sujet, Y. GAUDEMET met en garde quant à un positivisme trop étriqué lorsqu'il s'agit de présenter le droit administratif[952]. Plus exactement, le droit positif constitue la théorie générale du contrat administratif (A) aux côtés d'autres données et disciplines (B).

A. Le recours inévitable au droit positif

En tant que notion juridique, le contrat administratif ne peut faire l'objet d'une théorisation étrangère à toute analyse normative. Le droit positif est par conséquent un élément constitutif de la théorie générale du contrat administratif. Elle repose (notamment) tant sur le droit du contrat administratif (1) que sur les sources juridiques des contrats administratifs (2).

1. Le recours au droit du contrat administratif

La constitution de la théorie générale du contrat administratif doit nécessairement intégrer une analyse du droit applicable au contrat administratif.

---

950 BERGEL Jean-Louis, *Théorie générale du droit*, *op. cit.*, p. 9.

951 FORRAY Vincent, *Le consensualisme dans la théorie générale du contrat*, *op. cit.*, p. 15.

952 GAUDEMET Yves, « Rapport introductif : les méthodes en droit administratif », *in Les méthodes en droit administratif,* Colloque AFDA juin 2017, Paris : Dalloz 2018, p. 3, spéc. p. 5.

Une pure abstraction n'étant pas souhaitable et parce qu'elle doit rester aux prises avec son objet[953], la théorie générale du contrat administratif découle notamment d'une étude des « *règles propres inspirées des exigences du droit public et que le juge administratif détermine en transposant les notions civilistes* »[954]. Malgré cela, il ne saurait s'agir d'une simple retranscription du droit positif. Conformément à la thèse défendue par E. SAVAUX, il convient de prendre en compte un inévitable dépassement du droit positif par le droit savant – la théorie –, sachant que la théorie se saisit nécessairement du droit des contrats (loi, jurisprudence), des notions, principes et conceptualisations issus du droit positif et de la doctrine. Il ne faut donc pas négliger la considération suivant laquelle la théorie « *désigne en réalité une activité doctrinale de connaissance du contrat et le résultat de cette activité, c'est-à-dire une vision du contrat acquise au terme d'une recherche consacrée à cet acte* »[955], au sein de laquelle le droit positif a une place déterminante mais non exclusive. Ainsi que le souligne V. FORRAY, « *la théorie juridique apparaît, en somme, comme un reflet du droit dont elle compose les grilles de lecture et de compréhension ; et aussi comme un modèle en ce qu'elle intègre la spéculation et l'hypothèse* »[956]. Cette démonstration – établie en matière de droit privé des contrats – est foncièrement transposable au contrat administratif. D'ailleurs, G. PEQUIGNOT exprime implicitement la place du droit positif – qui constitue un matériau dans la théorisation du contrat administratif – lorsqu'il explique sa méthode consistant à prendre appui sur la jurisprudence, en tant que celle-ci révèle l'essence même du contrat administratif. Selon l'auteur, « *si la théorie générale du contrat administratif n'a pas encore été tentée, les matériaux de cette théorie existent, cependant, et avec une incomparable abondance.* [...] *Il faut les chercher dans les recueils de jurisprudence administrative* »[957]. L'évolution du droit administratif conduit évidemment à élargir cette conception, le droit du contrat administratif étant aujourd'hui abondamment encadré par la réglementation, qu'il s'agisse de lois et règlements nationaux ou de dispositions issues du droit supranational.

La théorie générale du contrat administratif procède sûrement de l'étude de la jurisprudence relative au contrat administratif, source traditionnelle du droit du contrat administratif, à laquelle il convient d'ajouter l'analyse des

---

953 DUGUIT Léon, *Les transformations du droit public*, *op. cit.* : l'auteur explique que la jurisprudence du Conseil d'État est l'« *instrument par excellence de la formation du droit public et c'est toujours à elle qu'il faut aller si l'on veut faire une étude vraiment réaliste et non pas formuler des théories artificielles et préconçues* ».

954 De LAUBADERE André, *Traité théorique et pratique des contrats administratifs*, Tome 1, *op. cit.*, p. 15.

955 SAVAUX Éric, *La théorie générale du contrat, mythe ou réalité ?*, *op. cit.*, p. 345.

956 V. FORRAY Vincent, *Le consensualisme dans la théorie générale du contrat*, *op. cit.*, p. 12 à 20.

957 PEQUIGNOT Georges, *Contribution à la Théorie générale du Contrat administratif*, *op. cit.*, p. 9, voir aussi p. 8 : « *L'œuvre de la jurisprudence administrative permet de discerner certains traits qui sont de l'essence même du contrat administratif* ».

autres sources du droit du contrat administratif : les sources du droit nationales (le droit privé, le droit administratif et les droits transcendant la distinction droit public/droit privé comme le droit de la consommation, le droit de la concurrence ou le droit de l'environnement, le droit constitutionnel) et les sources du droit supranationales comme le droit de l'Union européenne ou le droit international (droit de l'Organisation mondiale du commerce, droit issu des traités sur les conventions, etc.). D'ailleurs, l'adoption d'un point de vue global sur le régime juridique du contrat concourt à l'un des objectifs poursuivis par G. PEQUIGNOT, à savoir exprimer, dans une théorie générale, l'idée suivant laquelle « *la nature administrative du contrat se traduit par des règles qui lui sont propres* »[958], qu'il s'agisse de son exécution ou de son existence.

2. Le recours aux sources juridiques des contrats administratifs

A côté du droit du contrat administratif envisagé précédemment à la lumière du droit de la « vie » du contrat administratif, il convient de s'intéresser également à l'élément juridique qui est au fondement de la naissance de l'acte. Ce point de vue apparaît dans la thèse défendue par G. PEQUIGNOT lorsque celui-ci souligne la nécessité suivant laquelle « *avant de tenter nous-mêmes cette théorie, nous sommes* [...] *conduits à définir ces principaux contrats administratifs dont l'analyse nous fournira les matériaux de notre construction* »[959]. Il s'agit de l'idée selon laquelle la théorie générale du contrat administratif doit incorporer les manifestations concrètes ou encore formelles de son objet. Elle doit prendre en considération l'existence des principaux contrats administratifs nommés que sont, en 1945, les marchés de travaux publics, offres de concours, marchés de fournitures et de transports, contrats de concessions de services publics, contrats d'emprunts publics d'État et autres contrats administratifs innommés. L'étude du contrat administratif suppose effectivement de s'intéresser à la genèse formelle de l'acte, révélant la raison d'être du contrat administratif, qu'il s'agisse d'un contrat administratif innommé et qualifié en vertu de critères jurisprudentiels ou d'un contrat administratif nommé par application de dispositions règlementaires. La compréhension du contrat administratif invite en effet à s'intéresser aux raisons sous-jacentes de la qualification administrative d'un contrat, qu'elles résident dans les solutions jurisprudentielles – figurant alors dans les décisions de jurisprudence étayées des conclusions des rapporteurs publics – ou dans la règlementation – pour la compréhension de laquelle les travaux parlementaires peuvent constituer des éléments d'étude intéressants.

---

[958] PEQUIGNOT Georges, *Contribution à la Théorie générale du Contrat administratif, ibid.*, p. 35.

[959] PEQUIGNOT Georges, *Contribution à la Théorie générale du Contrat administratif, ibid.*, p. 38, il explique ensuite (p. 53) qu'« *une fois que cette théorie sera établie, il serait facile de les reprendre alors et de juger si, rentrant dans le cadre scientifiquement tracé, ils méritent d'être considérés comme des contrats administratifs* ».

Le droit positif regardant le contrat administratif, qu'il réglemente la vie du contrat ou sa conception, est incontestablement une composante de la théorie générale sur le contrat administratif. D'une part, la prise en compte du droit du contrat administratif permet de mettre en évidence l'existence d'un corpus juridique dense qu'il ne saurait être question d'éluder par excès de conceptualisme. D'autre part, il est intéressant d'intégrer la source formelle des contrats administratifs présente en droit positif pour tenter d'en saisir l'essence. En revanche, le droit positif n'est pas la seule donnée composant la théorie générale du contrat administratif : ainsi que le souligne Ch. ATIAS, si une théorie en droit incorpore forcément les dispositions légales et les décisions juridictionnelles qui sont « *sélectionnées, comme l'interprétation qui en est retenue, l'histoire, la philosophie, l'économie peuvent également fournir des données* »[960]. La théorie générale du contrat administratif peut en effet tirer profit du recours à des matières et méthodes extra-juridiques enrichissant et ajoutant à la compréhension du contrat administratif.

B. Le recours complémentaire aux données et disciplines extra-juridiques

Comme l'exprime parfaitement H. DUPEYROUX, « *le juriste ne se résignera pas à couper le droit du reste du monde, il ne peut se résoudre à l'asphyxie. On ne lui mettra pas de force des œillères* »[961]. La théorie générale du contrat administratif, en ce qu'elle suppose une compréhension du contrat administratif, autorise à une certaine herméneutique[962] (2) dépassant sur cet aspect la conception de G. PEQUIGNOT (1).

1. Le dépassement de la thèse de G. PEQUIGNOT

La thèse de G. PEQUIGNOT reste l'ouvrage de référence sur la théorie générale du contrat administratif. Or, la crise que subit cette conception dominante résulte de la méthode choisie, fondée sur une appréhension essentiellement jurisprudentielle de son objet d'étude. L'auteur s'explique à ce sujet : « *bien que le "donné réel", sous-jacent aux décisions de celles-ci, ne nous soit pas étranger, le caractère de perfection de l'œuvre réalisée nous dispensera de nous en écarter pour étudier d'autres perspectives* ». Dès lors, « *c'est à l'aspect juridique de la jurisprudence en matière de contrat que nous avons pu, presque exclusivement nous cantonner* »[963]. Aujourd'hui, il convient de dépasser cette conception : la théorie générale du contrat administratif ne peut

[960] ATIAS Christian, *Épistémologie juridique*, *op. cit.*, 2002, p. 178.

[961] DUPEYROUX Henri, « Les grands problèmes du droit », *APD*, 1938, p. 7, spéc. p. 23.

[962] En ce sens voir WINTGENS Luc J., *Droit principes et théories, pour un positivisme critique*, *op. cit.*, pour une définition de sa conception, voir p. 66.

[963] PEQUIGNOT Georges, *Contribution à la Théorie générale du Contrat administratif*, *op. cit.*, p. 9.

guère se restreindre au seul examen du droit positif et encore moins se limiter à la seule jurisprudence, qui plus est administrative. La théorie générale doit au contraire s'intéresser à toutes les sources du droit des contrats et ensuite pouvoir se nourrir de considérations notamment historiques, sociologiques, politiques ou économiques[964] susceptibles de l'éclairer. E. SAVAUX rappelle à cet égard que les juristes « *utilisent aussi, dans une mesure variable selon les auteurs, les matériaux issus des sciences humaines et des sciences sociales, qui s'ajoutent à ceux, plus traditionnels, venus de la philosophie* »[965]. Il s'agit de prendre en considération des éléments non-juridiques pour expliquer certains aspects du droit du contrat administratif. Il apparaît d'ailleurs que « *le savoir juridique est souvent présent comme complété par de multiples "sciences annexes" dont la liste n'est pas exhaustive* »[966] mais qu'il est pertinent d'incorporer afin de bénéficier d'une large compréhension de la matière dans ses filiations et harmoniques[967]. Les données et méthodes extra-juridiques, loin d'adultérer la théorie générale, viennent plutôt y ajouter.

2. Le complément apporté par les données et méthodes extra-juridiques

Dépassant une vision purement jurisprudentielle de la théorie générale du contrat administratif, une telle construction doctrinale doit s'incorporer au contraire dans un « *cadre d'analyse intégrateur* »[968]. Cela suppose qu'il est possible de s'appuyer sur la sociologie puisque le contrat a pour objet l'organisation des rapports entre les sujets de droit[969], mais aussi sur la psychologie lorsque le juge recherche la volonté réelle des parties dans le cadre de l'interprétation du contrat ou lors du contrôle de la cause. L'anthropologie peut également s'insérer dans la théorie, afin d'expliquer les origines et l'évolution du contrat[970]. En ce sens et plus généralement, J. CAILLOSSE soutient que la théorie doit prendre en compte des éléments d'extranéité au phénomène juridique afin de mieux l'expliquer[971]. J. CHEVALLIER estime qu'« *avec la prise*

---

964 BONICHOT Jean-Claude, « Où en est la science administrative ? », *AJDA* 2003. 961 : « [la science administrative] *est au carrefour de différentes sciences et nécessite leur mise en œuvre conjointe* ». L'auteur conclu ensuite : « *Avis, donc, à ceux que R. CHAR appelait les franchisseurs de frontières* ».

965 SAVAUX Éric, *La théorie générale du contrat, mythe ou réalité ?*, *op. cit.*, p. 105.

966 ATIAS Christian, *Épistémologie juridique*, *op. cit.*, 2002, p. 106.

967 VIRALLY Michel, *La pensée juridique*, *op. cit.*, p. 32.

968 PONSARD Régis, « Pour une épistémologie de la science du droit administratif ? », *op. cit.*, p. 124.

969 DIDRY Claude, « Emmanuel Lévy et le contrat, la sociologie dans le droit des obligations », *Droit et Société*, 56-57/2004.

970 Sur le contrat de droit privé, voir CADIET Loïc, « Interrogations sur le droit contemporain des contrats », *in Le droit contemporain des contrats*, Paris : Economica, 1987, p. 10.

971 CAILLOSSE Jacques, « Sur quelques problèmes actuels du droit administratif français », *AJDA* 2010. 931 ; voir aussi CAILLOSSE Jacques, « Le juge administratif et la question de

en compte de cette dynamique économique, sociale, politique, idéologique et l'analyse de son impact sur le droit administratif, on en revient à la perspective qui est au cœur de la science du droit »[972]. G. CANIVET soulève même la question de l'appropriation de techniques mises en œuvre au sein de matières non juridiques en vue d'expliquer les phénomènes juridiques[973]. Les enseignements issus des disciplines extra-juridiques, qu'il s'agisse de méthodes ou de données, constituent des matériaux complémentaires mobilisés et mobilisables dans la théorie générale du contrat administratif. C'est ainsi que le recours à la philosophie peut constituer un instrument de compréhension des notions ; qu'une approche historique permet d'appréhender l'apparition de la conception dominante de la théorie générale du contrat administratif ; qu'une vision sociale du contrat peut expliquer certaines évolutions du droit positif ou qu'une logique politico-économique sous-tend l'apparition et l'encadrement de nombreux contrats administratifs nommés.

En définitive, l'objet même de la théorie générale du contrat administratif suppose une relation entre celle-ci et la matière juridique. Seulement, le rapport entre la théorie générale et le droit positif méritait d'être expliqué : la théorie générale du contrat administratif contient les données endogènes à la matière juridique – le droit positif gravitant autour du contrat administratif –, qui font l'objet d'un agencement et d'une présentation conceptuels reposant sur des données et méthodes exogènes propres à saisir le contrat administratif dans sa globalité[974]. La nature du rapport entre théorie générale et droit positif se précise ainsi peu à peu.

Paragraphe 2. Le droit positif, un matériau sélectionné dans la théorie

Comme le souligne E. SAVAUX, les mythes de la positivité de la théorie générale du contrat et de l'hypostase des systèmes du contrat[975] sont répandus. Et ainsi que l'explique M. VAN HOECKE, « *certains juristes commencent à croire que les théories qui ont été construites dans des buts pragmatiques forment en elles-mêmes une " réalité " juridique. On confond la construction de*

l'efficacité », *op. cit.* p. 27 : si « *à la théorie du droit revient l'étude de la règle et de ses conditions de production dans l'ordre juridique ; en revanche l'analyse de ses conditions d'application reste l'affaire de la sociologie du droit* ».

972 CHEVALLIER Jacques, « Doctrine ou science ? », *AJDA* 2001. 603.

973 CANIVET Guy, « La Cour de cassation et la doctrine. Effets d'optique », *in Propos sur les obligations et quelques autres thèmes fondamentaux du droit, Mélanges offerts à Jean-Luc AUBERT*, Paris : Dalloz, 2005, p. 382.

974 Dans une conception analogue, GENY François, *Science et technique en droit privé positif*, Tome 1, *op. cit.*, p. 135 : l'auteur explique que la logique « *ne donne des résultats féconds que manœuvrant sur le terrain de la vie et solidement appuyée non à des concepts ou à des symboles, mais à des principes, qui ne méritent ce nom que lorsque, sous leurs formules plus ou moins artificielles, se découvrent de véritables synthèses des réalités* ».

975 SAVAUX Éric, *La théorie générale du contrat, mythe ou réalité ?, op. cit.*, p. 21.

la réalité avec la réalité même »[976]. Il faut en effet reconnaître que la théorie générale reste une construction doctrinale et qu'à cet égard elle contient nécessairement une part des sensibilités et des tendances juridiques de son auteur. Or, le savoir juridique se forme à partir de certaines données acquises[977] telles que les connaissances antérieures, la formation juridique suivie, etc… : « *l'étude des principales théories modernes du contrat a en effet démontré que chaque juriste aborde la matière avec les instruments qui lui sont fournis par sa formation et, surtout, par sa conception du droit et de la science du droit* »[978]. Un double phénomène volontaire mais inévitable de sélection se présente au théoricien : il s'agit d'abord du choix dans la manière d'élaborer la théorie générale (A) et ensuite de la sélection effectuée dans la substance du droit positif (B).

A. Le choix dans la construction de la théorie

Prétendre élaborer, définir, préciser voire même contester la théorie générale du contrat administratif n'est pas neutre. Quelle que soit la position adoptée et la qualité de la démonstration effectuée, elle dévoile une conception sous-jacente regardant le contrat administratif. Elle suppose une idée de ce à quoi doit correspondre la théorie générale du contrat administratif et notamment la part de positivisme dans cette construction. Bien que pour G. JEZE, tout exposé théorique qui s'écarte du droit positif soit « *très critiquable : c'est une œuvre d'imagination, un roman écrit par un juriste, – le pire dans le genre ennuyeux, monument d'orgueil, et d'inutilité certaine* »[979], force est de constater que cet écart est inévitable. Puisque doctrinale, le choix est inéluctablement au fondement de la théorie générale et trahit le mythe de l'objectivité (1) et de l'hypostase (2).

1. Le mythe de l'objectivité

L'objectivité désigne la « *qualité de quelqu'un, d'un esprit, d'un groupe qui porte un jugement sans faire intervenir des préférences personnelles* »[980]. La question de l'objectivité amène à se demander si la théorie générale du contrat administratif devrait n'intégrer que la partie jugée la plus représentative et incontestée du droit positif ou si elle doit, au contraire, tendre vers une analyse exhaustive et détaillée du droit positif – si besoin à l'aide des autres disciplines. Comme le souligne E. SAVAUX, au sein de la théorie générale du

---

[976] VAN HOECKE Marc, « La théorie du droit (implicite) des praticiens du droit », *in Mélanges en l'honneur de M. TROPER*, Paris : Economica, 2006, p. 987 ; JESTAZ Philippe, « Doctrine et jurisprudence : cent ans après », *op. cit.*, n° 1.
[977] ATIAS Christian, *Épistémologie juridique*, *op. cit.*, 2002, p. 71.
[978] SAVAUX Éric, *La théorie générale du contrat, mythe ou réalité ?*, *op. cit.*, p. 279.
[979] JEZE Gaston, « Utilité des études de jurisprudence », *RDP*. 1914, p. 312.
[980] Dictionnaire *Larousse.*

contrat, la place du droit positif ne se définit pas de manière quantitative (le nombre de lois ou de décisions jurisprudentielles citées) mais qualitative. Les références au droit positif sont justifiées dans la mesure où elles apportent au raisonnement juridique poursuivi. Ainsi, l'objectivité qui résulterait d'une théorie générale établie uniquement sur le droit positif reste une illusion, une fiction[981] qui dissimule une conception personnelle justement consolidée par les références au droit positif. La théorie générale « *n'est pas un simple réservoir de techniques, ou le réceptacle des impératifs majeurs de l'ordre juridique, mais qu'on peut y déceler un système cohérent de prescriptions dotées d'une âme* »[982]. D'ailleurs, cette « âme » théorique se manifeste généralement par la volonté de son auteur de s'inscrire plus ou moins explicitement dans un courant positiviste, jusnaturaliste, voire réaliste et il n'est pas rare que le théoricien revendique une approche dite scientifique, objective et principalement positiviste[983]. Il faut toutefois relativiser les affiliations doctrinales. Ainsi que le suggère N. BOBBIO : « *la manière la plus sage de répondre à la question de savoir si tel auteur est justnaturaliste ou positiviste est de hocher la tête, en disant... cela dépend* »[984]. Surtout, une vision dite scientifique[985] du droit, l'idée d'un positivisme pur (*le sein*), indépendamment de toute interprétation (*le sollen*) semble incompatible avec la notion même de théorie générale. Il faut bien admettre que la simple description du droit positif trahit déjà un certain parti-pris de son auteur[986], autrement-dit : « *aucun discours, même s'il relève de la conception la plus rigoureuse de la science, n'est jamais neutre* »[987]. Dans le même sens, J.-P CHAZAL affirme que « *jamais les théories ne sont objectives* » de sorte que « *l'illusion de la neutralité de la théorie générale sous couvert de positivité, qui occulte le rôle constructif de la doctrine, doit être combattue* »[988]. La théorie générale du contrat administratif, de son apparition à sa remise en cause, est le reflet d'une construction fondamentalement doctrinale – de « *l'habitat mental du juriste* »[989] – établie

---

[981] Rappr. MELLERAY Fabrice, « Marcel Waline et la manière française contemporaine de faire du droit administratif », *op. cit.*, n° 145.

[982] SAVAUX Éric, *La théorie générale du contrat, mythe ou réalité ?, op. cit.*, p. 155.

[983] Par ex. G. PEQUIGNOT revendique *« une théorie applicable à tout contrat administratif »*, PEQUIGNOT Georges, *Contribution à la Théorie générale du Contrat administratif, op. cit.*, p. 3.

[984] BOBBIO Norberto, *Essais de théorie du droit (recueil de textes),* trad. M. GUERET et Ch. AGOSTINI, Bruylant, Paris : LGDJ, 1968, p. 52.

[985] KELSEN Hans, *Théorie générale des normes*, Léviathan, Paris : PUF, 1996, p. 168

[986] CAILLOSSE Jacques, « Sur quelques problèmes actuels du droit administratif français », *op. cit.*, p. 931 : « Le *positivisme intégral* [...] *relève d'une entreprise désespérée !* ».

[987] TROPER Michel, *La théorie du droit, le droit, l'Etat,* Léviathan, Paris : PUF, 2001, p. 4.

[988] CHAZAL Jean Pascal, « De la théorie générale à la théorie critique du contrat », *op. cit.*, p. 27.

[989] PONSARD Régis, « Pour une épistémologie de la science du droit administratif ? », *op. cit.*, p. 115.

sur le droit du contrat administratif. Sa présentation ne saurait alors se définir en termes d'objectivité et ne saurait également s'ériger par hypostase.

2. Le mythe de l'hypostase

La théorie générale et son essence doctrinale conduisent à faire émerger du droit positif un véritable « *système de valeurs* »[990]. Par suite, la théorie générale du contrat administratif ne saurait être assimilée à une construction par hypostase qui signifierait la possibilité de vérifier chacun de ses éléments au sein des productions normatives. E. SAVAUX met d'ailleurs en garde contre l'hypostase, c'est à dire la « *tendance irrépressible de la science du droit qui la* [la théorie] *livre à confondre ses activités et ses créations, couvertes en fait par le concept, avec les décisions d'autorités habilitées, seul élément qu'elle retient* »[991]. A l'inverse, la théorie générale repose sur une réflexion globale portant sur le contrat administratif. Elle mobilise des données empreintes d'une certaine idéologie administrative, d'une « ambiance de droit public ». Ces données ne figurent pas sous cette forme dans le corpus juridique. Elles font intervenir les valeurs sous les notions d'intérêt général, de service public ou, plus généralement, recouvrent les différents enjeux et mutations de l'action administrative. Comme l'énonce E. SAVAUX, il existe « *un emprunt des notions du contrat à des présupposés relatifs à la nature et aux fins du droit, et une certaine impossibilité d'en détacher complètement la compréhension du droit positif des contrats, qui affectent toutes les théories du contrat, qu'elles soient d'inspiration jusnaturaliste ou positiviste* »[992].

Les mythes de l'objectivité et de l'hypostase dans le cadre d'une construction doctrinale témoignent de l'intervention inévitable du choix dans l'élaboration d'une théorie. Le choix se manifeste également dans la substance du droit positif incorporé à la théorie générale.

B. Le choix dans la substance du droit positif

Évoquer l'existence d'un choix dans la substance du droit positif lorsqu'il s'agit d'expliquer le rapport entre la théorie générale du contrat administratif et ce dernier consiste à prendre conscience de la dimension quantitative (1) ainsi que d'orientations qualitatives (2) dans la sélection des références au droit positif.

---

990 VIRALLY Michel, *La pensée juridique*, *op. cit.*, p. 87.

991 SAVAUX Éric, *La théorie générale du contrat, mythe ou réalité ?*, *op. cit.*, p. 21, dans le même sens p. 22.

992 SAVAUX Éric, *La théorie générale du contrat, mythe ou réalité ?*, *ibid.*, p. 161.

1. La dimension quantitative de la référence au droit positif

Du point de vue quantitatif, il convient de se rappeler ce que le Conseil d'État dénonce sous l'expression de « *logorrhée législative et réglementaire* »[993]. Cette inflation normative bouleverse d'ailleurs la conception du contrat administratif et stimule le discours sur la crise de la théorie générale du contrat administratif. Y. GAUDEMET estime à cet effet que la dispersion des sources du droit des contrats administratifs accentue l'incohérence de la matière[994], tandis que J.-B. AUBY précise que les bouleversements du droit administratif affectent le contrat administratif dans la mesure où « *sa théorie se trouve aussi exposée à de grandes mutations* »[995]. Suivant F. BRENET, « *la théorie générale du contrat administratif est affectée* [...] *par la privatisation croissante du droit des contrats administratifs* »[996]. Plus généralement, l'évolution du droit du contrat administratif se traduit par une situation en vertu de laquelle la jurisprudence ne joue plus qu'un rôle subsidiaire[997], largement concurrencée par une réglementation dont les sources et les manifestations sont diverses et nombreuses. Il ne semble plus guère possible de s'en tenir, comme G. PEQUIGNOT le postule en 1945, à une analyse scientifique de la jurisprudence[998]. En même temps, il serait peu cohérent d'aspirer à saisir tout le droit positif applicable au contrat administratif. L'enrichissement substantiel du droit du contrat administratif invite, sinon à la modestie[999], du moins à reconnaître que la théorie générale ne peut matériellement contenir l'intégralité du droit positif applicable au contrat administratif. Du point de vue de l'accessibilité du droit, il existe d'ailleurs tout un pan du droit positif qui n'est pas ou peu diffusé. A l'inverse, concernant les normes facilement accessibles, leur quantité est telle que des choix sont inéluctables. En saisir la totalité pour l'incorporer dans la théorie générale semble fondamentalement inadapté au con-

---

993 CONSEIL D'ETAT, *De la sécurité juridique, EDCE* n° 43, Paris : La documentation française, 1992, p. 19.

994 GAUDEMET Yves, « Pour une nouvelle théorie générale du droit des contrats administratifs : mesurer les difficultés d'une entreprise nécessaire », *op. cit.*, p. 313

995 AUBY Jean-Bernard, « La bataille de San Romano, réflexions sur les évolutions récentes du droit administratif », *op. cit.*, n° 912.

996 BRENET François, « La théorie du contrat administratif, Évolutions récentes », *op. cit.*, n° 919.

997 LLORENS François, « Le droit des contrats administratifs est-il un droit essentiellement jurisprudentiel ? », *op. cit.*, p. 377 ; MELLERAY Fabrice, « Le droit administratif doit-il redevenir jurisprudentiel ? Remarques sur le déclin paradoxal de son caractère jurisprudentiel », *op. cit.*, n° 637.

998 PEQUIGNOT Georges, *Contribution à la Théorie générale du Contrat administratif, op. cit.*, p. 9.

999 ATIAS Christian, *Épistémologie juridique*, *op. cit.*, 2002, p. 153.

cept. En outre, la théorie générale du contrat administratif reste une construction doctrinale et renferme nécessairement l'empreinte de son auteur, de sorte que sa dimension personnelle impose une sélection des espèces[1000].

2. La dimension qualitative de la référence au droit positif

Du point de vue qualitatif, force est de constater que la cohérence de la théorie générale du contrat administratif suppose de poursuivre la sélection quantitative des espèces par un choix qualitatif. Il s'agit ici de souligner l'importance de l'interprétation donnée aux références relevées au sein du droit positif[1001]. Si l'on prend l'exemple de la source jurisprudentielle, il est possible de remarquer que la doctrine qualifie fréquemment certains arrêts « de principe » bien qu'ils soient tempérés par des solutions d'« espèce » contraires. Dès lors, l'arrêt de principe – en ce qu'il « *apparaît comme la source formelle d'une disposition générale, indépendante de l'espèce, dont la vocation est, dans son domaine, universelle* »[1002] – se trouve sélectionné en vue d'illustrer l'argumentation poursuivie, tandis qu'un autre est relégué au rang de simple exception. Il en résulte que de multiples décisions de jurisprudence se voient dotées par l'interprétation qu'en fait la doctrine d'une valeur variable. Elle systématise et définit des solutions « de principe » qui seront ensuite des références dans la matière traitée, indépendamment souvent de l'existence solutions contraires, qualifiées alors de minoritaires. D'ailleurs, lorsqu'une solution jurisprudentielle – encore isolée – se démarque de ce qui est communément appelé la jurisprudence constante, le juriste est face à une alternative. Suivant sa propre conception juridique, celui-ci pourra soit considérer qu'il s'agit d'un revirement de jurisprudence et de la consécration d'une nouvelle orientation, soit estimer qu'il ne s'agit que d'une exception voire d'une erreur. Cette dimension se retrouve nécessairement dans la théorie générale du contrat administratif. A ce sujet, P. ROUBIER invite à « *se garder de toute erreur d'appréciation et, notamment, de ranger parmi les exceptions ce qui ne serait en réalité qu'un nouveau principe, concurrent du premier* »[1003].

En somme, toute présentation doctrinale du droit positif traduit la conception profonde de son auteur. Qualitativement, elle manifeste un choix opéré sur la substance même du droit positif qui va orienter le raisonnement. Quantitativement, elle dévoile les mythes de l'objectivité et de l'hypostase de la théorie générale.

[1000] SAVAUX Éric, *La théorie générale du contrat, mythe ou réalité ?*, *op. cit.*, p. 82.
[1001] SAVAUX Éric, *La théorie générale du contrat, mythe ou réalité ?*, *ibid.*, p. 88.
[1002] GAUDEMET Yves, *Les méthodes du juge administratif*, *op. cit.*, p. 227.
[1003] ROUBIER Paul, *Théorie générale du droit, Histoire des doctrines juridiques et philosophie des valeurs sociales*, *op. cit.*, p. 80.

Conclusion de la section et du chapitre

La crise de la théorie générale du contrat administratif repose notamment sur une confusion entre la théorie générale et le régime juridique. Or, il n'est pas impossible de formuler l'hypothèse d'une conception renouvelée en prenant appui sur la thèse d'E. SAVAUX et sa distinction entre droit commun positif et droit commun savant. Cette présentation conduit en effet à préciser les contours des termes « principe », « règles générales » et « droit commun ». Un principe de distinction peut alors être formulé, de façon à identifier leurs caractères propres. Cette première tentative d'explication peut ensuite être prolongée pour s'intéresser plus globalement au rapport entre la théorie générale et le droit positif.

Certes, le contrat administratif en tant que notion juridique ne peut être expliqué indépendamment d'une analyse du droit positif. Pour autant, la spécificité du contrat administratif, au fondement de la théorie générale du contrat administratif, profite également d'un point de vue extra-juridique. La nature de la théorie générale se précise ainsi peu à peu. L'amalgame laisse place à une relation de non exclusivité qui, de plus, se double d'un phénomène de sélection. Il faut ainsi souligner les mythes de l'objectivité et de l'hypostase lors de l'élaboration d'une théorie. Le choix est en effet au fondement de la théorie, il traduit les limites d'une approche positiviste et trahit la conception théorique de son auteur, d'un point de vue à la fois qualitatif et quantitatif.

Conclusion du titre

La théorie générale du contrat administratif est ambigüe. L'étude de la conception dominante et l'analyse du discours sur la crise dont elle fait l'objet permettent de mettre en lumière plusieurs lacunes entourant le concept. Du point de vue terminologique, chacune des expressions qui se rattachent à la théorie mêlent empirisme et conceptualisme. Il se dégage un sentiment d'imprécision générale dans l'emploi des différentes notions regardant le contrat administratif : le terme « théorie » est fréquemment usité bien qu'il soit rarement à l'origine de la réflexion. Les « principes », « règles générales » et « droit commun » se fondent également dans un imbroglio sémantique qui marque le recours à ces notions.

Il apparaît alors intéressant de revenir sur ces quelques notions qui gravitent autour du contrat administratif afin de mieux distinguer les composantes de la théorie générale du contrat administratif. Dépassant une confusion méthodologique habituelle en droit privé et en droit administratif, une distinction doit être effectuée entre la théorie générale et le régime juridique applicable au contrat administratif. Il est alors plus aisé de différencier et de tenter de caractériser les principes, règles générales et droit commun dans la théorie générale, bien qu'à l'analyse, leur double nature – empirique et conceptuelle – persiste. Le principe apparaît ainsi sous plusieurs visages puisque des principes doctrinaux explicatifs cohabitent avec des principes empiriques normatifs, le principe renvoyant à ce qui est premier ou principal. A côté, la règle générale se présente sous deux aspects principaux : la règle d'applicabilité générale tempérée par l'existence de règles spéciales et particulières coexiste à côté d'un ensemble de règles caractéristiques d'un corpus juridique homogène applicable à une situation donnée. Enfin, le droit commun désigne généralement un ensemble de normes s'appliquant à une matière ou une situation juridique dans leur globalité.

Au-delà, la distinction effectuée entre la théorie générale et le régime juridique du contrat administratif permet de préciser le rapport avec le droit positif. En raison de la juridicité du contrat administratif, le droit positif reste incontournable, tandis que d'autres données et disciplines viennent y ajouter. Surtout, il fait l'objet d'une sélection quantitative et qualitative qui évince toute idée d'objectivité ou d'hypostase de la théorie générale du contrat administratif.

Conclusion de la partie I

La recherche sur la théorie générale du contrat administratif semble créer plus d'incertitudes qu'elle ne confirme les convictions jusqu'alors entretenues sur le contrat administratif ; elle n'est pas pour autant vaine. Elle permet d'abord de constater que c'est par un procédé de sédimentation doctrinale, dont les premières strates significatives datent des années 1820, que la théorie générale du contrat administratif dispose peu à peu d'une conception dominante. Cette conception s'apparente généralement au droit commun, au régime juridique – essentiellement jurisprudentiel – du contrat administratif, au sein duquel se manifestent des prérogatives administratives, dont le principe réside dans les notions d'intérêt général et/ou de service public et dont le contentieux relève du droit administratif. Pour autant, le recours complémentaire aux « principes », « règles générales » ou « droit commun » dans le cadre de présentations doctrinales portant sur le contrat administratif laisse deviner la persistance d'hésitations que l'analyse confirme et qu'un sentiment de crise accentue à compter des années 1980. D'ailleurs, les ambiguïtés de la conception dominante de la théorie générale du contrat administratif et l'étude du discours sur la crise dont elle fait l'objet permettent de mettre en lumière plusieurs lacunes. En effet, lorsqu'il s'agit d'analyser la théorie générale du contrat administratif, plusieurs termes semblent utilisés indistinctement. Il faut alors dépasser une confusion habituelle entre la théorie générale du contrat administratif et le régime juridique applicable au contrat administratif, pour mettre en avant une relation de non exclusivité et tenter de distinguer ses composantes.

La mise en lumière d'incohérences affectant la théorie générale du contrat administratif permet de mieux connaître la notion et la conception dominante dont elle fait l'objet. Cet exposé invite surtout à constater la nécessité d'une théorie générale du contrat administratif respectueuse tant de son contenant – la théorie générale – que de son contenu – le contrat administratif.

PARTIE 2 : LA NECESSITE D'UNE THEORIE GENERALE DU CONTRAT ADMINISTRATIF

Revenir sur les ambigüités de la théorie générale du contrat administratif permet d'abord de constater que c'est progressivement qu'une conception dominante s'est constituée. Pour autant, l'étude du discours doctrinal laisse deviner la persistance d'hésitations qu'un sentiment de crise confirme à compter des années 1980. Nous l'avons vu, plusieurs lacunes affectent la conception dominante de la théorie générale du contrat administratif. Celles-ci peuvent être précisées et éclairées par une analyse sémantique, par un travail de distinction et de caractérisation.

A ce stade, les modalités de son irruption dans le discours doctrinal, la crise qu'elle traverse et le travail de déconstruction effectué peuvent laisser sceptique quant à la pérennité de la théorie générale du contrat administratif. Mais au contraire, ici est l'intérêt de montrer que, défendue ou contestée, la théorie générale du contrat administratif mérite sa place au sein du discours sur le contrat administratif. Plus encore, l'étude menée dévoile un besoin d'organisation et d'agencement nouveau : la nécessité d'une clarification de ce qui relève de la théorie générale. Une recherche théorique générale portant sur le contrat administratif, bien qu'« *aucun texte ne saurait préciser par exemple ce qu'il faut entendre par le terme de "théorie"* »[1004], invite à préciser l'approche de la théorie générale du contrat administratif (TITRE 1) pour ensuite pouvoir en exposer les caractères (TITRE 2).

[1004] GAUDEMET Yves, *Les méthodes du juge administratif*, *op. cit.*, p. 27.

TITRE 1. L'approche de la théorie générale du contrat administratif

L'idée de préciser l'approche relative à la théorie générale du contrat administratif conduit à emprunter un chemin relativement peu usité en la matière, c'est-à-dire, l'analyse préalable de son contenant : la théorie générale. D'ailleurs, comme le regrette G. VEDEL, il s'agit souvent de « *jurisprudence, systématisée de façon peut être excessive par la doctrine* » et en réalité d'« *affirmations trop tranchantes* [...] *trop souvent justifiées en doctrine par l'appel à des généralités vagues telles que les nécessités de l'intérêt général* »[1005]. Une certaine circonspection serait donc de mise à l'égard des constructions théoriques doctrinales. Plus exactement, un recul s'impose face à l'évidence qu'elles peuvent représenter. Explicite et considérant la mutation du droit administratif, J. CHEVALLIER estime que « *la posture doctrinale, traditionnellement hégémonique, apparaît en effet insuffisante pour prendre la mesure de ces transformations ; l'adoption d'un point de vue réflexif et critique est devenue indispensable* »[1006].

Et, si la crise peut conduire à condamner ou, au contraire, à défendre ardemment la théorie générale du contrat administratif dans une « *volonté délibérée de préserver les acquis des systématisations déjà élaborées* », il semble encore possible de tenter une nouvelle explication[1007]. Cette volonté suppose en premier lieu de revenir sur ce que l'on entend par « théorie générale ». Cela fait rarement l'objet de recherches, comme si la notion à laquelle elle s'applique et sur laquelle elle se déroule l'absorbait et suffisait à l'analyse. Or, préciser la notion de « théorie » (Chapitre 1) pour ensuite en définir la portée (Chapitre 2) semble aujourd'hui capital.

1005 VEDEL Georges, *Droit administratif, op. cit.* p. 220 et 221.

1006 CHEVALLIER Jacques, « Doctrine ou science ? », *op. cit.*, n° 603.

1007 FORTSAKIS Théodore, *Conceptualisme et empirisme en droit administratif français, op. cit.*, p. 128.

Chapitre 1. La notion de « théorie »

Préciser la notion de « théorie » dans la théorie générale du contrat administratif est ni évident ni neutre. L'hypothèse de départ – établie sur les modalités d'apparition et d'expression de la conception dominante – est que la théorie générale du contrat administratif peut être appréhendée comme le résultat d'une activité doctrinale déployée sur le contrat administratif. En ce sens, la théorie générale cumule deux postures *a priori* opposées, à savoir l'abstraction et le souci du détail, dans une perspective explicative globale. Le discours sur la crise de la théorie générale suppose cependant de revenir plus spécifiquement à la signification à donner à son contenant. Si une définition incontestable de la théorie semble *a priori* difficile à formuler, une recherche sur la notion n'est pas pour autant vaine. Dans ce dessein, le recours à la philosophie et à la théorie du droit permet de procéder à l'identification de la « théorie » (Section 1) pour *in fine* caractériser son impact au sein de la théorie générale du contrat administratif (Section 2).

Section 1. L'identification de la « théorie »

Si l'on se réfère aux ouvrages généraux, la théorie est généralement assimilée à un « *ensemble relativement organisé d'idées, de concepts se rapportant à un domaine déterminé* »[1008]. Autrement dit, c'est un « *ensemble des concepts, des lois, des théorèmes d'un système scientifique* »[1009]. Ces éléments de définition posent une première approche du terme théorie. Ils surprennent néanmoins par leur souplesse et leur caractère flou. A tout le moins, ces deux propositions mettent en évidence l'existence de relations entre la théorie et des idées, des concepts, des lois et des théorèmes. Elles suggèrent aussi une logique globalisante intégrée au sein d'un ensemble organisé, dit systématique. Ces propositions constituent une première approche de la théorie. Il ne saurait cependant s'agir de s'en tenir à cet usage courant du terme. D'ailleurs, une recherche plus approfondie permet de mettre en lumière certaines difficultés inhérentes à la notion de théorie (Paragraphe 1). Différentes approches de l'expression constituent autant d'éléments bruts en vue de la détermination des caractères de la « théorie » générale du contrat administratif (Paragraphe 2).

Paragraphe 1. Les difficultés soulevées par la notion de théorie

Comme le montre Ch. ATIAS, « *les théories peuvent paraître extrêmement diverses, voire incomparables. Les unes portent sur des notions, d'autres sur des principes, d'autres encore sur un ensemble de règles constitutives d'un régime. Les unes révèlent une cohérence insoupçonnée en coordonnant des*

[1008] Dictionnaire *Larousse*.
[1009] *Encyclopaedia Universalis*.

solutions supposées établies ; les autres remettent en cause des règles ou leurs conséquences, en montrant qu'elles sont considérées par erreur comme le droit positif. Certaines puisent dans l'histoire une tradition oubliée ou déformée dont elles révèlent la valeur permanente ; d'autres militent pour la rupture avec une institution désuète »[1010]. Inéluctablement, une question émerge : la théorie serait-elle irréductible à l'entreprise de définition ? Il faut bien concéder que la théorie apparaît d'abord comme une notion plurielle (A), là où le juriste cherche la précision et la détermination des expressions qu'il emploie (B).

A. Le pluralisme de la notion de théorie

La philosophie et la théorie du droit sont d'un secours substantiel lorsqu'il s'agit de préciser le sens des notions. En ce qui concerne la théorie, ce qui marque le plus, c'est le pluralisme des conceptions proposées. Au sein des ouvrages de philosophie, il est par exemple possible de relever l'existence de nombreuses définitions de la notion de théorie, dont la paternité est respectivement attribuée à autant d'auteurs[1011] (1), tandis que la recherche en théorie du droit confirme l'existence de conceptions divergentes sur ce terme (2).

1. L'existence de plusieurs conceptions du terme « théorie » en philosophie du droit

Que les philosophes s'opposent ou se rejoignent sur ce point, lorsqu'il est question de théorie, une attention particulière est généralement portée à la relation entre théorie et pratique. Trois postures sont à souligner ici. Certains ouvrages exposent une partition nette entre la théorie et la pratique, tandis que d'autres proposent une articulation plus empirique. Enfin, une synthèse entre théorie et pratique n'est pas exclue.

En premier lieu, la distinction conceptuelle[1012] entre théorie et pratique transparaît sous la plume de nombreux auteurs. Ainsi, la théorie ne se résume pas à la pratique en tant qu'elle est un procédé rationnel qui vise la découverte de l'essence de l'objet étudié, pour mettre ensuite en évidence un rapport de conformité à un idéal. L'application pratique n'est ainsi pas nécessairement

---

[1010] ATIAS Christian, *Épistémologie juridique*, *op. cit.*, 2002, p. 178.

[1011] Par exemple la théorie de l'agir communicationnel de J. HABERMAS (1981), théorie de la justice de J. RAWLS (1971), théorie de l'art moderne de P. KLEE (1964), théorie de la science de J. GOTTLIEB FICHTE (1834), théorie de l'objet de A. MEINONG (1904), théorie des sentiments moraux d'A. SMITH (1759), théorie esthétique de T. W. ADORNO (1970), théorie et histoire de l'historiographie de B. CROCE (1912), théorie et pratique de J. HABERMAS (1963), théorie générale de la connaissance de M. SCHLICK (1918), théorie générale de l'esprit comme acte pur de G. GENTILE (1916), théorie pure du droit de H. KELSEN (1934)…

[1012] BLAY Michel (dir.), *Dictionnaire des concepts philosophiques*, *op. cit.*, p. 137 : Le conceptualisme désigne une « *théorie suivant laquelle les concepts sont considérés comme les produits d'une construction de l'esprit* ».

intégrée à la construction théorique[1013]. D'ailleurs, S. AUROUX caractérise une théorie par l'existence d'un « *système hypothético-déductif cohérent et articulé, un ensemble infini d'énoncés clos sous l'opération de déductibilité* ». Cette clôture du système envisagé sous le terme « théorie » s'exprime par « *une véritable autonomie de la théorie vis-à-vis de l'expérience dans la mesure où le contenu sémantique des termes théoriques n'est pas déterminé par leur correspondance étroite avec des énoncés d'observation* »[1014]. Le mode sur lequel s'établit la théorie est celui du raisonnement, de la déduction ou de l'hypothèse[1015]. Construction intellectuelle avant tout, la théorie peut être en cela distincte de toute applicabilité – si possible est-elle – des préceptes qu'elle contient. Elle permet en revanche d'expliquer l'essence de phénomènes concrets sans que l'on puisse assimiler les uns à l'autre[1016]. En cela, il est possible de reprendre la définition proposée par A. LALANDE en référence à une « *construction spéculative de l'esprit rattachant des conséquences à des principes* [...] *qui est l'objet d'une connaissance désintéressée, indépendante de ses applications* »[1017].

En deuxième lieu, le lien empirique[1018] effectué entre la théorie et la pratique a trait à la faculté de mettre à l'épreuve, corriger voire compléter la théorie au regard de sa nature prévisionnelle et explicative[1019]. En résulte une vision dynamique de la théorie incluse dans un processus d'induction, une théorisation appuyée sur la réalité. Plus encore, certains auteurs, sans renoncer au terme « théorie », considèrent que « *du point de vue pragmatique, une théorie peut être utilisée de façon prescriptive comme un ensemble de calculs et de schématisations d'expériences permettant son application concrète* »[1020]. La théorie devient un instrument conforme, de conformité et à conformer avec une certaine réalité[1021]. Ce point de vue met en exergue une conception empirique de la théorie, où elle vient rationaliser le réel, organiser les phénomènes

---

1013 BARAQUIN Noëlla, BAUDART Anne, DUGUE Jean, LAFFITTE Jacqueline, RIBES François, WILFERT Joël, *Dictionnaire de philosophie*, *op. cit.*, p. 502 ; dans un sens proche, voir BLAY Michel (dir.), *Dictionnaire des concepts philosophiques*, *op. cit.*, p. 788.

1014 AUROUX Sylvain (dir.), *Encyclopédie philosophique universelle*, Tome II, Les notions philosophiques, *op. cit.*, p. 2590.

1015 FOULQUIE Paul et SAINT-JEAN Raymond, *Dictionnaire de la langue philosophique*, *op. cit.*, p. 726.

1016 En ce sens, voir notamment, BOILLOT Hervé, *Petit Larousse de la philosophie*, Paris : Larousse, 2007, p. 963.

1017 LALANDE André, *Vocabulaire technique et critique de la philosophie*, *op. cit.*, p. 1128.

1018 BLAY Michel (dir.), *Dictionnaire des concepts philosophiques*, *op. cit.*, p. 247 : est empirique « *ce qui se limite à des observations ou en provient sans élaboration véritable – ce qui se fonde sur l'expérience sensible – ce qui est connu au moyen de l'expérience* ».

1019 BARAQUIN Noëlla, BAUDART Anne, DUGUE Jean, LAFFITTE Jacqueline, RIBES François, WILFERT Joël, *Dictionnaire de philosophie*, *op. cit.*, p. 503.

1020 AUROUX Sylvain (dir.), *Encyclopédie philosophique universelle*, Tome II, Les notions philosophiques, *op. cit.*, p. 2590.

1021 AUROUX Sylvain (dir.), *Encyclopédie philosophique universelle, ibid.* p. 2593.

de manière logique, ordonnée et cohérente, mais également expliquer le pourquoi et le pour quoi de cette réalité. En ce sens D. JULIA reconnaît une quadruple fonction des théories : elles ont d'abord un rôle de coordination ou d'unification et ensuite une fonction méthodologique en vue de guider la recherche scientifique et la classification des faits. Elles ont aussi un intérêt heuristique en tant que forces de découvertes et, enfin, une portée explicative, en renseignant sur la nature du monde[1022].

En troisième et dernier lieu, une synthèse entre théorie et pratique est parfois envisagée[1023]. Dans sa contribution portant « Théorie et expérience », O. DEKENS nuance l'opposition entre théorie et pratique. L'auteur explique qu'« *une théorie est un ensemble systématiquement ordonné et structuré de manière complexe de principes et de lois organisant la connaissance d'un domaine d'objets déterminé. Elle implique la mise en forme logique de ses éléments, en général sur le modèle d'un ordre déductif permettant de passer d'un élément à un autre, ainsi qu'une hiérarchisation de ses principes* »[1024]. Ici, loin de se fondre l'une dans l'autre, la théorie s'appuie, se construit, se formule sur la matière[1025]. Cette matière constitue la base – nécessairement empirique – de la théorie – forcément conceptuelle. La théorie se dote alors d'un critère de « vérité », en saisissant des phénomènes.

En philosophie, le lien entre la théorie et la pratique est plus ou moins ténu, mais ne saurait tendre à la confusion : la théorie reste une représentation intellectuelle et, de ce simple fait, elle est fondamentalement provisoire et perfectible[1026]. Ce constat doit néanmoins être complété par l'examen de conceptions présentes en théorie du droit.

2. Des conceptions divergentes du terme « théorie » en théorie du droit

Les ouvrages de théorie du droit apportent de précieuses informations quant à la signification du terme « théorie », qu'ils contiennent des développements dédiés ou qu'elle se déduise de la présentation et de la méthode adoptées.

1022 JULIA Didier, *Dictionnaire de la philosophie*, *op. cit.*, p. 280.

1023 BARAQUIN Noëlla, BAUDART Anne, DUGUE Jean, LAFFITTE Jacqueline, RIBES François, WILFERT Joël, *Dictionnaire de philosophie*, *op. cit.*, p. 502 : « *La théorie pure n'est pas chargée de prendre en compte les applications d'un savoir ou d'un principe mais elle peut donner naissance à des théories plus spécialement attachées à ces applications et qui trouvent en elles leurs fondements. Il est en général plus pertinent de considérer l'articulation de la théorie et de la pratique que leur coupure* ».

1024 DEKENS Olivier, « Théorie et expérience », *in* ZARADER Jean-Pierre (dir.), *Les grandes notions de la philosophie*, Paris : Ellipses, 2010, p. 904.

1025 Dans le même sens, MORFAUX Louis-Marie et LEFRANC Jean, *Nouveau vocabulaire de la philosophie et des sciences humaines*, Paris : A. Colin, 2011, p. 575.

1026 MORFAUX Louis-Marie et LEFRANC Jean, *Nouveau vocabulaire de la philosophie et des sciences humaines*, *op. cit.*, p. 575.

D'abord, une conception positiviste-normativiste se dégage. Pour H. KELSEN, la théorie du droit « *se propose uniquement et exclusivement de connaître son objet, c'est-à-dire d'établir ce qu'est le droit et comment il est. Elle n'essaie en aucune façon de dire comment le droit devrait ou doit être ou être fait. D'un mot : elle entend être une science du droit, elle n'entend pas être une politique juridique* »[1027]. La théorie du droit relève de la connaissance et de la description du droit en tant que science du droit. Empruntant une posture dite scientifique, la théorie ne vise pas à justifier ou légitimer le droit, bien qu'elle intègre son application et comporte alors inévitablement le processus d'interprétation du droit.

En parallèle, certains auteurs adoptent une conception transcendantale pour considérer que la théorie du droit vise à dépasser les oppositions juridiques et les distinctions résultant de systèmes de droits particuliers afin de former un système global. La théorie est ici entendue comme une organisation du droit, portée à un niveau élevé de généralisation. Dans une représentation descriptive et explicative, la théorie prend pour base la réalité juridique en vue de formuler un ensemble cohérent, dit aussi système[1028]. A. AARNIO explique à cet effet que « *le concept de théorie en dogmatique juridique (théorie du droit) est défini au moyen de la notion de systématisation* [...]. *Une théorie, en dogmatique juridique, est un ensemble de concepts et d'énoncés utilisés pour systématiser les normes juridiques d'une manière précise* ». Cette systématisation théorique se distingue du point de vue positiviste-normativiste puisque dans ce cas « *la théorie de la systématisation peut être comparée à une lentille qui limite et aiguise tout à la fois notre vue* »[1029]. D'autres théoriciens vont au-delà et considèrent que la théorie en droit dépasse l'explication, la systématisation et la prévision, conduisant inéluctablement, selon C. PERELMAN, à prendre position[1030].

Loin de prétendre à l'exhaustivité, une conception réaliste et pratique de la théorie du droit mérite également d'être mentionnée. A. ROSS explique que « *dans chaque théorie du droit, on peut retrouver trois éléments, soit apparents, soit cachés : a) l'élément de la réalité, b) celui de la validité, et, c) un rapport de réciprocité logique entre ces deux éléments de manière que le réel dans le droit ne se définit que par sa validité et, à l'inverse, la validité par sa*

1027 KELSEN Hans, *Théorie pure du droit*, trad. Ch. EISENMANN, Paris : Dalloz, 1962, p. 1 et 94 ; voir également MAGNON Xavier, *Théorie(s) du droit*, Universités-Droit, Paris : Ellipses, 2008, p. 7.

1028 BOBBIO Norberto, *Essais de théorie du droit (recueil de textes)*, *op. cit.*, p. 24.

1029 AARNIO Aulis, « Dogmatique juridique », *in* ARNAUD André-Jean (dir.), *Dictionnaire encyclopédique de théorie et de sociologie du droit*, Paris-Bruxelles : LGDJ-Story-Scientia, 1988, p. 107.

1030 PERELMAN Chaïm, *Éthique et droit, traité de l'argumentation, la nouvelle rhétorique*, *op. cit.*, p. 742.

réalité »[1031]. Plus concrètement, d'aucuns vouent à la théorie une vocation pratique, une utilité fonctionnelle. Elle constitue sous cet angle une « *construction de l'esprit propre à justifier le résultat souhaité au regard de la technique juridique* »[1032]. La théorie apparaît comme un moyen d'explication du droit en vue de déterminer la norme applicable à une situation donnée et d'orienter les décisions juridiques. On retrouve ici le lien entre la théorie et la pratique, la théorie représentant un instrument du raisonnement juridique, une sorte de référentiel.

La recherche d'une définition du terme « théorie » en philosophie et en théorie du droit se solde par un constat : le terme ne bénéficie pas d'une définition unique à laquelle il est possible de se référer dans l'absolu. Le pluralisme attaché à la théorie permet néanmoins de mettre en avant quelques dénominateurs communs, propres à dégager ses éléments de détermination.

B. La détermination de la notion de théorie

La richesse sémantique peut laisser quelque peu circonspect et il pourrait être tentant, au vu de la crise affectant la théorie générale du contrat administratif, d'abandonner la notion de théorie, dont l'emploi est parfois jugé abusif[1033]. Malgré tout, quelques éléments déterminants de la notion de théorie (1) se détachent de l'analyse terminologique menée en philosophie et en théorie du droit. Ces éléments facilitent l'entreprise de connaissance de la « théorie » générale du contrat administratif (2).

1. Les déterminants de la notion de théorie

Des éléments d'identification de la notion de théorie existent. De la diversité des significations attribuées à la théorie se dégage quelques dénominateurs communs : les éléments issus de la philosophie et de la théorie du droit permettent d'établir une relation entre la théorie et la pratique dans une logique qui se veut scientifique – la science étant entendue ici de façon large comme l'activité intellectuelle, le savoir juridique[1034]. La théorie en droit se présente ainsi majoritairement comme un travail doctrinal[1035] d'abstraction et de généralisation, mais aussi de connaissance, d'explication et de présentation structurée et cohérente sur le droit. La présentation d'une théorie est alors tributaire

---

[1031] ROSS Alf, *Introduction à l'empirisme juridique*, trad. E. MILLARD et E. MATZNER, La pensée juridique, Paris : Bruylant-LGDJ, 2004, p. 26.

[1032] JESTAZ Philippe, *Le droit, op. cit.*, p. 94 et 123 ; voir également MILLARD Éric, *Théorie générale du droit*, Connaissance du droit, Paris : Dalloz, 2006, p. 3.

[1033] FISH Stanley, *Respecter le sens commun, Rhétorique, interprétation et critique en littérature et en droit, op. cit.*, p. 193.

[1034] ATIAS Christian, *Épistémologie juridique*, *op. cit.*, 2002, p. 178.

[1035] CHAZAL Jean Pascal, « De la théorie générale à la théorie critique du contrat », *op. cit.*, p. 27 ; voir également SAVAUX Éric, *La théorie générale du contrat, mythe ou réalité ?, op. cit.*

du choix par son auteur d'une méthode, révélé par les procédés de sélection, de hiérarchisation et d'organisation logiques auxquels il recourt. Ensuite, la relation inévitable entre la théorie et la pratique suppose qu'il existe toujours un processus de sédimentation, d'enrichissement, d'évolution et de révolution[1036], de construction et de reconstruction[1037].

A cet égard, une mention particulière doit être faite de la définition proposée par G. CORNU opérant une remarquable synthèse et une conciliation habile entre les différents éléments constitutifs de la théorie. La théorie est appréhendée comme une « *activité doctrinale fondamentale dont l'objectif est de contribuer à l'élaboration scientifique du Droit, en dégageant les questions qui dominent une matière, les catégories qui l'ordonnent, les principes qui en gouvernent l'application, la nature juridique des droits et des institutions, l'explication rationnelle des règles de Droit ; réflexion spéculative qui tend à découvrir la rationalité du Droit sous son historicité* »[1038]. L'un des apports notables de cette définition dans la recherche entreprise procède de la relation entre théorie et pratique ainsi exposée, c'est-à-dire sans que l'une ne se confonde avec l'autre. Cette définition met de côté toute ambition de formuler une théorie absolue en droit[1039] administratif pour, au contraire, intégrer les caractères explicatif, spéculatif, implicitement provisoire et perfectible[1040], constitutifs de la notion.

2. La détermination de la notion de « théorie » générale du contrat administratif

Sur la base des données issues de la philosophie et de la théorie du droit, il semble possible de clarifier le sens à donner à la « théorie » générale du contrat administratif. Conforme au postulat de départ, la théorie peut être appréhendée comme le résultat d'une activité doctrinale déployée sur le contrat administratif. Elle permet la compréhension par l'explication rationnelle du con-

---

1036 CHAZAL Jean Pascal, « De la théorie générale à la théorie critique du contrat », *ibid* ; voir aussi KUHN Thomas-Samuel, *La structure des révolutions scientifiques*, trad. L. MEYER, Champ Sciences, Paris : Flammarion, 2008.

1037 PIMONT Sébastien, « Peut-on réduire le droit en théories générales ? Exemples en droit du contrat », *op. cit.*, p. 417.

1038 CORNU Gérard (dir.), *Vocabulaire juridique*, 10ème éd., *op. cit.*, p. 1023.

1039 FISH Stanley, *Respecter le sens commun, Rhétorique, interprétation et critique en littérature et en droit, op. cit.*, p. 13 : pour l'auteur, la théorie est un « *ensemble de principes, de règles ou de procédures qui n'est rattaché (au sens de dériver) à aucun champ d'activité spécifique mais qui est suffisamment général pour être pensé comme une contrainte sur (et une explication de) tous les champs d'activités* ». Et, p. 193, l'auteur explique que c'est « *une formulation abstraite ou algorithmique qui guide ou qui gouverne la pratique à partir d'une situation qui se trouve en dehors de toute conception particulière de la pratique* ».

1040 VIRALLY Michel, *La pensée juridique, op. cit.*, p. XII et p. 215 : toute théorie « *possède une part de vérité et recèle une part d'erreur* ».

trat administratif dans toute son unité et sa diversité. Elle cumule deux postures *a priori* opposées, à savoir l'abstraction et le souci du détail, dans une perspective explicative globale. Il convient donc de ne pas opposer de manière trop absolue l'empirisme au conceptualisme et de reconnaître l'existence d'interactions entre ces deux postures. Malgré tout, une prédisposition entre l'une et l'autre reste inévitable et influe sur la méthode retenue. Parce que synthétique, il est possible de rappeler la définition proposée par Y. GAUDEMET et de considérer que la théorie du contrat administratif constitue également « *la construction d'un ensemble cohérent et harmonieux d'hypothèses et de théories* ». C'est encore « *toute explication – ou toute tentative d'explication –* [...] *bénéficiant d'une certaine cohérence interne et ayant une portée explicative universelle* »[1041]. La théorie générale du contrat administratif en qualité de théorie, apparaît maintenant comme l'un de ces artifices de pensée[1042] dont il est possible de préciser les caractères propres.

Paragraphe 2. Les caractères de la notion de théorie

Exposer les caractères de la notion de théorie suppose de rappeler que sa constitution est d'abord l'œuvre de la doctrine[1043]. La doctrine désigne une triple réalité : celle d'un droit savant, celle d'une source de droit et celle d'un corps de docteurs[1044]. Surtout, par son travail d'abstraction et de généralisation, cette communauté de savants[1045] rend compte, par la controverse à laquelle elle se livre, de l'impossible quête d'une vérité unique[1046] et compose les bases des concepts et des théories[1047]. L'activité doctrinale est en effet une activité de connaissance, d'explication, d'ordonnancement, de mise en cohérence, d'harmonisation, de synthétisation et d'interprétation du droit[1048]. La doctrine est ainsi clairement liée au processus de théorisation et son apport à la matière juridique se concrétise de plusieurs manières : « *par des traités, des manuels, des précis, des chroniques, des commentaires d'arrêts, qui lui per-*

1041 GAUDEMET Yves, *Les méthodes du juge administratif, op. cit.*, p. 32 et s.
1042 GENY François, *Science et technique en droit privé positif, Nouvelle contribution à la critique de la méthode juridique, op. cit.*, p. 159.
1043 GAUDEMET Yves, « Pour une nouvelle théorie générale du droit des contrats administratifs : mesurer les difficultés d'une entreprise nécessaire », *op. cit.*, p. 313.
1044 JESTAZ Philippe et JAMIN Christophe, *La doctrine, op. cit.*, p. 10.
1045 TERRE François, *Introduction générale au droit, op. cit.*, p. 161 et s. ; voir aussi AUTIN Jean-Louis et RIBOT Catherine, *Droit administratif général, op. cit.*, p. 17.
1046 GHESTIN Jacques, « Les données positives en droit », *op. cit.*, n° 11.
1047 GENY François, *Science et technique en droit privé positif, Nouvelle contribution à la critique de la méthode juridique, op. cit.*, p. 130.
1048 TERRE François, *Introduction générale au droit, op. cit.*, p. 161 et s. ; GHESTIN Jacques, « Les données positives du droit », *op. cit.*, n° 11.

mettent de présenter ses systèmes et ses théories, ses approbations, ses critiques, ses propositions, ses opinions »[1049]. Son rôle dans la construction théorique est de premier rang en ce sens que « *sans la doctrine, le droit ne serait qu'un amas de règles et de décisions qui constituerait souvent un fouillis inextricable* »[1050]. Si certains distinguent la doctrine des « Professeurs » de celle de « certains juges »[1051], la théorie générale du contrat administratif procède principalement d'un « *examen des constructions théoriques, des explications d'ensemble, finalement des conceptions générales du droit administratif et des systèmes de droit* »[1052]. La théorie, en qualité de construit doctrinal (A), se trouve alors au cœur du raisonnement juridique (B).

A. La théorie, un construit doctrinal

La notion de construit dans l'œuvre de F. GENY procède de l'idée suivant laquelle « *le travail à réaliser, partant des données naturelles acquises, tendra à les mettre en œuvre, les transformer ou les assouplir, de façon à les modeler sur les besoins mêmes de l'ordre juridique, pour lequel elles sont destinées* ». Le construit constitue « *le résultat de l'effort, ainsi poursuivi, issu de l'artifice, s'exerçant sur la nature par des procédés propres, puisés dans les puissances personnelles de l'homme* »[1053]. Ce caractère construit de la théorie, et, plus généralement, l'idée de construction doctrinale[1054], se retrouve dans la substance même de ses productions et fait l'objet d'une conception dominante en doctrine (1) dont il ressort la vocation systémique de la théorie (2).

1. Une conception dominante en doctrine

La doctrine administrativiste s'est très tôt – avant même l'acte dit de naissance du droit administratif que symbolise l'arrêt Blanco en 1873 – intéressée au travail de réflexion sur le droit. Le terme théorie n'est d'ailleurs pas ignoré quand bien même le droit administratif est encore en période de gestation. A cet effet, la conception de la théorie proposée par F. LAFFERIERE dès 1839 est intéressante. La théorie consiste ici à « *donner la substance même des idées, et y rattacher les détails nécessaires pour éclairer les principes et communiquer à la théorie les réalités de la vie pratique* »[1055]. Ce lien avec les

1049 TERRE François, *Introduction générale au droit, ibid.*, p. 163.
1050 TERRE François, *Introduction générale au droit, ibid.*, p. 167.
1051 GAUDEMET Yves, *Les méthodes du juge administratif, op. cit.*, p. 148-150 ; voir aussi AUTIN Jean-Louis et RIBOT Catherine, *Droit administratif général, op. cit.*, p. 3.
1052 GAUDEMET Yves, *Les méthodes du juge administratif, op. cit.*, p. 152.
1053 GENY François, *Science et technique en droit privé positif*, Tome 1, *op. cit.*, p. 97.
1054 JESTAZ Philippe et JAMIN Christophe, *La doctrine, op. cit.*, p. 221.
1055 LAFERRIERE Firmin, *Cours de droit public et administratif*, Paris : Joubert, 1839, p. VI ; *idem* : LAFERRIERE Firmin, *Cours théorique et pratique de droit public et administratif*, Tome 1, 3ème éd., Paris : Cotillon, 1850, p. 3.

réalités ne dissimule cependant pas la coloration personnelle – construite – de la théorie puisque l'auteur reste « *persuadé que l'état de la science et la diversité des esprits demandent que l'homme qui travaille consciencieusement présente son point de vue personnel* »[1056]. La théorie apparaît comme une construction nécessairement reliée aux tendances internes, sensibles et profondes de l'Homme-théoricien. En 1910, M. HAURIOU confirme et précise ce point de vue lorsqu'il énonce que « *les constructions subjectives ne doivent pas perdre le contact avec les réalités, mais distinction féconde cependant, séparation nécessaire, car sans elle, il n'y aurait point de science du droit, il n'y aurait qu'une pratique terre à terre* »[1057]. La tension entre théorie et pratique est par ailleurs explicitée : la doctrine s'appuie sur la réalité, le droit positif, la pratique, bien que la théorie en droit ne puisse se résumer à la pratique du droit. Il existe une divergence de points de vue entre les théoriciens et les praticiens du droit : « *les théoriciens ne sont pas satisfaits par les synthèses pratiques, il leur faut l'unité d'un principe abstrait* »[1058]. Effectivement, la théorie se distingue de la simple retranscription du droit. Elle ne saurait se résumer à un recueil de jurisprudence ou à une compilation de la réglementation. La théorie est davantage, elle est une construction. A cet égard, le Doyen de Nancy définit la construction juridique en termes d' « *effort de la pensée, mise en face des matériaux épars et isolés, qu'offrent les règles juridiques reconnues soit par un acte formel de l'autorité, soit par la vertu d'une recherche indépendante pour, au moyen d'un emploi sagace et d'un adroit agencement de concepts, mots, définitions, classifications, raisonnements, ériger un ensemble complet, qui fixe l'institution à déterminer en termes logiques, permettant d'en harmoniser les règles* »[1059]. F. GENY explique également que les théories sont des « *artifices de pensée, expliqués et justifiés par le besoin d'unité inhérent à l'esprit humain, et qui laissent, en elles-mêmes, intactes et indépendantes, les réalités, dont ils ne sont que des symboles, purement intellectuels et logiques* »[1060]. S'il peut parfois exister une tendance à idéaliser le réel[1061], il faut bien concéder à ce sujet l'interdépendance entre la présentation de la théorie et la conception propre à son auteur[1062].

Plus récemment, Ph. JESTAZ et Ch. JAMIN proposent une analyse de la production doctrinale et particulièrement de la confection des théories générales. Ils reconnaissent que « *toutes les théories juridiques sont des mythes (en tant que constructions de l'esprit)* »[1063]. Confirmant cette vision, A. AARNIO analyse plusieurs niveaux de théorisation. A un premier stade se situe la « *pré-*

[1056] LAFERRIERE Firmin, *Cours de droit public et administratif*, *op. cit.*, p. VII.
[1057] HAURIOU Maurice, *Principes de droit public*, *op. cit.* p. 48.
[1058] HAURIOU Maurice, *Principes de droit public, ibid.*, p. 60.
[1059] GENY François, *Science et technique en droit privé positif*, Tome 1, *op. cit.*, p. 158.
[1060] GENY François, *Science et technique en droit privé positif, ibid.*, p. 160.
[1061] GENY François, *Science et technique en droit privé positif, ibid.*, p. 193.
[1062] GENY François, *Science et technique en droit privé positif*, Tome 3, *op. cit.*, p. 520.
[1063] JESTAZ Philippe et JAMIN Christophe, *La doctrine*, *op. cit.*, p. 231.

théorie de la législation », laquelle constitue le point de départ de la réflexion théorique. Elle comprend la signification ordinaire des normes ainsi que leur (ré)organisation et (re)formulation systématique dans un droit commun[1064]. A un second stade, se situe un travail de systématisation, via la constitution d'« *un réseau conceptuel (théorie)* [...] *utilisé comme instrument pour arranger les normes juridiques d'une certaine façon* »[1065]. A un degré supérieur de construction théorique, se trouve une théorie de la systématisation, laquelle « *modifie notre position sur la relation des normes* »[1066]. Ce dernier niveau serait assimilable à une métathéorie, un discours doctrinal théorique sur les théories.

Si l'on revient à l'objet de la recherche, le caractère construit de la théorie générale du contrat administratif se retrouve sous la plume de G. PEQUIGNOT pour lequel la théorie générale suppose de se poser la question de savoir « *si tous les contrats administratifs n'ont pas, entre eux assez de traits communs, s'ils ne présentent pas une affinité suffisante, pour permettre de construire une théorie des règles qui sont de leur essence à tous, quelles que soient les différences de détail et de fait qu'ils peuvent tenir de leurs différences d'objets et de but ?* »[1067]. G. PEQUIGNOT agrée parfaitement au caractère construit de la théorie générale du contrat administratif et entend « *tenter de doter le droit administratif (qui ne possède jusqu'ici que des vêtements sur mesure pour quelques contrats nommés), du moule, de la forme, qui lui permettra de vêtir indistinctement tous les contrats innommés, laissant aux nécessités pratiques, aux préoccupations et à l'ingéniosité des praticiens, le soin d'en modeler les détails* »[1068]. Poursuivant la métaphore de ce dernier, il est possible d'énoncer que comme un tailleur, le théoricien s'appuie sur ses modèles – les contrats – afin de créer cette tenue idéale théorique qui sied aux formes de chacun et de tous. En définitive, la théorie ne se découvre pas dans la nature, mais elle y emprunte une réalité. En droit administratif, Y. GAUDEMET reconnaît que la théorie est « *la construction d'un ensemble cohérent et harmonieux d'hypothèses et de théories* », et qu'il s'agit de « *toute explication – ou toute tentative d'explication –* [...] *bénéficiant d'une certaine cohérence interne et ayant une portée explicative universelle* »[1069].

La « théorie » générale du contrat administratif peut maintenant être appréhendée par référence à l'hypothèse de départ : elle est le résultat d'un travail de construction doctrinale cumulant généralisation et précision, mené

1064 AARNIO Aulis, *Le rationnel comme raisonnable, La justification en droit, op. cit.*, p. 178.
1065 AARNIO Aulis, *Le rationnel comme raisonnable, La justification en droit, ibid.* p. 175.
1066 AARNIO Aulis, *Le rationnel comme raisonnable, La justification en droit, ibid.*, p. 182.
1067 PEQUIGNOT Georges, *Contribution à la Théorie générale du Contrat administratif, op. cit.*, p. 3.
1068 PEQUIGNOT Georges, *Contribution à la Théorie générale du Contrat administratif, ibid.*, p. 56.
1069 GAUDEMET Yves, *Les méthodes du juge administratif, op. cit.*

dans un souci de connaissance du contrat administratif. La théorie tend également vers la systématisation du droit empruntant un processus « *dialectique à partir d'une "idée" représentative et, si possible, évocatrice dont les conséquences dérivées rayonneront ensuite sur toute la matière pour l'unifier et, éventuellement, la féconder* »[1070].

2. La vocation systémique de la théorie

Le système, du grec *sustema*, pour « composition, assemblage », peut se définir comme un « *ensemble théorique dont les différentes parties, liées entre elles, forment un tout et dépendent des principes du système* »[1071]. Cette définition met clairement en évidence la relation entre système et théorie. En ce sens, lorsque F. GENY rapproche la théorie de la construction de droit, c'est pour préciser ensuite que cette procédure intellectuelle de représentation tend à la systématisation complète du droit[1072], témoignant de ce que, comme la théorie, le système est une construction logique[1073].

Dans sa relation avec la théorie, le système constitue une construction statique entendue comme une totalité[1074] dotée d'une certaine unité et d'une cohérence interne. Chacune de ses composantes trouve ainsi son explication, sa justification et son sens dans l'existence de l'autre[1075]. H. KELSEN explique que l'ordre juridique est un « *système de normes générales et de normes individuelles qui sont unies les unes aux autres par le fait que la création de chacune des normes appartient à ce système, et est réglée par une autre norme du système* »[1076]. H. DUPEYROUX, quant à lui, définit les systèmes en référence à de « *vastes "explications" centrées autour de quelque grande idée fondamentale et qui s'efforcent d'embrasser jusque dans les provinces les plus reculées, d'enclore et d'éclairer jusque dans ses détails les plus infimes toute la science du droit* »[1077]. Il explicite son caractère doctrinal en ce que « *modelé par une pensée vigoureuse, un monde nouveau se révèle, brillante, mais toujours fragile construction que guette l'ouragan de la critique dévastatrice* »[1078]. Plus encore, émané de la théorie, le système juridique existe indépendamment d'une vérification empirique, il procède d'un « *travail de mise*

[1070] *Dictionnaire de philosophie*, Paris : Encyclopaedia Universalis et A. Michel, 2006, entrée « Droit », p. 591-592.

[1071] BLAY Michel (dir.), *Dictionnaire des concepts philosophiques*, *op. cit.*, p. 775.

[1072] GENY François, *Science et technique en droit privé positif*, Tome 3, *op. cit.*, p. 191.

[1073] ARNAUD André-Jean (dir.), *Dictionnaire encyclopédique de théorie et de sociologie du droit*, *op. cit.*, p. 404 et s.

[1074] MORFAUX Louis-Marie et LEFRANC Jean, *Nouveau vocabulaire de la philosophie et des sciences humaines*, *op. cit.*, p. 560.

[1075] LALANDE André, *Vocabulaire technique et critique de la philosophie*, *op. cit.*, p. 1097 ; BOILLOT Hervé, *Petit Larousse de la philosophie*, *op. cit.*, p. 959.

[1076] KELSEN Hans, *Théorie pure du droit*, *op. cit.*, p.314.

[1077] DUPEYROUX Henri, « Les grands problèmes du droit », *op. cit.*, p. 7.

[1078] DUPEYROUX Henri, « Les grands problèmes du droit », *ibid.*

en ordre, d'intégration des données concrètes de l'espèce à un système qui préexiste » et fournit un cadre de référence[1079] fondamentalement doctrinal[1080]. D'ailleurs, F. TERRE explique qu'« *on ne peut imaginer un système juridique sans doctrine, car c'est elle qui fait prendre aux autres composantes du droit conscience de leur propre existence* »[1081].

A ce stade, la distinction entre la théorie et le système ne semble pas évidente. Une relation de cause à effet se dégage néanmoins : la théorie est une composante du système, tandis que la théorisation est le moyen d'élaboration d'un système. Cette idée suivant laquelle il existe une relation d'inférence entre système et théorie qui traduit la vocation systémique de la théorie se retrouve d'ailleurs en philosophie. P. FOULQUIE et R. SAINT-JEAN expliquent que « *système est plus général que théorie : le système d'un savant ou d'un philosophe est constitué par l'ensemble de ses théories* »[1082]. Supposant chacune un effort doctrinal de construction sur la matière[1083], la théorie tend à la compréhension des phénomènes, tandis que l'unité et la totalité qui en découlent engendrent une systématisation[1084].

Cette présentation n'est pas absente de l'analyse du contrat administratif. Dès 1945, G. PEQUIGNOT exprime le lien indéfectible entre la théorie et la systématisation. Son ambition d'exposer la théorie générale du contrat administratif est ainsi rattachée à l'exigence d'atteindre un degré de généralisation suffisant au moyen d'une systématisation des solutions de détail et des difficultés quotidiennes que peut poser le droit du contrat administratif[1085]. De cette manière, « *aux traits essentiels du droit privé se substituent des traits différents qui sculptent la physionomie propre du contrat administratif. Analyser ces traits, les décrire, les expliquer, les systématiser, c'est faire la théorie du contrat administratif* »[1086]. La théorie générale du contrat administratif peut alors être considérée comme un « *ensemble de concepts et d'énoncés utilisés pour systématiser les normes juridiques d'une manière précise* »[1087]. Une pré-

---

[1079] GAUDEMET Yves, *Les méthodes du juge administratif, op. cit.*, p. 25.

[1080] VILLEY Michel, « Histoire de la logique juridique », *in La logique juridique*, Paris : A. Pedone, 1967, p. 81.

[1081] TERRE François, *Introduction générale au droit, op. cit.*, p. 169.

[1082] FOULQUIE Paul et SAINT-JEAN Raymond, *Dictionnaire de la langue philosophique, op. cit.*, p. 710.

[1083] CORNU Gérard (dir.), *Vocabulaire juridique*, 10ème éd., *op. cit.*, p. 1010 : un système est un « *ensemble de règles, considérées sous le rapport de ce qui en fait la cohérence* [...]. *Construction intellectuelle issue d'une théorie doctrinale ou d'une création prétorienne* ».

[1084] HEMPEL Carl, *Éléments d'épistémologie*, Bibliothèque des classiques, Paris : A. Colin, 2012, p. 137 ; voir aussi DUMAS Auguste, « De l'essence du droit », *APD* 1936, p. 100, spéc. p. 105.

[1085] PEQUIGNOT Georges, *Contribution à la Théorie générale du Contrat administratif, op. cit.*, p. 5-6.

[1086] PEQUIGNOT Georges, *Contribution à la Théorie générale du Contrat administratif, ibid.*, p. 8.

[1087] AARNIO Aulis, « Dogmatique juridique », *op. cit.*, p. 107.

cision s'impose encore : si la « théorie » générale du contrat administratif présente les caractères de la construction doctrinale et que ses propriétés lui confèrent une vocation systémique, il ne saurait être question de substituer le terme système à celui de théorie. Le système se révèle sinon plus, du moins tout autant irréductible à l'entreprise d'une définition unique[1088]. Peut-être par commodité de langage[1089], peut-être par tradition, l'expression « théorie générale du contrat administratif » ne semble pas à ce stade devoir être remplacée par celle de « système du contrat administratif », qui ne gagnerait pas en termes de clarté. La vocation systémique de la théorie générale se limite ici à caractériser une vision statique de celle-ci en référence à une totalité dotée d'une certaine unité et d'une cohérence interne, alors que la théorie générale reste un élément du raisonnement juridique.

B. La théorie, un élément du raisonnement juridique

Construit doctrinal, la « théorie » générale du contrat administratif est une composante du raisonnement juridique, entendu comme le processus intellectuel consistant à développer un tout cohérent, une « *mosaïque rationnelle* »[1090]. Comme l'explique O. DEKENS, « *une théorie est un ensemble systématiquement ordonné et structuré de manière complexe de principes et de lois organisant la connaissance d'un domaine d'objets déterminé. Elle implique la mise en forme logique de ses éléments* [...] *ainsi qu'une hiérarchisation* »[1091]. La théorie générale du contrat administratif constitue une technique dans la réflexion sur le droit (1), dont l'une des propriétés essentielles réside dans l'abstraction (2).

1. La théorie, une technique dans la réflexion sur le droit

L'identification de la théorie générale du contrat administratif a permis d'expliciter l'existence d'une confusion sémantique. Il est apparu que les expressions théorie générale, théorie, principe, droit commun ou règles générales appliquées au contrat administratif sont usitées parfois alternativement, concurremment voire même de manière contradictoire, sans que l'on ne soit en mesure de distinguer avec rigueur ce qui relève de l'une ou de l'autre. Toutefois, la « théorie » reste fondamentalement un moyen de réflexion sur le droit.

1088 Voir en ce sens HUISMAN Denis, *Dictionnaire des 1000 œuvres-clés de la philosophie*, Paris : Nathan, 1993, p. 480.

1089 Rappr. PLESSIX Benoît, *L'utilisation du droit civil dans l'élaboration du droit administratif*, *op. cit.*, p. 417.

1090 STOYANOVITCH Konstantin, « Y a-t-il une science du droit ? Contribution à l'épistémologie générale », *APD* 1959, p. 67, spéc. p. 94-95.

1091 DEKENS Olivier, « Théorie et expérience », *op. cit.*, p. 904-905.

D'abord, la théorie est une technique qui rend compte de l'opposition entre le donné et le construit au sein du raisonnement juridique. Le donné résulte d'une simple constatation de la « *"nature sociale", interprétée d'après elle-même ou suivant les inspirations d'un idéal supérieur, pour aboutir à des règles d'action, dont le fondement sera d'autant plus solide qu'elles contiendront moins d'artificiel et d'arbitraire* »[1092]. Au plus proche des réalités, le donné représente « *la règle de droit, telle qu'elle ressort de la nature des choses et, autant que possible, à l'état brut* »[1093]. En revanche, la construction est une technique juridique, une activité volontaire[1094] qui, en « *partant des données naturelles acquises, tendra à les mettre en œuvre, les transformer ou les assouplir, de façon à les modeler* »[1095]. La théorie consiste en une réflexion juridique matérialisant un travail doctrinal sur le donné[1096]. J. DABIN – bien que s'opposant à la conception du donné défendue par F. GENY – explique également que « *la construction de l'homme d'art ou de technique aboutit à quelque chose de neuf qui a bien pu tenir du réel ses matériaux (par opposition à la création pure) ou sa raison d'être (par opposition à l'œuvre gratuite) mais qui, néanmoins, dans sa forme actuelle, n'existait pas dans la réalité* »[1097]. Pour l'auteur, il n'y a que du construit, la règle juridique n'est jamais donnée : elle est un acte de raison pratique, jugement et prudence[1098].

Ainsi, la théorie est une technique juridique constituant un moyen de réflexion sur le droit. Construction doctrinale sur l'existant – qualifié de donné, de réel ou parfois de but de la politique juridique[1099] –, la notion de théorie contient également en elle-même l'idée de degrés de réflexion sur le droit. Là encore, l'œuvre de F. GENY illustre cette graduation de la pensée juridique, lorsqu'il expose les différents niveaux d'élaboration du droit : un premier stade a trait à la construction des notions juridiques[1100], suivi par un deuxième stade des démarches de l'esprit traduites en règles de droit[1101]. Un troisième

---

1092 GENY François, *Science et technique en droit privé positif*, Tome 1, *op. cit.*, p. 97.

1093 GENY François, *Science et technique en droit privé positif, ibid.*, p. 97.

1094 GENY François, *Science et technique en droit privé positif*, Tome 3, *op. cit.*, p. 2.

1095 GENY François, *Science et technique en droit privé positif*, Tome 1, *op. cit.*, p. 97.

1096 Voir également, HAESAERT Jean, « La technique juridique », *APD* 1939, p. 56, spéc. p. 60, l'auteur distingue le « fond » du juridique et la « forme » juridique pour reconnaître que la technique juridique procède de ce que « *le droit naît quand la forme juridique saisit le système social* » ; voir aussi : ROUBIER Paul, *Théorie générale du droit, Histoire des doctrines juridiques et philosophie des valeurs sociales, op. cit.*, p. 88, l'auteur confirme implicitement la relation entre théorie et technique juridique entendue comme « *avant tout l'œuvre du juriste qui cherche à rendre assimilable par le corps social l'ordre juridique* ».

1097 DABIN Jean, *Théorie générale du droit, op. cit.*, p. 120.

1098 DABIN Jean, *Théorie générale du droit, ibid.*, p. 151.

1099 ROUBIER Paul, *Théorie générale du droit, Histoire des doctrines juridiques et philosophie des valeurs sociales, op. cit.*, p. 87.

1100 GENY François, *Science et technique en droit privé positif*, Tome 1, *op. cit.*, p. 111-114.

1101 GENY François, *Science et technique en droit privé positif, ibid..*, p. 111-114.

stade se matérialise par la « *systématisation des notions et des règles juridiques* »[1102] et conduit au quatrième stade, celui de la construction de droit, la « *pure construction juridique, bâtie en abstraction et par les seuls efforts de la pensée* » en somme, la théorie[1103]. Cette description des mécanismes du raisonnement juridique est particulièrement inspirante dans la recherche sur la théorie générale du contrat administratif.

La diversité propre à l'étude du contrat administratif – qu'il s'agisse de la pratique contractuelle, des règles générales, du droit commun, des principes ou des théories – peut ainsi s'insérer au cœur d'une échelle de réflexion sur le contrat administratif. Six degrés de réflexion peuvent dès lors être proposés : à un premier degré de réflexion juridique, se situe celui de l'adéquation des normes juridiques aux faits. Il s'agit de la juridicisation du réel, de l'emprise que réalise le droit sur la réalité économique, sociale, politique, psychologique, historique… A cet effet, J. DABIN explique que la raison pratique, laquelle doit présider à la construction du droit et fonder la technique juridique, nécessite une certaine « *soumission au vrai, sous toutes ses formes, théorique ou pratique* », mais aussi la soumission à un but[1104]. Ces faits et réalités sont autant d'éléments du raisonnement juridique[1105] ; ils composent « *le "donné préalable" du droit, embrassent, outre les faits purs et simples, objets de science spéculative, toutes les règles d'action* »[1106]. A un deuxième degré se trouve le droit positif applicable au contrat administratif : les règles générales, règles particulières et règles spéciales. A ce stade, il est possible d'étudier les normes entourant le contrat administratif. Un troisième degré tend vers la généralisation et se concrétise par l'apparition d'un « droit commun » par référence à un ensemble homogène de normes régissant un domaine d'expression du contrat administratif. Transcendant l'étude des règles applicables au contrat administratif, il est ici question de procéder à des regroupements logiques. A ce niveau, la catégorisation – entendue comme « *un travail de mise en ordre, conduit par une double démarche de découverte des analogies et des contraires* »[1107]– entre fréquemment en jeu, la catégorie étant un mode d'expression du droit commun. Au quatrième niveau se situe celui de l'abstraction par la mise en lumière de principes conformément à leurs caractères premiers, fondamentaux et universels. Les principes peuvent alors tout autant fonder les règles qu'être extraits de celles-ci, sachant que leur formulation procède parfois d'un processus de conceptualisation de règles et droit(s) commun(s). Le niveau de réflexion sur le droit où ils se situent leur confère un pouvoir explicatif et rationnalisant des normes. A un cinquième degré se situent les théories particulières relatives au contrat administratif qui ont été consacrées par le

---

[1102] GENY François, *Science et technique en droit privé positif, ibid.*, p. 111-114.
[1103] GENY François, *Science et technique en droit privé positif, ibid.*, p. 111-114.
[1104] DABIN Jean, *Théorie générale du droit, op. cit.*, p. 154.
[1105] DABIN Jean, *Théorie générale du droit, ibid.*, p. 154.
[1106] DABIN Jean, *Théorie générale du droit, ibid.*, p. 156.
[1107] GAUDEMET Yves, *Les méthodes du juge administratif, op. cit.*, p. 39.

juge administratif et/ou la doctrine, sans que l'on soit en mesure de désigner ici la théorie générale du contrat administratif. Enfin, le sixième degré est celui de la théorie, contenant en elle les cinq autres degrés de réflexion sur le droit.

Finalement, la théorie générale du contrat administratif est une construction résultant du progrès du savoir sur le contrat administratif, une technique juridique de réflexion cohérente par voie d'induction et de déduction logiques, dont l'une des propriétés est l'abstraction.

2. L'abstraction, propriété essentielle de la théorie

Technique de réflexion sur le droit, la théorie se démarque par son degré d'abstraction. L'abstraction caractérise « *un retrait de l'attention par rapport aux faits afin de dégager une nature constante, une valeur, un sujet, une forme* »[1108]. Ainsi, si la théorie garde une part de réalisme qui constitue son point de départ en intégrant les faits et le droit positif, elle ne doit succomber au mythe de la positivité. Dans une logique compréhensive, elle incorpore la matière gravitant autour du contrat administratif à l'état brut mais aussi les éléments issus des discours du droit positif et de la doctrine. La théorie constitue en somme « *un reflet du droit dont elle compose les grilles de lecture et de compréhension,* [...] *un modèle en ce qu'elle intègre la spéculation et l'hypothèse* »[1109]. La construction théorique requiert forcément l'adoption d'un point de vue large et contient nécessairement les différents degrés de la réflexion sur le contrat administratif, composant une lecture du contrat administratif « *supérieure en fécondité et en justesse d'effets* »[1110]. D'ailleurs, à l'analyse, cette abstraction repose sur une interdépendance des points de vue : le premier degré donne une emprise réelle sur la matière, tandis que le passage d'un degré à l'autre de la réflexion caractérise le recul nécessaire à la construction doctrinale. La théorie ne pouvait se réduire à une sorte d'auto-référentialité systémique du droit positif applicable au contrat administratif. La relation entre les théories, les principes, le(s) droit(s) commun(s), les règles générales, particulières et spéciales est ainsi sublimée dans la « théorie » générale du contrat administratif grâce à l'abstraction progressive qui en perfectionne la présentation dans un (ré)aménagement logique.

Conclusion de la section

Prétendre formuler une définition incontestable de la théorie semble périlleux bien que la notion irrigue les discours juridiques. Lorsqu'il s'agit de

---

1108 *Encyclopaedia Universalis.*

1109 FORRAY Vincent, *Le consensualisme dans la théorie générale du contrat*, *op. cit.*, p. 12 à 20.

1110 GENY François, *Science et technique en droit privé positif*, Tome 3, *op. cit.*, p. 2 ; voir aussi HUBERT René, « Science du droit, sociologie juridique et philosophie du droit », *APD* 1931, p. 43, spéc. p. 52.

l'identifier, un détour par la philosophie et la théorie du droit permet de constater que le terme n'est pas univoque. Plusieurs conceptions de la théorie coexistent. A partir de leur compréhension, il est désormais possible de dégager les caractères de la « théorie » générale du contrat administratif en référence au résultat d'une construction doctrinale systémique mêlant un point de vue large et étroit à la fois Elle caractérise un processus de création intégré au raisonnement juridique témoignant d'une volonté de connaissance rationnelle du contrat administratif. Exposer les caractères de la théorie n'a pas un effet strictement platonique. Cela permet de préciser l'essence de la théorie générale et d'évaluer l'impact de cette notion dans la théorie générale du contrat administratif.

Section 2. Le rôle de la « théorie »

Pour O. DEKENS, une théorie est toujours une « *théorie du réel et pour le réel* »[1111], exprimant une tension entre le donné et le construit, l'abstrait et le concret. Force est de concéder que la représentation que l'on se fait de la théorie est fondamentale car elle gouverne la méthode choisie, c'est-à-dire qu'elle oriente l'« *ensemble des procédés raisonnés pour atteindre un but* »[1112]. Or, le renouvellement de la théorie générale ne doit pas éluder les caractères d'une théorie portant sur le contrat administratif. Partant d'une notion éclairée, il désormais possible de tirer quelques enseignements du discours sur la crise et de clarifier sur ce plan les rapports entre le droit positif et la théorie générale du contrat administratif (Paragraphe 1) pour ensuite, plus conceptuellement, identifier les propriétés d'une conception théorique sur le contrat administratif (Paragraphe 2).

Paragraphe 1. Le mythe de l'unité de la théorie générale du contrat administratif et du droit positif

Le « mythe » exprime l'idée qu'« *au lieu d'appartenir au réel, la théorie générale du contrat ne serait peut-être que simple fantasme ou pure chimère* »[1113]. Évoquer le mythe de l'unité traduit surtout cette nécessaire distinction entre le droit positif et le discours doctrinal sur la matière juridique. Peu abordée, cette idée n'est cependant pas absente de l'œuvre de G. PEQUIGNOT. En ces termes, l'auteur explique que « *si nous avons eu le souci constant de faire une œuvre scientifique d'observation, nous ne devons pas cacher au lecteur nos tendances propres qui auront à s'affirmer lorsque nous aurons*

1111 DEKENS Olivier, « Théorie et expérience », *op. cit.*, p. 904.

1112 BLAY Michel (dir.), *Dictionnaire des concepts philosophiques*, *op. cit.*, p. 518 : Méthode : du grec méthodos, « poursuite », « recherche », « marche », « plan ».

1113 SAVAUX Éric, *La théorie générale du contrat, mythe ou réalité ?*, *op. cit.*, p. 1.

à critiquer telle solution de détail ou à proposer telle perspective d'avenir »[1114]. Son appréhension est intéressante à deux titres : elle permet de revenir à la notion de théorie pour, d'une part, relativiser la crise en mettant en lumière le caractère nécessairement subsidiaire de la théorie générale du contrat administratif par rapport au droit positif (A). D'autre part, elle permet de dépasser la crise à l'aune de relations indéfectibles entre la théorie générale du contrat administratif et le droit positif (B).

A. Le caractère subsidiaire de la théorie en droit positif, un facteur de relativisation de la crise

Pour mémoire, dans la conception dominante, la théorie générale du contrat administratif renvoie essentiellement au régime juridique du contrat administratif. Or, ce régime juridique a fait l'objet de mutations notables jusqu'à justifier la remise en cause de la théorie générale. Malgré tout, le retour aux caractères intrinsèques de la théorie permet de rendre compte d'une relation de subsidiarité entre la théorie et le droit positif. Cette dialectique trouve d'ailleurs une illustration lors de la qualification du contrat administratif (1) ou dans le cadre de l'examen de son exorbitance (2).

1. La distinction entre le caractère construit de la théorie et la pratique jurisprudentielle, l'exemple de la qualification du contrat administratif

Si la prolifération de qualifications légales participe au recul de la conception dominante de la théorie générale du contrat administratif, il faut aussi remarquer que la théorisation de la jurisprudence ne recoupe pas forcément la substance des solutions d'espèces. Participant à l'élaboration de la conception dominante, la doctrine a systématisé l'administrativité du contrat à l'aune de la jurisprudence alors que l'évolution et l'accès aux données jurisprudentielles tendent à relativiser les relations et les généralisations effectuées. D'une part, le critère tenant au lien avec le service public doit être nuancé, notamment car il nécessite de maîtriser l'insaisissable notion de service public[1115]. D'autre part, le critère relatif à l'exorbitance est équivoque, car sa définition procède d'une idée d'anormalité, d'une opposition quant aux clauses présentes dans

---

[1114] PEQUIGNOT Georges, *Contribution à la Théorie générale du Contrat administratif, op. cit.*, p. 10.

[1115] Sauf en cas rare de la qualification législative du service public. V. J. DUBOIS, « Le Tribunal des conflits réitère sa jurisprudence Bergas », *JCP A* n° 30, 23 juillet 2007. 2197.

les contrats de droit privé[1116] ou d'un régime exorbitant du droit commun[1117]. De même, l'incertitude relative au caractère privé des contrats conclus entre deux personnes publiques ne mettant en jeu que des « rapports de droit privé »[1118] est telle que le juge recourt de manière complémentaire aux critères jurisprudentiels évoqués ci-avant[1119]. L'empirisme jurisprudentiel illustre les difficultés d'applicabilité de solutions pourtant théorisées à partir de données jurisprudentielles. D'ailleurs, le juge dépasse les jurisprudences dites constantes lorsqu'il confère une nature administrative à des contrats conclus entre personnes privées[1120].

Il faut bien concéder alors que la qualification du contrat administratif dans la théorie générale répond à une logique différente du processus de qualification du contrat en droit positif – que celui-ci soit d'ailleurs issu de la réglementation ou de la jurisprudence. Les caractères de la théorie expliquent une non-identité entre ce construit doctrinal et le donné sur lequel la théorie s'appuie pour s'ériger. Ici, la crise n'est que le reflet de l'évolution du droit positif applicable à la technique de qualification du contrat administratif. Un tel constat se retrouve d'ailleurs dans l'exorbitance du contrat administratif.

2. La divergence entre la vocation systémique de la théorie et l'empirisme jurisprudentiel, l'exemple de l'exorbitance du contrat administratif

Le recul de la théorie générale du contrat administratif procède notamment de la remise en cause de l'exorbitance du contrat administratif, qui est l'une de ses caractéristiques et, plus généralement, l'un des postulats de l'autonomie du droit administratif. Or, l'exorbitance du contrat administratif – le caractère dérogatoire au droit commun du régime du contrat administratif – se

---

1116 CE Sect., 20 octobre 1950 *Stein, Lebon.* p. 505 ; Cass. 1re civ., 18 février 1992, *Compagnie La Mondiale, RTDC* 1993. 113, obs. J. MESTRE ; CHARLERY Corinne, « Réflexion sur la notion de clause exorbitante du droit commun », *LPA*, 6 avril 1998, n° 41, p. 4.

1117 TC, 02 novembre 2020, n° C4196, *Sté Eveha, Institut national de recherches archéologiques préventives (INRAP), Lebon, AJDA*.2119 ; TC, 13 octobre 2014, n° C3963, *Sté Axa France IARD, Lebon, AJDA* 2014.2031, *D.* 2014. 2115, obs. M.-C. de MONTECLER, *RFDA* 2014.1068, concl. F. DESPORTES ; rappr. TC, 24 avril 1978, n° 02071, *Société Boulangeries de Kourou, Lebon* et CE Sect., 19 janvier 1973, n° 82338, *Sté d'exploitation électrique de la rivière du Sant, Lebon* ; sur la question voir LESSI Jean et DUTHEILLET de LAMOTHE Louis, « Les habits neufs de la clause exorbitante », *op. cit.*, p. 2180.

1118 TC, 21 mars 1983, n° 02256, *Union des assurances de Paris, Lebon, AJ* 1983.356, concl. LABETOULLBE, *D.* 1984 p. 33, note J.-B. AUBY et HUBRECHT.

1119 CAA Bordeaux, 28 juin 2007, n° 05BX02184, *Chambre de commerce et de l'industrie de Libourne,* inédit – *Dalloz jurisprudence* ; CAA Marseille, 9 juillet 2007, n°04MA02198, *Commune d'Alet-les-Bains, AJDA* 2007.2144, note J.-D. DREYFUS.

1120 CE, 27 janvier 1984, n° 05170 et 14007, *Ville d'Avignon, Lebon, LPA* 5 avr. 1985, note F. LLORENS ; CE, 3 mars 1989, n° 79532, *Société des autoroutes de la région Rhône-Alpes, Lebon, D.* 1990 p. 67, obs. P. TERNEYRE ; CE, 21 mars 2007, n° 281796, *Commune de Boulogne Billancourt, Lebon* p. 130, *AJDA* 2007.915, note J.-D. DREYFUS.

trouve affaiblie par l'observation des cas d'espèce, de sorte qu'elle semble « *largement mythifiée* »[1121]. L'un des arguments en ce sens réside dans la spécialisation des pouvoirs de l'administration et de la théorie de l'équilibre financier. Par exemple, il ressort de la jurisprudence que le juge se réfère en priorité aux clauses du contrat pour apprécier les sujétions imprévues[1122], l'imprévision[1123] ou le fait du prince[1124]. Il a aussi tendance à contrôler la modification unilatérale du contrat pour encadrer ensuite l'indemnité allouée[1125] ou encore à apprécier la justification et l'indemnisation dans le cadre d'une résiliation unilatérale[1126]. Cette remise en question jurisprudentielle de la latitude de l'administration dans l'usage de ses pouvoirs unilatéraux semble d'ailleurs atteindre son paroxysme lorsque le juge annule la décision de résiliation et ordonne la reprise des relations contractuelles[1127]. Se pose inévitablement la question de la légitimité théorique de l'exorbitance du contrat administratif puisque, telle que décrite par la doctrine, elle se voit contrecarrée par la production jurisprudentielle. En ce sens, M. CANEDO dénonce « *la rareté d'application de ses règles* [de la théorie générale] *et la relativité de leur exorbitance* »[1128], tandis que F. BRENET propose de nier l'exorbitance du contrat

---

1121 CANEDO Marguerite, « L'exorbitance du droit des contrats administratifs », *op. cit.*, p. 125 ; voir aussi CARTIER Emmanuel, « L'exorbitance comme mythe du droit administratif ? » *in Centenaire de l'arrêt Société des granits porphyroïdes des Vosges (1912-2012), Que reste-t-il de nos classiques ?*, Lille : Helinia éditions 2015, p. 31.

1122 CAA Bordeaux, 3 janvier 2012, n° 10BX01578, *Min. de l'Écologie, du développement durable, des transports et du logement, CMP* n° 3, mars 2012, comm. 91, obs. M. UBAUD-BERGERON.

1123 CAA Nancy, 27 janvier 2011, n° 10NC00154, *Société Eurovia Champagne Ardenne, CMP* n° 5, mai 2011, comm. 145, obs. F. LLORENS ; CAA Bordeaux, 3 mai 2011, n° 10BX01996, *Société Gagne, CMP* 2012, n° 44, note VILA.

1124 CE, 1er avril 2009, n° 315586, *Société des autoroutes du Sud de la France, AJDA* 2009.1799, note J.-M. PASTOR.

1125 CE Sect., 27 octobre 1978, n° 05722, *Ville de Saint Malo, Lebon* p. 401.

1126 CE, 31 juillet 2009, n° 316534, *Jonathan Loisirs, AJDA* 2009.1517, et 2010.1515, étude F. ALHAMA, *RDI* 2010.158, obs. P. CAILLE ; CE, 19 janvier 2011, n° 323924, *Commune de Limoges, Rec.* p. 923, *BJCP* 2011, p. 105, concl. B. DACOSTA, *AJDA* 2011.616, note J.-D. DREYFUS, *CMP 2011,* comm. 87, note G. ECKERT ; CAA Marseille, 16 avril 2012, n°10MA00216, *CMP* n° 6, juin 2012, comm. 193, obs. M. UBAUD-BERGERON.

1127 Annulation : CE, 13 mai 1992, n° 101578, *Commune Ivry-sur-Seine, Lebon* p. 198, *AJDA* 1992.480, chron. C. MAUGUE et R. SCHWARTZ ; Reprise : CE, 21 mars 2011, n° 304806, *Commune de Béziers, Lebon* p. 117, concl. E. CORTOT-BOUCHER, *D.* 2011, p. 954, obs. M.-C. de MONTECLERC, *RDI* 2011.270, obs. S. BRACONNIER, *AJCT* 2011.291, obs. J.-D. DREYFUS, *RFDA* 2011.518, note D. POUYAUD, *DA* 2011, comm. 46, note F. BRENET et F. MELLERAY, *JCP A* 2011.2171, note F. LINDITCH, *JCP G* 2011, doctr. 658, note M. UBAUD BERGERON ; CE, 17 juin 2015, n° 389044, *Société Les Moulins, Lebon, AJDA* 2015.1237, *RFDA* 2015.933, concl. B. BOHNERT ; CE, 17 juin 2015, n° 38843, *Commune d'Aix-en-Provence, Lebon, AJCT* 2015. 531, obs. J.-D. DREYFUS, *RFDA* 2015.930, concl. G. PELLISSIER.

1128 CANEDO Marguerite, « L'exorbitance du droit des contrats administratifs », *op. cit.* p. 176.

administratif, ce qui alimente d'autant le discours sur la crise[1129]. Cependant, la théorie répond à une logique foncièrement différente de celle qui gouverne l'œuvre jurisprudentielle. La vocation systémique de la théorie suppose de prendre un certain recul face à l'intervention du juge. Relativisant sa portée, il convient de reconnaître que le discours sur la crise repose fréquemment sur la vie du contrat administratif dans son aspect contentieux. Or, il est bien connu et bien heureux qu'une minorité seulement des contrats administratifs rencontre le juge[1130]. A la suite de Ch. BAUZERAND, nous pouvons d'ailleurs affirmer que « *l'exorbitance existe, je l'ai rencontrée !* »[1131]

En amont, lorsqu'il est question de qualification, comme en aval, s'agissant d'exécution, la théorisation de la jurisprudence manque d'une cohérence et d'une cohésion d'ensemble. Le discours sur la crise doit être relativisé si l'on s'accorde sur le caractère subsidiaire de la théorie générale du contrat administratif en droit positif. Il peut même être dépassé en explicitant quelques relations entre théorie générale du contrat administratif et droit positif.

B. Les relations entre la théorie et le droit positif, un facteur de dépassement de la crise

Le dépassement de la crise de la théorie générale du contrat administratif suppose de prendre acte du caractère doctrinal de la théorie et plus précisément de son caractère non figé[1132]. T.S. KUHN explique que chaque théorie est un jour soumise à la révolution par une remise en cause et un obscurcissement de son paradigme[1133]. L'issue de la crise peut se résumer en trois hypothèses : soit la théorie se relève *in extremis*, soit le problème non résolu est mis de côté, soit un nouveau paradigme apparaît. Or, le passage d'un paradigme en crise à un nouveau passe par une période transitoire de chevauchement au sein de laquelle l'ancien et le nouveau paradigme cohabitent dans l'attente d'un effort de reconstruction[1134]. Il faut alors interroger les paradigmes juridiques de la théorie du contrat et éviter ce que J.-P. CHAZAL appelle la « *stratégie de digestion des ferments de contestation par le système* »[1135]. Cette révolution scientifique est la solution à une crise, qui reste en réalité circonscrite

---

[1129] BRENET François, *Recherches sur l'évolution du contrat administratif,* Tome 2, *op. cit.* ; voir aussi SAILLANT Elodie, *L'exorbitance en droit public,* Paris : Dalloz, 2011, p. 273.

[1130] Rappr. MELLERAY Fabrice, « Marcel Waline et la manière française contemporaine de faire du droit administratif », *op. cit.*, n° 145.

[1131] BAUZERAND Christian, « Vers une diversification des critères de compétence : la fin du critère unique ? La disparition (relative) de la clause exorbitance du contrat administratif », *in Centenaire de l'arrêt Société des granits porphyroïdes des Vosges (1912-2012), Que reste-t-il de nos classiques ?,* Lille : Helinia éditions 2015, p. 133, spéc. p. 153.

[1132] JULIA Didier, *Dictionnaire de la philosophie*, *op. cit.*, p. 280-281.

[1133] KUHN Thomas-Samuel, *La structure des révolutions scientifiques*, *op. cit.*, p. 11.

[1134] KUHN Thomas-Samuel, *La structure des révolutions scientifiques, ibid.*, p. 123-124.

[1135] CHAZAL Jean-Pascal, « De la théorie générale à la théorie critique du contrat », *op. cit.*, p. 27.

à la question de la relation dialectique[1136] entre théorie et droit positif. Plus qu'en crise, la théorie générale du contrat administratif serait davantage en pleine (r)évolution car sensible et sujette à un processus d'interprétation des modalités de l'action administrative (1). Elle est en cours de renouvellement par incorporation des mutations du droit administratif (2), traduisant finalement un phénomène classique de crise des théories et de renouvellement permanent (3).

1. L'interprétation doctrinale des modalités de l'action administrative, source d'évolution de la théorie

« *On nous change notre État* » écrivait M. HAURIOU en 1900[1137], tandis que L. DUGUIT affirmait en 1913 qu'« *un nouveau système s'édifie sur des conceptions tout à fait différentes* »[1138] … On nous change notre théorie générale pourrait-on alors dire au vu des mutations de l'action administrative, et plus exactement du phénomène de contractualisme public[1139]. Le contrat – qui n'est pas un mode récent de relations des administrations avec les administrés[1140] – devient une modalité qui est de plus en plus privilégiée dans la gestion des rapports entre les personnes publiques[1141]. Ce procédé, qui ne laisse personne indifférent[1142], conduit à faire évoluer l'intervention publique dans l'économie et plus particulièrement les relations entre personnes publiques. En ce sens, une relecture de la liberté du commerce et de l'industrie a permis le basculement d'un principe de non concurrence à un principe de quasi-égale concurrence entre personnes publiques et personnes privées[1143]. Ce bouleversement intéresse directement la théorie générale du contrat administratif puisque le Conseil d'État précise en 2000 qu'« *aucun texte ni aucun principe*

1136 Rappr. MELLERAY Fabrice, « A propos de l'intérêt donnant qualité à agir en contentieux administratif, Le "moment 1900" et ses suites », *op. cit.*, p. 1530.

1137 Commentaire sous TC, 8 décembre 1899, *Association syndicale du canal de Gignac, S.* 1900, III, p. 49.

1138 DUGUIT Léon, *Les transformations du droit public*, *op. cit.*, Introduction.

1139 DENOIX DE SAINT MARC Renaud, « La question de l'administration contractuelle », *op. cit.*, p. 970.

1140 Rappr. BEZANÇON Xavier, *Essai sur les contrats de travaux et de services publics, contribution à l'histoire administrative de la délégation de mission publique*, *op. cit.* ; COSSALTER Philippe, « Les modèles de contractualisation », *RFDA* 2018.15.

1141 CONSEIL D'ETAT, *Le contrat, mode d'action publique et de production de normes*, *EDCE* 2008, n° 59, Paris : La Documentation française, 2008.

1142 PONTIER Jean-Marie, « Contractualisation et libre administration », *RFDA* 2018.201.

1143 Pour une évolution voir notamment trois décisions : CE Sect., 30 mai 1930, n° 06781, *Chambre syndicale du commerce au détail de Nevers, Lebon.* p. 583, *GAJA* n° 43 ; CE Ass., 31 mai 2006, n° 275531, *Ordre des avocats au barreau de Paris, Lebon* p. 272, *AJDA* 2006.1592, chron. C. LANDAIS et F. LENICA, *AJDA* 2008.911, étude J.-J. ISRAEL, *RDI* 2006.480, obs. J.-D. DREYFUS, *RFDA* 2006.1048, concl. D. CASAS, *RTD com.* 2006.774, obs. G. ORSONI ; CE Ass., 30 déc. 2014, n° 355563, *Société Armor SNC*, *Lebon*, AJDA 2015.449, chron. J. LESSI et L. DUTHEILLET De LAMOTHE, *RFDA* 2015.57, concl. B. DACOSTA.

n'interdit, en raison de sa nature, à une personne publique, de se porter candidate à l'attribution d'un marché public ou d'un contrat de délégation de service public »[1144]. Mais alors, comment justifier une théorie dont l'exorbitance bénéficie à l'administration si deux personnes publiques sont parties au contrat ? Certes, dans les marchés publics, la notion de pouvoir adjudicateur indique qui est l'administration, mais la nature publique de l'opérateur économique implique que celui-ci est aussi chargé d'un intérêt général[1145]. Par ailleurs, la contractualisation entre personnes publiques (hors commande publique), dont la véritable nature contractuelle est aléatoire[1146], ainsi que la consécration en droit positif de contrats de coopération[1147], interrogent la notion même de contrat. Ainsi que le souligne J.-M. PONTIER, la contractualisation s'identifie davantage à un processus qu'à l'acte qui en résulte – qui pourrait ne pas être un véritable contrat. Surtout, la prolifération du contrat fait de cet acte une « *sorte de deus ex machina destiné à régler les problèmes relationnels entre collectivités publiques* »[1148] qui, selon J. CHEVALLIER, peine à dissimuler des rapports asymétriques[1149]. En revanche, pour D. TRUCHET, lorsque l'État contractualise avec ses « opérateurs », il semble qu'il n'y ait « *plus guère de doute* » quant à la nature contractuelle de l'acte qui matérialise ces rapports dont les effets normatifs consistent néanmoins en la création

---

1144 CE, Avis contentieux, 8 novembre 2000, n° 222208, *Société Jean-Louis Bernard Consultants, AJDA* 2000.1066 et KOVAR Jean-Philippe, « Où en est la liberté du commerce et de l'industrie ? », *DA* n° 12, décembre 2007, étude 18.

1145 CAUDAL Sylvie, « Trente ans après la jurisprudence UAP, Retour sur les contrats entre personnes publiques », *op. cit.*, p. 834 ; DREYFUS Jean-David, « Contrats administratifs entre personnes publiques et théorie générale des contrats administratifs », *op. cit.*, n° 846 ; v. aussi les interrogations que suscite l'arrêt Béziers III : CE, 27 févr. 2015, n° 357028, *Cne de Béziers, Lebon, AJDA* 2015.423, *D.* 2015 p. 630, obs. J.-M. PASTOR et BOURDON Pierre, « La résiliation unilatérale d'une convention de coopération entre personnes publiques », *AJDA* 2015.1482.

1146 CE, 21 décembre 2007, n° 293260, *Région du Limousin, Lebon* p. 534, *AJDA* 2008.481, note J.-D. DREYFUS ; UNTERMAIER-KERLEO Élise, « Les "contrats" entre personnes publiques sont-ils des contrats ? », *AJDA* 2013.843.

1147 CJUE, 9 juin 2009, n° C-480/06, *Commission des communautés européennes c/ Allemagne, Rec.* p. I-04747 et CJUE, 19 décembre 2012, n° C-159/11, *Azienda Sanitaria Locale di Lecce, AJDA* 2012.2407, note D. POUPEAU, *AJDA* 2013.335, chron. M. AUBERT, E. BROUSSY et H. CASSAGNABERE ; voir aussi TESSON Fabien, « La cour de justice de l'Union européenne précise l'exception à l'application du droit de la commande publique aux coopérations entre collectivités publiques », *JCP A*, n°3, 14, janvier 2013 ; ECKERT Gabriel, « Contrats entre personnes publiques et droit de la concurrence, Les contrats échappant aux règles de publicité et de mise en concurrence », *AJDA* 2013.849.

1148 PONTIER Jean-Marie, « Contractualisation et libre administration », *op. cit.*, p. 201 ; AMILHAT Mathias, « Contractualisation, négociation, consensualisme : nouvelles approches du droit public », *op. cit*, n° 1.

1149 CHEVALLIER Jacques, « Contractualisation(s) et action publique », *RFDA* 2018.209.

« *d'obligations de résultat souples* »[1150]. A l'aune des contingences que suscitent ces relations flexibles, il reste néanmoins possible de recourir à la distinction duguiste[1151] entre la convention et le contrat : le Conseil d'État dans son rapport de 2008 préconise d'ailleurs « *d'introduire dans le droit positif et dans le langage juridique une gradation dans la valeur impérative de la norme conventionnelle* »[1152]. Cette hypothèse est également intéressante pour étayer le dilemme de la conclusion de « *contrats avec soi-même* »[1153], au sein desquels la rencontre de deux volontés distinctes – consubstantielle à la notion de contrat – fait vraisemblablement défaut. Effectivement, deux entités d'une même personne morale se retrouvent parties à l'accord, pour lesquelles la notion même de contrat semble inadaptée. S. HOURSON défend à ce titre celle de « *convention d'administration* »[1154]. Globalement, la contractualisation indique un « *nouveau style de rapports fondés sur le dialogue et la recherche de consensus* »[1155]qui interroge quant au rattachement à la théorie générale du contrat administratif, voire interpelle sur la nécessité d'amender quelques-unes de ses caractéristiques[1156]. Surtout, l'hétérogénéité de cette logique confirme encore le mythe de l'unité entre d'un côté l'abstraction et la vocation systémique de la théorie générale et, de l'autre, le foisonnement contractuel public. D'autant plus que la contractualisation bouleverse les frontières juridiques : l'administration, tel un caméléon, peut se voir qualifiée de professionnel soumis au droit de la consommation[1157] ou d'opérateur soumis au droit de la concurrence[1158]. Il en résulte le sentiment suivant lequel « *l'intérêt général*

1150 TRUCHET Didier, « Contractualisation et décentralisation fonctionnelle », *RFDA* 2018.221.

1151 DUGUIT Léon, *Traité de droit constitutionnel*, Tome 1, *op. cit.*, p. 281 s.

1152 CONSEIL D'ETAT, *Le contrat, mode d'action publique et de production de normes*, *EDCE* 2008, n° 59, Paris : La Documentation française, 2008, p. 251.

1153 MESCHERIAKOFF Alain-Serge, « Ordre intérieur administratif et contrat », *RFDA* 1997.1130.

1154 HOURSON Sébastien, *Les conventions d'administration, op. cit.* ; sur la question voir aussi DREYFUS Jean-Davis, *Contribution à une théorie générale des contrats entre personnes publiques, op. cit.*, p. 126 et s.

1155 CHEVALLIER Jacques, « Loi et contrat dans l'action publique », *Cahiers du Conseil constitutionnel* n°17, mars 2005.

1156 DREYFUS Jean-David, « Contrats administratifs entre personnes publiques et théorie générale des contrats administratifs », *op. cit.*, n° 846.

1157 CE Sect., 11 juillet 2001, n°221458, *Société des eaux du Nord, Lebon* p. 348, *AJDA* 2001.853, chron. M. GUYOMAR et P. COLIN, et 893, note GUGLIELMI, *CJEG* 2001, p. 496, concl. C. BERGEAL.

1158 CJCE, 23 avril 1991, n° C-41/90, *Hofner, Rec.* p. I-01979, *AJDA* 1992.253, chron. J.-D. COMBREXELLE, E. HONORAT et C. SOULARD ; CE Ass., 31 mai 2006, n° 275531, *Ordre des avocats au barreau de Paris, op. cit.*

demeure en tant que catégorie constitutive de la singularité de l'action publique, [...mais] *sa substance s'est transformée* »[1159]. L'évolution du droit administratif explicite l'apparition d'un « *État post-moderne* » marqué par le pluralisme et le « *jeu de forces très diverses* »[1160].

Ces évolutions traduisent finalement la nécessité de repenser le droit administratif[1161] et le droit du contrat administratif pour dépasser la crise. Le registre théorique permet en effet de saisir les mutations juridiques sans s'y réduire, puisque la théorie n'aura jamais vocation à retranscrire immédiatement ni totalement chacune des modalités concrètes de mise en œuvre de l'action administrative. Doctrinale, la théorie se renouvelle dans une permanence de la pensée juridique.

2. L'incorporation doctrinale des mutations du droit administratif, source de renouvellement de la théorie

Comme l'explique G. KALINOWSKI, la pensée est un phénomène constitué de « *la formation des concepts (par voie d'abstraction au sens étymologique ou par voie de construction) et* [de] *l'énonciation de jugements* »[1162]. Elle se manifeste par une certaine continuité. Élément du raisonnement juridique, la représentation théorique du contrat administratif est ainsi soumise à ses fluctuations et oscille entre forces de conservation et de changement dans un mouvement de transformation permanente[1163].

D'ailleurs, G. PEQUIGNOT en a conscience dès 1945 lorsqu'il explique que « *le travail de M. JEZE, prospectant très complètement les principaux contrats administratifs, a groupé les matériaux qui permettront de construire leur théorie générale ; nous nous proposons de classer et d'étiqueter ces matériaux ; la construction définitive sera faite, un jour, si d'autres juristes persévèrent dans cette voie* »[1164]. Plus généralement, force est de constater que la construction théorique est animée d'un mouvement créatif qui ne pose pas le

---

1159 CAILLOSSE Jacques, « Le droit administratif français saisi par la concurrence ? », *AJDA* 2000.99. Voir aussi CAILLOSSE Jacques, « Personnes publiques et concurrence : quels enjeux théoriques ? », *AJDA* 2016.761.

1160 CHEVALLIER Jacques, *L'Etat post-moderne,* 2ème éd. Paris : LGDJ, 2004, p. 111.

1161 MELLERAY Fabrice (dir.), *L'exorbitance du droit administratif en question(s)*, Faculté de droit et des sciences sociales de Poitiers, 2004 ; *Puissance publique ou impuissance publique ? AJDA* 1999, n° spécial.

1162 KALINOWSKI Georges, « De la spécificité de la logique juridique », *APD* 1966, p. 7, spéc. p. 9 ; voir aussi VIRALLY Michel, *La pensée juridique, op. cit.*

1163 VIRALLY Michel, *La pensée juridique, ibid.*, p. 188 et p. 214 ; voir aussi KUHN Thomas-Samuel, *La structure des révolutions scientifiques, op. cit.*, p. 70 ; GENY François, *Science et technique en droit privé positif*, Tome 2, *op. cit.*, p. 257 : les constructions juridiques sont « *"informées" et, au besoin, "transformées" en vue de s'adapter pleinement aux réalités qu'elles prétendent traduire* ».

1164 PEQUIGNOT Georges, *Contribution à la Théorie générale du Contrat administratif, op. cit.*, p. 8.

droit, mais propose une vision sur le droit. Le produit est toujours sujet à l'approbation ou au rejet et en cela reste susceptible d'être amendé ou complété[1165] : « *une théorie n'est jamais ni tout à fait neuve, ni tout à fait isolée ; elle prend place dans un ensemble qui lui donne son sens et sa portée* »[1166]. Expression d'un mythe de l'unité entre théorie et droit positif[1167], celle-ci saisit sous le prisme conceptuel les mutations du droit administratif[1168] pour mieux les transcender[1169]. D'ailleurs elle peut tout autant se conformer aux mutations juridiques que tendre elle-même à des évolutions normatives[1170] en tant que source « informelle » du droit[1171], par une action indirecte dans la vie juridique[1172]. Plus directe est en revanche l'influence doctrinale du rapporteur public sur la justice administrative[1173]. De façon synthétique, il est possible de déceler ici l'existence d'un rapport d'interférence et d'un mouvement continu puisque la théorie profite et procède d'un enrichissement du terrain sur lequel elle se déploie.

3. Crise des théories et renouvellement permanents

Le renouvellement de la théorie générale du contrat administratif par l'incorporation doctrinale des mutations de l'action et du droit administratifs révèle son caractère provisoire[1174] – qui se retrouve d'ailleurs en droit privé du

---

1165 Voir en ce sens ATIAS Christian, *Épistémologie juridique, op. cit.*, 2002, p. 184 : « *Les propositions, idées et théories émises sont travaillées en permanence, enrichies, informées, déformées par leur rencontre avec des idéologies diverses et entre elles* » (voir aussi p. 223).

1166 ATIAS Christian, *Épistémologie juridique, ibid.*, p. 188 ; également : KUHN Thomas-Samuel, *La structure des révolutions scientifiques, op. cit.*, p. 196.

1167 ATIAS Christian, *Épistémologie juridique, ibid.*, p. 80 : « *Entre changement du droit et changement du savoir juridique, la nuance est souvent ténue, la frontière semble pourtant exister, correspondre à quelque chose dans l'esprit des juristes* ».

1168 En ce sens, voir SAVAUX Éric, *La théorie générale du contrat, mythe ou réalité ?, op. cit.*, p. 288 : « *Il convient de ne pas confondre l'évolution des conceptions relatives au contrat et celles du contrat, les progrès de la science et les transformations du droit* ».

1169 SAVAUX Éric, *La théorie générale du contrat, mythe ou réalité ?, ibid.*, p. 288 : « *en recourant à de nouvelles méthodes, en s'inspirant de nouvelles philosophies, la science fondamentale peut sans doute renouveler à chaque instant les questions éternelles du contrat* ».

1170 SAVAUX Éric, *La théorie générale du contrat, mythe ou réalité ?, ibid.*, p. 297-298.

1171 TERRE François, *Introduction générale au droit, op. cit.*, p. 164.

1172 VIRALLY Michel, *La pensée juridique, op. cit.*, p. XX ; TERRE François, *Introduction générale au droit, ibid.*, p. 164.

1173 Voir en ce sens GAUDEMET Yves, *Les méthodes du juge administratif, op. cit.*, p. 157-158.

1174 SAVAUX Éric, *La théorie générale du contrat, mythe ou réalité ?, op. cit.*, p. 299 : l'auteur explique que « *comme étude des questions du contrat, la théorie générale du contrat est toujours à faire ; comme recherche du meilleur droit, elle est en perpétuel devenir. Cela ne l'empêche cependant pas d'être dans le même temps une œuvre (provisoirement) achevée* ».

contrat[1175]. Précipité par un discours sur la crise des théories, étudier ce processus conduit à émettre trois observations.

Une première observation procède d'une récurrence de la crise des théories. J.-P. CHAZAL s'appuie sur l'œuvre de T.S. KUHN[1176] et rappelle qu'une crise se manifeste lorsque le paradigme dominant n'explique plus la réalité et que les exceptions ponctuelles sont d'une telle importance que la cohérence théorique disparaît. Au cours de cette période, « *de nouvelles hypothèses sont émises et peuvent conduire, après être passées par une phase hostile de marginalisation, à une révolution scientifique par l'avènement d'un nouveau paradigme* »[1177]. De cette manière, les théories font l'objet d'un renouvellement permanent[1178], laissant présager à tout instant de la « *déstabilisation d'un système de pensée juridique* »[1179].

Une deuxième observation tend à mettre en relation le caractère provisoire de la théorie et le discours sur la crise. Sous cet angle, il est essentiel de s'intéresser au colloque qui s'est tenu en 2009 intitulé Pour une nouvelle théorie générale du droit des contrats administratifs[1180]. Principalement trois hypothèses regardant la « nouvelle » théorie générale se dégagent. Premièrement, une théorie « *normative* » se fonderait sur la dualité entre marchés publics et concessions afin de saisir l'impact du droit de l'Union européenne (S. BRACONNIER et L. VIDAL), nonobstant l'importance du droit privé (O. FEVROT) et du droit spécial (F. BRENET) applicables aux contrats administratifs. Deuxièmement, une théorie « *principielle* » conduirait à analyser la cohérence et la réalité conceptuelle des règles applicables au contrat administratif (L. VIDAL), bien que les idées directrices relèvent de l'hétérogénéité : successivement sont évoqués le principe de proportionnalité en référence au concept d'échelle d'administrativité (G. ECKERT), l'idée de partenariat (H.-G. HUBRECHT) ou le principe de plénitude des juridictions à l'aune du renouvellement de la théorie des nullités (G. CLAMOUR). Troisièmement, une théorie *« théorétique »* exprimerait une certaine distance, laquelle se manifeste par le recours à l'analyse économique du droit (C. LE BERRE), mais

---

1175 Par exemple : MORIN Gaston, « La désagrégation de la théorie contractuelle du Code », *APD* 1940, p. 7 ; BATTAGLIA F., « Le problème du contrat », APD 1940, p. 174, spéc. p. 185 : « *la crise actuelle révèle la nécessité de l'affirmation d'un système des fins et de valeurs s'élevant au-dessus de la connaissance scientifique* ».

1176 KUHN Thomas-Samuel, *La structure des révolutions scientifiques*, *op. cit.*

1177 CHAZAL Jean Pascal, « De la théorie générale à la théorie critique du contrat », *op. cit.*, p. 27.

1178 BEROUJON François » Évolution du droit administratif : avancée vers la modernité ou retour aux Temps modernes ? », *op. cit.*, p. 449.

1179 CAILLOSSE Jacques, « Sur quelques problèmes actuels du droit administratif français », *op. cit.*, p. 931.

1180 *Pour une nouvelle théorie générale du droit des contrats administratifs*, sous la direction de F. ROLIN, à l'université de Paris X - Nanterre, les 24 et 25 septembre 2009. Les contributions n'ayant, pour la majeure partie, pas été publiées, nous remercions le Professeur L. RICHER, membre du comité scientifique, pour la transmission de son rapport de synthèse.

aussi au droit fiscal et européen (R. NOGUELLOU). Finalement, les controverses doctrinales illustrent la permanence de la pensée juridique, et par-là, le caractère provisoire de la théorie générale du contrat administratif en proie au renouvellement.

Une troisième observation permet de considérer un phénomène répété[1181] et surtout comparable affectant la théorie du contrat en droit privé, entendue comme « *les règles qui sont communes à tous les contrats* »[1182]. Une partie de la doctrine évoque d'ailleurs un « *risque de dépérissement de la théorie générale* »[1183] voire l'existence d'un « *droit mort* »[1184] et de « *dogmes incontestables* » pour, *in fine,* solliciter la restauration d'une réflexion critique et construire une nouvelle théorie[1185]. Comme en droit administratif, la crise se caractérise par la confrontation de différentes conceptions du contrat : Ph. JESTAZ envisage une théorie du contrat fondée sur les concepts d'équilibre contractuel, de proportionnalité et d'abus dans le contrat[1186]. Ch. JAMIN défend une conception sociale ou solidariste du contrat[1187], tandis que J. GHESTIN construit la théorie générale sur l'utile et le juste. Dans une approche plus restrictive, se dégage également l'idée d'une théorie générale des contrats spéciaux[1188]. Cette pluralité conduit C. THIBIERGE-GUELFUCCI à envisager plusieurs fondements – volonté, utile et juste, égalité contractuelle, équilibre contractuel, fraternité contractuelle – pour ensuite demander si les « *tensions* [...] *doivent (-elles) nécessairement s'analyser en termes conflictuels où les unes devraient l'emporter sur les autres ou peut-on tenter plutôt de les combiner* »[1189]. La remise en cause des paradigmes dominants – essentiellement relatifs à la théorie volontariste des obligations en droit privé et à l'exorbitance

---

1181 Ce phénomène n'est pas nouveau : MORIN Gaston dénonce *« la décadence de la souveraineté du contrat », La loi et le contrat,* Paris : F. Alcan, 1927 ; BAREYRE André caractérise « *la crise du contrat de 1914 à nos jours* »*, L'évolution et la crise du contrat,* Bordeaux : Bière, 1937 ; BATTIFOL Henri rédige un article : « La "crise du contrat" et sa portée », *APD*, 1968, p. 13-30.

1182 CORNU Gérard, *Vocabulaire juridique de l'Association H. CAPITANT,* Paris : PUF, 1991

1183 THIBIERGE-GUELFUCCI Catherine, « Libres propos sur la transformation du droit des contrats », *RTD Civ*. 1997.357.

1184 CADIET Loïc, « Interrogations sur le droit contemporain des contrats », *op. cit.*, p. 27

1185 ATIAS Christian, « Restaurer le droit du contrat », *D.* 1998, p. 137.

1186 JESTAZ Philippe, « Quel contrat pour demain ? », *in* JAMIN Christophe et MAZEAU Denis (dir.), *La nouvelle crise du contrat,* Paris : Dalloz, 2003, p. 243.

1187 JAMIN Christophe, « Quelle nouvelle crise du contrat ? », *in La nouvelle crise du contrat, ibid.* p. 7.

1188 RAYNARD Jacques, « Pour une théorie générale des contrats spéciaux : des insuffisances respectives du droit général et du droit spécial », *RDC* avril 2006 n° 2, p. 597 ; voir aussi GAUTIER Pierre-Yves, « Prolégomènes à une théorie générale des contrats spéciaux », *RDC* 2006-2 p. 610 ; MAINGUY Daniel, « Pour une théorie générale des contrats spéciaux ? », *RDC* 2006 p. 615 ; BARBIERI Jean-Jacques, « Pour une théorie spéciale des relations contractuelles », *RDC* avril 2006 n° 2.

1189 THIBIERGE-GUELFUCCI Catherine, « Libres propos sur la transformation du droit des contrats », *op. cit.*, p. 357.

en droit administratif – via la formulation de nouvelles hypothèses atteste de l'évolutivité d'une construction théorique[1190].

Analyser la qualification et l'exorbitance de l'exécution du contrat administratif à l'aune de la notion de théorie permet de mieux distinguer le conceptuel de l'empirique. Plus encore, le caractère doctrinal de la théorie lui confère paradoxalement une mutabilité dans une permanence de la pensée juridique de telle manière que la crise se résume finalement à la représentation d'un mythe d'une unité introuvable.

Paragraphe 2. Les propriétés de la « théorie » générale du contrat administratif

Comme le souligne F. GENY, le travail de l'esprit dispose de ses propres outils en ce sens que « *l'abstraction et la généralisation, qui produisent des concepts, des lois, des hypothèses, aboutissent à un aide-mémoire pratique, à une sorte de recueil de recettes, traduites dans les mots, les définitions, les classifications, les catégories, les formules, voire même les théories les plus idéales* »[1191]. Prolongeant cette idée, il est maintenant intéressant de remarquer que la théorie générale du contrat administratif, parce qu'elle constitue une théorie, se compose d'outils doctrinaux relevant de la technique juridique[1192] (A) dont l'agencement permet d'atteindre les fonctions d'une analyse théorique sur le contrat administratif (B).

A. Les outils doctrinaux de l'analyse théorique sur le contrat administratif

La théorie est une construction intellectuelle qui permet de mieux connaître son objet, ici le contrat administratif. Elle est alors inéluctablement colorée par une idée première du contrat, du contrat administratif et du droit administratif dissimulée sous un complexe d'outils à disposition de la doctrine. Mais, ainsi que nous met en garde J. DABIN, « *il n'est pas scientifique, il est technique de sacrifier si peu que ce soit la vérité scientifique à des fins purement*

1190 GRZEGORCZYK Christophe, « Statut et fonction de la théorie dans la science du droit (remarques méthodologiques) », *op. cit.*, p. 191 : « *la théorie est un ensemble de thèses remplissant une fonction explicative, mais garde toujours son caractère hypothétique et n'exclut pas, parmi ses éléments, les conjectures auxquelles nous ne connaissons pas de réfutations convaincantes* ».

1191 GENY François, *Science et technique en droit privé positif*, Tome 1, *op. cit.*, p. 126, l'auteur explique ensuite, p. 130 que ce sont des « *moyens de connaissance* […] *bases des concepts et des théories* ».

1192 GENY François, *Science et technique en droit privé positif*, Tome 3, *op. cit.*, p. 520, en ce sens : « *en toute théorie de droit positif, on observe la part considérable, ouverte à l'activité de l'homme s'exerçant sur un maigre noyau de droit naturel, pour l'informer par une plastique appropriée, en affiner les concepts au moyen d'efforts incessants de l'esprit, l'assouplir et le fixer par le langage, bref le modeler suivant les exigences de la vie* ».

pratiques »[1193]. L'étude de la théorie générale du contrat administratif sous l'angle de la théorie conduit ainsi à exposer les outils doctrinaux (1) et la combinaison effectuée entre ces derniers (2) au sein de cette première.

1. L'influence des outils doctrinaux : le langage, les notions, les concepts et les définitions

En s'appuyant sur la Théorie générale du droit de J.-L. BERGEL, il faut remarquer qu'il existe « *une linguistique juridique, auxiliaire de la science fondamentale du droit et vecteur de son expression* »[1194]. Fondamentalement, le vocabulaire mérite une attention particulière. D'ailleurs, les difficultés d'identification de la théorie générale du contrat administratif confirment son importance puisque, affectant sa présentation, diverses notions sont fréquemment utilisées sans rigueur particulière, dans une dynamique de substitution, d'équivalence ou d'alternance. F. GENY indique le sérieux de la question lorsqu'il énonce que « *le langage nous apparaît, en ses diverses parties (termes et phrases), comme l'instrument le plus indispensable de mise à effet des éléments substantiels du droit, à tel point que, prise dans son ensemble, la technique juridique aboutisse, pour la plus grande part, à une question de terminologie* »[1195]. P. ROUBIER reconnaît également qu'« *une grande partie de la technique juridique est une question de terminologie* »[1196]. A cet effet, le langage – soit-il juridique – est un formidable instrument de communication des idées[1197] sur lequel la théorie s'établit[1198]. En matière juridique, le choix effectué au sein des signifiants permet au juriste de « vitaliser » certaines normes[1199] à l'aide de mots qui constituent ensuite des formules[1200]. Or, tous ces mots et formules émaillent la recherche et concrétisent la théorie. Et comme l'explique F. GENY « *les mots, leur agencement, les formules usuelles qui s'en dégagent* [du droit], *ne sont pas sans lien avec les opérations de l'esprit, qui les préparent, dont ils condensent et fixent les résultats* »[1201].

1193 DABIN Jean, *Théorie générale du droit*, *op. cit.*, p. 238.

1194 BERGEL Jean-Louis, *Théorie générale du droit*, *op. cit.*

1195 GENY François, *Science et technique en droit privé positif*, Tome 3, *op. cit.*, p. 455 ; voir aussi p. 492 : « Le *droit trouve, dans l'expression des idées par les mots et les phrases, un instrument technique important et que les juristes ne sauraient impunément négliger* ».

1196 ROUBIER Paul, *Théorie générale du droit, Histoire des doctrines juridiques et philosophie des valeurs sociales*, *op. cit.*, p. 113.

1197 GENY François, *Science et technique en droit privé positif*, Tome 3, *op. cit.*, p. 459.

1198 HEMPEL Carl, *Éléments d'épistémologie*, *op. cit.*, p. 136 et p. 156.

1199 GENY François, *Science et technique en droit privé positif*, Tome 3, *op. cit.*, p. 492.

1200 ROUBIER Paul, *Théorie générale du droit, Histoire des doctrines juridiques et philosophie des valeurs sociales*, *op. cit.*, p. 113 ; GENY François, *Science et technique en droit privé positif*, Tome 1, *op. cit.*, p. 150.

1201 GENY François, *Science et technique en droit privé positif*, Tome 3, *op. cit.*, p. 187.

Ainsi, le langage n'est pas neutre : « *l'identité du signifiant n'implique pas celle des signifiés* »[1202].

Outil du raisonnement juridique, le langage procède d'un phénomène de sélection lui permettant ensuite de se déployer en notions, concepts et définitions[1203]. Précisons toutefois qu'à l'inverse du concept, il semble que la notion se définisse par son caractère « *opérationnel* » qui traduit le souci « *beaucoup plus immédiat de trancher une difficulté particulière par le recours à un concept fonctionnel* »[1204]. Le concept représente davantage le « *résultat de l'effort de l'esprit, en vue de saisir, dans une représentation prédominante, l'essence logique des choses* »[1205] et reste évolutif[1206]. Malgré les nombreuses études menées sur la question[1207], le choix est ici fait de ne pas tenter une définition de chacun de ces termes et de se rallier à la thèse de B. PLESSIX suivant laquelle il ne s'agit pas de nier « *l'intérêt d'une réflexion purement philosophique ou strictement épistémologique sur la notion de notion ou sur le concept de concept* [… lesquels] *désignent une représentation de l'esprit, un objet de pensée, expressions qu'il est indispensable d'utiliser mais hasardeux de vouloir nécessairement distinguer* »[1208]. En revanche, il s'agit d'insister sur le fait que les notions et les concepts désignent une approche conceptuelle de la matière, autrement dit « *l'idée générale de l'objet proposé au travail de l'esprit* »[1209]. Ce sont des outils doctrinaux mobilisables en vue de l'élaboration d'un raisonnement juridique.

La définition est liée aux notions et concepts car elle permet leur compréhension[1210] en déterminant leur signification[1211], leurs caractères et critères de reconnaissance. Elle peut être lexicale ou stipulative[1212] sachant que lorsque la doctrine recourt à la définition, elle subit inévitablement les tendances[1213] et

---

1202 LAURANS Yann, *Recherche sur la catégorie juridique de constitution et son adaptation aux mutations du droit contemporain*, Thèse Nancy 2 soutenue le 20 novembre 2009, p. 43.

1203 TUSSEAU Guillaume (dir.), *Les notions juridiques*, coll. Études juridiques, Paris : Economica, 2009.

1204 GAUDEMET Yves, *Les méthodes du juge administratif*, *op. cit.*, p. 37.

1205 GENY François, *Science et technique en droit privé positif*, Tome 1, *op. cit.*, p. 148.

1206 En ce sens, BATTAGLIA F., « Le problème du contrat », *APD* 1940, p. 174, spéc. p. 175.

1207 Cf. notamment TUSSEAU Guillaume (dir.), *Les notions juridiques*, *op. cit.*

1208 PLESSIX Benoît, *L'utilisation du droit civil dans l'élaboration du droit administratif*, *op. cit.*, p. 417.

1209 GENY François, *Science et technique en droit privé positif*, Tome 1, *op. cit.*, p. 147.

1210 BERGEL Jean-Louis, *Théorie générale du droit*, *op. cit.*, p. 230 : « *la définition d'un concept juridique doit en décrire la substance et en révéler les critères distinctifs. Ainsi, elle doit identifier les éléments constitutifs du concept envisagé et caractériser les relations qui les unissent* ».

1211 LAURANS Yann, *Recherche sur la catégorie juridique de constitution et son adaptation aux mutations du droit contemporain*, *op. cit.*, p. 37 ; voir aussi BERGEL Jean-Louis, *Théorie générale du droit*, *op. cit.*, p. 235.

1212 LAURANS Yann, *Recherche sur la catégorie juridique de constitution et son adaptation aux mutations du droit contemporain*, *ibid.*, p. 39.

1213 DUPEYROUX Henri, « Les grands problèmes du droit », *op. cit.*, p. 34 : La définition se doit d'« *aller des faits aux principes, de prendre conscience au contact des réalités de la vie,*

l'objectif poursuivis par son auteur[1214]. A ce titre, les définitions juridiques restent « *provisoires et indéfiniment perfectibles* »[1215], de nature plus ou moins « *approximative, expéditive et sommaire* »[1216]. Surtout, dans la théorie, elles restent l'œuvre d'une construction doctrinale.

Cette courte présentation permet de souligner que le langage, les notions, les concepts et les définitions interviennent dans l'analyse théorique sur le contrat administratif. Ces outils doctrinaux intègrent ensuite fréquemment une organisation plus globale[1217] pour s'ordonner en catégories et autres classifications[1218].

2. Les procédés de combinaison des outils doctrinaux : les catégories et les classifications

Le raisonnement juridique suppose une certaine cohérence. A ce égard, il convient de souligner que les catégories juridiques rassemblent les notions ou concepts juridiques[1219] répondant d'une même définition. La catégorie juridique peut se définir comme un « *procédé intellectuel,* [...] *un artifice technique de mise en œuvre des réalités juridiques, qui ne doit jamais, par excès de rigidité, permettre de les dénaturer. L'établissement des catégories juridiques doit partir des objets même qu'il faut regrouper d'après leurs caractères communs* »[1220]. La catégorie a alors vocation à constituer un ensemble homogène confirmé et consolidé par la mise en œuvre de critères. Ainsi que le précise Y. LAURANS, elle « *prépare donc l'usage d'un mot en précisant à quels faits il se rapporte permettant ensuite d'utiliser ce mot à des fins descriptives ou prescriptives* »[1221]. L'intérêt réside dans son fort potentiel qualificatif puisque la qualification du contrat administratif repose généralement sur le jeu des catégories contractuelles du droit administratif. Plus ou moins

---

du véritable caractère des règles juridiques, au lieu de commencer par fixer témérairement leur nature dans l'abstrait ».

1214 Cf. ROUBIER Paul, *Théorie générale du droit, Histoire des doctrines juridiques et philosophie des valeurs sociales, op. cit.*, p. 221.

1215 GENY François, *Science et technique en droit privé positif*, Tome 1, *op. cit.*, p. 153.

1216 ROUBIER Paul, *Théorie générale du droit, Histoire des doctrines juridiques et philosophie des valeurs sociales, op. cit.*, p. 224.

1217 AARNIO Aulis, *Le rationnel comme raisonnable, La justification en droit, op. cit.*, p. 175

1218 LAURANS Yann, *Recherche sur la catégorie juridique de constitution et son adaptation aux mutations du droit contemporain, op. cit.*, p. 27.

1219 GENY François, *Science et technique en droit privé positif*, Tome 3, *op. cit.*, p. 166 : les catégories mettent en évidence les « *arrêtes les plus saillantes du phénomène, représentant ses éléments substantiels, dont on formera les cadres de la catégorie destinée à enfermer les circonstances concrètes, qui méritent le même règlement juridique* ».

1220 BERGEL Jean-Louis, *Théorie générale du droit, op. cit.*, p. 237.

1221 LAURANS Yann, *Recherche sur la catégorie juridique de constitution et son adaptation aux mutations du droit contemporain, op. cit.*, p. 28-29.

circonscrite[1222], la catégorie absorbe la catégorie générique du contrat à côté des catégories de contrats nommés. La catégorie est alors symbole de sécurité juridique puisque, empiriquement, la simple référence suggère une dialectique entre notion (ou concept) et régime juridique et que, conceptuellement, elle procède d'un agencement[1223], d'un « *travail de mise en ordre, conduit par une double démarche de découverte des analogies et des contraires* »[1224]. La catégorie permet surtout une compréhension du système juridique[1225] et constitue ainsi un outil doctrinal au service de la création juridique et de la réflexion sur le droit : « *issue de la réalité, la catégorie juridique s'en détache, par une abstraction nécessaire, et constitue, en vertu des définitions et des classifications qu'elle implique, comme le centre de toute la technique fondamentale du droit* »[1226].

Parallèlement, la classification entretient un rapport plus ambigu avec les autres outils doctrinaux. Elle permet de classer et d'ordonner matériellement les notions, concepts et catégories. Elle propose une présentation davantage esthétique. Cependant, J. DABIN nous met en garde contre un excès de classification. Pour lui, le juriste « *force les classements, soit par extension à des catégories qui n'y entrent pas, soit par inversion de l'ordre naturel de rattachement* »[1227].

Plusieurs outils doctrinaux tels que le langage, les notions, les concepts et les définitions ensuite combinés au sein de constructions englobantes comme les catégories ou les classifications émaillent l'analyse doctrinale. Ces outils auxiliaires au droit positif – que leur présence soit ou non explicitée formellement dans la théorie générale – sont constitutifs du raisonnement juridique et sont les matériaux d'une construction doctrinale sur le contrat administratif. Ils participent ainsi aux fonctions de la théorie générale du contrat administratif.

B. Les fonctions de l'analyse théorique sur le contrat administratif

Au terme de son étude, G. PEQUIGNOT met en évidence le fait que la théorie remplit une fonction[1228] bien particulière, celle de « *rassembler les rouages du contrat administratif, que nous avons observés et étudiés, à les*

1222 GENY François, *Science et technique en droit privé positif*, Tome 3, *op. cit.*, p. 168 : « Le *jeu des catégories peut être plus ou moins serré, et c'est par le degré de sa rigueur qu'on mesurera l'influence de la technique dans une organisation juridique déterminée* ».

1223 ROUBIER Paul, *Théorie générale du droit, Histoire des doctrines juridiques et philosophie des valeurs sociales*, *op. cit.*, p. 15.

1224 GAUDEMET Yves, *Les méthodes du juge administratif*, *op. cit.*, p. 39.

1225 LAURANS Yann, *Recherche sur la catégorie juridique de constitution et son adaptation aux mutations du droit contemporain*, *op. cit.*, p. 30.

1226 GENY François, *Science et technique en droit privé positif*, Tome 3, *op. cit.*, p. 167.

1227 DABIN Jean, *Théorie générale du droit*, *op. cit.*, p. 231.

1228 La fonction peut être entendue comme le rôle à jouer, l'objectif à atteindre.

solidariser entre eux, à les animer, afin de prendre une conscience nette et simple du tout auquel ils appartiennent, de saisir ce tout dans la réalité de sa vie, d'embrasser d'un seul coup d'œil le contrat administratif et en emporter une vision à la fois vraie et simple, nous révélant les profondeurs de sa nature et nous permettant de présumer ou de comprendre l'infinité de ses formes et de ses détails »[1229]. En somme, la théorie générale vise à comprendre le contrat administratif pour en donner une vision globale et explicative afin de révéler ses fondements et ses conséquences. Elle remplit donc en réalité deux fonctions[1230] principales en ce qu'elle répond à un besoin d'abord pédagogique (1) et ensuite idéologique[1231] (2).

1. La satisfaction d'un besoin pédagogique

Lorsqu'elle satisfait un besoin pédagogique[1232], la théorie devient un outil de transmission du savoir[1233]. Cette fonction se concrétise par la satisfaction d'un besoin pédagogique explicatif et d'un besoin pédagogique pratique.

D'abord, la théorie répond à une exigence de compréhension via l'explication de son objet[1234] : le contrat administratif. A ce premier niveau, E. SAVAUX reconnaît l'intérêt d'une approche dite positiviste, relativement descriptive et réaliste[1235] dont la vocation pédagogique se matérialise par un « *droit commun des amphithéâtres et des livres* »[1236]. De ce point de vue, ladite théorie rassure l'étudiant comme l'enseignant car elle évite « *au "savant juriste" de se retrouver constamment face à lui-même, de s'interroger en permanence sur ce que son être entraîne de déformations de l'objet qu'il étudie,*

1229 PEQUIGNOT Georges, *Contribution à la Théorie générale du Contrat administratif, op. cit.*, p. 603.

1230 JULIA Didier, *Dictionnaire de la philosophie, op. cit.*, p. 280-281, l'auteur présente cependant quatre fonctions : « *un rôle de coordonnateur ou unificateur* », « *un rôle méthodologique, c'est-à-dire qu'elle permet d'établir une méthode pour la recherche scientifique et la classification des faits* », « *un rôle heuristique : elle est une force de découvertes* », « *un rôle explicatif, elle nous renseigne sur la nature du monde* ».

1231 TERRE François, *Introduction générale au droit, op. cit.*, p. 164 ; v. aussi FORTSAKIS Théodore, *Conceptualisme et empirisme en droit administratif français, op. cit.*, p. 36.

1232 Rappr. FRIEDRICH Clemmy, *Histoire doctrinale d'une mise en discours : des contrats de l'administration au contrat administratif, op. cit.*, p. 840 et s.

1233 Rappr. CAILLOSSE Jacques, « Les méthodes d'enseignement du droit administratif », *in Les méthodes en droit administratif*, Colloque AFDA juin 2017, Paris : Dalloz 2018, p. 77, spéc. p. 85.

1234 HEMPEL Carl, *Éléments d'épistémologie, op. cit.*, p. 129 : la théorie permet une « *compréhension plus approfondie et plus exacte des phénomènes en question* [...] *la théorie explique alors les relations uniformes antérieurement découvertes et prédit aussi des régularités "nouvelles" du même ordre* ».

1235 Voir également MAGNON Xavier, « En quoi le positivisme – normativisme – est-il diabolique ? », *RTD Civ* 2009.269.

1236 SAVAUX Éric, *La théorie générale du contrat, mythe ou réalité ?, op. cit.*, p. 300.

d'être pris de vertige devant son ignorance de ce qu'est vraiment le droit »[1237]. Malgré tout, cette vision statique peut être dépassée puisque l'activité d'enseignement conduit à opérer sur la matière dans un registre véritablement pédagogique explicatif[1238]. De même, la présentation sous forme de théorie clarifie parfois les différents concepts, notions, définitions, catégories, classifications gravitant dans la sphère juridique, voire même participe à la compréhension d'autres théories et satisfait un besoin pédagogique explicatif plus avancé.

Parallèlement, la théorie générale répond à un besoin pédagogique pratique puisque, confronté à la diversité des normes, elle apporte parfois un secours au praticien du droit. Face au dilemme dans le choix d'une règle à invoquer plutôt qu'une autre analogue, ce dernier peut recourir à la théorie. Sans pouvoir y dénicher la solution toute faite à son problème juridique, il y trouvera de quoi s'imprégner de l'esprit qui préside à la réglementation du contrat administratif et fonder ensuite un raisonnement juridique éclairé. Également, le travail d'interprétation à laquelle se livre le praticien gagnera en cohérence à s'inspirer de l'atmosphère particulière qui se dégage de la théorie générale du contrat administratif. Dès 1945, G. PEQUIGNOT met en évidence cet aspect lorsqu'il affirme que « *la pratique a, d'ailleurs, tout à gagner à ces progrès purement spéculatifs* »[1239]. Cette pédagogie pratique émanée de la théorie se retrouve en jurisprudence parce que le juge peut puiser dans les systématisations doctrinales[1240] l'essence des règles juridiques que les données brutes ne livrent pas et ainsi fonder rationnellement et raisonnablement sa décision[1241]. Mais lorsqu'il s'agit du recours à la théorie en vue d'appliquer concrètement une règle à un cas d'espèce, la satisfaction d'un besoin pédagogique pratique se double de préoccupations davantage idéologiques.

2. La réponse à des préoccupations idéologiques

La théorie répond à des préoccupations idéologiques car, résultat d'un processus de création, elle est inéluctablement aux prises avec les conceptions particulières de son auteur, de la sorte que « *même si dans tous les cas la matière est fournie par les sources du droit* [...] *on ne peut jamais être assuré que* [...] *la doctrine en est le reflet fidèle et non pas un véritable thaumaturge donnant naissance à des principes qui jusque-là n'étaient pas encore conçus*

1237 SAVAUX Éric, *La théorie générale du contrat, mythe ou réalité ?, ibid.*, p. 340 ; voir aussi BERGEL Jean-Louis, *Théorie générale du droit, op. cit.*, p. 13.

1238 FORTSAKIS Théodore, *Conceptualisme et empirisme en droit administratif français, op. cit.*, p. 44.

1239 PEQUIGNOT Georges, *Contribution à la Théorie générale du Contrat administratif, op. cit.*, p. 7.

1240 GAUDEMET Yves, *Les méthodes du juge administratif, op. cit.*, p. 156.

1241 Cf. AARNIO Aulis, *Le rationnel comme raisonnable, La justification en droit, op. cit.*

ou maintenant au contraire en vie ceux qui, en fait, sont déjà morts »[1242]. Plus sobrement, force est de constater que la théorie générale du contrat administratif répond d'abord à des préoccupations idéologiques en termes de progression de la connaissance du phénomène contractuel en droit administratif. Cette fonction implique un travail doctrinal visant à « *retirer l'essence du contrat hier et aujourd'hui, tracer son destin et finalement celui des hommes* »[1243]. La théorie peut ainsi prendre quelques distances avec la stricte réalité pratique et positive en formulant des hypothèses et explications nouvelles. De ce point de vue, la spécificité de la théorie générale du contrat administratif tient dans la volonté de fournir un instrument doté d'une cohérence logique et d'une cohésion interne[1244], indépendamment de toute vision pragmatique[1245]. Comme l'affirme J.-Y. CHEROT, « *la pratique de la théorie n'est pas nécessaire à la pratique* »[1246].

Plus sensiblement ensuite, la théorie générale du contrat administratif subit également l'influence de valeurs que J.-M. PONTIER inscrit dans un mouvement ascendant et descendant[1247]. Ce caractère axiologique résulte de ce que les normes sont le reflet d'une certaine conception du droit, laquelle rejaillit inévitablement sur la théorie générale du contrat administratif. Réciproquement, incorporant des éléments idéologiques et axiologiques au sein d'un système de principes et de règles, la théorie générale constitue potentiellement un instrument à disposition du juge afin, non seulement de trouver une solution au problème juridique – ce qui rejoint la conception pédagogique pratique –, mais surtout de justifier les solutions formulées à l'aide du recours aux valeurs sous-jacentes identifiées en doctrine. R. DWORKIN explique à cet effet que « *si une théorie du droit doit servir de fondement au devoir du juge, les principes qu'elle expose doivent alors tenter de justifier les règles établies* »[1248]. La théorie générale peut ainsi permettre au juge de revenir aux fondements internes des normes[1249], et notamment de justifier le raisonnement juridique poursuivi, explicitant sa fonction pédagogique idéologique.

1242 SAVAUX Éric, *La théorie générale du contrat, mythe ou réalité ?*, *op. cit.*, p. 98.

1243 SAVAUX Éric, *La théorie générale du contrat, mythe ou réalité ?*, *ibid.*, p. 99.

1244 GAUDEMET Yves, *Les méthodes du juge administratif*, *op. cit.*, p. 32 ; SAVAUX Éric, *La théorie générale du contrat, mythe ou réalité ?*, *ibid.*, p. 345.

1245 VAN HOECKE Mark, « La théorie du droit (implicite) des praticiens du droit », *op. cit.*, p. 987 ; pour une conception opposée, voir VEDEL Georges, *Droit administratif*, Tome 1, *op. cit.*, p. 31.

1246 CHEROT Jean-Yves, « Rapport de synthèse », *in Les méthodes en droit administratif*, Colloque AFDA juin 2017, Paris : Dalloz 2018, p. 261 spéc. p. 266.

1247 PONTIER Jean-Marie, « Considérations générales sur les principes en droit », *op. cit.*, p. 19 : « *une articulation se produit entre valeurs, principes et règles. Les valeurs engendrent des principes, les principes se traduisent concrètement par des règles. Inversement, les règles ne se justifient que par référence à des principes, et les principes trouvent leur source ou leur assise, dans les valeurs* ».

1248 DWORKIN Ronald, *Prendre les droits au sérieux*, *op. cit.*, p. 135.

1249 DWORKIN Ronald, *Prendre les droits au sérieux*, *ibid.*, p. 148.

Le rôle de la « théorie » dans la théorie générale du contrat administratif rend compte de ce que « *celles qui réussissent répondent à des attentes intellectuelles particulières définies en termes d'abstraction, de cohérence, de résultats sociaux* »[1250]. Mais surtout, ses caractères confirment le mythe d'une unité entre théorie et droit positif du contrat administratif. Établie sur un registre propre, la théorie repose sur le langage, les notions, les concepts et les définitions parfois rassemblés au sein de catégories ou classifications. Ils sont des outils du discours doctrinal grâce auxquels la théorie satisfait un double besoin pédagogique – explicatif et pratique – tout en répondant à des préoccupations idéologiques en termes de progrès de la connaissance et de défense de valeurs dissimulées sous son objet.

Conclusion de la section et du chapitre

Si aucune définition unanime de la notion de théorie ne se dégage, le recours à la philosophie et à la théorie du droit met en évidence la coexistence de plusieurs conceptions à partir desquelles il est néanmoins possible de définir les caractères de la « théorie » générale du contrat administratif. Sur cette base, relativiser et dépasser la crise qu'elle subit semble possible. Les exemples tirés de la qualification et de l'exorbitance de l'exécution du contrat administratif témoignent notamment de ce que la tentation de capter sous l'angle théorique chacune des solutions jurisprudentielles se révèle inadapté et souffre du manque d'harmonie propre au registre conceptuel. Parce que doctrinale, la théorie s'insère dans une pensée juridique continue. La crise apparaît maintenant comme celle d'un éloignement progressif entre une présentation dominante fondée sur la norme et le droit positif applicable au contrat administratif. Or, si la relation entre la théorie générale du contrat administratif et le droit positif est nécessaire, elle est surtout subsidiaire. D'ailleurs, la construction doctrinale mobilise ses propres outils. La théorie se forme à l'aide d'un langage donnant lieu à tout un complexe de notions, concepts et définitions parfois englobé au sein de catégories et classifications. Et c'est grâce à l'appréhension conceptuelle de ces matériaux que la théorie générale du contrat administratif satisfait les fonctions d'une analyse théorique, à savoir la satisfaction d'un double besoin pédagogique explicatif et pratique et la réponse à des préoccupations idéologiques. Incontestablement la notion de théorie imprime dans la théorie générale du contrat administratif une manière d'étudier son objet, respectueuse de ses caractères et propriétés. Mieux connaître la théorie générale du contrat administratif suppose néanmoins de s'interroger sur sa portée.

1250 ATIAS Christian, *Épistémologie juridique*, *op. cit.*, 2002, p. 179.

Chapitre 2. La portée de la théorie

Pour mémoire, la théorie est le résultat d'une construction doctrinale établie suivant une logique d'abstraction et de souci du détail dans une volonté de connaissance et d'explication de son objet. Faut-il alors évoquer la théorie générale ou la théorie du contrat administratif ? Sur cette question, force est de constater de prime abord une ambivalence sémantique qui ressort de l'usage alternatif de l'une ou l'autre expression sans que l'on sache exactement pourquoi et si les orientations terminologiques traduisent des divergences réelles. Pour autant, ces contingences ne dissuadent pas de tenter une spécification de la portée de la théorie à l'aune de sa généralité. Le postulat de départ est l'usage courant de l'expression théorie « générale » pour désigner une représentation doctrinale du droit applicable au contrat, en référence à un procédé de systématisation et de mise en ordre juridique global[1251]. Suivant la conception d'E. SAVAUX, la théorie générale constituerait la « *recherche d'essence sous l'accident, d'unité sous la diversité des règles. Il s'agit d'établir une cohérence, des régularités que la simple réalité brute ne livre pas. Elle est dans la pensée relative au Droit, non dans le Droit* »[1252].

Or, l'approche de la théorie générale du contrat administratif à la lumière d'une première attention portée sur son contenant – la théorie générale – ne peut faire l'économie d'un examen plus précis de sa portée résidant dans la généralité. Il convient alors de tenter de préciser la signification du caractère général de la théorie (Section 1), pour ensuite exposer la généralité dans la théorie du contrat administratif (Section 2).

Section 1. La signification du caractère général de la théorie

Pour G. CORNU, la généralité de la théorie se conçoit « *par opposition à spécial et à particulier, commun, à tous les éléments d'un ensemble. Ex. théorie générale des contrats, ensemble de règles communes à tous les contrats (par opposition au droit spécial à chacun des contrats) ; dispositions générales applicables à tout jugement* »[1253]. Si cette conception s'inscrit dans la confusion classique entre la théorie générale et le droit positif applicable au contrat, elle apporte toutefois un premier éclairage : la théorie générale du contrat administratif du point de vue de la généralité pourrait se définir par exclusion du spécial et du particulier. Il convient toutefois de préciser un peu plus la signification du caractère général dans la théorie générale du contrat administratif à l'aide d'une détermination plus exacte de la généralité de la

---

[1251] PIMONT Sébastien, « Peut-on réduire le droit en théories générales ? Exemples en droit du contrat », *op. cit.*, p. 417.

[1252] SAVAUX Éric, *La théorie générale du contrat, mythe ou réalité ?*, *op. cit.*, p. 9.

[1253] CORNU Gérard (dir.), *Vocabulaire juridique*, 10ème éd., *op. cit.*, p. 489.

théorie (Paragraphe 1) pour *in fine* matérialiser la portée de la notion de théorie « générale » (Paragraphe 2).

Paragraphe 1. La détermination de la généralité de la théorie

Si, comme le dénonce E. SAVAUX, « *il n'y a pas une théorie générale du contrat mais des théories générales du contrat, sans doute presque autant que d'auteurs qui se penchent sur la question* »[1254], se pose l'énigme du criterium à la lumière duquel il est possible de considérer que le discours se situe dans le cadre de la « théorie générale » du contrat administratif. A cet effet, l'examen de la notion de théorie fournit un élément de définition que celui de la généralité précise. Bien que des difficultés émaillent l'entreprise d'une recherche sur la généralité de la théorie (A), il apparaît qu'à l'aune de ses caractères, la généralité dirige la théorie dans le traitement de son objet (B).

A. Les difficultés attachées à la généralité de la théorie du contrat administratif

Lorsqu'il s'agit d'analyser le concept de théorie générale du contrat (administratif), la généralité de la théorie reste obscure pour deux raisons : soit elle est éludée – l'expression de théorie du contrat étant alors préférée –, soit elle constitue un adjectif de la théorie sans qu'aucune analyse ne soit véritablement menée à son égard. Une impression de flottement autour de la généralité de la théorie générale du contrat se dégage (1), qu'il convient de dépasser pour ensuite préciser ses caractères à l'aide de la philosophie et de la théorie du droit (2).

1. Le flottement autour de la théorie « générale » du contrat

Le recours à la thèse d'E. SAVAUX est riche d'enseignements et agit comme révélateur des difficultés que peut susciter l'expression « théorie générale » du contrat. L'auteur explique que l'emploi de la formule, plus fréquente en théorie du droit qu'en droit du contrat, n'est pas sans présenter quelques incohérences : « *alors que la théorie juridique est globalement définie comme une activité spéculative de la doctrine, la théorie générale du contrat n'est donc reçue que comme un ensemble de normes, uniquement caractérisées par l'étendue de leur champ d'application* »[1255]. Il explique d'ailleurs que problème fondamental réside dans le fait que « *la théorie* [en général] *est toujours considérée comme étant au moins partiellement extérieure au droit positif, qu'elle a pour fonction de synthétiser et d'ordonner, alors que la définition positive de la théorie générale du contrat confond l'une et*

[1254] SAVAUX Éric, *La théorie générale du contrat, mythe ou réalité ?*, *op. cit.*, p. 302.
[1255] SAVAUX Éric, *La théorie générale du contrat, mythe ou réalité ?*, *ibid.*, p. 8.

l'autre »[1256]. L'expression même de théorie « générale » confirme les lacunes d'une conception positiviste puisque la théorie générale ajoute nécessairement au droit positif pour mieux le dépasser et en proposer une vision théorique. Générale, la théorie s'apparente davantage à une emprise scientifique globale sur la matière contractuelle qu'à une réalité positive[1257]. Mais, théorique, la généralité se rattache au degré d'abstraction dans la présentation de la théorie. Seulement, aucune définition de la généralité ne peut être tirée du discours sur la théorie générale du contrat. Le terme « théorie générale » fait figure de parent pauvre de sorte que son usage est fréquent en doctrine sans qu'aucune justification ne soit apportée[1258]. Un tel silence interroge et conduit à rechercher les caractères intrinsèques de la généralité.

2. Les caractères de la généralité

A l'instar de la théorie, la généralité peut être éclairée par la philosophie et la théorie du droit. En philosophie du droit, c'est la recherche de concepts communs aux différents ordres juridiques pour les relier et constituer un système[1259] qui constitue une théorie « générale ». En relation avec la théorie, le système prend alors toute sa consistance dans une dimension « générale ». Dans cette acception, la généralité rend compte d'une construction doctrinale universelle et explicative. Cette idée d'universalité suppose d'écarter ce qui est spécial et particulier (ou trop empirique)[1260].

Les données tirées de la théorie du droit[1261] mettent en évidence deux orientations quant à la généralité. D'abord, la théorie générale du droit transcende les systèmes juridiques particuliers. Par sa généralité elle est une science « *objective et a-normative, qui étudie, d'un point de vue externe, les problèmes qui sont communs à tous (ou la plupart) des systèmes de droit, en utilisant une méthode pluri ou interdisciplinaire* »[1262]. Se pose forcément la question de la

---

1256 SAVAUX Éric, *La théorie générale du contrat, mythe ou réalité ?, op. cit.*, p. 43.

1257 SAVAUX Éric, *La théorie générale du contrat, mythe ou réalité ?, ibid.*, p. 45.

1258 SAVAUX Éric, *La théorie générale du contrat, mythe ou réalité ?, ibid.*, p. 9.

1259 OPPETIT Bruno, *Philosophie du droit*, Précis, Paris : Dalloz, 1999, p. 19.

1260 AUROUX Sylvain (dir.), *Encyclopédie philosophique universelle*, Tome II, Les notions philosophiques, *op. cit.*, p. 2590 ; BARAQUIN Noëlla, BAUDART Anne, DUGUE Jean, LAFFITTE Jacqueline, RIBES François, WILFERT Joël, *Dictionnaire de philosophie*, *op. cit.*, p. 238.

1261 WROBLEWSKI Jerzy, « L'attitude philosophique et l'attitude aphilosophique dans la théorie contemporaine du droit », *APD* 1966, p. 273, spéc., p. 275.

1262 ARNAUD André-Jean (dir.), *Dictionnaire encyclopédique de théorie et de sociologie du droit*, *op. cit.*, p. 417.

généralité d'une théorie sur le contrat administratif[1263], ne disposant vraisemblablement pas de la vocation universelle d'une théorie générale du droit[1264]. Mais à l'inverse, une théorie générale à la fois normative et conceptuelle[1265] reste possible. Son universalisme se caractérise alors par une vision globale sur un domaine plus ou moins circonscrit, c'est-à-dire qu'elle permet une explication complète d'une matière déterminée : son pourquoi, son pour quoi et son comment[1266].

Malgré l'absence de définition unanime, les caractères de la généralité sont identifiables en philosophie et en théorie du droit. La théorie, saisie sous l'angle de la généralité, apparaît dans sa vocation universaliste. La théorie « générale » dépasse le spécial et le particulier. Complémentaire de l'abstraction théorique, la généralité concourt à l'harmonie d'une construction doctrinale sur le contrat administratif et participe à sa constitution.

B. La mobilisation de la généralité de la théorie dans le traitement de son objet

La théorie générale du contrat administratif est le résultat d'une construction doctrinale portant sur le contrat administratif, mais sa reformulation requiert de préciser le degré d'appréhension de la matière. La généralité de la théorie concourt ainsi à déterminer les questions juridiques que sa construction suppose et auxquelles elle tend à répondre (2). En cela, elle détermine un point de vue théorique sur le contrat administratif (1).

1. La généralité de la théorie déterminant le point de vue sur le contrat administratif

La généralité d'une construction doctrinale détermine le point de vue adopté sur son objet et la substance des questions théoriques. Dès 1945, G. PEQUIGNOT introduit la formulation de sa théorie générale du contrat administratif par le questionnement. Il invite le lecteur à se demander : « *Qu'est-ce donc que le contrat administratif ?* » ou encore, « *le contrat administratif est-il, malgré son nom, un véritable contrat ?* »[1267]. Ces questions posent un cadre, celui de la démonstration, et permettent à l'auteur de justifier sa thèse eu égard aux réponses qu'il entend apporter. L'auteur prétend alors définir le contrat administratif et dégager ses caractères de fond afin de montrer que ses effets

---

1263 MILLARD Éric, *Théorie générale du droit*, *op. cit.*, p. 1-2, pour l'auteur la théorie générale « *ne s'intéresse pas aux théories concernant des questions particulières du droit* [… elle] *transcende les séparations disciplinaires* ».

1264 VIRALLY Michel, *La pensée juridique*, *op. cit.*, p. XXIV.

1265 DWORKIN Ronald, *Prendre les droits au sérieux*, *op. cit.*, p. 40-41.

1266 BERGEL Jean-Louis, *Théorie générale du droit*, *op. cit.*, p. 5.

1267 PEQUIGNOT Georges, *Contribution à la Théorie générale du Contrat administratif*, *op. cit.*, p. 10-11.

apparaissent « *sous un aspect si original, qu'ils légitimeront une théorie générale propre au contrat administratif* »[1268]. Exprimée par les questions juridiques abordées, la généralité de la théorie révèle un point de vue large sur son objet qui tend vers une vision universaliste sur le contrat administratif, « *débordant de toute part le droit commun positif* »[1269].

La généralité oriente la vue théorique afin de saisir l'unité et la diversité du contrat administratif, pour ne retenir finalement que les éléments qui permettent une réelle compréhension de son objet. C'est l'étude conceptuelle du contrat administratif qui doit être générale et, afin de satisfaire la fonction explicative de la théorie, cette généralité oriente ensuite le traitement de son objet.

2. La généralité à la source des questions traitées dans la théorie générale du contrat administratif

Par sa vocation universaliste, la généralité suppose un point de vue global sur l'objet de la théorie. Elle est aussi mobilisée pour sélectionner les questions juridiques, les thèmes, les sujets dans la théorie générale. A cet égard, il est intéressant de s'appuyer sur ce que C. HEMPEL appelle les principes de la théorie en référence à des principes internes, c'est-à-dire « *les entités et les processus fondamentaux invoqués par la théorie et les lois auxquelles ceux-ci sont censés se conformer* »[1270]. C'est l'idée suivant laquelle, d'un côté la théorie générale du contrat administratif procède d'un questionnement global et multiple sur la matière qu'elle embrasse et de l'autre, sa généralité fait appel à des mécanismes intellectuels déterminant ses composantes.

La généralité dirige la réflexion théorique. Cette qualité invite à appréhender plusieurs questions et pistes de réflexions pour poser le cadre de la démonstration : le contrat administratif est-il un contrat ? En quel sens le contrat administratif est-il administratif ? Quelle est la place du contrat administratif au sein des normes ? Quelle est la raison d'être (pourquoi) et le but (pour quoi) du contrat administratif ? Existe-t-il une théorie générale du contrat administratif ? Où est-elle et que contient-elle ?

En somme, la généralité s'adosse à la théorie et exprime le souhait de connaître le pourquoi, le pour quoi et le comment de son objet. L'expression de théorie « générale » n'est donc pas sans effet. Elle influe sur le contenu de la théorie et, à ce titre, sa portée mérite d'être précisée.

1268 PEQUIGNOT Georges, *Contribution à la Théorie générale du Contrat administratif, ibid.*, p. 12.

1269 SAVAUX Éric, *La théorie générale du contrat, mythe ou réalité ?, op. cit.*, p. 79.

1270 HEMPEL Carl, *Éléments d'épistémologie, op. cit.*, p. 133.

Paragraphe 2. Le recours à la notion de théorie « générale »

La généralité pose les limites de la théorie générale du contrat administratif. Elle permet de saisir une totalité pour ensuite en proposer une présentation explicative théorisée. La théorie « générale » du contrat administratif possède donc deux dimensions, conférant à ce caractère une portée particulière. Il est d'ailleurs possible de vérifier cette conception et de relever quelques applications en droit administratif (A) pour ensuite préciser la fonction délimitative de la généralité dans la théorie générale du contrat administratif (B).

A. Les applications de la notion de « théorie générale » en droit administratif

La doctrine n'est pas avare de l'expression « théorie générale ». Par exemple, J. WALINE fait référence à la théorie générale des personnes publiques[1271] ou encore à la théorie générale du service public[1272]. Parallèlement, S. NICINSKI propose l'esquisse d'une théorie générale du droit public des affaires dont l'objet est de « *déterminer avec précision les grands principes guidant l'action des personnes publiques sur le marché et, d'autre part, d'identifier les différentes prérogatives des autorités publiques vis-à-vis des acteurs économiques, ainsi que leur régime* »[1273]. La doctrine administrativiste n'hésite pas à baptiser « théorie générale » nombre de ses créations, desquelles il est possible de tirer quelques enseignements. Deux exemples méritent d'être mentionnés : la théorie générale de la centralisation et de la décentralisation proposée par Ch. EISENMANN (1) et la théorie générale des principes généraux du droit dans la jurisprudence administrative élaborée par B. JEANNEAU (2).

1. L'exemple de la théorie générale de la centralisation et de la décentralisation proposée par Ch. EISENMANN

La définition donnée par Ch. EISENMANN dans le cadre de sa théorie générale de la centralisation et la décentralisation est intéressante[1274]. La théorie générale s'apparente à la « *définition et analyse du problème et à celles de ses solutions, envisagés tous deux sous le seul aspect juridique, comme objets de règlementations à édicter ou en vigueur* ». Son élaboration procède de synthèses sur le droit positif – ce qui interroge quant aux caractères de la généralité. Cependant, Ch. EISENMANN explique que la théorie générale « *tend à*

[1271] WALINE Jean, *Droit administratif, op. cit.*, p. 55.
[1272] WALINE Jean, *Droit administratif, ibid.*, p. 369.
[1273] NICINSKI Sophie, *Droit public des affaires*, Domat Droit public, 3ème éd., Paris : Montchestien, 2012, p. 11.
[1274] EISENMANN Charles, *Centralisation et décentralisation, Esquisse d'une théorie générale*, Paris : LGDJ, 1948.

embrasser du regard tous les systèmes – d'abord tous les systèmes réalités, mais même (car elle peut dépasser l'expérience passée ou présente par l'imagination) les systèmes possibles ; mais à chacun d'eux elle ne retient que des données et idées de portée générale propres à les faire comprendre tous, sa préoccupation va seulement à leurs problèmes et à la constitution d'un système complet ». L'auteur rejoint ainsi la conception universaliste de la théorie générale. A l'examen, il est d'ailleurs possible de retrouver une idée de transcendance à l'égard des études juridiques particulières, dans une logique d'abstraction caractéristique du travail de l'esprit sur la matière[1275]. La présentation de l'auteur rend également compte de la fonction explicative de la théorie et du point de vue général lorsqu'il entend présenter une vue d'ensemble des problèmes fondamentaux, des solutions et résultats juridiques issus de l'application des normes. Comme il l'énonce, les théories générales « *dessinent les cadres où se situe et qui serviront à analyser n'importe quel droit positif* ». Appliquée à la centralisation et à la décentralisation, « *la théorie générale s'élève au-dessus de chaque droit positif* [...] *elle vise à saisir et comprendre tout le droit positif, et même tout droit positif* ». Force est de constater que le point de vue adopté dans cet ouvrage est en adéquation avec l'esquisse de la généralité dans la théorie. L'exemple suivant confirme d'ailleurs cette conception.

2. L'exemple de la théorie générale des principes généraux du droit dans la jurisprudence administrative élaborée par B. JEANNEAU

En 1954, B. JEANNEAU propose un « *essai de théorie générale* » des principes généraux du droit dans la jurisprudence administrative[1276], selon une démarche explicative et dans un objectif de systématisation en droit public. Il explique que la construction de cette théorie générale nécessite d'« *éliminer ces règles que le Conseil d'État a incorporées pour les besoins de la cause à la catégorie des principes généraux et utiliser exclusivement les éléments qui nous seront fournis par le noyau de principes qui correspondent vraiment à un concept précis* ». L'auteur prétend construire une théorie générale grâce à la sélection des « *principes généraux qui présentent entre eux suffisamment de traits communs pour permettre une ébauche de systématisation* »[1277]. B. JEANNEAU explicite ensuite la structuration de sa théorie générale des principes généraux du droit en trois temps. Dans un premier temps, l'auteur procède à une comparaison des principes généraux du droit en droit administratif

---

1275 EISENMANN Charles, *Centralisation et décentralisation, Esquisse d'une théorie générale, ibid.*

1276 JEANNEAU Benoît, *Les principes généraux du droit dans la jurisprudence administrative, op. cit.*

1277 JEANNEAU Benoît, *Les principes généraux du droit dans la jurisprudence administrative, ibid.*, p. 199 et s.

avec les principes généraux des droits privé et international. Dans un deuxième temps, il réalise une étude de la relation entre les principes généraux du droit et la Doctrine. Dans un troisième temps, B. JEANNEAU formule un essai d'explication du phénomène étudié à l'aune du fondement de la théorie des principes généraux du droit[1278]. Conforme à l'idée de généralité, on retrouve ici le postulat universaliste modulé par la vocation explicative de la théorie générale.

Il serait tentant de renouveler l'analyse en doctrine administrativiste, mais ces deux exemples confirment déjà que le recours à la notion de théorie « générale » annonce une vision universaliste et explicative sur son objet. Il faut également souligner que la généralité semble jouer un rôle précis dans la théorie générale, elle se démarque par sa fonction délimitative.

B. La fonction délimitative de la généralité dans la théorie

La théorie satisfait un besoin pédagogique et répond à des préoccupations idéologiques. Sa généralité, traduisant une vision universaliste sur la matière, remplit une fonction délimitative : substantiellement, elle oriente le contenu de la théorie et constitue en cela un facteur de cohérence (1), tandis que sur un autre registre, la généralité représente est un repère pour le discours théorique (2) sur le contrat administratif.

1. La généralité, un facteur de cohérence dans la théorie

Témoin de sa vocation universaliste et explicative, la généralité de la théorie est un facteur de cohérence. L'idée de cohérence[1279] traduit la « *volonté de ne laisser irrésolue aucune difficulté juridique du contrat* »[1280]. En quelque sorte, le caractère général de la théorie permet de faire la lumière sur les zones de pénombre[1281], elle favorise les liaisons parfois manquantes et facilite les interprétations conformes avec l'esprit des normes. La généralité apporte une cohérence[1282] et une cohésion en mettant à jour l'unité sous la diversité juridique[1283] par un travail de création théorique oscillant entre construction et

---

1278 JEANNEAU Benoît, *Les principes généraux du droit dans la jurisprudence administrative*, *ibid.*, p. 200.

1279 En ce sens SAVAUX Éric, *La théorie générale du contrat, mythe ou réalité ?*, *op. cit.*, p. 154.

1280 SAVAUX Éric, *La théorie générale du contrat, mythe ou réalité ?*, *ibid.*, p. 145.

1281 Cf. HART Herbert Lionel Adolphus, *Le concept de droit*, *op. cit.*

1282 ROUBIER Paul, « L'ordre juridique et la théorie des sources du droit », *op. cit.*, p. 24.

1283 SAVAUX Éric, *La théorie générale du contrat, mythe ou réalité ?*, *op. cit.*, p. 147.

reconstruction[1284] des produits préfabriqués[1285]– le donné. Elle soutient la compréhension[1286] et la connaissance car le point de vue général clarifie, suggère et évalue la matière juridique gravitant autour du contrat administratif en y ajoutant – par la sélection – le recul suffisant à l'explication. Ainsi, la théorie transforme le droit positif dans une logique d'harmonie interne globale pour « *constituer un ensemble cohérent de solutions, étant établi en dehors de toute considération d'espèce* »[1287].

La généralité participe d'ailleurs de la cohérence de la théorie lorsqu'il s'agit d'exposer le corpus juridique suivant « *une certaine manière de l'exprimer, de le porter, de le véhiculer* »[1288]. L'exposé qui en est fait exprime la généralité à deux titres puisqu'il caractérise un processus de connaissance exhaustif auquel s'adjoint un procédé d'agencement pour parvenir à une présentation uniforme dite générale. Sur ce plan, la généralité autorise à dépasser les cloisons juridiques de sorte que la théorie générale du contrat administratif ne saurait éluder le droit privé du contrat sous prétexte de son administrativité. L'interrogation formulée par J. DABIN est explicite à ce sujet : « *Combien n'y a-t-il pas de règles qui, dispersées dans les codes différents ou sous des rubriques différentes, retrouvent leur unité ou leur "complémentarité", en même temps que leur exacte portée, quand on les lit à la lumière de telle idée qui leur est commune* »[1289]. Dotée d'une cohérence interne, la théorie est générale lorsqu'elle « *facilite la déduction et l'enchainement des règles, elle permet de présenter harmonieusement un ensemble de solutions, qui, laissées à l'état de réalités brutes, paraitraient simplement juxtaposées, voire dépourvues de toute cohérence* »[1290]. En ce qu'elle oriente le traitement de son objet et dirige la recherche, la généralité est un facteur de cohérence interne de la théorie, elle constitue également un repère pour le discours théorique.

2. La généralité, un repère pour le discours théorique

Dans le registre (méta)théorique, la généralité intéresse les outils doctrinaux d'analyse sur le contrat administratif. La fonction de repère qu'elle rem-

[1284] PAGE H., « Essai pour une formalisation structurale du droit positif français », *APD* 1970, p. 237, spéc. p. 250 : l'auteur aspire à ce que « *la science juridique pourrait avoir pour objet la mise à nu de ces charpentes [logiques], et le juriste devenir archéologue ou architecte. Ce dernier après avoir entrevu les cohésions immanentes du droit, se devrait de l'exposer différemment et de constituer une pédagogie nouvelle* ».

[1285] STOYANOVITCH Konstantin, « Y a-t-il une science du droit ? Contribution à l'épistémologie générale », *op. cit.*, p. 94.

[1286] SAVAUX Éric, *La théorie générale du contrat, mythe ou réalité ?*, *op. cit.*, p. 143 ; rappr. BOULANGER Jean, « Les principes généraux du droit et droit positif », *op. cit.*

[1287] ROUBIER Paul, *Théorie générale du droit, Histoire des doctrines juridiques et philosophie des valeurs sociales*, *op. cit.*, p. 14.

[1288] DABIN Jean, *Théorie générale du droit*, *op. cit.*, p. 126.

[1289] DABIN Jean, *Théorie générale du droit*, *ibid.*, p. 79.

[1290] GENY François, *Science et technique en droit privé positif*, Tome 3, *op. cit.*, p. 196.

plit s'inscrit ici dans une dynamique conceptuelle inductive. Ainsi, l'universalisme d'une théorie générale suppose une première appréhension sémantique et lexicale de son objet pour ensuite saisir la signification des notions, concepts et définitions qui gravitent autour. Ce sont là des premiers éléments relativement bruts qui caractérisent l'universalisme dans le conceptualisme : la généralité du point de vue. Cet universalisme se prolonge d'un processus de généralisation par la recherche d'uniformité notamment à l'aide des catégories et classifications[1291]. Les notions, concepts, définitions, catégories, classifications entrent dans la théorie générale suivant une logique de genre à espèce[1292], dans un rapport d'induction[1293]. Délimitative, la généralité de la théorie guide le travail de construction théorique du point de vue de la méthode. Elle dirige la démarche globale de l'esprit sur la matière : si la théorie est une construction intellectuelle composée de concepts[1294], notions, définitions, catégories[1295] ou classifications[1296], la mobilisation de la généralité précise leur place dans le raisonnement portant théorie générale. Son articulation interne rend compte des caractères de la généralité et témoigne du fait que la théorie générale est « *essentiellement réalisée au moyen de la représentation*

[1291] GENY François, *Science et technique en droit privé positif*, Tome 3, *op. cit.*, p. 167 : particulièrement sur la catégorisation : « *ce procédé s'impose-t-il pour tous les modes de création juridique* [...] *il s'y montre particulièrement nécessaire, pour assurer la marche de l'esprit investigateur au milieu des faits et sentiments qui le débordent* ».

[1292] STOYANOVITCH Konstantin, « Y a-t-il une science du droit ? Contribution à l'épistémologie générale », *op. cit.*, p. 92 : l'étude, par exemple, du contrat révèle un « *rapport de causalité ou de genre à espèce qui existe, d'une part entre les différentes notions et catégories à l'intérieur d'une seule institution et, de l'autre, entre les institutions elles-mêmes* ».

[1293] EISENMANN Charles, « Quelques problèmes de méthodologie des définitions et des classifications en science juridique », *APD* 1966, p. 25, spéc. p. 35 : « L*es classifications – les "étiquetages" et classements – des objets individuels ne préexistent pas aux définitions de catégories, ils ne peuvent leur préexister ; ils les présupposent au contraire, puisqu'ils en sont l'application, les corolaires, puisqu'ils ne peuvent s'opérer que sur leur base, par référence à ces définitions* ».

[1294] GENY François, *Science et technique en droit privé positif*, Tome 3, *op. cit.*, p. 192 : la construction juridique « *ne peut être que le travail de l'esprit, traitant la matière du droit suivant ses moyens propres (concepts), qui convergent tous autour de l'abstraction et aboutissent à une idéalisation synthétique du réel* » ; cependant, p. 193, sur les concepts : « *si pareil effort est surtout l'œuvre de la doctrine, il advient qu'en dépit de ses tendances réalistes, la jurisprudence n'hésite pas à se l'approprier ; bien plus, la législation, mettant en valeur les résultats acquis, sera parfois tentée d'échafauder ses décisions positives sur des concepts qui paraitraient propres à les soutenir* ».

[1295] GENY François, *Science et technique en droit privé positif*, Tome 3, *ibid.*, p. 193 : Les théories et catégories « *restent dominées par la représentation conceptuelle qui, seule, explique les prodiges de l'imagination, au moyen desquels on féconde la réalité, en vue d'y greffer de nouvelles solutions juridiques* ».

[1296] GENY François, *Science et technique en droit privé positif*, Tome 1, *op. cit.*, p. 154 : la classification constitue une « *division des notions* [...] *pour prolonger et compléter une définition principale* », elle « *part des objets mêmes, qu'elle vise à grouper d'après leurs caractères communs* ».

par concepts, et dont les résultats se traduisent en hypothèses ou théories, pour tendre à la systématisation complète du droit »[1297].

Conclusion de la section

L'expression de théorie générale du contrat administratif est fréquemment employée en doctrine, bien que la question de la généralité soit rarement abordée directement. De prime abord, il est possible de considérer que générale, la théorie constitue une appréhension globale sur la matière mais que, théorique, la généralité se rattache au degré d'abstraction dans la présentation effectuée. En réalité, la généralité de la théorie matérialise surtout une vision universaliste portant sur un domaine de recherche. Concernant davantage le point de vue sur son objet que l'objet de la théorie, la généralité est fonctionnelle. Elle est l'expression d'un universalisme affecté et dirige la recherche. Les exemples puisés dans les œuvres de Ch. EISENMANN et B. JEANNEAU en attestent. La généralité de la théorie trahit la méthode choisie et remplit une fonction délimitative déterminant le « focus » effectué sur l'objet. A cet effet, la généralité concourt à la cohérence de la théorie générale du contrat administratif, tout en constituant un repère conceptuel.

Section 2. La généralité dans la théorie du contrat administratif

Le recours à la généralité invite à définir les questions et pistes de réflexions théoriques sur le contrat administratif. Si elle est une première vue tendant à saisir tout à la fois l'unité et la diversité du contrat administratif, la généralité permet ensuite de procéder à la sélection. L'expression de théorie « générale » n'est donc pas neutre, elle trahit un certain degré d'abstraction dans l'analyse du contrat administratif suivant un objectif de cohérence qui impacte la constitution de la théorie. Dans la théorie générale du contrat administratif, la fonction délimitative de la généralité est double : elle est un critère d'incorporation (Paragraphe 1), tandis que l'insuffisance et, à l'inverse, l'excès de généralité justifient l'exclusion de la théorie générale du contrat administratif (Paragraphe 2).

Paragraphe 1. La généralité, critère d'incorporation à la théorie

La signification de la généralité de la théorie permet de revenir sur quelques difficultés d'identification de la conception dominante de théorie générale du contrat administratif. Elle invite à préciser sous l'angle de la théorie générale les principes (A) et les règles générales (B) gravitant autour du contrat administratif.

[1297] GENY François, *Science et technique en droit privé positif*, Tome 3, *op. cit.*, p. 191.

A. Les principes dans la théorie générale du contrat administratif

Dès 1950, J. BOULANGER énonce qu'en matière de principes, « *le même mot recouvre des significations très différentes* »[1298], d'aucuns regrettant que « *le succès du mot a ruiné sa valeur singulière, noyée dans un pluriel ampoulé* »[1299]. Cependant, le critère de généralité tel qu'il apparaît maintenant permet de renouveler l'analyse de certains principes bien connus de l'étude du contrat administratif (1) en vue de procéder à l'évaluation des principes du droit du contrat administratif (2).

1. La détermination des principes dans la théorie générale du contrat administratif

La vocation universaliste de la généralité saisie à travers sa fonction délimitative invite à appréhender sous ce prisme les principes gravitant autour du contrat administratif. Par exemple, dans le cadre de la formation du contrat administratif se pose la question du principe d'autonomie de la volonté[1300]. Lorsqu'il s'agit de l'exécution du contrat administratif, ensuite, le principe de mutabilité se voit qualifié de « *pilier de la théorie générale des contrats administratifs que seulement la doctrine avait à ce jour formellement exprimé* »[1301] pour être fréquemment rapproché du principe de mutabilité du service public[1302]. Il est également possible de mentionner le principe d'équation financière qui consiste en l'obligation faite à l'administration d'indemniser son cocontractant des charges nouvelles faisant suite à la mise en œuvre d'un principe de mutabilité[1303]. Le contentieux du contrat administratif est aussi affublé de « *principes généraux du droit du contentieux administratif* »[1304]. De même, il faut noter les « *principes généraux d'interprétation des conventions* »[1305] tels que le principe de loyauté contractuelle[1306], le principe de bonne

---

1298 BOULANGER Jean, « Les principes généraux du droit et droit positif », *op. cit.*, p. 52.

1299 MORVAN Pascal, *in* ALLAND Denis et RIALS Stéphane, *Dictionnaire de la culture juridique*, *op. cit.*, p. 1201.

1300 SAUNIER Sébastien, « L'autonomie de la volonté en droit administratif français : une mise au point », *op. cit.,* n° 609.

1301 PLESSIX Benoît, « Application immédiate des dispositions de la loi SAPIN relatives à la durée des DSP », *RJEP,* octobre 2009, n° 668, comm. 41.

1302 FOLLIOT-LALLIOT Laurence, « Exécution du contrat administratif, Obligations contractuelles et pouvoirs de l'Administration », *Jurisclasseur,* Fasc. 608, p. 12.

1303 HOEPFFNER Hélène, « Exécution du contrat administratif, Droits et obligations du cocontractant », *Jurisclasseur Adm.*, Fasc. 609, p. 22.

1304 De BECHILLON Denys et TERNEYRE Philippe, « Contentieux des contrats administratifs », *Rép. Cont. Adm.* Dalloz, p. 7.

1305 ROUQUETTE Rémi, Droit des marchés publics et contrats publics spéciaux, L'exécution des marchés publics, *Le Moniteur*, IV.112.1, p. 1.

1306 ROUQUETTE Rémi, Droit des marchés publics et contrats publics spéciaux, L'exécution des marchés publics, *Le Moniteur*, IV.101.1, p. 1 et n° IV.112.1 p. 5.

foi[1307], ou encore le principe de l'effet obligatoire et de l'effet relatif du contrat administratif[1308]. Ce sont en outre des principes fondamentaux applicables à l'ensemble des marchés publics[1309].

S'ils portent sur une vision positiviste du principe, il faut remarquer que leur genèse est souvent doctrinale, confirmant que, comme l'énonçait F. LAFFERIERE en 1850, « *l'enseignement théorique repose sur des principes généraux* »[1310]. Autrement dit, embrassant les caractères de la théorie générale, certains principes ont une vocation pédagogique et explicative, ils s'apparentent à « *la règle première, la clé de voûte des théories* »[1311] que la doctrine formule généralement à partir du droit positif[1312]. Ces principes peuvent être qualifiés d'intermédiaires, ils ont une double nature : *« à la frontière du droit ; ils gouvernent celui-ci, et guident le juge qui en est l'artisan autant que l'interprète. Ils sont les fenêtres qui laissent pénétrer le jour à l'intérieur du cabinet du juriste, mais un jour tamisé* »[1313]. Certains constituent des principes communs au droit du contrat administratif et au droit privé du contrat. Ils se caractérisent essentiellement par l'expression « *principes dont s'inspire l'article* [...] ». Selon l'interprétation donnée par P. de MONTALIVET, « *ce n'est pas le principe qui est déduit du texte mais le texte qui est déduit du principe* »[1314]. Dans une vision inductive, le juge administratif peut dévoiler un

1307 PEQUIGNOT Georges, *Contribution à la Théorie générale du Contrat administratif, op. cit.*, p. 294 : « Le *principe de la bonne foi qui s'impose à l'Administration comme à toute personne juridique, exige que le cocontractant ne soit pas frustré par elle du bénéfice qui l'a déterminé à contracter* ».

1308 ROUQUETTE Rémi, Droit des marchés publics et contrats publics spéciaux, L'exécution des marchés publics, *Le Moniteur,* IV.101.1, p. 1 et 4.

1309 FEVROT Olivier, Passation des marchés publics, Principes fondamentaux, *Jurisclasseur Adm.* Fasc. 635, p. 3.

1310 LAFERRIERE Firmin, *Cours théorique et pratique de droit public et administratif, op. cit.*, p. 41.

1311 GAUDEMET Yves, *Les méthodes du juge administratif, op. cit.*, p. 36.

1312 GENEVOIS Bruno, Les principes généraux du droit, *Rép. Cont. Adm. Dalloz*, p. 7 : « *sans nier le rôle joué par la doctrine dans l'apparition et le développement de cette théorie* [...], *il importe de mettre l'accent sur le caractère jurisprudentiel de la notion de principes généraux du droit* ».

1313 GAUDEMET Yves, *Les méthodes du juge administratif, op. cit.*, p. 35-36.

1314 De MONTALIVET Pierre, Principes généraux du droit, *Jurisclasseur Adm.*, Fasc. 38, p. 5 ; voir aussi ROUQUETTE Rémi, Droit des marchés publics et contrats publics spéciaux, L'exécution des marchés publics, *Le moniteur*, IV.111.1, p. 6.

principe immanent au droit[1315] qui provient des « *profondeurs de la "conscience juridique"* »[1316]. Comme l'explique R. CHAPUS, les principes généraux bénéficient d'une « *appellation contrôlée* » indépendamment de toute source ou consécration textuelle[1317].

D'ailleurs, dans la hiérarchie des normes, les principes généraux du droit se situent à un niveau intermédiaire « *tout à la fois infralégislatif et supradécrétal* »[1318]. L'homologation jurisprudentielle n'est alors qu'un indice de la portée du principe. Cependant, le principe dans la théorie générale du contrat administratif ne saurait être assimilé à des principes normatifs et fonctionnels utilisés en vue de fonder des solutions avant tout contentieuses. Si tout principe peut traduire « *une étude systématique des caractères essentiels d'une législation positive à travers son évolution* »[1319], c'est dans le discours doctrinal qu'il faut puiser les principes de la théorie générale. En témoigne l'approche choisie par B. GENEVOIS lors de la présentation de la théorie des principes généraux du droit, laquelle débute par une perspective historique à laquelle succède une analyse qualifiée de conceptuelle[1320]. Dans le même sens, B. JEANNEAU explique que la création du principe résulte d'un travail de généralisation, d'induction, de recherche de la « *nature des choses* » ou des aspirations latentes de la société[1321], autrement dit, il est dans la conscience nationale[1322]. Comme le souligne J.-M. MAILLOT, « *la floraison de principes donne à voir une structure cohérente composée de réalités similaires* »[1323].

1315 ROUQUETTE Rémi, Droit des marchés publics et contrats publics spéciaux, L'exécution des marchés publics, *Le moniteur*, IV.111.1, p. 6 ; également : GENEVOIS Bruno, Les principes généraux du droit, *Rép. Cont. Adm. Dalloz*, p. 11 ; De MONTALIVET Pierre, Principes généraux du droit, *Jurisclasseur Adm.*, Fasc. 38, p. 2- 3.

1316 JEANNEAU Benoît, *Les principes généraux du droit dans la jurisprudence administrative*, *op. cit.*, p. 138.

1317 CHAPUS René, *Droit administratif général*, *op. cit.*, p. 94-96 ; Pour une critique voir TRUCHET Didier, *Droit administratif*, 5ème éd., *op. cit.*, p. 185 : « *Pour ne pas avoir l'air de faire des arrêts de règlement, le Conseil tient à une fiction : il ne serait pas le concepteur des principes généraux du droit mais seulement l'accoucheur* ».

1318 CHAPUS René, *Droit administratif général*, *ibid.*, p. 112.

1319 BOULANGER Jean, « Les principes généraux du droit et droit positif », *op. cit.*, p. 54 et 56 ; voir aussi : JEANNEAU Benoît, *Les principes généraux du droit dans la jurisprudence administrative*, *op. cit.*, p. 3 : la théorie générale des principes généraux du droit est « *le fruit d'une longue évolution, comme consécration d'une pratique courante* » et, p. 4, « *une construction jurisprudentielle* » puis, p. 180, la construction par le juge administratif de la « *théorie de sa pratique* ».

1320 GENEVOIS Bruno, Les principes généraux du droit, *Rép. Cont. Adm. Dalloz*, p. 7.

1321 JEANNEAU Benoît, *Les principes généraux du droit dans la jurisprudence administrative*, *op. cit.*, p. 123-124.

1322 Voir en ce sens MAILLOT Jean-Marc, *La théorie administrative des principes généraux du droit, Continuité et modernité*, *op. cit.*, p. 350 et GAUDEMET Yves, *Droit administratif*, 20ème éd., *op. cit.*, p. 132.

1323 MAILLOT Jean-Marc, *La théorie administrative des principes généraux du droit, Continuité et modernité*, *ibid.*, p. 9.

Conformément au critère de généralité de la théorie, le principe est cause et conséquence[1324], il bénéficie d'une « *solennité particulière* »[1325]. Pluriels, les principes sont « intermédiaires » à deux titres : sur l'échelle de la conceptualisation ou dans la hiérarchie des normes. Néanmoins, les caractères propres du principe mis en perspective avec ceux de la généralité conduisent à ne retenir que les principes qui se rapprochent de ce qui est premier ou principal et, à ce titre, ont une portée explicative universaliste sur le contrat administratif.

2. L'évaluation de principes du droit du contrat administratif

Les principes dans la théorie générale du contrat administratif sont des principes – au fondement ou déduits du droit positif – se rapprochant de ce qui est premier ou principal et procédant d'une conception explicative universaliste sur le contrat administratif. Sur cette base, une évaluation de certains principes rencontrés dans le discours du droit positif peut être tentée en vue de mieux en saisir la portée.

Rappelons qu'en 1994, en matière administrative, le Conseil constitutionnel estime qu'« *aucune norme de valeur constitutionnelle ne garantit le principe de la liberté contractuelle* »[1326], pour considérer *in fine* que la « *liberté contractuelle découle de l'article 4 de la Déclaration* »[1327]. Il évoque ensuite un « *principe d'égalité qui implique la libre concurrence* »[1328]. Parallèlement, le Conseil d'État consacre la liberté contractuelle au rang de principe général du droit[1329] puis de liberté fondamentale au sens de l'article L. 521-2 du Code de justice administrative[1330] et mentionne « *le principe constitutionnel de liberté contractuelle des collectivités territoriales* »[1331]. En outre, alors que le Conseil constitutionnel décide que « *la transparence des activités publiques*

[1324] En ce sens, MODERNE Franck, « Légitimité des principes généraux et théorie du droit », *op. cit.* p. 722 : Les principes généraux du droit sont la « *cause première, une matrice dont découlent des règles et des comportements* ».

[1325] MAILLOT Jean-Marc, *La théorie administrative des principes généraux du droit, Continuité et modernité, op. cit.*, p. 350.

[1326] CC, 3 août 1994, n° 94-348 DC, *JCP* 1995 II. 22404, note Y. BROUSSOLE, *RTD Civ.* 1996.151, obs. J. MESTRE.

[1327] CC, 19 décembre 2000, n° 2000-437 DC, *Loi de Financement de la Sécurité sociale, Recueil* p. 176, *LPA* 22 déc. 2000, n° 255, p. 5, chron. SCHETTL.

[1328] CC, 11 juillet 2001, n ° 2001-450 DC, *Loi portant diverses dispositions d'ordre social, éducatif et culturel, JORF* 18 juillet, p. 11506, *Recueil* p. 82, *D.* 2002 p. 1949, obs. RIBES.

[1329] CE, 7 février 1986, n° 35331, *Association FO consommateurs, Lebon* p. 31 ; CE Sect., 28 janvier 1998, n° 138650, *Sté Borg Warner, Recueil* 1998 p. 20, *CJEG* 1998, p. 269, note F. MODERNE ; PICARD Etienne, « La liberté contractuelle des personnes publiques constitue-t-elle un droit fondamental ? », *AJDA* 1998.651.

[1330] CE, Ord., 12 novembre 2001, n° 239840, *Commune de Montreuil Bellay, Lebon* p. 551, *DA* 2002, n° 41, note M. LOMBARD.

[1331] CE, 2 février 2015, n° 373520, *Commune d'Aix-en-Provence, Lebon, AJDA 2015*.192 et 990, note F. MELLERAY, *AJCT* 2015.287, obs. M.-C. ROUAULT.

ou exercées pour le compte de personnes publiques ne constitue pas en elle-même un principe général à valeur constitutionnelle »[1332] il reconnaît ensuite – comme le Conseil d'État[1333] – l'existence de principes de la commande publique[1334]. Fréquemment, la jurisprudence renvoie aux principes de liberté d'accès à la commande publique, d'égalité de traitement des candidats et de transparence des procédures aujourd'hui consacrés à l'article L. 3 du Code de la commande publique. Parallèlement, le Conseil d'État a pu considérer l'existence de « *principes généraux applicables en matière de marchés publics de travaux publics* »[1335] et de « *principes du droit des contrats administratifs* »[1336] ou bien faire référence aux « *principes de bonne foi et de loyauté contractuelle* »[1337].

A la question de la superposition du principe en jurisprudence et au sein de la théorie générale, la fonction délimitative de la généralité apporte un élément de réponse. Suivant une vision universaliste et explicative sur son objet, les principes de la théorie générale ne procèdent pas obligatoirement d'un test de vérification en droit positif. Leur détermination dépend davantage du degré d'appréhension de la matière qu'ils supposent et de leur caractère premier ou principal. A cet effet, les principes d'autonomie de la volonté, de liberté contractuelle, d'effet relatif, d'effet obligatoire, de mutabilité du contrat, d'équation financière, de loyauté ou de bonne foi trouveront leur place dans la théorie générale du contrat administratif parce qu'ils fournissent une grille de lecture doctrinale du contrat administratif dans son unité. Ils peuvent d'ailleurs aussi bien se déduire du droit du contrat administratif qu'être à leur fondement. En revanche, les « principes » de la commande publique ou du droit des marchés publics qui figurent dans les discours juridiques ne présentent pas les caractères de la généralité et s'insèrent dans l'analyse du contrat administratif à un autre titre. Il faut enfin souligner que certaines notions constituent des principes consacrés et reconnus en doctrine tandis que d'autres restent des « prin-

---

1332 CC, 21 janvier 1994, n° 93-335 DC, *Liberté de communication, JORF* 26 janvier 1994, p. 1382, *JCP* 1994. I. 3761, obs. E. PICARD.

1333 CE, 23 février 2005, n° 264712, *ATMMP, RFDA* 2005.483, *AJDA* 2005.668, note J.-D. DREYFUS ; CE, 23 décembre 2009, n° 328827, *Etablissement public du musée et du domaine national de Versailles, Lebon, AJDA* 2010.500, note J.-D. DREYFUS ; CE, 06 novembre 2020, n° 437946, *Commune de Saint-Amand-les-Eaux, Lebon, AJDA* 2020.2181.

1334 CC, 22 août 2002, n° 2002-460 DC, *Loi d'orientation et de programmation sur la sécurité intérieure, JORF* 30 août 2002 p. 14411, *AJDA* 2002.1059, note J.-Y. CHEROT et Y. TREMEAU ; CC, 26 juin 2003, n° 2003-473 DC, *Loi habilitant le gouvernement à simplifier le droit, AJDA* 2003.1404, note E. FATOME.

1335 CE, 21 juillet 1970, n° 80345, *Ministre de l'Équipement c/ Société occitanienne de TP, Lebon* p. 1096 ; CE, 13 juillet 1956, n° 35676, *OPHLM du département de la Seine, Lebon.*

1336 CE, 27 février 2019, n° 410537, *Sté Opilo c/ Cne de Ste Maxime, Lebon T,* AJDA 2019.1590, note DUBREUIL, *AJCT* 2019.246, obs. HUL, *BJCP* 2019 p. 198, concl. PELLISSIER, *CMP* 2019 n° 172, obs. DIETENHOEFFER.

1337 CE, 20 septembre 2019, n° 419381, *Sté Valeor, BJCP* 2019 p. 388, concl. PELLISSIER, *AJDA* 2019.2450, note L. RICHER, *CMP* 2019 p. 390, note DIETENHOEFFER.

cipes fantômes » dont la mise en lumière dépend de deux éléments : leur confirmation par un élément objectif relatif à leur dimension explicative dans le système du contrat administratif et un élément subjectif tenant aux choix doctrinaux effectués. La généralité, critère d'incorporation souvent tacite des principes dans la théorie générale du contrat administratif accomplit également cette fonction en ce qui concerne les règles générales.

B. Les règles générales dans la théorie générale du contrat administratif

Le critère de généralité permet de renouveler l'analyse des règles générales dont la consécration en jurisprudence est fréquemment mise en relation avec la théorie générale du contrat administratif[1338]. Sa fonction délimitative permet de disposer du criterium d'incorporation de la règle générale dans la théorie générale du contrat administratif (1) en vue de procéder à une évaluation des règles générale consacrées en droit du contrat administratif (2).

1. La détermination des règles générales dans la théorie générale du contrat administratif

Bien que toutes les règles d'application générale sur le contrat administratif ne soient pas forcément des « règles générales applicables au contrat administratif », le juge administratif est familier avec l'expression. Certaines d'entre elles ont été érigées comme telles et sont généralement le fruit d'une collaboration tacite entre doctrine et jurisprudence. D'ailleurs c'est notamment à l'aune de celles-ci que le mythe de l'unité entre la théorie générale et le droit positif a pu se diffuser. Or, cette confusion entre les productions doctrinales et jurisprudentielles est aujourd'hui l'une des causes de la crise de la théorie générale. Plus encore, il faut relever la relation entre droit positif et règle générale qui transparaît de l'habilitation à codifier les « règles » de la commande publique[1339] et de la rédaction du nouvel article 1105 du Code civil qui mentionne les « règles générales » applicables en principe à tous les contrats. Il semble désormais juste de considérer les règles générales comme de simples pistes regardant la théorie générale du contrat administratif. Pour mémoire, à l'occasion d'un arrêt rendu le 9 décembre 1983, *SA d'études, de participation et de développement*, le juge administratif s'est trouvé devant l'alternative, suggérée par le commissaire du Gouvernement, d'emprunter l'expression

[1338] ECKERT Gabriel « Les pouvoirs de l'Administration dans l'exécution du contrat et la théorie générale des contrats administratifs », *op. cit*

[1339] Art. 38, loi n° 2016-1691 du 9 décembre 2016 *relative à la transparence, à la lutte contre la corruption et à la modernisation de la vie économique, JORF* 10 décembre 2016.

« théorie générale du contrat administratif »[1340] ou de rester fidèle à la notion de règle générale applicable aux contrats administratifs[1341], ce qu'il a fait.

Surtout, il faut rappeler qu'à l'instar des principes, l'homologation jurisprudentielle n'est qu'un indice de la portée matérielle de la règle générale, elle ne constitue pas le critère d'incorporation à la théorie générale du contrat administratif. Les règles générales dans la théorie générale ne sauraient être assimilées à des règles opérationnelles, quand bien même celles-ci sont à mi-chemin entre le discours doctrinal et le discours du droit positif, parce que consacrées ici et reprises là. Les caractères propres de la règle générale doivent alors être mis en perspective avec ceux de la généralité de la théorie. Dans ce cadre, la règle générale tend vers la cohérence de la théorie par son universalité et sa valeur explicative : elle répond à un critère général d'applicabilité – gardant à l'écart les règles spéciales et particulières – et, dans une conception englobante, correspond à l'existence d'un corpus juridique relativement homogène applicable au contrat administratif.

2. L'évaluation de règles générales du droit du contrat administratif

Évoquer les règles générales en droit du contrat administratif implique nécessairement de revenir sur les deux célèbres « règles générales applicables » que constituent le pouvoir de modification unilatérale et de résiliation unilatérale du contrat administratif dont dispose l'administration. Le pouvoir de résiliation unilatérale pour motif d'intérêt général est une de ces règles[1342] qui existent même dans le silence du contrat. Faisant partie initialement des « *règles applicables aux contrats administratifs* »[1343], il est ensuite consacré en tant que « *règle générale applicable aux contrats administratifs* » avec l'arrêt *Sté TV6* du 2 février 1987[1344]. Il faut ensuite évoquer le pouvoir de modification unilatérale du contrat, qualifié de règle générale applicable aux contrats administratifs par un arrêt *Union des transports publics urbains et régionaux* rendu par le Conseil d'État, le 2 février 1983[1345]. Cette qualité ne lui a

---

[1340] GENEVOIS Bruno, concl. sur CE Sect., 9 décembre 1983, *SA d'étude, de participation et de développement*, *RFDA* 1984.39.

[1341] CE, 2 février 1983, n° 34027, *Union des transports publics urbains et régionaux, Lebon* p. 33, *RDP* 1984.212, note J.-M. AUBY.

[1342] DELELIS Philippe, « Résiliation des délégations de service public », *op. cit.*, p. 13.

[1343] CE Ass., 2 mai 1958, n° 32401, *Distilleries de Magnac-Laval*, *Lebon* p. 246, *AJDA* 1958.282, concl. M. KAHN, *D.* 1958, p. 730, note A. De LAUBADERE.

[1344] CE Ass., 2 février 1987, n° 81131, *Sté TV6*, *Lebon* 28, *AJDA* 1987.314, chron. M. AZIBERT et M. de BOISDEFFRE ; TC, 2 mars 1987, *Sté d'aménagement et de développement de Briançon-Montgenèvre c/ commune de Montgenèvre, RFDA* 1987.191, note F. MODERNE ; CE, 11 décembre 2020, n° 427616, *Sté Copra Méditerranée, Lebon T, AJDA* 2020.2466.

[1345] CE, 2 février 1983, n° 34027, *Union des transports publics urbains et régionaux, Lebon* p. 33, *RDP* 1984.212, note J.-M. AUBY.

jamais été retirée et a fait l'objet de réitérations[1346]. Plus récemment, le Conseil d'État a donné un nouveau souffle à cette notion estimant le 9 novembre 2016 que la réalisation aux frais et risques est l'une des règles générales applicables aux contrats administratifs, qui est en outre d'ordre public[1347] et participe de la constitution d'un ordre public contractuel[1348]. Cependant, la détention de facultés unilatérales interroge dans le cadre des contrats entre personnes publiques[1349], où incontestablement chaque partie est légitime à en disposer ou, à l'inverse, aucune ne saurait en bénéficier. D'ailleurs, selon Ch. GUETTIER, « *lorsque les cocontractants sont égaux et gardiens au même titre de leurs services publics, il n'y a aucune raison de laisser subsister un tel pouvoir* » de modification unilatérale[1350] qui se trouve plus fermement encadré par le juge administratif[1351]. Nonobstant, le pouvoir de résiliation unilatérale a fait l'objet d'une consécration par le juge dont la justification reste sous son étroit contrôle notamment en ce qui concerne les contrats entre personnes publiques, comme en atteste un troisième détour par Béziers[1352]. Plus généralement, dans le cadre de la commande publique, la « règle générale » de modification est également enserrée dans des conditions matérielles modulant son étendue. En outre, se pose la question du pouvoir de sanction de l'administration dans le contrat administratif que la doctrine a pu – grâce à une interprétation extensive

---

1346 Pour des applications récentes : CE, 27 octobre 2010, n° 318617, *Syndicat intercommunal des transports publics de Cannes, le Cannet, Mandelieu-la Napoule, RJEP* avril 2011, p. 18, concl. B. DACOSTA ; CE, 5 juillet 2013, n° 367760, *Véolia transports Valenciennes Transvilles, AJDA,* 2013.1415, note N. KHALID ; CE, 25 juin 2018, n° 418493, *ADEME, Lebon T., CMP* 2018, n° 198, note M. UBAUD-BERGERON.

1347 CE Ass., 9 novembre 2016, n° 388806, *Société Fosmax, Lebon, AJDA* 2016.2368, chron. L. DUTHEILLET De LAMOTHE et G. ODINET ; CE, 14 février 2017, n° 405157, *Société manutention portuaire d'Aquitaine, Lebon, AJDA* 2017.1453 ; CE, 18 décembre 2020, n° 433386, *Sté Treuils et Grues Labor, Lebon T., AJDA* 2020.2526.

1348 CLAMOUR Guylain, « L'exécution contractuelle d'office entre deux eaux », *AJDA* 2017.1963 ; LLORENS François et SOLER-COUTEAUX Pierre, « Le régime d'ordre public des contrats administratifs », *CMP* Repère mai 2017.

1349 POUYAUD Dominique, « Contrats entre personnes publiques », *Jurisclasseur Adm.*, Fasc. 675, p. 22 ; CE, 31 mars 1989, n° 57000, 60384, *Département de la Moselle, Lebon, RFDA* 1989.466, concl. FORNACCIARI, *AJDA* 1989.315, chron. R. HONRAT et E. BAPTISE ; CE, 25 mai 1992, n° 91326, *Département de l'Hérault*, Inédit – *Dalloz jurisprudence, AJDA* 1992.532, chron. C. MAGUE et R. SCHWARTZ.

1350 GUETTIER Christophe, *Droit des contrats administratifs, op. cit.*, p. 430.

1351 CE, 2 février 1983, n° 34027, *Union des transports publics urbains et régionaux, Lebon,* p. 33, *RDP* 1984.212, note J.-M. AUBY : « Les *modifications ainsi apportées ne doivent pas être incompatibles avec le mode de gestion choisi, les auteurs du décret attaqué se sont bornés à faire application des règles générales applicables aux contrats administratifs* ».

1352 CE, 27 févr. 2015, n° 357028, *Cne de Béziers, Lebon, AJDA* 2015.423, *D.* 2015 p. 630, obs. J.-M. PASTOR ; BOURDON Pierre, « La résiliation unilatérale d'une convention de coopération entre personnes publiques », *op. cit.,* n° 1482.

de la jurisprudence – qualifier de règle générale applicable au contrat administratif[1353].

La détermination des règles générales à la lecture de la seule jurisprudence présente quelques lacunes tandis qu'une analyse du discours doctrinal accroît les incertitudes quant au flou sémantique qui règne en la matière. Il convient alors de tenter une approche éclairée par la notion de théorie générale pour constater que les règles générales de la théorie générale peuvent ne recouper qu'imparfaitement les règles générales érigées comme telles par le juge administratif. Leur incorporation suppose qu'elles participent à une présentation cohérente de la théorie générale.

La règle générale répond ici à un critère général d'applicabilité – écartant les règles spéciales et particulières – pour correspondre à un corpus juridique relativement homogène et stable applicable au contrat administratif. A cet effet, il est possible de désigner la modification unilatérale[1354], la résiliation unilatérale[1355] mais également le droit de contrôle dont dispose la personne publique[1356], lesquels constituent des éléments quasi-universels du régime des contrats administratifs trouvant généralement un fondement dans l'un des grands principes de l'action administrative. En revanche, il est possible d'être plus réservé sur la « nouvelle » règle générale applicable relative à l'exécution aux frais et risques qui semble davantage se rattacher soit au principe de continuité du service public, soit à une volonté de se démarquer franchement du nouvel article 1222 du Code civil, prévoyant l'exécution forcée dans les rapports contractuels. Il en va de même des règles qui ne présentent pas les qualités requises en termes d'universalisme parce que si leur champ d'application est large en droit des contrats administratifs, elles restent des règles spéciales ou particulières par rapport au droit du contrat administratif. Malgré tout, la théorie générale est une construction doctrinale évolutive de sorte qu'à côté des règles générales consacrées en doctrine et éventuellement en droit positif, se trouvent des règles générales latentes… Leur confirmation dans la théorie générale suppose qu'elles satisfassent les critères d'incorporation, indépendamment de leur traitement en jurisprudence[1357].

[1353] Cf. : CE, 31 mai 1907, *Deplanque, Lebon* 1907, p. 513, concl. ROMIEU, *RDP* 1907.608, note G. JEZE, *S.* 1907, 3, p. 113, note M. HAURIOU ; PREBISSY-SCHNALL Catherine, Exécution du marché, Pouvoirs de l'administration, *Jurisclasseur Adm.* Fasc. 638, p. 16.

[1354] Relevant d'un principe de mutabilité du contrat administratif corrélé à celui de mutabilité du service public et plus globalement de l'action publique.

[1355] Relevant plus généralement de principes du droit administratif tels que le principe d'interdiction des libéralités pour les personnes publiques, du principe du service fait ou encore de la liberté de choix dans le mode de gestion des services publics ou de bonne gestion des deniers publics…

[1356] Règle d'exécution générale fondée sur les principes de responsabilité des personnes publiques dans l'exercice de leurs compétences, du contrôle dans l'usage des deniers publics…

[1357] La plupart des contrats administratifs ne rencontrent jamais le juge administratif. Bien que l'analyse de la jurisprudence soit l'un des moyens de les rencontrer, du point de vue de la méthode, prétendre fonder une théorie générale sur le traitement d'un acte malade serait maladroit.

En conséquence, la généralité de la théorie permet de revenir sur les principes et les règles générales. Les principes et les règles générales gravitant autour du contrat administratif sont nombreux et pluriels lorsqu'il s'agit de les situer sur l'échelle de la conceptualisation ou dans la hiérarchie des normes. Or, la fonction délimitative de la généralité précise les modalités de leur incorporation doctrinale au sein de la théorie générale du contrat administratif. Réciproquement, elle délimite les contours de la théorie générale du contrat administratif par exclusion.

Paragraphe 2. L'insuffisance et l'excès de généralité, motifs d'exclusion de la théorie

Le discours sur la crise de la théorie générale du contrat administratif est fortement marqué par l'évolution du droit applicable au contrat administratif. Celui-ci constitue le terreau d'analyses concurrentes dépassant le contrat administratif et qui s'ajoutent à une fragmentation de son étude au gré des interventions du législateur. Il est alors intéressant de mobiliser la fonction délimitative afin d'exclure les éléments qui apparaissent trop circonscrits (B), méconnaissant son universalisme et ceux qui, trop étendus (A), ne respectent pas la vocation explicative de la théorie générale du contrat administratif.

A. Les sujets trop étendus évincés de la théorie générale du contrat administratif

Sur fond d'hypostase, le discours sur la banalisation du droit du contrat est incontestablement l'un des facteurs de crise de la théorie générale du contrat administratif. Dès 1985, F. LLORENS remarque que l'on « *amplifie abusivement la différence qui sépare le droit des contrats privés de celui des contrats administratifs* »[1358]. Quelques années plus tard, J. WALINE précise cette idée et émet l'hypothèse d'une théorie générale du contrat en droit civil et en droit administratif[1359]. L'auteur estime que l'autonomie du droit administratif ne suffit plus à expliquer l'opposition entre théorie du contrat civil et théorie du contrat administratif. A l'aide d'une analyse de droit comparé interne, il postule d'une théorie générale du contrat commune aux droits civil et administratif, la notion de contrat constituant sa « *colonne vertébrale* ». Et si, comme l'énonce Ch. GUETTIER, « *l'immeuble repose sur les mêmes fondations* »[1360], il est néanmoins possible de relativiser l'incidence de ce phénomène de

1358 LLORENS François, « Le droit des contrats administratifs est-il un droit essentiellement jurisprudentiel ? », *op. cit.*, p. 384.

1359 WALINE Jean, « La théorie générale du contrat en droit civil et en droit administratif », *op. cit.*, p. 965.

1360 GUETTIER Christophe, *Droit des contrats administratifs*, *op. cit.*, p. 35 ; voir aussi BRENET François, « La théorie du contrat administratif, Évolutions récentes », *op. cit.*, n° 919.

banalisation qui se fonde sur une approche positiviste (1) pour ensuite écarter l'idée d'une théorie générale commune du contrat (2).

1. L'indifférence du discours sur la banalisation du droit du contrat administratif

La crise de la conception dominante de la théorie générale est d'abord celle d'un discours sur le droit positif. Son expression procède en réalité tout autant d'un mouvement d'interactions réciproques en droits contractuels, dont il convient de prendre conscience au risque ici d'« *encourir un grief de trahison disciplinaire* »[1361]. F. BRENET évoque à cet effet un mouvement de banalisation correspondant à « *la diffusion des règles administratives, ou de leur esprit, en droit civil* »[1362]. Mais si ces mutations affectent nécessairement la théorie générale, il faut bien concéder qu'elles ne sont ni récentes ni isolées. La théorie générale du contrat administratif dans sa conception dominante s'est bâtie et consolidée au milieu du XXème siècle sur l'idée d'une opposition entre celui-ci et le contrat de droit privé. Toutefois, dès 1956, le commissaire du gouvernement LONG – dans ses conclusions sur l'arrêt du Conseil d'État du 11 mai 1956, *Société française des transports Gondrand frères* – affirme que « *le droit public n'a pas le monopole des contrats fondés sur l'inégalité des droits des cocontractants* », phénomène qui n'a fait que s'accentuer depuis[1363].

Trois observations s'imposent : premièrement, l'unilatéralisme – expression traditionnelle de l'exorbitance du contrat administratif – existe en droit privé et la doctrine très tôt évoque la « publicisation »[1364] du droit du contrat, s'appuyant notamment sur l'exemple du contrat d'adhésion[1365]. Il faut aussi souligner que le droit civil prohibe les engagements perpétuels et reconnaît la résiliation unilatérale du contrat, qui a d'abord été généralisée par la jurisprudence[1366]. Ainsi, le juge admet la résiliation unilatérale lorsque se produit un

---

1361 ANTIPPAS Jérémy, « L'utilisation du droit administratif en droit civil », *RFDA* 2014.795.

1362 BRENET François, « La théorie du contrat administratif, Évolutions récentes », *op. cit.*, n° 919.

1363 Voir en ce sens, BRENET François, « La théorie du contrat administratif. Évolutions récentes », *ibid.* : « *la théorie générale du contrat administratif est affectée* [...] *dans sa dimension originale, par l'administrativisation du droit civil des obligations* ».

1364 Terme employé dès 1937 par JOSSERAND Louis, « Aperçu général des tendances actuelles de la théorie des contrats », *RTD Civ.* 1937.29.

1365 RIPERT Georges, « L'ordre économique et la liberté contractuelle », *op. cit.*, p. 347.

1366 Cass. soc., 26 janvier 1978, n° 75-15.675, *Bull. soc.* n°69, p. 50 : « Le *contrat à durée indéterminée, qui peut être à tout moment rompu par la volonté de l'une des parties* » ; Cass. 1re civ., 13 octobre 1998, n° 96-21.485, *Bull. civ.* n° 300 I, p. 207, *D.* 1999, p. 197, note C. JAMIN, *RTD Civ.* 1999.394, obs. J. MESTRE : « *la gravité du comportement d'une partie à un contrat peut justifier que l'autre partie y mette fin de façon unilatérale* » ; ROCHFELD Judith, « Prérogatives contractuelles unilatérales : les "clauses exorbitantes du droit commun" s'invitent dans le débat », *RDC*, 1er avril 2012 n° 2, p. 377.

manquement grave à une obligation contractuelle[1367]. Un parallèle peut également être fait entre, d'une part, la notion de « *durée satisfactoire* » proposée par A. ETIENNEY DE SAINTE MARIE, qui renvoie à une « *durée indispensable à l'utilité même du contrat* »[1368] à laquelle il peut être recouru en vue d'apprécier la justification de la résiliation unilatérale et, d'autre part, l'amortissement[1369], qui gouverne une partie du régime des concessions de service public. Il semble aussi possible d'établir une relation entre l'exigence d'un intérêt légitime à rompre le contrat de droit privé et celle d'un intérêt général à résilier unilatéralement le contrat administratif. Si le terme même d'unilatéralisme rencontre des réticences en droit privé et que la clause exorbitante apparaît généralement sous la couverture de la clause abusive[1370], la doctrine recourt aussi à la notion de « *potestativité* ». Elle caractérise « *ce qui dépend de la volonté d'une partie contractante* », la « *prérogative qui permet à son titulaire d'influencer une situation juridique afin d'en créer une nouvelle, ou de la modifier ou de l'éteindre au moyen d'une activité (ou acte) propre unilatérale* »[1371]. Incontestablement, sur le plan de la technique, cette notion est le pendant en droit privé de l'unilatéralisme en droit du contrat administratif.

Deuxièmement, l'idée de banalisation du droit du contrat administratif réside dans la recherche de l'équilibre contractuel : en droit privé, l'expression « économie du contrat » est une réalité jurisprudentielle[1372] qui se rapproche de la théorie de l'équilibre financier administrative sous trois aspects : en amont, au stade de la formation, il faut mentionner le régime des incapacités et des vices du consentement qui constitue une protection de l'économie du contrat car il s'agit d'une prise en considération de l'inégalité éventuelle entre les parties. Cette conception inégalitaire se poursuit d'ailleurs par le bénéfice

---

1367 Cass. com., 25 avril 2001, n° 99-11.439 – Inédit – *Dalloz jurisprudence* ; Cass. com., 6 mai 2002, n° 99-20.130, Inédit – *Dalloz jurisprudence* ; ROCHFELD Judith, « Résolution et exception d'inexécution », *in Les concepts contractuels français à l'heure des Principes du droit européen des contrats,* REMY-CORLAY Pauline et FENOUILLET Dominique (dir.), Paris : Dalloz, 2003.

1368 ETIENNEY DE SAINTE MARIE Anne, « La durée du contrat et la réforme du droit des obligations », *Recueil Dalloz* 2011, p. 2672.

1369 Sur la question v. VILA Jean-Baptiste, *Recherches sur la notion d'amortissement en matière de contrats administratifs,* Paris : L'Harmattan, 2016.

1370 MEKKI Mustapha, « Clauses abusives et clauses exorbitantes du droit commun, Regard d'un civiliste », *in Contrats de droit privé et contrats de droit administratif, Droit comparé interne*, Paris : LGDJ Lextenso 2019, p. 87.

1371 NAJJAR Ibrahim, « La potestativité, Notes de lecture », *RTD Civ.* 2012.601.

1372 ZELCEVIC-DUHAMEL Ana, « La notion d'économie du contrat en droit privé », *JCP* 2001 I 300 ; MOURY Jacques, « Une embarrassante notion : l'économie du contrat », *D.* 2000, Chron. p. 382 ; Cass. 1re civ., 3 juillet 1996, n° 94-14.800, *Bull. civ.* I, n° 286, *RTD Civ.* 1996.901 n° 9, obs. J. MESTRE, *JCP* 1997, I n° 4015, obs. F. LABARTHE, *D.* 1997, p. 500, note Ph. REIGNE ; Cass. 1re civ., 4 janvier 2005, n° 00-20.136, *Bull.* n° 2, I, p. 1.

de délais de réflexion et de rétractation ainsi que dans des obligations de renseignement[1373]. En aval, au stade de l'exécution, l'essor d'un ordre public de protection permet de restaurer l'équilibre du contrat, notamment par la sanction des clauses abusives[1374]. Enfin, il convient de soulever l'apparition « *d'obligations contractuelles autonomes par rapport aux volontés exprimées et cela par leur intégration prétorienne au contrat* »[1375]. Une partie de la doctrine regrette ici le « *forçage* »[1376] du contrat, tandis que certains auteurs préfèrent l'expression d'attente légitime[1377] caractéristique d'une interprétation complétive par le juge du contrat.

Troisièmement, il faut bien concéder que l'intérêt général, cette notion souple et flexible, est également au fondement du droit privé des contrats. Ainsi que le signale M. MEKKI dans sa thèse, « *il faut en finir avec cette conception paternaliste de l'intérêt général. Concept clé en Droit public, l'intérêt général est également le pilier du Droit privé* »[1378].

Le discours sur la banalisation du droit du contrat administratif traduit une réalité en droit positif. Cependant, considérer la crise de la conception dominante de la théorie générale du contrat administratif sur ce fondement témoigne d'une appréhension essentiellement positiviste de la théorie générale. Or, quand bien même l'unilatéralisme et l'économie du contrat se retrouvent en droit privé du contrat, il est possible de relativiser leur influence sur la théorie générale du contrat administratif. La découverte en droit privé de certaines expressions de la conception dominante de la théorie générale du contrat administratif, mettant en lumière des tendances analogues en droit positif, reste indifférente en la matière puisque chacune repose sur une raison profonde distincte, ce qui évince l'idée d'une théorie générale commune au contrat administratif et au contrat de droit privé.

2. L'éviction du discours sur une éventuelle théorie générale du contrat commune au droit administratif et au droit privé

Le projet d'élaboration d'une théorie générale du contrat commune aux droits privé et administratif renvoie à la nature contractuelle du contrat administratif et aux rapprochements juridiques entre les droits des contrats de droit privé et de droit administratif.

1373 Renseignement : Cass. 1re Civ., 28 février 1989, n°87-14.731, *Bull.* I n° 102 p. 65 ; v. aussi obligation de conseil : Cass. 2è civ., 6 juin 2013, n° 11-27.056, Inédit – *Dalloz jurisprudence.*

1374 Cass. 1re civ., 10 avril 2013, n° 12-18.169, *D.* 2012, p. 2974 ; Cass. 3è civ., 10 juin 2009, n° 08-13.797, Bull. III, n° 140, *AJ* 17 juin 2009, note X. DELPECH.

1375 ARHAB Farida, « L'essor de la convention d'assistance », *Recueil Dalloz* 1998, p. 566.

1376 BLOUGH Rachel, *Le forçage, du contrat à la théorie générale*, Aix-en-Provence : PUAM, 2011.

1377 VINEY Geneviève, « Chronique d'actualité : responsabilité civile », *JCP* 1994 I.3809.557 ; LOKIEC Pascal, « Le droit des contrats et la protection des attentes », *D.* 2007, p. 321.

1378 MEKKI Mustapha, *L'intérêt général et le contrat, Contribution à une étude de la hiérarchie des intérêts en droit privé*, Paris : LGDJ, 2004, p. 21.

Un premier argument de convergence s'appuie sur des mouvements parallèles en droit positif. Par exemple, le phénomène de contractualisation et de contractualisme, qui a pu être constaté en droit administratif, concerne aussi le droit privé, qu'il s'agisse du droit du travail, du droit pénal, du droit de la famille ou du droit civil[1379]. F. COLLART DUTILLEUL prend acte de cette évolution et affirme que « *tout n'est pas obligationnel dans le contrat, tout n'est pas contractuel dans le contrat, tout n'est pas consensuel dans le contrat* »[1380]. Comme en droit administratif, cette crise de croissance tendant vers une crise d'identité du contrat invite à rechercher les vrais contrats[1381]. La difficulté est réelle puisqu'ainsi que le souligne G. CHANTEPIE, suivant une conception moderne et neutre du contrat qui ne devient qu'un simple support, « *la contractualisation tâche de préserver une présentation volontariste du contrat, tout en usant du contrat comme d'un instrument de pouvoir* »[1382]. Il est également possible de noter une spécialisation du droit des contrats[1383] qui s'accompagne d'une inflation normative tendant vers une diffusion des marqueurs de l'exorbitance du contrat administratif en droit privé. Finalement, comme l'indique J.-B. SEUBE, « *en droit privé comme en droit administratif, l'homo juridicus n'est pas l'égal de son cocontractant* »[1384], tandis qu'en droit administratif du contrat il peut être noté un recul de l'exorbitance de son régime.

Un deuxième élément de convergence se situe dans un questionnement plus général regardant le dualisme juridique. Lorsqu'il énonce qu'« *il n'y a qu'un État français et qu'un ordre juridique français* »[1385], G. VEDEL traduit les limites de la distinction entre les deux branches du droit[1386]. En matière contractuelle, la *summa divisio* se voit bousculée sur deux plans : en droit interne, il faut signaler l'existence de matières juridiques qui s'appliquent au

---

1379 BESSY Christian, *La contractualisation de la relation de travail*, Paris : LGDJ, 2007 ; ALT-MAES Françoise, « La contractualisation du droit pénal : mythe ou réalité ? », *Revue de science criminelle et de droit pénal comparé* 2002, n° 3, p. 501 ; FENOUILLET Dominique, DE VAREILLES-SOMMIÈRES Pascal, *La contractualisation de la famille*, Paris : Economica, 2001 ; CHASSAGNARD-PINET Sandrine et HIEZ David, *La contractualisation de la production normative*, Paris : Dalloz, 2008.

1380 COLLART DUTILLEUL François, « Quelle place pour le contrat dans l'ordonnancement juridique ? », *in La nouvelle crise du contrat, op. cit.*, p. 225.

1381 LEWKOWICZ Grégory et XIFARAS Mikhaïl, *Repenser le contrat*, Paris : Dalloz, 2009.

1382 CHANTEPIE Gaël, « La contractualisation en droit privé », *RFDA* 2018.10.

1383 THIBIERGE-GUELFUCCI Catherine, « Libres propos sur la transformation du droit des contrats », *op. cit.*, p. 357 ; RAYNARD Jacques, « Pour une théorie générale des contrats spéciaux », *RDC* avril 2006 n° 2, p. 597.

1384 V. en ce sens SEUBE Jean-Baptiste, « Contrats privés - contrats administratifs : points de convergence ? », *in Contrats publics, Mélanges en l'honneur du Professeur Michel Guibal, op. cit.*, vol. I p. 367.

1385 Note sous Tribunal civil de la Seine, 28 novembre 1952, *Dr Giry*, *JCP* 1953.II.7371.

1386 Voir en ce sens TROPER Michel, *Pour une théorie juridique de l'État*, Léviathan, Paris : PUF, 1994, p. 183.

sein des deux branches (consommation et concurrence notamment) et la constitutionnalisation du droit. En droit externe, il convient de souligner l'influence du droit de l'Union européenne et du droit européen. Un « *espace juridique commun* »[1387] se construit en droit contractuel qui dépasse la distinction droit public/droit privé[1388] et fait émerger l'hypothèse d'une théorie du contrat commune au droit[1389]. Malgré tout, il est possible d'appliquer au contrat administratif l'affirmation de G. DELLA CANANEA : « *une recherche sur le "fonds commun" des droits administratifs n'est pas concevable sans tenir compte de la diversité des contextes nationaux* »[1390].

Un troisième élément de convergence se fonde sur la notion de contrat[1391]. Le terme contrat ne présume pas par lui-même une nature administrative ou privée. L'unité de la notion de contrat – administratif ou de droit privé – se trouve corroborée par le fait qu'incontestablement, les juges judiciaire et administratif se réfèrent à un fond commun contractuel[1392]. Pour reprendre la métaphore de C. RIBOT : « *le contrat n'est plus la chauve-souris de la fable* [...]. *Le contrat serait plutôt le caméléon de l'histoire* »[1393]. C'est d'ailleurs sur cette idée que J. WALINE expose son concept de théorie générale du contrat en droit civil et en droit administratif[1394], tandis que C. RIBOT, considérant l'universalité de certains principes directeurs du contrat, s'interroge quant à l'existence d'une théorie générale propre aux contrats administratifs[1395] et que J.-C. RICCI se demande si finalement on a besoin de la catégorie du contrat administratif[1396].

1387 VAN LANG Agathe, « Le dualisme juridictionnel en France : une question toujours d'actualité », *AJDA* 2005.1760 ; CHAPUS René, « Dualité de juridictions et unité de l'ordre juridique », *RFDA* 1990.739.

1388 TRUCHET Didier, « Plaidoyer pour une cause perdue : la fin du dualisme juridictionnel », *AJDA* 2005.1767.

1389 Mais, certains contrats pourraient symboliser, soit une exception à ce nouvel ordre, soit un argument à son rejet, en ce sens, v. EDDAZI Fouad, « Contrats d'armement : la responsabilité contractuelle à l'épreuve du secret de la défense nationale », *AJDA* 2012.1568.

1390 DELLA CANANEA Giacinto, « Organiser la pluralité : le fonds commun des droits administratifs en Europe », *in Les méthodes en droit administratif,* Colloque AFDA juin 2017, Paris : Dalloz 2018, p. 135, spéc. p. 145.

1391 GHESTIN Jacques, « La notion de contrat », *op. cit.*, p. 147.

1392 BOULOUIS Nicolas, « Regards d'un rapporteur public du côté de droit privé des contrats », *op. cit.,* p. 921 ; ALLAIRE Frédéric, « Dépasser le droit des marchés publics », *AJDA* 2009, p. 1696 ; GALLET Jean-Louis, « Juge judiciaire et droit administratif », *op. cit.,* p. 391.

1393 RIBOT Catherine, « Dualisme juridictionnel et droit des contrats. L'indolence du caméléon », *in Le dualisme juridictionnel,* Paris : Dalloz, 2007, p. 148 ; voir aussi SINKONDO Marcel H., « La notion de contrat administratif : acte unilatéral à contenu contractuel ou contrat civil de l'administration ? », *op. cit.*, p. 239.

1394 WALINE Jean, « La théorie générale du contrat en droit civil et en droit administratif », *op. cit.,* p. 965.

1395 RIBOT Catherine, « Dualisme juridictionnel et droit des contrats. L'indolence du caméléon », *op. cit.*, p. 147.

1396 RICCI Jean-Claude, « Le contrat au service des politiques publiques - Rapport de synthèse », *RFDA* 2014.652.

Il faut tout de même rappeler que l'idée de faisabilité d'une théorie générale du contrat, commune au droit privé et au droit administratif, n'est pas nouvelle. G. PEQUIGNOT lui-même suggère implicitement cette possibilité bien que son œuvre soit consacrée à la théorie générale du contrat administratif. L'auteur explique à de nombreuses reprises le lien consubstantiel entre le contrat de droit privé et le contrat administratif, que ce soit ici pour en montrer les divergences ou là pour en illustrer les convergences[1397]. Ce lien qui résulte de la notion même de contrat permet ensuite à l'auteur de considérer que « *la construction d'une théorie générale du contrat administratif ne saurait marcher que de pair avec l'étude critique de cette notion* »[1398]. Or, la théorie générale du contrat administratif, mode d'expression de la spécificité du contrat administratif, suppose d'emprunter au raisonnement des privatistes pour mieux révéler une communauté forcément limitée. Comme le défend G. PEQUIGNOT, « *une théorie du contrat administratif est logiquement nécessaire, parce que, aujourd'hui, les règles propres à ce contrat sont devenues plus importantes que les règles venues du droit privé qui y subsistent nécessairement* »[1399].

En dépit des points de convergence entre le contrat administratif et le contrat de droit privé et de quelques invitations doctrinales à élaborer une théorie générale du contrat unique en droit, force est de reconnaître que, pour l'instant, aucune concrétisation théorique n'en est résultée… peut-être pour la simple et bonne raison qu'il ne s'agirait pas de théorie générale mais d'un droit commun contractuel. D'ailleurs, si l'idée d'une identité contractuelle française peut être avancée[1400], une réserve de droit administratif reste irréductible de sorte qu'aux traits communs s'ajoutent des lignes qui débordent clairement du tracé contractuel général (privatiste).

L'hypothèse d'une conceptualisation du contrat commune au droit privé et administratif gagnerait en universalisme ce qu'elle perdrait en explication. Elle a néanmoins le mérite de relancer la question des fondements de l'administrativité du contrat administratif et invite à en préciser les contours. En cela elle reste incidente tout comme les éléments trop circonscrits et écartés de la théorie générale du contrat administratif.

1397 Voir aussi dans le même sens, GUETTIER Christophe, *Droit des contrats administratifs*, *op. cit.*, p. 37 : L'exorbitance « *voisine la plupart du temps avec du droit "commun". Cette situation rend évidemment délicate l'élaboration d'une véritable théorie générale du contrat administratif qui se démarquerait de celle rencontrée en droit privé* ».

1398 PEQUIGNOT Georges, *Contribution à la Théorie générale du Contrat administratif*, *op. cit.*, p. 182.

1399 PEQUIGNOT Georges, *Contribution à la Théorie générale du Contrat administratif*, *op. cit.*, p. 186.

1400 ANTIPPAS Jeremy, « Regards comparatistes internes sur la réforme du droit des contrats, Réflexion sur l'identité contractuelle française », *AJDA* 2016.1620.

B. Les éléments trop circonscrits écartés de la théorie générale du contrat administratif

Une première vue sur le contrat administratif est nécessairement multiple. Or, si l'on s'en tient à la première approche, seule une conception fragmentée du contrat administratif émerge. Il est alors tentant de se fonder sur cette scissiparité pour recentrer l'étude sur l'un ou l'autre des contrats administratifs spéciaux (1). La théorie générale – si elle reste une référence en doctrine – se trouve alors confrontée à des conceptions concurrentes incidentes (2).

1. L'indifférence du discours sur la spécialisation du droit du contrat administratif

La progression de la règlementation sur la source jurisprudentielle du droit du contrat administratif bouleverse les équilibres d'une conception dominante de la théorie générale du contrat administratif, fondée sur une photographie du droit applicable au contrat administratif des années 1940. Les mutations du droit positif et de la substance de l'action administrative bousculent cette construction doctrinale, laissant place à un sentiment de crise et témoignant surtout d'une confusion entre les points de vue. Plus encore, le discours sur la spécialisation du droit du contrat administratif et son influence supposée sur la théorie générale rendent compte de la prégnance du mythe de l'unité entre théorie générale du contrat administratif et droit positif. Il s'agit d'un point de vue souffrant directement des fluctuations normatives là où la généralité de la théorie suppose un recul certain sur la matière.

Plus encore, il convient de relever que la spécialité du droit positif du contrat administratif existe dès l'apparition de la figure contractuelle publique[1401] et accompagne la formation de la notion de contrat administratif[1402]. Plus exactement, les contrats administratifs spéciaux ont présidé à leur conceptualisation et le contrat administratif au singulier coexiste toujours avec ses émanations. D'ailleurs, le contrat administratif n'apparaît que rarement *ès* qualité. Formellement, il s'agit d'un bail, d'une concession, d'un marché public, d'un marché de partenariat, etc, tous appartenant à la catégorie du contrat administratif. Si le perfectionnement de la source règlementaire sur la source jurisprudentielle du droit applicable au contrat administratif a laissé penser que l'espèce a précédé le genre[1403], la notion de contrat administratif conserve une dimension conceptuelle. Dès 1945, par exemple, lorsque G. PEQUIGNOT précise les contours de la théorie générale du contrat administratif, il explique vouloir « *tenter de doter le droit administratif (qui ne possède jusqu'ici que*

1401 Voir *supra*.

1402 Voir *supra*.

1403 GAUDEMET Yves, « Les contrats de partenariat public-privé : étude historique et critique », *op. cit.*, p. 331.

des vêtements sur mesure pour quelques contrats nommés), du moule, de la forme, qui lui permettra de vêtir indistinctement tous les contrats innommés, laissant aux nécessités pratiques, aux préoccupations et à l'ingéniosité des praticiens, le soin d'en modeler les détails »[1404]. Le droit spécial des contrats administratifs ne saurait ainsi remettre en cause l'existence même de la théorie générale qui l'incorpore sans s'y résumer. Les lacunes d'une conception du contrat administratif établie sur l'analyse des contrats administratifs spéciaux conduisent d'ailleurs à signaler le caractère incident de la promotion de théories spéciales.

2. Le caractère incident de la promotion de théories spéciales

L'analyse de la crise de la théorie générale du contrat administratif a permis de mettre en évidence un mouvement doctrinal d'effacement de celle-ci au profit de conceptualisations plus générales – projet de théorie générale commune au contrat administratif et au contrat de droit privé – et d'études plus spécifiques, comme par exemple la Contribution à une théorie générale des contrats entre personnes publiques de J.-D. DREYFUS[1405].

Plus récemment et avec une acuité particulière se pose la question de la notion de contrat public[1406] et de la réflexion théorique qui peut être engagée autour. Et si G. CLAMOUR invite à élaborer une théorie générale des contrats publics[1407] pour évoquer quelques années après une théorie des contrats publics spéciaux[1408], la réponse formulée par L. MARCUS dans le cadre de sa thèse portant sur L'unité des contrats publics[1409] ne témoigne pas de sa consécration imminente. L. MARCUS semble s'être gardée de toute introduction explicite et *a priori* dans le débat en préférant le terme « unité » à celui de « théorie ». Sa thèse sous-tend néanmoins l'existence d'une conception spécifique du contrat public alimentant la conceptualisation du contrat administratif du point de vue de caractéristiques organiques. Sous cette acception, la notion se définit par des spécificités tenant à la présence d'une personne publique, que le contrat soit d'ailleurs un contrat de droit privé ou de droit public. La

1404 PEQUIGNOT Georges, *Contribution à la Théorie générale du Contrat administratif*, op. cit., p. 56.
1405 DREYFUS Jean-David, *Contribution à une théorie générale des contrats entre personnes publiques, op. cit.*
1406 Notion de contrat public dégagée par GUIBAL Michel, « Droit des marchés publics », *op. cit.*, p. 677 et « A propos d'une incertitude : la notion de personne publique contractante », *in Mélanges en l'honneur du professeur Jean-Philippe COLSON,* Grenoble : PUG, 2004, p. 230 ; voir aussi DELVOLVE Pierre, « Constitution et contrats publics », *op. cit.*, p. 469 ; ECKERT Gabriel, « Réflexions sur l'évolution du droit des contrats publics », *op. cit.*, p.238.
1407 CLAMOUR Guylain, « Esquisse d'une théorie générale des contrats publics », *op. cit.*, p. 637.
1408 CLAMOUR Guylain, « Dérogations en cascade dans les contrats publics pour l'Euro 2016 », *CMP* n° 7, juillet 2011, comm. 190.
1409 MARCUS Laure, *L'unité des contrats publics*, *op. cit.*

notion de contrat public peine toutefois à rendre compte des singularités de l'action administrative soumise au juge administratif que seul le contrat administratif contient[1410], ce que la jurisprudence récente du Conseil constitutionnel relative à la commande publique confirme[1411].

Il faut alors s'intéresser au potentiel conceptuel de la notion de commande publique qui recouvre[1412] une partie des contrats publics. Par exemple, F. LLORENS a pu proposer l'adoption d'une nouvelle typologie fondée sur l'objet des contrats de la commande publique[1413] tandis que G. KALFLECHE envisage l'élaboration d'une théorie des contrats de la commande publique[1414] et que Ph. YOLKA et S. HOURSON invitent à formuler une théorie des contrats administratifs spéciaux composée de deux « méta-catégories » établies sur cette notion[1415]. Si cette conception était encore en gestation, l'adoption du Code de la commande publique en 2019, en consacrant législativement la notion, ranime forcément les débats autour d'une théorie des contrats de la commande publique. La rédaction du Code favorise en effet une approche conceptuelle en ce qu'elle « *dessine les éléments essentiels du régime juridique commun à tous les contrats de la commande publique* »[1416]. F. BRENET voit d'ailleurs dans le Code de la commande publique davantage qu'un code amélioré ou un code des contrats spéciaux. Il y voit un caractère doctrinal évident[1417]. Seulement, par sa structure et son champ d'application, le Code de la commande publique donne « *corps à une notion si imparfaite* »[1418] qu'une théorie qui lui serait consacrée semble condamnée d'avance. En effet, le Code de la commande publique s'applique, suivant les termes de la loi d'habilitation précédant sa rédaction, aux contrats « *de la commande publique qui s'analysent, au sens du droit de l'Union européenne, comme des marchés publics et des*

1410 Rappr. ECKERT Gabriel, « Faut-il "administrativiser" les contrats privés de la commande publique ? », *op. cit.* ; BRENET François, « Les contrats de droit privé des personnes publiques », *op. cit.*, n° 76.

1411 CC, 2 octobre 2020, n° 2020-857 QPC, *Société Bâtiment mayennais*, *JORF* 3 octobre 2020, *Dalloz actualités*, comm. N. MARIAPPA.

1412 COSSALTER Philippe, « Les modèles de contractualisation », *op. cit.*, n° 15.

1413 LLORENS François, « Typologie des contrats de la commande publique », *op. cit.*, étude 7.

1414 KALFLECHE Grégory, *Des marchés publics à la commande publique : l'évolution du droit des marchés publics*, *op. cit.*

1415 YOLKA Philippe et HOURSON Sébastien, *Droit des contrats administratifs*, *op. cit.*, p. 23.

1416 DACOSTA Bertrand, « L'écriture du code », *op. cit.*, p. 376.

1417 BRENET François, « La codification des textes "épars" du droit de la commande publique », *op. cit.*, n° 389.

1418 AMILHAT Mathias, « Le code, les principes fondamentaux et la notion de commande publique, Une copie à revoir ? », *AJDA* 2019.793.

contrats de concession » [1419]. Cela laisse d'ailleurs augurer quelques turbulences[1420] entre contrats de droit privé et administratifs de la commande publique. La notion de commande publique ne saurait supplanter le contrat administratif qui conserve sa singularité[1421]. Le Code reste fondamentalement un « *code des règles de fond applicables aux contrats de la commande publique* » et dessine tout au plus « *l'ADN* »[1422] des contrats administratifs de la commande publique. Surtout, ainsi que le rappelle M. UBAUD-BERGERON, la rationalisation opérée sur le plan du droit positif peine à faire émerger une réelle « *unité totale des régimes, dont la complexité n'est pas soluble dans une règle unique* »[1423].

La formulation de théories spéciales concernant les contrats administratifs, voire d'une théorie des contrats administratifs spéciaux ou d'une théorie des contrats de la commande publique, ne doit pas faire perdre de vue que la vocation de la théorie générale du contrat administratif reste de saisir la singularité du contrat administratif sous les contrats administratifs. Ces premières, trop circonscrites, constituent en réalité des « *théories régionales* »[1424] par rapport à la théorie générale du contrat administratif et peuvent être analysées comme des outils doctrinaux externes.

Conclusion de la section et du chapitre

La portée de la théorie générale, exprimée par la généralité, matérialise d'abord une posture qui précise et aiguise la théorie. Fonctionnelle et expression d'un universalisme affecté, elle remplit alors une fonction délimitative, qu'il s'agisse de préciser le contenu de la théorie générale du contrat administratif ou sa méthode d'élaboration. Dans la théorie générale du contrat administratif, la fonction délimitative de la généralité est double : elle est un critère d'incorporation et d'exclusion de la théorie générale du contrat administratif. Dans sa fonction d'incorporation, elle permet de revenir sur les principes et les règles générales. La mise en perspective des caractères propres du principe avec ceux de la généralité conduit à ne retenir que les principes qui se rapprochent de ce qui est premier ou principal et qui participent d'une vision expli-

---

[1419] Loi n° 2016-1691 du 9 décembre 2016, *relative à la transparence, à la lutte contre la corruption et à la modernisation de la vie économique, JORF* 10 décembre 2016, qui a habilité le gouvernement à élaborer par ordonnance un Code de la commande publique.

[1420] DELPECH Xavier, « Le droit de la commande publique dans une zone de turbulence », *AJ contrat* 2020, p. 397.

[1421] DELVOLVE Pierre, « Les contrats de la "commande publique" », *op. cit.*, p. 200.

[1422] MAUGÜE Christine et ROUSSEL Sophie, « La codification de la jurisprudence dans le code de la commande publique : jusqu'où ? », *op. cit.*, p. 213.

[1423] UBAUD-BERGERON Marion, « Passation et exécution : le code de la commande publique innove-t-il ? », *op. cit.*, p. 219 ; voir aussi LAFAIX Jean-François, « La codification et la fin des contrats », *RFDA* 2019.227.

[1424] Rappr. JIANG Jiangyuan, *Théorie du droit public,* Paris : L'Harmattan, 2010, p. 19.

cative universaliste sur le contrat administratif. La règle générale peut également gagner en précision en référence à un critère général d'applicabilité et à l'existence d'un corpus juridique relativement homogène et stable applicable au contrat administratif – qui n'est ni la théorie ni le droit positif. Réciproquement, la fonction délimitative de la généralité évince les éléments souffrant d'insuffisance ou d'excès de généralité. Mobiliser la généralité de la théorie conduit à remarquer que la théorie générale peut être appréhendée à l'aune de réflexions plus larges et qu'elle contient en elle l'étude de la diversité du contrat administratif avant de laisser place à la recherche d'unité. Force est de constater cependant que le droit spécial des contrats est une réalité ni récente ni incompatible avec une théorie générale, de telle manière que la présentation de conceptions concurrentes reste incidente par rapport à la théorie générale du contrat administratif.

Conclusion du titre

La volonté de surmonter la crise de la théorie générale du contrat administratif conduit à analyser l'expression de théorie générale du contrat administratif. Identifier son contenant à travers une étude de la notion de théorie et de sa portée à l'aune de sa généralité apporte un premier élément fondamental dans la compréhension de l'objet d'étude. Appliquée au contrat administratif, il convient alors d'en effectuer une présentation compatible. La théorie générale, avant d'être la théorie générale du contrat administratif, apparaît d'abord comme le résultat d'une construction doctrinale systémique cumulant deux postures *a priori* opposées mais graduées, à savoir l'abstraction et le souci du détail. Elle caractérise un processus de création intégré au raisonnement juridique faisant intervenir différents outils doctrinaux et témoignant d'une volonté de connaissance du contrat administratif satisfaisant un besoin pédagogique et répondant à des préoccupations idéologiques. Fondamentale, cette définition de la théorie vient apaiser la crise de la théorie générale du contrat administratif qui se résume en réalité à une crise d'identité : celle d'un mythe de l'unité entre la présentation dominante de la théorie générale et le droit positif applicable au contrat administratif. Cette définition permet également de rappeler le caractère construit et doctrinal de la théorie et les fonctions qu'elle remplit. La généralité de la théorie, souvent éludée, caractérise sa portée et matérialise le point de vue adopté sur son objet. Le caractère de généralité constitue l'expression d'un universalisme affecté et remplit une fonction délimitative suivant un objectif de cohérence interne. En ce sens, la généralité conduit à s'interroger sur les composantes classiques de la théorie générale du contrat administratif ainsi que sur les conceptualisations périphériques au contrat administratif. Postulant de sa nécessité et sur la base d'une notion renouvelée de théorie générale, il est maintenant possible de préciser les caractères de la théorie générale du contrat administratif.

TITRE 2. Les caractères de la théorie générale du contrat administratif

Décomposer la théorie générale du contrat administratif et revenir en premier lieu sur la notion de théorie générale pose le cadre de la démonstration. Construction doctrinale systémique suivant une volonté de connaissance de son objet, la théorie générale du contrat administratif autorise, par l'abstraction et l'universalisme qu'elle suppose, à une présentation qui lui est propre et dont les limites se trouveront davantage dans la logique du raisonnement que dans l'adéquation avec l'agencement du droit positif.

Il convient alors de formuler une conception du contrat administratif, non du seul point de vue de son administrativité, mais également de sa nature contractuelle et des relations qu'entretiennent ces deux éléments, pour préciser ensuite le climat de droit public[1425] qui s'en dégage. Ainsi que l'affirme E. MULLER, « *avant d'en venir à la qualification du contrat se pose la question de la qualification de contrat* »[1426]. Et, comme le concède G. PEQUIGNOT, « *la voie sera ouverte à d'autres juristes pour rebâtir, éventuellement sur un autre plan, la théorie du contrat administratif dont, d'ailleurs, nous aurons mis les matériaux en ordre* »[1427]. A la lumière de la notion de théorie générale, il est maintenant possible d'en préciser les caractères. Précisément, il s'agit de déterminer la place du contrat dans la théorie générale du contrat administratif (Chapitre 1), pour s'intéresser ensuite à son administrativité (Chapitre 2).

1425 VENEZIA Jean-Claude, « Complément au Printemps de la jeune recherche Gaston Jèze », *op. cit.*, p. 1229.

1426 HAMELIN Jean-François et MULLER Etienne, « La qualification du contrat », *in Contrats de droit privé et contrats de droit administratif, Droit comparé interne*, Paris : LGDJ Lextenso, 2019, p. 3, spéc. p. 10.

1427 PEQUIGNOT Georges, *Contribution à la Théorie générale du Contrat administratif*, *op. cit.*, p. 183.

Chapitre 1. Le contrat dans la théorie générale du contrat administratif

L'étude de la théorie générale du contrat administratif ne peut faire l'économie de la notion de contrat. Dès 1945, G. PEQUIGNOT reconnaît d'ailleurs que « *le particularisme de la notion administrative de contrat ne nous apparaîtra en pleine lumière que sous forme d'exceptions ou de modifications aux règles contractuelles du droit privé* »[1428] . Revenir sur le contrat afin de connaître le contrat administratif annonce quelques interrogations fondamentales : le contrat administratif est-il un contrat ?[1429] Qu'est-ce qu'un contrat ? Plus encore, lorsqu'il s'agit de définir la nature contractuelle du contrat administratif, se pose la question de l'emploi du singulier ou du pluriel : peut-on parler du contrat ou des contrats[1430] ? J. ROCHFELD explique à cet égard que « *la réalité placée sous un même vocable se fait mouvante* »[1431] de telle manière que, finalement, il ne serait pas possible de dégager une « *notion "pure" de contrat* »[1432], ce qui ne facilite pas l'analyse du contrat administratif. Plus illustratif, L. JOSSERAND estime qu'en la matière, « *un même pavillon est susceptible de couvrir une marchandise plus ou moins abondante* »[1433].

Toutefois, malgré le pluralisme du contrat, une conception dominante peut être dégagée. Le recours à cette notion générale de contrat permet alors de cerner son rôle dans la théorie générale du contrat administratif. Cette dernière expression suppose un rattachement du contrat en droit administratif à la notion de contrat qu'il convient d'expliciter (Section 1) pour ensuite préciser ses implications dans la théorie générale du contrat administratif (Section 2).

Section 1. Le rattachement du contrat en droit administratif à la notion générale de contrat

Le contrat administratif ne serait pas né contrat, voilà une expression bien connue en doctrine[1434]. Seulement, il semble que la difficulté à apercevoir le contrat dans les actes contractuels de l'administration relève davantage d'une

---

1428 PEQUIGNOT Georges, *Contribution à la Théorie générale du Contrat administratif, op. cit.*, p. 183.

1429 De LAUBADERE André, MODERNE Franck et DELVOLVE Pierre, *Traité des contrats administratifs*, Tome 1, *op. cit.*, p. 18.

1430 Voir l'emploi du pluriel dans *APD* 1968, « Sur les notions du contrat », et notamment VILLEY Michel, « Préface historique à l'étude des notions de contrat », *APD* 1968, Sur les notions du contrat, p. 2.

1431 ROCHFELD Judith, *Les grandes notions du droit privé, op. cit.*, p. 3.

1432 ROCHFELD Judith, *Les grandes notions du droit privé, ibid.*, p. 3 ; dans le même sens GAZZANIGA Jean-Louis, *Introduction historique au droit des obligations, op. cit.*, p. 113 ; JOSSERAND Louis, « L'essor moderne du concept contractuel », *in Recueil d'études sur les sources du droit en l'honneur de François Gény,* Tome II, Les sources générales des systèmes juridiques actuels, Paris : Sirey, 1977, p. 333.

1433 JOSSERAND Louis, « L'essor moderne du concept contractuel », *ibid.*, p. 340.

1434 GAUDEMET Yves, « Le contrat administratif, un contrat hors-la-loi », *op. cit.*

question de point de vue que de technique juridique. Si l'on se réfère à l'étude historique portant sur certains contrats administratifs menée par X. BEZANÇON force est de reconnaître que « *si les contrats sont l'expression de la volonté des parties de s'obliger réciproquement dans leur intérêt privé et public pour atteindre un ou plusieurs résultats* [...], *des concepts successifs ont constitué le support de ces contrats au cours de l'histoire* »[1435]. A première vue le contrat administratif n'apparaît que sous ses expressions formelles. Son analyse est initialement partielle et empirique, elle se concentre essentiellement sur les marchés administratifs et autres concessions. Les exigences du commerce juridique impliquent en effet une ingénierie contractuelle peu propice à une catégorisation fermée ou à la conceptualisation. Ainsi, la notion générale de contrat se dévoile difficilement mais sûrement à partir d'une multiplicité d'actes contractuels. Connaître le contrat en droit administratif suppose alors de rappeler, avec P. DELVOLVE, « *qu'il existe au-delà du code civil un tronc commun de conceptions et de notions* »[1436] dont l'analyse permet de comprendre l'apparition d'une notion générale de contrat (Paragraphe 1), puis son incorporation progressive en droit administratif (Paragraphe 2).

Paragraphe 1. L'apparition d'une notion générale de contrat

Un bref retour aux sources de la figure contractuelle et, plus précisément, à l'apparition du terme contrat met en évidence une relation consubstantielle entre le contrat et le droit privé – entendu comme le droit commun qui règle les affaires des particuliers entre eux. Les publicistes eux-mêmes soulignent cette filiation pour estimer que « *le contrat est une création du droit romain passée dans le droit civil moderne en répondant à un système juridique essentiellement subjectiviste et individualiste* »[1437]. Toutefois, s'il est possible de concéder que le contrat se déploie communément dans le cadre des relations relevant du droit privé et a trouvé ici un terreau fertile à sa conceptualisation, en revanche, la forme contractuelle n'était pas pour autant absente des relations de droit public. La formation progressive d'une notion générale de contrat qui contient le contrat administratif (A) fait d'ailleurs l'objet d'une reconnaissance en droit administratif classique (B).

[1435] BEZANÇON Xavier, *Essai sur les contrats de travaux et de services publics, contribution à l'histoire administrative de la délégation de mission publique*, *op. cit.*, p. 2.
[1436] DELVOLVE Pierre, « Les nouvelles dispositions du code civil et le droit administratif », *op. cit.*, p. 613.
[1437] DUGUIT Léon, *Traité de droit constitutionnel*, Tome 1, *op. cit.*, p. 280.

A. La formation d'une notion générale de contrat contenant le contrat administratif

Intuitivement, l'expression de théorie générale du contrat administratif renvoie vers la notion de contrat. Et si la doctrine semble avoir davantage mis en avant l'administrativité du contrat pour défendre l'autonomie d'une notion, l'on aurait pu penser que sa nature contractuelle était initialement convenue. Or, force est de constater que ni le discours doctrinal classique sur le contrat administratif, ni l'apparition du contrat ne rendent compte d'une telle évidence. La notion de contrat est très fortement liée au droit privé dès ses premières expressions (1), tandis que le contrat administratif est encore embryonnaire, dissimulé sous une vague figure contractuelle publique (2).

1. L'apparition de la notion de contrat en droit privé à partir du droit romain

La notion de contrat apparaît d'abord en droit romain[1438] pour s'appliquer aux relations entre personnes physiques. La représentation ne joue que pour les incapacités civiles et la personnalité morale n'est pas encore consacrée, bien que les premières expressions du contrat n'excluent pas directement l'idée de contrat administratif. Le « *contractum* » qu'évoque Servius Sulpicius caractérise la réunion de la stipulation du créancier et la promesse du débiteur, indépendamment de toute considération d'un accord de volontés, et peut, dans l'absolu, concerner toute personne relevant tant du droit public que du droit privé. De même, le terme *contrahere* spécifie l'existence d'un rapport juridique quelconque où la volonté est indifférente. Cette notion primitive de contrat constitue une base conceptuelle pouvant accueillir des réflexions d'une grande généralité, en droit public comme en droit privé.

Ensuite, les juristes romains s'emparent de la notion et lui attribuent un caractère subjectif et interpersonnel qui délimite implicitement son domaine au droit privé. Ainsi, au cours du Ier siècle après JC, Labéon rattache le *contractum* à quatre actes où le consentement suffit à faire naître des obligations consensuelles et réciproques, qualifiées de *synallagma*. Pédius confirme une certaine conception du *contractus* témoignant de ce que tout contrat comporte une convention, c'est-à-dire la rencontre de la volonté des parties. A mesure que cette vision du contrat se précise, fin Ier - début IIème siècles, le *contractus*, entendu comme une convention faite dans des conditions ou formes requises par le droit civil[1439] en vue de donner naissance à des obligations, se fixe dans

[1438] CHEVREAU Emmanuelle, MAUSEN Yves, BOUGLE Claire, *Histoire du droit des obligations*, Objectif droit, cours, Paris : LexisNexis, 2011.

[1439] Le droit romain reconnaît les contrats *verbis, litteris*, réels, consensuels (seulement 4) puis les contrats innommés (constitués d'un accord de volontés et de l'exécution de la prestation : *do ut des* (échange), *do ut facias* (je donne pour que tu fasses), *facio ut des* (je fais pour que tu donnes), *facio ut facias* (je fais pour que tu fasses) et pactes).

un cadre de droit privé. Cette filiation avec le droit privé – droit applicable aux relations interpersonnelles – transparaît d'ailleurs clairement avec la prise en compte des vices du consentement tels que l'erreur ou la violence, lesquels sont entendus comme les défauts de la volonté de personnes physiques.

L'Époque Franque marque toutefois un temps d'arrêt au développement de cette représentation du contrat. L'acte se rapproche du contrat primitif en ce sens que le formalisme gouverne la validité de l'engagement, peu importe que le consentement soit vicié ou non. De même qu'au Moyen-Âge, la distinction du droit public et du droit privé n'est pas caractérisée, si bien que l'on peut assister au développement de contrats entre communautés, entre seigneurs, ou encore de contrats de fiefs entre seigneur et vassal[1440]. En réalité, « *pas plus qu'aux siècles précédents, le contrat n'est un objet juridique monolithique. Il reste au contraire tributaire de l'évolution du cadre culturel, social, au sein duquel il se développe lui-même* »[1441] . Bien que les matériaux soient présents, la pratique contractuelle de l'époque féodale ne laisse toutefois pas émerger une conception du contrat de droit public, celle-ci reste empreinte de droit privé. La notion de contrat se consolide en droit privé au gré des progrès du consensualisme et du déclin des formes et conditions de validité du consentement. L'École et la philosophie du droit naturel, généralement représentées par Grotius et Pufendorf, développent en ce sens la notion de volonté contenant la force obligatoire du consentement. Prenant acte de cette évolution conceptuelle, Domat et Pothier opèrent une conciliation habile et considèrent que le contrat résulte de la manifestation d'un consentement, mais d'un consentement limité par la capacité, la loi, l'ordre public, les bonnes mœurs, les vices du consentement et la cause. La notion moderne de contrat s'établit peu à peu en doctrine.

La consécration du caractère individualiste du contrat sera le fruit du droit révolutionnaire (1789-1804) imprégné de principes philosophiques tenant du jusnaturalisme, de la philosophie des lumières et des théories des physiocrates. Ces courants traduisent le primat de la liberté et de l'individu sur le groupe sur un fond de libéralisme économique. Ils vont asseoir le contrat sur un principe de liberté contractuelle où l'individu est maître de sa situation. Dans l'Encyclopédie de DIDEROT et D'ALEMBERT, le contrat est « *une convention faite entre plusieurs personnes, par laquelle une des parties, ou chacune d'elles, s'oblige de donner ou de faire quelque chose ou consent qu'un tiers donne ou fasse quelque chose* » sachant que « *ce qui forme le contrat, c'est le consentement mutuel et réciproque des parties contractantes* »[1442]. L'individualisme et la réduction du contrat aux relations entre personnes physiques

---

[1440] GAZZANIGA Jean-Louis, *Introduction historique au droit des obligations, op. cit.*, p. 157.
[1441] CHEVREAU Emmanuelle, MAUSEN Yves, BOUGLE Claire, *Histoire du droit des obligations, op. cit.*, p. 133.
[1442] DIDEROT et D'ALEMBERT, *Encyclopédie ou dictionnaire raisonné des sciences des arts et des métiers, par une société des gens de lettres,* Tome 4, Paris : Briasson, David, Le Breton, Durand, p. 122.

ressort aussi des limites posées à la faculté de contracter qui intéressent les mineurs, les fils de famille, les imbéciles, les détenus et les prisonniers. Sans doute, son assimilation au droit privé procède davantage de l'état de la science sur la personnalité morale et du caractère embryonnaire du droit administratif que d'une répugnance de cette matière pour le contrat.

2. L'apparition de la figure contractuelle publique à partir du droit romain

Si le contrat est originairement appréhendé à la lumière des relations entre personnes physiques, l'étude de X. BEZANÇON permet toutefois de relativiser cette correspondance. L'auteur explique que « *c'est sous les romains et principalement sous la République, que les contrats publics naissent* »[1443]. Il s'agit d'actes contractuels établis dans des cadres de droit public particulièrement dans un objectif de mise en valeur domaniale. Ce sont aussi l'apparition et le développement de la représentation en droit canonique qui introduisent la possibilité de conclure des contrats avec des personnes morales – ici l'Église. La représentation des personnes publiques figure d'ailleurs dans l'Encyclopédie en ces termes : « *les autres administrateurs, les chefs des corps politiques et des sociétés particulières ne peuvent engager ceux qu'ils représentent au-delà du pouvoir qu'ils ont en qualité d'administrateurs* »[1444].

Force est de constater que la forme contractuelle publique est présente avant même l'apparition du droit administratif comme discipline : les propriétés publiques sont valorisées au moyen d'actes contractuels tandis qu'il est reconnu à des personnes physiques le pouvoir de représenter et d'engager les « corps politiques ». Néanmoins, la conceptualisation de ces procédés et le « contrat administratif » sont encore absents. Surtout, la diffusion de la notion de contrat se trouve affectée par une acception politique. En droit public, « *le contrat public nait dans le pacte social et politique* »[1445], il est envisagé comme un contrat social, un acte de confiance entre les gouvernants et les gouvernés, un acte au service du Pouvoir, et non le pouvoir de nouer des relations réciproques. Cette conception, renforcée par le caractère présumé unilatéral du droit public[1446], ralentit fortement l'émergence du « contrat » administratif.

1443 BEZANÇON Xavier, *Essai sur les contrats de travaux et de services publics, contribution à l'histoire administrative de la délégation de mission publique*, *op. cit.*, p. 257 : « *il s'agit de la ferme fiscale, de la location domaniale par bail et par précaire puis de l'emphytéose avec mise en valeur du fonds.* [...] *de la location domaniale de longue durée* ».

1444 DIDEROT et D'ALEMBERT, *Encyclopédie ou dictionnaire raisonné des sciences des arts et des métiers, par une société des gens de lettres*, *op. cit.*, p. 162.

1445 BEZANÇON Xavier, *Essai sur les contrats de travaux et de services publics, contribution à l'histoire administrative de la délégation de mission publique*, *op. cit.*, p. 245.

1446 VEDEL Georges, *Droit administratif*, Tome 1, *op. cit.*, p. 23 : « *L'administration s'opère normalement sous un régime de puissance publique par des prérogatives et des sujétions exorbitantes du droit commun* ».

B. La reconnaissance de la notion générale de contrat en droit administratif

En 1897, Th. DUCROCQ explique au sujet des contrats conclus par les personnes publiques qu'« *aucun texte ne les a jamais divisés en contrats administratifs et contrats judiciaires* »[1447]. La constitution d'une notion générale de contrat en droit administratif est en fait tributaire de sa filiation privatiste ; le recours à l'expression de contrat (1) désigne principalement le contrat relevant du droit civil (2).

1. Le contrat en droit administratif

La recherche de l'expression « théorie générale du contrat administratif » démontre que le contrat en droit administratif est d'abord saisi sous le prisme d'une idée générale de contrat. Le développement de cette référence commune a pu être attribué au rayonnement du Code civil. Dans sa thèse, X. BEZANÇON explique que la période de 1789 à 1914 est celle « *où la théorie contractuelle évolue le plus* [...] *par la création d'un droit général de tous les contrats, quels qu'ils soient, dont les règles unifiées sont inscrites dans le Code civil* »[1448]. A cet effet, C. FRIEDRICH évoque une hégémonie du droit civil[1449]. Une conception universaliste du contrat se dégage et se diffuse. Elle se retrouve dans les ouvrages classiques de droit administratif qui certes, ne renferment pas de conceptualisation du contrat de droit administratif, mais considèrent le contrat en droit administratif. Comme l'exprime De CORMENIN « *il faut, avant tout, respecter les droits acquis, et la foi sacrée des contrats* [...], *l'administration ne saurait trop se persuader que le véritable intérêt de l'État se lie à la rigoureuse exécution des clauses des actes d'adjudication passés par elle, ainsi qu'à l'observation des formes judiciaires* »[1450]. Le plus souvent cependant, la doctrine se réfère au contrat du droit civil en droit administratif.

2. Le contrat du droit civil en droit administratif

La diffusion d'une notion générale de contrat en référence au contrat de droit civil procède de l'idée suivant laquelle « *l'administration doit respecter tout ce qui est réglé par le droit commun, les titres de propriété, l'état des*

[1447] DUCROCQ Théophile, *Cours de droit administratif et de législation française des finances avec introduction de droit constitutionnel et les principes du droit public*, Tome 2, 7ème éd. Paris : Fontemoing, 1897, p. 16.

[1448] BEZANÇON Xavier, *Essai sur les contrats de travaux et de services publics, contribution à l'histoire administrative de la délégation de mission publique, op. cit.*, p. 321-325.

[1449] FRIEDRICH Clemmy, *Histoire doctrinale d'une mise en discours : des contrats de l'administration au contrat administratif, op. cit.*, p. 68, voir aussi p. 339 et s.

[1450] De CORMENIN, *Questions de droit administratif, op. cit.*, p. 20.

personnes, les contrats »[1451], sachant que le contrat de l'administration relève du contentieux judiciaire[1452]. Dans sa troisième édition des Conférences sur l'administration et le droit administratif, L. AUCOC accentue encore la filiation entre le contrat de droit civil et le contrat en droit administratif lorsqu'il applique expressément la théorie des obligations. Selon ses termes : la théorie des obligations issue du Code civil, « *voilà l'essence des règles relatives aux contrats* »[1453]. Une conception s'affine peu à peu, tandis que le contrat administratif ne fait pas encore l'objet de conceptualisation. En ce sens, lorsque L. AUCOC traite des contrats spéciaux en droit administratif, il ne mentionne pas le contrat administratif ou le contrat de droit administratif. L'auteur rend compte de la diversité des contrats conclus par l'administration et expose la spécificité de leur régime juridique, tout en les maintenant dans le giron du Code civil. Témoignant de ces difficultés à concevoir l'action contractuelle administrative en dehors du droit civil, Th. DUCROCQ énonce que « *les principes juridiques applicables aux contrats sont les mêmes au point de vue de la compétence, bien que leurs clauses varient. L'État, le département, la commune, ne figurent pas dans des contrats à titre de puissance publique, mais à titre de personnes civiles* »[1454].

Cette tendance peut être interprétée de deux manières : soit il s'agit là d'une révérence des administrativistes face à la codification napoléonienne – et plus généralement au droit civil, sorte d'aîné[1455] du droit administratif – à l'époque où l'absence de codification du droit administratif semblait compromettre l'existence même de la matière. Soit c'est l'une des conséquences de la formation universitaire généraliste des juristes. L'explication est sûrement intermédiaire : les contrats des personnes publiques n'étant alors encadrés par aucun texte général puisent dans le Code civil des principes et règles générales[1456]. D'ailleurs, en dépit de l'apparition d'un droit administratif des contrats, pour D. POUYAUD « *l'excitation que procure la découverte de l'originalité de la théorie des contrats administratifs ne doit pas porter celui qui*

1451 De GERANDO, *Institutes du droit administratif français ou éléments du Code administratif réunis et mis en ordre*, Tome 1, *op. cit.*, p. 64, voir aussi Tome 4 : L'auteur reconnaît à divers documents la qualité de « *loi des parties* » (p. 250) qui « *ne deviennent obligatoires que par l'effet de la convention* » (p. 254).

1452 AUCOC Léon, *Conférences sur l'administration et le droit administratif faites à l'école des ponts et chaussées*, Tome 1, *op. cit.*, 1869, p. 334 « *s'il s'agit* [...] *des droits ou des obligations qui dérivent d'un contrat proprement dit passé par l'administration, c'est à l'autorité judiciaire qu'il appartient en principe d'y statuer* ».

1453 AUCOC Léon, *Conférences sur l'administration et le droit administratif faites à l'école des ponts et chaussées*, Tome 2, 3ème éd., *op. cit.*, 1886, p. 172.

1454 DUCROCQ Théophile, *Cours de droit administratif et de législation française des finances avec introduction de droit constitutionnel et les principes du droit public*, Tome 2, 7ème éd. *op. cit.*, p. 15, de plus, p. 16 : sur les contrats des personnes publiques, « *aucun texte ne les a jamais divisés en contrats administratifs et contrats judiciaires* ».

1455 ANTIPPAS Jérémy, « L'utilisation du droit administratif en droit civil », *RFDA* 2014.795.

1456 BEZANÇON Xavier, *Essai sur les contrats de travaux et de services publics, contribution à l'histoire administrative de la délégation de mission publique, op. cit.*, p. 19.

l'éprouve à décrire un monde extraordinaire. […] *Ils demeurent tout de même de vrais contrats, nés de la rencontre de volontés fondamentalement libres et c'est ce qui justifie le point de départ de l'analyse civiliste* »[1457].

La filiation avec le droit civil se retrouve également dans l'analyse des différents contrats en droit administratif. Ainsi, les contrats de bail, vente, marché, louage, entreprise sont étudiés à la lumière des contrats spéciaux du droit civil. Par exemple, L. AUCOC assimile les marchés et entreprises de travaux publics aux contrats de louage d'ouvrages ou à la vente pour expliquer que « *les principes généraux du Code Napoléon sur les obligations sont applicables en pareil cas, sauf les dérogations qui auraient pu y être apportées par les conventions faites entre les parties* »[1458]. Cette analogie des formes contractuelles se retrouve sous la plume de R. DEMOGUE. Pour l'auteur, le contrat d'adhésion est caractérisé par la conclusion d'un « *contrat type* [qui] *est proposé en nombre illimité soit par des établissements privés, soit par des administrations publiques* »[1459]. La méthode choisie par E. PERRIQUET pour présenter les contrats de l'État est également riche d'enseignements. Face à la diversité et à l'hétérogénéité des contrats de l'État, l'auteur s'appuie sur la structure du Code civil et notamment ses catégories de contrats nommés, représentatives d'« *un ordre suffisamment méthodique* »[1460]. Il expose successivement les différents contrats reconnus par le droit civil et passés par l'État tels que la vente d'immeubles ou de meubles, l'achat, le louage, les concessions, puis exprime l'idée suivant laquelle le contrat en droit administratif est une sorte d'excroissance du contrat du droit civil et qu'il n'existe qu'une notion générale de contrat, reconnue en droit administratif.

L'histoire du droit permet de constater que c'est à partir du droit romain qu'une conception du contrat se dégage, renfermant une part d'individualisme et de formalisme pour se déployer au sein des relations de droit privé entre personnes physiques. Pour autant, la figure contractuelle publique n'est pas absente. En revanche, lorsqu'il se précise, le contrat en droit administratif désigne essentiellement un contrat relevant du droit civil. Reconnaissance

---

1457 POUYAUD Dominique, *La nullité des contrats administratifs*, *op. cit.*, p. 21.

1458 AUCOC Léon, *Conférences sur l'administration et le droit administratif faites à l'école des ponts et chaussées*, Tome 2, *op. cit.*, 1870, p. 148 ; *idem* DUCROCQ Théophile, *Cours de Droit administratif*, 2ème éd., *op. cit.*, p. 117 ; Xavier BEZANÇON, *Essai sur les contrats de travaux et de services publics, contribution à l'histoire administrative de la délégation de mission publique, op. cit.* p. 564.

1459 DEMOGUE René, *Traité des obligations en général, Sources des Obligations*, Tome II, Paris : A. Rousseau, 1923, p. 313 puis, p. 336 : « *Sans doute la volonté de l'offrant est prépondérante en fait, et en droit il faut se préoccuper en première ligne des nécessités du service, car si l'administration est désorganisée il n'y a plus de service* […] *il y a contrat car ce qui choque, c'est qu'il n'y a pas assez contrat, c'est-à-dire transaction entre volontés opposées, l'une étant plus faible devant l'autre* ».

1460 PERRIQUET Eugène, *Les contrats de l'État, op. cit.*, p. V.

d'une matrice intellectuelle[1461] dans le Code civil ou effet d'une formation universitaire généraliste, il existe une sorte d'hégémonie du contrat dit de droit commun. Mais, si le contrat administratif est parfois assimilé à un contrat d'adhésion tant en doctrine administrativiste[1462] que privatiste[1463], il n'en reste pas moins vrai que la notion de contrat en droit administratif résulte plus d'un processus d'incorporation que de transposition pure et simple[1464].

Paragraphe 2. L'incorporation progressive de la notion générale de contrat en droit administratif

L'apparition du contrat en droit administratif témoigne de l'existence d'une base commune rattachée juridiquement au droit privé. Les ouvrages classiques en attestent par un emprunt au droit civil, et particulièrement au Code civil, lorsqu'il s'agit d'évoquer le contrat ou d'étudier l'action contractuelle des personnes publiques. Le discours doctrinal contemporain publiciste[1465] et privatiste[1466] confirme d'ailleurs cette logique. R. DRAGO explique, au sujet des contrats et de la responsabilité, que « *ces notions existent en droit public – et notamment en droit administratif –, elles n'ont pu que se fonder sur des bases identiques et avoir les mêmes sources philosophiques* »[1467]. Cependant, si les fondations sont communes, c'est par un phénomène d'incorporation de la notion générale de contrat, telle qu'elle s'entend à partir du Code civil, que le contrat en droit administratif s'affermit. Une

---

1461 BOULOUIS Nicolas, MELLERAY Fabrice, NOGUELLOU Rozen, PIMONT Sébastien, « Contrats publics, contrats privés, Convergences et divergences après la réforme du droit des contrats », *Cahiers de droit de l'entreprise* n° 5, septembre-octobre 2018, p. 9.

1462 PEQUIGNOT Georges, *Contribution à la Théorie générale du Contrat administratif, op. cit.*, ; STOYANOVITCH Konstantin, *De l'intervention du juge dans le Contrat en cas de survenance de circonstances imprévues, Théorie de l'imprévision*, Marseille : M. Leconte, 1941, p. 74 ; RIVERO Jean, *Droit administratif, op. cit.* ; CHAPUS René, *Droit administratif général, op. cit.*

1463 PERREAU E.H. « Une évolution vers un statut légal des contrats » *in Recueil d'études sur les sources du droit en l'honneur de François Gény*, Tome II, Les sources générales des systèmes juridiques actuels, Paris : Sirey, 1977, p. 354 ; GHESTIN Jacques, *Traité de droit civil, Les obligations, Le contrat : formation, op. cit.* ; DEBBASCH Charles et COLIN Frédéric, *Droit administratif*, 10ème éd. Paris : Economica, 2011 ; PETIT Jacques, *Les conflits de lois dans le temps en droit public interne*, Paris : LGDJ, 2002, p. 490.

1464 Pour une analyse complète des mécanismes de réception voir PLESSIX Benoît, *L'utilisation du droit civil dans l'élaboration du droit administratif, op. cit.*

1465 DUPUIS Georges, GUEDON Marie-José, CHRETIEN Patrice, *Droit administratif*, Sirey Université, 12ème éd. Paris : Dalloz, 2011 ; dans le même sens DUPRE de BOULOIS Xavier, *Le pouvoir de décision unilatérale, étude de droit comparé interne*, Paris : LGDJ, 2006, p. 103 : « *l'unité des différents contrats de l'administration* [...] *s'ordonne tout simplement autour du Code civil. Il existe un principe d'unité, il n'y a pas de principe d'autonomie* ». L'auteur conclut, p. 399 : « *la guerre froide est aujourd'hui finie* ».

1466 BENABENT Alain, *Droit des obligations, op. cit.* ; CABRILLAC Rémy, *Droit des obligations, op. cit.*

1467 DRAGO Roland, « La notion d'obligation : droit public et droit privée », *op. cit.*, p. 44

première définition comparative incorpore le contrat parmi les actes en droit administratif (A) et permet la diffusion d'une définition positive donnant sa pleine consistance au contrat en la matière (B).

A. Une définition comparative : le contrat parmi les actes en droit administratif

L'expression même de théorie générale du contrat administratif insuffle un questionnement sur le caractère contractuel de certains actes administratifs et invite à identifier le contrat parmi eux. Lorsque la doctrine administrativiste classique s'intéresse à l'action administrative, une tendance à classifier les actes se dégage. Le contrat s'insère alors peu à peu dans un ensemble structuré dont la présentation procède d'une analyse contentieuse du droit administratif (1), laquelle s'avère décisive dans l'incorporation du contrat au sein de la catégorie des actes de gestion de l'administration (2).

1. Le contrat en droit administratif, un acte soumis au juge administratif

Le contrat en droit administratif peut être appréhendé comme une catégorie contentieuse[1468]. A cet effet, De CORMENIN affirme que les tribunaux de droit privé ne sont pas compétents pour statuer sur « *les contestations élevées par les tiers et les agents du Gouvernement qui contractent en ladite qualité, sous ses ordres immédiats, sous sa surveillance, en son nom et avec les fonds qu'il fournit* »[1469]. La spécificité de certains contrats passés par l'administration justifie leur soumission au juge administratif. Si la compétence du juge administratif peut résulter de l'intervention d'une loi pour connaître du contrat de l'administration, l'idée suivant laquelle l'administration doit se soumettre au droit et plus exactement au juge administratif se diffuse. Pour VIVIEN, les contrats de l'État et les lois ont « *pour objet de restreindre ou de régler son action, d'introduire des garanties contre ses abus, des précautions contre ses erreurs* » et doivent être justiciables. Cette juridictionnalisation apparaît essentielle car « *la défiance qui a dicté* [...] *les stipulations du contrat est incompatible avec la confiance qui en laisserait l'administration seule appréciatrice* »[1470]. VIVIEN affirme quelques années plus tard que « *le contentieux administratif se compose de toutes les réclamations fondées sur la violation*

[1468] Pour une analyse complémentaire, v. FRIEDRICH Clemmy, *Histoire doctrinale d'une mise en discours : des contrats de l'administration au contrat administratif*, *op. cit.*, p. 437 et s.
[1469] De CORMENIN, *Questions de droit administratif*, *op. cit.*, p. CXCVIII.
[1470] VIVIEN, *Études administratives*, Paris : Guillaumin, 1845, p. 295-296.

des obligations imposées à l'administration [...] *par les contrats qu'elle souscrit* »[1471]. Cette première définition contentieuse du contrat de l'administration, en le soumettant au juge administratif, laisse poindre la spécificité de l'acte contractuel en droit administratif. Elle n'est toutefois pas univoque : le contrat est aussi généralement considéré comme un acte de gestion par opposition à l'acte d'autorité ou à l'acte unilatéral.

2. Le contrat en droit administratif, un acte de gestion de l'administration

L'acte de gestion constitue une pré-conceptualisation du contrat en droit administratif qui donne à voir une certaine représentation de l'action contractuelle administrative[1472]. Pour E. LAFERRIERE, les actes de gestion sont « *ceux que l'administration accomplit en qualité de gérant et d'intendant des services publics et non comme dépositaire d'une part de souveraineté* ». Ils relèvent du juge judiciaire en principe car « *l'intérêt public les motive, mais la puissance publique n'y intervient pas* »[1473]. L'acte contractuel intègre alors la catégorie des actes de gestion, elle-même insérée dans celle des actes de l'administration. En revanche, dans une filiation civiliste, ces contrats restent considérés comme des actes de personne civile[1474]. L'acte de gestion figure donc à côté de l'acte d'autorité parmi les actes d'administration. Ces derniers sont définis plus généralement par M. HAURIOU en référence à la « *décision* [c'est-à-dire manifestation de volonté] *exécutoire* [vis-à-vis des tiers et de la personne administrative], *prise au nom d'une personne administrative par un représentant légal, en vue de produire un effet de droit* [création immédiate d'une nouvelle situation juridique] ». La classification des actes de l'administration matérialise surtout en droit administratif l'existence de plusieurs modalités d'action, oscillant entre unilatéralisme et consensualisme mais soumises à un contentieux fragmenté.

Nonobstant, c'est la poursuite de cette réflexion qui concourt à l'apparition des contrats administratifs, sortes d'hybrides que E. LAFERRIERE qualifie d'« *actes de puissance publique ayant un caractère contractuel* » soumis au droit administratif et à la juridiction administrative[1475]. M. HAURIOU traduit

---

1471 VIVIEN, *Études administratives*, Tome 2, 2ème éd., *op. cit.*, 1852, p. 125.

1472 Pour une analyse complémentaire v. FRIEDRICH Clemmy, *Histoire doctrinale d'une mise en discours : des contrats de l'administration au contrat administratif*, *op. cit.*, p. 448 et s.

1473 LAFERRIERE Edouard, *Traité de la juridiction administrative et des recours contentieux*, *op. cit.*, p. 437.

1474 DUCROCQ Théophile, *Cours de droit administratif et de législation française des finances avec introduction de droit constitutionnel et les principes du droit public*, 7ème éd., Tome 1, *op. cit.*, p. 93.

1475 LAFERRIERE Edouard, *Traité de la juridiction administrative et des recours contentieux*, *op. cit.*, p. 549.

cette hypothèse par l'idée d'une double personnalité des personnes administratives lorsqu'il s'agit d'actes de gestion : une personnalité de puissance publique de laquelle relèvent les actes de puissance publique tels les contrats administratifs et dont le contentieux est soumis au juge administratif ; une personnalité privée concernée par les actes de personne privée incluant les contrats qui conservent le caractère de contrats de droit civil soumis au juge judiciaire[1476].

Le contrat s'incorpore aussi dans une distinction entre les actes unilatéraux et les actes contractuels (ou plurilatéraux) de l'administration. L. DUGUIT propose une théorie de l'acte juridique intégrant le contrat et fondée sur la manifestation de volonté, la compétence, le but de service public poursuivi et la situation juridique créée[1477]. Dans le même sens, G. JEZE explique que l'acte administratif constitue une « *manifestation de volonté créée pour un individu déterminé, une situation juridique nouvelle* »[1478] et que, par suite, la distinction entre actes administratifs unilatéraux et actes administratifs contractuels résulte de ce que ces derniers règlent les relations réciproques entre leurs auteurs[1479]. L'acte contractuel est ainsi progressivement intégré au sein des classifications portant sur les actes de l'administration. L'évolution doctrinale est intéressante sur ce plan puisque, par exemple, dans la 3ème édition des Conférences sur le droit administratif, L. AUCOC consacre une section aux obligations dont l'une des sources est le contrat[1480].

L'analyse de la doctrine administrativiste classique permet de signaler un intérêt croissant pour l'action contractuelle publique. D'ailleurs, plus récemment, L. VANIER consacre sa thèse à L'externalisation en matière administrative[1481] et modernise la distinction entre gestion interne et externe pour évoquer une théorie des modes de réalisation des activités administratives[1482]. De

---

1476 HAURIOU Maurice, *Précis de droit administratif contenant le droit public et le droit administratif*, *op. cit.*, p. 166.

1477 DUGUIT Léon, *Manuel de droit constitutionnel*, Paris : Fontemoing, 1907 ; voir aussi ROLLAND Louis, *Précis de droit administratif*, 4ème éd., *op. cit.*, p. 50-51 : l'acte de l'Administration est « *tout acte émanant d'un agent administratif appelé par les lois et règlements à remplir une mission déterminée pour la gestion de services publics et agissant en vue de l'accomplissement de cette mission* ».

1478 JEZE Gaston, *Les principes généraux du droit administratif*, *op. cit.*, p. 59.

1479 Egal., BONNARD Roger, *Précis élémentaire de droit administratif*, *op. cit.*, p. 40 ; ROLLAND Louis, *Précis de droit administratif*, 4ème éd., *op. cit.*, p. 50-51, dans la onzième édition de 1957, p. 49 : RIVERO Jean, *Droit administratif*, *op. cit.*, p. 75-76 ; dans le même sens et plus récemment : CHAPUS René, *Droit administratif général*, *op. cit.* ; DUPUIS Georges, GUEDON Marie-José, CHRETIEN Patrice, *Droit administratif*, *op. cit.*.

1480 AUCOC Léon, *Conférences sur l'administration et le droit administratif faites à l'école des ponts et chaussées*, Tome 2, *op. cit.* 1886, p. 165 : « *Section 2 : Des obligations* ».

1481 VANIER Léo, *L'externalisation en matière administrative, Essai sur la transposition d'un concept*, Paris : Dalloz, 2018.

1482 VANIER Léo, « Externaliser, L'influence des méthodes économiques sur les modalités de l'action administrative », *in Les méthodes en droit administratif*, Colloque AFDA juin 2017, Paris : Dalloz 2018, p. 155.

façon générale, le contrat s'insère dans l'étude des actes de l'administration par comparaisons. Ce n'est qu'ensuite que se dégage une définition positive du contrat en droit administratif.

B. Une définition positive : la signification de la notion de contrat en droit administratif

Catégorie contentieuse et catégorie juridique intégrant le complexe formé par les actes de l'administration, le contrat occupe désormais une place particulière. Une définition positive de l'acte contractuel en droit administratif peut alors émerger. L. DUGUIT estime à ce propos que le contrat « *a un certain caractère qu'il conserve toujours ; et quand nous entendons parler de contrat de droit public, nous ne pouvons nous tenir de croire qu'il y a là pure subtilité* »[1483]. Dans une continuité avec la doctrine administrativiste classique, la filiation avec le contrat du droit civil innerve ainsi le développement et la consécration d'une définition générale de contrat en droit administratif (1) qui se trouve confirmée en droit supranational (2).

1. Le développement et la consécration d'une définition générale de contrat en droit administratif

L'unité de la notion de contrat se retrouve fréquemment en doctrine. F. GENY l'exprime en ces termes : « *au lieu des catégories, nettement spécifiques, de contrats ou de pactes, qu'offrait jadis le droit romain, nous n'aurions plus que la catégorie générique du contrat, laissant place à tout le jeu des fantaisies licites* »[1484]. Dans sa thèse, G. PEQUIGNOT s'approprie d'ailleurs la définition du contrat du droit privé et considère que le contrat administratif fait « *l'objet de deux définitions : d'un point de vue formel c'est un accord de volontés, d'un point de vue matériel, c'est un acte juridique créateur de situation juridique individuelle* »[1485]. Les auteurs du Traité des contrats

1483 DUGUIT Léon, *Manuel de droit constitutionnel*, *op. cit.*, p. 68.

1484 GENY François, *Science et technique en droit privé positif*, Tome 3, *op. cit.*, p. 130, également Tome 4, p. 210.

1485 PEQUIGNOT Georges, *Contribution à la Théorie générale du Contrat administratif*, *op. cit.*, p. 12. L'auteur conclut d'une manière nuancée, p. 609 : « *il y a contrat administratif, à l'exclusion d'un acte d'une nature autre, lorsque l'Administration et un particulier ayant conclu volontairement un acte ayant pour effet d'engendrer des obligations réciproques, l'Administration ne peut modifier cet acte sans ouvrir au profit du particulier un droit à indemnité* ».

administratifs précisent en ce sens que le contrat « *doit comporter une définition unique, commune à toutes les disciplines* »[1486], qui est généralement formulée à partir de l'article 1101 du Code civil[1487]. Le contrat, en droit administratif comme en droit privé, se définit comme une convention, c'est-à-dire un accord de volontés entre deux ou plusieurs personnes en vue de créer des effets de droit, sanctionnés par le droit. Consacrée dans l'Encyclopédie, les publicistes, et parmi eux L. DUGUIT[1488], G. JEZE[1489], L. ROLLAND[1490], R. BONNARD[1491], A. De LAUBADERE[1492], Y. GAUDEMET[1493], X. BEZANÇON[1494], P. GONOD, F. MELLERAY, Ph. YOLKA[1495], Ch. GUETTIER[1496],

1486 De LAUBADERE André, MODERNE Franck, DELVOLVE Pierre, *Traité des contrats administratifs*, Tome 1, *op. cit.*, p. 28.

1487 Voir par exemple : AUCOC Léon, *Conférences sur l'administration et le droit administratif faites à l'école des ponts et chaussées*, Tome 2, *op. cit.* 1886 ; LEMAIRE Sophie, *Les contrats internationaux de l'administration*, Paris : LGDJ, 2005 ; LICHERE François, *Droit des contrats publics*, Mementos, Paris : Dalloz, 2005 ; GUETTIER Christophe, *Droit des contrats administratifs, op. cit.* ; CONSEIL D'ETAT, *Le contrat, mode d'action publique et de production de normes*, EDCE 2008, n° 59, Paris : La Documentation française, 2008.

1488 DUGUIT Léon, *Traité de droit constitutionnel*, Tome 1, *op. cit.*, p. 283 et 539.

1489 JEZE Gaston, *Cours de droit public (licence), professé à la Faculté de Droit de Paris pendant le 1er semestre 1929-1930, Théorie générale des contrats de l'administration, formation et exécution, op. cit.*, p. 1 : « Le *contrat est une opération juridique bien déterminée, dont les éléments essentiels sont au nombre de quatre : 1° accord de volontés ; 2° accord bilatéral de volontés ; 3° en vue de créer une situation juridique ; 4° la situation juridique créée est individuelle et non pas générale* ».

1490 ROLLAND Louis, *Précis de droit administratif*, 11ème éd., *op. cit.*, p. 48 et s.

1491 BONNARD Roger, *Précis élémentaire de droit administratif, op. cit.*, p. 42 : « *la notion de contrat comporte deux éléments : un accord de volontés et un certain objet qui est d'établir, modifier ou supprimer des situations juridiques individuelles* ».

1492 De LAUBADERE André, *Traité élémentaire de droit administratif, op. cit.*, p. 282 : « *ces deux éléments fondamentaux de tout contrat* [accord de volontés générateur de situations juridiques subjectives] *se retrouvent parfaitement dans la théorie du contrat administratif* ».

1493 GAUDEMET Yves, *Traité de droit administratif*, 16ème éd., *op. cit.*, p.672.

1494 BEZANÇON Xavier, *Essai sur les contrats de travaux et de services publics, contribution à l'histoire administrative de la délégation de mission publique, op. cit.*, p. 19 : « *sans différer sur ce point du droit civil, le droit administratif contemporain définit le contrat administratif comme "un accord de volontés générateur de situations juridiques subjectives"* ».

1495 GONOD Pascale, MELLERAY Fabrice, YOLKA Philippe, *Traité de droit administratif*, Tome 1, *op. cit.*, p. 221 : le contrat est « *l'accord des parties qui est créateur de droits et d'obligations, d'une "situation juridique subjective"* [...] *Cette définition n'est pas propre au droit administratif* ».

1496 GUETTIER Christophe, *Droit des contrats administratifs, op. cit.* p. 59 : « *Le contrat est créateur d'obligations juridiques, c'est-à-dire de droits qu'il fait naître et d'obligations auxquelles il assujettit, de telle sorte qu'il modifie l'ordonnancement juridique* », et p. 61 : « *le contrat réalise un accord entre des volontés distinctes* ».

L. RICHER et F. LICHERE[1497], J.-C. RICCI et F. LOMBARD[1498] mais également H. KELSEN[1499] ou A. GROPPALI[1500] se réfèrent à cette notion générale, voire générique, de contrat. L'ouvrage consacré aux grandes notions du droit privé de J. ROCHFELD[1501], le Traité de droit civil de J. GHESTIN[1502] ou encore la plupart des manuels de droit privé consolident l'unité de la notion. D'ailleurs, en droit privé, lorsque J. GHESTIN écarte le contrat de droit public de l'étude, il précise en revanche qu'« *il appartient sans doute aux civilistes de définir le terme de référence, c'est-à-dire la notion de contrat* »[1503], témoignant de ce que, fondamentalement, le droit civil reste le « *creuset de la matière contractuelle* »[1504]. Néanmoins, l'unité de la notion ne

---

1497 RICHER Laurent et LICHERE François, *Droit des contrats administratifs, op. cit.*, p. 22

1498 LOMBARD Frédéric et RICCI Jean-Claude, *Droit administratif des obligations : contrats, quasi-contrats, responsabilité*, Paris : Sirey-Dalloz, 2018, p. 43.

1499 KELSEN Hans, « La théorie juridique de la convention », *in Le problème du contrat, APD*, n° spécial 1940, p. 33 : « *D'après la définition traditionnelle, la convention [contrat ou traité] est un accord de volontés de deux ou plusieurs sujets en vue de produire un effet juridique c'est-à-dire de créer ou d'abolir une obligation et le droit subjectif correspondant à cette obligation* ».

1500 GROPPALI Alessandro, « Le rôle de la volonté dans la formation des actes juridiques », *in Le problème du contrat, APD*, n° spécial 1940, p. 202.

1501 ROCHFELD Judith, *Les grandes notions du droit privé, op. cit.*

1502 GHESTIN Jacques, *Traité de droit civil, Les obligations, Le contrat : formation, op. cit.*

1503 GHESTIN Jacques, *Traité de droit civil, Les obligations, Le contrat : formation, op. cit.*

1504 AUBERT Jean-Luc, COLLART DUTILLEUL François, *Le contrat, Droit des obligations*, Connaissance du droit, 5ème éd., Paris : Dalloz, 2017.

signifie pas l'uniformité du régime juridique[1505]. Le contrat en droit administratif reste en la forme[1506] un contrat alors que son administrativité lui imprime une manière d'être particulière.

En définitive, la notion de contrat bénéficie d'une définition commune au droit privé et au droit administratif, ce qu'une approche macro-juridique confirme.

2. Une définition générale confirmée par la notion de contrat en droit supranational

Le recours au droit international soutient l'unité de la notion de contrat. Il permet également de souligner que les vicissitudes que peut connaître la conception unitaire résultent en réalité de la discipline juridique au sein de laquelle la notion se déploie et qui fonde les variations de son régime juridique[1507]. Ainsi, en droit international, « *le contrat est un accord de volontés qui crée des obligations à la charge de ceux qui y sont parties. Mais cette notion de contrat ne recouvre pas partout la même réalité* »[1508]. Suivant une conception unitaire du contrat, S. CHATILLON montre que la définition générale s'applique à l'État dans ses relations avec d'autres entités publiques

---

1505 GENY François, *Science et technique en droit privé positif*, Tome 4, *op. cit.*, p. 212 : « *rien n'empêche d'admettre les mêmes solutions d'après une notion de la convention juridique suffisamment assouplie et combinée avec les constructions modernes du droit public* » ; De LAUBADERE André, *Manuel de droit administratif, conforme au programme des facultés de droit et écoles d'enseignement supérieur,* Paris : LGDJ, 1946, p. 186 : « *si la nature, l'essence de l'institution sont identiques, le régime juridique auquel elle est soumise est différent* » ; De LAUBADERE André, *Traité élémentaire de droit administratif, op. cit.*, p. 282 : « Le *régime juridique du contrat administratif est un régime foncièrement autonome* » ; POUYAUD Dominique, *La nullité des contrats administratifs, op. cit.*, p. 15 : « *Étant un contrat, il obéit aux grands principes qui gouvernent traditionnellement les contrats conclus entre particuliers fondés sur l'idée que l'obligation a pour source la volonté des parties. Mais il demeure un acte de l'administration et à ce titre obéit à un régime exorbitant du pur consensualisme* », p. 21 ; NOGUELLOU Rozen, *La transmission des obligations en droit administratif*, Paris : LGDJ, 2004, spéc. p. 68-69 ; PONCE Claude, *Le consensualisme dans les contrats administratifs*, Thèse dactylographiée Strasbourg, 1956, p. 10-12 ; WALINE Jean, « La théorie générale du contrat en droit civil et en droit administratif », *op. cit.*, p. 967 ; DRAGO Roland, « Paradoxe sur les contrats administratifs », *op. cit.*, p. 154 ; HOEPFFNER Hélène, *Droit des contrats administratifs, op. cit.*, p. 2.

1506 SAUNIER Sébastien, *Recherche sur la notion de formalisme en droit administratif français, op. cit.*, p. 816-819 : l'auteur explique la différence non de nature mais de régime juridique, d'idéologie, de but, en préférant l'expression de « *forme juridique de droit public* » à celle de « *forme administrative* ».

1507 Pour une critique cependant, voir MORIN Gaston, « Les tendances actuelles de la théorie des contrats et les relations du réel et des concepts. A propos des articles de M. Josserand », *RTD Civ*. 1937.553 : « *Le substantif est pour ainsi dire vidé de son contenu habituel. Il masque la réalité au lieu de l'exprimer* ».

1508 CHATILLON Stéphane, *Le contrat international*, 4ème éd., Paris : Magnard-Vuibert, 2011, p. 7.

internationales[1509]. Dans le même sens, dans sa thèse, V. HEUZE, après avoir examiné les différentes théories explicatives du contrat, estime qu'en droit international, « *le contrat est la concordance d'une pluralité d'expressions de volontés à laquelle la loi fait produire des effets de droit* »[1510]. Également, lorsque M. AUDIT analyse les conventions transnationales entre personnes publiques, il souligne d'abord l'unité de la notion de contrat. A l'aide de la définition formulée par J. GHESTIN, l'auteur montre qu'il existe toujours « *"un noyau dur". Au centre de tout contrat, il y a incontestablement une rencontre de volontés et la création d'obligations protégées par le droit* »[1511]. M. AUDIT rejette toutefois l'idée de « contrats » entre États pour préférer le terme « traité » eu égard à la dualité de la personnalité étatique dans l'ordre interne et dans l'ordre international ; il s'oppose en cela à la thèse qui sera défendue par S. LEMAIRE. Cette dernière consacre sa recherche aux contrats internationaux de l'administration et convient que « *personne ne conteste aujourd'hui que l'État, les collectivités territoriales et les établissements publics prennent part aux échanges contractuels internationaux* »[1512]. S. LEMAIRE effectue ensuite un parallèle intéressant avec la distinction en droit interne des contrats de droit privé et de droit administratif afin de consacrer l'existence de contrats *jure gestionis* soumis au droit commun des contrats internationaux et de contrats *jure imperii* soumis à des règles dérogatoires à ce droit commun[1513], sans pour autant remettre en cause l'unité de la notion de contrat[1514]. Finalement, il semble possible de concevoir une forme de contrat administratif international[1515] rattachée à la notion générale de contrat.

En doctrine administrativiste classique, l'analyse du contrat s'insère généralement dans une étude plus large concernant les actes de l'administration. Une première définition comparative du contrat, s'inscrivant dans une tendance à la classification, procède d'une analyse contentieuse du droit administratif. La recherche de spécificité de l'action administrative laisse ensuite

---

1509 CHATILLON Stéphane, *Le contrat international, ibid.*, p. 79.

1510 HEUZE Vincent, *La réglementation française des contrats internationaux*, Paris : Joly, 1990, p. 80.

1511 AUDIT Mathias, *Les conventions transnationales entre personnes publiques*, Paris : LGDJ, 2002, p. 13.

1512 LEMAIRE Sophie, *Les contrats internationaux de l'administration, op. cit.*, p. 3.

1513 LEMAIRE Sophie, *Les contrats internationaux de l'administration, ibid.*, p. 8 : « *comme les publicistes qui ont construit la théorie générale du contrat administratif en systématisant les différences qu'elle présentait par rapport à la théorie du contrat civil, nous rechercherons les particularités du régime des contrats jure imperii de l'administration en adoptant les règles de droit international privé, droit commun des contrats internationaux, comme système de référence* ».

1514 En droit positif voir notamment TC, 17 mai 2010, n° 3754, *Inserm, Lebon, AJDA* 2010.1047 et 1564, étude P. CASSIA, *RFDA* 2010.959, concl. M. GUYOMAR.

1515 WAKED JABER Rita, *Le contrat administratif international, Essai d'une théorie générale à travers l'exemple du contrat BOT (Built, Operate and Transfer)*, Paris : LGDJ, 2013, p. 384 et p. 539.

place à l'acte de gestion soumis au juge judiciaire par opposition à l'acte administratif unilatéral ou à l'acte d'autorité Dans un contexte d'affermissement du droit administratif, le recours à la puissance publique et au service public confère ensuite à l'acte contractuel une nouvelle dimension. Il retrouve une relative unité juridique et contentieuse. Cette définition par comparaison(s) fournit les premiers éléments en vue de l'élaboration d'une définition positive du contrat en droit administratif. Expression d'une continuité doctrinale, la filiation avec le droit civil reste forte et une notion générale de contrat se diffuse en droit administratif, confirmée en droit supranational. Le contrat bénéficie alors d'une définition commune au droit privé et au droit administratif : le contrat reste un contrat, fût-il administratif, caractère qui se retrouve d'ailleurs dans la théorie générale du contrat administratif.

Conclusion de la section

Saisir le contrat administratif dans une théorie générale procède d'un désir de connaissance. A cette fin, le retour à la notion générale de contrat permet de cerner l'empreinte laissée par celui-ci dans la théorie générale du contrat administratif. Aux sources de la figure contractuelle, c'est à partir du droit romain qu'une conception du contrat se forme grâce à un processus de sédimentation juridico-politico-philosophique. La notion de contrat qui se dégage reste dans un contexte de droit privé. La figure contractuelle publique est alors dissimulée par une multiplicité d'expressions et par une conception politique du contrat. Cela étant, il est possible de déceler dans les conditions d'apparition de la notion de contrat les germes de sa reconnaissance et les raisons de son retard en droit administratif. En doctrine administrativiste classique, une conception du contrat émerge très progressivement, bien que l'expression désigne essentiellement un contrat relevant du droit civil. Cependant, la transplantation des catégories contractuelles ne doit pas faire perdre de vue l'administrativité qui les entoure. D'ailleurs, en doctrine administrativiste classique, les prémices d'une analyse conceptuelle sur le contrat peuvent être relevés dans le cadre d'études plus larges concernant les actes de l'administration. La définition est comparative et contentieuse, s'inscrivant dans une tendance à la classification, avant d'être positive. Dans une filiation avec le droit civil, la notion générale de contrat – établie en conformément à l'article 1101 (nouveau) du Code civil – se diffuse en droit administratif. La théorie générale du contrat administratif se situant forcément dans la dépendance de la notion de contrat, il est intéressant de préciser dès à présent la part de celle-ci dans celle-là.

Section 2. Les attributs du contrat dans la théorie générale du contrat administratif

Exposer la nécessité d'une théorie générale du contrat administratif implique de ramener le contrat à sa juste place. Ainsi, après avoir mis en lumière l'apparition puis le rattachement du contrat en droit administratif à la notion générale de contrat, il convient de vérifier l'adéquation entre celle-ci et le contrat administratif. Au fond, « *le contrat administratif est-il, malgré son nom, un véritable contrat ?* »[1516], ou serait-ce là une « *terminologie vicieuse* »[1517] ? La recherche sur la théorie générale du contrat administratif ne peut éluder la question. Le choix des mots n'est jamais neutre et le maintien de l'expression suppose d'examiner les implications du recours à la notion de contrat lorsqu'il s'agit du contrat administratif. Défini par l'article 1101 du Code civil, le contrat est un « *accord de volontés entre deux ou plusieurs personnes destiné à créer, modifier, transmettre ou éteindre des obligations* ». Plus exactement, pour M. PLANIOL, « *une convention est l'accord de deux ou plusieurs personnes sur un objet d'intérêt juridique (Aubry et Rau), et le contrat est une espèce de convention, dont le caractère propre est d'être productif d'obligations* »[1518]. Si l'association entre le contrat en droit administratif et la notion générale de contrat semble faire aujourd'hui l'unanimité, il est toutefois intéressant de mettre à l'épreuve cette relation à la lumière de la formation du contrat (Paragraphe 1) et de son exécution (Paragraphe 2).

Paragraphe 1. Les attributs du contrat dans la formation du contrat administratif

Le renouvellement de la théorie générale du contrat administratif fait inévitablement intervenir la notion de contrat. Or, la relation entre le contrat et le contrat administratif n'est pas simple. Th. DUCROCQ voit par exemple dans la formation du contrat de concession un « *contrat sui generis, propre au droit administratif* »[1519]. Se pose la question de savoir si, conformément à sa filiation civiliste, la formation du contrat administratif procède bien d'un « *accord de volontés entre deux ou plusieurs personnes* ». Or, cette question de procédure[1520] implique de revenir sur la formation du contrat administratif et d'examiner plus précisément l'accord et la volonté (A) pour considérer ensuite l'exigence d'un lien interpersonnel (B).

[1516] PEQUIGNOT Georges, *Contribution à la Théorie générale du Contrat administratif*, *op. cit.*, p. 11.

[1517] JEZE Gaston, « Utilité des études de jurisprudence », *RDP* 1914.321.

[1518] PLANIOL Marcel, *Traité élémentaire de droit civil*, Tome 2, 2ème éd., Paris : LGDJ, 1923, p. 325.

[1519] DUCROCQ Théophile, *Cours de Droit administratif*, Tome 2, 6ème éd, *op. cit.*, p. 213.

[1520] Ainsi que cela figure dans l'Encyclopédie, « *convention, consentement, accord, le second de ces mots désigne la cause et le principe du premier, le troisième en désigne l'effet* ».

A. L'accord et la volonté, fondements de la formation du contrat administratif

Défini par l'article 1101 du Code civil, le contrat est un « *accord de volontés* » de telle manière que, comme le souligne C. PONCE dans sa thèse sur le consensualisme en droit administratif, « *l'accord de volontés constitue le principe essentiel, fondamental du Contrat* »[1521]. Sa formation est l'expression d'une relation volontaire et la qualification d'un contrat dépend en premier lieu de l'existence d'un accord[1522]. L'hypothèse de départ est donc que, dans sa dépendance avec la notion générale de contrat, la formation du contrat administratif donne lieu à un accord matérialisé par une convention (1) puisque, comme l'énonce Ulpien, « *Pédius a pu dire avec raison que tout contrat, toute obligation, renferme une convention* »[1523]. Celle-ci procède de l'expression de volontés (2).

1. L'exigence d'une convention

Dans la version initiale de l'article 1101 du Code civil, le contrat est appréhendé à travers la notion de convention[1524], aujourd'hui remplacée par l'accord[1525]. L'accord reste toutefois fondamentalement relié à la convention puisqu'étymologiquement, la convention vient de *convenire* et signifie se mettre d'accord. Surtout, comme en dispose le nouvel article 1100 du Code civil, « *les actes juridiques sont des manifestations de volonté destinées à produire des effets de droit. Ils peuvent être conventionnels ou unilatéraux. Ils obéissent, en tant que de raison, pour leur validité et leurs effets, aux règles qui gouvernent les contrats* ». D'ailleurs, dans l'Encyclopédie, la convention désigne un accord et exprime le « *consentement mutuel de deux ou plusieurs personnes pour former* […] *quelqu'engagement pour en résoudre un précédent, ou pour y changer ou ajouter ou diminuer quelque chose* »[1526]. Caractéristique de l'acte contractuel, l'accord présume de ce que les parties conviennent ensemble de leur relation[1527]. Une précision doit néanmoins être effectuée : l'accord existe même si le contenu de l'acte n'a pas été négocié entre les

---

[1521] PONCE Claude, *Le consensualisme dans les contrats administratifs*, *op. cit.*, p. 15.

[1522] FORRAY Vincent, *Le consensualisme dans la théorie générale du contrat*, *op. cit.*, p. 446.

[1523] En ce sens, voir VERNET Prosper, *Textes choisis sur la théorie des obligations en droit romain*, *op. cit.*, p. 6.

[1524] Loi 1804-02-07 promulguée le 17 février 1804 : « Le *contrat est une convention par laquelle une ou plusieurs personnes s'obligent, envers une ou plusieurs autres, à donner, à faire ou à ne pas faire quelque chose* ».

[1525] Ordonnance n° 2016-131 du 10 février 2016, *JORF* 11 févr., n° 26, art. 2.

[1526] DIDEROT et D'ALEMBERT, *Encyclopédie ou dictionnaire raisonné des sciences des arts et des métiers, par une société des gens de lettres*, *op. cit.*, p. 161.

[1527] RIEG Alfred, *Le rôle de la volonté dans l'acte juridique en droit civil français et allemand*, Paris : LGDJ, 1961, p. 43.

parties[1528]. Il faut également distinguer le contrat administratif de l'acte administratif unilatéral négocié, mais édicté unilatéralement. A cet égard, le développement d'une administration dite contractuelle suppose de déterminer les procédés qui n'en ont que l'apparence et sont des « *pseudo-contrats* »[1529] à l'aide du critère de la convention. Pour H. BATIFFOL « *le maintien de la qualification* [de contrat administratif] *exprime sans doute l'idée fondamentale que l'accord contractuel porte sur un objet que les parties ont volontairement précisé et délimité lors de l'échange de consentements* »[1530]. Bien que G. PEQUIGNOT ait tenté de disséquer la convention en trois actes, complexifiant inutilement l'accord dans le contrat administratif[1531], la majorité des administrativistes s'inspire du droit civil pour affirmer que la formation du contrat administratif résulte d'un accord ou d'une convention[1532] intervenant lors de la conclusion de l'acte.

Plus concrètement, la convention est une notion dynamique, elle est le résultat d'un accord faisant intervenir une offre et une acceptation[1533]. L'offre est l'expression de l'« *intention de contracter et les conditions essentielles du contrat* »[1534]. Dite encore pollicitation [du latin *polliceor, eri* = proposer],

---

[1528] CHAPUS René, *Droit administratif général, op. cit.*, p. 493 ; PONCE Claude, *Le consensualisme dans les contrats administratifs, op. cit.*, p. 89.

[1529] De LAUBADERE André, MODERNE Frank, DELVOLVE Pierre, *Traité des contrats administratifs*, Tome 1, *op. cit.*, p. 22 ; voir aussi WALINE Jean, *Droit administratif, op. cit.*, p. 451 ; *idem* NOGUELLOU Rozen, *La transmission des obligations en droit administratif, op. cit.*, p. 68.

[1530] BATIFFOL Henri, « La "crise du contrat" et sa portée », *in Sur les notions du contrat, APD* 1968, p. 25.

[1531] PEQUIGNOT Georges, *Contribution à la Théorie générale du Contrat administratif, op. cit.*, p. 608 : « Le *mécanisme du contrat administratif nous semble donc comporter trois actes de volonté unilatérale : l'un émane d'un particulier qui offre sa collaboration à l'administration ; les deux autres émanent de l'Administration qui, d'une part, appréhende l'offre du particulier, qui, d'autre part, s'oblige à l'égard de celui-ci. Ces trois actes se trouvent solidarisés entre eux par l'idée de service public et l'idée de bonne foi* ».

[1532] FRIER Pierre-Laurent et PETIT Jacques, *Droit administratif*, 8ème éd., Paris : Montchrestien Lextenso, 2013, p. 313 ; DEBBASCH Charles et COLIN Frédéric, *Droit administratif, op. cit.*, p. 396 ; VEDEL Georges, DELVOLVE Pierre, *Droit administratif*, Tome 1, Thémis droit public, 12ème éd., Paris : PUF, 1992, p. 400 ; RICHER Laurent et LICHERE François, *Droit des contrats administratifs, op. cit.*, p. 22 ; UNTERMAIER-KERLEO Elise, « Les "contrats" entre personnes publiques sont-ils des contrats ? », *op. cit.*, n° 843.

[1533] Cf art. 1113 du Code civil ; voir aussi RIEG Alfred, *Le rôle de la volonté dans l'acte juridique en droit civil français et allemand, op. cit.*, p. 55 ; GHESTIN Jacques, *Traité de droit civil, Les obligations, Le contrat : formation, op. cit.*, p. 218 ; ROUHETTE Georges, *Contribution à l'étude critique de la notion de contrat*, Thèse dactyl. Paris, 1965, p. 357 ; cependant, pour une critique : CONSTANS Louis, « Une fiction juridique : La "commune intention des parties" », *in Contrats publics, Mélanges en l'honneur du Professeur Michel Guibal, op. cit.*, vol. I, p. 21.

[1534] GHESTIN Jacques, *Traité de droit civil, Les obligations, Le contrat : formation, op. cit.*, p. 219.

l'offre doit être ferme et précise[1535]. Plus rarement évoquée directement en droit administratif[1536], comme en droit privé, l'offre matérialise la proposition de conclure un contrat[1537]. Pour former un contrat, l'offre doit ensuite être acceptée. L'acceptation, définie par l'article 1118 du Code civil, est une manifestation de volonté d'être lié par les termes de l'offre. Elle doit donc être pure, simple et complète[1538]. Une même conception se dégage de l'analyse du contrat administratif[1539] et de la jurisprudence administrative[1540]. G. PEQUIGNOT affirme d'ailleurs que « *le contrat n'est pas conclu* [...] *tant qu'il n'y a pas eu une offre et une acceptation* »[1541]. Plus précisément, selon A. de LAUBADERE, F. MODERNE, P. DELVOLVE, le principe général applicable aux contrats de l'administration est que « *l'effet juridique de l'offre est de permettre à l'acceptant, tant qu'elle n'a pas été retirée, de former le contrat en manifestant simplement sa volonté d'accepter l'offre* »[1542].

1535 MALINVAUD Philippe, FENOUILLET Dominique, MEKKI Mustapha, *Droit des obligations*, 14ème éd., Paris : LexisNexis, 2017, p. 120 ; voir aussi MALAURIE Philippe, AYNES Laurent, STOFFEL-MUNCK Philippe, *Les obligations*, *op. cit.* ; TERRE François, SIMLER Philippe, Y. LEQUETTE Yves et CHENEDE François, *Droit civil, Les obligations*, Précis Droit privé, 12ème éd. Paris : Dalloz, 2018 ; GHESTIN Jacques, *Traité de droit civil, Les obligations, Le contrat : formation, op. cit.*, p. 219.

1536 Voir cependant CE, 19 avril 2013, n° 352750, *Syndicat mixte des aéroports de Charente, Lebon, AJDA* 2013.822 et 1271, chron. X. DOMINO et A. BRETONNEAU, *RDI* 2013.362, obs. S. BRACONNIER ; CE, 12 janvier 2011 n° 332136, *Sté des autoroutes du Nord et de l'Est de la France, Lebon T, AJDA*.72 et 665, chron. A. LALLET et X. DOMINO, *RDI* 2011.270, obs. S. BRACONNIER ; voir aussi, en droit des marchés publics, le recours aux expressions de procédure d'appel d'offres, à la Commission d'appel d'offres... etc. et sur la notion d'offre dans les marchés publics, par exemple : CAA Bordeaux, 10 juillet 2014, n° 14BX00439, *Commune de Kourou*, Inédit – *Dalloz jurisprudence* ; CE, 13 décembre 1996, n° 169706, *Syndicat intercommunal pour la revalorisation des déchets du secteur Cannes-Grasse, Lebon*

1537 De LAUBADERE André, MODERNE Franck, DELVOLVE Pierre, *Traité des contrats administratifs*, Tome 1 *op. cit.*, p. 507.

1538 MALINVAUD Philippe, FENOUILLET Dominique, MEKKI Mustapha, *Droit des obligations*, *op. cit.*, p. 129 ; dans le même sens MALAURIE Philippe, AYNES Laurent, STOFFEL-MUNCK Philippe, *Les obligations*, *op. cit.* ; TERRE François, SIMLER Philippe, Y. LEQUETTE Yves et CHENEDE François, *Droit civil, Les obligations*, *op. cit*

1539 GHESTIN Jacques, *Traité de droit civil, Les obligations, Le contrat : formation, op. cit.*, p. 241 ; WEBER Yves, « La théorie des vices du consentement dans les contrats administratifs », *op. cit.*, p. 316 ; GUETTIER Christophe, *Droit des contrats administratifs, op. cit.*, p. 61 et p. 341 ; RICHER Laurent et LICHERE François, *Droit des contrats administratifs, op. cit.*, p. 131 et s.

1540 CE, 20 mars 1987, *Société des Etablissements Louis Mehault et Fils c/ Commune de Guer, RDP* 1988 p.1415, n° 22 ; CAA Marseille, 15 juillet 2020, n° 18MA05430-19MA00049, Inédit – *Dalloz jurisprudence.*

1541 PEQUIGNOT Georges, *Contribution à la Théorie générale du Contrat administratif, op. cit.*, p. 188, également p. 262.

1542 De LAUBADERE André, MODERNE Franck, DELVOLVE Pierre, *Traité des contrats administratifs*, Tome 1, *op. cit.*, p. 507-509 ; également : SINKONDO Marcel H., « La notion de contrat administratif : acte unilatéral à contenu contractuel ou contrat civil de l'administration ? », *op. cit.*, p. 239 ; BRUERE Jean-Christophe, « Le consensualisme dans les contrats administratifs », *RDP* 1996.1715 ; GUETTIER Christophe, *Droit des contrats administratifs,*

Le contrat administratif constitue ainsi une convention résultant d'un accord faisant intervenir une offre et une acceptation. Sur la base de ces critères peuvent alors être analysés par le juge administratif les propositions non acceptées[1543], les promesses[1544], les pourparlers[1545], les négociations[1546], certains avants contrat[1547] voire des accords interprofessionnels[1548]. Plus généralement, du point de vue de la formation de l'acte, l'exigence d'une convention[1549] permet de distinguer le contrat des actes unilatéraux négociés et de garantir la nature contractuelle d'accords non négociés.

La convention et l'accord qu'elle matérialise ne suffisent toutefois pas à caractériser l'existence d'un « contrat » administratif. La relation ainsi envisagée peut tout aussi bien donner lieu à un accord purement amical qu'à un contrat, les parties ayant parfois justement la volonté de rester dans le « non droit »[1550]. En outre, dans sa filiation civiliste, il faut vérifier que le contrat administratif est bien un accord de volontés puisqu'« *à défaut d'accord de volontés, point de contrat* »[1551].

---

op. cit., p. 61 : « *il est nécessaire qu'il y ait un accord des parties sur les éléments essentiels* [...] *un accord entre des volontés distinctes qui expriment un échange de consentements, et non leur simple juxtaposition* ».

1543 CAA Bordeaux, 14 février 2006, n° 03BX00619, Inédit – *Dalloz jurisprudence* ; CE, 09 juin 2020, n° 436922, *Métropole Nice-Côte d'Azur, Lebon, AJDA* 2020.1142 et 2027, note T. ROMBAUTS-CHABROL ; voir aussi, plus ambigu une proposition acceptée par l'organe délibérant mais non signée par l'entreprise ensuite : CE, 27 janvier 2020, n° 422104, *Toulouse Métropole, Lebon, AJDA* 2020.197, *AJCT* 2020.300, obs. G. LE CHATELIER.

1544 CE, 11 mai 2016, n° 390118, *Marseille-Provence-Métropole, Lebon 162, AJDA* 2016.1173, chron. DUTHEILLET De LAMOTHE et ODINET, *AJDA* 2017.611, note FATOME et LAFAIX ; sur la question voir HOEPFFNER Hélène et HONTEBEYRIE Antoine, « Période précontractuelle promesses et avant-contrats », *in Contrats de droit privé et contrats de droit administratif, Droit comparé interne*, Paris : LGDJ Lextenso 2019, p. 31.

1545 CE, 13 octobre 1978, n° 04875 04876, *Lebon T* ; CE, 29 avril 1977, n° 96558, *SA d'aménagement de Bray-Dunes, Lebon T.*

1546 CE, 09 décembre 2016, n° 391840, *Sté Foncière Europe, BJCP* 2017 p. 123, concl. G. PELLISSIER, *AJDA* 2017.690, note G. CLAMOUR.

1547 De LAUBADERE André, MODERNE Franck, DELVOLVE Pierre, *Traité des contrats administratifs*, Tome 1, *op. cit.*, p. 509 ; POUYAUD Dominique, *La nullité des contrats administratifs*, *op. cit.*, p. 385-388.

1548 CE, 28 novembre 2011, n° 334183, *SNC Doux Élevage, Lebon T.*

1549 Voir en ce sens : concl. G. GUILLAUME sous CE Sect., 11 février 1972, *OPHLM du Calvados c/ Caisse franco-néerlandaise de cautionnement, AJDA* 1972.245, le Conseil d'État confirme : l'acte « *était entaché d'un défaut d'accord de volontés des deux parties sur certaines clauses essentielles ; que dès lors, l'accord litigieux doit être tenu pour nul* » ; voir aussi CAA Paris, 30 mars 2009, n° 07PA00489, *Sté H. Chevalier, AJDA* 2009.1453.

1550 CARBONNIER Jean, *Flexible droit, Pour une sociologie du droit sans rigueur*, 8ème éd. Paris : LGDJ, 1995, p. 35.

1551 SINKONDO Marcel H., « La notion de contrat administratif : acte unilatéral à contenu contractuel ou contrat civil de l'administration ? », *op. cit.*, p. 239 ; Également, POUYAUD Dominique, *La nullité des contrats administratifs*, *op. cit.*, p. 101 ; en jurisprudence voir CE, 29 décembre 1999, n° 177216, *Sté Cerbère Sovarec*, Inédit – *Dalloz jurisprudence* ; CE, 1 mars 1989, n° 71140, *Béro, DA* 1989 Comm. 244 ; CAA de Marseille, 20 décembre 2010, n° 09MA00719, *CCIMP*, Inédit – *Dalloz jurisprudence.*

2. L'expression de volontés

La formation d'un contrat suppose l'intervention d'un accord de volontés[1552]. Or, la volonté est un phénomène complexe[1553] : vouloir est une opération d'abord mentale, la formation psychologique d'une décision, qui doit être extériorisée. C'est donc « *à la fois quelque chose qui se pense – c'est la volonté interne – et quelque chose qui s'exprime – c'est la volonté déclarée* »[1554]. Dans le contrat, la volonté traduit l'*animus contrahendi*[1555], mais son appréhension divise[1556] : le droit doit-il prendre en considération la volonté interne, réelle (Willenstheorie) ou la volonté déclarée (Erklarungstheorie) ? Présentée notamment par SALEILLES[1557], cette dualité fait l'objet d'une conception oscillant entre volonté individuelle et sécurité juridique[1558].

La difficulté réside surtout dans le recours à l'autonomie de la volonté, notion d'origine philosophique. Or, la volonté constitutive du contrat se rattache davantage à la liberté contractuelle qu'à la liberté individuelle, elle est

---

[1552] Cf. notion générale du contrat et art. 1101 du Code civil. Voir aussi DUGUIT Léon, *Etudes de droit public, I, L'Etat, le droit objectif et la loi positive*, 1901, p. 189 ; dans le même sens BONNARD Roger, *Précis élémentaire de droit administratif, op. cit.*, p. 41 ; voir aussi sur la notion de volonté (définition et formation) : DUGUIT Léon, *Traité de droit constitutionnel*, Tome 1, *op. cit.*, p. 212-218.

[1553] IONASCO Trajan R, « De la volonté dans la formation des contrats », *in Recueil d'études sur les sources du droit en l'honneur de François Gény, Tome II, Les sources générales des systèmes juridiques actuels,* Paris : Sirey, 1977, p. 369 : « *tout acte de volonté est d'une complexité considérable, renfermant en soi toute une série de volitions, enchainées les unes aux autres et coordonnées entre elles par un rapport de moyen au but* » ; voir aussi DUGUIT Léon, *Etudes de droit public, I, L'Etat, le droit objectif et la loi positive, op. cit.*, p. 189, l'auteur explique qu'il existe une dualité dans la volonté puisque « *les deux volontés se provoquent réciproquement à s'extérioriser* [...] *il y a un échange de consentements, mais la force génératrice du droit n'est pas là ; elle est dans chaque volonté individuelle, qui veut produire un effet juridique* » ; dans le même sens BONNARD Roger, *Précis élémentaire de droit administratif, op. cit.*, p. 41.

[1554] TERRE François, SIMLER Philippe, LEQUETTE Yves, *Droit civil, Les obligations*, Précis Droit privé, 11ème éd., Paris : Dalloz, 2013, p. 120.

[1555] FORRAY Vincent, *Le consensualisme dans la théorie générale du contrat, op. cit.*, p. 384 : la volonté a deux aspects : dynamique, elle déclenche l'effet obligatoire du contrat et statique, elle fixe le contenu du contrat, source d'obligations.

[1556] BIENVENU Jean-Jacques, « De la volonté interne à la volonté déclarée : un moment de la doctrine française », *in Droits n° 28, La volonté*, Paris : PUF, 1999, p. 3 ; JOUANJAN Olivier, « La volonté dans la science juridique allemande au XIXème siècle : itinéraires d'un concept, entre droit romain et droit politique », *in Droits n° 28, La volonté*, Paris : PUF, 1999, p. 53.

[1557] RIEG Alfred, « Le contrat dans les doctrines allemandes du XIXème siècle », *in APD 1968, Sur les notions du contrat*, p. 31

[1558] RIEG Alfred, *Le rôle de la volonté dans l'acte juridique en droit civil français et allemand, op. cit.*, p. 9 ; RIEG Alfred, « Le rôle de la volonté dans la formation de l'acte juridique d'après les doctrines allemandes du XIXème siècle », *in APD, Le rôle de la volonté dans le droit,* Paris : Sirey, 1957, p. 133.

une « compétence créatrice » à laquelle le droit reconnaît une certaine efficacité[1559]. En ce sens, malgré le rayonnement de la théorie de l'autonomie de la volonté[1560], dès 1912, E. GOUNOT souligne sa relativité pour affirmer que « *seule la volonté juste a droit à la protection de la loi* »[1561]. P. ROUBIER, qui défend un volontarisme plus affirmé[1562], concède que « *même dans le domaine où l'autonomie de la volonté est la plus grande, dans le régime des contrats, il est vrai de dire que la loi, l'ordre public et les bonnes mœurs constituent une limite infranchissable pour la volonté des particuliers* »[1563]. Plus simplement, il semble possible de mettre de côté la conception philosophique de l'autonomie de la volonté dans le contrat[1564], pour conserver uniquement l'expression de volontés à la source du lien contractuel, conformément à la rédaction retenue pour le nouvel article 1113 du Code civil. Et, si certains auteurs gardent la formulation, celle-ci s'apparente plus à la liberté contractuelle, voire à une convention de langage, qu'à une conception franchement autonomiste de la volonté[1565]. Il apparaît alors que « *l'autonomie de la volonté désigne la faculté laissée aux sujets d'organiser leurs échanges comme ils l'entendent, dans les limites fixées par le droit objectif* »[1566], où la volonté constitue finalement un pouvoir dérivé. M.-A. FRISON ROCHE explique d'ailleurs que « *le droit s'oppose à la volonté pure* »[1567] tandis qu'O. JOUANJAN dénonce un « *dogme volontariste* »[1568]. Plus encore, absente du texte de 1804[1569], mais consacrée par la réforme du droit des obligations de 2016, la

[1559] RIEG Alfred, *Le rôle de la volonté dans l'acte juridique en droit civil français et allemand, ibid.*, p. 6.

[1560] VILLEY Michel, « Essor et décadence du volontarisme juridique », *in APD, Le rôle de la volonté dans le droit*, 1957, p. 92.

[1561] GOUNOT Emmanuel, *Le principe de l'autonomie de la volonté en droit privé, Contribution à l'étude critique de l'individualisme juridique,* Paris : A. Rousseau, 1912, p. 458 ; voir aussi VILLEY Michel, « Essor et décadence du volontarisme juridique », *op. cit.*, p. 94.

[1562] ROUBIER Paul, « Le rôle de la volonté dans la création des droits et des devoirs », *in APD, Le rôle de la volonté dans le droit,* Paris : Sirey, 1957, p. 14.

[1563] ROUBIER Paul, « Le rôle de la volonté dans la création des droits et des devoirs », *ibid.*, p. 68.

[1564] VILLEY Michel, « Essor et décadence du volontarisme juridique », *op. cit.,* p. 90 ; v. également RANOUIL Véronique, *L'autonomie de la volonté : naissance et évolution d'un concept*, Paris : PUF, 1980, p. 9-10.

[1565] RANOUIL Véronique, *L'autonomie de la volonté : naissance et évolution d'un concept, ibid.*, p. 152.

[1566] FLOUR Jacques, AUBERT Jean-Luc, SAVAUX Éric, *Droit civil, Les obligations, 1. L'acte juridique, op. cit.*, p. 91.

[1567] FRISON-ROCHE Marie-Anne, « Volonté et obligation », *in APD 2000, L'obligation*, p. 131 et p. 135 ; voir aussi : REGLADE M., « La place de la convention dans une classification des actes juridiques », *in Le problème du contrat, APD*, n° spécial 1940, p. 172.

[1568] JOUANJAN Olivier, « La volonté dans la science juridique allemande au XIXème siècle : itinéraires d'un concept, entre droit romain et droit politique », *op. cit.*, p. 63.

[1569] RIEG Alfred, *Le rôle de la volonté dans l'acte juridique en droit civil français et allemand, op. cit.*, p. 15 : « Les *rédacteurs du Code civil n'utilisent pas le mot "volonté", mais il est évident*

volonté est aujourd'hui une notion juridique et, en cela, elle ne saurait être absolue.

En droit administratif du contrat, la question de la volonté semble se poser différemment[1570]. Pour G. PEQUIGNOT, la volonté de l'administration serait spécifique car composée d'« *opérations, dont la somme constitue la manifestation de volonté administrative* »[1571]. En réalité, à l'instar du droit privé, ce n'est pas tant l'expression de volontés présidant à la formation d'un contrat administratif qui pose problème (consacrée en droit positif[1572] comme en doctrine[1573]) que l'idée d'autonomie[1574]. On peut lire que « *la volonté de l'administration n'est jamais entièrement libre* »[1575] et qu'il semble exister ici une « *absolue inadaptation du dogme de l'autonomie de la volonté* »[1576]. On peut encore ajouter que l'administrativité de la volition « *est toujours fonctionnelle*

---

que dans leur pensée les expressions de "consentement", "sanité d'esprit" et "volonté" sont synonymes ».

1570 GROPPALI Alessandro, « Le rôle de la volonté dans la formation des actes juridiques », *op. cit.*, p. 202 ; PEQUIGNOT Georges, *Contribution à la Théorie générale du Contrat administratif, op. cit.*, p. 188, l'auteur se réfère ici à la thèse de E. GOUNOT, voir aussi p. 263, 265 et 420 ; SINKONDO Marcel H., « La notion de contrat administratif : acte unilatéral à contenu contractuel ou contrat civil de l'administration ? », *op. cit.*, p. 239 ; De VILLIERS Michel, De BERRANGER Thibault (dir), *Droit public général, op. cit.*, p. 703 ; GUETTIER Christophe, *Droit des contrats administratifs, op. cit.*, p. 424 ; CHAPUS René, *Droit administratif général, op. cit.*, p. 1187 ; WEBER Yves, « Les acteurs des contrats de l'administration », *in Mélanges en l'honneur de Gustave PEISER*, Grenoble : PUG, 1995, p. 522 ; PONCE Claude, *Le consensualisme dans les contrats administratifs, op. cit.*, p. 69 ; WALINE Jean, *Droit administratif, op. cit.*, p. 459.

1571 PEQUIGNOT Georges, *Contribution à la Théorie générale du Contrat administratif, op. cit.*, p. 196 ; voir aussi POUYAUD Dominique, *La nullité des contrats administratifs, op. cit.*, p. 35 ; De LAUBADERE André, MODERNE Franck, DELVOLVE Pierre, *Traité des contrats administratifs*, Tome 1, *op. cit.*, p. 470.

1572 CE, 20 mars 1996, n° 150038, *Commune de Saint Céré, Lebon* ; CE, 23 décembre 2011, n° 341217, *SARL Cambé Sport, RJF* 2012 n° 213, concl. L. OLLEON ; CE 22 février 2008, n° 266755, *Tête, Lebon* p. 812, *AJDA* 2008.438 et 992, note J.-D. DREYFUS, *BJCP* p. 189, concl. D. CASAS et obs. Ch. MAUGUË.

1573 WALINE Jean, « La théorie générale du contrat en droit civil et en droit administratif », *op. cit.*, p. 965, spéc. p. 981 ; *idem* WALINE Jean, « Le rôle de la volonté dans la théorie de l'acte administratif unilatéral et dans le droit civil des contrats », *in Le rôle de la volonté dans les actes juridiques, Études à la mémoire du professeur Alfred Rieg,* Bruxelles : Bruylant, 2000, p. 873.

1574 LEBRETON Gilles, *Droit administratif général*, 7ème éd., Paris : Dalloz, 2013, p. 308 : « *contrairement aux contrats de droit privé, qui reposent sur le dogme (souvent illusoire, car déconnecté des réalités économiques et sociales) de l'autonomie de la volonté et de l'égalité des parties, les contrats administratifs ont pour vocation d'être, au nom de l'intérêt général, profondément inégalitaires. Mais à défaut d'égalité, la jurisprudence s'est attachée à leur faire respecter une certaine équité* ».

1575 WALINE Jean, *Droit administratif, op. cit.*, p. 459 ; voir aussi RICHER Laurent et LICHERE François, *Droit des contrats administratifs, op. cit.*, p. 29.

1576 NICINSKI Sophie, « Le dogme de l'autonomie de la volonté dans les contrats administratifs », *in Contrats publics, Mélanges en l'honneur du Professeur Michel Guibal, op. cit.*, p. 61

ou instrumentale, c'est-à-dire ordonnée à un ensemble de données qui, fondamentalement, s'imposent à elle et la régissent »[1577], par exemple la satisfaction de l'intérêt général[1578]. Ce n'est pas l'expression d'une volonté de l'administration mais son autonomie qui est inadaptée. Ainsi que l'explique M. HAURIOU, l'étude de l'action contractuelle de l'administration donne à voir quelques aménagements à l'expression de la volonté qui ne sauraient justifier sa condamnation en la matière[1579].

Force est de constater que l'autonomie de la volonté, dotée d'une « *fonction rhétorique* [...], *satisfait moins une nécessité de la technique juridique que certaines préoccupations idéologiques* »[1580]. Elément de la définition du contrat, et indépendamment de la question de l'autonomie, la manifestation de volontés reste ainsi déterminante de la formation du contrat administratif ; elle intervient d'ailleurs à d'autres moments de la vie du contrat[1581]. A cet égard, la thèse de V. LAMY rappelle la protection des volontés réciproques dans le contrat administratif à l'aune de la commune intention des parties[1582].

Lorsque l'on se réfère à l'article 1101 du Code civil – qui correspond peu ou prou aux définitions doctrinales – le contrat est d'abord un « *accord de volontés* ». Dans le cadre d'une approche renouvelée de la théorie générale du contrat administratif, il faut souligner que l'adéquation de cet élément de définition avec la formation du contrat administratif se vérifie sur les deux plans. D'abord, il est possible de constater que la conclusion d'un contrat administratif procède d'une convention matérialisant un accord constitué de la rencontre entre une offre et une acceptation. Caractéristique de l'acte contractuel, l'exigence d'une convention permet d'ailleurs de distinguer le contrat administratif des actes unilatéraux négociés et de garantir la nature contractuelle de certains accords non négociés. Ensuite, dans sa filiation civiliste, le contrat

---

1577 PICARD Etienne, « La liberté contractuelle des personnes publiques constitue-t-elle un droit fondamental ? », *op. cit.,* n° 651.

1578 NICINSKI Sophie, « Le dogme de l'autonomie de la volonté dans les contrats administratifs », *op. cit.*, p. 60 ; dans le même sens POUYAUD Dominique, *La nullité des contrats administratifs*, *op. cit.*, p. 15.

1579 HAURIOU Maurice, *Précis de droit administratif contenant le droit public et le droit administratif, op. cit.*, p. 168 ; PEQUIGNOT Georges, *Contribution à la Théorie générale du Contrat administratif, op. cit.*, p. 189 ; voir aussi PONCE Claude, *Le consensualisme dans les contrats administratifs*, *op. cit.*, p. 82.

1580 SAUNIER Sébastien, « L'autonomie de la volonté en droit administratif français : une mise au point », *op. cit.,* n° 609.

1581 Par exemple, le Conseil d'État contrôle la dénaturation de la volonté des parties par les Cours administratives d'appel, prend en compte de la volonté des parties dans l'interprétation du contrat, examine la volonté réelle de conclure un contrat, opère un contrôle du choix du cocontractant limité à l'erreur manifeste d'appréciation, protège la volonté en appliquant de façon non rétroactive les lois nouvelles aux contrats en cours (sauf ordre public), reconnaît un principe du libre choix de la loi applicable à un contrat international, etc.

1582 LAMY Valentin, *Recherche sur la commune intention des parties dans les contrats administratifs : contribution à l'interprétation du contrat en droit public*, Thèse dactyl. Aix-Marseille, 2019.

administratif se forme grâce aux volontés et se fonde sur un accord de volontés. Le contrat doit maintenant être envisagé du point de vue du lien interpersonnel auquel cet accord de volontés donne naissance.

B. Un lien interpersonnel, exigence de la formation du contrat administratif

Si l'hypothèse suivant laquelle la formation du contrat administratif procède d'un accord de volontés se vérifie en doctrine comme en droit positif, il faut s'interroger sur la signification de l'expression « entre deux ou plusieurs personnes ». Comme l'explique De CORMENIN en 1840, « *le gouvernement n'est lié et engagé qu'envers celui avec lequel il a positivement contracté* »[1583]. Or, l'engagement contractuel peut être appréhendé sous deux dimensions qu'il faut éprouver en droit du contrat administratif : d'une part, elle signifie que la formation d'un contrat repose sur un lien entre personnes (1) et, d'autre part, elle suppose que – parce qu'encadrée juridiquement – cette relation remplisse certaines qualités en termes d'intégrité et de licéité (2).

1. Le lien entre personnes, nécessité de la relation

L'acte contractuel se distingue de l'acte unilatéral en ce qu'il se fonde sur un accord interpersonnel[1584]. Cette dimension – « entre deux ou plusieurs personnes » – donne lieu à quelques réflexions qui ont une résonnance particulière en droit administratif.

Premièrement, s'il ne pose guère de difficultés en droit privé, en droit administratif, l'aspect relationnel[1585] renvoie à la question de la personnalité morale. Dès 1845, VIVIEN affirme que « *l'administration est l'Etat personnifié pour le règlement de ses intérêts propres* »[1586], tandis qu'en 1933, M. HAURIOU estime qu'« *en leur qualité de personnes morales, les administrations publiques ne peuvent agir que par des représentants* »[1587]. Cependant, la distinction effectuée entre actes de gestion et d'autorité a pu conduire la doctrine à développer une conception particulière de la personnalité morale en droit

---

[1583] De CORMENIN, *Droit administratif*, 5ème éd. Paris : Thorel et Pagnerre, 1840, p. 316 et p. 447.

[1584] REGLADE M., « La place de la convention dans une classification des actes juridiques », *op. cit.*, p. 159, spéc. p. 170 et 172 ; DIESSE François, « Le devoir de coopération comme principe directeur du contrat », *in Le droit et l'immatériel, APD 1999*, p. 259 ; voir en jurisprudence CE, 18 novembre 2009, n° 298867, *Commune de Draveil, CMP* 2011 Comm. 69, obs. F. LLOENS.

[1585] Voir notamment UBAUD-BERGERON Marion, « Le juge, les parties et les tiers : brèves observations sur l'effet relatif du contrat », *in Contrats publics, Mélanges en l'honneur du Professeur Michel Guibal*, *op. cit.*, vol. I, p. 576 ; WEBER Yves, « Les acteurs des contrats de l'administration », *op. cit.*, p. 525.

[1586] VIVIEN, *Etudes administratives*, *op. cit.*, p. V.

[1587] HAURIOU Maurice, *Précis de droit administratif et de droit public*, *op. cit.*, p. 49 et 54.

administratif. Il existerait une dualité en ce sens que *« toute personnalité administrative contient d'abord la personnalité civile de droit commun »*[1588], concernée par la faculté de recourir au contrat[1589] et la détention de droits subjectifs[1590]. La personnalité publique s'est néanmoins peu à peu perfectionnée suivant un certain parallélisme avec la notion générale personnalité morale[1591] pour faire aujourd'hui l'objet d'un relatif consensus. La question de la représentation se pose d'ailleurs en droit administratif puisqu'il existe également des contrats conclus pour le compte de l'administration[1592] dans le cadre d'un (pseudo ?) mandat[1593], voire conformément à la technique de la stipulation pour autrui[1594]. Toutefois, si la personnalité s'accompagne de la faculté à agir juridiquement, la personne publique ne semble pas capable comme la personne privée. Bien que Th. DUCROCQ évoque la capacité des personnes publiques[1595], à la capacité des personnes privées se substitue fréquemment la

---

1588 HAURIOU Maurice, *Précis de droit administratif et de droit public, ibid.*, p. 49 et 54.

1589 LINDITCH Florian, *Recherche sur la personnalité morale en droit administratif*, Paris : LGDJ, 1997, p. 115, 177 et notamment p. 241.

1590 BONNARD Roger, *Précis élémentaire de droit administratif, op. cit.*, p. 37 ; REGLADE M., « La place de la convention dans une classification des actes juridiques », *op. cit.*, p. 167.

1591 CHEVALLIER Jacques, « L'obligation en droit public », *op. cit.*, p. 187 : « *la théorie de la personnalité morale fait de l'Etat le support de droits et d'obligations* [...] *la personnalité morale permet de donner un soubassement solide au développement des pratiques contractuelles et de construire une véritable théorie des contrats administratifs, en s'adossant aux principes fondamentaux du droit des contrats* ».

1592 De LAUBADERE André, MODERNE Franck, DELVOLVE Pierre, *Traité des contrats administratifs*, Tome 2, *op. cit.*, p. 179 ; DELACOUR Éric, « Les contrats publics des personnes privées en droit français », *in Contrats publics, Mélanges en l'honneur du Professeur Michel Guibal*, *op. cit.*, vol. I, p. 633 ; LESSI Jean et DUTHEILLET de LAMOTHE Louis, « Fin d'un splendide isolement : l'abandon de la jurisprudence Entreprise Peyrot », *AJDA* 2015.1204 ; CLAMOUR Guylain, « Chassez le naturel, il s'enfuit au galop », *AJDA* 2015.601 ; CANEDO-PARIS Marguerite, « La jurisprudence *Société Entreprise Peyrot* : stop ou encore ? », *RFDA* 2015.32 ; ESCAUT Nathalie (Rapporteur public), « La jurisprudence *Société Entreprise Peyrot* : la fin », *RFDA* 2015.265. En jurisprudence voir : CE, 15 octobre 2014, n° 368546, *SEMMARIS, Lebon, CMP* 2014 comm. 134, obs. M. UBAUD-BERGERON ; CE, 5 février 2020, n° 433308, *Synd. mixte de traitement et de valorisation des déchets du pays de Caux [SMITVAD], Lebon T., AJDA* 2020.332 ; TC, 9 mars 2015, C3984, *Mme Rispal c/ ASF, Lebon.*

1593 CE, 14 décembre 1990, n° 46796, *Sté provençale d'équipement c/ Min. de l'Urbanisme et du Logement*, Inédit – *Dalloz jurisprudence* ; CE, 13 nov. 2013, n° 351530, *Union de coopératives agricoles Epis-Centre-Nord, CMP* 2014, comm. 25, obs. M. UBAUD BERGERON, *JCP A* 2014.2246, note Ph. S. HANSEN ; CE, 30 mai 1975, n° 86738, *Société d'équipement de la région montpelliéraine, Lebon* 326 ; TC, 7 juillet 1975, n° 2013, *Commune d'Agde, Lebon* 798 ; TC, 11 décembre 2017, n° C4103, *Commune de Capbreton, Lebon* ; ROUSSEL Sophie et NICOLAS Charline, « Le "mandat administratif" à son crépuscule », *AJDA* 2018.267.

1594 CAA Paris, 12 mai 2014, n° 13PA00012, Inédit – *Dalloz jurisprudence* ; CE, 4 juillet 2012, n° 352417, *Communauté d'agglomération de Chartres Métropole, Lebon T., AJDA* 2012.1376, *CMP* 2012, comm. 257, note G. ECKERT, *DA* mars 2013, Étude n° 6, obs. J. MARCHAND.

1595 DUCROCQ Théophile, *Cours de droit administratif et de législation française des finances avec introduction de droit constitutionnel et les principes du droit public*, Tome 4 et 6, 7ème éd.

compétence des personnes publiques. Cependant, il s'agit davantage d'une logique autonomiste qu'une réalité juridique substantielle : la capacité comme la compétence renvoient au pouvoir de faire un acte juridique[1596] dans le cadre du droit objectif[1597]. Cette équivalence sémantique ressort d'ailleurs en droit privé[1598] comme en théorie du droit[1599]. Bien que G. JEZE nuance l'analogie[1600], la distinction ne reflète pas l'inadaptation de la notion de capacité mais les tempéraments que lui fait subir son administrativité[1601]. La personnalité morale est une forme juridique commune aux droits public et privé[1602]. Il existe une personnalité publique comparable à la personnalité privée en ce qui concerne la faculté de conclure un contrat[1603], que l'on recoure à la notion de capacité, ou, en vue de mettre en lumière les spécificités de son administrativité, à celle de compétence.

Deuxièmement, l'exigence d'un accord entre deux ou plusieurs personnes révèle une dualité (ou multiplicité) relationnelle dans le contrat. Ainsi que le souligne H. KELSEN, « *les parties contractantes forment des organes partiels d'un organe composé* »[1604]. Il est généralement admis que la conclusion d'un contrat traduit la mise en accord de plusieurs personnes[1605] qui créent entre-elles un devoir de coopération[1606]. Se pose nécessairement la question

---

Paris : Fontemoing, 1905. L'auteur développe l'idée de personnalité civile des personnes publiques, leur applique la notion de capacité et le principe de spécialité.

1596 DUCROCQ Théophile, *Cours de droit administratif et de législation française des finances avec introduction de droit constitutionnel et les principes du droit public, ibid.* ; LINDITCH Florian, *Recherche sur la personnalité morale en droit administratif*, *op. cit.*, p. 199 et p. 186.

1597 DUGUIT Léon, *Traité de droit constitutionnel*, Tome 1, *op. cit.*, p. 241 ; voir aussi EISENMANN Charles, *Cours de droit administratif*, Tome 1, *op. cit.*

1598 DEMOGUE René, *Traité des obligations en général, Sources des Obligations*, Tome II, *op. cit.*, p. 403.

1599 GROPPALI Alessandro, « Le rôle de la volonté dans la formation des actes juridiques », *op. cit.*, p. 203-204.

1600 JEZE Gaston, *Cours de droit public (licence), professé à la Faculté de Droit de Paris pendant le 1er semestre 1929-1930, Théorie générale des contrats de l'administration, formation et exécution*, *op. cit.*, p. 3 : la compétence de l'agent public « *diffère de la capacité des personnes en droit privé. La compétence ne peut être exercée que dans l'intérêt public ; elle a donc un caractère beaucoup moins discrétionnaire que la capacité en droit privé* ».

1601 DEMOGUE René, *Traité des obligations en général, Sources des Obligations*, Tome II, *op. cit.*, p. 403.

1602 LINDITCH Florian, *Recherche sur la personnalité morale en droit administratif*, *op. cit.* ; en ce sens voir également SAUNIER Sébastien, *Recherche sur la notion de formalisme en droit administratif français*, *op. cit.* ; PAYNOT-ROUVILLOIS Anne, « Personnalité morale et volonté », *in La volonté, Droits n° 28*, Paris : PUF, 1999, p. 28.

1603 LINDITCH Florian, *Recherche sur la personnalité morale en droit administratif*, *ibid.*, p. 241 ; CHEVALLIER Jacques, « L'obligation en droit public », *op. cit.*, p. 187 ; JIANG Jiangyuan, *Théorie du droit public*, *op. cit.*, p. 201.

1604 KELSEN Hans, « La théorie juridique de la convention », *op. cit.*, p. 75.

1605 REGLADE M., « La place de la convention dans une classification des actes juridiques », *op. cit.*, p. 170 et 172.

1606 DIESSE François, « Le devoir de coopération comme principe directeur du contrat », *op. cit.*, p. 259.

du « contrat avec soi-même » et du statut de certains participants au contrat[1607]. Plus précisément, de nombreux services non personnalisés de l'Etat disposent d'une autonomie fonctionnelle et/ou budgétaire et leur activité donne parfois lieu à des accords intra-personnels[1608]. Dès 1976, B. DELCROS propose de reconnaître leur nature contractuelle en considérant l'existence d'une relation entre, sinon deux personnes juridiques, du moins deux patrimoines distincts[1609]. Plus récemment, L. RICHER, dans la 8ème édition de son manuel, suggère de substituer à l'exigence de deux personnes, la notion de compétences qui permettrait à des organes non personnalisés de conclure des contrats en cette qualité[1610]. Mais, dans les éditions suivantes de son ouvrage, l'auteur adhère à la notion de « convention d'administration » développée par S. HOURSON[1611]. Il s'agirait, dans « *ces terres parfois hybrides et souvent conceptuellement inhospitalières* »[1612], de mettre de côté la capacité contractuelle – rattachée à la personnalité morale, au patrimoine et à la responsabilité contractuelle – pour préférer celle de « *capacité conventionnelle* », qui correspond à ces conventions passées par des personnalités « partielles »[1613], des « autorités normatrices »[1614]. Cette question n'est pas résolue en doctrine. Elle a le mérite de rappeler que l'extensibilité des notions est inversement proportionnelle à leur connaissance. Or, si le contrat administratif est un contrat, il fait nécessairement intervenir des « personnes » différentes[1615]. Le fort degré d'autonomie de l'entité relève peut-être plus d'une organisation administrative inachevée en cours de personnification, que d'une remise en cause de la notion de contrat. Les controverses doctrinales et les doutes que ces techniques génèrent ne sauraient conduire à amender les critères du contrat.

Finalement, d'une apparente simplicité, la relation entre deux ou plusieurs personnes dans le contrat soulève quelques difficultés en droit administratif. D'une part, elle contient la reconnaissance de la personnalité publique et les questions regardant sa capacité-compétence juridique. D'autre part, elle invite

---

1607 POUYAUD Dominique, *La nullité des contrats administratifs*, *op. cit.*, p. 33.

1608 Par exemple TC, 20 février 2008, C3648, *CRAM du Sud-Est c/CH de Menton*, *Lebon T.*, *AJDA* 2008.949 ; CE, 13 juin 1980, n° 11101, *Chambre de métiers de la Charente-Maritime*, *Lebon*.

1609 DELCROS Bertrand, *L'unité de la personnalité juridique de l'État (Étude des services non personnalisés de l'État)*, Paris : LGDJ, 1976, p. 85 et 111.

1610 RICHER Laurent, *Droit des contrats administratifs*, 8ème éd., Paris : LGDJ, 2012.

1611 HOURSON Sébastien, *Les conventions d'administration*, *op. cit.*

1612 CLAMOUR Guylain, « Les chausse-trapes du contrat, Ou comment la responsabilité contractuelle ne saurait concerner l'usager du service public administratif », *AJDA* 2017.2418.

1613 RICHER Laurent, *Droit des contrats administratifs*, 9ème éd., Paris : LGDJ, 2014, p. 18-19 ; RICHER Laurent et LICHERE François, *Droit des contrats administratifs*, *op. cit.*, p. 23.

1614 De BECHILLON Denys et TERNEYRE Philippe, « Contentieux des contrats administratifs », *Rép. Cont. Adm. Dalloz.*

1615 Implicitement voir les formulations : TC, 02 novembre 2020, n° C4196, *Sté Eveha, Institut national de recherches archéologiques préventives (INRAP)*, *Lebon*, *AJDA* 2020.2119 ; CE, 10 février 2014, n° 367262, *Cabinet Henri Abecassis*, *BJCP* p. 178, concl. DACOSTA, *CMP* 2014 n° 104, note DEVILLIERS.

à remédier aux incohérences que les accords intra-personnels font courir à la notion de contrat en droit administratif. Le caractère interpersonnel reste une exigence de la formation du contrat administratif car contracter est une faculté inhérente à la personnalité juridique. L'affaiblir au moyen d'habiles dissections de la personnalité publique ferait progresser le contrat administratif en étendue autant que la notion perdrait en cohérence. En outre, la relation contractuelle doit présenter certaines qualités.

2. L'intégrité et la licéité de l'accord, qualité de la relation

La relation contractuelle doit présenter certaines qualités en termes d'intégrité et de licéité. L'accord de volontés entre deux ou plusieurs personnes constitutif d'un contrat reste un phénomène juridique, c'est-à-dire que la volonté n'a de valeur que dans la mesure où elle s'est manifestée[1616] conformément à la réglementation. Lors de la formation du contrat, l'accord doit alors être exempt de vices tels que l'erreur, la violence ou le dol[1617]. Mais, comme l'explique A. RIEG, la qualité du consentement suppose qu'à l'examen de ses vices s'ajoute la vérification de la capacité, du respect d'une obligation d'information[1618], ou encore du contenu du contrat[1619]. Consacrée dans le Code civil, l'exigence de qualité du consentement se retrouve en droit administratif[1620].

Sur un premier plan, l'intégrité de l'accord caractérise l'unité de la notion de contrat qui se double d'une universalité des vices du consentement[1621] : le contrat administratif n'est valide que si le consentement – constitutif de la

---

1616 DEMOGUE René, *Traité des obligations en général, Sources des Obligations*, Tome II, *op. cit.*, p. 132.

1617 Le juge administrativise la théorie privatiste à l'aide des « vices du consentement » sans même préciser duquel il s'agit : CAA Paris, 19 décembre 1997, n° 95PA03548 96PA03644, *Lebon,* p. 807 ; CAA Lyon, 16 mai 2013, n° 12LY01368, *Cté d'agglomération du Puy-en-Velay*, Inédit – *Dalloz jurisprudence* ; CAA Marseille, 6 décembre 2011, n° 09MA03457, Inédit – *Dalloz jurisprudence.*

1618 FORRAY Vincent, *Le consensualisme dans la théorie générale du contrat, op. cit.*, p. 343.

1619 RIEG Alfred, *Le rôle de la volonté dans l'acte juridique en droit civil français et allemand, op. cit.*, p. 33.

1620 WALINE Jean, « La théorie générale du contrat en droit civil et en droit administratif », *op. cit.*, p. 979 ; De LAUBADERE André, MODERNE Franck, DELVOLVE Pierre, *Traité des contrats administratifs*, Tome 1, *op. cit.*, p. 532 : « *la théorie civiliste des conditions de validité des contrats a une portée générale, si l'application in terminis des articles 1108 à 1133 du Code civil ne s'impose pas au juge administratif, il n'en reste pas moins que l'on y trouve les bases générales du droit des contrats qui sont valables pour tout contrat parce qu'elles sont liées à une définition commune de l'acte contractuel, sous réserve d'être éventuellement, pour certaines d'entre elles, "transposées" selon les exigences du droit administratif* » ; voir aussi Concl. Corneille, CE 23 mars 1917, *Péchin, S.* 1923, 3, 38 ; POUYAUD Dominique, *La nullité des contrats administratifs*, *op. cit.*, p. 284.

1621 EISENMANN Charles, *Cours de droit administratif,* Tome 2, *op. cit.*, p. 245 ; WEBER Yves, « La théorie des vices du consentement dans les contrats administratifs », *op. cit.*, p. 320 ; POUYAUD Dominique, *La nullité des contrats administratifs, ibid.*, p. 106 et 117.

convention – est exempt de vices[1622]. Si ce contrôle est rare en droit administratif[1623], voire secondaire[1624], puisqu'il semble faire l'objet d'une lecture plus objective et respectueuse de la stabilité contractuelle[1625], malgré la présence du standard *nemo auditur* dans l'appréciation des vices du consentement[1626], il est une réalité. Incontestablement, l'analyse des vices du consentement a été transposée de façon « *manifeste, consciente, voulue, mais aussi formelle* »[1627] par le juge administratif. Sa récurrence jurisprudentielle ne mesure pas sa pertinence et d'ailleurs, pour Y. WEBER, « *sa rareté peut être le signe de sa plus grande portée* »[1628]. Tout d'abord, encadrée par les articles 1132 à 1136 du Code civil, l'erreur est une cause de nullité du contrat à condition qu'elle soit excusable et qu'elle porte sur les qualités essentielles de la prestation due ou sur celles du cocontractant. La signification de l'erreur est commune au droit privé et au droit administratif du contrat[1629]. L'erreur doit donc être déterminante, porter sur la personne ou sur l'objet ou constituer une erreur-obstacle et elle doit être excusable[1630]. Ainsi, le juge administratif relève l'erreur[1631] et

---

1622 De LAUBADERE André, MODERNE Franck, DELVOLVE Pierre, *Traité des contrats administratifs*, Tome 1, *op. cit.*, p. 533 ; VEDEL Georges, DELVOLVE Pierre, *Droit administratif*, Tome 1, *op. cit.*, p. 409 ; voir aussi SEUBE Jean-Baptiste, « Contrats privés – contrats administratifs : points de convergence ? », *in Contrats publics, Mélanges en l'honneur du Professeur Michel Guibal*, *op. cit.*, vol. I, p. 370 ; voir une critique : GUEZOU Olivier, « Droit de la concurrence et contrats publics », *in Contrats publics, Mélanges en l'honneur du Professeur Michel Guibal*, *op. cit.*, vol. I, p. 122.

1623 DRAGO Roland, « Paradoxe sur les contrats administratifs », *op. cit.*, p. 156.

1624 RICHER Laurent et LICHERE François, *Droit des contrats administratifs*, *op. cit.*, p. 132.

1625 WEBER Yves, « La théorie des vices du consentement dans les contrats administratifs », *op. cit.*, p. 329 ; ROUVILLOIS Frédéric, « Le paradoxe de la jurisprudence sur les vices du consentement dans les marchés publics », *AJDA* 2018.1904.

1626 CAA Bordeaux, 09 juillet 2020, n° 19BX02248, Inédit – *Dalloz jurisprudence* ; CAA Bordeaux, 30 décembre 2019, n° 17BX04004 et 18BX04275, Inédit – *Dalloz jurisprudence* ; CE,18 novembre 2011, n° 342642, *Communauté de communes de Verdun, Lebon T.*, *AJDA* 2012.598, note S. AUBEL, *AJCT* 2012.210, obs. S. HUL.

1627 Cf. PLESSIX Benoît, « La théorie des vices du consentement dans les contrats administratifs », *op. cit.*, p. 12.

1628 WEBER Yves, « La théorie des vices du consentement dans les contrats administratifs », *op. cit.*, p. 319 ; PLESSIX Benoît, « La théorie des vices du consentement dans les contrats administratifs », *ibid.*, p. 12.

1629 GUETTIER Christophe, *Droit des contrats administratifs*, *op. cit.*, p. 342 ; POUYAUD Dominique, *La nullité des contrats administratifs*, *op. cit.*, p. 108 ; PLESSIX Benoît, « La théorie des vices du consentement dans les contrats administratifs », *ibid.* ; WEBER Yves, « La théorie des vices du consentement dans les contrats administratifs », *ibid.*, p. 321.

1630 De LAUBADERE André, MODERNE Franck, DELVOLVE Pierre, *Traité des contrats administratifs*, Tome 1, *op. cit.*, p. 534, puis p. 535-537.

1631 CE, 22 mai 2015, n° 383596, *AXA Corporate Solutions Assurances, Lebon*, *AJDA* 2015.1023, *RDI* 2015.584, obs. A. GALLAND ; CAA Marseille, 10 octobre 2011, n°09MA04637, *Département Corse Sud*, *CMP* 2012, n° 32, obs. M. UBAUD-BERGERON. Pour les modalités v. notamment : CAA Paris, 9 juillet 1991, n° 89PA02193, *RFDA* 1992.828, obs. J.-L. THEOBALD ; CAA Bordeaux, 20 octobre 2011, n° 10BX01145, *Département de la Martinique*, *AJDA* 2012.342 ; CE, 1 février 1980, n° 01505, *Office public communal d'habitations à loyer modéré de la ville de Brest c/ Société Lorientaise de bâtiment et de travaux publics*,

examine son aspect excusable[1632]. C'est également l'erreur résultant d'une méconnaissance de la réglementation[1633] ou des clauses de la convention[1634] et l'appréciation qui a pu en être faite par le cocontractant[1635]. Elle concerne le plus souvent le cocontractant de l'administration, mais celle-ci peut également voir son consentement vicié pour erreur[1636], tendant alors davantage vers le dol. Consacré à l'article 1137 du Code civil, le dol est une erreur provoquée. Il traduit une attitude malhonnête[1637] du cocontractant (et/ou son complice ou représentant) caractérisée par une ou plusieurs manœuvres, mensonges, manquements à une obligation de renseignement, réticences dolosives, dissimulations qui ont déterminé le consentement. Commun au droit privé et au droit administratif[1638], il semble aussi « *particulièrement bien adapté aux erreurs induites par des pratiques anticoncurrentielles dans les contrats administratifs* »[1639]. D'ailleurs, d'une absence de solution clairement établie quant à la distinction entre le dol incident se traduisant par l'octroi de dommages et intérêts et le dol principal dont la sanction est la nullité, le juge laisse vraisemblablement une option entre l'action en nullité et l'action en responsabilité

Lebon ; CE, 19 décembre 2007, n° 268918, *Sté Campenon Bernard, Lebon* p. 507, *AJDA* 2008.6 et 814, note J.-D. DREYFUS, *CMP* 2008, n° 56, obs. G. ECKERT.

1632 CAA Versailles, 12 juin 2014, n° 12VE01120, *Sté paysages Clément, CMP* 2014, n° 243, obs. M. UBAUD-BERGERON.

1633 CAA Versailles, 21 juin 2012, n° 10VE02473, Inédit – *Dalloz jurisprudence* ; CE, 14 mai 2008, n° 284362, *M. et Mme Daviet, Lebon T., BJCP* 2008 p. 347, concl. DACOSTA

1634 CE, 23 mars 1992, n° 87601 87604 87668, *Martin et autres, Lebon, AJDA* 1992.333, chron. MAUGÜE et SCHWARTZ.

1635 CE, 20 novembre 1987, n° 50824, Inédit – *Dalloz jurisprudence*, ; CE, 30 mai 1980, n° 12016, *Société de la piscine de la dame blanche, Lebon* ; CE, 27 novembre 1974, n° 91137, *Société intercontinentale commerciale et industrielle, Lebon.*

1636 CE Sect., 28 septembre 1983, n° 11513, *Sté Établissement Prévost, Lebon.*

1637 RIEG Alfred, *Le rôle de la volonté dans l'acte juridique en droit civil français et allemand, op. cit.*, p. 148.

1638 De LAUBADERE André, MODERNE Franck, DELVOLVE Pierre, *Traité des contrats administratifs*, Tome 1, *op. cit.*, p. 539 ; GUETTIER Christophe, *Droit des contrats administratifs, op. cit.*, p. 345 ; POUYAUD Dominique, *La nullité des contrats administratifs, op. cit.*, p. 126 ; PLESSIX Benoît, « La théorie des vices du consentement dans les contrats administratifs », *op. cit.* ; WEBER Yves, « La théorie des vices du consentement dans les contrats administratifs », *op. cit.*, p. 324 ; GUEZOU Olivier, « Droit de la concurrence et contrats publics », *op. cit.*, p. 124-126.

1639 GUEZOU Olivier, « Droit de la concurrence et contrats publics », *ibid.*, p. 127.

quasi-délictuelle[1640]. Le Conseil d'Etat semble aujourd'hui néanmoins accueillir dans le cadre d'un même recours les deux fondements[1641]. Plus généralement, il ressort de la jurisprudence que le juge administratif recherche l'erreur constitutive d'un dol[1642], la faute constitutive d'un dol[1643], l'intention dolosive[1644], la réalisation de manœuvres dolosives[1645] ou frauduleuses[1646] lors de la formation du contrat. Ensuite, encadrée par les articles 1140 et suivants du Code civil, la violence est une contrainte exercée sur l'un des contractants en vue de l'amener à contracter sous l'empire d'une crainte d'exposer sa personne, sa fortune ou celles de ses proches à un mal considérable. Appréciée *in concreto,* elle ne vicie le consentement que si elle est illégitime, déterminante du consentement et d'origine humaine. Bien que le vice du consentement résultant de la violence semble peu propice en droit du contrat administratif, des cas peuvent se présenter[1647], de façons rares qui ne constituent pour autant pas de « *pures hypothèses d'école* »[1648] : le juge administratif a pu estimer ici

---

1640 BRACONNIER Stéphane, « L'articulation entre dol et pratiques anticoncurrentielles dans les marchés publics », *AJDA* 2007.2200 ; voir aussi MODERNE Franck, « Une illustration exemplaire de la théorie du dol dans le contentieux des contrats administratifs », *RFDA* 2008.109 ; GOURDOU Jean et TERNEYRE Philippe, « Dol et responsabilité du cocontractant », *RJEP* n° 653, mai 2008, n° 20 ; FORT-BESNARD Amélie, « Incidence d'une pratique anticoncurrentielle sur la validité du contrat et droit à réparation », *AJDA* 2018.904 ; En jurisprudence : CE, 14 décembre 1923, *Sté des Grands Moulins de Corbeil, Lebon*, p. 852 ; CE, 19 décembre 2007, n° 268918, *Sté Campenon Bernard, Lebon* p. 507, *AJDA* 2008.6 et 814, note J.-D. DREYFUS, *CMP* 2008, n° 56, obs. G. ECKERT ; CE, 22 février 2008, n° 266755, *Tête, Lebon* p. 812, *AJDA* 2008.438 et 992, note J.-D. DREYFUS, *BJCP* p. 189, concl. D. CASAS et obs. Ch. MAUGUË ; CE, 19 mars 2008, n° 269134, *SA Dumez, RDP* 2008 p. 1159, note S. BRACONNIER, *RDP* 2008 p. 1174, concl. N. BOULOUIS, *CCC* n° 7, juillet 2008, chron. 4, A. BEAUX.

1641 CE, 10 juillet 2020, n° 420045, *Sté Lacroix Signalisation, Lebon, AJDA* 2020.1446, obs. PASTOR

1642 CAA Bordeaux, 14 octobre 2014, n° 12BX00056, *Sté Guintoli, CMP* 2014, n° 333, obs. M. UBAUD-BERGERON ; CE, 20 décembre 2017, n° 408562, *Sté Area Impianti, Lebon T., CMP* 2018, n° 51, note PIETRI

1643 CAA Marseille, 17 décembre 2012, n° 10MA01769, *Cne de Sérignan*, Inédit – *Dalloz jurisprudence* ; CE, 10 juillet 2020, n° 420045, *Sté Lacroix Signalisation, Lebon, AJDA* 2020.1446, obs. PASTOR

1644 CAA Paris, 20 juin 2014, n° 12PA03271, Inédit – *Dalloz jurisprudence.*

1645 CE, 14 mai 2008, n° 284362, *M. et Mme Daviet, Lebon T., BJCP* 2008 p. 347, concl. DACOSTA ; CE, 13 janvier 1988, n° 41126, *Société Stein-Industrie*, Inédit – *Dalloz jurisprudence* ; CE, 30 avril 1997, n° 182355, *Carrière, DA* 1997, n° 297.

1646 CE, 22 février 2008, n° 266755, *Tête, Lebon* p. 812, *AJDA* 2008.438 et 992, note J.-D. DREYFUS, *BJCP* p. 189, concl. D. CASAS et obs. Ch. MAUGUË ; CE, 26 novembre 1975, n° 93948, *Société d'Études Travaux préfabrication, Lebon.*

1647 GUETTIER Christophe, *Droit des contrats administratifs, op. cit.*, p. 350 ; POUYAUD Dominique, *La nullité des contrats administratifs, op. cit.*, p. 132 ; PLESSIX Benoît, « La théorie des vices du consentement dans les contrats administratifs », *op. cit.* ; WEBER Yves, « La théorie des vices du consentement dans les contrats administratifs », *op. cit.*, p. 327.

1648 De LAUBADERE André, MODERNE Franck, DELVOLVE Pierre, *Traité des contrats administratifs*, Tome 1, *op. cit.*, p. 540-541, cependant en droit administratif, la violence qui

qu'un contrat n'a pas « *été signé sous l'empire d'une contrainte morale constitutive d'un vice du consentement* »[1649] et là que le consentement n'a pas « *été vicié par des pressions du maître de l'ouvrage constitutives de violences, au sens des articles 1111 et 1112 du code civil* »[1650]. Il peut encore statuer sur l'allégation d'abus de dépendance économique et la violence contre une personne publique[1651].

Sur un second plan, la qualité de la relation procède d'éléments objectifs tels que la forme ou la (disparue) cause[1652]. V. FORRAY explique notamment que « *c'est la cause* [de l'obligation] *qui concrétise la notion de consentement. Elle rend perceptible et compréhensible l'élément volontaire du contrat* »[1653]. Bien que la cause soit disparue du Code civil pour lui préférer le contenu du contrat, encadré par les articles 1162 à 1171, elle occupera encore[1654] une place substantielle par l'exigence qu'elle pose en termes de contre-prestation. Comme le souligne J. ANTIPPAS, il est probable que « *la jurisprudence sera conduite à rassembler les miettes pour reconstituer la cause et ainsi rechanger l'ivraie en bon grain* »[1655]. La cause traduit « *le pourquoi de l'acte volontaire, comme raison pour laquelle une personne a pris un engagement* »[1656] et s'exprime dans le nouvel article 1163, suivant lequel l'obligation a pour objet une prestation présente ou future. Plus précisément, elle renvoie au double but poursuivi par les parties contractantes : d'une part, il s'agit du but générique recherché par les parties, la contrepartie qui doit exister. D'autre part, il s'agit du but spécifique, qui doit être licite. En droit administratif, la cause du contrat caractérise la réciprocité dans l'engagement[1657] de la sorte que « *lorsque cette contrepartie n'existe pas, l'obligation tombe* »[1658]. C'est également l'examen

---

serait le fait de la personne publique pourrait se voir sanctionnée autrement, par le détournement de pouvoir.

1649 CE, 5 avril 1991, n° 63218.

1650 CAA Lyon, 26 novembre 2009, n° 06LY00786, *Sté PYGMALLION, CMP* 2010, comm. 71 et 75, obs. F. LLORENS.

1651 CAA Nancy, 20 février 2018, n° 16NC02007, Inédit – *Dalloz jurisprudence* ; voir aussi CAA Paris, 29 décembre 2017, n° 16PA01978 et n° 16PA02010, Inédit – *Dalloz jurisprudence*

1652 ROUHETTE Georges, *Contribution à l'étude critique de la notion de contrat*, *op. cit.*, p. 482.

1653 FORRAY Vincent, *Le consensualisme dans la théorie générale du contrat*, *op. cit.*, p. 373.

1654 De la ROSA Stéphane, HOUTCIEFF Dimitri et MAZEAUD Denis, « Cause du contrat ou contrepartie convenue », *in Contrats de droit privé et contrats de droit administratif, Droit comparé interne*, Paris : LGDJ Lextenso 2019, p. 61 ; CHENEDE François, « La cause est morte… vive la cause ? », *CCC* 2016, mai 2016.

1655 ANTIPPAS Jeremy, « Regards comparatistes internes sur la réforme du droit des contrats, Réflexion sur l'identité contractuelle française », *AJDA* 2016.1620.

1656 RIEG Alfred, *Le rôle de la volonté dans l'acte juridique en droit civil français et allemand*, *op. cit.*, p. 250.

1657 CE Avis contentieux, 3 décembre 2003, n° 258836, *Khayi-Palat, Lebon, D.* 2004 p. 1557, obs. X. PRETOT ; CE, 19 mars 2003, n° 234073, *ADEM*, *Lebon T.* ; CAA Bordeaux, 4 février 2010, n° 08BX03313, Inédit – *Dalloz jurisprudence.*

1658 PEQUIGNOT Georges, *Contribution à la Théorie générale du Contrat administratif*, *op. cit.*, p. 246, pour l'auteur, la cause renvoie au service public lui-même, but du contrat, « *but*

de sa licéité à travers le but poursuivi[1659]. C'est encore, plus spécifiquement, la cause-base légale du contrat[1660] . Si la licéité de la cause peut être relayée en droit administratif par le détournement de pouvoir, dans les deux premiers cas, le juge administratif étudie le but poursuivi par l'auteur de l'acte[1661]. Il recourt ainsi à la cause pour vérifier sa présence et sa licéité au regard du but poursuivi par les parties ou de l'objet du contrat[1662], témoignant de sa proximité avec l'objet lorsque les deux fondements étaient invocables[1663] – aujourd'hui ramassés sous la notion de contenu du contrat. Il n'en reste pas moins vrai que les exigences classiques relatives à l'objet se retrouvent en droit administratif qui « *emprunte au droit civil les qualités qui sont exigées de l'objet pour que le contrat soit valablement conclu. L'objet doit d'abord exister et être déterminé. Il doit en outre être licite* »[1664]. Le juge administratif examine la licéité de l'objet du contrat[1665] et vérifie qu'il n'est pas impossible[1666]. Ensuite, la forme[1667] existe en droit privé comme en droit administratif[1668] et, dans le contrat, le formalisme contribue à la qualité du consentement. Par exemple, informatif, il est au service du consentement car ce type de solennité garantit un engagement réfléchi[1669]. En droit administratif, Ch. GUETTIER considère d'ailleurs que « *le formalisme, allié parfois aux règles*

---

concret, vivant, variable dans le temps » (p. 248) ; BOULOUIS Nicolas, MELLERAY Fabrice, NOGUELLOU Rozen, PIMONT Sébastien, « Contrats publics, contrats privés, Convergences et divergences après la réforme du droit des contrats », *op. cit.*, p. 9.

1659 POUYAUD Dominique, *La nullité des contrats administratifs, op. cit.*, p. 157 : « Le *juge a été conduit à exercer son contrôle tant sur l'existence de la cause que sur la licéité et dans cet examen il a mis en œuvre les deux conceptions de la cause dégagées par les civilistes* ».

1660 BOUCHER Julien et BOURGEOIS-MACHUREAU Béatrice, « Les trois visages de la cause dans les contrats administratifs », *AJDA* 2008.575 sur CE, 26 septembre 2007, n° 259809, *Office public départemental des habitations à loyer modéré du Gard, Lebon T.* p. 942 ; CE, 27 févr. 2015, n° 357028, *Commune de Béziers, Lebon* 66, concl. E. CORTOT-BOUCHER, *AJDA* 2015.423 et 1482, note P. BOURDON, *D.* 2015 p. 630, obs. J.-M. PASTOR.

1661 POUYAUD Dominique, *La nullité des contrats administratifs, op. cit.*, p. 174.

1662 CAA Lyon, 22 mars 2012, n° 11LY01450, *Sté CTR, Inédit* – Dalloz jurisprudence ; CAA Bordeaux, 17 juillet 2017, n° 16BX03518, *Sté Philippe Vediaud Publicité, AJDA* 2017.2143, concl. G. DE LA TAILLE.

1663 LOMBARD Frédéric, *La cause dans le contrat administratif*, Paris : Dalloz, 2008, p. 105.

1664 POUYAUD Dominique, *La nullité des contrats administratifs, op. cit.*, p. 145.

1665 CAA Lyon, 26 novembre 2009, n° 06LY00786, *Sté PYGMALLION, CMP* 2010, comm. 71 et 75, obs. F. LLORENS ; CAA Nancy, 18 novembre 2020, n° 20NC02103, Inédit – *Dalloz jurisprudence* ; CAA Marseille, 15 juillet 2020, n° 18MA05430-19MA00049, Inédit – *Dalloz jurisprudence.*

1666 CAA Nancy, 2 avril 2015, n° 14NC01887, Inédit – *Dalloz jurisprudence.*

1667 SAUNIER Sébastien, *Recherche sur la notion de formalisme en droit administratif français, op. cit.*, p. 281-283.

1668 PONCE Claude, *Le consensualisme dans les contrats administratifs, op. cit.*, p. 49.

1669 MALINVAUD Philippe, FENOUILLET Dominique, MEKKI Mustapha, *Droit des obligations, op. cit.*, p. 333 et s. ; v. aussi MALAURIE Philippe, AYNES Laurent, STOFFEL-MUNCK Philippe, *Les obligations, op. cit.*

de compétence, peut protéger le consensualisme »[1670] et n'est pas incompatible avec le contrat[1671]. Plus rarement enfin, la doctrine évoque la lésion par référence au « *défaut d'équivalence entre les prestations* », dont l'abus est sanctionné[1672]. La lésion qualifiée concilie sécurité des transactions et justice contractuelle[1673] mais, sans être exclue, elle reste quasi-absente de la jurisprudence administrative[1674].

Inévitable dans le cadre d'une approche renouvelée de la théorie générale du contrat administratif, l'analyse de la formation du contrat administratif confirme que, conformément à la notion générale de contrat, sa conclusion procède d'un accord de volontés entre deux ou plusieurs personnes. Incontestablement, la formation du contrat administratif rend compte de la filiation civiliste, qui se confirme d'ailleurs dans les effets généraux de l'exécution du contrat administratif.

Paragraphe 2. Les attributs du contrat dans l'exécution du contrat administratif

La formation du contrat est une procédure spécifique de création d'effets juridiques[1675]. Le contrat administratif se forme conformément à la définition générale de contrat et fait intervenir un accord de volontés constitutif d'un lien interpersonnel. Seulement, ainsi que le signale L. DUGUIT, « *ce n'est pas la volonté du sujet qui produit l'effet de droit ; mais le droit objectif n'a jamais attaché un effet de droit à un acte juridique que lorsqu'il y avait dans l'esprit du sujet l'intention que l'effet de droit suivit l'accomplissement d'un certain acte extérieur* »[1676]. L'efficacité juridique de l'accord de volontés est donc tributaire du système normatif. Plus précisément, le contrat est une notion juridique encadrée par le droit objectif et dont la conclusion a pour vocation, suivant les termes de l'article 1101 du Code civil, de « *créer, modifier, transmettre ou éteindre des obligations* ». Le contrat présente ainsi une double dimension à la fois obligationnelle et obligatoire : il donne naissance à une ou plusieurs obligations, c'est l'effet de droit interne (A), et à une norme, c'est l'effet de droit externe (B).

1670 GUETTIER Christophe, *Droit des contrats administratifs, op. cit.*, p. 365.
1671 PLESSIX Benoît, *L'utilisation du droit civil dans l'élaboration du droit administratif, op. cit.*, p. 719 ; POUYAUD Dominique, *La nullité des contrats administratifs, op. cit.*, p. 76.
1672 RIEG Alfred, *Le rôle de la volonté dans l'acte juridique en droit civil français et allemand, op. cit.*, p. 213.
1673 RIEG Alfred, *Le rôle de la volonté dans l'acte juridique en droit civil français et allemand, ibid.*, p. 214.
1674 CE, 5 mai 2010, n° 329021, *Commune d'Orléans*, Inédit – *Dalloz jurisprudence.*
1675 REGLADE M., « La place de la convention dans une classification des actes juridiques », *op. cit.*, p. 163.
1676 DUGUIT Léon, *Traité de droit constitutionnel*, Tome 1, *op. cit.*, p. 236.

A. L'effet de droit interne, l'obligation

Étudier le contrat administratif à l'aune de la notion générale de contrat conduit à considérer ses effets juridiques. En d'autres termes, le contrat administratif peut-il se fondre dans la conception contractuelle dominante suivant laquelle « *le contrat est une convention qui crée une obligation civile* »[1677] ? Est-ce possible d'admettre, ainsi que le prétendent J.-L. AUBERT et F. COLLART DUTILLEUL, que l'obligation constitue le « *principe d'efficience du contrat administratif* »[1678] ? L'hypothèse est posée, il faut la vérifier et préciser les contours de l'obligation dans le cadre de la théorie générale du contrat administratif (1), d'autant plus que l'obligation contractuelle possède plusieurs visages (2).

1. L'obligation et la théorie générale

L'obligation trouve ses origines en droit romain[1679]. J. GAUDEMET inscrit les prémisses de la notion de contrat dans celle-ci, entendue comme un lien de droit, un *vinculum juris*[1680]. L'obligation concrétise la force de l'accord de volontés puisque, du latin *obligo*, elle signifie s'obliger, lier, dérive de *ligo* c'est-à-dire lier en vue de. Elle définit le « *lien de droit par lequel le débiteur se trouve astreint envers le créancier* »[1681] et concerne forcément le lien contractuel, fût-il administratif[1682]. D'ailleurs, la doctrine classique s'intéresse à

1677 VERNET Prosper, *Textes choisis sur la théorie des obligations en droit romain, op. cit.*, p. 7.
1678 AUBERT Jean-Luc, COLLART DUTILLEUL François, *Le contrat, Droit des obligations*, Connaissance du droit, 5ème éd., Paris : Dalloz, 2017.
1679 GAUDEMET Jean, « Naissance d'une notion juridique, Les débuts de l'"obligation" dans le droit de la Rome antique », *in L'obligation, APD 2000*, p. 19 ; RAMPELBERG René-Marie, « L'obligation romaine : Perspective sur une évolution », *in L'obligation, APD 2000*, p. 51.
1680 GAUDEMET Jean, « Naissance d'une notion juridique, Les débuts de l'"obligation" dans le droit de la Rome antique », *ibid.*, p. 25.
1681 VERNET Prosper, *Textes choisis sur la théorie des obligations en droit romain, op. cit.*, p. 2 ; dans le même sens AUCOC Léon, *Conférences sur l'administration et le droit administratif faites à l'école des ponts et chaussées*, Tome 2, 3ème éd., *op. cit.*, 1886, p. 165 ; PLANIOL Marcel, *Traité élémentaire de droit civil*, Tome 2, *op. cit.*, p. 55.
1682 MALINVAUD Philippe, FENOUILLET Dominique, MEKKI Mustapha, *Droit des obligations*, *op. cit.*, p. 19.

l'obligation[1683], qui devient peu à peu une référence en droit administratif[1684]. Comme le soulignent les auteurs du Traité des contrats administratifs, « *le pouvoir modificateur de l'administration* [...] *ne constitue nullement la négation de la force obligatoire du contrat à l'égard de l'administration* »[1685]. Il faut toutefois signaler cette réserve quant à l'obligation dans le contrat administratif. Le pouvoir de modification unilatérale de l'administration est en effet fréquemment considéré contraire à la logique contractuelle et, plus spécifiquement, à l'obligation envisagée du point de vue de l'effet obligatoire du contrat[1686]. Malgré tout, force est de constater que « *l'essence du contrat n'est pas incompatible avec la modification* »[1687] et que le principe d'intangibilité des normes contractuelles n'est pas consacré.

En revanche, il faut noter que, dépassant l'analyse de l'obligation contractuelle, la théorie des obligations en droit administratif a longtemps été lacunaire. J. WALINE remarque alors « *l'absence de toute étude systématique des obligations en droit administratif* »[1688] ce qui laisserait penser à une antinomie voire une à inadéquation fondamentale entre le droit administratif et la théorie

---

1683 La notion n'est pas nouvelle et se définit en droit public comme privé comme un « *lien de droit par lequel le débiteur se trouve astreint envers le créancier. Il y a là un rapport direct de personne à personne* » : VERNET Prosper, *Textes choisis sur la théorie des obligations en droit romain, op. cit.*, p. 2 ; dans le même sens AUCOC Léon, *Conférences sur l'administration et le droit administratif faites à l'école des ponts et chaussées*, Tome 2, *op. cit.*, p. 165 ; HAURIOU Maurice, *Précis de droit administratif contenant le droit public et le droit administratif, op. cit.*, p. 163 ; PLANIOL Marcel, *Traité élémentaire de droit civil*, Tome 2, *op. cit.*, p. 55 ; DUGUIT Léon, *Manuel de droit constitutionnel, op. cit.*, p. 217 ; PEQUIGNOT Georges, *Contribution à la Théorie générale du Contrat administratif, op. cit.*, p. 230.

1684 EISENMANN Charles, *Cours de droit administratif*, Tome 2, *op. cit.* ; De LAUBADERE André, MODERNE Franck, DELVOLVE Pierre, *Traité des contrats administratifs*, Tome 1, *op. cit.*, p. 723 ; FRISON-ROCHE Marie-Anne, « Volonté et obligation », *op. cit.*, p. 135 ; GUETTIER Christophe, *Droit des contrats administratifs, op. cit.*, p. 59 ; De VILLIERS Michel, De BERRANGER Thibault (dir), *Droit public général, op. cit.*, p. 631 ; RICHER Laurent et LICHERE François, *Droit des contrats administratifs, op. cit.*, p. 47.

1685 De LAUBADERE André, MODERNE Franck, DELVOLVE Pierre, *Traité des contrats administratifs*, Tome 1, *ibid.*, p. 724-725.

1686 DUGUIT Léon, *Traité de droit constitutionnel*, Tome 5, 2ème éd., Paris : E de Boccard, 1923 p. 309 ; BENOIT F.-P., « De l'inexistence d'un pouvoir de modification unilatérale dans les contrats administratifs », *JCP* 1963.I.1775.

1687 BADAOUI Saroit, *Le fait du prince dans les contrats administratifs en droit français et en droit égyptien*, Paris : LGDJ, 1954, p. 92.

1688 WALINE Jean, « La théorie générale du contrat en droit civil et en droit administratif », *op. cit.*, p. 968 ; voir aussi sur la question PLESSIX Benoît, *L'utilisation du droit civil dans l'élaboration du droit administratif, op. cit.*, p. 260.

des obligations. La construction du droit administratif autour de l'acte unilatéral[1689] semble expliquer les réticences en la matière[1690]. R. NOGUELLOU reconnaît que le droit administratif « *résiste* » à l'obligation[1691], bien que l'obligation contractuelle soit une réalité. La notion générale de contrat sous-tend pourtant l'existence de bases communes[1692]. D'aucuns invitent d'ailleurs à envisager cette théorie des obligations qui manque en droit administratif[1693], tant elle serait « *l'aboutissement, en même temps que la clé de voûte d'un travail théorique sur le droit des contrats* »[1694]. L'ouvrage de F. LOMBARD et J.-C. RICCI[1695] est certainement une première étape et, comme le souligne Ph. YOLKA, il serait possible d'y trouver « *l'alpha et l'oméga (repartons en Grèce) d'une présentation repensée, une théorie des droits administratifs figurant en miroir de cette théorie des obligations* »[1696].

Plus simplement et pour revenir à l'objet de la recherche, le contrat administratif ne mobilise pas nécessairement la théorie des obligations dans son ensemble mais renvoie forcément à l'obligation[1697] en ce qu'il reste un acte juridique doté d'une force obligatoire[1698]. L'obligation, entendue comme un lien de droit entre deux personnes[1699] considérées l'une comme le créancier et l'autre comme le débiteur et qui se situe dans une filiation directe avec la théorie des obligations, est néanmoins rarement exposée en droit administratif[1700].

1689 SINKONDO Marcel H., « La notion de contrat administratif : acte unilatéral à contenu contractuel ou contrat civil de l'administration ? », *op. cit.*, p. 239.

1690 YOLKA Philippe et HOURSON Sébastien, *Droit des contrats administratifs*, *op. cit.*, p. 24 ; voir aussi WALINE Marcel, « La théorie civile des obligations et la jurisprudence du Conseil d'État », *in Études juridiques offertes à Léon JULLIOT de la MORANDIERE*, Paris : Dalloz, 1964, p. 631 ; CHEVALLIER Jacques, « L'obligation en droit public », *op. cit.*, p. 181; NOGUELLOU Rozen, *La transmission des obligations en droit administratif*, *op. cit.*, p. 18.

1691 NOGUELLOU Rozen, *La transmission des obligations en droit administratif*, *ibid.* p. 3.

1692 DRAGO Roland, « La notion d'obligation : droit public et droit privée », *op. cit.*, p. 44 ; voir aussi PLESSIX Benoît, *L'utilisation du droit civil dans l'élaboration du droit administratif*, *op. cit.*

1693 GAUDEMET Yves, Préface à la thèse de NOGUELLOU Rozen, *La transmission des obligations en droit administratif*, *op. cit.*, p. VII ; DELVOLVE Pierre, « Les nouvelles dispositions du code civil et le droit administratif », *op. cit.*, p. 613.

1694 YOLKA Philippe et HOURSON Sébastien, *Droit des contrats administratifs*, *op. cit.*, p. 24.

1695 LOMBARD Frédéric et RICCI Jean-Claude, *Droit administratif des obligations : contrats, quasi-contrats, responsabilité*, *op. cit.*

1696 YOLKA Philippe, « Penser le droit administratif autrement ? », *op. cit.*, p. 1622.

1697 GAUDEMET Yves, Préface à la thèse de NOGUELLOU Rozen, *La transmission des obligations en droit administratif*, *op. cit.*, p. V.

1698 De LAUBADERE André, MODERNE Franck, DELVOLVE Pierre, *Traité des contrats administratifs*, Tome 2, *op. cit.*, p. 181 et s.

1699 CHEVALLIER Jacques, « L'obligation en droit public », *op. cit.*, p. 187-194.

1700 Toutefois, PLESSIX Benoît, *L'utilisation du droit civil dans l'élaboration du droit administratif*, *op. cit.*, p. 285-289, l'auteur applique la notion d'obligation en tant que lien de droit, *vinculum juris* au droit administratif.

2. Les visages de l'obligation contractuelle

L'obligation se définit généralement comme le « *lien de droit par lequel une personne est astreinte envers une autre à une prestation ou à une abstention. Il s'agit là de l'aspect passif de l'obligation. On doit également l'envisager du côté du créancier, sujet actif. Pour lui, l'obligation ne constitue pas une charge, une obligation passive ou une dette, mais au contraire un droit, une créance ou encore une obligation active* »[1701]. En matière contractuelle et du point de vue statique, l'obligation est la relation juridique créée entre les parties au contrat, c'est le lien de droit[1702]. Reconnaître l'existence du contrat administratif revient à approuver cette conception de l'obligation.

Du point de vue dynamique, l'obligation désigne les conséquences induites par le lien contractuel : l'obligation est juridiquement obligatoire[1703] de telle manière qu'à défaut d'exécution, une contrainte existe. Elle apparaît sous sa dimension personnelle et patrimoniale dans un rapport de créancier à débiteur. Se trouvent exclus les actes de pure courtoisie, actes de complaisance, engagements d'honneur, actes d'assistance car ce sont des accords de volontés qui n'obligent pas juridiquement. En somme, l'obligation est exclusive du non-obligatoire[1704]. Le contrat suppose une intention de s'obliger, l'*animus contrahendi.* Cette conception se retrouve en droit administratif, puisque – référence explicite ou implicite – l'obligation et le lien d'obligation excluent de la notion de contrat administratif tous les actes pseudo/para/apparemment contractuels et autres « *hypothèses limites* »[1705] et alibis[1706] dans lesquels l'administration use des « *habillages contractuels* »[1707] sans avoir cette intention. Ce sont notamment ce que D. TRUCHET[1708] et S. HOURSON[1709] appellent les

---

1701 BUFFELAN-LANORE Yvaine et LARRIBAU-TERNEYRE Virginie, *Droit civil, Les obligations*, *op. cit.*

1702 MALINVAUD Philippe, FENOUILLET Dominique, MEKKI Mustapha, *Droit des obligations*, *op. cit.*, p. 3-4 ; v. également MALAURIE Philippe, AYNES Laurent, STOFFEL-MUNCK Philippe, *Les obligations*, *op. cit.* ; TERRE François, SIMLER Philippe, Y. LEQUETTE Yves et CHENEDE François, *Droit civil, Les obligations*, 12ème éd., *op. cit.*

1703 FRISON-ROCHE Marie-Anne, « Volonté et obligation », *op. cit.*, p. 130 ; MALINVAUD Philippe, FENOUILLET Dominique, MEKKI Mustapha, *Droit des obligations*, *op. cit.*, p. 4 et p. 397 et s.

1704 Voir en ce sens UNTERMAIER-KERLEO Elise, « Les "contrats" entre personnes publiques sont-ils des contrats ? », *op. cit.*, n° 843.

1705 KALFLECHE Grégory, « Contractualisation et interventionnisme économique », *RFDA* 2018.214.

1706 HOEPFFNER Hélène, « Les méthodes non autoritaires des autorités administratives », *in Les méthodes en droit administratif*, Colloque AFDA juin 2017, Paris : Dalloz 2018, p. 185, spéc. p. 195.

1707 AMILHAT Mathias, « Contractualisation, négociation, consensualisme : nouvelles approches du droit public », *op. cit.*, n° 1.

1708 TRUCHET Didier, *Droit administratif*, 5ème éd., *op. cit.*

1709 HOURSON Sébastien, *Les conventions d'administration*, *op. cit.*

conventions d'administration ou encore les actes concertés[1710], les « gentlemen's agreement administratifs »[1711] et certains contrats économiques[1712] et de logique partenariale[1713]. Le contrat administratif doit être obligationnel et, ainsi que le rappelle Ch. EINSENMANN, les cocontractants « *créent des normes qui sont faites pour eux-mêmes ; en même temps que créateurs de normes, ils en sont les sujets, les "adressataires"* »[1714]. D'ailleurs, dans une conception stricte, le juge administratif rejette l'exception d'inexécution de principe contre la personne publique ou mise en œuvre par celle-ci[1715]. Il rappelle plus généralement l'effet obligatoire des clauses contractuelles[1716]. En ce sens, le juge a pu considérer qu'une inexécution par la personne publique exprimant une volonté non équivoque peut constituer une résiliation tacite[1717], permettant de mettre fin à une situation incompatible avec l'existence même d'un lien contractuel. Réciproquement, l'exécution aux frais et risques est désormais une règle générale applicable aux contrats administratifs et d'ordre public[1718]. Elle peut être rapprochée de l'article 1222 du Code civil relatif à la faculté de remplacement mais, par son nouveau statut, se trouve autonomisée

---

1710 GUETTIER Christophe, *Droit des contrats administratifs, op. cit.*, p. 72 ; De LAUBADERE André, « L'administration concertée », *in Mélanges en l'honneur du Professeur Michel Stassinopoulos*, Paris : LGDJ, 1974, p. 407 ; De LAUBADERE André, MODERNE Franck, DELVOLVE Pierre, *Traité des contrats administratifs*, Tome 1, *op. cit.*, p. 35.

1711 RICHER Laurent et LICHERE François, *Droit des contrats administratifs, op. cit.*, p. 24.

1712 De LAUBADERE André, MODERNE Franck, DELVOLVE Pierre, *Traité des contrats administratifs*, Tome 1, *op. cit.* p. 410 ; KALFLECHE Grégory, « Contractualisation et interventionnisme économique », *op. cit.*, p. 214.

1713 ANDRIEU Stéphane, « Les contrats de service public du secteur de l'énergie », *RFDA* 2017.246.

1714 EISENMANN Charles, *Cours de droit administratif, op. cit.*

1715 Voir notamment : CE, 8 octobre 2014, n° 370644, *Société Grenke Location, Lebon, AJDA* 2015.396, note F. MELLERAY ; CAA Douai, 09 mai 2019, n° 15DA01502, Inédit – *Dalloz jurisprudence* ; CE, 13 juin 1986, n° 53110, *Département de la Réunion, Lebon* 162, *AJDA* 1986.652, note J. MOREAU, *Rev. adm.* 1986 p. 359, note Ph. TERNEYRE ; en doctrine, voir TERNEYRE Philippe, « Plaidoyer pour l'exception d'inexécution dans les contrats administratifs », *in Juger l'administration, administrer la justice, Mélanges en l'honneur de Daniel Labetoulle*, Paris : Dalloz, 2007, p. 805.

1716 CE, 17 juillet 2013, n° 349551 et n° 350364, Inédit – *Dalloz jurisprudence* ; CE 14 mai 2008, n° 284362, *M. et Mme Daviet, Lebon T., BJCP* 2008 p. 347, concl. DACOSTA ; CE, 4 août 2006, n° 278315, *SA immobilière du parc Monceau*, Inédit – *Dalloz jurisprudence* ; CE, 27 octobre 2010, n° 318617, *Syndicat intercommunal des transports publics de Cannes, le Cannet, Mandelieu-la Napoule, RJEP* avril 2011, p. 18, concl. B. DACOSTA.

1717 CE, 27 février 2019, n° 414114, *Département de la Seine-Saint-Denis, Lebon T.* ; RICHER Laurent, « Le comportement de la personne publique valant résiliation tacite du marché public », *AJDA* 2019.1056.

1718 CE, Ass., 09 novembre 2016, n° 388806, *Société Fosmax, Lebon, AJDA* 2016.2368, chron. L. DUTHEILLET De LAMOTHE et G. ODINET ; CE, 14 février 2017, n° 405157, *Société manutention portuaire d'Aquitaine, Lebon, AJDA* 2017.1453 ; CE, 18 décembre 2020, n°433386, *Sté Treuils et Grues Labor, Lebon T., AJDA* 2020.2526.

pour composer cet « *ordre public contractuel administratif naissant* »[1719]. Plus explicite, le Conseil d'Etat rappelle fréquemment l'existence d'obligations contractuelles[1720] et n'hésite pas à assimiler le contenu de contrats administratifs aux « droits et obligations à caractère civil » de la Convention Européenne des Droits de l'Homme[1721].

L'obligation, ce « *lien de droit par lequel le débiteur se trouve astreint envers le créancier* »[1722], est une notion juridique large par ses caractères et dans ses potentialités. Si elle a pu être parfois écartée en droit public en raison de la tendance à l'unilatéralisme, elle reste une référence constante, dont les mutations de l'action publique confirment la pertinence. L'obligation matérialise l'effet de droit interne du contrat administratif qui se décompose en deux éléments : il s'agit, d'une part, du rapport juridique existant entre créancier et débiteur, c'est-à-dire le lien de droit qui unit les cocontractants. D'autre part, l'obligation renvoie au caractère obligatoire du contenu contractuel et à la substance de la relation contractuelle. De manière complémentaire, il faut également mentionner la norme contractuelle à laquelle la conclusion d'un contrat administratif donne naissance.

B. L'effet de droit externe, la norme

Conformément à son rattachement à la notion générale de contrat, l'obligation se révèle parfaitement adaptée à l'analyse du contrat administratif, qu'il s'agisse de prendre en considération le lien de droit contractuel ou la force obligatoire du contenu convenu. L'obligation se prolonge toutefois dans une dimension nouvelle qu'il convient d'examiner en droit administratif et qui se dégage de l'article 1103 (nouveau) du Code civil, aux termes duquel « *les contrats légalement formés tiennent lieu de loi à ceux qui les ont faits* ». Cette expression témoigne de ce que la conclusion du contrat donne naissance à un acte qui constitue « *une "petite" source du droit administratif* »[1723] qui s'insère dans l'ordonnancement juridique (1) en tant que norme contractuelle (2).

[1719] CLAMOUR Guylain, « L'exécution contractuelle d'office entre deux eaux », *op. cit.,* p. 1963 ; LLORENS François et SOLER-COUTEAUX Pierre, « Le régime d'ordre public des contrats administratifs », *CMP* Repère mai 2017.

[1720] CE, 12 octobre 2020, n° 431903, *Sté Vert Marine, Lebon T* ; CE, 25 juin 2020, n° 418446, *Département Seine-Saint-Denis, Lebon T.*

[1721] CE, 5 juillet 2004, n° 236840, *Sté Sud parisienne de construction, Lebon, AJDA* 2004.2216, note J.-P. MARKUS ; CE Sect., 10 novembre 2010, n° 314449, *Commune de Palavas-les-Flots et Commune de Lattes, Lebon, AJDA* 2010.2183 et 2416, chron. D. BOTTEGHI et A. LALLET, *D.* 2010 p. 2842, obs. R. GRAND, *AJCT* 2010.163, obs. J.-D. DREYFUS.

[1722] VERNET Prosper, *Textes choisis sur la théorie des obligations en droit romain*, *op. cit.*, p. 2 ; AUCOC Léon, *Conférences sur l'administration et le droit administratif faites à l'école des ponts et chaussées*, Tome 2, 3ème éd., *op. cit.*, 1886, p. 165 ; PLANIOL Marcel, *Traité élémentaire de droit civil*, Tome 2, *op. cit.*, p. 55.

[1723] MELLERAY Fabrice, « Brèves observations sur les "petites" sources du droit administratif », *AJDA* 2019.917.

1. La norme contractuelle dans l'ordonnancement juridique

Le contrat est un acte juridique reconnu par le droit, il s'incorpore ainsi dans le système juridique. Au sujet de la convention en général, H. KELSEN explique que « *l'ordre juridique la considère comme un état de fait créateur de droit* [...] *une norme d'un degré supérieur (loi, ou autre norme coutumière) autorise les sujets à créer (par délégation) une norme d'un degré inférieur* »[1724]. Plus précisément, la juridicité de la norme contractuelle signifie qu'elle appartient à un ordre juridique donné auquel elle doit se conformer et à l'agencement duquel elle participe[1725]. R. CARRE de MALBERG critique néanmoins la conception normative pour considérer le contrat comme un simple fait dont les effets de droit et la valeur obligatoire relèvent de la loi[1726]. L'auteur nuance toutefois cette idée dans le cadre du contrat administratif, il précise que « *pour qu'il y ait création de droit, il faut donc que celui qui crée la règle soit capable de faire lui-même exécuter, par des voies de contrainte, les dispositions qu'il a adoptées, ou, tout au moins, d'imprimer à celles-ci force exécutoire* »[1727]. Or, il est bien connu que l'administration dispose du privilège du préalable et de pouvoirs exécutoires dans l'exécution du contrat administratif. Aucune objection ne s'élève donc pour considérer le contrat administratif comme une norme. D'ailleurs, la présence de clauses règlementaires dans de nombreux contrats administratifs conforte la normativité de l'acte[1728].

Plus généralement, la doctrine aborde aujourd'hui la norme contractuelle[1729] en référence au résultat d'une procédure encadrée juridiquement et créatrice d'effets de droit[1730]. Il est possible d'énoncer qu'« *aucun obstacle*

1724 KELSEN Hans, « La théorie juridique de la convention », *op. cit.*, p. 47.

1725 HEUZE Vincent, *La réglementation française des contrats internationaux*, *op. cit.*, p. 29.

1726 CARRE de MALBERG Raymond, *Confrontation de la théorie de la formation du droit par degrés avec les idées et les institutions consacrées par le droit positif français relativement à sa formation*, Paris : Sirey, 1933, p. 89 ; voir aussi HEUZE Vincent, *La réglementation française des contrats internationaux*, *ibid.*, p. 88.

1727 CARRE de MALBERG Raymond, *Confrontation de la théorie de la formation du droit par degrés avec les idées et les institutions consacrées par le droit positif français relativement à sa formation*, *ibid.*, p. 91.

1728 MADIOT Yves, *Aux frontières du contrat et de l'acte administratif unilatéral : recherches sur la notion d'acte mixte en droit public français*, *op. cit.*, p. 294 ; à l'inverse De LAUBADERE André, MODERNE Franck, DELVOLVE Pierre, *Traité des contrats administratifs*, Tome 1, *op. cit.*, p. 97-123.

1729 KELSEN Hans, « La théorie juridique de la convention », *op. cit.*, p. 33 ; ROUHETTE Georges, *Contribution à l'étude critique de la notion de contrat*, *op. cit.*, p. 636 et p. 638 ; FABRE-MAGNAN Muriel, *Droit des obligations 1- Contrat et engagement unilatéral*, Thémis Droit, 1ère éd., Paris : PUF, 2008 ; DEBBASCH Charles et COLIN Frédéric, *Droit administratif*, *op. cit.*, p. 396 ; MALINVAUD Philippe, FENOUILLET Dominique, MEKKI Mustapha, *Droit des obligations*, *op. cit.*, p. 63.

1730 V. notamment GHESTIN Jacques, « La notion de contrat », *op. cit.*, p. 20 ; ROUHETTE Georges, *Contribution à l'étude critique de la notion de contrat*, *ibid.*, p. 392 ; AUBERT Jean-

théorique n'interdit de considérer le contrat comme susceptible de générer une véritable règle de droit »[1731]. A l'instar du contrat de droit privé, le contrat administratif repose sur l'intention de produire des effets de droit[1732]. Il constitue une « *prescription de conduite* »[1733] dans la hiérarchie des normes[1734]. En ce sens, l'acte contractuel se situe dans un rapport de conformité aux normes supérieures[1735] sous le contrôle du juge administratif. En revanche, la norme contractuelle est particulière, son effet juridique ne peut être général. Certes, la violation d'un contrat administratif peut parfois être comparée à la violation de la loi[1736], il n'est pas pour autant une source de la légalité[1737], quelle que soit l'étendue de l'obligation[1738].

2. Les visages de la norme contractuelle

L'étendue des effets du contrat est une « *question de politique juridique* »[1739]. Surtout, la norme contractuelle complète l'obligation pour rendre compte des limites que constituent l'effet relatif et l'opposabilité du contrat. En droit privé, conformément à l'article 1199 du Code civil, il est générale-

---

Luc, COLLART DUTILLEUL François, *Le contrat, Droit des obligations*, Connaissance du droit, 5ème éd., *op. cit.*

1731 SAUNIER Sébastien, *Recherche sur la notion de formalisme en droit administratif français, op. cit.*, p. 533.

1732 LICHERE François, *Droit des contrats publics*, *op. cit.*, p. 10 ; RICHER Laurent et LICHERE François, *Droit des contrats administratifs, op. cit.*, p. 24.

1733 PONCE Claude, *Le consensualisme dans les contrats administratifs*, *op. cit.*, p. 60.

1734 REGLADE M., « La place de la convention dans une classification des actes juridiques », *op. cit.*, p. 164.

1735 Par ex. sur la question : ROUHETTE Georges, *Contribution à l'étude critique de la notion de contrat*, *op. cit.*, p. 415 ; BROS Sarah et LAFAIX Jean-François, « La validité du contrat », *in Contrats de droit privé et contrats de droit administratif, Droit comparé interne*, Paris : LGDJ Lextenso 2019, p. 99, spéc. p. 111.

1736 CE, 14 février 1842, *Chevassus de Belville*, *Lebon* p. 56 : CE, 19 mai 1958, *Vernes, Lebon* p. 399.

1737 VEDEL Georges, *Droit administratif, op. cit.* ; GAUDEMET Yves, *Droit administratif*, 20ème éd., *op. cit.*

1738 DIDEROT et D'ALEMBERT, *Encyclopédie ou dictionnaire raisonné des sciences des arts et des métiers, par une société des gens de lettres*, *op. cit.*, p. 163 : « *l'effet des conventions valables est d'obliger non seulement à ce qui y est exprimé, mais encore à tout ce qui en est une suite naturelle ou fondé sur la loi* ».

1739 KELSEN Hans, « La théorie juridique de la convention », *op. cit.*, p. 48.

ment admis que « *seules les parties sont tenues comme créancières ou débitrices* »[1740]. Le contrat administratif ne déroge pas à cette règle de droit commun contractuel[1741] et le juge rappelle fréquemment son effet relatif[1742]. Le contenu obligatoire du contrat administratif concerne en premier lieu les parties. On pourrait alors penser à un « non effet de droit externe ».

Il n'est toutefois pas possible de considérer que le contrat n'intéresse que les cocontractants durant (et au-delà[1743]) le rapport contractuel, car il crée une relation que les tiers ne peuvent ignorer[1744] et, en application de l'article 1200 du Code civil, ceux-ci doivent le respecter et peuvent s'en prévaloir. Le contrat est opposable par les parties aux tiers et par les tiers aux parties sous conditions[1745]. Dès 1945, G. PEQUIGNOT affirme d'ailleurs que « *des tiers peuvent bénéficier du contrat administratif et en tirer des droits ; des tiers peuvent subir le contrat et se voir astreints, en son nom, à des charges et à des obligations* »[1746]. En droit administratif, Y. WEBER explique que l'opposabilité aux tiers traduit le fait que le contrat constitue « *un élément objectif déclenchant une situation juridique elle-même objective, intégrée dans le principe de légalité et encadrée, de surcroît par le droit contractuel positif applicable*

1740 MALINVAUD Philippe, FENOUILLET Dominique, MEKKI Mustapha, *Droit des obligations*, *op. cit.*, p. 429.

1741 WEBER Yves, « Les acteurs des contrats de l'administration », *op. cit.*, p. 521 ; UBAUD-BERGERON Marion, « Le juge, les parties et les tiers : brèves observations sur l'effet relatif du contrat », *op. cit.*, p. 578.

1742 CE Sect., 11 juill. 2011, n° 339409, *Mme Gilles, Lebon* p. 331, concl. N. BOULOUIS, *AJDA* 2011.1404 et 1949, chron. X. DOMINO, *D.* 2012 p. 653, note G. VINEY, *CMP* 2011, comm. 300, note G. ECKERT ; CE, 21 octobre 2019, n° 420086, *Société coopérative métropolitaine générale (CMEG), Lebon, AJDA* 2019.2091 ; *RDI* 2020.189, obs. H. de GAUDEMAR, *AJCT* 2020.97, obs. G. Le CHATELIER, *RFDA* 2020.443, note J. BOUSQUET.

1743 KALFLECHE Grégory, « Fonder une responsabilité à l'issue du contrat : des questions encore en suspens », *AJDA* 2019. 2558.

1744 MALINVAUD Philippe, FENOUILLET Dominique, MEKKI Mustapha, *Droit des obligations, op. cit.*, p. 431 et s. ; TERRE François, SIMLER Philippe, Y. LEQUETTE Yves et CHENEDE François, *Droit civil, Les obligations*, 12ème éd., *op. cit.*

1745 En doctrine rappr. RIEG Alfred, *Le rôle de la volonté dans l'acte juridique en droit civil français et allemand, op. cit.*, p. 456-489 ; FOLLIOT-LALLIOT Laurence et HOUTCIEFF Dimitri, « Tiers et effet relatif du contrat », *in Contrats de droit privé et contrats de droit administratif, Droit comparé interne*, Paris : LGDJ Lextenso 2019, p. 195 ; en jurisprudence administrative : CE, 19 décembre 2007, n° 268918, *Sté Campenon Bernard, Lebon* p. 507, *AJDA* 2008.6 et 814, note J.-D. DREYFUS, *CMP* 2008, n° 56, obs. G. ECKERT ; CE, 31 mars 2014, n° 360904, *Union syndicale du Charvet - Union syndicale des Villards, Lebon; AJDA* 2014.770, obs. POUPEAU ; CE, 15 mai 2013, n° 357810, *Cté de communes d'Epinal-Golbey, Lebon, DA* 2013, n° 67, note F. BRENET, *AJDA* 2013.1026, *BJCP* 2013 p. 372, concl. DACOSTA, ; en jurisprudence judiciaire : Cass. Ass. plén., 13 janvier 2020, n° 17-19.963, *Société QBE Insurance Europe Limited c/ Société Sucrerie de Bois Rouge et autres, D.* 2020 p. 416 note J.-S. BORGHETTI et p. 353 obs. M. MEKKI.

1746 PEQUIGNOT Georges, *Contribution à la Théorie générale du Contrat administratif, op. cit.*, p. 548.

au phénomène contractuel »[1747]. Plus explicite, la contractualisation de droits réels – propriété par ex. – est forcément opposable aux tiers[1748]. Il faut aussi mentionner des limites à l'effet relatif qui existent lorsque des tiers deviennent créanciers ou débiteurs. Par exemple, le contrat comporte parfois des sûretés et autres garanties de paiement. Il en résulte une pluralité de débiteurs concernés par un contrat administratif sans que ceux-ci ne soient strictement des parties au contrat. Il en va ainsi des obligations conjointes, solidaires, indivisibles, *in solidum*, du cautionnement, de la garantie autonome ou de l'action oblique. Il faut également mentionner la présence de clauses règlementaires fréquemment prévues au contrat[1749], la possibilité de conclure des accords autonomes qui dépassent et ajoutent au rapport contractuel initial[1750] ou d'insérer des clauses processuelles divisibles[1751] et résistantes à l'illégalité.

Incontestablement, tout comme en droit privé, l'effet relatif trouve sa limite dans l'opposabilité du contrat et dans les aménagements entre parties et tiers contractuels. Surtout, la juridicité de l'acte contractuel signifie qu'il appartient à un ordre juridique donné auquel il doit se conformer et à l'agencement duquel il participe.

Conclusion de la section et du chapitre

L'expression de théorie générale du contrat administratif guide la recherche vers la notion de contrat. Il est ainsi possible de souligner qu'à partir du droit romain, une conception du contrat se forme et concerne essentiellement les rapports de droit privé entre personnes physiques, bien que le contrat public ne soit pas totalement absent. Surtout, lorsque les administrativistes mentionnent le contrat, celui-ci désigne essentiellement le contrat du droit civil, tandis que ses premières analyses se trouvent intégrées au sein d'études plus larges concernant l'action administrative. Ainsi, le contrat est d'abord une notion contentieuse et s'inscrit dans une classification des actes publics

---

1747 WEBER Yves, « Les acteurs des contrats de l'administration », *op. cit.*, p. 534 ; *a contrario* De LAUBADERE André, MODERNE Franck, DELVOLVE Pierre, *Traité des contrats administratifs*, Tome 1, *op. cit.*, p. 788-789 : « *l'inopposabilité des contrats aux tiers,* […] *résulte du principe de l'effet relatif* » ; plus généralement, pour apprécier l'effet externe voir tout le contentieux du contrat ouvert aux tiers.

1748 CE, 5 février 1971, n° 78386, *Ganache, Lebon.*

1749 Voir la définition de la clause réglementaire par référence à la notion de service public : CE, 9 février 2018, n° 404982, *Communauté d'agglomération Val d'Europe agglomération, Lebon, AJDA* 2018.301 ; ALLIEZ Quentin, « Une définition de la clause réglementaire ? Oui. Une simplification du contentieux ? Non », *AJDA* 2018.1168 ; AMILHAT Mathias, « Les tiers au contrat ne peuvent se prévaloir que des clauses réglementaires de ce dernier... et elles sont strictement définies ! », *op. cit.,* n° 2154 ; UNTERMAIER-KERLEO Elise, « La double définition de l'acte réglementaire. Encore des zones d'ombre ! », *op. cit.,* n° 1725.

1750 BRACONNIER Stéphane, « L'accord autonome dans les contrats de partenariat public-privé, utiles précisions de la jurisprudence », *AJDA* 2013.529.

1751 BOUSQUET Jérémy, « L'application des clauses de règlement des différends du contrat administratif illégal », *AJDA* 2020.2207.

puis administratifs. Sa conceptualisation est progressive et parallèle à l'affermissement du droit administratif. Malgré tout, c'est une définition positive du contrat, commune au droit administratif et au droit privé, qui se diffuse peu à peu. Et si, paradoxalement, l'administrativité du contrat a concentré l'essentiel du discours sur le contrat administratif, il serait erroné d'évoquer ce dernier sans renvoyer à cette notion. L'analyse de la formation du contrat administratif confirme quelques hypothèses que son administrativité pouvait dissimuler. Ainsi que nous l'avons vu, conformément à sa filiation civiliste, le contrat administratif procède d'une convention matérialisant un accord constitué de la rencontre entre une offre et une acceptation. Cet accord fait également intervenir la volonté. Or, phénomène complexe, ce ne sont pas tant les manifestations de volontés présidant à la formation d'un contrat administratif qui posent problème que l'idée d'autonomie, qu'il convient d'écarter. L'expression « entre deux ou plusieurs personnes » en droit administratif signifie en outre l'intervention de la personnalité morale publique et implique de reconnaître dans l'absolu sa capacité-compétence à conclure un contrat. Plus encore, parce que juridique, la relation interpersonnelle doit présenter certaines qualités que le juge administratif contrôle à l'aide des mêmes standards que son homologue civiliste. La définition générale de contrat, qui dirige la formation du contrat administratif, se retrouve dans les effets généraux de l'exécution du contrat administratif, notamment à l'aune de la notion d'obligation. L'obligation rend compte du lien de droit qui unit les parties au contrat administratif et renvoie à la force du lien, au caractère obligatoire du contenu contractuel. La relation contractuelle peut également être appréhendée du point de vue de son rayonnement au-delà de la relation entre les parties : comme en droit privé, l'effet relatif n'est pas univoque. Il fait l'objet d'atténuations et ne résume pas la norme contractuelle, qui reste opposable aux tiers. Plus encore, comme le contrat de droit privé, le contrat administratif modifie l'ordonnancement juridique. Résultat d'un accord de volontés donnant naissance à un lien juridique interpersonnel obligatoire et opposable, le contrat administratif, dans sa formation comme dans ses effets généraux, est fondamentalement un contrat auquel l'administrativité ajoute.

Chapitre 2. L'administrativité du contrat dans la théorie générale du contrat administratif

La crise de la conception dominante de la théorie générale du contrat administratif procède d'une vision essentiellement positiviste de l'administrativité du contrat. Établie en référence au régime juridique du contrat administratif et éclairée par les notions d'intérêt général et de service public, la théorie générale se trouve forcément affaiblie par les mutations du droit administratif. En revanche, son abandon n'est pas la seule option puisque « *la théorie générale survivra ainsi éternellement à un éclatement du droit des contrats comme œuvre de science juridique fondamentale* »[1752]. Il convient d'adopter un point de vue large et compréhensif sur la matière. A l'aune de la notion de théorie générale, il n'est pas impossible de présenter une vision de l'administrativité du contrat que le droit positif vient, non pas fonder – et fragiliser –, mais plutôt illustrer. A la lumière de son rattachement à la notion de contrat, il s'agit ici de remarquer que le contrat administratif présente quelques spécificités (Section 1). Il faut également souligner les fondements de la théorie générale sur lesquels repose le rayonnement du contrat administratif (Section 2).

Section 1. Les spécificités du contrat administratif

Ainsi que le souligne G. PEQUIGNOT « *la construction d'une théorie générale du contrat administratif ne saurait marcher que de pair avec l'étude critique de cette notion* »[1753] . Il faut s'accorder sur le fait qu'affirmativement, le contrat administratif est bien un contrat[1754]. Il est, du point de vue de la technique juridique, un accord de volontés entre deux ou plusieurs personnes destiné à créer, modifier, transmettre ou éteindre des obligations. Du point de vue de la théorie générale, définir le contrat administratif en référence à la procédure de formation et à la genèse de ses effets généraux permet de formuler une conception du contrat administratif basée sur sa nature profonde. Et, lorsque l'on souhaite préciser l'administrativité, c'est ce « *caractère spécial et qui n'a pas d'analogue en droit civil* »[1755] résultant de l'expression d'une volonté publique[1756] qu'il faut expliquer. Sur la base de l'étude préalable de sa

---

1752 SAVAUX Éric, *La théorie générale du contrat, mythe ou réalité ?, op. cit.*, p. 294.

1753 PEQUIGNOT Georges, *Contribution à la Théorie générale du Contrat administratif, op. cit.*, p. 183.

1754 PEQUIGNOT Georges, *Contribution à la Théorie générale du Contrat administratif, op. cit.*, p. 11 ; De LAUBADERE André, MODERNE Franck, DELVOLVE Pierre, *Traité des contrats administratifs*, Tome 1, *op. cit.*, p. 18.

1755 AUCOC Léon, *Conférences sur l'administration et le droit administratif faites à l'école des ponts et chaussées*, Tome 2, *op. cit.*, 1870, p. 239 ; *idem* DUCROCQ Théophile, *Cours de Droit administratif*, Tome 2, 6ème éd., *op. cit.*, p. 213.

1756 CARTIER Emmanuel, « L'exorbitance comme mythe du droit administratif ? », *op. cit.*, p. 31.

nature contractuelle, il convient d'exposer maintenant les spécificités qui impriment son caractère propre au contrat administratif et d'apprécier exactement la dimension conférée aux exigences du droit administratif[1757]. Ces particularismes se retrouvent tant dans la formation (Paragraphe 1) que dans l'exécution du contrat administratif (Paragraphe 2).

Paragraphe 1. Les particularismes de la formation du contrat administratif

La conclusion d'un contrat administratif est le résultat d'une convention constituée de la rencontre entre une offre et une acceptation. Sa formation suppose l'expression de volontés faisant intervenir la personnalité morale publique et sa capacité à conclure un contrat doté des qualités requises par le droit objectif. Si cette procédure correspond à la notion générale de contrat, les marqueurs de l'administrativité ne sont pas absents de sa formation. Quelques particularismes notables affectent, non pas la technique juridique de création du lien contractuel, mais sa manière d'être en droit administratif. Elle est en quelque sorte augmentée par l'administrativité du contrat. Il faut en effet signaler un encadrement spécifique de l'accord de volontés (A) et une modulation administrative du lien créé (B).

A. L'encadrement de l'accord de volontés dans la formation du contrat administratif

La volonté est une notion ambiguë en droit en raison de sa forte résonnance philosophique[1758]. Plus encore, les limites que subit la volonté dans la formation du contrat administratif sont substantielles. Elles sont l'expression de restrictions qui s'imposent plus généralement à l'action publique. En ce sens, la volonté de la personne publique est « *toujours fonctionnelle ou instrumentale c'est-à-dire ordonnée à un ensemble de données qui, fondamentalement, s'imposent à elle et la régissent* »[1759], par exemple la satisfaction de l'intérêt général[1760]. En droit administratif, cette volonté s'insère dans un contexte d'objectivisation via la notion de compétence et la soumission à un formalisme parfois marqué (1), qui laissent entrevoir une conception administrativisée de la liberté contractuelle (2).

1757 En ce sens, DELVOLVE Pierre, « Les nouvelles dispositions du code civil et le droit administratif », *op. cit.*, p. 613.

1758 Voir ci-avant.

1759 PICARD Etienne, « La liberté contractuelle des personnes publiques constitue-t-elle un droit fondamental ? », *op. cit.*, n° 651.

1760 NICINSKI Sophie, « Le dogme de l'autonomie de la volonté dans les contrats administratifs », *op. cit.*, p. 60 ; POUYAUD Dominique, *La nullité des contrats administratifs*, *op. cit.*, p. 15.

1. La compétence et la place du formalisme

La personnalité est une technique juridique permettant à l'administration de prendre part au commerce juridique et notamment de contracter. Or, la doctrine a tendance à limiter la capacité des personnes publiques à la lumière de la compétence[1761]. Si cette notion ne met pas en défaut la faculté de conclure un contrat, il faut bien reconnaître qu'elle suggère l'existence de quelques spécificités lors de la formation du contrat administratif[1762].

La capacité caractérise l'existence d'un pouvoir, une norme d'habilitation à contracter que la compétence vient compléter en la matière[1763], chacun des deux concepts traduisant la détention d'une aptitude juridique[1764]. Par sa conception finaliste et objective[1765], la compétence ajoute à la capacité : elle représente l'encadrement de l'action administrative contractuelle[1766]. Plus exactement, la compétence rejoint le caractère procédural du droit administratif en ce qu'elle témoigne de l'existence d'une « *contrainte procédurale séquencée* »[1767]. Elle renvoie notamment à l'exigence d'autorisations et habilitations nécessaires à l'engagement. Une dualité de compétence doit d'ailleurs être recherchée[1768] : celle de l'agent – le représentant personne physique – mais également celle de la personne morale publique et particulièrement le respect

---

1761 PEQUIGNOT Georges, *Contribution à la Théorie générale du Contrat administratif, op. cit.*, p. 190 : « *à la capacité des personnes du droit privé correspond la compétence des personnes administratives* » ; DUFAU Valérie, *Les sujétions exorbitantes du droit commun en droit administratif, L'administration sous la contrainte*, Paris : L'Harmattan, 2000, p. 45 ; CLOUZOT Ludivine, *Recherche sur la substitution en droit administratif français*, Paris : Dalloz, 2012, p. 139 ; MAILLOT Jean-Marc, « L'indisponibilité des compétences en droit public français », *LPA*, 28 septembre 2004 n° 194, p. 3 ; CLAMOUR Guylain, « Esquisse d'une théorie générale des contrats publics », *op. cit.*, p. 637.

1762 De LAUBADERE André, *Traité théorique et pratique des contrats administratifs*, Tome 1, *op. cit.*, p. 140 ; *idem* De LAUBADERE André, MODERNE Franck, DELVOLVE Pierre, *Traité des contrats administratifs*, Tome 1, *op. cit.*, p. 472.

1763 TUSSEAU Guillaume, *Les normes d'habilitation*, Paris : Dalloz, 2006 ; BOURDON Pierre, *Le contrat administratif illégal, op. cit.*

1764 WEBER Yves, « La théorie des vices du consentement dans les contrats administratifs », *op. cit.*, p. 316 ; LINDITCH Florian, *Recherche sur la personnalité morale en droit administratif, op. cit.*, p. 198 ; MAULIN Éric, « Compétence, capacité, pouvoir », *in La compétence*, AFDA, Paris : LexisNexis-Litec, 2008, p. 33 ; UBAUD-BERGERON Marion, « L'incompétence », *in La compétence*, AFDA, Paris : LexisNexis-Litec, 2008 , p. 145 ; PICARD Etienne, « Rapport de synthèse », *in La compétence*, AFDA, Paris : LexisNexis-Litec, 2008, p. 238.

1765 La compétence – et son caractère limité, objectif, octroyé, finalisé – est une donnée commune au droit privé et au droit public qui tient à la personnalité morale : voir PONCE Claude, *Le consensualisme dans les contrats administratifs, op. cit.*, p. 37 ; LINDITCH Florian, *Recherche sur la personnalité morale en droit administratif, op. cit.*, p. 198.

1766 Voir notamment PETIT Jacques, « Rapport de synthèse », *in La personnalité publique*, colloque AFDA des 14 et 15 juin 2007, Paris : LexisNexis Litec, 2007, p. 250.

1767 LEI Maxime, « Compétences et contrats publics », *RFDA* 2019.1011.

1768 CAA Paris, 2 avril 2013, n° 11PA03965, *Ass. Anticor*, Inédit – *Dalloz jurisprudence* ; CE, 3 avril 1998, n° 133423, *Département de la Vendée*, Inédit – *Dalloz jurisprudence* ; CE, 27 mars 1996, n° 122912, *Commune d'Agde*, Inédit – *Dalloz jurisprudence.*

de son principe de spécialité[1769]. Il s'agit de valoriser sa mission d'intérêt général[1770], exprimant le caractère fonctionnel de la personnalité publique[1771]. Comme l'explique parfaitement L. CLOUZOT, « *l'autorité administrative se verra investie de compétences destinées à organiser la satisfaction de l'intérêt général* »[1772].

Outre la compétence qui vient délimiter la capacité contractuelle en droit administratif, il faut également évoquer le formalisme dans le contrat administratif. La doctrine distingue généralement le formalisme direct (ou constitutif) se manifestant au sein des contrats solennels, du formalisme indirect (ou complétif) avec l'exigence de formes à titre de preuve, d'opposabilité ou d'information[1773]. Le formalisme peut également résulter de procédures obligatoires de formation du contrat, faisant exception au libre choix du cocontractant. Cet aspect est particulièrement développé en droit administratif[1774] de telle sorte que si le contrat est un acte de procédure, le contrat administratif est un acte incontestablement procédural dont les évolutions du régime juridique laissent poindre un principe général de mise en concurrence[1775]. Cette exigence de transparence dans l'emploi des deniers publics est certes renforcée par la transposition des exigences européennes, elle reste un principe classique de l'action publique qu'il est possible de relever déjà dans les écrits de De GERANDO[1776] ou encore de Th. DUCROCQ[1777] et qui vise finalement

---

1769 PEQUIGNOT Georges, *Contribution à la Théorie générale du Contrat administratif, op. cit.*, p. 191 ; v. aussi MAILLOT Jean-Marc, « L'indisponibilité des compétences en droit public français », *op. cit.*, p. 3.

1770 Voir notamment LINDITCH Florian, *Recherche sur la personnalité morale en droit administratif, op. cit.*, p. 256 ; MAHOUACHI Mohamed, *La liberté contractuelle des collectivités territoriales*, Aix-en-Provence : PUAM, 2002.

1771 DUFAU Valérie, *Les sujétions exorbitantes du droit commun en droit administratif, L'administration sous la contrainte, op. cit.*, p. 52.

1772 CLOUZOT Ludivine, *Recherche sur la substitution en droit administratif français, op. cit.*, p. 139.

1773 La majorité des manuels de droit civil reprennent cette conception.

1774 SAUNIER Sébastien, *Recherche sur la notion de formalisme en droit administratif français op. cit.*

1775 ALLAIRE Frédéric, « Le droit des opérations publiques ou l'émergence d'un droit général de la mise en concurrence », *CMP* n° 5, étude mai 2018 ; ROUX Christophe, « La dévolution transparente des titres d'occupation du domaine public », *DA* Etude juin 2017.

1776 De GERANDO, *Institutes du droit administratif français ou éléments du Code administratif réunis et mis en ordre,* Tome 4, *op. cit.*, p. 246 : « *règle générale et commune à toutes les branches de dépenses publiques, c'est que dans toutes les circonstances où elles donnent lieu à une entreprise c'est-à-dire à l'emploi de l'industrie privée, par une convention ou un marché, la plus grande et la plus libre concurrence doit être provoquée par les adjudications* ».

1777 DUCROCQ Théophile, *Cours de Droit administratif,* 2ème éd., *op. cit.*, p. 163 : la publicité et la concurrence sont assimilées à des règles à suivre « en principe ».

l'intégrité dans la dépense publique[1778]. Plus généralement, la volonté de l'administration est souvent formelle[1779], exprimée en la forme administrative ou plus simplement par écrit, que cela résulte de la règlementation, de la jurisprudence[1780] ou déduit de la clause exorbitante[1781]. L'expression de la volonté administrative est aussi fréquemment conditionnée par la réalisation de certaines formalités préalables – telles que la détention d'autorisations[1782] ou d'habilitation à représenter la personne publique[1783], dont le défaut vicie le consentement[1784] – ou postérieures à la décision de conclure le contrat[1785].

Incontestablement, la compétence et le formalisme impriment à la formation du contrat administratif des caractères que l'examen de la liberté contractuelle administrative vient confirmer. Ainsi que l'énonce P. DELVOLVE, la liberté contractuelle est affectée par les règles de compétence de telle manière qu'« *ici elles empêchent les personnes publiques de contracter hors de leurs*

1778 Voir en ce sens l'objectif à valeur constitutionnelle de « bon usage » des deniers publics : CC, 22 mars 2012, n° 2012-651 DC, *Loi de programmation relative à l'exécution des peines, AJDA* 2012.625 ; sur la généralité de l'application voir plus spécifiquement la mise en œuvre des principes de transparence et ses corollaires (la mise en concurrence et la publicité) à des contrats qui n'étaient pas soumis au droit de la commande publique : CE, 15 décembre 2017, n° 413913, *Synd. Mixte aéroport de Lannion, CMP* 2018, n° 46, obs. P. DEVILLER ; CE, 5 févr. 2018, n° 414846, *Centre national d'études spatiales, Lebon, AJDA* 2018.252 ; voir aussi l'article L. 2122-1-1 du CGPPP issu de l'Ordonnance n° 2017-562 du 19 avril 2017, *relative à la propriété des personnes publiques, JORF* 21 avril 2017.

1779 PEQUIGNOT Georges, *Contribution à la Théorie générale du Contrat administratif, op. cit.*, p. 192 ; De LAUBADERE André, *Traité théorique et pratique des contrats administratifs*, Tome 1, op. cit., p. 139 ; De LAUBADERE André, MODERNE Franck, DELVOLVE Pierre, *Traité des contrats administratifs*, Tome 1, *op. cit.*, p. 471 ; POUYAUD Dominique, *La nullité des contrats administratifs, op. cit.*, p. 18 ; BRUERE Jean-Christophe, « Le consensualisme dans les contrats administratifs », *op. cit.*, p. 1716.

1780 LESSI Jean et DUTHEILLET de LAMOTHE Louis, « Être ou ne pas être un contrat », *AJDA* 2015.1413.

1781 De LAUBADERE André, *Traité théorique et pratique des contrats administratifs,* Tome 1, *op. cit.*, p. 80.

1782 DREYFUS Jean-David, *Contribution à une théorie générale des contrats entre personnes publiques, op. cit.*, p. 269 ; voir aussi ROLIN Frédéric, « L'habilitation à contracter », *in Contrats publics, Mélanges en l'honneur du Professeur Michel Guibal, op. cit.,* vol. I, p. 188

1783 Par exemple, l'Etat doit être correctement représenté par les Ministres et autres représentants habilités en vertu de délégations de pouvoir et/ou de signature, les établissements publics respectent un principe de spécialité et voient leurs règles de compétences fixées par leurs textes constitutifs, les collectivités territoriales voient leur action divisée entre l'organe exécutif qui conclut le contrat tandis que l'organe délibérant décide de contracter (sauf délégation à l'exécutif, dans le cadre des articles L. 2122-22, L. 3221-11, L. 4231-8, L. 3211-2, L. 4221-5, L. 5211-1 du CGCT).

1784 POUYAUD Dominique, *La nullité des contrats administratifs, op. cit.,* p. 42.

1785 POUYAUD Dominique, *La nullité des contrats administratifs, ibid.*, p. 65 sur le rôle de l'approbation ; voir plus généralement les contrats des collectivités territoriales et de leurs groupements transmis au contrôle de légalité.

compétences ; là elles excluaient le recours au contrat même dans leurs domaines de compétence »[1786].

2. La liberté contractuelle administrative

La coloration administrative de la formation du contrat interroge quant à la place de la liberté contractuelle dans le contrat administratif[1787]. Suggérant une inadaptation de la notion à la matière, la doctrine substitue parfois à la liberté contractuelle le pouvoir discrétionnaire[1788]. Sans accéder à cette idée, il faut admettre que l'exercice de la liberté contractuelle se trouve modulé par des règles de droit administratif[1789] lui conférant une dimension particulière. Parmi ces règles, il est possible de mentionner les règles d'ordre public administratif concernant l'étendue de la compétence des personnes publiques[1790] et notamment les matières peu adaptées ou franchement incompatibles avec le contrat[1791]. Surtout, administrative par essence, la liberté contractuelle se situe

---

[1786] DELVOLVE Pierre, « Constitution et contrats publics », *op. cit.*, p. 469 ; dans le même sens GUETTIER Christophe, *Droit des contrats administratifs, op. cit.*, p. 152-173 ; DUFAU Valérie, *Les sujétions exorbitantes du droit commun en droit administratif, L'administration sous la contrainte, op. cit.*, p. 121 ; MOREAU Jacques, « Les matières contractuelles », *AJDA* 1998.747

[1787] Ce principe n'est toutefois pas absolu en droit privé : RIEG Alfred, *Le rôle de la volonté dans l'acte juridique en droit civil français et allemand, op. cit.*, p. 220 et s. ; KERHUEL Anne-Julie, *L'efficience stratégique du contrat d'affaires, Un champ d'action de la liberté contractuelle*, Aix-en-Provence : PUAM, 2010, p. 35 ; DUPRE Marc, *Contribution à une théorie générale des contrats spéciaux (Apports du principe de liberté contractuelle tempérée)*, Thèse dactyl. Toulouse 1 Capitole, 2011, p. 93 et p. 160-169.

[1788] PEQUIGNOT Georges, *Contribution à la Théorie générale du Contrat administratif, op. cit.*, p. 188-189 ; SYMCHOWICZ Nil, *Droit public des montages contractuels complexes*, Paris : Imprimerie nationale, 2003, p. 91 ; PICARD Etienne, « La liberté contractuelle des personnes publiques constitue-t-elle un droit fondamental ? », *op. cit.*, n° 651 ; FLEURY Thibault, « Liberté contractuelle des personnes publiques, Questions critiques à l'aune de quelques décisions récentes », *op. cit.*, p. 231 ; PONCE Claude, *Le consensualisme dans les contrats administratifs, op. cit.*, p. 82.

[1789] PEQUIGNOT Georges, *Contribution à la Théorie générale du Contrat administratif, op. cit.*, p. 191 ; De LAUBADERE André, *Traité théorique et pratique des contrats administratifs,* Tome 1, *op. cit.*, p. 257 ; De LAUBADERE André, MODERNE Franck, DELVOLVE Pierre, *Traité des contrats administratifs*, Tome 1, *op. cit.*, p. 581 ; GUETTIER Christophe, *Droit des contrats administratifs, op. cit.,* p. 175 ; RICHER Laurent et LICHERE François, *Droit des contrats administratifs, op. cit.,* p. 131 et s. ; BRECHON-MOULENES Christine, « Choix des procédures, choix dans les procédures », *AJDA* 1998.753 ; DUFAU Valérie, *Les sujétions exorbitantes du droit commun en droit administratif, L'administration sous la contrainte, op. cit.* ; LLORENS François, « La liberté contractuelle des collectivités territoriales », *op. cit.*, étude 6, p. 10.

[1790] CE, 29 décembre 1997 *Cne d'Ostricourt, Lebon* 706 ; CE Sect., 9 janvier 1978, *Synd national de l'enseignement technique agricole public, Lebon* 22.

[1791] Voir notamment : DELVOLVE Pierre, « Constitution et contrats publics », *op. cit.*, p. 469 ; DUFAU Valérie, *Les sujétions exorbitantes du droit commun en droit administratif, L'admi-*

à l'interstice d'autres notions avec lesquelles elle doit forcément composer telles que la bonne gestion des deniers publics[1792], la protection du domaine public, la continuité des services publics[1793] ou plus généralement la garantie de l'intérêt général[1794], auxquelles ces contrats participent. De façon plus spécifique par exemple, la rédaction des clauses est quelquefois substantiellement encadrée par le droit positif tout comme le processus de contractualisation, faisant de la liberté contractuelle une « *liberté surveillée* »[1795] : ce sont par exemple des clauses interdites, des clauses règlementées, des clauses imposées et plus généralement les procédures d'achat public. A cet effet, dans sa décision du 25 mai 2018[1796], le Conseil d'Etat est venu préciser la relativité de l'exercice de la liberté contractuelle dans le cadre de la passation des marchés publics par une solution d'équilibre entre l'application des principes de la commande publique et la liberté de décision de l'acheteur[1797].

La liberté contractuelle n'est pas pour autant annihilée puisque « *bien des contrats administratifs restent très peu encadrés* »[1798]. Elle est au fondement

---

nistration sous la contrainte, op. cit., p. 121 ; MOREAU Jacques, « Les matières contractuelles », *op. cit.*, p. 747 ; ROSA Audrey, « La contractualisation et le contribuable », *RFDA* 2018.236.

1792 FABRE-MAGNAN Muriel, *Droit des obligations 1- Contrat et engagement unilatéral*, Thémis Droit, 3ème éd., Paris : PUF, 2012, p. 152 : les restrictions apportées traduisent le souci « *d'éviter la corruption et le gaspillage des deniers publics, et aussi dans l'idée apparue plus récemment d'avoir une gestion plus efficace des services* » ; MAHOUACHI Mohamed, *La liberté contractuelle des collectivités territoriales, op. cit.*, p. 556 ; dans le même sens FORT François-Xavier, « Les aspects administratifs de la liberté contractuelle », *in Contrats publics, Mélanges en l'honneur du Professeur Michel Guibal, op. cit.*, vol. I, p. 27 ; NICINSKI Sophie, « Le dogme de l'autonomie de la volonté dans les contrats administratifs », *op. cit.*, p. 45.

1793 PEQUIGNOT Georges, *Contribution à la Théorie générale du Contrat administratif, op. cit.*, p. 241 ; *idem* MOREAU Jacques, « Les matières contractuelles », *op. cit.*, p. 747.

1794 SYMCHOWICZ Nil, *Droit public des montages contractuels complexes, op. cit.*, p. 159 ; MAHOUACHI Mohamed, *La liberté contractuelle des collectivités territoriales, op. cit.*, p. 222 ; FLEURY Thibault, « Liberté contractuelle des personnes publiques, Questions critiques à l'aune de quelques décisions récentes », *op. cit.*, p. 231 ; PONTIER Jean-Marie, « La liberté contractuelle des personnes publiques », *AJDA* 2013.837 ; BRESSE Patrick, « Les limites à la liberté contractuelle », concl. sur TA Versailles, 26 janvier 2004, *Commune de Draveil, AJDA* 2006.1044 ; FORT François-Xavier, « Les aspects administratifs de la liberté contractuelle », *op. cit.*, p. 27 ; NICINSKI Sophie, « Le dogme de l'autonomie de la volonté dans les contrats administratifs », *op. cit.*, p. 45 ; DUFAU Valérie, *Les sujétions exorbitantes du droit commun en droit administratif, L'administration sous la contrainte, op. cit.*

1795 YOLKA Philippe et HOURSON Sébastien, *Droit des contrats administratifs, op. cit.*, p. 40-41.

1796 CE, 25 mai 2018, n° 417428, *Office public de l'habitat Hauts-de-Seine Habitat, Lebon, AJDA* 2018.1064 et 1440, chron. S. ROUSSEL et Ch. NICOLAS, *AJCT* 2018.512, obs. S. HUL.

1797 ROUVILLOIS Frédéric, « Les marges de manœuvre de l'acheteur public » (Note sous CE, 25 mai 2018, n° 417428, *Office public de l'habitat Hauts-de-Seine Habitat, Lebon, AJDA* 2018.064), *RFDA* 2018.1050.

1798 MAUGÜE Christine « Les variations de la liberté contractuelle dans les contrats administratifs », *AJDA* 1998.694.

du contrat administratif malgré les limites qui affectent son exercice[1799]. Elle est d'ailleurs consacrée comme liberté fondamentale au sens de l'article L. 521-1 du Code de justice administrative[1800]. Mais c'est surtout la décision du 30 novembre 2006 du Conseil constitutionnel[1801] qui a cristallisé la doctrine quant à la valeur de la liberté contractuelle des personnes publiques. Avant la décision précitée, la doctrine était partagée : E. PICARD estimait que « *puisqu'elles ne sauraient revendiquer des droits fondamentaux, les personnes publiques n'ont pas de droit fondamental à la liberté contractuelle* », tout en disposant en la matière d'une « fausse liberté »[1802]. En revanche, B. MATHIEU appelait à sa constitutionnalisation[1803], tandis que Ph. TERNEYRE invitait le Conseil constitutionnel à consacrer une liberté contractuelle de « second rang » en raison de l'absence de disposition expresse dans la Constitution et au regard de son caractère limité en pratique[1804]. L'intervention en 2006 du Conseil constitutionnel constitue pour une majeure partie de la doctrine la consécration de la valeur constitutionnelle de la liberté contractuelle des personnes publiques[1805] sur le fondement de l'article 4 de la Déclaration des Droits de l'Homme et du Citoyen[1806]. En revanche, pour Th. FLEURY « *ce*

[1799] De LAUBADERE André, *Traité théorique et pratique des contrats administratifs*, Tome 1, *op. cit.*, p. 347 ; De LAUBADERE André, MODERNE Franck, DELVOLVE Pierre, *Traité des contrats administratifs*, Tome 1, *op. cit.*, p. 676 ; GUETTIER Christophe, *Droit des contrats administratifs, op. cit.*, p. 194 ; RICHER Laurent et LICHERE François, *Droit des contrats administratifs, op. cit.*, p. 13 ; SYMCHOWICZ Nil, *Droit public des montages contractuels complexes, op. cit.*, p. 86 ; MOREAU Jacques, « Les matières contractuelles », *op. cit.*, p. 747.

[1800] CE, 12 novembre 2001, Ord. n° 239840, *Commune de Montreuil Bellay, Lebon* p. 551, *DA* 2002, n° 41, note M. LOMBARD.

[1801] CC, 30 novembre 2006, n° 2006-543 DC, *Loi relative au secteur de l'énergie, AJDA* 2007.192, note G. MARCOU, *RDP* 2007.845, note P.Y. GAHDOUN.

[1802] PICARD Etienne, « La liberté contractuelle des personnes publiques constiue-t-elle un droit fondamental ? », *op. cit.*, n° 651.

[1803] MATHIEU Bertrand, « Liberté contractuelle et sécurité juridique : Les oracles ambigus des sages de la rue de Montpensier, A propos de la décision 96-385 D.C. du Conseil constitutionnel du 30 décembre 1996 », *LPA* 7 mars 1997, n° 29, p. 5.

[1804] TERNEYRE Philippe, « La liberté contractuelle est-elle un droit fondamental ? Le point de vue constitutionnel », *AJDA* 1998.667 ; voir aussi TERNEYRE Philippe, « Le législateur peut-il abroger les articles 6 et 1123 du Code civil ? Sur la valeur constitutionnelle de la liberté contractuelle », *in Mélanges en l'honneur de Gustave PEISER*, Grenoble : PUG, 1995, p. 473.

[1805] YOLKA Philippe et HOURSON Sébastien, *Droit des contrats administratifs*, *op. cit.*, p. 40-41 ; LLORENS François, « La liberté contractuelle des collectivités territoriales », *op. cit.*, p. 10.

[1806] GAHDOUN Pierre-Yves, *La liberté contractuelle dans la jurisprudence du Conseil constitutionnel*, Paris : Dalloz, 2008, p. 91 ; GAHDOUN Pierre-Yves, « La liberté contractuelle des personnes publiques et la Constitution, Un aspect méconnu de la décision "GDF" du Conseil constitutionnel », *RDP* 1er mai 2007 n° 3, p. 845 ; voir aussi, avant la décision de 2006 : ROLIN Frédéric, « La liberté contractuelle des personnes publiques, CE, 5 mars 2003, Ordre des avocats à la Cour d'appel de Paris, req. n° 238039, *RFDA* 2003.619 », *RDC*, 1er avril 2004 n° 2, p.

sont davantage les difficultés d'une telle consécration que révèlent ces décisions »[1807], Ch. GUETTIER expliquant en ce sens qu'« *à défaut de pouvoir bénéficier d'une protection pleine et entière par la reconnaissance de son rang constitutionnel, la liberté contractuelle est susceptible d'être mise à l'abri des excès du législateur* »[1808], protection que le Conseil constitutionnel rappelle régulièrement[1809].

La valeur de la liberté contractuelle reste finalement énigmatique. C'est une question qui se retrouve également en droit privé : malgré des atteintes et restrictions, la doctrine reste attachée au principe de liberté contractuelle[1810] consacré à l'article 1102 du Code civil et entendu comme la faculté de « *contracter ou de ne pas contracter, de choisir son cocontractant et de déterminer le contenu et la forme du contrat dans les limites fixées par la loi* » dans l'intérêt général[1811]. Alors que les administrativistes y voient des exceptions, les privatistes ont paradoxalement tendance à considérer que ces règles garantissent la liberté contractuelle[1812] en rééquilibrant les forces en présence. Ainsi, la liberté contractuelle est administrativisée, ces subtilités se poursuivant d'ailleurs par une modulation administrative du lien contractuel.

---

423 ; MODERNE Franck, « La liberté contractuelle est-elle vraiment et pleinement constitutionnelle ? », *RFDA* 2006.2 ; DUFFY Aurélie, « La constitutionnalisation de la liberté contractuelle », *RDP* 2006.1569.

1807 FLEURY Thibault, « Liberté contractuelle des personnes publiques, Questions critiques à l'aune de quelques décisions récentes », *op. cit.*, p. 231.

1808 GUETTIER Christophe, *Droit des contrats administratifs, op. cit.*, p. 143.

1809 CC, 22 décembre 2016, n° 2016-742 DC, *JORF* 24 décembre 2016 ; CC, 29 mai 2015, n° 2015-470 QPC, *JORF* 31 mai 2015, *AJDA* 2015.1070, obs. J.-M. PASTOR ; CC, 4 août 2016, n° 2016-736 DC, *Loi Travail, AJDA* 2016.1604 ; *D.* 2016 p. 2252, obs. P. LOKIEC et J. PORTA ; CC, 23 janvier 2014, n° 2103-687 DC, *Loi de modernisation de l'action publique territoriale et d'affirmation des métropoles, AJDA* 2014.188, *D.* 2014 p. 281, obs. J.-C. ZARKA.

1810 Voir en ce sens les principaux ouvrages : MALINVAUD Philippe, FENOUILLET Dominique, MEKKI Mustapha, *Droit des obligations, op. cit.* ; FLOUR Jacques, AUBERT Jean-Luc, SAVAUX Éric, *Droit civil, Les obligations, 1. L'acte juridique,* Sirey, 16ème éd. Paris : Dalloz, 2014, p. 117 ; FABRE-MAGNAN Muriel, *Droit des obligations 1- Contrat et engagement unilatéral*, Thémis Droit, 3ème éd., Paris : PUF, 2012, p. 57 ; LARROUMET Christian et BROS Sarah, *Traité de droit civil, Les obligations, Le contrat*, Tome 3, 7ème éd., Paris : Economica, 2014, p. 118 ; GHESTIN Jacques, LOISEAU Grégoire, SERINET Yves-Marie, *La formation du contrat, Le contrat – Le consentement, Traité de droit civil*, Tome 1, 4ème éd., Paris : LGDJ-Lextenso, 2013, p. 181.

1811 FLOUR Jacques, AUBERT Jean-Luc, SAVAUX Éric, *Droit civil, Les obligations, 1. L'acte juridique*, 16ème éd., *op. cit.*, p. 94, les auteurs expliquent que « *la liberté contractuelle, spécialement, peut rester le principe, parce qu'elle conduit souvent à des résultats justes et utiles. Mais elle doit être restreinte par une réglementation impérative là où il apparaît qu'elle n'ajuste pas bien les intérêts particuliers entre eux ou qu'elle ne les coordonne pas avec l'intérêt général* ».

1812 KERHUEL Anne-Julie, *L'efficience stratégique du contrat d'affaires, Un champ d'action de la liberté contractuelle*, *op. cit.*, p. 35.

B. La modulation administrative du lien créé lors de la formation du contrat administratif

L'administrativité de l'accord de volontés et l'encadrement qui en découle influent forcément sur la substance du lien contractuel en droit administratif. Si, lors de la formation du contrat, la relation doit présenter certaines qualités que le juge administratif vérifie à l'aide des mêmes standards contractuels que son homologue civiliste, le contexte de droit administratif lui permet également de recourir à la légalité administrative (1). Plus encore, c'est le contenu du contrat administratif qui se trouve inévitablement coloré par cette ambiance de droit public (2).

1. La légalité administrative et les vices du consentement

Le consentement dans le contrat administratif doit être exempt de vices mais son administrativité implique également une soumission à la légalité administrative. Certains auteurs ont pu se demander s'il ne faudrait pas abandonner l'analyse des vices du consentement pour y substituer une théorie des illégalités du droit administratif[1813]. Cependant, la nature contractuelle du contrat administratif suppose de conserver celle-ci[1814], tandis que son administrativité impose d'ajouter celle-là[1815]. D'ailleurs, gardien de la légalité administrative, le juge administratif est fréquemment amené à mettre en balance le contrôle subjectif de la qualité du consentement avec la continuité du service public pour garantir plus généralement la stabilité juridique de l'action administrative[1816] ou la loyauté et la sincérité contractuelles[1817]. Pour D. POUYAUD, « *le contrat est, dans son essence, une institution de droit civil et le remodelage que lui imposent la puissance publique et le service public*

[1813] De LAUBADERE André, *Traité théorique et pratique des contrats administratifs*, Tome 1, *op. cit.*, p. 199 ; De LAUBADERE André, MODERNE Franck, DELVOLVE Pierre, *Traité des contrats administratifs*, Tome 1, *op. cit.*, p. 531 ; MARCUS Laure, *L'unité des contrats publics, op. cit.*, p. 412.

[1814]Voir ci avant ; voir aussi MARCUS Laure, *L'unité des contrats publics, ibid.*, p. 66

[1815] Rappr. ROUVILLOIS Frédéric, « Le paradoxe de la jurisprudence sur les vices du consentement dans les marchés publics », *op. cit.*, p. 1904.

[1816] WEBER Yves, « La théorie des vices du consentement dans les contrats administratifs », *op. cit.*, p. 315 ; POUYAUD Dominique, *La nullité des contrats administratifs, op. cit.*, p. 106 ; PLESSIX Benoît, *L'utilisation du droit civil dans l'élaboration du droit administratif, op. cit.*, 2003, p. 210 ; GUEZOU Olivier, « Droit de la concurrence et contrats publics », *op. cit.*, p.122 ; MAMOUDY Olga, « Une balance déséquilibrée », *AJDA* 2019.1087 ; BRACONNIER Stéphane, « Contentieux des contrats : le choc de sécurisation ? », *AJDA* 2014.945.

[1817] PLESSIX Benoît, *L'utilisation du droit civil dans l'élaboration du droit administratif, ibid.*, p. 211 ; BRACONNIER Stéphane, « L'articulation entre dol et pratiques anticoncurrentielles dans les marchés publics », *AJDA* 2007.2200 ; MODERNE Franck, « Une illustration exemplaire de la théorie du dol dans le contentieux des contrats administratifs », *op. cit.*, p. 109; GOURDOU Jean et TERNEYRE Philippe, « Dol et responsabilité du cocontractant », *op. cit.*, n° 20.

procèdent des fondements mêmes du droit administratif »[1818]. La validité du contrat se teinte alors des exigences de l'ordre public et plus spécifiquement du but d'intérêt général de l'action administrative. D'ailleurs, l'office du juge traduit cette légalité administrative du contrat lorsque le juge met en balance l'efficacité de l'action administrative avec la légalité contractuelle pour privilégier la stabilité du contrat[1819] sur fond de loyauté contractuelle administrative. Il considère alors qu'un vice du consentement ne vicie pas forcément le contrat[1820]. Plus généralement, citant G. PEQUIGNOT, Ph. MALAURIE reconnaît qu'en droit administratif, « *la règle générale d'activité du droit public est la réalisation de l'intérêt public, son objectif principal est d'assurer l'ordre public* »[1821].

En pratique, les vices du consentement dans le contrat administratif sont parfois éludés au profit du recours à la légalité administrative. En effet, lorsqu'un vice du consentement est susceptible de se produire, l'attachement du juge à l'autonomie du droit administratif peut le conduire à mobiliser les moyens propres dont il dispose pour y remédier[1822]. C'est par exemple le recours à la notion de prise illégale d'intérêts[1823] – dont l'appréciation relève du juge judiciaire –, de conseiller intéressé[1824], d'incompétence[1825] ou plus généralement la recevabilité du recours en excès de pouvoir ou en détournement

[1818] POUYAUD Dominique, *La nullité des contrats administratifs*, *op. cit.*, p. 284

[1819] V. DOUTEAUD Stéphanie, *La stabilisation des contrats de l'administration par le juge de la validité, op. cit.* ; GREMAUD William, *La régularisation en droit administratif*, Thèse dactyl., Paris II, 2019.

[1820] Voir plus loin, voir aussi ROTOULLIE Jean-Charles, « Sécurité juridique et tolérance des illégalités », *op. cit.*, p. 1094.

[1821] MALAURIE Philippe, *Les contrats contraires à l'ordre public (Etude de droit comparé : France, Angleterre, U.R.S.S.)*, Reims : Ed. Matot-Braine, 1953, p. 8 ; dans le même sens, voir VINCENT-LEGOUX Marie-Caroline, *L'ordre public, Etude de droit comparé interne*, Paris : PUF, 2001, p. 205 ; BERNARD Paul, *La notion d'ordre public en droit administratif*, Paris : LGDJ, 1962, p. 188 ; POUYAUD Dominique, *La nullité des contrats administratifs*, *op. cit.*

[1822] De LAUBADERE André, *Traité théorique et pratique des contrats administratifs*, Tome 1, *op. cit.*, p. 238 ; PLESSIX Benoît, *L'utilisation du droit civil dans l'élaboration du droit administratif*, *op. cit.*, p. 208 ; De LAUBADERE André, MODERNE Franck, DELVOLVE Pierre, *Traité des contrats administratifs*, Tome 1, *op. cit.*, p. 540-541 et p. 562 ; ROLIN Frédéric, « La cause dans le droit des obligations : droit public, droit privé », in Dossier *RDP*, 20 décembre 2012, n°4, p. 827 (table ronde) ; BOUCHER Julien et BOURGEOIS-MACHUREAU Béatrice, « Les trois visages de la cause dans les contrats administratifs », *op. cit.*, n° 575 ; POUYAUD Dominique, *La nullité des contrats administratifs*, *op. cit.*, p. 174.

[1823] CE, 03 septembre 2019, n° 434072, *JCP A* 2019.579 ; CAA Bordeaux, 06 juin 2019, n° 17BX01026, Inédit – *Dalloz jurisprudence.*

[1824] CAA Marseille, 05 juin 2015, n° 14MA01988, Inédit – *Dalloz jurisprudence*, pour une critique de la notion voir cependant DUBREUIL Charles-André, « Conseiller intéressé : le Conseil d'Etat précise la notion d'"intérêt distinct" », *AJDA* 2013.626 ; DEVES Claude, « Société d'économie mixte locale et conseiller intéressé à l'affaire », *AJDA* 2013.1059.

[1825] CE, 30 novembre 2018, n° 414377, *Sté CDA Publimedia, Lebon T., BJCP* 2019 p. 87, concl. PELLISSIER ; CE Sect., 10 novembre 2010, n° 314449, *Commune de Palavas-les-Flots et Commune de Lattes, Lebon, AJDA* 2010.2183 et 2416, chron. D. BOTTEGHI et A. LALLET, *D.* 2010 p. 2842, obs. R. GRAND, *AJCT* 2010.163, obs. J.-D. DREYFUS.

de pouvoir. Le juge peut alors considérer qu'une illégalité résultant d'un vice de forme ou de procédure affecte le consentement de la personne publique[1826]. Il faut également signaler le formalisme qui entoure la passation de nombreux contrats administratifs et réduit les occurrences de tels vices. Ainsi que le souligne Ch. GUETTIER, « *le cérémonial propre à l'élaboration des contrats administratifs est de nature à limiter les risques d'erreur* »[1827].

La légalité administrative vient ainsi se combiner, se substituer voire limiter la fréquence des vices du consentement. Plus généralement, l'administrativité du lien emporte une coloration du contenu du contrat.

2. La coloration administrative du contenu du contrat

L'objet et la cause ont disparu du Code civil pour laisser place à la notion de contenu du contrat. Cependant, parce que des travaux doctrinaux significatifs sur lesquels la recherche s'appuie mentionnent nécessairement ces deux concepts, ils seront utilisés ici dans leur signification classique. Fréquemment, la doctrine fonde la spécificité du contrat administratif sur son objet[1828] et souligne que « *la satisfaction de l'intérêt général est l'alpha et l'oméga de l'action administrative* »[1829]. L'administrativité fait ainsi subir quelques aménagements à l'objet du contrat, qui ne peut être appréhendé comme une simple énumération de prestations possibles, déterminées ou déterminables et licites. D'un côté, son interprétation se révèle plus stricte en raison de matières exclues totalement ou partiellement du procédé contractuel[1830] et au regard du

[1826] CE, 10 avril 2015, n° 370223, *Commune de Levallois-Perret, Lebon T.*, *BJCP* 2015 p. 294, concl. BOHNERT, *RFDA* 2015.907, comm. P. DELVOLVE, *AJDA* 2015.725, obs. DE MONTECLER, *RDI* 2015.305, obs. FOULQUIER, *AJCT* 2015.394, obs. DIDRICHE, *CMP* 2015 Comm. 156, note PIETRI ; CE, 29 décembre 2014, n° 372477, *Commune d'Uchaux, Lebon* 2014 avec les concl. DAUMAS, *JCP A* 2015, Act. 13, *JCP A* 2015.2115, note LANGELIER et 2103, chron. LE BOT, *CMP* 2015 chron. 6, note PIETRI, *CMP* 2016 chron. 3, note LLORENS et SOLER-COUTEAUX, *AJDA* 2015.4, obs. PASTOR.

[1827] GUETTIER Christophe, *Droit des contrats administratifs, op. cit.*, p. 342 ; POUYAUD Dominique, *La nullité des contrats administratifs, op. cit.*, p. 106.

[1828] PEQUIGNOT Georges, *Contribution à la Théorie générale du Contrat administratif, op. cit.*, p. 232 : « *L'administration ne peut pas contracter sur certains objets qui lui sont interdits. Cette règle n'est qu'une transposition dans le droit public de la règle posée par l'article 6 du Code Civil. Seulement, il faut tenir compte de ce que le contrat administratif a pour but le bon fonctionnement des services publics ; les cas d'objets illicites sont donc plus nombreux et plus variés en droit public qu'en droit privé* ».

[1829] PLESSIX Benoît, *L'utilisation du droit civil dans l'élaboration du droit administratif, op. cit.*, p. 216.

[1830] Voir ci-avant, voir aussi De LAUBADERE André, MODERNE Franck, DELVOLVE Pierre, *Traité des contrats administratifs*, Tome 1, *op. cit.*, p. 43.

rôle joué par l'ordre public[1831] administratif. Il s'agit notamment de la compétence des personnes publiques et des exigences concurrentielles[1832]. D'un autre côté, son interprétation doit être souple en considération de la mutabilité du contrat administratif et de la relativisation du caractère déterminé de l'objet qu'elle emporte inéluctablement.

L'examen de la cause du contrat administratif est également soumis aux exigences du droit administratif au titre desquelles figure la satisfaction de l'intérêt général[1833]. Dans sa thèse, G. PEQUIGNOT explique que se trouve ici le « *génie propre du contrat administratif* » et affirme que « *le but concret, vivant, variable dans le temps, se trouve ainsi substitué, dans une certaine mesure, à la notion classique de cause objective et statique comme condition d'existence des contrats administratifs* »[1834]. La cause en droit administratif, entendue comme le but poursuivi, se trouve en quelque sorte objectivée[1835] et modulée conformément aux exigences de l'action administrative.

Force est de constater que le lien contractuel administratif doit présenter les qualités requises à la formation de tout contrat, alors que son administrativité y ajoute une coloration et impose des sujétions propres à l'action administratives, renvoyant plus généralement au respect de la légalité administrative. En définitive, l'administrativité conduit la procédure de formation du contrat suivant les nécessités et contraintes de l'action administrative en vue de la réalisation de laquelle le contrat administratif est conclu et s'exécute.

Paragraphe 2. Les caractéristiques de l'exécution du contrat administratif

A l'instar de la formation du contrat administratif, les marqueurs de l'administrativité sont nombreux lors de son exécution et ajoutent une « manière d'être » au contrat administratif compatible avec sa nature contractuelle. Il a en effet pu être constaté que, conformément à l'article 1101 du Code civil, le contrat administratif a pour effet de « *créer, modifier, transmettre ou éteindre des obligations* ». En revanche, l'obligation, ce « *lien de droit par lequel le*

1831 PLESSIX Benoît, *L'utilisation du droit civil dans l'élaboration du droit administratif, op. cit.*, p. 219 ; DREYFUS Jean-David, « Illicéité de l'objet d'une convention garantissant la délivrance d'un permis de construire », *AJDA* 2005.1531.

1832 DOUENCE Maylis, « Les limites au principe de libre détermination de l'objet d'une délégation de service public », *AJDA* 2017.359.

1833 PLESSIX Benoît, *L'utilisation du droit civil dans l'élaboration du droit administratif, op. cit.*, 2003, p. 230 ; LOMBARD Frédéric, *La cause dans le contrat administratif, op. cit.*, p. 143.

1834 PEQUIGNOT Georges, *Contribution à la Théorie générale du Contrat administratif, op. cit.*, p. 248.

1835 Voir pour une critique DIEU Frédéric, « Sanction du but illicite d'une convention d'occupation du domaine public », *AJDA* 2008.928 (conclusions) : le rapporteur public regrette le recours à la notion de fraude à la loi pour sanctionner une convention fondée sur une cause illicite.

débiteur se trouve astreint envers le créancier »[1836], est, dans le contrat administratif, à la fois plus ferme et plus souple. Plus précisément, son exécution répond à des nécessités qui justifient l'existence de garanties (A) mais également la prise en compte d'aléas (B) tout au long de la vie du contrat administratif.

A. Les garanties de l'exécution du contrat administratif

D'emblée, il convient de rappeler que comme tout contrat, le contenu du contrat administratif est obligatoire. Cette dimension se trouve néanmoins accentuée par l'administrativité du contrat. Ainsi que le souligne G. PEQUIGNOT, « *étant seule à être mue, par hypothèse, par des considérations d'intérêt public, elle ne peut pas se désintéresser de la manière dont le collaborateur qu'elle s'est adjoint et qui, lui, est mû par des préoccupations purement privées, remplit la mission qu'elle lui a confié* »[1837]. Il s'agit ici de constater une réelle gouvernance administrative du contrat (1) que la force conférée aux exigences d'exécution personnelle et temporelle vient renforcer (2).

1. La gouvernance administrative du contrat administratif

Le contrat administratif est toujours relié à l'action administrative, qu'il ait pour objet le fonctionnement d'un service public ou, plus généralement, la poursuite d'un intérêt général[1838]. Or, cette relation implique et justifie un véritable droit de regard[1839] de l'administration sur l'exécution qui ne s'applique pas avec la même intensité selon les contrats[1840] mais qui existe toujours[1841].

[1836] VERNET Prosper, *Textes choisis sur la théorie des obligations en droit romain, op. cit.*, p. 2.

[1837] PEQUIGNOT Georges, *Contribution à la Théorie générale du Contrat administratif, op. cit.*, p. 306.

[1838] GUETTIER Christophe, *Droit des contrats administratifs, op. cit.*, p. 431 ; BRENET François, Les contrats administratifs, *in* GONOD Pascale, MELLERAY Fabrice, YOLKA Philippe, *Traité de droit administratif*, Tome 2, *op. cit.*, p. 245.

[1839] ROBLOT-TROIZIER Agnès, « Retour sur le pouvoir de contrôle de l'administration à l'égard de son cocontractant », *op. cit.*, p. 990.

[1840] PEQUIGNOT Georges, *Contribution à la Théorie générale du Contrat administratif, op. cit.*, p. 312 ; De LAUBADERE André, MODERNE Franck, DELVOLVE Pierre, *Traité des contrats administratifs*, Tome 1, *op. cit.*, p. 383 ; GUETTIER Christophe, *Droit des contrats administratifs, op. cit.*, p. 431-432 ; ROBLOT-TROIZIER Agnès, « Retour sur le pouvoir de contrôle de l'administration à l'égard de son cocontractant », *ibid.*, p. 990 ; PONCE Claude, *Le consensualisme dans les contrats administratifs, op. cit.*, p. 124.

[1841] En ce sens, voir ROBLOT-TROIZIER Agnès, « Retour sur le pouvoir de contrôle de l'administration à l'égard de son cocontractant », *ibid.*, p. 990 ; CAILLE Pascal et LATINA Mathias, « Force obligatoire, pouvoir de direction et de contrôle et bonne foi contractuelle », *in Contrats de droit privé et contrats de droit administratif, Droit comparé interne*, Paris : LGDJ Lextenso 2019, p. 127.

Au premier degré se trouve un contrôle qui se manifeste par la simple surveillance de la bonne exécution du contrat administratif. Au second degré, l'administration dispose d'un pouvoir de direction, en vertu duquel celle-ci peut intervenir dans l'exécution. Il concerne les marchés publics dès lors que l'administration assure la maîtrise d'ouvrage[1842], tandis qu'il est (en principe) absent des délégations de service public[1843], le concessionnaire disposant d'une « liberté de gestion »[1844]. Justifié par l'intérêt général, le pouvoir de contrôle existe sans texte, bien que sa valeur juridique interroge. La jurisprudence reconnaît ce droit de regard[1845], alors que sa consécration au rang des règles générales se fait attendre[1846].

Complémentaire du contrôle ensuite, il faut évoquer la sanction dans le contrat administratif. Existante en droit privé du contrat et matérialisée par l'insertion de « clauses pénales »[1847], la sanction est également prévue par le Code civil en cas d'inexécution aux articles 1217 et suivants. Elle est néanmoins spécifique en droit administratif en ce qu'elle garantit avant tout la mission administrative[1848]. A l'inverse de ce qui se passe en droit privé où la sanction unilatérale existe[1849] dans une logique réciproque, en droit administratif, l'administration en bénéficie exclusivement même dans le silence du contrat

---

1842 CE Sect., 25 février 1994, n° 144641 et 145406, *Sofap-Marignan, Lebon* p. 94, *RFDA* 1994.510, concl. J. ARRIGHI de CASANOVA, *AJDA* 1994.550, *RDI* 1994.229, note J.-B. AUBY ; CE, 12 octobre 1988, n° 56690, *SA Entreprise Olim, RDP* 1989.1803 ; CAA Nancy, 10 novembre 2020, n° 18NC02371-18NC02377, Inédit – *Dalloz jurisprudence.*

1843 ROBLOT-TROIZIER Agnès, « Le pouvoir de contrôle de l'Administration à l'égard de son cocontractant », *op. cit.*

1844 CE, 18 octobre 2018, n° 420097, *Électricité de Tahiti, Lebon, AJDA* 2018.2047.

1845 CE, 5 novembre 1937, *Caire, Lebon* 899 ; CE, 7 novembre 1958, *Electricité et eaux de Madagascar, Lebon* 530 ; CE, 18 juillet 1930, *Chemins de fer PLM* ; CE Ass., 21 décembre 2012, n° 342788, *Commune de Douai*, Lebon, *AJDA* 2013.457, chron. X. DOMINO et A. BRETONNEAU et 724, étude E. FATOME et Ph. TERNEYRE, *RFDA* 2013.25, concl. B. DACOSTA ; CE, 10 décembre 2020, n° 432783, *AJDA* 2020.2469, obs. MAUPIN.

1846 Pour une invitation, voir les conclusions de B. DACOSTA sous CE Ass., 21 décembre 2012, n° 342788, *Commune de Douai, Lebon, AJDA* 2013.457, chron. X. DOMINO et A. BRETONNEAU et 724, étude E. FATOME et Ph. TEREYRE, *RFDA* 2013.25, concl. B. DACOSTA ; sur la question, voir aussi GUIARD Olivier (Rapporteur public), « Précisions sur la teneur du pouvoir de contrôle de l'administration contractante », *AJDA* 2019.1757.

1847 Par exemple : Cass. 3ème civ., 1er octobre 2020, n° 19-16.561, *Bull.* ; Cass. 1re civ., 10 juin 2020, n° 18-24.287, *Bull.*

1848 PEQUIGNOT Georges, *Contribution à la Théorie générale du Contrat administratif, op. cit.*, p. 321 ; De LAUBADERE André, MODERNE Franck, DELVOLVE Pierre, *Traité des contrats administratifs*, Tome 2, *op. cit.*, p. 102 ; RICCARDI David, *Les sanctions contractuelles en droit administratif*, Paris : Dalloz, 2019 ; rappr. en jurisprudence de : CE, 6 mai 1985, *OPHLM d'Avignon, RDP* 1985 p. 1706 ; CE, 13 juillet 1956, n°37656, *OPHLM Dpt de la Seine, Lebon.*

1849 ENCINAS de MUNAGORRI Rafael, *L'acte unilatéral dans les rapports contractuels*, Paris : LGDJ, 1996, p. 129 et s. ; ANTOINE Julien, « Les pouvoirs de sanction du cocontractant défaillant. Approche comparée entre droit des contrats administratifs et droit privé des obligations », *LPA*, 2002, n° 200, p. 4.

et dispose du privilège du préalable dans sa mise en œuvre[1850]. La finalité d'intérêt général de la sanction justifie sa rigueur et explique d'ailleurs la consécration, en 2016, de la sanction coercitive tenant en la réalisation aux frais et risques comme règle générale applicable au contrat administratif[1851]. Il faut toutefois concéder que la spécificité de la sanction administrative est brouillée par sa contractualisation[1852]. Mais moins qu'une remise en cause, il s'agit plutôt d'une conséquence de la transformation de l'action publique. D'ailleurs, extracontractuelle ou non, la sanction n'est jamais arbitraire et vient soutenir la continuité de l'action publique[1853]. Sous contrôle du juge[1854], l'administration peut ainsi recourir à des sanctions pécuniaires dans « *un but préventif d'intimidation et un but de réparation* »[1855], à des sanctions coercitives visant à assurer l'exécution du contrat aux frais et risques du cocontractant défaillant, voire à la résiliation sanction en cas de faute grave du cocontractant[1856]. La

---

1850 PEQUIGNOT Georges, *Contribution à la Théorie générale du Contrat administratif, op. cit.*, p. 346 et 426 ; dans le même sens De LAUBADERE André, MODERNE Franck, DELVOLVE Pierre, *Traité des contrats administratifs*, Tome 2, *op. cit.*, p. 144 ; GUETTIER Christophe, *Droit des contrats administratifs, op. cit.*, p. 449 ; BUCHER Charles-Edouard, *L'inexécution du contrat de droit privé et du contrat administratif, Etude de droit comparé interne,* Paris : Dalloz, 2011, p. 299. En jurisprudence, voir CE, 21 mars 1910, *Cie générale française des tramways, Lebon* p. 216 ; CE, 30 mai 1913, *Préfet de l'Eure, Lebon* ; CE, 31 octobre 1962, *Sté les constructions de l'Ouest, Lebon* ; CE, 31 mai 1907, *Deplanque, Lebon* p. 514 ; CE, 23 juin 1944, *Ville de Toulon, Lebon* ; CE, 9 janvier 1957, *Daval, lebon T.* ; CE, 21 mai 1982, n° 20414, *Sté de protection intégrale du bâtiment, Lebon* p. 183 ; CE Sect., 5 novembre 1982, n° 19413, *Sté Propétrol, Lebon* p. 381, *AJDA* 1983.259, concl. D. LABETOULLE.

1851 CE Ass., 9 novembre 2016, n° 388806, *Société Fosmax, Lebon, AJDA* 2016.2368, chron. L. DUTHEILLET de LAMOTHE et G. ODINET ; CE, 14 février 2017, n° 405157, *Société manutention portuaire d'Aquitaine, Lebon, AJDA* 2017.1453 ; CE, 18 décembre 2020, n° 433386, *Sté Treuils et Grues Labor, Lebon T., AJDA* 2020.2526.

1852 CANEDO Marguerite, « L'exorbitance du droit des contrats administratifs », *op. cit.*, p. 135 ; voir notamment pour la sanction : CE, 19 oct. 2001, n° 212677, *Syndicat intercommunal de Guzet-Neige, Lebon* ; CE, 12 mars 1999, n° 176694, *SA Méribel 92 c/ Commune d'Allues, Lebon, RDI* 1999.244, obs. F. LLORENS ; CAA Lyon, 27 décembre 2007, n° 03LY01236, *Verger et Delportes, Dalloz jurisprudence* ; CE, 19 juillet 2017, n° 392707, *CH interdptl de psychiatrie de l'enfant et de l'adolescent, CMP* 2017, comm 229, M. UBAUD-BERGERON, *BJCP* n° 115/2017, concl. G. PELLISSIER.

1853 GUETTIER Christophe, *Droit des contrats administratifs, op. cit.*, p. 455.

1854 CE, 23 juin 1944, *Ville de Toulon, Lebon* ; CE, 13 juin 1947, *Nouvelle Sté fermière de Luxeuil, Lebon* p. 259; CE, 24 octobre 1947, *Sté des eaux d'Yport, Lebon* p. 389 ; CE, 30 juillet 2003, n° 241371, *Sté Batinorest, Lebon* ; CE, 29 décembre 2008, n° 296930, *Office public d'habitations à loyer modéré de Puteaux, Lebon* p. 479 ; v. aussi COSSALTER Philippe, « Une décision de résiliation d'un contrat administratif peut faire l'objet d'un recours en reprise des relations contractuelles accompagné d'une requête en référé suspension », *RJEP* n° 690, Octobre 2011, comm. 44, commentaire de la décision CE, 21 mars 2011, n° 304806, *Cne Béziers* : JurisData n° 2011-004285.

1855 GUETTIER Christophe, *Droit des contrats administratifs, op. cit.*, p. 454.

1856 Dans les délégations on parle de déchéance que le juge doit prononcer : CE, 17 novembre 1944, *Ville d'Avallon, Lebon* p. 294 ; CE, 21 juin 1980, *Synd. Intercommunal de Peyresourde-*

fonction de la sanction en droit administratif du contrat lui confère une double nature réparatrice et coercitive, ce que rappelle le Conseil d'Etat dans une décision du 25 mars 2016[1857].

Cette gouvernance administrative est spécifique au contrat administratif. Si des procédés analogues existent en droit privé, c'est leur raison d'être et leur reconnaissance dans l'absolu au bénéfice exclusif de la personne en charge de l'action publique qui donne sa rigueur à l'exécution du contrat administratif. L'intervention administrative se double d'ailleurs d'exigences plus précises relatives à l'exécution personnelle et temporelle dans le contrat administratif.

2. L'exécution personnelle et temporelle dans le contrat administratif

Le contrat est obligatoire, le contrat administratif l'est d'une façon particulière. Il faut d'abord signaler que l'exécution du contrat administratif répond d'un principe général d'exécution personnelle puisque « *le cocontractant de l'Administration a l'obligation stricte d'exécuter personnellement le contrat* »[1858] tandis que « *l'administration doit exécuter son contrat de bonne foi* »[1859]. Seulement, l'*intuitu personae* est d'autant plus fort dans le contrat administratif que son objet se rapproche de l'intérêt général[1860]. L'administration puis éventuellement le juge administratif sont alors amenés à contrôler le sous-contrat administratif, qu'il s'agisse de la subdélégation[1861] ou de la sous-traitance. La cession de contrat bien connue du droit administratif suppose – plus que l'accord prévu à l'article 1216 du Code civil – un véritable agrément de

---

Balestas, Lebon p.348 ; CE, 25 mars 1991, n° 90747, *Copel, Lebon T* ; CE, 12 mars 1999, *SA Méribel, Lebon* p. 62.

1857 CE, 25 mars 2016, n° 365401, *Crédit agricole SA, Lebon T., BJCP* 2016 p. 306.

1858 PEQUIGNOT Georges, *Contribution à la Théorie générale du Contrat administratif, op. cit.*, p. 324 et p. 325 : « Le *contrat administratif est conclu à raison des nécessités du bon fonctionnement du service public et fait intuitu personae ; l'Administration a choisi avec soin ou grâce à des procédures protectrices son cocontractant ; ces prérogatives seraient illusoires, si le cocontractant pouvait se soustraire à l'obligation d'exécuter lui-même le marché* » ; voir aussi De LAUBADERE André, MODERNE Franck, DELVOLVE Pierre, *Traité des contrats administratifs*, Tome 2, *op. cit.*, p. 10 : « *C'est un principe très général que les contrats administratifs doivent être exécutés par le cocontractant de l'administration. Le fondement de ce principe est la notion de l'intuitu personae* » ; voir aussi GUETTIER Christophe, *Droit des contrats administratifs, op. cit.*,p. 443 ; YOLKA Philippe et HOURSON Sébastien, *Droit des contrats administratifs, op. cit.*, p. 105 et s.

1859 PEQUIGNOT Georges, *Contribution à la Théorie générale du Contrat administratif, op. cit.*, p. 429 ; GUETTIER Christophe, *Droit des contrats administratifs, op. cit.*, p. 457.

1860 ANTOINE Aurélien, « L'*intuitu personae* dans les contrats de la commande publique », *RFDA* 2011.879.

1861 CE Sect., 31 mai 1958, *Consorts Amoudruz, Lebon* p. 301 ; CE, 21 juin 2000, n° 212100, *Plages Chez Joseph, Lebon, D.* 2001 p. 733, note L. BORDEREAUX, *RDI* 2000.549, obs. L. VALLEE, *RDI* 2000.566, obs. F. LLORENS, *RFDA* 2000.797, concl. C. BERGEAL.

la personne publique[1862], sachant que sa délivrance dépend des garanties apportées par le cessionnaire en termes de continuité de l'action publique. Réciproquement, le juge est venu consacrer le fait qu'en cas de cession du contractant gestionnaire d'une dépendance du domaine public – en l'espèce de la Commune vers la Société nationale immobilière –, le consentement de la personne publique – ici de l'Etat en qualité de cédé – est indispensable[1863]. D'autant plus que traditionnellement, le caractère personnel des autorisations contractuelles d'occupation du domaine public a pu faire obstacle à toute cession[1864]. Prolongeant le droit de regard sur la bonne exécution du contrat, l'administration vérifie « qui » exécute le contrat, faisant du cocontractant un véritable collaborateur de l'action administrative.

L'exécution du contrat obéit ensuite au principe d'exécution ponctuelle qui suppose le respect des délais contractuels tant par le cocontractant[1865] que par l'administration[1866]. Surtout, la temporalité dans le contrat administratif présente quelques spécificités tenant en l'interdiction des engagements perpétuels de l'administration, la faculté de résiliation unilatérale et la réglementation de la durée[1867] de nombreux contrats administratifs[1868]. Des durées s'imposent

---

1862 Sur la question voir notamment les thèses de NOGUELLOU Rozen, *La transmission des obligations en droit administratif, op. cit.* et de HOEPFFNER Hélène, *La modification du contrat administratif, op. cit.* ; voir aussi ANTOINE Aurélien, « L'*intuitu personae* dans les contrats de la commande publique », *RFDA* 2011.879 ; SYMCHOWICZ Nil, « Contrat administratif et mise en concurrence : la question des cessions », *AJDA* 2000.104. Une nuance : BLANC G., « Transfert et cession de contrats administratifs : Le déclin des critères subjectifs d'autorisation et de contrôle », *JCP Entreprises et Affaires*, n° 51, 23 décembre 1999, p. 2050 ; en jurisprudence, voir : CE, 20 janv. 1905, n° 8248, *Compagnie départementale des eaux et services municipaux c/ Ville de Langres, Lebon* ; CE, Avis Sect. Fin., 8 juin 2000, n° 364803, *AJDA* 2000.758, note L. RICHER, *CJEG* 2001 p. 102, chron. C. MAUGÜE et L. DERUY ; CE Sect., 24 mai 1974, *Société Paul Millet et Cie, Lebon* p. 310 ; CE, 30 mai 1980, n° 12017, *Frery, Lebon* p. 256.

1863 CE, 07 décembre 2015, n° 375643, *Commune de Montbazon, Lebon T*, comm. ROMBAUTS-CHABROL Tiphaine, « Cession de contrat et bail emphytéotique administratif », *AJDA* 2016.1341.

1864 CE, 10 mai 1989, n° 73146, *Munoz, Lebon T* ; Sauf mention dans le titre : CE, 10 janvier 2011, n° 323831, *Ville de Paris*, Inédit – *Dalloz jurisprudence* ; CE, 15 novembre 2012, n°350867, *Hôpital de l'Isle-sur-la-Sorgue, Lebon, AJDA* 2012.2303.

1865 CE, 21 janvier 1944, *Sté entreprises et construction en béton armé, Lebon* 23 ; CE, 9 janvier 1957, *Etablissements Chaumeil, AJDA* 1957.119, concl. LAURENT ; CE, 23 janvier 1952, *Compagno, Lebon* p. 772.

1866 CE, 18 mars 1959, *Peter et Office national de la navigation, Lebon* p. 189 ; CE, 28 janvier 1978, *Société des ateliers Delestrade et Ramser Comte réunis, Lebon* p. 68 ; CE, 8 avril 2015, n° 382558, Inédit – *Dalloz jurisprudence.*

1867 Pour une étude complète de la « durée interne » du contrat administratif, voir CUBAYNES Camille, *La durée des contrats administratifs*, Thèse dactyl., Toulouse, 2019, p. 187 et. s.

1868 Voir notamment CE, 24 nov. 2008, n° 290540, *Syndicat mixte des eaux et de l'assainissement de la région du Pic-Saint-Loup, Lebon T., AJDA* 2009.319, note J.-D. DREYFUS, *BJCP* 2009 p. 151, concl. B. DACOSTA ; CE, 5 février 2009, n° 305021, *Sté centrale d'agriculture, d'horticulture et d'acclimatation de Nice et des Alpes-Maritimes, Lebon, AJDA* 2009.704, note J.-D. DREYFUS, *RDI* 2009.250, obs. O. FEVROT, *BJCP* 2009 p. 224, concl. N. ESCAUT.

alors à l'administration ayant pour effet la soumission des cocontractants à des délais d'exécution spécifiques[1869] qui, pour nombre d'entre eux, répondent d'un principe plus général posé à l'article L. 5 du Code de la commande publique, aux termes duquel *« les contrats sont conclus pour une durée limitée »*. La temporalité encadrée n'est pas neutre, elle implique parfois de revoir les amortissements[1870] et de procéder à un calcul préalable tendant quelques fois à l'acceptation d'une certaine précarité. Soumise au juge administratif, celui-ci pratique une vision administrativisée de la temporalité. Il considère que le contrat administratif doit s'exécuter suivant une durée dite normale[1871], une durée non excessive[1872], comprise dans une échelle variable compatible avec les exigences de la légalité administrative où se rencontrent la bonne gestion des deniers publics, l'efficacité de l'action publique, les principes de la commande publique et la continuité des services publics.

En définitive, l'exécution du contrat administratif est empreinte d'administrativité. L'*intuitu personae* et la temporalité sont interprétés suivant les exigences de l'action administrative. Cette lecture renvoie plus généralement à l'existence d'une gouvernance administrative du contrat, l'administration veillant à la bonne exécution du contrat administratif. Réciproquement, le cocontractant jouit d'une réelle garantie face aux aléas qu'il peut rencontrer dans l'exécution du contrat.

1869 La question s'est posée particulièrement concernant les contrats de distribution d'eau avec l'arrêt Commune d'Olivet : CE Ass., 8 avril 2009, n° 271737, *Compagnie générale des eaux, Commune d'Olivet, Lebon, AJDA* 2009.1209 ; NICINSKI Sophie, « L'arrêt Commune d'Olivet et les distributeurs d'eau », *AJDA* 2009.1747 ; G. le CHATELIER, « Où en est-on de la mise en œuvre de la jurisprudence *Commune d'Olivet* ? », *AJDA* 2013.1092 ; Plus généralement voir : NICINSKI Sophie, « La délégation de service public et le temps », *AJDA* 2013.1441 ; TERNEYRE Philippe, « La durée des contrats », *RFDA* 2016.276 ; CUBAYNES Camille, *La durée des contrats administratifs, op. cit.*

1870 VILA Jean-Baptiste, *Recherches sur la notion d'amortissement en matière de contrats administratifs, op. cit.* ; LINDITCH Florian, « Recherche sur la place de l'amortissement en droit administratif », *AJDA* 1996, p. 100 ; égal. RICHER Laurent, « La fin de la convention de délégation », *AJDA* 1996.648. En jurisprudence voir CE,13 octobre 1982, n° 24448, *Quettier*, Inédit – *Dalloz jurisprudence* ; CE, 11 août 2009, n° 303517, *Sté Maison Comba c/ Sté des crématoriums de France, Lebon, AJDA* 2010.954, note P. SUBRA de BIEUSSES ; CE, 8 février 2010, n° 323158, *Commune de Chartres, Lebon, AJDA* 2010.2146, note J.-B. VILA.

1871 CE, 7 février 1951, *Ville de Paris, Lebon* p. 76 ; CE, 11 août 2009, n° 303517, *Sté Maison Comba c/ Sté des crématoriums de France, ibid.* ; CE, 08 février 2010, n° 323158, *Commune de Chartres, ibid.* ; CE, 27 janvier 2020, n° 422104, *Toulouse Métropole, Lebon, AJDA* 2020.197, *AJCT* 2020.300, obs. G. LE CHATELIER.

1872 CE, 7 mai 2013, n° 365043, *Sté auxiliaire de parcs de la région parisienne, Lebon, AJDA* 2013.1271, chron. X. DOMINO et A. BRETONNEAU ; CE, 4 juin 2014, n° 368254, *SARL Opilo et Sté Paris Plage, AJDA.*1184, *BJCP* 2014 p. 374, concl. DACOSTA ; CE, 27 février 2019, n° 410537, *Sté Opilo c/ Cne de Ste Maxime, Lebon T,* AJDA 2019.1590, note DUBREUIL, *AJCT* 2019.246, obs. HUL, *BJCP* 2019 p. 198, concl. PELLISSIER, *CMP* 2019 n° 172, obs. DIETENHOEFFER ; CE, 25 janvier 2019, n° 424846, *Sté Uniparc Cannes, Lebon T., AJDA* 2019.206 et 1231 note R. SOUCHE.

B. Les aléas de l'exécution du contrat administratif

La gestion des aléas de l'exécution du contrat administratif traduit l'existence d'un contrat administratif résilient[1873] et se fonde sur une combinaison de la notion approximative d'imprévisibilité[1874] avec celles de sécurité juridique et d'intérêt général. Ces aléas sont des évènements imprévus portant atteinte à l'équilibre initialement convenu, tandis que leur traitement – généralement extracontractuel et jurisprudentiel – répond d'une recherche d'équité[1875]. La gestion des aléas dans le contrat administratif symbolise l'intérêt général dans le lien contractuel[1876] : le contrat administratif n'est pas simplement analysé comme la somme des intérêts des parties, il est envisagé en considération d'un tout. Dès lors, si la force obligatoire justifie l'intangibilité des clauses contractuelles, elle donne lieu ici à une interprétation souple lorsqu'il s'agit de protéger le lien contractuel, la « *vie contractuelle* »[1877]. La force obligatoire du contrat administratif prend une dimension singulière qui vise à préserver l'équation contractuelle lorsque se produisent des aléas externes (1) ou administratifs (2) au cours de son exécution.

1. La garantie administrative face aux aléas externes de l'exécution du contrat administratif

D'abord, c'est le fait du prince qui retient l'attention. G. PEQUIGNOT explique qu'il s'agit du « *changement opéré par l'Administration à un contrat administratif, unilatéralement et par acte d'autorité dans un but d'intérêt public* »[1878]. Malgré l'absence de définition unanime[1879], le fait du prince, qui

[1873] SOURZAT Lucie, *Le contrat administratif résilient*, *op. cit.*

[1874] VIDAL Laurent, *L'équilibre financier du contrat dans la jurisprudence administrative*, Bruxelles : Bruylant, 2005, p. 103-150.

[1875] DUFAU Valérie, *Les sujétions exorbitantes du droit commun en droit administratif, L'administration sous la contrainte*, *op. cit.*, p. 139.

[1876] Rappr. ROSA Fabrice et RICCARDI David, « Responsabilité et indemnisation », *in Contrats de droit privé et contrats de droit administratif, Droit comparé interne*, Paris : LGDJ Lextenso 2019, p. 259.

[1877] SYMCHOWICZ Nil, « L'intervention du juge du contrat dans l'exécution des contrats administratifs », *AJDA* 2015.320.

[1878] PEQUIGNOT Georges, *Contribution à la Théorie générale du Contrat administratif*, *op. cit.*, p. 366.

[1879] CANEDO Marguerite, « L'exorbitance du droit des contrats administratifs », *op. cit.*, p. 137 ; PEZ Thomas, *Le risque dans les contrats administratifs*, *op. cit.*, p. 624 et s. (l'auteur adopte toutefois une définition extensive du fait du prince intégrant notamment les cas de modification et de résiliation unilatérales du contrat, voir p. 661 et s.).

reste protéiforme[1880], peut néanmoins s'entendre comme l'adoption d'une mesure imprévue[1881], licite et générale par l'administration cocontractante[1882] en tant qu'autorité administrative, qui rend l'exécution du contrat plus difficile ou plus onéreuse[1883]. Emanation de l'administration puissance-publique[1884], l'administration-prince engage sa responsabilité sans faute[1885] en vue du rétablissement de l'équilibre contractuel[1886]. En droit civil, sa survenance exonère purement et simplement le débiteur de son obligation[1887] et s'apparente davantage à un obstacle[1888]. A l'inverse, en droit administratif, le fait du prince est un aléa dont la reconnaissance constitue un moyen de garantir l'exécution du contrat par le dédommagement du préjudice que sa réalisation suppose[1889].

En matière de marchés publics ensuite, il convient d'évoquer les sujétions imprévues[1890], qui visent à indemniser, comme le rappelle régulièrement le Conseil d'Etat, la survenance de « *difficultés matérielles rencontrées lors de l'exécution d'un marché, présentant un caractère exceptionnel, imprévisibles*

1880 UBAUD-BERGERON Marion, « Contrat administratif, fait du prince et responsabilité administrative », *AJDA* 2019.2553.

1881 CE, 14 mai 1926, *Pouillard, Lebon* p. 498 ; CAA Paris, 23 juillet 1991, *Sté Cofiroute, Lebon* p. 1043.

1882 CE, 4 mars 1949, *Ville de Toulon, Lebon* p. 197 ; CE, 20 octobre 1971, *Cie du chemin de fer de Bayonne à Biarritz, Lebon* p. 624 ; CE Sect., 5 novembre 1982, n° 19413 *Sté Propétrol, Lebon* p. 381, *AJDA* 1983.259, concl. D. LABETOULLE ; CE, 29 décembre 1997, n° 146753, *Sté civile des Néo-Polders, Dr. adm.* 1998 n° 109.

1883 CAA Douai, 25 octobre 2000, n° 97DA01950, inédit – *Dalloz jurisprudence* ; CAA Marseille, 23 mai 2018, 17MA03262, Inédit – *Dalloz jurisprudence ;* voir aussi CE, 20 mai 1904, *Cie marseillaise de navigation, Lebon* 425 ; CE, 18 mars 1983, *Sté du parking du square Boucicaut, RDP* 1983.423 ; LUXEMBOURG Fanny, « Le fait du prince : convergence du droit privé et du droit public », *op. cit.*, n° 119 ; DUFAU Valérie, *Les sujétions exorbitantes du droit commun en droit administratif, L'administration sous la contrainte, op. cit.*, p. 149.

1884 PONCE Claude, *Le consensualisme dans les contrats administratifs, op. cit.*, p. 159 ; BUCHER Charles-Edouard, *L'inexécution du contrat de droit privé et du contrat administratif, Etude de droit comparé interne, op. cit.*, p. 38.

1885 CE, 11 juill. 2014, n° 359980, *Mme Burnet, Lebon T, AJDA* 2014.2342.

1886 De LAUBADERE André, MODERNE Franck, DELVOLVE Pierre, *Traité des contrats administratifs*, Tome 2, *op. cit.*, p. 554 ; BRENET François, Les contrats administratifs, *in* GONOD Pascale, MELLERAY Fabrice, YOLKA Philippe, *Traité de droit administratif*, Tome 2, *op. cit.*, p. 254.

1887 BADAOUI Saroit, *Le fait du prince dans les contrats administratifs en droit français et en droit égyptien, op. cit.*, p. 2.

1888 V. LUXEMBOURG Fanny, « Le fait du prince : convergence du droit privé et du droit public », *op. cit.* ; YOLKA Philippe et HOURSON Sébastien, *Droit des contrats administratifs*, *op. cit.*, p. 120 ; PONCE Claude, *Le consensualisme dans les contrats administratifs*, *op. cit.*, p. 158.

1889 LUXEMBOURG Fanny, « Le fait du prince : convergence du droit privé et du droit public », *ibid.*

1890 DUFAU Valérie, *Les sujétions exorbitantes du droit commun en droit administratif, L'administration sous la contrainte, op. cit.*, p. 150 ; VIDAL Laurent, *L'équilibre financier du contrat dans la jurisprudence administrative, op. cit.* ; BRENET François, Les contrats administratifs, *in* GONOD Pascale, MELLERAY Fabrice, YOLKA Philippe, *Traité de droit administratif*, Tome 2, *op. cit.*, p. 251.

lors de la conclusion du contrat et dont la cause est extérieure »[1891], qui bouleversent l'économie générale du marché[1892]. De façon générale, la sujétion imprévue se caractérise par un fait matériel[1893] extérieur[1894] aux parties, qui n'a pu être prévu au moment de la conclusion du contrat et qui entraîne une

---

[1891] CE, 25 mars 2020, n° 427085, *Ministre de la transition écologique et solidaire c/ Sté Guintoli*, Inédit – *Dalloz jurisprudence* ; CE, 13 octobre 1978, n° 95863, 00903, 00998, *Département de la Vendée*, *Lebon* p. 871 ; CE, 30 juillet 2003, n° 223445, *Commune de Lens, Lebon* p. 960, *RDI* 2004.113, obs. M. DEGOFFE.

[1892] CE, 10 février 2014, n° 365828, *Sté Arc Ame, Lebon, AJDA* 2014.378, le Conseil d'Etat rappelle que les sujétions imprévues présentent « *un caractère exceptionnel et imprévisible, dont la cause est extérieure aux parties et qui ont pour effet de bouleverser l'économie du contrat* » ; CE, 1er juillet 2015, n° 383613, *Régie des eaux du canal de Belletrud (RECB), Lebon, AJDA* 2015.1343, *JCPA* n° 46, 16 novembre 2015, 2328, obs. F. LINDITCH, *CMP* n°10, octobre 2015, comm. 235, J.-P. PIETRI.

[1893] CE, 12 mai 1982, *Sté des autoroutes Paris-Rhin-Rhône, Lebon* p. 175, *RDP* 1983.245 ; CE, 13 décembre 1961, *Sté nationale de construction, Lebon* p. 706 ; CE, 22 décembre 1976, *Depussé, Lebon* p. 575 ; CE, 13 mai 1987, *Sté Citra-France, Lebon* p. 821 ; CE, 3 mars 2010, n° 304604, *Sté Presspali, Lebon T., AJDA* 2010.1532, note AUBERT.

[1894] LLORENS François, « Imprévision et sujétions techniques imprévues : condition d'extériorité », *CMP* n° 2, fév. 2011, comm. 51 ; UBAUD-BERGERON Marion, « Décompte général : la notion de sujétions techniques imprévues s'apprécie au regard des conditions climatiques normales du lieu d'exécution du contrat et de l'ampleur du projet », *CMP* n° 1, janvier 2012, comm. 18. En jurisprudence, voir : CE, 10 décembre 1938, *Sté Entreprise coopérative française, Lebon* p. 930 ; CE, 2 juillet 1982, n° 23653, *Sté Routière Colas, Lebon* p. 261 ; CE, 29 mars 1985, n° 26676, 26677, *Sté française des travaux publics Fougerolles*, Inédit – *Dalloz jurisprudence* ; CE, 27 sept. 2006, n° 269925, *Sté GTM Construction, CMP* 2006 comm. 294, obs. F. LLORENS et P. SOLER-COUTEAUX ; CAA Bordeaux, 10 nov. 2011, n° 09BX02023, *SA Gallego*, Inédit – *Dalloz jurisprudence* ; CE, 3 mars 2010, n° 304604, *Sté Presspali, Lebon T., AJDA* 2010.1532, note AUBERT. Voir aussi BRENET François, « Les conditions de mise en œuvre de la théorie des sujétions imprévues : la clause faisant état d'une incertitude ne fait pas obstacle à l'imprévisibilité », *DA* n° 5, mai 2010, comm. 75 et LLORENS François, « Sujétions techniques imprévues : précisions sur les conditions d'imprévisibilité et d'extériorité et sur l'application de la théorie à un sous-traitant », *CMP*, n° 5, mai 2010, comm. 167.

difficulté anormale[1895] d'exécution[1896]. En droit privé[1897], le régime des sujétions imprévues est différent : il peut se rattacher à l'erreur sur la substance[1898] ou, en application de l'article 1195 du Code civil, conduire à une renégociation des clauses. Suivant une logique propre, en droit administratif, les sujétions imprévues visent davantage à aider financièrement[1899] le cocontractant à exécuter le contrat, bien qu'elles restent rares. Malgré tout, comme l'explique F. LLORENS, « *la théorie des sujétions techniques imprévues* [...] *n'est pas pour autant une pièce de musée* »[1900]. D'ailleurs, si certains cas peuvent être anticipés contractuellement[1901], le juge peut toujours recourir au fondement extracontractuel dans le silence du contrat[1902] pour allouer au cocontractant la compensation de son préjudice[1903] et lui permettre de poursuivre l'exécution du contrat.

Cette équité dans le contrat administratif renvoie également à l'imprévision. Dans sa thèse, Ch.-E. BUCHER définit l'imprévision comme un problème qui se pose lorsque « *les conditions dans lesquelles les parties avaient contracté se trouvent profondément modifiées engendrant de ce fait un grave*

1895 Caractère anormal du surcoût : CE, 6 mai 1936, *Ministre de la guerre c/ Régnier, Lebon* p. 508 ; CE, 5 mai 1971, *Dodin, Lebon* p. 329 ; CE, 12 mai 1982, *Sté des autoroutes Paris-Rhin-Rhône, Lebon* p. 175, *RDP* 1983.245 ; CE, 23 juin 1993, n° 47180, *SA Roussey, RDI* 1993.505, obs. F. LLORENS et Ph. TERNEYRE.

1896 DUFAU Valérie, *Les sujétions exorbitantes du droit commun en droit administratif, L'administration sous la contrainte, op. cit.*, p. 149 ; LABROT Emilie, *L'imprévision, étude comparée droit public - droit privé*, Thèse dactyl. UT1, Toulouse, 2012, p. 176 ; BUCHER Charles-Edouard, *L'inexécution du contrat de droit privé et du contrat administratif, Etude de droit comparé interne, op. cit.*, p. 208 ; SAMSON Corinne, « La remise en cause du prix par les sujétions imprévues : oui mais... (Vers une régularisation contractuelle du bouleversement de l'économie du marché) », *Construction et urbanisme*, n° 4, avril 2003, chron. 4.

1897 Cf. SAMSON Corinne, « La remise en cause du prix par les sujétions imprévues : oui mais... (Vers une régularisation contractuelle du bouleversement de l'économie du marché) », *ibid.*

1898 Cass 3ème civ., 11 janvier 1995, n° 93-11966, *Dalloz jurisprudence* ; BUCHER Charles-Edouard, *L'inexécution du contrat de droit privé et du contrat administratif, Etude de droit comparé interne, op. cit.*, p. 208.

1899 Voir CAA Marseille, 19 décembre 2011, n° 09MA01523, *Communauté urbaine Nice-Côte d'Azur, CMP* n° 3, mars 2012, p. 81, note J.-P. PIETRI.

1900 LLORENS François, « Sujétions techniques imprévues : précisions sur les conditions d'imprévisibilité et d'extériorité et sur l'application de la théorie à un sous-traitant », *op. cit.*, comm. 167.

1901 Voir *infra.*

1902 CE, 3 mars 2010, n° 304604, *Sté Presspali, Lebon T., AJDA* 2010.1532, note AUBERT.

1903 CE, 2 décembre 1964, *Port autonome de Bordeaux, Lebon* p. 936 ; CE Sect., 17 octobre 1975, n° 93704, *Commune de Canari, Lebon* p. 516, *AJDA* 1975 p. 562 ; CE, 17 février 1992, n° 94863, *Sté générale d'entreprises Sainrapt et Brice, Lebon* 263 (sauf faute du contractant : CE, 29 juin 1951, *Secrétaire d'Etat à la Défense, Lebon* p. 385 ; CE, 13 octobre 1978, n° 95863, 00903, 00998, *Département de la Vendée, Lebon* p. 871 ; opposition de la personne publique : CE, 2 juillet 1982, n° 23653, *Sté routière Colas, Lebon* 261).

déséquilibre de leurs prestations au moment de leur exécution »[1904]. L'indemnisation à laquelle la survenance de l'imprévision donne lieu en droit administratif traduit la nécessité impérieuse d'exécution du contrat et exprime le lien avec l'action administrative[1905], l'intérêt général[1906]. Au regard de son objet, le contrat doit être exécuté, quoi qu'il en coûte pour l'administration. Pour G. PEQUIGNOT la théorie de l'imprévision possède cela de spécifique en droit administratif qu'elle constitue une « *théorie de vie contractuelle* »[1907].

1904 BUCHER Charles-Edouard, *L'inexécution du contrat de droit privé et du contrat administratif, Etude de droit comparé interne, op. cit.*, p. 167.

1905 De LAUBADERE André, MODERNE Franck, DELVOLVE Pierre, *Traité des contrats administratifs*, Tome 2, *op. cit.*, p. 563 ; GUETTIER Christophe, *Droit des contrats administratifs, op. cit.*, ; CLOUZOT Ludivine, « La théorie de l'imprévision en droit des contrats administratifs une improbable désuétude », *op. cit.*, n° 937 ; YOLKA Philippe et HOURSON Sébastien, *Droit des contrats administratifs, op. cit.*, p. 118 ; RICHER Laurent et LICHERE François, *Droit des contrats administratifs, op. cit.*, p. 268 ; BRENET François, Les contrats administratifs, *in* GONOD Pascale, MELLERAY Fabrice, YOLKA Philippe, *Traité de droit administratif*, Tome 2, *op. cit.*, p. 254 : son fondement est la continuité du service public mais également l'équité, la bonne foi et la notion de loyauté des relations contractuelles.

1906 DUFAU Valérie, *Les sujétions exorbitantes du droit commun en droit administratif, L'administration sous la contrainte, op. cit.*, p. 311 ; LABROT Emilie, *L'imprévision, étude comparée droit public - droit privé, op. cit.*, p. 342 ; d'autres fondements sont toutefois proposés par la doctrine : ANTOINE Julien, « La mutabilité contractuelle née de faits nouveaux extérieurs aux parties, Analyse comparée entre droit des contrats administratifs et droit privé des obligations », *RFDA* 2004.80 ; VIDAL Laurent, *L'équilibre financier du contrat dans la jurisprudence administrative, op. cit.* ; ABBATUCCI Séverin, SABLIER Bertrand et SABLIER Vincent, « Crise de l'acier : le retour de l'imprévision dans les marchés de travaux », *AJDA* 2004.2192.

1907 PEQUIGNOT Georges, *Contribution à la Théorie générale du Contrat administratif, op. cit.*, p. 504 ; plus récemment et en droit privé voir THIBIERGE Louis, *Le contrat face à l'imprévu*, Paris : Economica, 2011, p. 15 : l'auteur explique que l'imprévision s'accorde parfaitement avec la force obligatoire du contrat. En droit administratif, v. HOEPFFNER Hélène, *Droit des contrats administratifs, op. cit.*, p. 636 : Imprévision, fait du prince et sujétions imprévues « *contribuent à faire du contrat administratif un organisme vivant, s'adaptant aux meurtrissures du temps aux fins de garantir l'adaptabilité et la continuité du service public* ».

D'ailleurs, si ses critères stricts de qualification et sa contractualisation[1908] réduisent son champ d'application[1909], l'imprévision n'est pas « *devenue un objet de musée* »[1910]. L. CLOUZOT évoque à cet égard « *une improbable désuétude* »[1911] puisque l'essor d'instruments endogènes de traitement de l'imprévu[1912] ne suffit pas à faire disparaître[1913] l'imprévision, qui trouve encore à s'appliquer[1914]. Le règlement conventionnel de l'imprévision, auquel G. PEQUIGNOT faisait d'ailleurs état dès 1945[1915], ne saurait la condamner. Comme le souligne Ch.-A. DUBREUIL, « *la théorie de l'imprévision est semblable à ces comètes dont on peut douter de l'existence véritable tant sont peu nombreuses les occasions de les observer, mais qui, immanquablement et inlassablement, finissent par reparaître aux cieux du contentieux contractuel* »[1916]. Ainsi, le juge n'hésite pas à qualifier – bien que rarement[1917] et indépendamment de toute consécration textuelle[1918] – l'imprévision résultant

---

1908 LLORENS François, « Inapplicabilité de la théorie de l'imprévision à un contrat nul », *op. cit.*, n° 179.

1909 CANEDO Marguerite, « L'exorbitance du droit des contrats administratifs », *op. cit.*, p. 138 ; GUETTIER Christophe, *Droit des contrats administratifs, op. cit.*, p. 473.

1910 CHAPUS René, *Droit administratif, op. cit.*, p. 1214.

1911 CLOUZOT Ludivine, « La théorie de l'imprévision en droit des contrats administratifs : une improbable désuétude », *op. cit.*, n° 937.

1912 Voir *infra.*

1913 Sur la question, voir ANTOINE Julien, « La mutabilité contractuelle née de faits nouveaux extérieurs aux parties, Analyse comparée entre droit des contrats administratifs et droit privé des obligations », *RFDA* 2004.80.

1914 CE, 23 janvier 2020, n° 426421, *Commune de la Trinité sur mer*, Inédit – *Dalloz jurisprudence* ; CE, 21 octobre 2019, n° 419155, *Sté Alliance, Lebon, AJDA* 2020.796, note C.-A. DUBREUIL ; CE, 14 juin 2000, n° 184722, *Commune de Staffelfelden, Lebon, RDI* 2000.565, note F. LLORENS.

1915 En ce sens PEQUIGNOT Georges, *Contribution à la Théorie générale du Contrat administratif, op. cit.*, p. 538.

1916 DUBREUIL Charles-André, « Conditions de versement d'une indemnité d'imprévision », *AJDA* 2020.796.

1917 TA Nice, 20 octobre 2006, n° 0203590, *Sté Eurovia Méditerranée, AJDA* 2007.424, concl. F. DIEU ; CE, 10 février 2010, n° 301116, *Société Prest'action, Lebon, AJDA* 2010.293, *RDI* 2010.265, obs. R. NOGUELLOU ; CAA Nancy, 27 janvier 2011, n° 10NC00154, *Sté Eurovia Champagne*, Inédit – *Dalloz jurisprudence*, LLORENS François, « Imprévision : l'augmentation du prix du pétrole n'est pas imprévisible », *CMP* n° 5, mai 2011, comm. 145 ; CAA Bordeaux, 3 mai 2011, n° 10BX01996, *Sté Gagne*, Inédit – *Dalloz jurisprudence*, *CMP* 2012 n° 44 note J.-B.VILA, v. aussi LLORENS François, « Théorie de l'imprévision : incidence d'une clause de révision des prix inadaptée et appréciation du bouleversement de l'économie du contrat passé avec un groupement solidaire », *CMP* n° 7, juillet 2011 comm. 207.

1918 CE, 20 mai 1994, *Société Le Gardiennage industriel de la Seine, Lebon* p. 1038, *DA* 1994, n° 397 ; CE, 30 mars 1916, n° 59928, *Cie générale d'éclairage de Bordeaux, Lebon* p. 125, concl. CHARDENET ; CE, 10 mars 1948, *Hospices de Vienne, Lebon* p. 124.

d'évènements divers (naturels[1919], politiques[1920], économiques[1921], administratifs[1922]) dont la réalisation ne dépend pas de la volonté du cocontractant[1923] et qui bouleversent l'économie du contrat[1924]. En outre, il faut noter que l'imprévision n'est pas propre au droit administratif[1925]. Elle révèle l'incertitude économique dans le contrat suivant une exigence de justice contractuelle et de sécurité juridique[1926]. La doctrine reconnaît d'ailleurs l'influence de la théorie de l'imprévision en droit privé[1927] et des points de convergence[1928] avec la conception administrativiste. C'est néanmoins sous une acception plus consensuelle qu'elle apparaît en droit privé[1929]. Le nouvel article 1195 du Code civil pose en effet le principe d'une renégociation en cas de circonstances imprévisibles rendant l'exécution excessivement onéreuse. En revanche, en droit administratif, l'imprévision est singulière[1930], elle ne conduit pas forcément à renégocier le contrat. Elle bénéficie financièrement au cocontractant par voie

---

[1919] CE, 21 avril 1944, *Cie française des câbles télégraphiques, Lebon* p. 119.

[1920] CE, 15 juin 1951, *Sté Hydraulique-Asie, Lebon* p. 349.

[1921] CE, 30 mars 1916, n° 59928, *Compagnie générale d'éclairage de Bordeaux, Lebon* p. 125, concl. CHARDENET ; CE, 10 mars 1948, *Hospices de Vienne, Lebon* p. 124.

[1922] CE, 15 juillet 1949, *Ville d'Elboeuf, Lebon* p. 358.

[1923] Voir CE, 27 mars 1926, *Ville de Montfort-L'Almaury, Lebon* p. 375 ; CE, 14 janvier 1955, *Sté La fusion des gaz, Lebon* p. 25, voir aussi l'interprétation stricte du juge LLORENS François, « Imprévision et sujétions techniques imprévues : condition d'extériorité », *op. cit.*, comm. 51 ; VILA Jean-Baptiste, « Équilibre entre intangibilité et révision du prix d'un marché public : une application conditionnée de la formule d'indexation », *CMP* n°2, Février 2012, comm. 44.

[1924] Déficit d'exploitation (CE, 30 novembre 1990, *Coignet, Lebon* p. 875), dépassement du prix au-delà de la limite envisageable (CE, 3 janvier 1936, *Commune de Tursac, Lebon* p. 6), perturbation profonde, anormale (CE, 14 juin 2000, n° 184722, *Commune de Staffelfelden, Lebon, RDI* 2000.565, note F. LLORENS).

[1925] BUCHER Charles-Edouard, *L'inexécution du contrat de droit privé et du contrat administratif, étude de droit comparé interne, op. cit.*, p. 166 ; THIBIERGE Louis, *Le contrat face à l'imprévu, op. cit.*, p. 6

[1926] LABROT Emilie, *L'imprévision, étude comparée droit public – droit privé, op. cit.*, p. 486 ; ABBATUCCI Séverin, SABLIER Bertrand et SABLIER Vincent, « Crise de l'acier : le retour de l'imprévision dans les marchés de travaux », *AJDA* 2004.2192.

[1927] Voir en ce sens, CHENEDE François, « Les emprunts du droit privé au droit public en matière contractuelle », *op. cit.*, p. 923 ; ANTOINE Julien, « La mutabilité contractuelle née de faits nouveaux extérieurs aux parties, Analyse comparée entre droit des contrats administratifs et droit privé des obligations », *RFDA* 2004.80.

[1928] Voir, SEUBE Jean-Baptiste, « Contrats privés – contrats administratifs : points de convergence ? », *op. cit.*, p. 367, p. 377 ; LLORENS François et SOLER-COUTEAUX Pierre, « La théorie administrative de l'imprévision est-elle dépassée ? », *CMP* n° 3 Repère mars 2018 ; BUY Frédéric et DUBREUIL Charles-André, « Regards croisés droit public/droit privé : Théorie de l'imprévision, parle-t-on de la même chose ? », *JCPA* n° 43, 27 octobre 2014.

[1929] CLOUZOT Ludivine, « La théorie de l'imprévision en droit des contrats administratifs une improbable désuétude », *op. cit.*, n° 937 ; BOULOUIS Nicolas, MELLERAY Fabrice, NOGUELLOU Rozen, PIMONT Sébastien, « Contrats publics, contrats privés, Convergences et divergences après la réforme du droit des contrats », *op. cit.*, p. 9.

[1930] POULET Florian et THIBIERGE Louis, « Pouvoir du juge et contrat : la révision du contrat », *in Contrats de droit privé et contrats de droit administratif, Droit comparé interne*, Paris : LGDJ Lextenso 2019, p. 173.

de compensation, celui-ci devant poursuivre l'exécution du contrat et ainsi préserver la continuité de l'action administrative[1931].

Enfin, appliquée en droit administratif[1932], la force majeure est un aléa qui suppose que « *l'évènement ait été raisonnablement, absolument inattendu et absolument imparable* »[1933]. Elle justifie un empêchement d'exécution[1934] – irrésistible – résultant d'un évènement externe et imprévisible[1935]. L'analogie qui peut être effectuée avec le droit privé trouve cependant une limite car la force majeure dans le contrat administratif suppose « *un effort maximum de la part du cocontractant* »[1936], tandis que la faculté d'inexécution se trouve paralysée par les moyens indemnitaires et dans les pouvoirs d'action unilatérale (exécution aux frais et risques[1937]) que peut mobiliser l'administration. Une partie de la doctrine défend d'ailleurs l'existence d'une force majeure administrative en vertu de laquelle le bouleversement définitif de l'équilibre contractuel entraine la résiliation juridictionnelle[1938]. Administrativisée, cette force majeure permettrait au cocontractant de « *sortir d'un contrat devenu manifestement inéquitable en cours d'exécution* »[1939]. Nonobstant, si cette

---

1931 CE, 1er juillet 1949, *Ministre de la guerre c/ Etablissements Vialla, Lebon* p. 318 ; CE Sect., 5 novembre 1982, n° 19413, *Sté Propétrol, Lebon* p.381, *AJDA* 1983 p. 259, concl. D. LABETOULLE.

1932 Voir en ce sens WALINE Marcel, « La théorie civile des obligations et la jurisprudence du Conseil d'Etat », *op. cit.*, p. 642 ; RICHER Laurent et LICHERE François, *Droit des contrats administratifs, op. cit.*, p. 280 ; JACOT Nicolas, « La notion de force majeure dans les contrats publics », *in Contrats publics, Mélanges en l'honneur du Professeur Michel Guibal, op. cit.*, p. 275 ; BUCHER Charles-Edouard, *L'inexécution du contrat de droit privé et du contrat administratif, étude de droit comparé interne, op. cit.*, p. 163.

1933 CHAPUS René, *Droit administratif général, op. cit.*, p. 970.

1934 CE, 23 juillet 1952, *Sté les Avions Lesseure, Lebon* p. 391 ; CE, 2 janvier 1957, *Sté Lancery, Lebon* p. 2, *AJDA* 1957.II.58, concl. LASRY ; TC, 16 juin 2014, n° C3941, *SCI Lou c/ Sté Total Caraïbes SA et Cne du Lamentin, Lebon* p. 464.

1935 CE, 29 janvier 1909, n° 17614, *Cie des messageries maritimes, Lebon* p. 120 ; CE, 21 janvier 1944, *Sté entreprises et construction en béton armé, Lebon* p. 23 ; CE, 11 décembre 1991, n° 81588, *SONEXA, Lebon* p. 430, *D.* 1992. Somm. 189, obs. Ph. TERNEYRE, *RDI* 1992 p. 204, obs. F. LLORENS et Ph. TERNEYRE : imprévisible, extérieur et irrésistible ; BUCHER Charles-Edouard, *L'inexécution du contrat de droit privé et du contrat administratif, Etude de droit comparé interne, op. cit.*, p. 138.

1936 De LAUBADERE André, MODERNE Franck, DELVOLVE Pierre, *Traité des contrats administratifs*, Tome 1, *op. cit.*, p. 728.

1937 CE Ass., 09 novembre 2016, n° 388806, *Société Fosmax, Lebon, AJDA* 2016.2368, chron. L. DUTHEILLET De LAMOTHE et G. ODINET.

1938 De LAUBADERE André, MODERNE Franck, DELVOLVE Pierre, *Traité des contrats administratifs*, Tome 1, *op. cit.*, p. 731 ; CE Ass., 9 décembre 1932, *Cie des Tramways de Cherbourg, Lebon* p. 1050 ; CE, 14 juin 2000, n° 184722, *Commune de Staffelfelden, Lebon, RDI* 2000.565, note F. LLORENS ; CE, 10 février 2010, n° 301116, *Société Prest'action, Lebon, AJDA* 2010.293, *RDI* 2010.265, obs. R. NOGUELLOU ; SOLER-COUTEAUX Pierre, « Résiliation judiciaire d'un contrat de fourniture d'eau », *CMP* n° 1, novembre 2000, comm. 15.

1939 RICHER Laurent, *Droit des contrats administratifs*, 9ème éd. Paris : LGDJ, 2014, p. 251 ; JACOT Nicolas, « La notion de force majeure dans les contrats administratifs », *op. cit.*, p.

force majeure dite « administrative » faisait figure de spécificité du droit administratif, la recherche d'équité en droit du contrat justifie sûrement sa consécration à l'article 1218 du Code civil.

Le fait du prince, les sujétions imprévues, l'imprévision ou la force majeure sont des aléas garantis par l'administration. Ils expriment l'administrativité du contrat car, témoignant d'un souci d'équité et de préservation de l'équation contractuelle, leur mise en œuvre a surtout pour objectif la poursuite de l'exécution du contrat administratif par le cocontractant et permet à l'administration de mobiliser des moyens en vue d'assurer aux administrés la continuité de l'action administrative. Le droit applicable à l'exécution du contrat administratif garantit également au cocontractant une certaine équité lorsque l'administration intervient unilatéralement.

2. La garantie face aux aléas administratifs de l'exécution du contrat administratif

A côté des aléas externes de l'exécution du contrat administratif se trouvent les aléas dits administratifs. Il s'agit tout d'abord de la modification du contrat administratif. Dans sa thèse, H. HOPFFNER définit la modification comme « *le mécanisme par lequel les parties décident de réaménager partiellement leur contrat au cours de son exécution, sans le faire disparaitre. En droit administratif cependant, en raison de la nécessité d'assurer la continuité et la mutabilité du service public, la modification peut également résulter de la seule volonté de l'Administration* »[1940]. La modification unilatérale est l'un de ces lieux communs du contrat administratif conférant à l'administration le pouvoir d'ajuster le contrat. Une partie de la doctrine émet cependant des doutes quant à sa conformité avec le principe de force obligatoire des contrats[1941]. Ainsi L'HUILLIER et F.-P. BENOIT ont pu expliquer que le pouvoir de modification résulte en réalité de textes spéciaux ou de l'intégration de clauses – fût-ce de manière implicite – par les parties[1942]. Toutefois, force est

275 ; JEGOUZO Laurence, « L'application de la force majeure en droit des contrats », *in Mélanges en l'honneur du Professeur Laurent Richer, A propos des contrats des personnes publiques, op. cit.*, p. 364.

[1940] HOEPFFNER Hélène, *La modification du contrat administratif, op. cit.*, p. 51.

[1941] Cf. De LAUBADERE André, MODERNE Franck, DELVOLVE Pierre, *Traité des contrats administratifs*, Tome 2, *op. cit.*, p. 398 et s. ; BRENET François, Les contrats administratifs, *in* GONOD Pascale, MELLERAY Fabrice, YOLKA Philippe, *Traité de droit administratif*, Tome 2, *op. cit.*, p. 246 ; DUGUIT Léon, *Traité de droit constitutionnel*, Tome 5, *op. cit.*, p. 309 ; Pour une approche plus nuancée, J.-C. BRUERE voit de simples tempéraments et aménagements au consensualisme contractuel dans le pouvoir de modification, de résiliation et de sanction unilatéraux, BRUERE Jean-Christophe, « Le consensualisme dans les contrats administratifs », *op. cit.*, p. 1727.

[1942] L'HUILLIER, « Les contrats administratifs tiennent-ils lieu de loi à l'administration ? », *D.* 1953, chron. 87, spéc. p. 90 ; BENOIT F.-P., « De l'inexistence d'un pouvoir de modification unilatérale dans les contrats administratifs », *JCP* 1963.I.1775.

de constater que le principe d'intangibilité du contrat n'existe pas et que rien ne s'oppose à la modification du contrat, tant que « *cette faculté n'autorise pas cette partie à se libérer en fait de toute obligation réelle* »[1943]. En droit administratif, le cocontractant aurait en quelque sorte consenti dès l'origine à l'éventualité d'une modification unilatérale[1944] – qui en droit privé repose sur l'accord des parties[1945] ou résulte de la loi – étant donné que l'administration exécute – sauf clause contraire[1946] – une obligation « *de remplacement* » via l'indemnité accordée[1947]. En 1983, le juge qualifie d'ailleurs le pouvoir de modification unilatérale dont dispose l'administration de règle générale applicable aux contrats administratifs[1948]. Relativisant les controverses, la doctrine adhère peu à peu à la solution jurisprudentielle et la prérogative est appréhendée à la lumière des exigences de l'action publique[1949]. Fondée sur la présence d'une personne chargée d'un intérêt général[1950] dans le contrat, la modification unilatérale est un « privilège » de celle-ci et caractérise « *l'un des principaux traits distinctifs du régime qui leur est applicable* »[1951]. Conciliant la légalité

[1943] GHESTIN Jacques, « La notion de contrat », *op. cit.*

[1944] RAPP Lucien, « Stabilité du contrat public et mutabilité de son objet », *CMP* n° 7, juillet 2008, étude 7.

[1945] YOLKA Philippe et HOURSON Sébastien, *Droit des contrats administratifs*, *op. cit.*, p. 122 ; HOEPFFNER Hélène, *La modification du contrat administratif*, *op. cit.*, p. 393.

[1946] CE, 19 déc. 2012, n° 350341, *Sté AB Trans, DA* 2013, comm. 42, E. COLSON, *CMP* 2013, comm. 29, note G. ECKERT.

[1947] NOGUELLOU Rozen, *La transmission des obligations en droit administratif*, *op. cit.*, p. 67-68 ; v. aussi CANEDO Marguerite, « L'exorbitance du droit des contrats administratifs », *op. cit.*, p. 151.

[1948] CE, 2 février 1983, n° 34027, *Union des transports publics urbains et régionaux, Lebon* p. 33, *RDP* 1984, p. 212, note J.-M. AUBY ; CE Ass., 8 avril 2009, n° 271737, *Compagnie générale des eaux, Commune d'Olivet, Lebon, AJDA* 2009.1209 et 1747 comm S. NICINSKI ; CE, 5 juillet 2013, n° 367760, *Véolia transports Valenciennes Transvilles, AJDA* 2013.1415, note N. KHALID ; CE, 25 juin 2018, n° 418493, *ADEME, Lebon T., CMP* 2018, n° 198, note M. UBAUD-BERGERON.

[1949] RICHER Laurent et LICHERE François, *Droit des contrats administratifs, op. cit.*, p. 250 et s. ; MADIOT Yves, *Aux frontières du contrat et de l'acte unilatéral : recherches sur la notion d'acte mixte en droit public français, op. cit.*, p. 152 ; DOUENCE Jean-Claude, « Les conventions entre personnes publiques », *in Mélanges en l'honneur du Professeur Michel Stassinopoulos*, Paris : LGDJ, 1974, p. 113, spéc. p. 126 ; voir aussi PEQUIGNOT Georges, *Contribution à la Théorie générale du Contrat administratif, op. cit.*, p. 369.

[1950] De LAUBADERE André, MODERNE Franck, DELVOLVE Pierre, *Traité des contrats administratifs*, Tome 2, *op. cit.*, p. 402 ; HOEPFFNER Hélène, *La modification du contrat administratif, op. cit.*, p. 3-4 et p. 271 ; GUETTIER Christophe, *Droit des contrats administratifs, op. cit.*, p. 428 et 435.

[1951] CE, 27 octobre 2010, n° 318617, *Syndicat intercommunal des transports publics de Cannes, le Cannet, Mandelieu-la Napoule, RJEP* n° 685, avril 2011, p. 18, concl. B. DACOSTA ; BRENET François, « L'obligation d'exécution du contrat administratif unilatéralement modifié par l'Administration pour motif d'intérêt général », *DA* n° 1, janvier 2011, comm. 3 ; voir aussi CEDH, 9 déc. 1994, n° 13427/87, *Raffineries grecques Stran et Stratis Andreadis c/ Grèce, Rec.* CEDH série A, n° 301 B, *DA* 1995, comm. 200, *JCP G* 1995.I.3823, obs. F. SUDRE, *AJDA* 1995.124, chron. J.-F. FLAUSS.

administrative, les exigences de l'action administrative et la loyauté contractuelle, la modification donne néanmoins lieu à une contrepartie rétablissant l'équilibre économique initialement convenu[1952]. Les modifications étant limitées[1953], comme le souligne L. RAPP, « *c'est cette dynamique d'équilibre qui constitue la véritable originalité* »[1954]. D'ailleurs la jurisprudence confirme cette logique : un principe d'indemnisation[1955] est garanti au profit du cocontractant de l'administration, tandis que le juge veille à ce que la modification, qui doit être justifiée[1956], ne dépasse pas certaines limites quantitatives[1957] et qualitatives[1958]. En outre, si la contractualisation de la modification du contrat administratif est fréquente[1959], cela ne retire en rien la généralité du pouvoir de modification de l'administration[1960]. La conventionnalisation de la modification témoigne davantage de l'évolution de l'action publique vers plus de consensualisme – surtout qu'« *en dépit des garanties dont il est entouré, l'exercice du pouvoir de modification unilatérale n'est pas forcément bien accepté par le cocontractant* »[1961] – elle ne saurait conduire à nier ce pouvoir unilatéral et extracontractuel de l'administration.

Modification des plus aboutie, la résiliation unilatérale du contrat est un aléa à la frontière même de la matière contractuelle. En droit privé du contrat, l'article 1224 prévoit que « *la résolution résulte soit de l'application d'une clause résolutoire soit, en cas d'inexécution suffisamment grave, d'une notification du créancier au débiteur ou d'une décision de justice* ». En tant que

---

1952 GAUDEMET Yves, préface à la thèse de HOEPFFNER Hélène, *La modification du contrat administratif*, *op. cit.*, p. VII ; VIDAL Laurent, *L'équilibre financier du contrat dans la jurisprudence administrative*, *op. cit.*

1953 HOEPFFNER Hélène, « La modification des contrats de la commande publique à l'épreuve du droit communautaire », *RFDA* 2011.98 ; égal. BRENET François, « L'obligation d'exécution du contrat administratif unilatéralement modifié par l'Administration pour motif d'intérêt général », *op. cit.*, comm. 3.

1954 RAPP Lucien, « Stabilité du contrat public et mutabilité de son objet », *CMP* n° 7, juillet 2008, étude 7.

1955 CE, 27 octobre 1978, *Ville de St. Malo, Lebon* p. 401 ; CE, 14 mars 1980, *Sacitem, Lebon* p. 790.

1956 Justification par l'existence de circonstances nouvelles : CE, 12 octobre 1994, n° 123672, *Visconti, Lebon* p. 442, *RDI* 1995.91, obs. J.-B. AUBY et C. MAUGÜE ; CE, 5 mai 2010, n° 301420, *Bernard, Lebon T., AJDA* 2010.982, obs. PASTOR, *CMP* 2010, n° 260, obs. ECKERT

1957 CE, 14 février 1934, *Sté d'entreprise coopérative française, Lebon* p. 222 ; CE, 14 avril 1948, *Ministre des armées c/ Sté générale d'entreprises, Lebon* p. 159 ; CE Sect., 27 octobre 1978, *Ville de Saint-Malo, Lebon* p. 401 ; V. aussi Livre Vert présenté par la Commission européenne le 30 avril 2004, COM 2004/0327, n° 49.

1958 CE, 1er juillet 1914, *Monin, Lebon* p. 801 ; CE, 14 mars 1980, n° 03417, *SA Compagnie industrielle de travaux électriques et mécaniques, Lebon T.*

1959 Voir ci-avant.

1960 HOEPFFNER Hélène, « La modification des contrats de la commande publique à l'épreuve du droit communautaire », *op. cit.*, n° 98.

1961 YOLKA Philippe et HOURSON Sébastien, *Droit des contrats administratifs*, *op. cit.*, p. 123.

procédure, la résolution unilatérale existe bien en droit privé[1962] et diverses circonstances[1963] peuvent la justifier[1964]. Le contrat de droit privé comporte d'ailleurs fréquemment des clauses de dédit ou de résiliation et la règlementation applicable à certains contrats prévoit des facultés de résiliation unilatérale[1965]. Cependant, l'administrativité du contrat confère à la résiliation unilatérale une dimension particulière puisque le recours à ce procédé d'extinction des obligations existe en l'absence de tout texte explicite[1966] au bénéfice de l'administration[1967] et repose sur une approche finaliste orientée vers l'intérêt

[1962] PONCE Claude, *Le consensualisme dans les contrats administratifs*, *op. cit.*, p. 154 et s. ; voir aussi DENIZOT Aude, « Les modalités d'indemnisation du cocontractant à la suite d'une résiliation unilatérale dans l'intérêt général », *JCPA* 2012.2395.

[1963] Par exemple en cas de manquement grave : Cass. 1re civ., 13 octobre 1998, n° 96-21.485, *Bull. civ.* n° 300 I, p. 207, *D.* 1999, p. 197, note Ch. JAMIN, *RTD* civ. 1999, p. 394, obs. J. MESTRE ; ROCHFELD Judith, « Prérogatives contractuelles unilatérales : les "clauses exorbitantes du droit commun" s'invitent dans le débat », *op. cit.*, p. 377 ; ROCHFELD Judith, « Résolution et exception d'inexécution », *op. cit.* ; par exemple la résolution de relations commerciales établies : Cass. Com. 20 mai 2014, n° 12-26705, *Bull. civ.* IV, n° 90, *RTD* civ. 2014. 656, obs. BARBIER.

[1964] ENCINAS de MUNAGORRI Rafael, *L'acte unilatéral dans les rapports contractuels*, *op. cit.*, p. 101.

[1965] Sont concernés par exemple le mandat, le prêt à usage, le contrat de location, le contrat de travail à durée indéterminée ou les contrats d'assurance.

[1966] CE, 6 mai 1985, *Ass. Eurolat Crédit foncier de France, Lebon* p. 141, *RFDA* 1986 p. 22, concl. GENEVOIS, *AJDA* 1985.620, note MOREAU et FATOME ; CAA Versailles, 7 mars 2006, n° 04VE01381, *Commune de Draveil, Lebon* p. 592, *AJDA* 2006.1044, concl. P. BRESSE

[1967] CE, 16 février 1996, n° 82880, *Sitomap*, *RDI* 1996.208, obs. F. LLORENS et Ph. TERNEYRE ; CE, 4 mai 2011, n° 334280, *Chambre de commerce et d'industrie de Nîmes, Uzès, Bagnols, Le Vigan, Lebon* p. 205, *AJDA* 2011.929, *RDI* 2011.396, obs. S. BRACONNIER, *RJEP* 2011 n° 692, comm. 55 concl. B. DACOSTA.

général[1968]. Le juge qualifie d'ailleurs cette faculté de règle générale applicable aux contrats administratifs[1969]. Les clauses contractuelles peuvent néanmoins en prévoir les modalités[1970] et même encadrer un droit pour le cocontractant d'y recourir[1971]. En outre, il faut noter que le juge peut résilier le contrat sur la demande d'un tiers basée sur des motifs tirés de l'exécution du contrat[1972]. Nonobstant, le droit de résiliation unilatérale pour motif d'intérêt général reste « *l'un des droits de l'Administration le moins contesté en notre matière ; il est une conséquence de l'idée de service public qui est à la base du contrat administratif* »[1973]. Spécifique, le pouvoir de résiliation permet en effet de réagir au bon moment en bon gestionnaire des services public et des deniers publics[1974] lorsque les contrats sont « *devenus inutiles ou inadaptés, sous réserve d'indemnisation du cocontractant* »[1975]. Symbole d'inégalité

[1968] ALLAIRE Frédéric, « La résiliation unilatérale des marchés publics d'assurance, continuité des contrats administratifs et droit des assurances », *RFDA* 2005.1099 ; BRACONNIER Stéphane, « L'indemnisation des préjudices nés de la rupture anticipée d'un contrat public d'affaires pour motif d'intérêt général », *AJDA* 2009.2035 ; Rép. min. n° 69646 : *JOAN* Q., 9 nov. 2010, p. 12260 (Q. 26 janv. 2010, Mme Valérie Rosso-Debord) ; CE, 23 février 1952, *Secrétaire d'Etat aux forces armées c/ Chambouvet, Lebon* p. 50 ; CE, 14 décembre 1964, *Commune de Moins, Lebon* p. 937 ; CE 31 janvier 1968, *Office public d'HLM c/ Brasseau, Lebon* p. 79 ; CE, 7 mai 2013, n° 365043, *Sté auxiliaire de parcs de la région parisienne, Lebon* p. 137, *AJDA* 2013.951, obs. POUPEAU ; CE, 19 janv. 2011, n° 323924, *Commune de Limoges, Lebon T, AJDA* 2011.136 et 616, note DREYFUS, *JCPA* 2011.2101, note VILA, v. aussi BRENET François, « Résiliation d'un contrat domanial dans le but de transformer l'activité exercée en service public », *op. cit.*, comm. 38.

[1969] CE, 2 mai 1958, *Distilleries de Magnac-Laval, Lebon* p. 246 ; CE Ass., 2 février 1987, n°81131, *Sté TV6, Lebon* 28, *AJDA* 1987.314, chron. M. AZIBERT et M. de BOISDEFFRE ; TC, 2 mars 1987, *Sté d'aménagement et de développement de Briançon-Montgenèvre c/ commune de Montgenèvre, RFDA* 1987.191, note MODERNE ; CE, 31 juillet 2009, n° 316534, *Jonathan Loisirs, AJDA* 2009.1517 et 2010.1515, étude F. ALHAMA, *RDI* 2010.158, obs. P. CAILLE ; CE, 11 décembre 2020, n° 427616, *Sté Copra Méditerranée, Lebon T, AJDA* 2020.2466.

[1970] Voir *infra.*

[1971] PROS-PHALIPPON Chloé, « La recherche d'un meilleur équilibre contractuel par le contrat : la clause de résiliation au profit de la personne privée cocontractante », *op. cit.*, p. 47 ; MELLERAY Fabrice, « Du pouvoir de résiliation unilatérale d'un contrat administratif par le cocontractant de l'administration », *op. cit.*, p. 396 ; PUGEAULT Serge, « Les clauses de résiliation unilatérale dans les contrats administratifs sont désormais admises mais sous conditions », *op. cit.*, p. 145.

[1972] CE Sect., 30 juin 2017, n° 398445, *Syndicat mixte de promotion de l'activité transmanche (SMPAT), Lebon, AJDA* 2017.1359, *RFDA* 2017, p. 937, concl. G. PELLISSIER.

[1973] PEQUIGNOT Georges, *Contribution à la Théorie générale du Contrat administratif, op. cit.*, p. 391.

[1974] Son appréciation peut d'ailleurs conduire à ne pas résilier un contrat, voir en ce sens l'analyse proposée par RICCARDI David, « Le coût financier, un motif d'intérêt général pour faire obstacle à la résiliation », *op. cit.*, n° 2198.

[1975] GUETTIER Christophe, *Droit des contrats administratifs, op. cit.*, p. 439 ; BRENET François, Les contrats administratifs, *in* GONOD Pascale, MELLERAY Fabrice, YOLKA Philippe, *Traité de droit administratif*, Tome 2, *op. cit.*, p. 249-251.

entre les parties au contrat administratif et de l'intérêt général qui s'y développe, la résiliation unilatérale est acceptable grâce à l'indemnisation qui est accordée au cocontractant[1976], faisant de l'exercice de ce droit un droit non arbitraire. D'ailleurs, dans le silence du contrat[1977] – dont la rédaction est limitée par l'interdiction faite aux personnes publiques de consentir à des libéralités[1978], la protection des biens[1979] et un principe de proportionnalité[1980] – le juge veille à ce que le cocontractant bénéficie d'une réparation intégrale[1981]

[1976] BRACONNIER Stéphane, « L'indemnisation des préjudices nés de la rupture anticipée d'un contrat public d'affaires pour motif d'intérêt général », *op. cit.*, n° 2035 ; DENIZOT Aude, « Les modalités d'indemnisation du cocontractant à la suite d'une résiliation unilatérale dans l'intérêt général », *op. cit.*, n° 2395.

[1977] CE, 15 avril 1959, *Ville Puteaux et Schwab, Lebon* p. 236 ; CAA Marseille, 2 octobre 2001, n° 00MA02080, *Société Immobilière du Port de Miramar, CMP* 2002, comm. 43, obs. E. DELACOUR ; CE, 31 juillet 2009, n° 316534, *Jonathan Loisirs, AJDA* 2009.1517, et 2010.1515, étude F. ALHAMA, *RDI* 2010.158, obs. P. CAILLE.

[1978] CE, 31 janvier 1968, *OPHLM d'Alès, Lebon* p. 79 ; CE, 6 déc. 2002, n° 249153, *Syndicat intercommunal des établissements du second cycle du second degré du district de l'Haÿ-les-Roses, Lebon* 433, *AJDA* 2003.280, chron. F. DONNAT et D. CASAS, *RFDA* 2003.291, concl. G. LE CHATELIER et 302, note B. PACTEAU, *JCPA* 2002.1340, note F. LINDITCH ; CAA Versailles, 7 mars 2006, n° 04VE01381, *Commune de Draveil, Lebon* p. 592, *AJDA* 2006.1044, concl. P. BRESSE ; CE, 4 mai 2011, n° 334280, *Chambre de commerce et d'industrie de Nîmes, Uzès, Bagnols, Le Vigan, Lebon* p. 205, *AJDA* 2011.929, *RDI* 2011.396, obs. S. BRACONNIER, *RJEP* 2011, n° 692, comm. 55 concl. B. DACOSTA ; CE, 22 juin 2012, n° 348676, *CCI de Montpellier, Lebon T., AJDA* 2012.1259, obs. D. POUPEAU, *JCPA* 2012, Actu. 451, obs. L. ERSTEIN, et 2358 et 2359, obs. F. LINDITCH ; v. aussi : DELACOUR Éric, « Pouvoir de résiliation unilatérale et règles de comptabilité publique », CMP n° 5, mai 2006, comm. 136 ; ECKERT Gabriel, « Liberté contractuelle et étendue du droit à indemnisation en cas de résiliation », *CMP* n° 7, juillet 2011, comm. 216 ; ECKERT Gabriel, « Clause d'indemnisation en cas de résiliation ou de non-renouvellement », *CMP* n° 8, août 2012, comm. 246.

[1979] Voir DENIZOT Aude, « Les modalités d'indemnisation du cocontractant à la suite d'une résiliation unilatérale dans l'intérêt général », *op. cit.*, n° 2395 ; CEDH, 9 décembre 1994, n° 13427/87, *Raffineries grecques Stran et Stratis Andreadis c/ Grèce, Rec. CEDH* série A, n° 301 B, *DA* 1995, comm. 200, *JCPG* 1995.I.3823, obs. F. SUDRE, *AJDA* 1995.124, chron. J.-F. FLAUSS ; CEDH, 23 sept. 1982, *Sporrong et Lönnroth, Rec. CEDH*, série A no 52, p. 24, §61 et 69 ; voir aussi RAKOTONDRAHASO Faneva, « L'indemnisation dans la résiliation des contrats administratifs », *CMP* 2014, étude 1 ; BRACONNIER Stéphane, « L'indemnisation des préjudices nés de la rupture anticipée d'un contrat public d'affaires pour motif d'intérêt général », *op. cit.*, n° 2035.

[1980] CE, 3 mars 2017, n° 392446, *Société Leasecom, op. cit.* Pour une analyse v. LOMBARD Frédéric, « Modalités d'indemnisation du cocontractant en cas de résiliation pour motif d'intérêt général », *AJDA* 2017.1678.

[1981] LINDITCH Florian, « Recherche sur la place de l'amortissement en droit administratif », *op. cit.*, n° 100 ; Le CHATELIER Gilles, « Où en est-on de la mise en œuvre de la jurisprudence Commune d'Olivet ? », *op. cit.*, p. 1092 ; en jurisprudence voir notamment : CE, 23 mai 1962, *Ministre des Finances et des Affaires économiques c/ Sté financière d'exploitations industrielles, Lebon* p. 342 ; CE, 31 juillet 1996, n° 126594, *Sté des téléphériques du Massif du Mont-Blanc, Lebon* p. 334 , *AJDA* 1996.788, note J.-P. GILI.

des préjudices résultant de la résiliation unilatérale pour intérêt général[1982]. L'indemnisation constitue une « *exécution par substitution du contrat au moyen de la reconstitution de l'équilibre financier rompu par la résiliation* »[1983] et une garantie de la sécurité économique[1984]. D'ailleurs, cette conception finaliste a pour conséquence que le juge n'hésite plus à remettre en cause la résiliation unilatérale pour motif d'intérêt général pour enjoindre à l'administration de reprendre les relations contractuelles[1985], lorsque la réparation ne suffit pas[1986] ou que le motif est illégal[1987].

Conclusion de la section

L'administrativité du contrat implique des spécificités notables. Lors de la formation du contrat, l'intervention plus ou moins directe d'une personne publique n'est pas neutre et se matérialise par quelques aménagements. En effet, la volonté administrative subit les limites qui s'imposent à l'action publique. En ce sens, si la valeur juridique de la liberté contractuelle reste énigmatique, son exercice en droit administratif postule d'une faculté à conclure des contrats qui se situe dans la dépendance de la compétence des personnes publiques et du respect d'un certain formalisme. Ces marqueurs d'administrativité conduisent d'ailleurs à mobiliser la légalité administrative lorsqu'il s'agit de s'assurer de la qualité de la relation, mais également de définir son contenu ou sa forme. Incontestablement, l'administrativité ajoute à la notion de contrat, elle colore la mise en œuvre des principes de la formation du contrat tels que définis de façon générale. L'administrativité du contrat confère également à son exécution une manière d'être à la fois plus souple et plus rigide. La lecture des

---

1982 CE, 7 août 1874, *Hotchkiss et Coolidge, Lebon* 1874, p. 825 ; CE, 25 janvier 1963, *Sté Alcools Vexin, Lebon* p. 50 ; CE, 23 mai 1962 *Ministre des Finances et des Affaires économiques c/ Société financière d'exploitation, Lebon* p. 342 ; CE, 16 févr. 1996, n° 95520, *SITOMAP*, Inédit – *Dalloz jurisprudence* ; CAA Marseille, 16 avr. 2012, n° 09MA03162, *Commune Javols*, Inédit – *Dalloz jurisprudence.*

1983 RAKOTONDRAHASO Faneva, « L'indemnisation dans la résiliation des contrats administratifs », *op. cit.*, étude 1 ; CE, 2 février 1983, n° 34027, *Union des transports publics urbains et régionaux, Lebon* p. 33, *RDP* 1984.212, note J.-M. AUBY ; CE, 16 février 1996, n°82880, *Sitomap*, *RDI* 1996.208, obs. F. LLORENS et Ph. TERNEYRE.

1984 BRACONNIER Stéphane, « L'indemnisation des préjudices nés de la rupture anticipée d'un contrat public d'affaires pour motif d'intérêt général », *op. cit.*, n° 2035.

1985 COSSALTER Philippe, « Une décision de résiliation d'un contrat administratif peut faire l'objet d'un recours en reprise des relations contractuelles accompagné d'une requête en référé suspension », *op. cit.*, comm. 44.

1986 DENIZOT Aude, « Les modalités d'indemnisation du cocontractant à la suite d'une résiliation unilatérale dans l'intérêt général », *op. cit.*, n° 2395 ; dans le même sens RAKOTONDRAHASO Faneva, « L'indemnisation dans la résiliation des contrats administratifs », *op. cit.*, étude 1.

1987 CE, 17 juin 2015, n° 38843, *Commune d'Aix-en-Provence*, *Lebon*, *AJCT* 2015.531, obs. J.-D. DREYFUS, *RFDA* 2015.930, concl. G. PELLISSIER.

modalités d'exécution du contrat administratif témoigne d'une gouvernance administrative et notamment du droit de regard sur la bonne exécution du contrat administratif dont bénéficie l'administration qui peut la conduire, le cas échéant, à sanctionner son cocontractant. L'*intuitu personae* et la temporalité dans le contrat administratif sont aussi interprétés suivant les exigences de l'action administrative. Cette rigueur s'accompagne réciproquement d'une « bienveillance » de l'administration à l'égard de son cocontractant, qui peut revendiquer une garantie face aux aléas de l'exécution du contrat. La vie contractuelle est parfois confrontée à des aléas externes comme la survenance du fait du prince, de sujétions imprévues, d'une situation d'imprévision ou encore de la force majeure. Or, en droit administratif, l'intérêt général d'une bonne exécution du contrat implique une action positive de l'administration contractante. De même, lorsque celle-ci est à l'origine de l'aléa – modification unilatérale et résiliation pour motif d'intérêt général – elle doit restaurer l'équilibre économique éventuellement affecté par cette intervention. La gestion des aléas de l'exécution du contrat administratif répond d'une recherche d'équité via l'indemnisation du cocontractant participant à l'action administrative. La force obligatoire prend alors une dimension singulière, plus holistique et collaborative, qui symbolise le souci de protection du lien contractuel. Il s'opère ainsi une sorte de rééquilibrage des forces en présence sous l'empire des exigences de l'intérêt général et de la continuité de l'action administrative, lesquelles dissimulent plus généralement les fondements de la théorie générale du contrat administratif.

Section 2. Les fondements de la théorie générale du contrat administratif

Pour mémoire, la conception dominante de la théorie générale du contrat administratif peut se définir en référence au régime juridique – essentiellement jurisprudentiel – du contrat administratif, au sein duquel se manifestent des prérogatives administratives, dont le principe réside dans les notions d'intérêt général et/ou de service public et dont le contentieux relève du droit administratif. Etablie sur une appréhension positiviste du contrat administratif, la crise qu'elle subit procède essentiellement d'une mutation normative qui interroge nécessairement ses fondements. Il convient alors de s'appuyer sur la notion de la théorie générale mais également sur le contrat administratif pour finalement « *rechercher ce qui serait l'idée centrale autour de laquelle s'agencerait cette théorie générale* »[1988]. Les transformations et recompositions subies par les fondements classiques invitent à reconsidérer leur place dans la théorie générale du contrat administratif. Leur flexibilité, qu'elle soit intrinsèque ou le ré-

---

1988 WALINE Jean, « La théorie générale du contrat en droit civil et en droit administratif », *op. cit.*, p. 965.

sultat d'une mise en application, suggère une incorporation souple dans le génie du contrat administratif, quelque part à la rencontre entre l'institutionnalisme et la contexture administrative et contractuelle dans laquelle il se fond. Ainsi que le souligne P. AMSELEK, il faut mettre en évidence « *la nature ou condition particulière de la situation publique en cause* »[1989]. Or, mêlant abstraction et souci du détail, les fondements de la théorie générale se présentent comme une combinaison entre une conception institutionnaliste, dite holistique (Paragraphe 1) et des fondements ampliatifs (Paragraphe 2), témoignant à la fois de la nature contractuelle et de l'administrativité du contrat.

Paragraphe 1. Le fondement holistique de la théorie générale du contrat administratif

D'un côté, acte de prévision, le contrat est fragile et rigide en même temps ; de l'autre, son administrativité lui imprime une coloration particulière qui s'exprime tout au long de sa vie, de sa conception à sa disparition. La question se pose alors de savoir à l'aune de quel fondement expliquer l'essence du contrat administratif. Dès 1910, M. HAURIOU montre que « *toutes les fois qu'on voit apparaître dans un contrat la lex, le caractère règlementaire, on peut affirmer qu'il y a institution sous roche* »[1990]. Et, malgré l'affirmation d'Y. GAUDEMET suivant laquelle « *parce qu'institutionnelle, la théorie du contrat administratif était davantage aboutie que celle du contrat de droit privé* »[1991], la relation entre l'Institution et le contrat mérite être précisée. Il convient de procéder de manière déductive afin de démontrer de quelle manière l'Institution, loin de concurrencer le contrat[1992], fonde la théorie générale du contrat administratif. Une démarche en deux temps s'impose : il s'agit de dégager d'abord les points d'accroche entre l'Institution et la théorie générale du contrat administratif (A) pour ensuite vérifier cette relation au moyen d'une analyse institutionnelle de l'administrativité du contrat (B).

[1989] AMSELEK Paul, « Le service public et la puissance publique, Réflexions autour d'une étude récente », *AJDA* 1968.500.

[1990] HAURIOU Maurice, *Principes de droit public*, *op. cit.*, p. 202 et s. ; voir aussi ROUBIER Paul, *Théorie générale du droit, Histoire des doctrines juridiques et philosophie des valeurs sociales*, *op. cit.*, p. 21 ; DABIN Jean, *Théorie générale du droit*, *op. cit.*, p. 76 ; pour le rejet de cette conception, voir JOSSERAND Louis, « Aperçu général des tendances actuelles de la théorie des contrats », *RTD Civ.* 1937.7 et JOSSERAND Louis, « L'essor moderne du concept contractuel », *in Recueil d'études sur les sources du droit en l'honneur de François Gény,* Tome II, Les sources générales des systèmes juridiques actuels, Paris : Sirey, 1977, p. 338.

[1991] GAUDEMET Yves, « Le contrat administratif, un contrat hors-la-loi », *op. cit.*

[1992] HAMELIN Jean-François et MULLER Etienne, « La qualification du contrat », *in Contrats de droit privé et contrats de droit administratif, Droit comparé interne*, Paris : LGDJ Lextenso 2019, p. 3, spéc. p. 6 (cf. l'interrogation formulée par J.-F. HAMELIN) ; v. aussi BUY Frédéric et MARTIN Julien, « Propos conclusifs », *in Contrats de droit privé et contrats de droit administratif, Droit comparé interne*, Paris : LGDJ Lextenso 2019, p. 291, spéc. p. 301.

A. L'Institution et la théorie générale du contrat administratif

L'Institution est le fruit d'une production doctrinale qui serait intéressante à présenter tant les conceptions se sont façonnées, opposées et agrémentées au fil des années. Des rappels seront effectués, mais le choix de la concision a été fait pour prendre parti sur une notion synthétique de l'Institution en référence à des « *ensembles organiques et systématiques de règles de droit qui régissent, en fonction d'un but commun, une manifestation permanente et abstraite de la vie sociale* »[1993]. En somme, trois éléments d'identification se dégagent. Le premier est social et organique et conduit à considérer l'Institution comme une unité dotée d'une permanence, distincte de la somme de chacun de ses membres. Le deuxième critère est idéologique, c'est-à-dire que l'Institution repose sur une Idée fondative. Le troisième critère est relationnel en ce sens que l'Institution s'établit sur une autorité, un pouvoir organisé qui repose sur l'adhésion. Or, fortement liée à l'administrativité (1) et malgré une opposition apparente avec le contrat (2), l'Institution semble lever « *le masque du consensualisme et de l'autonomie de la volonté* »[1994] et pourrait constituer un fondement de la théorie générale du contrat administratif.

1. L'administrativité et l'Institution, une relation avérée

L'analyse institutionnelle ne se résume pas à l'Institution étatique. Par exemple, elle a été exploitée par G. ROUJOU de BOUBEE afin d'expliquer l'acte juridique collectif à la lumière d'une communion vers une Idée, un but commun[1995]. Nonobstant, le droit administratif reste son domaine de prédilection[1996] qui, sous cet angle, apparaît « *enfin orienté vers une fin précise* »[1997].

Un courant d'analyse institutionnelle porte d'ailleurs sur les phénomènes d'autorité administratifs. Dès 1934, J. RIVERO soutient la thèse selon laquelle les mesures d'ordre intérieur sont les « *manifestations juridiques d'une vie intérieure des organismes de droit public* » et expriment l'ordre au sein de l'Institution[1998]. Quelques années plus tard, J. MOURGEON explique que « *la répression administrative a pour fondement le maintien de la discipline dans*

[1993] BERGEL Jean-Louis, *Théorie générale du droit*, *op. cit.*, p. 210-211.

[1994] MAZERES Jean-Arnaud, Préface à la thèse de MILLARD Éric, *Famille et droit public, Recherches sur la construction d'un objet juridique*, Paris : LGDJ, 1995, p. XVIII et XIX.

[1995] ROUJOU de BOUBEE Gabriel, *Essai sur l'acte juridique collectif*, Paris : LGDJ, 1961, p. 207-209.

[1996] MAZERES Jean-Arnaud, « La théorie de l'institution de Maurice Hauriou ou l'oscillation entre l'instituant et l'institué », *in Pouvoir et liberté, Etudes offertes à Jacques Mourgeon*, Bruxelles : Bruylant, 1998, p. 239, spéc. p. 244.

[1997] RIVERO Jean, « Maurice Hauriou et le droit administratif », *in La pensée du Doyen Maurice Hauriou et son influence (journées Hauriou)*, Toulouse, mars 1968, Paris : A. Pédone, 1969, p. 141, spéc. p. 155.

[1998] RIVERO Jean, *Les mesures d'ordre intérieur administratives, Essai sur les caractères juridiques de la vie intérieure des services publics*, Paris : Sirey, 1934, p. 380-382.

l'institution administrative »[1999]. Pour J.-C. DOUENCE, une institutionnalisation du pouvoir donne naissance à la puissance publique, étant entendu que l'« *autorité est le critère de l'institution* »[2000]. Plus tard, M. HECQUARD-THERON procède à l'analyse institutionnelle de la réglementation pour démontrer qu'elle est « *l'autonomie institutionnelle, maitrisée par la puissance publique* »[2001]. Ensuite, dans sa thèse, E. PICARD fait reposer la police administrative sur la fonction disciplinaire institutionnelle[2002]. Suivant une approche organique, il est aussi possible de défendre une conception institutionnelle de la propriété publique en ce sens que, selon les termes de Ph. YOLKA, « *c'est la personnalité publique de son titulaire qui colore la propriété de droit public* »[2003]. L'institution permet également de dégager l'idée d'œuvre du droit administratif à la lumière de la notion de service public. Pour D. ESPAGNO, « *l'institutionnalisation du service public correspond à celle d'une autorité politique issue du fait social, issue de l'idée d'œuvre qu'est la solidarité sociale* »[2004].

En définitive, comme l'énonce L. SFEZ, « *tous les chapitres du droit administratif sont plus ou moins redevables de la théorie de l'institution que celle-ci leur donne un fondement essentiel ou qu'elle se contente de les colorer de façon plus ou moins nette* »[2005]. La recherche du fondement holistique de la théorie générale du contrat administratif peut alors d'être envisagée sous le prisme de l'analyse institutionnelle, au regard de son potentiel explicatif[2006].

2. Le contrat et l'Institution, une opposition apparente

A première vue, il semblerait que l'Institution et le contrat s'opposent en tous points : celle-ci s'impose à tous, dure, s'adapte et entretient des rapports

1999 MOURGEON Jacques, *La répression administrative*, Paris : LGDJ, 1967, p. 19 et 22.
2000 DOUENCE Jean-Claude, *Recherches sur le pouvoir règlementaire de l'administration*, Paris : LGDJ, 1968, p. 26.
2001 HECQUARD-THERON Maryvonne, *Essai sur la notion de réglementation, op. cit.*, p. 8-9.
2002 PICARD Etienne, *La notion de police administrative*, Paris : LGDJ, 1984, Tome 2, p. 528-529, voir aussi plus synthétiquement p. 879.
2003 YOLKA Philippe, *La propriété publique, éléments pour une théorie*, Paris : LGDJ, 1997, p. 515.
2004 ESPAGNO Delphine, « Une rencontre entre Léon Duguit et Maurice Hauriou : l'analyse institutionnelle du service public », *in Etudes en l'honneur du Professeur J.-A. MAZERES*, Paris : LexisNexis 2009, p. 339.
2005 SFEZ Lucien, *Essai sur la contribution du doyen Hauriou au droit administratif français*, Paris : LGDJ, 1966, p. 87.
2006 MARTY Gabriel, « La théorie de l'Institution », *in La pensée du Doyen Maurice Hauriou et son influence (journées Hauriou)*, Toulouse, mars 1968, Paris : A. Pédone, 1969, p. 29, spéc. p. 45.

objectifs et statutaires, tandis que celui-là crée un lien d'obligation précaire et temporaire dans un rapport subjectif de personne à personne[2007].

En premier lieu, il faut signaler une divergence regardant la durabilité de l'Institution par rapport au caractère temporaire du contrat. Comme l'explique M. HAURIOU, le contrat est « *une opération "actuelle, éphémère, transitoire" tandis que l'institution est un "fait juridique" qui peut durer indéfiniment* »[2008]. P. ROUBIER confirme cette conception puisqu'un critère de permanence caractérise l'Institution et « *s'oppose à ces éléments qui ont un caractère accidentel et passager, et pour lesquels on ne peut certainement pas dire qu'ils sont des institutions juridiques, comme* [...] *les contrats* »[2009]. La durée des Institutions renvoie aussi à leur adaptabilité[2010]. Cette vision dynamique de l'Institution, cette modularité, tend à exclure le contrat qui – suivant une conception classique – retranscrit une intention précise[2011] et créée un lien de droit déterminé dès sa conclusion[2012].

En deuxième lieu, une incompatibilité existerait quant au rôle de la volonté puisque lors de sa formation, le contrat résulte de l'échange de consentements alors que l'Institution se fonde sur l'adhésion à une totalité préexistante[2013]. Surtout, dans le contrat, on ne retrouverait pas l'Idée puisqu'il s'agit de la rencontre de deux volontés distinctes[2014]. L'Institution se distingue alors du contrat car elle implique une communion dans l'Idée fondative, qui la rend irréductible à la somme de ses membres[2015] et à une analyse individualiste[2016]. Comme l'exprime clairement G. ROUJOU de BOUBEE, « *le contrat est égoïste car chacun y cherche son avantage* » tandis que l'Institution met en

---

2007 RENARD Georges, *La théorie de l'institution, Essai d'ontologie juridique*, Paris : Sirey, 1930, p. 363 et s.

2008 HAURIOU Maurice, *Principes de droit public*, *op. cit.*, p. 204-205.

2009 ROUBIER Paul, *Théorie générale du droit, Histoire des doctrines juridiques et philosophie des valeurs sociales*, *op. cit.*, p. 20.

2010 SFEZ Lucien, *Essai sur la contribution du doyen Hauriou au droit administratif français*, *op. cit.*, p. 96-97 ; voir aussi TANGUY Yann, « L'institution dans l'œuvre de Maurice Hauriou, Actualité d'une doctrine », *RDP* 1991.61, spéc. p. 65.

2011 Voir en ce sens l'analyse de BRODERICK J.-A., « La notion d'"institution" de Maurice Hauriou dans ses rapports avec le contrat en droit positif français », *op. cit.*, p. 143.

2012 SFEZ Lucien, *Essai sur la contribution du doyen Hauriou au droit administratif français*, *op. cit.*, p. 96.

2013 HAURIOU Maurice, *Principes de droit public*, *op. cit.*, p. 205 ; voir aussi GURVITCH Georges, « Les idées-maitresses de Maurice Hauriou », *in APD*, 1931, p. 155, spéc. p. 165.

2014 RENARD Georges, *La théorie de l'institution, Essai d'ontologie juridique*, *op. cit.*, p. 258

2015 GURVITCH Georges, « Les idées-maitresses de Maurice Hauriou », *op. cit.*, p. 155, spéc. p. 164.

2016 ROUBIER Paul, *Théorie générale du droit, Histoire des doctrines juridiques et philosophie des valeurs sociales*, *op. cit.*, p. 20 et p. 22.

lumière un « *esprit d'équipe* » tourné vers la réalisation de l'œuvre[2017]. La volonté institutionnelle se distingue ainsi de la volonté contractuelle[2018].

En troisième lieu, une antinomie transparaît entre Institution et contrat concernant l'autorité. Classiquement, le contrat est assimilé aux relations égalitaires et réciproques. La thèse de J. MOURGEON est à ce sujet intéressante puisque son analyse institutionnelle de la répression administrative exclut les sanctions contractuelles[2019]. Surtout, l'autorité institutionnelle ne saurait être liée au consentement individuel ; elle est objectivée par l'intérêt institutionnel.

Malgré l'opposition apparente entre l'Institution et le contrat du point de vue de la temporalité, de la volonté et de l'autorité, il est possible de déceler de réelles atténuations. Du point de vue de la temporalité, G. RENARD concède que l'Institution donne un certain éclairage à l'interprétation des contrats de longue durée des administrations[2020]. L'auteur se fonde sur leur durabilité pour y voir une « *infiltration institutionnelle* » de sorte que « *le "contractuel" et l'"institutionnel" se combinent et s'entrecroisent, et les nuances qui s'ensuivent forment une série continue* »[2021]. Ainsi que le signale P. ROUBIER, « *dès que le contrat prend un certain caractère de durée ou de stabilité, il est rare que le caractère institutionnel n'apparaisse pas, et même souvent, il tend à prévaloir* »[2022]. En ce qui concerne la volonté, J.-T. DELOS explique également que dans l'Institution et dans le contrat il y a toujours « *une idée ratifiée et réalisée par une manifestation de volonté* »[2023]. Dans le même sens, J. ZAKSAS affirme que la volonté, qu'elle soit institutionnelle ou contractuelle, est limitée par les « *besoins de l'ordre social dont elle n'est que l'instrument* »[2024]. En outre, l'autorité n'est pas exclue des rapports contractuels. D'ailleurs, comme le souligne G. RENARD, c'est « *par la prédominance d'une partie*

[2017] ROUJOU de BOUBEE Gabriel, *Essai sur l'acte juridique collectif, op. cit.*, p. 17, voir aussi p. 211.

[2018] HEBRAUD Pierre, « La notion de temps dans l'œuvre du Doyen Maurice Hauriou », *in La pensée du Doyen Maurice Hauriou et son influence (journées Hauriou)*, Toulouse, mars 1968, Paris : A. Pédone, 1969, p. 179, spéc. p. 199.

[2019] MOURGEON Jacques, *La répression administrative, op. cit.*, p. 169-172.

[2020] RENARD Georges, *La théorie de l'institution, Essai d'ontologie juridique, op. cit.*, p. 90-91.

[2021] RENARD Georges, *La théorie de l'institution, Essai d'ontologie juridique, ibid.*, p. 259 et p. 420 ; voir aussi MORIN Gaston, « Les tendances actuelles de la théorie des contrats et les relations du réel et des concepts. A propos des articles de M. JOSSERAND », *op. cit.*, p. 563.

[2022] ROUBIER Paul, *Théorie générale du droit, Histoire des doctrines juridiques et philosophie des valeurs sociales, op. cit.*, p. 21.

[2023] DELOS Joseph, « La théorie de l'Institution, Solution réaliste du Problème de la Personnalité Morale et le droit à fondement objectif », *in APD*, 1931, p. 135, voir aussi p. 136 : Le contrat concrétise « *une idée, devenue le point de communion objectif des individus, une idée qui les lie, qui commande et organise leurs relations mutuelles* ».

[2024] ZAKSAS Joseph, *Les Transformations du Contrat et leur loi, Essai sur la vie du Contrat en tant qu'institution juridique*, Paris : Sirey, 1939, p. 145 ; dans le même sens RENARD Georges, *La théorie de l'institution, Essai d'ontologie juridique, op. cit.*, p. 419.

sur l'autre partie, que se trahissent les infiltrations institutionnelles dans les rapports contractuels »[2025].

Finalement, « *les principes et les formes du commerce juridique pénètrent même les transactions institutionnelles* »[2026] et, inversement, rendent l'analyse institutionnelle du contrat administratif plausible mais surtout cohérente. Si un premier constat fait état d'une opposition entre l'Institution et le contrat du point de vue de la temporalité, de la volonté et de l'autorité, cette opposition n'est qu'apparente : il est possible de déceler des points de liaison avec l'Institution, qui semblent d'ailleurs exacerbés lorsqu'il s'agit du contrat administratif.

B. L'analyse institutionnelle de l'administrativité du contrat

D'une prétendue opposition entre une conception rigide du contrat à la mise en exergue de points de liaison avec l'Institution, il ne reste qu'un pas pour accéder à l'analyse institutionnelle du contrat administratif. Or, envisager ce rapport invite à se demander de quelle manière le contrat administratif s'identifie à l'Institution. Une comparaison doit alors être effectuée entre, d'une part, les critères du contrat administratif et, d'autre part, ceux de l'Institution administrative[2027]. Si celle-ci se décompose en un élément organique, une Idée et des moyens grâce auxquels elle se réalise, il faut en vérifier l'adéquation avec la « manière d'être » du contrat administratif[2028], en doctrine (1) comme en droit positif (2).

1. L'analyse institutionnelle de l'administrativité du contrat en doctrine

D'emblée, une analyse du contrat administratif à la lumière de l'Institution pose la question du rôle joué par l'élément organique. De façon générale, le contrat administratif se définit par la présence d'une personne administrative[2029] contractante. Le critère organique d'administrativité du contrat rejoint

2025 RENARD Georges, *La théorie de l'institution, Essai d'ontologie juridique*, *ibid.*, p. 322.
2026 BRODERICK J.-A., « La notion d'"institution" de Maurice Hauriou dans ses rapports avec le contrat en droit positif français », *op. cit.*, p. 150.
2027 Voir par exemple : CHEVALLIER Jacques et LOSCHAK Danièle, *Science administrative*, Tome 1, Paris : LGDJ, 1978, p. 185.
2028 Sur la relation, voir notamment : BASDEVANT-GAUDEMET Brigitte « avant-propos », in BASDEVANT-GAUDEMET Brigitte (coord.), *Contrat ou Institution : un enjeu de société*, Systèmes Droit, Paris : LGDJ, 2004, p. 4 ; MILLARD Éric, « Hauriou et la théorie de l'institution », *Droit et société* 30/31-1995, p. 381, spéc. p. 389.
2029 COUZINET Paul, « La théorie de la Gestion publique dans l'Œuvre de Maurice Hauriou », *op. cit.*, p. 174.

le critère organique de l'Institution administrative[2030]. Il peut s'agir de l'Institution Etat[2031], de collectivités territoriales ou d'autres services administratifs[2032] personnalisés[2033] et constitutifs d'une institution administrative[2034]. P. COUZINET explique en ce sens que la gestion publique « *a une résonance organique et institutionnelle très marquée* »[2035]. L'administrativité du contrat peut également résulter de la présence médiate d'une personne administrative. Par exemple, lorsqu'une personne privée agit comme mandataire d'une personne administrative, elle représente cette dernière et contracte en son nom et pour son compte. De même, la personne privée transparente, ce « faux-nez » de l'administration[2036], peut conclure un contrat administratif. Ces deux exemples rendent compte du caractère complexe de la mise en œuvre du critère organique dans le contrat administratif et invitent à rechercher une explication au sein de l'analyse institutionnelle. Sur un premier plan, il faut reconnaître avec M. HAURIOU qu'« *à côté de l'administration publique,* […] *il y aura place pour une administration d'intérêt public qui sera l'ensemble des œuvres privées dans l'intérêt du public* »[2037]. Prolongeant cette idée, J. MOURGEON montre que la mission administrative peut être mise en œuvre par des organismes privés sous contrôle administratif[2038], tandis que F. LLORENS signale que « *la "fonction administrative" est devenue la notion clé du droit administratif, et que ses agents sont désormais tout autant des personnes privées que des personnes publiques* »[2039].

2030 GONOD Pascale, MELLERAY Fabrice, YOLKA Philippe, *Traité de droit administratif*, Tome 1, *op. cit.*, p. 125-126.

2031 VIGUIER Jacques, « Existe-t-il une hiérarchie entre les éléments de l'idée d'œuvre de l'Etat chez Maurice Hauriou ? », *in Etudes en l'honneur du Professeur J.-A. MAZERES*, Paris : LexisNexis, 2009, p. 821, spéc. p. 841.

2032 RENARD Georges, *La théorie de l'institution, Essai d'ontologie juridique, op. cit.*, p. 186

2033 BRETHE de la GRESSAYE Jean, « Institution », *Répertoire civil Dalloz*, p. 1071, spéc. p. 1076.

2034 MOURGEON Jacques, *La répression administrative, op. cit.*, p. 62 ; voir aussi BERGEL Jean-Louis, *Théorie générale du droit, op. cit.*, p. 219.

2035 COUZINET Paul, « La théorie de la Gestion publique dans l'Œuvre de Maurice Hauriou », *op. cit.*, p. 173.

2036 AUBY Jean-Marie, « La théorie des institutions "transparentes" en droit administratif », *RDP* 1988.264.

2037 HAURIOU Maurice, *Principes de droit public, op. cit.*, p. 474 ; Dans le même sens, SFEZ Lucien, *Essai sur la contribution du doyen Hauriou au droit administratif français, op. cit.*, p. 119-120.

2038 MOURGEON Jacques, *La répression administrative, op. cit.*, p. 62 ; CAILLOSSE Jacques, « Sur quelques problèmes actuels du droit administratif français, Bref essai de mise en perspective », *op. cit.*, p. 931.

2039 LLORENS François, « La jurisprudence Société entreprise Peyrot : nouveau développement », *RFDA* 1985.362.

L'institutionnalisme du contrat administratif procède également du lien avec le service public[2040] – ou, plus globalement, avec l'intérêt général[2041] ou l'intérêt du public[2042] – qui représente l'Idée institutionnelle[2043], le but... cette idée directrice qui trahit l'Institution[2044]. G. PEQUIGNOT reconnaît en ce sens que la spécificité du contrat administratif tient dans son objet qui manifeste une synthèse entre un point de vue institutionnel et contractuel[2045]. Et, comme le demande B. BASDEVANT-GAUDEMET : « *le contrat n'est-il pas essentiellement un mécanisme qui permet le fonctionnement du service public et qui, finalement, renforce l'institution ?* »[2046]. L. RICHER et F. LICHERE expliquent également que les usages et la spécificité du contrat administratif sont liés autant « *à la présence d'une personne publique avec les prérogatives dont elle dispose, qu'à l'importance sociale attribuée à ce contrat conclu dans un*

2040 RAINAUD Jean-Marie, « Le contrat administratif : volonté des parties ou loi du service public ? », *RDP* 1985.1204 ; voir aussi AUBY Jean-François, « A propos des contrats d'exécution du service public », *in Contrats publics, Mélanges en l'honneur du Professeur Michel Guibal, op. cit.*, p. 797 ; COUZINET Paul, « La théorie de la Gestion publique dans l'Œuvre de Maurice Hauriou », *op. cit.*, p. 173 et p. 167 ; RENARD Georges, *La théorie de l'institution, Essai d'ontologie juridique, op. cit.*, p. 364.

2041 RENARD Georges, *La théorie de l'institution, Essai d'ontologie juridique, ibid.*, p. 161 ; voir aussi TANGUY Yann, « L'institution dans l'œuvre de Maurice Hauriou, Actualité d'une doctrine », *op. cit.*, p. 68 ; BRETHE de la GRESSAYE Jean, « Institution », *op. cit.*, p. 1074 ; MOURGEON Jacques, *La répression administrative, op. cit.*, p. 63 ; PICARD Etienne, *La notion de police administrative, op. cit.*, p. 491 ; CHEVALLIER Jacques et LOSCHAK Danièle, *Science administrative, op. cit.*, p. 360 ; LACHAUME Jean-François, PAULIAT Hélène, BOITEAU Claudie, DEFFIGIER Clotilde, *Droit des services publics, op. cit.*, p. 30, CE, 23 décembre 1970, n° 79410, *Préfet du val d'Oise c/ Cne de Montmagny, Lebon* : le juge met en relation le besoin de la population avec l'intérêt public local ; voir aussi LINOTTE Didier, *Recherches sur la notion d'intérêt général en droit administratif français, op. cit.*, l'auteur explique que « *la considération de l'intérêt général est le fondement de l'organisation sociale et politique de l'Etat* » et révèle une conception du rôle de l'Etat ; CHEVALLIER Jacques, *Variations autour de l'idéologie de l'intérêt général, op. cit.*

2042 HAURIOU Maurice, *Principes de droit public, op. cit.*, p. 473 ; v. également BRODERICK J.-A., « La notion d'"institution" de Maurice Hauriou dans ses rapports avec le contrat en droit positif français », *op. cit.*, p. 158 ; TRUCHET Didier, *Les fonctions de la notion d'intérêt général dans la jurisprudence du Conseil d'Etat, op. cit.*, p. 265 : la doctrine emploie de manière synonyme les termes d'intérêt public et d'intérêt général.

2043 SFEZ Lucien, *Essai sur la contribution du doyen Hauriou au droit administratif français, op. cit.*, p. 134 et s. et p. 175 ; ESPAGNO Delphine « Une rencontre entre Léon Duguit et Maurice Hauriou : l'analyse institutionnelle du service public », *op. cit.* ; voir aussi RIVERO Jean, *Les mesures d'ordre intérieur administratives, Essai sur les caractères juridiques de la vie intérieure des services publics, op. cit.*, p. 382.

2044 BRETHE de la GRESSAYE Jean, « Institution », *op. cit.*, 1077 ; au sujet des SPIC : COUZINET Paul, « La théorie de la Gestion publique dans l'Œuvre de Maurice Hauriou », *op. cit.*, p. 176.

2045 PEQUIGNOT Georges, *Contribution à la Théorie générale du Contrat administratif, op. cit.*, p. 605-606.

2046 BASDEVANT-GAUDEMET Brigitte, « avant-propos », *in B. BASDEVANT-GAUDEMET (coord.), Contrat ou Institution : un enjeu de société,* Systèmes Droit, Paris : LGDJ, 2004, p. 5.

but d'intérêt général »[2047]. Incarnation de l'Idée d'œuvre de l'Institution administrative, pour B. PLESSIX, le contrat administratif est « *une modalité d'exercice de l'action administrative, un instrument permettant à la puissance publique de réaliser la satisfaction de l'intérêt général* »[2048]. L. VANIER explique également que l'externalisation notamment via le procédé contractuel permet à l'administration de faire participer un tiers à son idée d'œuvre[2049], quand J.-C. RICCI souligne que l'idée d'œuvre commune est au fondement du contrat[2050].

En outre, pour mémoire, l'Institution administrative se définit à l'aune d'une relation d'autorité[2051] – la puissance publique[2052] et la contrainte[2053] – au service de l'œuvre[2054]. Elle est « *l'armature morale de l'administration publique* »[2055] qui caractérise le pouvoir administratif[2056], légitimé par la poursuite de l'intérêt général[2057], de l'intérêt commun[2058] ou du bien commun[2059]. Dans le contrat administratif, force est de reconnaitre que la clause exorbitante traduit cette autorité institutionnelle[2060]. Il faut rappeler que, participant à la gestion administrative, le contrat administratif contient toujours « *une inéga-*

[2047] RICHER Laurent et LICHERE François, *Droit des contrats administratifs, op. cit.*, p. 41.

[2048] PLESSIX Benoît, *L'utilisation du droit civil dans l'élaboration du droit administratif, op. cit.*, p. 766.

[2049] VANIER Léo, « Externaliser, L'influence des méthodes économiques sur les modalités de l'action administrative », *op. cit.*, p. 173 ; V. aussi VANIER Léo, *L'externalisation en matière administrative, Essai sur la transposition d'un concept, op. cit.*

[2050] RICCI Jean-Claude, « Le contrat au service des politiques publiques - Rapport de synthèse », *op. cit.*, p. 652.

[2051] RENARD Georges, *La théorie de l'institution, Essai d'ontologie juridique, op. cit.*, p. 176 ; MOURGEON Jacques, *La répression administrative, op. cit.*, p. 66 ; DOUENCE Jean-Claude, *Recherches sur le pouvoir règlementaire de l'administration, op. cit.*, p. 24.

[2052] HAURIOU Maurice, *Précis de droit administratif et de droit public, op. cit.*, p. 7-8 ; CHEVALLIER Jacques et LOSCHAK Danièle, *Science administrative, op. cit.*, p. 182-183.

[2053] CHEVALLIER Jacques, « Conclusion », *in B. BASDEVANT-GAUDEMET (coord.), Contrat ou Institution : un enjeu de société,* Systèmes Droit, Paris : LGDJ, 2004, p. 183.

[2054] HAURIOU Maurice, *Précis de droit administratif et de droit public, op. cit.*, p. 13-15 ; dans le même sens SFEZ Lucien, *Essai sur la contribution du doyen Hauriou au droit administratif français, op. cit.*, p. 175 ; MILLARD Éric, « Hauriou et la théorie de l'institution », *op. cit.*, p. 393 ; ESPAGNO Delphine, « Une rencontre entre Léon Duguit et Maurice Hauriou : l'analyse institutionnelle du service public », *op. cit.*, p. 341.

[2055] HAURIOU Maurice, *Principes de droit public, op. cit.*, p. 485.

[2056] HAURIOU Maurice, « Théorie de l'institution et de la fondation, (Essai de vitalisme social) », *Cahiers de la nouvelle journée* 1925, n° 4, p. 41 ; voir aussi COUZINET Paul, « La théorie de la Gestion publique dans l'Œuvre de Maurice Hauriou », *op. cit.* p. 173.

[2057] CHEVALLIER Jacques et LOSCHAK Danièle, *Science administrative, op. cit.*, p. 359.

[2058] GURVITCH Georges, « Les idées-maitresses de Maurice Hauriou », *op. cit.*, p. 155, spéc. p. 193.

[2059] BRETHE de la GRESSAYE Jean, « Institution », *op. cit.*, p. 1075.

[2060] Pour une conception générale : BRETHE de la GRESSAYE Jean, « Institution », *op. cit.*, p. 1074 ; DOUENCE Jean-Claude, *Recherches sur le pouvoir règlementaire de l'administration, op. cit.*, p. 26.

lité et une subordination qui sont la caractéristique de la puissance publique »[2061]. En ce sens, « *le commerce juridique des administrations publiques est spécial et reste pénétré de puissance publique* »[2062]. La clause exorbitante est celle qui pose des questions de droit public[2063], qui porte la marque du droit administratif et reflète l'autorité institutionnelle[2064]. Il convient également de signaler le régime exorbitant du droit commun qui détermine l'administrativité du contrat de manière objective, indépendamment de la volonté des parties[2065]. Il s'en dégage l'impression qu'il existe une « *ambiance de droit public* [...dans laquelle le contrat] *baigne ; on retrouverait ici ce "climat de droit public"* »[2066]. Le régime exorbitant rend compte de l'idée d'œuvre qui s'impose à l'Institution et de l'autorité qui en découle[2067]. Plus précisément, D. RICCARDI explique que le régime des sanctions dans les contrats administratifs s'inscrit dans la logique du contrat-institution[2068].

Plus spécifiquement enfin, si l'on s'intéresse à l'imprévision, un parallèle avec l'adaptabilité de l'Institution peut être effectué[2069], puisque l'objectif est avant tout de garantir l'exécution du contrat. Il faut d'ailleurs rappeler que, dans ses travaux, M. HAURIOU propose une analyse institutionnelle de l'imprévision[2070].

2061 HAURIOU Maurice, *La gestion administrative, Etude théorique de droit administratif, op. cit.*, p. 75.

2062 HAURIOU Maurice, *Précis de droit administratif et de droit public, op. cit.*, p. 18 ; égal. COUZINET Paul, « La théorie de la Gestion publique dans l'Œuvre de Maurice Hauriou », *op. cit.*, p. 167 ; DOUENCE Jean-Claude, *Recherches sur le pouvoir règlementaire de l'administration, op. cit.*, p. 105.

2063 De LAUBADERE André, MODERNE Franck, DELVOLVE Pierre, *Traité des contrats administratifs*, Tome 1, *op. cit.*, p. 212 ; *idem* DREYFUS Jean-David, *Contribution à une théorie générale des contrats entre personnes publiques*, Paris : L'Harmattan, 1997, p. 154.

2064 Rappr. VEDEL Georges, « Remarques sur la notion de clause exorbitante », *in L'évolution du droit public, Etudes offertes à Achille Mestre*, Paris : Sirey 1956, p. 559 ; et, plus récemment RICHER Laurent et LICHERE François, *Droit des contrats administratifs, op. cit.*, p. 95.

2065 WEIL Prosper, « Le critère du contrat administratif en crise », *op. cit.*, p. 846 ; DELALOY Guillaume, « L'incidence du changement de statut d'EDF sur la nature juridique des contrats conclus avec les producteurs autonomes d'électricité », *CMP* mars 2006, n° 3, étude 3.

2066 WEIL Prosper, « Le critère du contrat administratif en crise », *op. cit.*, p. 847 ; Plus récemment : GROS Manuel, « Rapport de synthèse », *in Centenaire de l'arrêt Société des granits porphyroïdes des Vosges (1912-2012), Que reste-t-il de nos classiques ?*, Lille : Helinia éditions 2015, p. 169.

2067 En ce sens, voir également BRETHE de la GRESSAYE Jean, « Institution », *op. cit.*, p. 1074 ; DOUENCE Jean-Claude, *Recherches sur le pouvoir règlementaire de l'administration, op. cit.*, p. 106 et s.

2068 RICCARDI David, *Les sanctions contractuelles en droit administratif, op. cit.*

2069 PEQUIGNOT Georges, *Contribution à la Théorie générale du Contrat administratif, op. cit.*, p. 606.

2070 BRODERICK J.-A., « La notion d'"institution" de Maurice Hauriou dans ses rapports avec le contrat en droit positif français », *op. cit.*, p. 158.

Via la collaboration dynamique qu'il organise avec l'administration, le contrat administratif apparaît « *tout gonflé d'institution* »[2071]. G. PEQUIGNOT démontre d'ailleurs que « *de la notion institutionnelle, le concept de contrat administratif tire tout ce qui demeure en lui d'inégalité et de pouvoir et reçoit le ferment de l'idée de service public* »[2072]. Quelques années plus tard, J.-A. BRODERICK propose la notion de « *contrats institutionnels* » respectueuse de la filiation contractuelle tout en reconnaissant l'institutionnalisme du contrat administratif[2073], tandis que C. YANNAKOPOULOS évoque un « *fait administratif institutionnel* »[2074]. Pour Ph. SEGUR, le caractère institutionnel du contrat administratif procède de l'objet de service public[2075] et de la communion fondative qui en émane : « *la forme reste contractuelle, le fond devient institution* »[2076]. Institutionnel par sa raison d'être au service de l'action administrative[2077] et empruntant aux critères d'identification de l'Institution administrative, le contrat administratif est une technique contractuelle empreinte d'institution. Cette adéquation entre l'Institution et le contrat administratif peut d'ailleurs être confirmée au moyen du droit positif.

2. L'analyse institutionnelle de l'administrativité du contrat confirmée par le droit positif[2078]

La confirmation de l'analogie en droit positif entre l'administrativité de l'Institution et du contrat suppose de revenir sur le critère organique. Dans la

---

2071 RENARD Georges, *La théorie de l'institution, Essai d'ontologie juridique, op. cit.*, 1930, p. 364 ; voir aussi SFEZ Lucien, *Essai sur la contribution du doyen Hauriou au droit administratif français, op. cit.*, p. 97 : « *la théorie de la concession d'Hauriou ne s'explique que fortement colorée par la théorie de l'institution* ».

2072 PEQUIGNOT Georges, *Contribution à la Théorie générale du Contrat administratif, op. cit.*, p. 606.

2073 BRODERICK J.A., « La notion d'"institution" de Maurice Hauriou dans ses rapports avec le contrat en droit positif français », *op. cit.*, p. 159.

2074 YANNAKOPOULOS Constantin, « L'apport de la protection de la libre concurrence à la théorie du contrat administratif », *RDP* 1er mars 2008, n° 2, p. 421. L'auteur fait notamment référence à la doctrine de MC CORMICK sur l'institution.

2075 SEGUR Philippe, *Le contrat, le temps et l'institution, le cas de la concession de service public*, Mémoire DEA, dactyl., Université des sciences sociales de Toulouse, Toulouse, octobre 1989, p. 43 et p. 80.

2076 SEGUR Philippe, *Le contrat, le temps et l'institution, le cas de la concession de service public, ibid.*, p. 53, voir aussi p. 54-59 : la communauté fondative se manifeste par trois éléments : premièrement, l'unité dans l'objet des consentements traduit l'idée d'œuvre qui est le service public ; deuxièmement, c'est un pouvoir qui s'exprime par la rédaction unilatérale des clauses ainsi que le pouvoir de résiliation unilatérale dans le but de l'œuvre (le service public) ; troisièmement, c'est la mise en œuvre d'une opération à procédure(s).

2077 GAUDEMET Yves, « Pour une nouvelle théorie générale du droit des contrats administratifs : mesurer les difficultés d'une entreprise nécessaire », *op. cit.*, p. 313.

2078 Le choix de la clarté et de la concision a été fait. Les décisions prises à titre d'exemple dans l'argumentation n'épuisent pas les cas qu'il est possible de relever en jurisprudence. Pour chaque élément, lorsque de nombreux résultats ont été trouvés, deux ou trois exemples ont été sélectionnés.

jurisprudence administrative, si l'Institution est quasi-absente[2079], l'élément organique transparaît davantage dans la formule « organisme de droit public »[2080] ou encore à travers les notions d'autorité administrative[2081], d'autorité publique[2082], de personne publique[2083], de personne (morale) de droit public[2084]. Ce sont aussi les expressions de puissance publique[2085] ou d'intervention administrative[2086] qui témoignent de la relation entre l'administrativité du contrat et l'Institution administrative du point de vue organique. A l'inverse, le critère organique exclut la personne (morale de droit) privé(e)[2087] mais supporte quelques aménagements. C'est le cas de « l'action pour le compte

---

2079 De même aucune jurisprudence ne ressort de la recherche des termes de gestion administrative, d'administration d'intérêt public/général/commun, d'œuvres privées dans l'intérêt du public, d'œuvre d'intérêt public. La notion de collaboration ne rend pas non plus compte de l'Institution dans la jurisprudence propre au contrat administratif, tout comme les expressions de fonction administrative/fonction publique, qui ne donnent pas lieu à décision dans le sens institutionnel c'est-à-dire en référence à l'institution administrative. Cependant, l'arrêt du Conseil d'État, n° 304172, rendu le 25 juillet 2008 qualifie deux organismes d'« institutions ».

2080 CE, 3 juin 2009, n° 319103, *Groupement d'intérêt public - carte du professionnel de santé, AJDA* 2009.1126, obs. PASTOR ; CAA Lyon, 27 mars 2014, n° 11LY21913, Inédit – *Dalloz jurisprudence.*

2081 CE, 12 septembre 2018, n° 420454, *Synd. intercommunal des ordures ménagères [SIOM] de la vallée de Chevreuse, Lebon T., CMP* 2018, n° 241, note UBAUD-BERGERON, *BJCP* 2019 p. 12, concl. PELLISSIER ; CE, 18 décembre 2019, n° 432590, *Port autonome de la Nouvelle Calédonie, Lebon, AJDA* 2020.10 et 640, note S. BRAMERET ; CE, 19 mars 2003, n° 234073, *ADEM, Lebon T.*

2082 CE, 26 juin 2015, n° 389599, *Min. Défense c/Olympe Service (SARL), Lebon, AJDA* 2015.1294, *AJCT* 2015.535, obs. S. HUL ; CE, 22 avril 1988, n° 86241 86242 88553, *Société France 5, Lebon* p. 157 .

2083 CE, 11 décembre 2020, n° 427616, *Sté Copra Méditerranée, Lebon T, AJDA* 2020.2466 ; TC, 02 novembre 2020, n° C4196, *Sté Eveha, Institut national de recherches archéologiques préventives (INRAP), Lebon, AJDA* 2020.2119.

2084 CAA Lyon, 26 décembre 2013, n° 12LY02212, Inédit – *Dalloz jurisprudence* ; TC, 19 novembre 2012, n° C3874, *Service rapide des Flandres, Lebon, CMP* 2013, n° 18, note ECKERT.

2085 TC, 5 septembre 2016, C4063, *Caisse d'assurance retraite et de santé au travail (CARSAT) d'Aquitaine, Lebon* ; TC, 28 mars 2011, n° C3787, *Groupement forestier de Beaume Haie c/ Office national des forêts, Lebon T., AJDA* 2011.714, *DA* 2011, n° 59, note MELLERAY ; CE, 7 décembre 1984, n° 16900 22572, *Centre d'études marines avancées* ; CE Sect., 1 mars 1968, n° 67118, *Dame veuve Supiot, Lebon* 155, *RDP* 1968, p. 1069, note WALINE.

2086 TC, 17 novembre 1975, n° 02010, *Lebon.*

2087 CE, 15 mars 1999, n° 199889, *Union des mutuelles de la Drôme, DA*. 1999. Comm. 216 ; TC, 12 décembre 2005, n° C3458, *Association sportive de karting semurois, Lebon* 668, *AJDA* 2006.4 ; TC, 14 mai 2012, n° C3832, *KBC Lease France, Lebon.*

de »[2088] qui renvoie généralement à l'idée d'un mandat[2089] de la personne administrative et du cas où la personne privée est dite transparente[2090].

Ensuite, la jurisprudence confirme la corrélation entre le service public-idée de l'Institution administrative et le service public-objet du contrat administratif. Plusieurs mots clés mettent clairement en évidence cette correspondance. L'idée d'œuvre[2091] de l'Institution administrative et l'objet du contrat administratif trouvent un premier point commun au détour de la mission de service public[2092] à la réalisation de laquelle le cocontractant participe[2093]. Cette relation est fréquemment soulignée lors de la qualification de nombreux contrats administratifs et son absence entre dans le raisonnement du juge pour nier l'administrativité du contrat[2094]. C'est aussi, plus généralement, la mission d'intérêt général. Le juge prend acte de l'objet ou du but d'intérêt général du contrat administratif[2095] lorsqu'il s'agit de procéder à sa qualification et

---

2088 Pour une évolution récente du critère voir : TC, 9 mars 2015, n° C3984, *Mme Rispal c/ Sté ASF, Lebon,* LESSI Jean et DUTHEILLET de LAMOTHE Louis, « Fin d'un splendide isolement : l'abandon de la jurisprudence Entreprise Peyrot », *op. cit.,* p. 1204 ; CLAMOUR Guylain, « Chassez le naturel, il s'enfuit au galop », *op. cit.,* p. 601 ; CANEDO-PARIS Marguerite, « La jurisprudence Société Entreprise Peyrot : stop ou encore ? », *RFDA* 2015.32 ; ESCAUT Nathalie (Rapporteur public), « La jurisprudence Société Entreprise Peyrot : la fin », *RFDA* 2015.265.

2089 TC, 11 décembre 2017, n° C4103, *Commune de Capbreton, Lebon* ; CE 13 novembre 2013, n° 351530, *Union de coopératives agricoles Epis-Centre-Nord, CMP* 2014, comm. 25, obs. M. UBAUD BERGERON, *JCP A* 2014.2246, note Ph. HANSEN ; CE, 30 mai 1975, n° 86738, *Société d'équipement de la région montpelliéraine, Lebon* 326 ; TC, 7 juill. 1975, n° 2013, *Commune d'Agde, Lebon* 798 ; Sur la question voir : ROUSSEL Sophie et NICOLAS Charline, « Le "mandat administratif" à son crépuscule », *op. cit.*, p. 267.

2090 CE, 21 mars 2007, n° 281796, *Commune de Boulogne-Billancourt, Lebon* 130, *AJDA* 2007.915, note J.-D. DREYFUS, *D.* 2007 p. 1937, note M. DREIFUSS ; TC, 16 octobre 2006, n° 3514, *EURL Pharmacie de la gare Saint Charles, Depieds, Lebon* 638, *AJDA* 2007.325, *RFDA* 2007.298, note Ch. LAVIALLE.

2091 Cependant aucune jurisprudence est assimilable à l'œuvre de l'institution administrative.

2092 CE Sect., 1er juillet 2019, n° 412243, *Assoc. pour le musée des Îles Saint-Pierre et Miquelon, Lebon, AJDA* 2019.1369 et 1750, chron. C. MALVERTI et C. BEAUFIS, *RDI* 2019.568, obs. R. NOGUELLOU, *AJCT* 2019.571, obs. NOUAL, *RFDA* 2019.1032, note H. HOEPFFNER ; CE, 21 mars 2007, n° 281796, *Commune de Boulogne-Billancourt, Lebon* 130, *AJDA* 2007.915, note J.-D. DREYFUS, *D.* 2007 p. 1937, note M. DREIFUSS ; TC, 13 octobre 2014, n° C3963, 2014, *Sté Axa France IARD, Lebon, AJDA* 2014.2031, *D.* 2014 p. 2115, obs. M.-C. de MONTECLER, *RFDA* 2014.1068, concl. F. DESPORTES.

2093 CE, 24 novembre 2008, n° 290540, *Syd. Mixte d'assainissement de la région du Pic Saint Loup, Lebon T., AJDA* 2009.319, note J.-D. DREYFUS, *BJCP* 2009 p. 151, concl. B. DACOSTA ; TC, 25 mars 1996, n° 03000, *Berkani, Lebon, AJDA* 1996.355, chron. J.-H. STAHL et D. CHAUVAUX ; CE Sect., 20 avril 1956, n° 98637, *Epoux Bertin, Lebon* 167 ; CE Sect., 20 avril 1956, n° 33961, *Ministre de l'Agriculture c/ Consorts Grimouard, Lebon, RDP* 1956, p. 1058, concl. LONG, note M. WALINE.

2094 CE, 1er juillet 2010, n° 333275, *Sté Bioenerg, Lebon, RJEP* 2011, n° 683, concl. COLLIN, *DA* 2010, n° 139, note BRENET, *JCPA* 2010.2359, note PACTEAU ; TC, 21 mai 2007, n° C3609, *Sté Codiam, AJDA* 2008.200, obs. ROBBE, *DA* 2007. Comm. 100, obs. MENEMENIS.

2095 TC, 11 avril 2016, n° C4043, *Sté Fosmax Lng c/ Sté TCM FR, Tecnimont et Saipem, Lebon, AJDA* 2016.750, *CMP* 2016.146, note PIETRI, *BJCP* 2016 p. 298, concl. ESCAUT ; CE, 7

notamment pour relever la présence de clauses exorbitantes, d'un régime exorbitant ou dérogatoire[2096]. Plus encore, la prégnance de l'idée d'œuvre-intérêt général permet au juge de remettre en cause la rupture des relations contractuelles au regard d'un motif d'intérêt général, tiré des exigences du service public[2097] alors que, réciproquement, l'intérêt général justifie le pouvoir de résiliation unilatérale – ou de modification[2098] – dont dispose l'administration[2099]. L'intérêt général est d'ailleurs au fondement de nombreuses solutions jurisprudentielles relatives au contrat administratif dans une balance avec la stricte légalité administrative[2100]. Plus rarement, l'intérêt public est l'une des motivations de la personne publique à contracter[2101] et l'un des arguments du juge du contrat[2102].

---

mars 2014, n° 372897, *Centre hospitalier universitaire - Hôpitaux de Rouen et Société Télécom services, CMP* 2014, comm. 151, obs. ECKERT, *AJDA* 2014.1497, note HARDY ; CE, 30 décembre 1998, n° 150297, *Sté Laitière de Bellevue, Lebon T., RDI* 1999 p. 246, chron. F. LLORENS.

[2096] TC, 9 février 2015, n° C3982, *Sté Senseo, Lebon* ; TC, 13 octobre 2014, n° C3963, *Sté Axa France IARD, Lebon, AJDA* 2014.2031, *D.* 2014 p. 2115, obs. M.-C. de MONTECLER, *RFDA* 2014.1068, concl. F. DESPORTES ; TC, 23 octobre 2000, n° C3195, *Sté Solycaf, Lebon* 772, *RDI* 2001.61, obs. F. LLORENS, *D.* 2000 p. 297.

[2097] TC, 11 avril 2016, n° C4043, *Sté Fosmax Lng c/ Sté TCM FR, Tecnimont et Saipem, Lebon, AJDA* 2016.750, *CMP* 2016, n° 146, note PIETRI, *BJCP* 2016 p. 298, concl. ESCAUT ; CE, 8 octobre 2014, n° 370644, *Société Grenke Location, Lebon, AJDA* 2015.396, note F. MELLERAY.

[2098] CE, 27 octobre 2010, n° 318617, *Syndicat intercommunal des transports publics de Cannes, le Cannet, Mandelieu-la Napoule, RJEP* avril 2011, p. 18, concl. B. DACOSTA.

[2099] CAA Marseille, 16 février 2015, n° 13MA00902, Inédit – *Dalloz jurisprudence* ; CE, 7 mai 2013, n° 365043, *Sté auxiliaire de parcs de la région parisienne, Lebon* p. 137, *AJDA* 2013.951, obs. POUPEAU ; CE, 19 décembre 2012, n° 350341, *Sté AB Trans, DA* 2013, comm. 42, E. COLSON, *CMP* 2013, comm. 29, note G. ECKERT ; CE, 31 juillet 1996, n° 126594, *Sté des téléphériques du Massif du Mont-Blanc, Lebon* p. 334, *AJDA* 1996.788, note J.-P. GILI.

[2100] CE 29 décembre 2014, n° 372477, *Commune d'Uchaux, Lebon* 2014 avec les concl. DAUMAS, *JCP A* 2015, act. 13, *JCP A* 2015.2115, note LANGELIER et 2103, chron. LE BOT, *CMP* 2015 chron. 6, note PIETRI, *CMP* 2016 chron. 3, note LLORENS et SOLER-COUTEAUX, *AJDA* 2015.4, obs. PASTOR ; CE, Avis, 11 avril 2012, n° 355446, *Sté Gouelle, Lebon, AJDA* 2012.790 et 1109, note P. CASSIA, *AJDA* 2013.1268, étude O. AGNUS, *RDI* 2012.398, obs. S. BRACONNIER ; CE, 11 mai 2011, n° 347002, *Sté Rébillon Schmit Prévot, Lebon, CMP* 2011, n° 220, note ZIMMER, *AJDA* 2011.932, note NOGUELLOU, *DA* 2011, n° 66, note BRENET, *JCPA* 2011.2204, note LINDITCH.

[2101] CE Ass., 30 décembre 2014, n° 355563, *Société Armor SNC, Lebon,* AJDA 2015.449, chron. J. LESSI et L. DUTHEILLET De LAMOTHE, *RFDA* 2015.57, concl. B. DACOSTA ; CE, 19 novembre 2013, n° 352488, *Sté nationale immobilière, Lebon, BJCP* 2014 p. 106, concl. CORTOT-BOUCHER, *AJDA* 2014.285, note CLAMOUR, *CMP* 2014, no 18, note ECKERT ; CE, 26 juin 1974, n° 80940, *Sté « La Maison des Isolants de France », Lebon* 365, *RDP* 1974 p. 1486, note J.-M. AUBY.

[2102] CAA Bordeaux, 20 octobre 2011, n° 10BX01145, *Département de la Martinique, AJDA* 2012.342 ; CE, 27 février 2015, n° 357028, *Commune de Béziers, Lebon* 66, concl. E. CORTOT-BOUCHER, *AJDA* 2015.423 et 1482, note P. BOURDON, *D.* 2015 p. 630, obs. J.-M. PASTOR.

En outre, la relation entre la clause exorbitante et l'autorité institutionnelle est manifeste[2103] lorsque qu'une « *clause qui, notamment par les prérogatives reconnues à la personne publique contractante dans l'exécution du contrat, implique, dans l'intérêt général, qu'il relève du régime exorbitant des contrats administratifs* » est insérée[2104]. Elle traduit ce « régime exorbitant »[2105]du contrat administratif ou ce « régime administratif d'ordre public »[2106] mais également la soumission à des « règles de droit public »[2107] ou aux « règles du droit administratif »[2108]. Plus précisément la clause exorbitante matérialise le droit de contrôle de l'administration[2109] ou la détention de la puissance et de prérogatives publiques[2110]. L'autorité transparaît encore des notions de « pouvoir » de résiliation unilatérale[2111] ou de modification unilatérale[2112] ou encore de la

---

[2103] TC, 21 mai 2001, n° 3228, *Centre hospitalier de Montpon-Ménesterol,* Inédit – *Dalloz jurisprudence* ; CE, 9 mars 1998, n° 168642, *Association "CFM 100",* Inédit – *Dalloz jurisprudence* ; CE, 4 mars 1981, n° 13545 17522, *Cne d'Azereix c/Pescadère, Lebon T.*

[2104] TC, 2 novembre 2020, n° C4196, *Sté Eveha, Institut national de recherches archéologiques préventives (INRAP), Lebon, AJDA* 2020.2119 ; TC, 13 octobre 2014, n° C3963, *Sté Axa France IARD, Lebon, AJDA* 2014.2031, *D.* 2014. 2115, obs. M.-C. de MONTECLER, *RFDA* 2014.1068, concl. F. DESPORTES ; rappr.TC, 24 avril 1978, n° 02071, *Société Boulangeries de Kourou, Lebon* et CE Sect., 19 janvier 1973, n° 82338, *Sté d'exploitation électrique de la rivière du Sant, Lebon.*

[2105] Sur la question voir notamment LESSI Jean et DUTHEILLET de LAMOTHE Louis, « Les habits neufs de la clause exorbitante », *op. cit.,* p. 2180.

[2106] CE Ass., 9 novembre 2016, n° 388806, *Société Fosmax, Lebon, AJDA* 2016.2368, chron. L. DUTHEILLET De LAMOTHE et G. ODINET ; CE, 19 avril 2013, n° 352750, *Syndicat mixte des aéroports de Charente, Lebon, AJDA* 2013.822 et 1271, chron. X. DOMINO et A. BRETONNEAU, *RDI* 2013.362, obs. S. BRACONNIER ; TC, 17 mai 2010, n° 3754, *Inserm, Lebon, AJDA* 2010.1047 et 1564, étude P. CASSIA, *RFDA* 2010.959, concl. M. GUYOMAR

[2107] CAA Paris, 14 octobre 2010, n° 09PA01213, *Manuela A. c/ Cne de Voh,* Inédit – *Dalloz jurisprudence* ; CAA Paris, 3 décembre 2009, n° 08PA02952, Inédit – Dalloz jurisprudence ; CE, 30 janvier 1980, n° 06736, *Ville de Paris, D.* 1980. IR 299, obs. DELVOLVE.

[2108] CE, 17 octobre 1986, n° 47548, Inédit – *Dalloz jurisprudence* ; CE Sect., 20 avril 1956, n° 33961, *Ministre de l'Agriculture c/ Consorts Grimouard, Lebon, RDP* 1956, p. 1058, concl. LONG, note M. WALINE : sur la soumission aux « règlements d'administration publique ».

[2109] Voir *infra* et voir par ex. : CE, 29 juin 2012, n° 357976, *Sté Pro 2G, Lebon, AJDA* 2012.1314 et 2420, étude M. LAAZOUZI, *RDI* 2012.560, obs. S. BRACONNIER, *BJCP* n° 84, p. 336, concl. BOULOUIS ; CE, 19 novembre 2010, n° 331837, *ONF c/ Girard-Mille, JCPA* 2011.2020, note MOREAU, *RJEP* mars 2011 p. 9, concl. DACOSTA, *AJDA* 2011.281, note DREYFUS, *DA* 2011, n° 19, note BRENET ; TC, 20 juin 2005, n° C3446, *SNC hôtelière guyanaise c/ CNES, Lebon, AJDA* 2005.1700.

[2110] TC, 13 octobre 2014, n° C3963, *Sté Axa France IARD, Lebon, AJDA* 2014.2031, *D.* 2014. 2115, obs. M.-C. de MONTECLER, *RFDA* 2014.1068, concl. F. DESPORTES ; CE, 2 février 1983, n° 34027, *Union des transports publics urbains et régionaux, Lebon* p. 33, *RDP* 1984, p. 212, note J.-M. AUBY.

[2111] CE, 1er octobre 2013, n° 349099, *Sté Espace Habitat construction, Lebon, AJDA* 2013.1943 et 2275, note J.-F. GIACUZZO, *RDI* 2014.46, obs. N. FOULQUIER ; CE, 7 mai 2013, n° 365043, *Sté auxiliaire de parcs de la région parisienne, Lebon* p. 137, *AJDA* 2013.951, obs. POUPEAU ; TC, 17 novembre 1975, n° 02011, *Lebon.*

[2112] CE, 25 juin 2018, n° 418493, *ADEME, Lebon T., CMP* 2018.198, note M. UBAUD-BERGERON ; CE, 5 juillet 2013, n° 367760, *Véolia transports Valenciennes Transvilles, AJDA*

faculté de « décider seule » que détient l'administration contractante[2113]. L'autorité consiste également en des moyens de « contrainte » dont dispose l'administration en vue de la bonne exécution du contrat[2114] ou des contraintes inhérentes à l'objet du contrat administratif[2115]. Ce sont des « obligations », « exigences » et « sujétions » de service public auxquelles sont soumis les co-contractants[2116] ainsi que des clauses règlementaires qui ont souvent pour objet l'organisation ou le fonctionnement d'un service public[2117].

En parallèle, il est également intéressant de passer quelques qualifications législatives sous le prisme institutionnel. D'abord, les marchés publics et les délégations de services publics sont des contrats administratifs par détermination de la loi MURCEF[2118] – aujourd'hui reprise dans le Code de la commande publique. Son article 2 prévoyait que *« les marchés passés en application du code des marchés publics ont le caractère de contrats administratifs »*, ce qui témoigne d'abord du caractère objectif du droit applicable aux marchés publics. Ensuite, son article 3 définissait la délégation de service public et posait un critère organique via la personne morale de droit public, la soumission à l'idée d'œuvre en référence à l'objet de service public mais également la prégnance de l'autorité puisque la responsabilité du service relève de la personne

2013.1415, note N. KHALID ; CE, 29 décembre 1999, n° 177216, *Sté Cerbère Sovarec*, Inédit – *Dalloz jurisprudence*.

2113 CE, 23 février 2005, n° 264712, *ATMMP, RFDA* 2005.483, *AJDA* 2005.668, note J.-D. DREYFUS.

2114 CE, 5 juillet 2013, n° 367760, *Véolia transports Valenciennes Transvilles, AJDA* 2013.1415, note N. KHALID ; CAA Marseille, 31 mars 2008, n° 06MA02958, Inédit – *Dalloz jurisprudence*.

2115 CAA Paris, 4 février 1993, n° 91PA01155, Inédit – *Dalloz jurisprudence* ; CAA Lyon, 21 juin 2012, n° 10LY02865, Inédit – *Dalloz jurisprudence*.

2116 CE, 9 mars 2018, n° 409972, *Compagnie des parcs et passeurs du Mont-Saint-Michel, Lebon, AJDA* 2018.534 ; CAA Paris, 9 mai 2012, n° 10PA00949, Inédit – *Dalloz jurisprudence* ; CAA Nancy, 2 avril 2015, n° 14NC01885, Inédit – *Dalloz jurisprudence* ; CAA Marseille, 16 février 2015, n° 13MA00902, Inédit – *Dalloz jurisprudence* ; CE, 8 octobre 2014, n° 370644, *Société Grenke Location, Lebon, AJDA* 2015.396, note F. MELLERAY ; CE, 7 mars 2014, n° 372897, *Centre hospitalier universitaire - Hôpitaux de Rouen et Société Télécom services, CMP* 2014, comm. 151, obs. ECKERT, *AJDA* 2014.1497, note HARDY ; TC, 15 novembre 1999, n° 03144, *Commune de Bourrisp, Lebon, DA* 2000, n° 29 ; CE, 2 février 1983, n° 34027, *Union des transports publics urbains et régionaux, Lebon* p. 33, *RDP* 1984, p. 212, note J.-M. AUBY

2117 CE, 09 octobre 2020, n° 422483, *Commune de Montpellier, Lebon T., CMP* 2020, n° 346, note DIETENHOEFFER ; CE, 3 juin 2020, n° 428845, *Centre hospitalier d'Avignon, Lebon T., BJCP* 2020 p. 355, *JCPA* 2020.331, obs. TOUZEIL-DIVINA, *JCPA* 2020.2194, note HUL ; CE Ass., 4 avril 2014, n° 358994, *Département de Tarn et Garonne c/ Bonhomme, GAJA* 901, *Lebon* 70, *AJDA* 2014.1035 chron. A. BRETONNEAU et J. LESSI, *AJDA* 2014.945, tribune S. BRACONNIER, *RFDA* 2014.425, concl. B. DACOSTA et 438, note P. DELVOLVE ; CE Sect., 11 juillet 2011, n° 339409, *Mme Gilles, Lebon* p. 331, concl. N. BOULOUIS, *AJDA* 2011.1404 et 1949, chron. X. DOMINO, *D.* 2012 p. 653, note G. VINEY, *CMP* 2011, comm. 300, note G. ECKERT.

2118 Loi n° 2001-1168 du 11 décembre 2001, *portant mesures urgentes de réformes à caractère économique et financier (MURCEF), JORF* 12 décembre 2011, p. 19703.

publique. Les marchés de partenariat étaient également qualifiés de contrats administratifs en application de l'Ordonnance du 17 juin 2004[2119] – codifiée dans le Code de la commande publique. Là encore, du point de vue institutionnel, le recours à la définition donnée dès 2004 permet de relever le critère organique et l'idée d'œuvre (mission globale regardant un service public dont est chargée la personne publique) ainsi que l'autorité (objectifs de performance et soumission à l'évaluation de la personne publique). Ensuite, l'article L. 1311-2 du Code général des collectivités territoriales permet à une collectivité territoriale de conclure des baux emphytéotiques sur les biens lui appartenant notamment pour l'exécution « *d'une mission de service public ou en vue de la réalisation d'une opération d'intérêt général relevant de sa compétence* ». Cette disposition comporte le critère organique via l'exigence d'une personne administrative, mais aussi l'idée d'œuvre qui dirige l'objet de ces contrats et se rattache à la mission de service public et, plus généralement, à la poursuite de l'intérêt général ainsi que l'autorité à laquelle donne lieu l'exécution du contrat. Il convient en outre de se référer à l'article L. 2341-1 du Code général de la propriété des personnes publiques qui prévoit qu'« *un bien immobilier appartenant à l'Etat ou à un établissement public* […] *peut faire l'objet d'un bail emphytéotique prévu à l'article L. 451-1 du même code, en vue de sa restauration, de sa réparation ou de sa mise en valeur* », sachant que des clauses imposées visent à préserver les exigences du service public et qu'il existe des « *modalités de contrôle de l'activité du preneur par la personne publique propriétaire* ». Il serait possible de mentionner aussi les contrats d'occupation du domaine public[2120], les concessions de travaux publics[2121], aujourd'hui soumises au Code de la commande publique, les contrats d'achat d'électricité, les contrats de cessions de biens immobiliers de l'Etat[2122], les contrats des maîtres de l'enseignement privé[2123], certains contrats dans le domaine médical[2124], les contrats organisant les transports urbains en

---

2119 Ordonnance n° 2004-559 du 17 juin 2004, *sur les contrats de partenariat, JORF* n° 141 du 19 juin 2004, p. 10994.

2120 Art. L. 2331-1 du Code général de la propriété des personnes publiques.

2121 Ordonnance n° 2009-864 du 15 juillet 2009 *relative aux contrats de concession de travaux publics, JORF* n° 0162 du 16 juillet 2009.

2122 Article L. 3231-1 du Code général de la propriété des personnes publiques : « *Sont portés devant la juridiction administrative les litiges relatifs aux cessions des biens immobiliers de l'Etat* ».

2123 Art. L. 442-5 du Code de l'éducation modifié par la loi n° 2005-5 du 5 janvier 2005, *relative à la situation des maîtres des établissements d'enseignement privés sous contrat, JORF* 6 janvier 2005.

2124 Décret n° 2010-1218 du 14 octobre 2010, *portant dispositions particulières relatives aux médecins, odontologistes et pharmaciens recrutés par contrat sur des emplois présentant une difficulté particulière à être pourvus*, article 1er, modifiant les articles R. 6152-703 et suivants du Code de la santé publique.

outre-mer[2125] ou encore les baux emphytéotiques conclus en vue de la réalisation de logements sociaux[2126] qui ont survécu à l'écrémage des baux administratifs opéré par le législateur délégué au détour des années 2015-2017[2127].

En définitive, l'analyse institutionnelle du contrat administratif, d'abord doctrinale, ouvre une possibilité d'explication qui se confirme en droit positif. La correspondance entre les critères classiques d'administrativité du contrat – critère organique, service public, clause exorbitante, régime exorbitant, qualification législative – et ceux de l'Institution est manifeste. L'élément organique se vérifie en ce sens que la présence d'une personne administrative directement ou indirectement est un élément de détermination du contrat administratif. Le service public et l'intérêt général dans le contrat administratif manifestent l'Idée d'œuvre institutionnelle. Un parallèle peut aussi être effectué entre le contenu, le régime du contrat administratif et l'autorité institutionnelle. En jurisprudence comme dans la règlementation, l'emprise institutionnelle abordée en doctrine se vérifie de sorte qu'incontestablement, le contrat administratif peut faire l'objet d'une analyse institutionnelle. En participant à l'activité de l'Institution administrative, le contrat administratif emprunte ses critères d'identification et constitue fondamentalement une technique juridique contractuelle institutionnelle.

L'analyse institutionnelle permet d'expliquer de nombreuses notions administratives. Un premier constat fait état d'une opposition qui n'est en réalité qu'apparente entre l'Institution et le contrat du point de vue de la temporalité, de la volonté et de l'autorité. Des points de liaisons sont notables, que l'analyse institutionnelle de l'administrativité du contrat renforce. L'élément organique institutionnel se traduit par la présence d'une personne administrative directement ou indirectement dans le contrat administratif. Le service public et l'intérêt général dans le contrat administratif trahissent ensuite l'Idée d'œuvre institutionnelle. Un parallèle peut aussi être effectué entre le contenu ou le régime du contrat administratif et l'autorité institutionnelle. Le recours au droit positif confirme d'ailleurs cet institutionnalisme du contrat administratif. L'administrativité du contrat peut dès lors être interprétée et systématisée à l'aune du critère organique, de l'idée d'œuvre ou encore de l'autorité dans l'Institution ainsi qu'à l'aide d'une vision souple – institutionnalisée – de la temporalité, de la volonté et de l'autorité dans les rapports contractuels. L'Institution constitue ainsi un fondement holistique de la théorie générale du

---

2125 Décret n° 82-1004 du 24 novembre 1982, *relatif à l'organisation des transports urbains et à l'institution du versement Transport dans les départements d'outre-mer*, *JORF* 28 novembre 1982 (article 2).

2126 Loi n° 2009-179 du 17 février 2009, *pour l'accélération des programmes de construction et d'investissement publics et privés*, *JORF* 18 février 2009.

2127 Sur la question voir : CLAMOUR Guylain, « Le sort des contrats domaniaux », *RFDA* 2016.270 ; TERNEYRE Philippe et NOGUELLOU Rozen, « Ordonnances domaniales : encore un effort pour les cessions ! », *AJDA* 2017.1102.

contrat car elle compose une tentative d'explication globale sur le contrat administratif, conforme à la notion même de théorie générale et compatible avec son objet. Néanmoins, d'autres fondements doivent être envisagés, respectueux à la fois de la nature contractuelle et de l'administrativité du contrat.

Paragraphe 2. Des fondements ampliatifs à la théorie générale du contrat administratif

Face à la crise de la théorie générale du contrat administratif, une question méritait d'être posée : si les *Granits* centenaires étaient en fait le fruit d'une « erreur »[2128], si rétrospectivement un célèbre commissaire du gouvernement n'aurait pas formulé ainsi la présomption *UAP*, si le service public n'est qu'un *label* et si la rivière du Sant n'est jurisprudentiellement plus qu'un geyser tari... en somme, que reste-t-il des fondements classiques de la théorie générale ? Force est de constater que l'institutionnalisme global du contrat administratif et un excès de systématisation peinent à dissimuler l'existence de fondements ampliatifs. Il faut d'abord signaler que la prolifération de concepts entourant l'administrativité du contrat inscrit la théorie générale dans ce qu'il est possible d'appeler une contexture administrative[2129] (A) tandis que la nature contractuelle de l'acte laisse émerger en droit administratif des fondements bien spécifiques à la matière (B).

A. La contexture administrative[2130] et la théorie générale du contrat administratif

Dès 1956, G. VEDEL estime que « *c'est la présence ou l'absence d'un régime de puissance publique qui est le véritable critère du contrat administratif* »[2131]. Cette idée un peu vague n'a vraisemblablement jamais quitté la doctrine puisque force est de reconnaître que les procédés de qualification du contrat administratif perdent souvent de leur précision pour tendre vers l'impressionnisme du « *climat de droit public* »[2132] intégré dans un certain « *flou*

2128 GROS Manuel, « L'erreur de Léon Blum ? », *in Centenaire de l'arrêt Société des granits porphyroïdes des Vosges (1912-2012), Que reste-t-il de nos classiques ?,* Lille : Helinia éditions, 2015, p. 9.

2129 Notion de « contexture » employée par le Commissaire du gouvernement Blum sous l'arrêt du Conseil d'Etat, rendu le 31 juillet 1912, n° 30701, *Granits porphyroïdes des Vosges*, *Lebon* p. 909.

2130 *Ibid.* et pour une critique voir JEZE Gaston, *RDP* 1914 p. 151 : « *Que voilà donc des formules précises et lumineuses !* [...] *voilà, à mon avis, des subtilités profondément regrettables et tout à fait inutiles* ».

2131 VEDEL Georges, « Remarques sur la notion de clause exorbitante », *op. cit.*, p. 545.

2132 WEIL Prosper, « Le critère du contrat administratif en crise », *op. cit.*, p. 831 ; VENEZIA Jean-Claude, « Complément au Printemps de la jeune recherche Gaston Jèze », *op. cit.*, p. 1229

artistique »[2133]. Comme l'énonce D. TRUCHET, le service public et la puissance publique ne seraient finalement que des mythes justifiant l'action publique et « *d'autres mythes pourraient en prendre le relais à l'avenir, pour justifier l'intervention du pouvoir et l'application du droit en donnant à ce dernier l'apparence de neutralité et la nécessité dont il a besoin* »[2134]. Il s'en dégage une impression incertaine de dédoublement de l'administrativité au sein même de la théorie générale du contrat administratif (1) et au-delà du contrat administratif (2).

1. Le dédoublement de l'administrativité au sein de la théorie générale du contrat administratif

Lorsque l'on analyse la qualification jurisprudentielle de certains contrats, et que l'on met à l'épreuve les critères classiques, des questions se posent. Par exemple, à quel critère répond la qualification du contrat de transaction qui met fin à un litige administratif ?[2135] De même, comment expliquer le potentiel qualificatif que recouvre l'indivisibilité des contrats face à la complexification des montages contractuels élaborés pour une même opération[2136] ? C'est aussi l'interrogation sur l'accessoire, en vertu duquel, comme le souligne L. RAPP, il est possible de rencontrer une « *convention de droit privé par nature et un contrat administratif par position* »[2137]. Par accessoire, un contrat de droit privé se trouve ainsi incorporé au sein d'un « tout indivisible » au prix d'une interprétation extensive de l'administrativité du contrat principal à l'ensemble

2133 GIACUZZO Jean-François, « L'arrêt Société des Granits porphyroïdes des Vosges, Légende, réalité… et grandeur », *AJDA* 2013.2474.

2134 TRUCHET Didier, « Nouvelles récentes d'un illustre vieillard : label de service public et statut du service public », *op. cit.*, n° 430.

2135 En ce sens, voir CE Avis, 6 décembre 2002, n° 249153, *Synd. Intercom. des établissements du second cycle du second degré de l'Hay-les-Roses, Lebon* p. 433, *AJDA* 2003.280, chron. F. DONNAT et D. CASAS, *RFDA* 2003.291, concl. G. Le CHATELIER et 302, note B. PACTEAU.

2136 Voir notamment : TC, 27 septembre 1999, n° 3140, *Sté TRANSDEV, c/ Régie départementale des transports du Jura, RDI* 1999.634, obs. F. LLORENS ; CE, 6 décembre 2013, n° 370074, *Sté Keolis Caen, Lebon T., BJDCP* 2014, n° 93, concl. PELLISSIER, *AJDA* 2014.741 note F. LOMBARD, *CMP* 2014, comm. 42.

2137 RAPP Lucien, « Nature juridique et régime contentieux du contrat de raccordement électrique », *op. cit.*, p. 764.

des actes qui lui sont rattachables[2138]. En recourant à l'accessoire, le juge consacre un contrat administratif « *en raison de son contexte et non de son contenu* […par un] *phénomène de "coloration" du contrat* »[2139].

Cette coloration juridique administrative se décline également sous de nombreuses formulations. Signalons le « régime administratif »[2140] qui se rapproche de l'Institution[2141]. Ce régime administratif se traduit par le fait que « *l'activité de l'administration publique organisée en une institution doit être considérée comme une sorte d'entreprise de gestion d'affaires* » au service de l'intérêt public et de l'administration[2142]. Il est également possible de mentionner avec J.-M. AUBY le « régime de droit public »[2143], tandis que P. AMSELEK critique le caractère excessivement administrativisant du service public pour considérer davantage la « situation publique » à l'origine de ces régimes de droit public[2144]. C'est aussi la référence au régime exorbitant que – quelques années plus tard – P. AMSELEK considère comme une « *méthode d'identification directe* » parce que cette expression « *n'est pas à proprement parler un critère du contrat administratif, mais sa notion même* »[2145]. F. RAYNAUD et P. FOMBEUR expliquent dans le même sens que le critère de la clause exorbitante n'est peut-être pas l'apport de l'arrêt *Granits*, mais qu'il révèlerait plutôt un « régime exorbitant »[2146], ce que la jurisprudence récente du Tribunal des conflits confirme[2147]. D'ailleurs, le commissaire du gouvernement BLUM n'employait aucunement cette première formule mais se référait davantage à la nature du contrat et sa contexture[2148]. Le critère de la clause

---

2138 Voir p. ex. en jurisprudence Cass. 1re civ., 20 janvier 2010, n° 08-18108, *Sté Espace habitat et construction* ; TA Bordeaux, 19 décembre 2012, n° 1105079, *Rouveyre, AJDA* 2013.529, note S. BRACONNIER, *CMP* 2013, n° 84 ; TC, 8 juillet 2013, n° 3906, *SEEP c/ EDF et ERDF, Lebon, AJDA* 2013.1483, *JCPA* 2013.644, *CMP* 2013, comm. 241, obs. P. DEVILLERS ; CE 3 novembre 2004, n° 263934, *Sté Technibat aluminium service, CMP* 2005, comm. 12, note G. ECKERT ; CE, 10 juillet 2013, n° 361122, *Banque calédonienne d'investissement, Lebon, AJDA* 2013.1481, *BJDCP,* 2013, n° 91, p. 425, concl. PELLISSIER.

2139 MOLLION Grégory, « La théorie de l'accessoire dans les contrats publics », *op. cit.*, étude 10.

2140 HAURIOU Maurice, *Précis de droit administratif et de droit public, op. cit.*, p. 7-8.

2141 Voir HAURIOU Maurice, « La théorie de l'Institution et de la Fondation », *op. cit.*

2142 HAURIOU Maurice, *Précis de droit administratif et de droit public, op. cit.*, p. 17-18.

2143 AUBY Jean-Marie, *JCP* 1965.II.14357.

2144 AMSELEK Paul, « Le service public et la puissance publique, Réflexions autour d'une étude récente », *AJDA* 1968, p. 500.

2145 AMSELEK Paul, « La qualification des contrats de l'administration par la jurisprudence », *AJDA* 1983, p. 4.

2146 RAYNAUD Fabien et FOMBEUR Pascale, « Notion de contrat administratif », *op. cit.*, p. 554.

2147 Voir ci-avant.

2148 Notion de « contexture » employée par le Commissaire du gouvernement Blum sous l'arrêt du Conseil d'Etat, rendu le 31 juillet 1912, n° 30701, *Granits porphyroïdes des Vosges, Lebon* p. 909.

exorbitante ne serait finalement peut-être qu'une légende[2149] du droit administratif… L'émanation formelle de la contexture administrative. Comme l'expliquent J. LESSI et L. DUTHEILLET de LAMOTHE, lorsqu'il s'agit de qualifier le contrat en vertu de la clause exorbitante révélatrice d'un régime exorbitant, « *il faut que le contrat soit véritablement dominé par l'intérêt général et appelle ainsi l'application du seul régime juridique conçu pour que la finalité d'intérêt général puisse toujours prévaloir : le régime de droit public* »[2150].

Ainsi, plus globalement, la contexture administrative procède de la prégnance de l'intérêt général (ou intérêt public[2151]) dans le discours sur le contrat administratif. D'ailleurs, pour A. de LAUBADERE, cette notion contient « *les idées qui impriment au contrat administratif son particularisme* »[2152]. L'intérêt général justifie et limite le recours au contrat puisque le contrat administratif y concourt nécessairement[2153] en qualité de mode d'action publique[2154]. C'est encore la réalisation prioritaire de l'intérêt général[2155] qui fonde les prérogatives administratives, et légitime – depuis les premiers administrativistes[2156] – l'exorbitance[2157] dans le contrat. Son caractère « *immanent et transcendant aux intérêts particuliers* »[2158] traduit une flexibilité qui n'est d'ailleurs pas un obstacle à sa juridicité. En effet, le Conseil d'Etat, qui y recours fréquemment, évoque la « *plasticité consubstantielle à l'idée d'intérêt général, qui peut ainsi évoluer en fonction des besoins sociaux à satisfaire et des nouveaux enjeux auxquels est confrontée la société* »[2159].

Enfin, revenons à P. WEIL, lequel envisage un critère unique d'administrativité du contrat tout à la fois équivoque et significatif de la contexture administrative : l'ambiance de droit public. Suivant ses termes, cette ambiance

---

2149 En ce sens, voir GIACUZZO Jean-François, « L'arrêt Société des Granits porphyroïdes des Vosges, Légende, réalité… et grandeur », *op. cit.*, p. 2474.

2150 LESSI Jean et DUTHEILLET de LAMOTHE Louis, « Les habits neufs de la clause exorbitante », *op. cit.*, p. 2180.

2151 TRUCHET Didier, *Les fonctions de la notion d'intérêt général dans la jurisprudence du Conseil d'Etat, op. cit.*, p. 265.

2152 De LAUBADERE André, *Traité théorique et pratique des contrats administratifs, op. cit.*, p. 23.

2153 LACHAUME Jean-François, PAULIAT Hélène, BOITEAU Claudie, DEFFIGIER Clotilde, *Droit des services publics, op. cit.* ; p. 30, CE, 23 décembre 1970, n° 79410, *Préfet du val d'Oise c/ Cne de Montmagny, Lebon.*

2154 LINOTTE Didier, *Recherches sur la notion d'intérêt général en droit administratif français, op. cit.* ; voir aussi CONSEIL D'ETAT, *L'intérêt général, EDCE* n° 50, Paris : La documentation française, 1999.

2155 FARDET Christophe, « La clause exorbitante et la réalisation de l'intérêt général », *op. cit.*, p. 115.

2156 MACAREL Louis-Antoine, *Cours de droit administratif, op. cit.*, p. 29.

2157 CHEVALLIER Jacques, *Variations autour de l'idéologie de l'intérêt général, op. cit.*

2158 CLAMOUR Guylain, « Esquisse d'une théorie des contrats publics », *op. cit.*, p. 648 et s.

2159 CONSEIL D'ETAT, *L'intérêt général, EDCE* n° 50, Paris : La documentation française, 1999.

s'exprime par « *des signes extérieurs divers : caractère obligatoire du contrat, intervention de l'Administration dans les litiges entre parties, présence de clauses exorbitantes, participation directe du cocontractant à l'exécution du service, analyse du contrat comme constituant une modalité d'exécution du service, etc... Les divers critères actuels deviennent ainsi de simples manifestations, parmi d'autres, de l'unique critère général du contrat administratif. En forçant à peine, on dira que désormais un contrat est un contrat administratif parce que l'on ne peut pas ne pas avoir l'impression qu'il doit l'être* »[2160]. L'administrativité du contrat dans la théorie générale du contrat administratif fait intervenir de nombreux concepts – indivisibilité, accessoire, régime administratif, régime de droit public, situation publique, régime exorbitant, intérêt général, ambiance de droit public – qui trouvent une unité conceptuelle en ce qu'ils témoignent tous d'une contexture administrative. C'est d'ailleurs cette manière d'être et cette intime conviction[2161] qu'il s'agit d'un contrat administratif qui le rattache à l'institution administrative et, à ce titre, s'exprime au-delà du contrat administratif.

2. Le dédoublement de l'administrativité au-delà du contrat administratif

La contexture administrative présente une dimension plus opérationnelle lorsqu'elle se déploie dans des notions caractéristiques de l'action administrative[2162]. En premier lieu, il s'agit de la gestion administrative caractérisant une collaboration entre l'administration et le milieu administrable. Suivant la conception classique, l'administration est celle « *qui gère la vaste entreprise coopérative des services publics ; dans la gestion administrative, le caractère coopératif se révèle avec la même évidence que dans la production économique ; il explique une forme de société très étroite, la naissance de droits subjectifs [de droits acquis] des administrés* »[2163]. M. HAURIOU explique alors que le contrat administratif est l'acte de gestion pour lequel la collaboration est évidente, sans renoncer à l'idée de puissance publique[2164].

2160 WEIL Prosper, « Le critère du contrat administratif en crise », *op. cit.*, p. 847, l'auteur continue : « *La définition du contrat administratif devient dès lors purement subjective et impressionniste, les éléments objectifs ne servant plus qu'à titre de composantes ou de justifications de cette impression ; il n'y a à dire vrai plus de critère du contrat administratif, mais seulement une directive ou un standard, et le contrat administratif que l'on croyait enfin défini clairement, va rejoindre* [...] *d'autres concepts du droit administratif dans le vaste domaine où règne le "faisceau d'indices"*».

2161 GROS Manuel, « Rapport de synthèse », *op. cit.*, p. 169, spéc. p. 178.

2162 Rappr. FALLON Damien, « Léon Blum et la fonction administrative », *RFDA* 2013.162.

2163 HAURIOU Maurice, *La gestion administrative, Etude théorique de droit administratif, op. cit.*, p. III.

2164 HAURIOU Maurice, *La gestion administrative, Etude théorique de droit administratif, ibid.*, p. 22, p. 75, et p. 77

En deuxième lieu, l'administrativité ressort de la fonction administrative à laquelle le contrat participe. Toujours selon M. HAURIOU, la fonction administrative signifie « *pourvoir aux besoins de l'ordre public et assurer le fonctionnement de certains services publics pour la satisfaction des intérêts généraux et la gestion des affaires d'utilité publique* »[2165]. Un élément est à souligner concernant cette notion : la fonction administrative est duale parce qu'« *à côté de l'administration publique* [...] *il y aura place pour une administration d'intérêt public qui sera l'ensemble des œuvres privées dans l'intérêt du public* »[2166] dans une « *collaboration et une surveillance* »[2167] publiques. Non sans un certain anachronisme, cette dernière conception explique parfaitement les évolutions récentes du contrat administratif. D'aucuns estimant d'ailleurs qu'au vu des mutations administratives, la fonction administrative est devenue la notion clé du droit administratif[2168] ou encore que le droit administratif est consubstantiel de la fonction administrative, entendue comme la mise en œuvre et le contrôle de l'action publique[2169]. Or, le lien avec le contrat est évident puisque, comme l'explique J. CHEVALLIER, le phénomène de contractualisation[2170] – qui dépasse le contrat mais s'inspire de la technique contractuelle – constitue désormais un instrument de gouvernance[2171].

En troisième lieu, il convient de mentionner l'analyse économique du droit, apparue au cours des années 1970 dans les pays anglo-saxons et qui consiste généralement dans l'application à « *la compréhension des institutions juridiques* [d']*une grille théorique issue de la théorie micro-économique et de la théorie des jeux* [...] *que l'usage est de désigner sous le nom générique de Law and Economics* »[2172]. L'évolution du droit du contrat administratif conforte sa nature économique et la question d'une analyse économique[2173], qui rejoint celle de l'action économique des personnes publiques à laquelle le

---

2165 HAURIOU Maurice, *Précis de droit administratif et de droit public, op. cit.*, p. 1 ; voir aussi HAURIOU Maurice, *Principes de droit public, op. cit.*, p. 473.

2166 HAURIOU Maurice, *Principes de droit public, ibid.*, p. 474.

2167 HAURIOU Maurice, *Principes de droit public, ibid.*, p. 494-495.

2168 LLORENS François, « La jurisprudence Société entreprise Peyrot : nouveau développement », *op. cit.*, p. 362.

2169 CAILLOSSE Jacques, « Sur quelques problèmes actuels du droit administratif français, Bref essai de mise en perspective », *op. cit.*, p. 931 ; voir aussi sur les mutations de la fonction administrative : CAILLOSSE Jacques, « Personnes publiques et concurrence : quels enjeux théoriques ? », *op. cit.*, p. 761.

2170 Voir ci-avant.

2171 CHEVALLIER Jacques, « Contractualisation(s) et action publique », *op. cit.*, n° 209

2172 KIRAT Thierry, *Economie du droit*, Paris : La Découverte, 1999.

2173 Consacrée par : CE Ass., 28 mai 1971, n° 78825, *Ministre de l'équipement et du logement c/ fédération de défense des personnes concernées par le projet actuellement dénommé « Ville Nouvelle Est »*, *Lebon* p. 411, concl. G. BRAIBANT, *GAJA* ; en doctrine, voir : LAVIALLE Christian, « La "tangibilité" de l'ouvrage public », *RFDA* 2003.484 ; FRISON-ROCHE Marie-Anne, « L'intérêt pour le système juridique de l'analyse économique du droit », *LPA* 19 mai 2005, p. 15 ; CALMETTE Jean-François, « L'analyse économique dans les contrats publics, Un usage relatif et finalisé », *AJDA* 2020.925.

Conseil d'Etat consacre son étude annuelle de 2015[2174], se pose de deux manières.

D'une part, il est possible d'étudier les manifestations de l'analyse économique en droit du contrat administratif. D'emblée, la notion d'acheteur et le perfectionnement des procédures d'achat public, issues notamment de la réglementation applicable aux contrats administratifs de la commande publique, témoignent d'une conception économique[2175] tendant vers une recherche de performance[2176]. Comme l'énonce J. CAILLOSSE, l'économie est devenue le « *patrimoine juridique commun* » de tous les juges[2177]. Par exemple, le juge économiste[2178] ou comptable[2179] effectue un contrôle de la légalité concurrentielle[2180] et intègre cette méthodologie contentieuse[2181] lorsqu'il exerce un contrôle étendu de l'appréciation des faits pour caractériser le marché pertinent, ou plus généralement, quand il prend en considération le droit de la concurrence[2182]. Cette analyse figure également lorsque le juge recourt à la technique du bilan coût avantage[2183], notamment pour apprécier le poids financier de la résiliation[2184], ou qu'il crée lui-même son office avec le souci de préserver la stabilité des situations contractuelles… qui sont toujours des relations

---

2174 CONSEIL D'ETAT, *L'action économique des personnes publiques*, EDCE, Paris : La documentation française, 2015.

2175 En ce sens voir notamment UBAUD-BERGERON Marion, « Le champ d'application organique des nouvelles dispositions », *op. cit.*, p. 218.

2176 LINDITCH Florian, « Le contrat et la performance, une rencontre impossible ? », *RFDA* 2014.403, l'auteur conclut néanmoins ainsi « *le droit peut toujours évoluer, mais cette quête de la performance suppose surtout que soit diffusée une nouvelle culture financière et budgétaire dans tous les services, techniques, mais également juridiques* ».

2177 CAILLOSSE Jacques, « Le droit administratif français saisi par la concurrence ? », *op. cit.*, p. 99.

2178 CAILLOSSE Jacques, « Personnes publiques et concurrence : quels enjeux théoriques ? », *op. cit.*

2179 BAHOUGNE Louis, « L'influence des méthodes comptables sur les règles de droit administratif », *in Les méthodes en droit administratif*, Colloque AFDA juin 2017, Paris : Dalloz 2018, p. 215.

2180 LASSERRE Bruno, « Seize ans après Million et Marais, Les riches heures du contrôle de légalité des actes administratifs au regard des règles de concurrence », *AJDA* 2014.110.

2181 CALMETTE Jean-François, « L'évolution de la prise en compte de l'analyse économique par le juge administratif », *DA* n° 7, juillet 2006, Etude 14 ; BAZEX Michel et BLAZY Sophie, « Le Conseil d'État et le "12" », *DA* n° 8, août 2004, comm. 134.

2182 CE, 3 novembre 1997, n° 148698, *Société Yonne funéraire*, *RFDA* 1997.1228, concl. J.-H. STAHL ; CE, 3 novembre 1997, n° 169907, *Société Million et Marais*, *Lebon* ; *AJDA* 1997.1012 et 945, chron. T.-X. GIRARDOT et F. RAYNAUD, *AJDA* 1998.247, note O. GUEZOU, *RFDA* 1997.1228, concl. J.-H. STAHL ; CE, 26 mars 1999, n° 202260, *Société EDA*, *Lebon*, *AJDA* 1999.427, concl. J.-H. STAHL, note M. BAZEX, *RDI* 1999.234, obs. F. LLORENS.

2183 Voir en général : CE, 28 mai 1971, n° 78825, *Ministre de l'équipement et du logement c/ fédération de défense des personnes concernées par le projet actuellement dénommé « Ville Nouvelle Est »*, *Lebon* p. 411, concl. G. BRAIBANT, *GAJA*.

2184 RICCARDI David, « Le coût financier, un motif d'intérêt général pour faire obstacle à la résiliation », *op. cit.*, n° 2198.

économiques[2185]. En outre, l'analyse économique est présente au sein de la réglementation : l'article L. 551-19 du Code de justice administrative conditionne la nullité du contrat administratif à une raison impérieuse d'intérêt général qui peut être économique. Plus spécifiquement, une mention expresse à l'analyse économique peut être relevée dans le cadre des contrats de service public de Réseau Ferré de France[2186] ainsi que dans la réglementation des contrats de partenariat[2187]. Néanmoins, dispersée dans ses manifestations, J.-B. AUBY déplore que la théorie générale « *repose encore trop sur des concepts abstraits et aux conséquences un peu insaisissables, pas assez sur la prise en compte concrète des flux financiers, de la répartition des risques, de la localisation des profits* »[2188]. De même, M. LEQUIEN et P. CUCHE aspirent au développement de l'analyse économique du contrat administratif à partir de l'expression « *bancabilité* »[2189], qu'ils caractérisent par trois qualités : la contractualisation des risques, l'allocation de droits réels et le recours aux modes alternatifs de règlement des litiges. Pourtant, l'idée d'une nouvelle théorie générale fondée toute entière sur l'analyse économique doit être relativisée : si cette méthode est identifiable en droit du contrat administratif et qu'elle mobilise le secteur économique[2190], elle n'est pas encore clairement définie juridiquement. Une illustration de cette ambigüité peut être apportée à partir d'une analyse économique de la modification du contrat administratif. L'appréciation de son importance peut conduire soit à considérer la conclusion d'un nouveau contrat, soit à allouer des dommages et intérêts[2191]. Surtout, implicitement, l'analyse économique figurait déjà dans la conception classique de la théorie générale du contrat administratif[2192]. De façon générale, l'analyse économique trouve à s'appliquer lorsqu'il s'agit de procéder à la valorisation[2193] – au sens propre – d'une contrepartie contractuelle et, plus récemment à valoriser les propriétés publiques, notamment au moyen du contrat. Finalement, il

---

2185 Voir en ce cens une lecture de l'arrêt Tarn et Garonne proposée par LAFFAILLE Franck, « La jurisprudence Tarn-et-Garonne ou le tiers "sans qualité" », *op. cit.*, p. 1201.

2186 Art. 6 du Décret n° 2010-932 du 24 août 2010, *relatif au transport ferroviaire de voyageurs*, *JORF* n° 0196 du 25 août 2010, p. 15328.

2187 Art. 9 de l'Ordonnance n° 2004-559 du 17 juin 2004, *op. cit*

2188 AUBY Jean-Bernard, « La bataille de San Romano, réflexions sur les évolutions récentes du droit administratif », *op. cit.* ; AUBY Jean-Bernard, « L'analyse économique du droit administratif », *DA* n° 1, janvier 2007, Repère 1.

2189 LEQUIEN Michel et CUCHE Pascal, « La notion de "bancabilité" dans les opérations de financement privé d'équipements publics », *DA* n° 12, décembre 2004, Etude 22.

2190 En ce sens : SAUSSIER Stéphane et TIROLE Jean, *Renforcer l'efficacité de la commande publique*, Rapport du Conseil d'analyse économique, n° 22, avril 2915.

2191 HOEPFFNER Hélène, « La modification des contrats de la commande publique à l'épreuve du droit communautaire », *op. cit.*, n° 98.

2192 JEZE Gaston, *Théorie générale des contrats de l'administration, op. cit.*, p. 29 et p. 230, l'auteur démontre dès 1934 le souci relatif à un bilan coût avantage ; v. aussi PEQUIGNOT Georges, *Contribution à la Théorie générale du Contrat administratif, op. cit.*, p. 275 et p. 449

2193 LE BERRE Christophe, « La valeur économique en droit public », *AJDA* 2017.2343

s'agit d'une rhétorique nouvelle face à la recrudescence d'un phénomène préexistant[2194].

D'autre part, il convient d'identifier l'influence de l'analyse économique en droit de l'Union européenne sur le contrat administratif[2195]. Il ressort par exemple du droit de l'Union européenne qu'*« il incombe de déterminer une éventuelle atteinte à l'équilibre économique d'un contrat de service public en se fondant sur une analyse économique objective et sur la base de critères prédéterminés »*[2196]. Plus encore, l'hypothèse d'un droit européen des contrats[2197] ou d'une théorie générale européenne du contrat[2198] pourrait soutenir le perfectionnement de l'analyse économique du contrat et se propager jusqu'à son homologue administratif. Les difficultés soulevées par l'hypothèse d'une théorie du droit administratif européen[2199] révèlent néanmoins l'improbabilité d'une théorie générale du contrat administratif fondée sur ce concept. Surtout, les vicissitudes de l'analyse économique limitent son influence pour deux raisons. Une première résulte du fait qu'il existe une réelle incertitude quant à sa signification et sa portée. Une seconde procède du fait qu'il s'agit davantage d'une notion fonctionnelle qui irrigue l'ensemble des matières juridiques.

Entendue comme une spécificité qui imprime à la théorie générale du contrat administratif ses caractères propres, l'administrativité est un « *signe auquel on reconnait* »[2200] le contrat administratif… multiple et unique à la fois.

2194 Rappr. CAILLOSSE Jacques, « Personnes publiques et concurrence : quels enjeux théoriques ? », *op. cit.*, p. 761

2195 Communication interprétative de la Commission n° 2000/C 121/02 du 8 février 2000, *sur les concessions en droit communautaire, JOCE* n° C 121/2 du 29 avril 2000 ; CJCE, 7 décembre 2000, *Telaustria Verlags GmbH*, Aff C. 324/98, *AJDA* 2001.106, note L. RICHER, *CMP* 2001, comm. 50, obs. F. LLORENS, *BJCP* 2001, p. 133, concl. N. FENELLY, *Europe* 2001, comm. 61, obs. F. KAUFF-GAZIN.

2196 Directive n° 2012/34/UE du 21 novembre 2012, *établissant un espace ferroviaire unique européen, JOUE* n° L 343/32 du 14 décembre 2012

2197 MAZEAUD Denis, « Un droit européen en quête d'identité, Les principes du droit européen des contrats », *in Le contrat en Europe aujourd'hui et demain, Paris :* Société de législation comparée, 2008, p. 97.

2198 AUBERT DE VINCELLES Carole, « La recherche d'une cohérence en droit européen », *op. cit.*, p. 19.

2199 AUBY Jean-Bernard, « Régulation et droit administratif », *in Etudes en l'honneur de Gérard Timsit*, Bruxelles : Bruylant, 2005, p. 209.

2200 VENEZIA Jean-Claude, « Complément au Printemps de la jeune recherche Gaston Jèze », *op. cit.*, p. 1229.

Choisi en vertu de caractéristiques propres[2201] et de la pertinence[2202] à expliquer l'objet auquel il est appliqué, le pluralisme que contient ce criterium[2203] n'est toutefois pas arbitraire : chacune de ses composantes révèle à sa manière l'institutionnalisme dans le contrat administratif et y ajoute. Au fondement de la théorie générale[2204] se trouve donc une contexture administrative, qui se voit en outre complétée par des fondements théoriques spécifiques à la matière contractuelle.

2201 BERGEL Jean-Louis, *Théorie générale du droit*, *op. cit.*, p. 240 ; voir aussi LAURANS Yann, *Recherche sur la catégorie juridique de constitution et son adaptation aux mutations du droit contemporain*, *op. cit.*, p. 48.

2202 Généralement : CAYLA Olivier, « Ouverture : La qualification ou la vérité du droit », *in La qualification*, *Droits*, n°18, Paris : PUF, 1993, p. 11 : « *tout acte de qualification est toujours, au moins potentiellement, porteur de contradiction, de discussion, autrement dit de dispute et de contentieux* » ; concernant le contrat administratif : VENEZIA Jean-Claude, « Réflexions sur le rôle de la volonté en droit administratif », *in Etudes offertes à PIERRE KAYSER*, Aix-en-Provence : PUAM, 1979, p. 383, spéc. p. 387 ; WEIL Prosper, « Le renouveau de la théorie du contrat administratif et ses difficultés », *in Mélanges en l'honneur du Professeur Michel Stassinopoulos*, Paris : LGDJ, 1974, p. 217 ; TRUCHET Didier, « Le contrat administratif, qualification juridique d'un accord de volontés », *in* CADIET Loïc (dir.), *Le droit contemporain des contrats*, Paris : Economica, 1987, p. 196 et p. 205 ; HASTINGS-MARCHADIER Antoinette, « Les contrats de droit privé des personnes publiques et la liberté contractuelle », *AJDA* 1998, p. 683 ; BRACONNIER Stéphane, « Les limites de l'opération de qualification des contrats administratifs, L'exemple des polices d'abonnement conclues par les collectivités locales avec les gestionnaires de services publics industriels et commerciaux », *AJDA* 2006.2099

2203 PREVOST J.-F., « A la recherche du critère du contrat administratif (qualité des contractants) », *RDP* 1971, p. 837 : Plutôt que de critères, selon l'auteur, « *seul un jeu souple sur une gamme d'indices semble être apte, dans une période changeante, à guider l'esprit du juge* » ; WEIL Prosper, « Le critère du contrat administratif en crise », *op. cit.*, p. 833, l'auteur pose la question de savoir si les critères ne formeraient pas un seul qui « *soit désormais insaisissable* [...] *partiel* [...] *introuvable* ». Et, p. 848, l'auteur explique que « *la recherche d'un critère clair et précis s'avère, une fois de plus, un travail de Sisyphe : à peine est-on parvenu à déblayer le terrain* [...] *pour aboutir à des solutions dépouillées que le démon de la complication réapparaît ; c'est sans doute que la réalité est en elle-même trop complexe pour pouvoir être enfermée dans des concepts simples* » ; voir aussi De LAUBADERE André, MODERNE Franck, DELVOLVE Pierre, *Traité des contrats administratifs*, Tome 1, *op. cit.*, p. 240 ; CHAPUS René, *Droit administratif général*, *op. cit.* ; GUETTIER Christophe, *Droit des contrats administratifs*, *op. cit.* ; RICHER Laurent et LICHERE François, *Droit des contrats administratifs*, *op. cit.*, p. 87.

2204 En ce sens, BRENET François, Les contrats administratifs, *in* GONOD Pascale, MELLERAY Fabrice, YOLKA Philippe, *Traité de droit administratif*, Tome 2, *op. cit.*, p. 226. Au sujet des critères jurisprudentiels, l'auteur explique que leur intérêt est pédagogique, explicatif et justificatif, ils « *constituent la première pierre du socle sur lequel repose la théorie générale du contrat administratif* » ; AMSELEK Paul, « La qualification des contrats de l'administration par la jurisprudence », *AJDA* 1983, p. 3.

B. Des fondements spécifiques à la matière contractuelle

Le contrat administratif est un contrat et, à ce titre, la portée explicative de la théorie générale suppose de mettre en lumière quelques fondements qui découlent directement de cette nature. L'approche institutionnelle permet de souligner l'administrativité du contrat et sa relation avec l'Institution administrative au service de l'intérêt général. Il est possible également de s'intéresser à son corollaire en droit contractuel (l'utile et le juste) pour analyser le contrat administratif à l'aune du solidarisme et de l'approche commutative (1). Ces influences se retrouvent d'ailleurs dans les principes de bonne foi et de loyauté contractuelles dans le contrat administratif (2).

1. Le « solidarisme contractuel » et l'approche commutative dans le contrat administratif

L'universalisme de la notion de contrat renvoie au solidarisme et à l'approche commutative. Si le terme « solidarité » est classiquement attribué à L. BOURGEOIS, lequel publie en 1896 l'ouvrage Solidarité[2205], son idéologie renvoie à la monographie de C. BOUGLE, Le solidarisme, imprimée en 1907[2206] et qui assoit des bases scientifiques et juridiques de ce courant. Quelques années plus tard, L. DUGUIT affirme que « *dans la solidarité je ne vois que le fait d'interdépendance* » et défend cette idée suivant laquelle « *personne n'a dans le monde social d'autre pouvoir que celui d'exécuter la besogne que lui impose la règle sociale* »[2207]. Et si J. CHEVALLIER déplore l'existence d'une notion « *fuyante* », d'un « *label de solidarité* », il s'agit incontestablement d'un instrument de politique sociale[2208] : le solidarisme est intrinsèquement lié à l'intervention publique[2209]. La solidarité conditionne ainsi l'articulation de trois niveaux de l'action collective : individus – Etat/institutions collectives – société. Ce concept répond à la question de savoir « *comment installer la société dans son pluralisme, les individus dans leurs droits et l'Etat dans ses missions* », le droit étant finalement sa figure normative[2210]. Le solidarisme peut dès lors être rapproché du contrat administratif au

[2205] BOURGEOIS Léon, *Solidarité*, Paris : A. Colin, 1896, p. 7. L'auteur demande s'il ne s'agit que d'un « *caprice du langage* » ou « *d'une évolution de la pensée générale* ».

[2206] BOUGLE Célestin, *Le Solidarisme,* Paris : V. Giard et E. Brière, 1907.

[2207] DUGUIT Léon, *Le droit social, le droit individuel et la transformation de l'Etat*, Paris : F. Alcan, 1911, p. 8 à 10, aussi p. 12 : « *chacun a l'obligation sociale de remplir une certaine mission et le pouvoir de faire les actes qu'exige l'accomplissement de cette mission* ».

[2208] CHEVALLIER Jacques, « La résurgence du thème de la solidarité »*, in La solidarité : un sentiment républicain ?* CURAPP, Paris : PUF, 1992, p. 111.

[2209] CHEVALLIER Jacques et COCHART Dominique (dir.), *La solidarité : un sentiment républicain ? ibid.*, p. 5.

[2210] LAFORE Robert, « Solidarisme et doctrine publiciste », *in Solidarité(s) perspectives juridiques,* Paris : LGDJ, 2009, p. 47.

regard de la participation à l'action publique[2211] mais surtout eu égard d'une part, à sa forte résonnance institutionnelle ainsi que, d'autre part, à sa dimension explicative du droit contractuel. A ce sujet, dès 1937, E. GAUDEMET et A. BARREYRE reconnaissent l'influence de la solidarité dans le contrat. Le premier concède qu'au sein de la « théorie nouvelle » allemande, « *les effets* [...] *d'un contrat découlent de la solidarité sociale, non de la volonté* »[2212], tandis que le second considère une solidarité, pour déclarer que « *la socialisation du droit* [...] *est l'aboutissement de l'évolution de la notion contractuelle* »[2213]. Ces réflexions n'ont pas perdu de leur actualité : par exemple, D. MAZEAUD, à la lumière de l'ancien article 1134 du Code civil, qualifie le solidarisme contractuel de voie intermédiaire entre le libéralisme « *sauvage et béat* » et le socialisme « *dirigiste et bigot* ». Il évoque une « *exigence de civisme contractuel qui se traduit* [...] *par la prise en considération et par le respect de l'intérêt légitime de son cocontractant* »[2214]. Dans une continuité doctrinale, Ch. JAMIN évoque la finalité du solidarisme contractuel en relation avec un processus de correction des excès par la formation d'« *un droit des relations contractuelles inégalitaires* »[2215]. L'idée directrice consiste ici en une réelle collaboration des parties à l'exécution contractuelle[2216]. En ce qui concerne précisément le contrat administratif, de prime abord, un paradoxe apparaît : par exemple, A. VAN LANG dénonce un « *faux solidarisme* », pour ensuite reconnaître un « *vrai solidarisme* » qui, toutefois, ne s'appliquerait qu'à des « *faux contrats administratifs* », c'est-à-dire des contrats régis par le droit de la consommation ou les « *principes généraux du droit dont s'inspirent les dispositions du Code du travail* »[2217]. A l'inverse, D. MAZEAUD explique que « *la révision du contrat s'accorde parfaitement avec une lecture contractuelle proposée par la doctrine solidariste* »[2218], tandis que, pour Ch.-A. DU-

---

2211 BOCCARA Valérie, « Le contrat administratif au cœur des préoccupations du Conseil d'État », Entretien avec Jean-Marc Sauvé, *LPA* 19 août 2008 n° 166, p. 3.

2212 GAUDEMET Eugène, *Théorie générale des obligations*, Paris : Sirey, 1937, p. 31.

2213 BARREYRE André, *L'évolution et la crise du contrat, Etude synthétique et critique,* Bordeaux 1937, p. 76 et p. 127.

2214 MAZEAUD Denis, « Loyauté, solidarité, fraternité : la nouvelle devise contractuelle ? », *in L'avenir du droit, Mélanges en hommage à François TERRE*, Paris : Dalloz, 1999, p. 603 et MAZEAUD Denis, « Solidarisme contractuel et réalisation du contrat », *in Le solidarisme contractuel*, Paris : Economica, 2004 p. 57.

2215 JAMIN Christophe, « Plaidoyer pour le solidarisme contractuel », *in Le contrat au début du XXIe siècle, Etudes offertes à Jacques GHESTIN*, Paris : LGDJ, 2001, p. 441 ; v. aussi JAMIN Christophe, « Quelle nouvelle crise du contrat », *op. cit.*, p. 25.

2216 GRYNBAUM Luc, « La notion de solidarisme contractuel », *in Le solidarisme contractuel, op. cit.*, p. 25.

2217 VAN LANG Agathe, « Solidarisme contractuel et contrat administratif : une association impensable ? », *in Le solidarisme contractuel, op. cit.*, p. 143.

2218 MAZEAUD Denis, « La révision du contrat », *LPA* 30 juin 2005 n° 129, p. 4.

BREUIL, l'imprévision administrative est en réalité un « *mécanisme extra-contractuel de solidarité* »[2219] ce qui – mêlé aux caractères du contrat administratif – laisse place à une conception solidariste de la théorie générale du contrat administratif.

Parallèlement, il faut signaler l'existence d'une approche commutative du contrat. Dès 1901, R. SALEILLES reconnaît que « *le droit tend de plus en plus à faire reposer le contrat sur la justice et non la justice sur le contrat* »[2220], alors que G. MORIN appelle à « *corriger les contrats afin d'harmoniser le droit avec les nécessités de la vie et les exigences de la justice* »[2221]. A. BARREYRE, plus explicite, affirme que « *la justice commutative est l'essence même du contrat* »[2222]. Cette approche commutative se manifeste principalement par le recours à l'utile et au juste comme fondements de la force obligatoire du contrat et « *principes fondamentaux de la théorie générale du contrat* »[2223]. L'utilité concerne la prévision individuelle, tandis que la justice vient pallier les déséquilibres contractuels excessifs. L. CADIET résume le concept de la manière suivante : « *distribution d'un côté, coopération de l'autre* ». Il l ajoute que « *l'équité apparaît* [...] *comme "une forme spéciale de la justice* »[2224]. Cette vision – particulièrement appropriée à l'étude du contrat administratif puisque qu'en relation avec l'intérêt général[2225] – rend compte de trois éléments. D'abord, l'utilité, entendue comme utilité publique, c'est l'intérêt général. Ensuite, la force obligatoire du contrat procède du droit objectif, de la volonté du législateur de sanctionner le contrat socialement utile. Enfin, la justice, dans un rapport de conformité au droit, est en relation avec l'ordre public administratif. Sous cette vision, il est possible de considérer que la mise en œuvre des prérogatives administratives constitue une émanation du juste contractuel[2226] et que l'office du juge, coloré par la recherche de l'équilibre des intérêts en présence, traduit encore le juste dans le contrat[2227]. J. WALINE confirme cette corrélation et l'idée qu'il est possible d'expliquer le contrat administratif à l'aide de l'utile et du juste. Selon ce dernier,

---

[2219] DUBREUIL Charles-André, « Conditions de versement d'une indemnité d'imprévision », *op. cit.*, n° 796.
[2220] SALEILLES Raymond, *De la déclaration de volonté*, Paris : F. Pichon, 1901, p. 351.
[2221] MORIN Gaston, *La loi et le contrat, op. cit.*, p. 163 et s.
[2222] BARREYRE André, *L'évolution et la crise du contrat, Etude synthétique et critique, op. cit.*, p. 12.
[2223] GHESTIN Jacques, « La notion de contrat », *op. cit.*, p. 147.
[2224] CADIET Loïc, « Une justice contractuelle, l'autre », *in Le contrat au début du XXIe siècle, Etudes offertes à Jacques GHESTIN*, Paris : LGDJ, 2001, p. 177.
[2225] GHESTIN Jacques, « L'utile et le juste dans les contrats », *in L'utile et le juste*, *APD* 1981, p. 35.
[2226] SINKONDO Marcel H., « La notion de contrat administratif : acte unilatéral à contenu contractuel ou contrat civil de l'Administration ? », *op. cit.*, p. 239.
[2227] GUYOMAR Mathias, « La recherche du juste équilibre », *in Les méthodes en droit administratif,* Colloque AFDA juin 2017, Paris : Dalloz 2018, p. 53 ; TARLET Fanny, « Roger Latournerie, "juge du juste" », *RFDA* 2017.383.

« un contrat qui ne correspondrait pas à l'utilité sociale serait certainement contraire au seul but que doit poursuivre l'Administration [...] *l'idée qu'un contrat n'est obligatoire que s'il est juste correspond déjà très largement à l'état du droit positif en droit administratif »*[2228].

En définitive, l'utile et le juste président à la formation puis s'appliquent aux effets du contrat administratif. Également, il convient de souligner « *l'essence solidariste du service public* »[2229], tandis que le service public est au fondement de nombreux contrats administratifs. De plus, la jurisprudence administrative du XIXe siècle regardant les concessions de services publics semble avoir précédé le droit de la consommation[2230] à l'aune de principes administratifs protecteurs de l'équilibre contractuel et d'une certaine justice dans le contrat. Plus récemment, il faut mentionner le recours aux dispositions du Code de commerce[2231] et la modélisation par le juge administratif des articles du Code de la consommation dans l'idée suivant laquelle « *le caractère abusif d'une clause s'apprécie* [...] *aussi compte tenu de l'ensemble des stipulations du contrat et, lorsque celui-ci a pour objet l'exécution d'un service public, des caractéristiques particulières de ce service* »[2232]. Plus encore, le solidarisme peut être rapproché du traitement de l'imprévision ou des sujétions imprévues[2233] en droit administratif. C'est également le renouvellement de l'office du juge orienté vers la *« nécessité de l'exercer avec conscience »*[2234]. Il faut en outre signaler les articles L. 2111-1 et L. 2111-3 du Code de la commande publique intégrant des considérations solidaristes et

2228 WALINE Jean, « La théorie générale du contrat en droit civil et en droit administratif », *op. cit.*, p. 965.

2229 SAUNIER Sébastien, « Solidarité et services publics », *in Solidarité(s) perspectives juridiques*, Paris : LGDJ, 2009, p. 255.

2230 BEROUJON François » Evolution du droit administratif : avancée vers la modernité ou retour aux Temps modernes ? » *op. cit.*, p. 449, V. aussi FLECHEUX Georges, « Renaissance de la notion de bonne foi et de loyauté dans le droit des contrats », *in Le contrat au début du XXIe siècle, Etudes offertes à Jacques GHESTIN*, Paris : LGDJ, 2001, p. 345.

2231 Application des articles L. 210-6 (CAA Paris, 20 novembre 2012, n° 10PA01527, Inédit – *Dalloz jurisprudence*), L. 621-1 et s. (CAA Paris, 17 avril 2007, n° 05PA03927, Inédit – *Dalloz jurisprudence*), L. 420-2 et L. 420-3 (CE, 23 février 2005, n° 264712, *ATMMP, RFDA* 2005.483, *AJDA* 2005.668, note J.-D. DREYFUS) ; RIBOT Catherine, « Délégations de service public et droit du marché », *CMP* n° 5, mai 2003, n° 8.

2232 CE, 11 juillet 2001, n° 221458, *Sté des eaux du Nord, op. cit.* ; CAA Nantes, 29 décembre 2005, n° 03NT00250, *AJDA* 2006.1289, note J. FIALAIRE ; CAA Paris, 17 mars 2009, n° 07PA01173, Inédit – *Dalloz jurisprudence.*

2233 Voir PLESSIX Benoît, « La théorie des vices du consentement dans les contrats administratifs », *op. cit.*, p. 12 et s. ; RENARD-PAYEN Olivier, « En mettant en cause le déséquilibre financier existant dès la conclusion d'une convention et non la modification imprévue des circonstances économiques, une société rompt unilatéralement le contrat », *JCP Entreprise et Affaires* n° 20, 13 mai 2004, p. 737.

2234 FRACKOWIAK Céline, « L'action en rétablissement de l'Etat antérieur du contrat : bon Béziers de Lille », *AJDA* 2013.1115.

commutatives lors de la formation du contrat[2235]. Au stade de l'exécution, il faut mentionner les modifications du contrat, à l'issue desquelles le cocontractant est assuré d'une « *juste rémunération du titulaire* »[2236] ou, plus formellement, la solidarité juridique qui peut exister entre les membres d'un groupement (art. R. 2142-20 du Code de la commande publique). On relèvera également l'article L. 1411-2 du Code général des collectivités territoriales qui encadre la durée des délégations de services publics en référence à « *la durée normale d'amortissement des installations* »[2237].

Le solidarisme contractuel et l'approche commutative du contrat, en vertu de leur relation avec l'utile et le juste et de la possibilité d'en dégager des applications en droit positif, constituent ainsi des fondements pertinents de la théorie générale du contrat administratif respectueux de la nature contractuelle de son objet. Il en va d'ailleurs de même si l'on s'intéresse à la bonne foi et la loyauté contractuelles[2238] dans le contrat administratif.

2. La bonne foi et la loyauté dans les relations contractuelles administratives

En droit privé, il résulte de l'article 1104 du Code civil que les contrats doivent être négociés, formés et exécutés de bonne foi. En doctrine administrativiste, G. PEQUIGNOT estime que « *tout contrat conclu par l'Administration ou par un particulier se trouve dominé par une règle – qui serait une règle de droit même si le Code Civil ne l'avait pas formulée – : les conventions doivent être exécutées de bonne foi par ceux qui les ont souscrites, et par une norme qui en découle : les obligations assumées par chaque partie doivent être correctement accomplies par elles* »[2239]. Les auteurs du Traité des contrats administratifs reprennent cette conception[2240]. Il est alors possible de reconnaître que « *la jurisprudence administrative récente illustre* [...] *une*

2235 BRACONNIER Stéphane, « Retour gagnant du mieux-disant social dans les marchés publics », *RDI* 2013.365.

2236 Art. L. 2194-3 du Code de la commande publique ; voir aussi MESTRE Jacques, « L'économie du contrat », *RTD Civ.* 1996.901 : l'auteur rapproche – non sans contestation – l'économie du contrat à l'impératif de sécurité contractuelle.

2237 CE, 4 juillet 2012, n° 352417, *Communauté d'agglomération de Chartres Métropole, Lebon T., AJDA* 2012.1376, *CMP* 2012, comm. 257, note G. ECKERT, *DA* mars 2013, Étude n° 6, obs. J. MARCHAND.

2238 GRYNBAUM Luc, « La notion de solidarisme contractuel », *in Le solidarisme contractuel*, *op. cit.*, p. 25.

2239 PEQUIGNOT Georges, *Contribution à la Théorie générale du Contrat administratif, op. cit.* p. 320.

2240 De LAUBADERE André, MODERNE Franck, DELVOLVE Pierre, *Traité des contrats administratifs*, Tome 2, *op. cit.*, p. 8 ; RAPP Lucien, « Stabilité du contrat public et mutabilité de son objet », *CMP* n° 7, juillet 2008, étude 7.

loyauté publique plus exigeante »[2241], que se dégage « *une exigence générale de loyauté* »[2242] et de bonne foi.

Si le sujet de la bonne foi n'est pas nouveau en doctrine[2243], sa signification interroge[2244]. Aussi, en dépit d'applications à l'encontre du débiteur comme du créancier contractuel[2245], en droit privé comme en droit administratif[2246], le principe de bonne foi restait flou[2247]. En 2012, la thèse de S. TISSEYRE apporte un éclairage nouveau. Elle permet d'identifier deux facettes de la bonne foi[2248]. Une première approche de la bonne foi singularise une norme de comportement générale reliée à la confiance du contractant et, en cela, se rapproche de la loyauté[2249]. A ce titre, le déséquilibre existant entre les parties au contrat administratif, justifié par la poursuite de l'intérêt général et matérialisé par l'existence de privilèges au profit de l'administration, doit faire l'objet d'une lecture loyale par l'administration[2250]. Le lien avec l'intérêt général renforce le devoir de loyauté[2251] dans l'exécution du contrat administratif, dont le

---

2241 BRECHON-MOULENES Christine, « De la loyauté de l'autorité publique contractante », *in Mouvement du droit public, Mélanges en l'honneur de Franck MODERNE*, Paris : Dalloz, 2004, p. 439, spéc. p. 468.

2242 BRACONNIER Stéphane, « L'articulation entre dol et pratiques anticoncurrentielles dans les marchés publics », *op. cit.*

2243 JAUBERT Joseph, *Des effets civils de la bonne foi*, Paris : Pedone, 1899 ; BARREYRE André, *L'évolution et la crise du contrat, Etude synthétique et critique, op. cit.*, p. 13 : « *sans la bonne foi aucune conclusion d'un contrat synallagmatique n'est possible* ».

2244 VOUIN Robert, *La bonne foi, notion et rôle actuels en droit privé français,* Paris : LGDJ, 1939, p. 21 et 25.

2245 BENABENT Alain, « La bonne foi », *Travaux de l'Association H. CAPITANT*, Paris : Litec, 1992, p. 291.

2246 LOMBARD Martine, *Recherches sur le rôle de la bonne et de la mauvaise foi en droit administratif français,* Strasbourg, 1978 ; KORNPROBST Emmanuel, *La notion de bonne foi application au droit fiscal français,* Paris : LGDJ, 1980, p. 29 et 43.

2247 JOURDAIN Patrice, « La bonne foi », *Travaux de l'Association H. CAPITANT*, *op. cit.*, p. 121.

2248 TISSEYRE Sandrine, *Le rôle de la bonne foi en droit des contrats,* Aix-en-Provence : PUAM, 2012.

2249 CHAZAL Jean-Pascal, « Les nouveaux devoirs des contractants », *in La nouvelle crise du contrat, op. cit.*, p. 99 : la loyauté : un « *devoir contractuel* », au sein de la notion de bonne foi. En revanche, J. MESTRE inclut la bonne foi dans le « *devoir général de loyauté* », MESTRE Jacques, « Bonne foi et équité, même combat ! », *RTD Civ.* 1990, p. 649 ; CHEVALIER Etienne, « La loyauté contractuelle : portée d'une notion novatrice en droit des contrats administratifs », *JCPA* 2012.2392 ; VIER Charles-Louis, « La bonne foi dans le contrat administratif », *op. cit.*, p. 477.

2250 En ce sens : CHEVALIER Etienne, « La loyauté contractuelle : portée d'une notion novatrice en droit des contrats administratifs », *op. cit.*, n° 2392 : l'inégalité et les droits unilatéraux de l'administration ne peuvent « *justifier la mise à l'écart de l'obligation d'être fidèle à son engagement contractuel et de l'exécuter de manière intègre* ».

2251 MEKKI Mustapha, *L'intérêt général et le contrat, Contribution à une étude de la hiérarchie des intérêts en droit privé, op. cit.*, p. 793 et s.

respect conduit le juge administratif à vérifier l'exécution utile du contrat administratif, tout en privilégiant la stabilité des relations contractuelles[2252]. La loyauté devient un principe, « *un modèle de conduite contractuelle* »[2253], un « *devoir général de comportement qui irradie l'ensemble de la matière contractuelle* [...], *une norme d'interprétation ou de correction du contrat* »[2254]. Une seconde approche de la bonne foi soutient l'existence d'une norme substantielle à disposition du juge[2255]. La bonne foi légitime alors le recours au pouvoir de modification unilatérale[2256]. A l'inverse, la mauvaise foi permet de déterminer l'étendue d'un droit à indemnisation[2257], de mettre en œuvre les règles de prescription[2258] ou d'appliquer l'article 1378 du Code civil[2259], tandis que le mauvais vouloir est une notion employée pour allouer des dommages et intérêts compensatoires ou pour déclarer « *une faute assimilable, par sa gravité, à un mauvais vouloir* »[2260].

Proche de la bonne foi, la loyauté irradie aujourd'hui le contentieux du contrat administratif. Consacrant sa thèse au devoir de loyauté, Y. PICOD démontre qu'elle se caractérise par l'opposition à une attitude malhonnête ou fautive et suggère un comportement consciencieux et diligent. La loyauté contractuelle concerne le devoir d'exécuter utilement le contrat et la recherche d'une certaine stabilité des relations contractuelles par rapport à ses intérêts individuels[2261]. L. AYNES considère la loyauté à l'aune d'un « *comportement unifié sur lequel autrui puisse fonder ses prévisions* »[2262], tandis que C. BRECHON-MOULENES estime que « *la loyauté s'affiche partout* »[2263] et particulièrement en droit administratif, bien que B. PLESSIX appelle à la prudence face à ce qu'il qualifie de boîte de Pandore[2264]. Il faut à ce titre s'intéresser à la consécration, par l'arrêt du 28 décembre 2009, *Commune de Béziers,* du

---

[2252] PICOD Yves, *Le devoir de loyauté dans l'exécution du contrat,* Paris : LGDJ, 1989, p. 19 ; voir aussi AYNES Laurent, « L'obligation de loyauté », *in L'obligation, op. cit.,* p. 195.
[2253] MARGUERY Laure, « La "loyauté des relations contractuelles" en droit administratif : d'un principe procédural à un principe substantiel », *RFDA* 2012.663.
[2254] PLESSIX Benoît, « Droit administratif », *JCP G* n° 13, 29 mars 2010, doctr. 365.
[2255] TISSEYRE Sandrine, *Le rôle de la bonne foi en droit des contrats, op. cit.*
[2256] CAA Lyon, 16 mai 2013, n° 12LY01409, Inédit – *Dalloz jurisprudence* ; CAA Douai, 4 juin 2013, n° 11DA01474, Inédit – *Dalloz jurisprudence.*
[2257] CAA Versailles, 22 mars 2012, n° 10VE03014, Inédit – *Dalloz jurisprudence.*
[2258] CAA Lyon, 22 octobre 2009, n° 07LY01625, *AJDA* 2010.286, *CMP* janvier 2010, n° 36, note G. ECKERT.
[2259] CAA Marseille, 17 mars 2005, n° 00MA00179, Inédit – *Dalloz jurisprudence.*
[2260] CE, 20 janvier 1988, n° 64293, *Cts Loiseau, Lebon T.* ; CAA Versailles, 15 septembre 2009, n° 06VE02105, Inédit – *Dalloz jurisprudence* ; CE, 22 décembre 1976, n° 97512, *Sté Établissements Jean Bernard, Lebon T.*
[2261] PICOD Yves, *Le devoir de loyauté dans l'exécution du contrat, op. cit.*, p. 19.
[2262] AYNES Laurent, « L'obligation de loyauté », *in L'obligation, op. cit.*, p. 195.
[2263] BRECHON-MOULENES Christine, « De la loyauté de l'autorité publique contractante », *op. cit.*, p. 439.
[2264] PLESSIX Benoît, « Droit administratif », *JCP G* n° 13, 29 mars 2010, doctr. 365.

principe de loyauté des relations contractuelles[2265]. En l'espèce, le rapporteur public E. GLASER, s'appuie sur le principe de stabilité pour préciser que la loyauté est de « *la nature de la relation contractuelle* », qui implique un « *devoir de se comporter avec loyauté et bonne foi dans l'exécution du contrat* »[2266]. J.-F. LAFAIX dénonce alors la transformation du « *juge du contrat en gardien de la loyauté contractuelle* »[2267]. Cette mutation se vérifie à deux niveaux : à un premier niveau, la loyauté conditionne la recevabilité des moyens invoqués par les parties et renvoie implicitement au principe *nemo auditur*[2268]. A un second niveau, le principe de loyauté impose au juge de se référer prioritairement au contrat et oriente son office. Peu à peu, la loyauté devient un outil procédural[2269] et un instrument d'interprétation[2270] dont L. MARCOVICI soulève le danger : il déplore l'indifférence du juge face à certaines illégalités[2271] et le fait que l'intérêt général attaché à leur sanction s'incline devant l'intérêt général de stabilité des relations contractuelles[2272]. Fina-

---

2265 CE Ass., 28 décembre 2009, n° 304802, *Commune de Béziers* (dite *Béziers I*), *Lebon, AJDA* 2010.142, chron. S.-J. LIEBER et D. BOTTEGHI, *RFDA* 2010.506, concl. E. GLASER et 519, note D. POUYAUD ; CE Sect., 21 mars 2011, n° 304806, *Commune de Béziers* (dite *Béziers 2), op. cit.* ; CE, 22 juin 2012, n° 348676, *CCI de Montpellier, Lebon T., AJDA* 2012.1259, obs. D. POUPEAU, *JCPA* 2012.451, obs. L. ERSTEIN et n° 2358 et 2359, obs. F. LINDITCH.

2266 GLASER Emmanuel, « L'office du juge du contrat », *op. cit.*, p. 506.

2267 LAFAIX Jean-François, « Le juge du contrat face à la diversité des contentieux contractuels », *op. cit.*, p. 1089.

2268 Explicitement dans les conclusions.

2269 MARGUERY Laure, « La "loyauté des relations contractuelles" en droit administratif : d'un principe procédural à un principe substantiel », *op. cit.*

2270 LAMY Valentin, *Recherche sur la commune intention des parties dans les contrats administratifs : contribution à l'interprétation du contrat en droit public, op. cit.* ; BEDUSCHI-ORTIZ Ana, « La notion de loyauté en droit administratif », *AJDA* 2011.944.

2271 CE, 13 novembre 2013, n° 351530, *Union de coopératives agricoles Epis-Centre-Nord, CMP* 2014, comm. 25, obs. M. UBAUD BERGERON, *JCPA* 2014.2246, note Ph. HANSEN ; CAA Douai, 22 mars 2011, n° 10DA00130, Inédit – *Dalloz jurisprudence* ; CAA Bordeaux, 6 décembre 2011, n° 10BX02876, *EHPAD La Chapelaude, CMP* 2012, comm. 65, obs. M. UBAUD-BERGERON ; CE, 8 octobre 2014, n° 370588, *Commune d'Entraigues-sur-la-Sorgue, Lebon, AJDA* 2015.175, note J. MARTIN, *AJCT* 2015.41, obs. J. MARCHAND, *CMP* 2014, comm. 343, note F. LLORENS.

2272 MARCOVICI Laurent, « Sauvons l'arrêt Martin ! », *AJDA* 2013.1297 ; voir aussi LINDITCH Florian, « Les critères d'identification du contrat administratif moderne », *in Centenaire de l'arrêt Société des granits porphyroïdes des Vosges (1912-2012), Que reste-t-il de nos classiques* ?, Lille : Helinia éditions 2015, p. 160 ; LEI Maxime, « Compétences et contrats publics », *RFDA* 2019.1011 ; pour des analyses complètes du phénomène voir DOUTEAUD Stéphanie, *La stabilisation des contrats de l'administration par le juge de la validité, op. cit.*, 2017 et GREMAUD William, *La régularisation en droit administratif, op. cit.*

lement, comme le souligne J. MARTIN, tout devient affaire de circonstances[2273]. L'inquiétude d'une tolérance des illégalités[2274] trop large doit néanmoins être relativisée puisque la loyauté et son interprétation stabilisatrice ne sont pas absolues, le juge de la légalité n'ayant pas aboli le vice d'une particulière gravité, tel que le fait qu'une personne publique ait favorisé un candidat[2275] ou tenant en l'irrégularité du contrat[2276]. Il est néanmoins possible de considérer que dans la théorie générale du contrat administratif, la loyauté est devenue un instrument au service du service public, de l'efficacité de l'action publique et de la bonne utilisation des deniers publics… au service de l'Institution. D'ailleurs, cette idée de loyauté administrative se confirme : l'arrêt *Béziers 2* reprend la solution *Béziers 1* et étend le principe de loyauté des relations contractuelles[2277]. Désormais, le juge, soumis à cette exigence, peut revenir sur la résiliation unilatérale et ordonner la reprise des relations contractuelles. E. CORTOT-BOUCHER, rapporteur public, envisage même l'extension de cette jurisprudence à d'autres mesures d'exécution du contrat. Le 20 février 2013, le Tribunal administratif de Lille[2278] franchit le pas, suivant les conclusions de C. FRACKOWIAK[2279], et applique la jurisprudence *Béziers 2* à la modification unilatérale du contrat. La nuance tient à la formulation, laquelle vise le « *rétablissement de l'état antérieur du contrat* », mais la convergence, qui pourrait être de courte durée[2280], procède de la mise en œuvre d'un bilan loyal analogue à celui opéré dans le cadre des jurisprudences *Béziers 1* et *2*. Les décisions précitées du 22 mars 2011 et du 20 février 2013 consacrent, implicitement pour la première, explicitement pour la seconde, le contrôle de

2273 MARTIN Julien, « Absence de délibération autorisant la conclusion du contrat et exigence de loyauté des relations contractuelles », *AJDA* 2015.175.

2274 ROTOULLIE Jean-Charles, « Sécurité juridique et tolérance des illégalités », *op. cit.*, p. 1094.

2275 SOURZAT Lucie, « Appréciation d'une mesure d'annulation d'une concession d'aménagement et de ses effets à l'égard de l'intérêt général », *op. cit.*, n° 1459.

2276 ROTOULLIE Jean-Charles, « La reconnaissance d'un nouveau motif de résiliation unilatérale : l'irrégularité du contrat administratif », *op. cit.*, p. 164.

2277 CE, 22 mars 2011, n° 304806, *Commune de Béziers, op. cit.* ; CORTOT-BOUCHER Emmanuelle, « L'office du juge du contrat dans le contentieux de la résiliation », *RFDA* 2011.507 ; voir aussi CE, 7 mai 2013, n° 365043, *Sté auxiliaire de parcs de la région parisienne, Lebon* p. 137, *AJDA* 2013.951, obs. D. POUPEAU, *AJDA* 2013.1271, chron. X. DOMINO et A. BRETONNEAU ; CAA Douai, 2 mai 2013, n° 12DA01577, *CMP* n° 7, juillet 2013, comm. 208 et 209, obs. M. UBAUD-BERGERON ; CE, 17 juin 2015, n° 389044, *Société Les Moulins, Lebon, AJDA* 2015.1237, *RFDA* 2015.933, concl. B. BOHNERT ; CE, 17 juin 2015, n° 38843, *Commune d'Aix-en-Provence, Lebon, AJCT* 2015.531, obs. J.-D. DREYFUS, *RFDA* 2015.930, concl. G. PELLISSIER.

2278 TA Lille, 20 février 2013, n° 1005463, 1005465, 1005466, 1007802, *Sté Lyonnaise des eaux France, Sté Eaux du Nord, Préfet du Nord, AJDA* 2013.1115, concl. C. FRACKOWIAK, *DA* 2013 comm. 33, note F. BRENET.

2279 FRACKOWIAK Céline, « L'action en rétablissement de l'Etat antérieur du contrat : bon Béziers de Lille », *op. cit.*, p. 1115.

2280 CE, 15 nov. 2017, n° 402794, *Sté Les Fils de Mme Géraud, CMP* 2018, n° 19, note PIETRI, *AJCT* 2018.167, obs. HUL.

la loyauté administrative lorsqu'il s'agit de la résiliation ou de la modification unilatérales du contrat[2281] et, plus généralement, de l'exécution contractuelle par l'administration[2282].

Il est également possible de relever plusieurs expressions traduisant explicitement la bonne foi et la loyauté dans le droit applicable aux contrats administratifs spéciaux. Ainsi, le décret du 29 décembre 2010 impose à des concessionnaires d'aéroports une gestion de bonne foi de certains biens de retour[2283] alors que l'article L. 3 du Code de la commande publique pose « *le principe d'égalité de traitement des candidats* [...ainsi que] *les principes de liberté d'accès et de transparence des procédures* »[2284]. Il serait possible de multiplier les exemples à l'aune du droit applicable au contentieux contractuel[2285], pour notamment signaler les articles L. 551-7 et L. 551-17 du CJA qui semblent expliquer la loyauté inhérente au bilan jurisprudentiel résultant des solutions *Béziers 1* et *2*. Ces dispositions permettent en effet au juge de déterminer la mesure à adopter « *en considération de l'ensemble des intérêts susceptibles d'être lésés et notamment de l'intérêt public* » et de mettre en balance les conséquences négatives éventuelles de la mesure par rapport à ses avantages. C'est aussi l'article R. 2197-1 du Code de la commande publique qui prévoit le recours à des comités consultatifs lors de différends regardant l'exécution des marchés publics afin de trouver une « *solution amiable et équitable* »[2286]. F. LINDITCH résume cette faculté par la volonté de « *conduire les parties à s'entendre et à formaliser une transaction équilibrée et*

[2281] TA Lille, 20 février 2013, n° 1005463, 1005465, 1005466, 1007802, *Sté Lyonnaise des eaux France, Sté Eaux du Nord, Préfet du Nord, op. cit.*

[2282] En ce sens CE, 27 février 2019, n° 414114, *Département de la Seine-Saint-Denis, Lebon T.*, comm. RICHER Laurent, « Le comportement de la personne publique valant résiliation tacite du marché public », *op. cit.*, p. 1056.

[2283] Décret n° 2010-1699 du 29 décembre 2010, *approuvant la convention passée entre l'Etat et la société concessionnaire Aéroports du Grand Ouest pour la concession des aérodromes de Notre-Dame-des-Landes, Nantes-Atlantique et Saint-Nazaire - Montoir et le cahier des charges annexé à cette convention, JORF* n° 0303 du 31 décembre 2010, p. 23376.

[2284] Le juge vise ces principes pour adapter sa décision au regard du principe de loyauté des relations contractuelles (CAA Nancy, 27 mai 2013, n° 12NC00897, *Sté Grenke Location, CMP* 8-9, août 2013, n° 227, note PIETRI) ou eu égard à la bonne foi (TA Cergy-Pontoise, 27 avril 2012, n° 1104926, *Gachi c/ Cne de Villeneuve-la-Garenne, AJDA* 2012.1607).

[2285] Voir en ce sens les articles L. 551-10, L. 551-14 et L. 551-22 du CJA ; sur la question voir notamment BRENET François, « Irrecevabilité du référé précontractuel de l'attributaire du contrat », *DA* n° 3, mars 2012, n° 26 ; POUYAUD Dominique, « L'office du juge du contrat », *op. cit.*, p. 519 ; DOMINO Xavier et BRETONNEAU Aurélie, « De la loyauté dans le procès administratif », *AJDA* 2013.1276 ; THIELE Renaud (Rapporteur), « Caractère excessif ou dérisoire des pénalités contractuelles », *AJDA* 2016.218.

[2286] Antérieurement : article 127 de l'ancien Code des marchés publics ou encore l'article 142 du Décret n° 2016-360 du 25 mars 2016, *relatif aux marchés publics.*

fiable »[2287] alors que pour N. DION, la notion d'équité permet « *le prononcé d'une sentence juste* »[2288] , explicitant l'atmosphère de justice qui s'en dégage.

De façon complémentaire à l'analyse institutionnelle du contrat administratif, des fondements ampliatifs à la théorie générale méritaient d'être mis en avant en vertu de leur potentiel explicatif. Ces compléments sont tributaires de l'administrativité du contrat et inscrivent la théorie générale dans ce qu'il est possible d'appeler une contexture administrative. Ils procèdent également de la nature contractuelle de l'acte, laissant émerger, en droit administratif, des fondements bien spécifiques.

Conclusion de la section et du chapitre

Le contrat administratif est, du point de vue de la technique, un acte contractuel. Mais sur le fond, son administrativité lui imprime de nombreuses spécificités. La formation du contrat est ainsi colorée par la présence d'une personne publique et fait intervenir une notion de volonté administrative qui vient administrativiser la liberté contractuelle. Plus encore, la compétence, le formalisme et la légalité administrative s'ajoutent aux principes généraux de la formation du contrat pour assurer la qualité et orienter le contenu de la relation administrative contractuelle. L'exécution du contrat administratif est également saisie par l'administrativité. Une gouvernance administrative se dégage au travers et à partir du droit de regard dont bénéficie l'administration. L'*intuitu personae* et la temporalité dans le contrat administratif sont alors interprétés suivant les exigences de l'action administrative, tandis que, réciproquement, l'administration fait preuve d'une réelle bienveillance à l'égard de son cocontractant qui bénéficie d'une garantie face aux aléas de la vie contractuelle. Il s'opère ainsi une sorte de rééquilibrage des forces en présence sous l'empire des exigences de l'intérêt général et de la continuité de l'action administrative. A cet égard, la recherche d'un fondement holistique à la théorie générale du contrat administratif qui ne serait pas soumis aux fluctuations des notions fonctionnelles méritait d'être tentée du côté de l'Institution. Dépassant une apparente antinomie, il est en effet possible d'observer une réelle adéquation entre celle-ci et la manière d'être du contrat administratif. La correspondance entre les critères classiques d'identification du contrat administratif – critère organique, service public, clause exorbitante, régime exorbitant, qualification législative – et les caractères de l'Institution est manifeste. En participant à son activité, le contrat administratif emprunte les traits de l'Institution administrative et constitue une technique contractuelle institutionnelle. Néanmoins, des fondements ampliatifs à la théorie générale du contrat administratif doivent être ajoutés. Multiple et unique, l'administrativité fait

[2287] LINDITCH Florian, « Une nouvelle circulaire pour encourager le recours à la transaction en matière de commande publique », *JCP A* n° 42, 12 octobre 2009, p. 2235.

[2288] DION Nathalie, « Le juge et le désir du juste », *D.* 1999, p. 195.

intervenir de nombreuses notions qui trouvent une unité conceptuelle en ce qu'elles témoignent d'une contexture administrative. La nature contractuelle du contrat administratif invite également à signaler quelques fondements qui complètent l'analyse institutionnelle. L'utile et le juste dans le contrat rendent compte de l'intérêt général de telle manière que ces deux concepts relient le contrat administratif au solidarisme et à l'approche commutative du contrat pour perfectionner l'analyse institutionnelle. Ces influences se retrouvent d'ailleurs à l'aune des principes de bonne foi et de loyauté contractuelles qui s'appliquent en la matière et viennent soutenir l'institutionnalisme du contrat administratif.

Conclusion de la partie

L'analyse des ambigüités de la théorie générale du contrat administratif conduit à poser le constat de la nécessité d'affermir la notion. Naturellement, l'attention se porte sur l'expression même de théorie générale du contrat administratif. La logique est ici volontairement inverse de celle qui a vraisemblablement présidé à l'élaboration de la conception dominante de la théorie générale du contrat administratif, mettant au centre l'administrativité du contrat. Une analyse de la notion de théorie générale permet alors de désigner le résultat d'une construction doctrinale systémique cumulant deux postures *a priori* opposées mais graduées, à savoir l'abstraction et le souci du détail. Elle caractérise un processus de création intégré au raisonnement juridique faisant intervenir différents outils doctrinaux et témoignant d'une volonté de connaissance du contrat administratif, satisfaisant un besoin pédagogique et répondant à des préoccupations idéologiques. Sa généralité traduit sa portée et matérialise ensuite le point de vue adopté sur son objet : expression d'un universalisme affecté, elle remplit une fonction délimitative suivant un objectif de cohérence interne, qu'il s'agisse du contenu de la théorie générale du contrat administratif par incorporation et exclusion ou de sa méthode d'élaboration. Surtout, l'étude du contenant permet de mieux saisir le contenu puisque, s'adossant à la notion de théorie, la généralité trahit un certain degré d'abstraction et annonce une vision universaliste et explicative de son objet, mêlant unité et diversité.

Sur cette base, il devient possible de déterminer les caractères de la théorie générale. Il est alors intéressant de cerner l'empreinte laissée par le contrat dans la théorie générale du contrat administratif. Un détour par l'histoire éclaire la conception du contrat en droit administratif. D'un contrat de droit romain concernant les personnes physiques à un contrat en droit administratif mais de droit civil, l'influence du droit privé du contrat est réelle et constante. Cette filiation se vérifie d'ailleurs lorsqu'il s'agit, d'une part, de la formation du contrat administratif, qui procède d'un accord de volontés constitutif d'un lien interpersonnel et, d'autre part, lorsque l'on analyse les effets généraux de l'exécution du contrat administratif, particulièrement à l'aide des notions d'obligation et de norme. Son administrativité lui confère néanmoins des spécificités imprimant un caractère propre et donnant sa couleur particulière à la théorie générale du contrat administratif. Qu'il s'agisse de sa formation, dominée par la présence d'une personne publique administrativisant la volonté et la liberté contractuelles, ou de son exécution, objet d'une réelle gouvernance administrative, la relation contractuelle témoigne du souci de protection du lien contractuel et de l'intérêt général. Exprimant un intérêt holistique, le contrat administratif apparaît véritablement institutionnel. Il emprunte d'ailleurs les critères de l'Institution administrative et s'identifie à une technique contractuelle institutionnelle. En outre, des fondements ampliatifs, exprimant tout à la fois l'administrativité du contrat et sa nature contractuelle, doivent être avancés. Multiple et unique, l'administrativité peut être résumée par l'expression de contexture administrative. Mais, fort de sa nature contractuelle, le contrat administratif repose également sur l'utile et le juste – qui rendent compte de l'intérêt général dans le contrat. Plus encore, ces deux concepts, qui irriguent l'analyse contractuelle, rapprochent le contrat administratif du solidarisme et d'une approche commutative bien connus en droit privé. Il faut également signaler les principes de bonne foi et de loyauté contractuelles qui innervent le droit du contrat administratif et viennent finalement confirmer l'idée d'une collaboration d'intérêt général, au fondement de tout contrat administratif.

Conclusion générale

Présenter la théorie générale du contrat administratif, c'est d'abord raconter une histoire, celle du contrat administratif. La recherche renvoie alors à la naissance de l'idée même de contrat administratif et de sa conceptualisation.

A cet égard, si l'expression de théorie générale du contrat administratif semble connue d'avance, force est de constater l'existence d'ambigüités : son apparition procède de la transition d'une logique empirique vers une démarche conceptuelle étendue sur plus d'un siècle. A cet effet, les prémices de la théorie générale peuvent être relevés dès les années 1820 tandis que sa consécration sera le fruit des œuvres de G. JEZE et G. PEQUIGNOT entre les années 1930 et 1945. Entre 1820 et sa consécration, la théorie générale du contrat administratif est en réalité latente, dissimulée sous une action contractuelle publique protéiforme. Ce n'est qu'à compter des premières études portant sur les contrats de l'administration que la réflexion théorique peut émerger. Or, la conception qui sera dominante à compter de 1945 est celle d'une théorie générale du contrat administratif qui s'apparente au régime juridique – essentiellement jurisprudentiel – du contrat administratif, au sein duquel se manifestent des prérogatives administratives, dont le principe réside dans les notions d'intérêt général et/ou de service public et dont le contentieux relève du juge et du droit administratifs.

Malgré un relatif consensus doctrinal, des inquiétudes persistent. Il s'agit d'abord de remarquer que, d'un point de vue terminologique, la doctrine se réfère à des principes, règles générales, droit commun, sans que l'on puisse bien distinguer les rapports entre ces notions et avec la théorie générale. Surtout, une crise affecte la théorie générale peu après sa consécration. La doctrine semble reléguer le contrat administratif au second plan pour procéder à des analyses soit plus larges, soit plus restreintes. Entre les contrats spéciaux, dont le régime juridique se perfectionne – voir en ce sens le Code de la commande publique – et la filiation avec le contrat de droit privé, le contrat administratif peine à conserver sa position doctrinale et l'idée de son abandon surgit.

Plus encore, la vision positiviste du contrat administratif incorporée dans la théorie générale du contrat administratif chancèle. A une absence de la notion en droit positif, s'ajoute de profondes mutations juridiques qui remettent en cause les caractères emblématiques de la théorie générale par un phénomène de spécialisation et de rééquilibrage des forces normatives en présence. Parallèlement, les fondements classiques de la théorie générale – l'intérêt général, le service public et le critère contentieux – perdent de leur superbe et souffrent d'un manque de précision.

Cette crise multiple dans ses expressions met à jour deux issues : soit la théorie générale du contrat administratif n'existe plus, elle est une construction doctrinale éphémère, que l'évolution du droit a emporté avec elle. Soit, elle est une notion qui rend compte d'une conception qu'il est nécessaire de penser à nouveau pour procéder à sa réaffirmation. Le second choix a été effectué.

Prétendre réhabiliter le contrat administratif sous l'angle théorique suppose alors de soulever quelques lacunes affectant la conception dominante. Au premier chef, figure la nécessité de lever une confusion méthodologique entre le régime juridique et la construction intellectuelle doctrinale réalisée sur la notion. Force est alors de constater que la crise procède des fondations mêmes de la théorie générale, laquelle semble avoir succombé aux mythes de l'objectivité et de l'hypostase. D'un point de vue sémantique, il convient de distinguer les notions qui gravitent autour de la théorie générale de celle-ci. Participant à la confusion entre empirisme et conceptualisme, le recours aux principes, règles générales et droit commun reste flou. Déterminer les caractères propres de ces notions et expliciter les relations avec le droit positif constitue ainsi la base d'une entreprise de redéfinition.

Surtout, rétablir la théorie générale du contrat administratif suppose de revenir sur la notion de théorie générale, ce qui permet de poser le cadre de la démonstration, celle d'une notion doctrinale construite dans la pensée juridique. Théorique, cette notion ne dépend pas du droit positif mais s'en nourrit incontestablement. Incorporant le donné et le construit, la théorie ajoute au droit positif. Le théoricien mobilise d'ailleurs ses propres schémas et ses propres outils en vue d'élaborer une théorie qui satisfait tant un besoin pédagogique assumé que des préoccupations idéologiques sous-jacentes. Par sa portée générale, la théorie emprunte un point de vue large, traduisant cet universalisme affecté qui participe d'une présentation cohérente sur le contrat administratif et d'une délimitation matérielle de la théorie générale.

Une fois les précisions métathéoriques effectuées, il faut revenir aux caractères de la théorie générale du contrat administratif et à son objet que constitue le contrat administratif. A cet égard, bien avant de s'intéresser à son administrativité – qui pourrait conduire à occulter quelques évidences – il semblait pertinent de rappeler la filiation du contrat administratif avec la notion générale de contrat. Un bref retour à l'histoire permet de remarquer que le contrat administratif est bien un contrat. Les difficultés, ou peut-être davantage, les réticences à consacrer sa nature contractuelle tiennent plus à l'histoire de l'affermissement du droit administratif qu'à l'exorbitance d'une technique contractuelle administrative. Incontestablement, le contrat administratif est un accord de volontés donnant naissance à un lien juridique interpersonnel obligatoire et opposable.

En revanche, si la technique contractuelle est commune, son administrativité ajoute. L'administrativité du contrat vient colorer sa formation comme son exécution et fait intervenir des notions propres au droit de l'action administrative : une volonté administrative, une liberté contractuelle administrative, la compétence, un formalisme constitutif ou encore la légalité administrative. La relation administrative contractuelle, parce que l'intérêt général, les deniers publics et la continuité de l'action publique sont en jeu, suppose quelques aménagements garantissant la légitimité de ces interventions contractuelles. Plus encore, l'objet de la relation induit une réelle gouvernance administrative de l'exécution à laquelle correspondent des garanties ouvertes au bénéfice du « collaborateur » à l'action administrative.

Témoignant d'une logique de collaboration, le fondement institutionnel se dégage. Le contrat administratif s'identifie alors à une technique contractuelle institutionnelle. Plus généralement, la théorie générale du contrat administratif se déploie au sein d'une réelle contexture administrative. Plus spécifiquement, expression d'un institutionnalisme contractuel, le contrat administratif renvoie aussi au solidarisme et à l'approche commutative, qui se prolongent dans les principes de bonne foi et de loyauté contractuelles administratives.

Administrativisées, ces dernières notions laissent d'ailleurs émerger, en droit positif, un ordre public contractuel administratif qui complète la vision conceptuelle d'une théorie générale du contrat administratif, que la doctrine récente aborde et que la jurisprudence administrative confirme.

BIBLIOGRAPHIE ET SOURCES

Pour les manuels, traités, cours, ouvrages, rapports et études, textes réglementaires et législatifs, décisions de jurisprudence et conclusions, nous renvoyons aux notes de bas de pages

THESES

AMILHAT Mathias, *L'influence du droit de l'Union européenne sur la notion de contrat administratif*, Thèse Dactyl. Toulouse, 2013

AUDIT Mathias, *Les conventions transnationales entre personnes publiques*, Paris : LGDJ, 2002

BADAOUI Saroit, *Le fait du prince dans les contrats administratifs en droit français et en droit égyptien*, Paris : LGDJ, 1954

BARREYRE André, *L'évolution et la crise du contrat, Etude synthétique et critique,* Bordeaux,1937

BERNARD Paul, *La notion d'ordre public en droit administratif*, Paris : LGDJ, 1962

BESSY Christian, *La contractualisation de la relation de travail*, Paris : LGDJ, 2007

BEZANÇON Xavier, *Essai sur les contrats de travaux et de services publics, contribution à l'histoire administrative de la délégation de mission publique*, Paris : LGDJ, 2001

BLONDEAU Ange, *La concession de service public, Etude d'histoire du droit administratif*, Grenoble, 1929

BLOUGH Rachel, *Le forçage, du contrat à la théorie générale*, Aix-en-Provence : PUAM, 2011

BOURDON Pierre, *Le contrat administratif illégal*, Paris : Dalloz, 2014

BOUSQUET Jérémy, *Responsabilité contractuelle et responsabilité extracontractuelle en droit administratif*, Paris : LGDJ, 2019

BRENET François, *Recherches sur l'évolution du contrat administratif*, Poitiers : Thèse, 2002

BUCHER Charles-Edouard, *L'inexécution du contrat de droit privé et du contrat administratif, Etude de droit comparé interne,* Paris : Dalloz, 2011

CLOUZOT Ludivine, *Recherche sur la substitution en droit administratif français*, Paris : Dalloz, 2012

CUBAYNES Camille, *La durée des contrats administratifs*, Thèse dactyl., Toulouse, 2019

DELCROS Bertrand, *L'unité de la personnalité juridique de l'Etat (Etude des services non personnalisés de l'Etat*), Paris : LGDJ, 1976

DOUENCE Jean-Claude, *Recherches sur le pouvoir règlementaire de l'administration*, Paris : LGDJ, 1968

DOUTEAUD Stéphanie, *La stabilisation des contrats de l'administration par le juge de la validité,* Thèse dactyl. Pau, 2017

DREYFUS Jean-David, *Contribution à une théorie générale des contrats entre personnes publiques,* Paris : L'Harmattan, 1997

DUCLOS José, *L'opposabilité (Essai d'une théorie générale),* Paris : LGDJ, 1984

DUFAU Valérie, *Les sujétions exorbitantes du droit commun en droit administratif, L'administration sous la contrainte*, Paris : L'Harmattan, 2000

DUPRE Marc, *Contribution à une théorie générale des contrats spéciaux (Apports du principe de liberté contractuelle tempérée)*, Thèse dactyl. Toulouse 1 Capitole, 2011
DUPRE de BOULOIS Xavier, *Le pouvoir de décision unilatérale, étude de droit comparé interne*, Paris : LGDJ, 2006
EISENMANN Charles, *Centralisation et décentralisation, Esquisse d'une théorie générale*, Paris : LGDJ, 1948
ENCINAS de MUNAGORRI Rafael, *L'acte unilatéral dans les rapports contractuels*, Paris : LGDJ, 1996
FORRAY Vincent, *Le consensualisme dans la théorie générale du contrat*, Paris : LGDJ, 2007
FORTSAKIS Théodore, *Conceptualisme et empirisme en droit administratif français,* Paris : LGDJ, 1987
FRIEDRICH Clemmy, *Histoire doctrinale d'une mise en discours : des contrats de l'administration au contrat administratif*, Thèse dactyl. Toulouse, 2016
GAHDOUN Pierre-Yves, *La liberté contractuelle dans la jurisprudence du Conseil constitutionnel*, Paris : Dalloz, 2008
GAUDEMET Eugène, *Théorie générale des obligations*, Paris : Sirey, 1937
GAUDEMET Yves, *Les méthodes du juge administratif*, Paris : LGDJ, 1972
GOLDIE-GENICON Charlotte, *Contribution à l'étude des rapports entre le droit commun et le droit spécial des contrats*, Paris : LGDJ, 2009
GOUNOT Emmanuel, *Le principe de l'autonomie de la volonté en droit privé, Contribution à l'étude critique de l'individualisme juridique,* Paris : A. Rousseau, 1912
GRABARCZYK Katarzyna, *Les principes généraux dans la jurisprudence de la Cour européenne des droits de l'homme*, Aix-en-Provence : PUAM, 2008
GREMAUD William, *La régularisation en droit administratif*, Thèse dactyl., Paris II, 2019
HECQUARD-THERON Maryvonne, *Essai sur la notion de réglementation*, Paris : LGDJ, 1977
HEUZE Vincent, *La réglementation française des contrats internationaux*, Paris : Joly, 1990
HOEPFFNER Hélène, *La modification du contrat administratif,* Paris : LGDJ, 2009
HOURSON Sébastien, *Les conventions d'administration*, Paris : LGDJ, 2014
HUBRECHT Hubert-Gérald, *Les contrats de service public*, Bordeaux, 1980
JAUBERT Joseph, *Des effets civils de la bonne foi*, Paris : Pedone, 1899
JEANNEAU Benoît, *Les principes généraux du droit dans la jurisprudence administrative*, Paris : Sirey, 1954
JIANG Jiangyuan, *Théorie du droit public,* Paris : L'Harmattan, 2010
KALFLECHE Grégory, *Des marchés publics à la commande publique : l'évolution du droit des marchés publics*, Thèse Paris II, 2004
KERHUEL Anne-Julie, *L'efficience stratégique du contrat d'affaires, Un champ d'action de la liberté contractuelle*, Aix-en-Provence : PUAM, 2010
KORNPROBST Emmanuel, *La notion de bonne foi application au droit fiscal français,* Paris : LGDJ, 1980
LABROT Emilie, *L'imprévision, Etude comparée droit public - droit privé*, Thèse dactyl. UT1, Toulouse, 2012
LAMY Valentin, *Recherche sur la commune intention des parties dans les contrats administratifs : contribution à l'interprétation du contrat en droit public*, Thèse dactyl. Aix-Marseille, 2019

LANGELIER Elise, *L'office du juge administratif et le contrat administratif*, Poitiers : Presses universitaires juridiques de Poitiers, 2012
LARZUL Tanneguy, *Les mutations des sources du droit administratif*, Lyon : L'Hermès, 1994
LAURANS Yann, *Recherche sur la catégorie juridique de constitution et son adaptation aux mutations du droit contemporain*, Thèse Nancy 2 soutenue le 20 novembre 2009
LEMAIRE Sophie, *Les contrats internationaux de l'administration*, Paris : LGDJ, 2005
LINDITCH Florian, *Recherche sur la personnalité morale en droit administratif*, Paris : LGDJ, 1997
LINOTTE Didier, *Recherches sur la notion d'intérêt général en droit administratif français*, Bordeaux 1975
LLORENS François, *Contrat d'entreprise et marchés de travaux publics*, Paris : LGDJ, 1981
LOMBARD Frédéric, *La cause dans le contrat administratif*, Paris : Dalloz, 2008
LOMBARD Martine, *Recherches sur le rôle de la bonne et de la mauvaise foi en droit administratif français*, Strasbourg, 1978
MADIOT Yves, *Aux frontières du contrat et de l'acte administratif unilatéral: recherches sur la notion d'acte mixte en droit public français*, Paris : LGDJ, 1971
MAHOUACHI Mohamed, *La liberté contractuelle des collectivités territoriales*, Aix-en-Provence : PUAM, 2002
MAILLOT Jean-Marc, *La théorie administrative des principes généraux du droit, Continuité et modernité*, Paris : Dalloz, 2003
MALAURIE Philippe, *Les contrats contraires à l'ordre public (Etude de droit comparé : France, Angleterre, U.R.S.S.)*, Reims : Ed. Matot-Braine, 1953
MARCUS Laure, *L'unité des contrats publics*, Paris : Dalloz, 2010
MEKKI Mustapha, *L'intérêt général et le contrat, Contribution à une étude de la hiérarchie des intérêts en droit privé*, Paris : LGDJ, 2004
MILLARD Éric, *Famille et droit public, Recherches sur la construction d'un objet juridique*, Paris : LGDJ, 1995
MORAND-DEVILLER Jacqueline, *Droit administratif*, 12ème éd., Paris : Montchrestien, 2011
MOURGEON Jacques, *La répression administrative*, Paris : LGDJ, 1967
NOGUELLOU Rozen, *La transmission des obligations en droit administratif*, Paris : LGDJ, 2004
OUM-OUM Joseph Franck, *La responsabilité contractuelle en droit administratif*, Paris : LGDJ, 2014
PEQUIGNOT Georges, *Contribution à la Théorie générale du Contrat administratif*, Imprimerie du midi, Montpellier, 1945
PERRIQUET Eugène, *Les contrats de l'Etat*, Paris : LGDJ, 1884
PETIT Jacques, *Les conflits de lois dans le temps en droit public interne*, Paris : LGDJ, 2002
PEZ Thomas, *Le risque dans les contrats administratifs*, Paris : LGDJ, 2013
PICARD Etienne, *La notion de police administrative*, Paris : LGDJ, 1984
PICOD Yves, *Le devoir de loyauté dans l'exécution du contrat*, Paris : LGDJ, 1989
PLESSIX Benoît, *L'utilisation du droit civil dans l'élaboration du droit administratif*, Paris : Panthéon Assas, 2003

PONCE Claude, *Le consensualisme dans les contrats administratifs*, Thèse dactylographiée, Strasbourg, 1956
POUYAUD Dominique, *La nullité des contrats administratifs*, Paris : LGDJ, 1991
RAIMBAULT Philippe, *Recherche sur la sécurité juridique en droit administratif français*, Paris : LGDJ, 2009
RANOUIL Véronique, *L'autonomie de la volonté : naissance et évolution d'un concept*, Paris : PUF, 1980
RENARD Georges, *La théorie de l'institution, Essai d'ontologie juridique*, Paris : Sirey, 1930
RICCARDI David, *Les sanctions contractuelles en droit administratif*, Paris : Dalloz, 2019
RIEG Alfred, *Le rôle de la volonté dans l'acte juridique en droit civil français et allemand,* Paris : LGDJ, 1961
RIVERO Jean, *Les mesures d'ordre intérieur administratives, Essai sur les caractères juridiques de la vie intérieure des services publics*, Paris : Sirey, 1934
ROUHETTE Georges, *Contribution à l'étude critique de la notion de contrat*, Thèse dactyl. Paris, 1965
ROUJOU de BOUBEE Gabriel, *Essai sur l'acte juridique collectif*, Paris : LGDJ, 1961
SAILLANT Elodie, *L'exorbitance en droit public,* Paris : Dalloz, 2011
SALEILLES Raymond, *De la déclaration de volonté*, Paris : F. Pichon, 1901
SAUNIER Sébastien, *Recherche sur la notion de formalisme en droit administratif français*, Aix-en-Provence : PUAM, 2007
SAVAUX Éric, *La théorie générale du contrat, mythe ou réalité ?,* Paris : LGDJ, 1997
SEGUR Philippe, *Le contrat, le temps et l'institution, le cas de la concession de service public*, Mémoire DEA, dact. Université des sciences sociales de Toulouse, Toulouse, octobre 1989
SFEZ Lucien, *Essai sur la contribution du doyen Hauriou au droit administratif français*, Paris : LGDJ, 1966
SIRINELLI Jean, *La transformation du droit administratif par le droit de l'Union européenne. Une contribution à l'étude du droit administratif européen*, Paris : LGDJ, 2011
SOURZAT Lucie, *Le contrat administratif résilient*, Thèse dactyl. Toulouse, 2017
STOYANOVITCH Konstantin, *De l'intervention du juge dans le Contrat en cas de survenance de circonstances imprévues, Théorie de l'imprévision*, Marseille : M. Leconte, 1941
TERNEYRE Philippe, *La Responsabilité contractuelle des personnes publiques en droit administratif,* Paris : Economica, 1999
THIBIERGE Louis, *Le contrat face à l'imprévu*, Paris : Economica, 2011
TISSEYRE Sandrine, *Le rôle de la bonne foi en droit des contrats,* Aix-en-Provence : PUAM, 2012
TRUCHET Didier, *Les fonctions de la notion d'intérêt général dans la jurisprudence du Conseil d'Etat,* Paris : LGDJ, 1977
TUSSEAU Guillaume, *Les normes d'habilitation*, Paris : Dalloz, 2006
UNTERMAIER Elise, *Les règles générales en droit public français*, Paris : LGDJ, 2011

VANIER Léo, *L'externalisation en matière administrative, Essai sur la transposition d'un concept*, Paris : Dalloz, 2018
VOUIN Robert, *La bonne foi, notion et rôle actuels en droit privé français,* Paris : LGDJ, 1939
VIDAL Laurent, *L'équilibre financier du contrat dans la jurisprudence administrative*, Bruxelles : Bruylant, 2005
VILA Jean-Baptiste, *Recherches sur la notion d'amortissement en matière de contrats administratifs,* Paris : L'Harmattan, 2016
VINCENT-LEGOUX Marie-Caroline, *L'ordre public, Etude de droit comparé interne*, Paris : PUF, 2001
WALINE Jean, *Recherches sur l'application du droit privé par le juge administratif,* Paris, 1962
WAKED JABER Rita, *Le contrat administratif international, Essai d'une théorie générale à travers l'exemple du contrat BOT (Built,Operate and Transfer)*, Paris : LGDJ, 2013
YOLKA Philippe, *La propriété publique, éléments pour une théorie*, Paris : LGDJ, 1997
ZAKSAS Joseph, *Les Transformations du Contrat et leur loi, Essai sur la vie du Contrat en tant qu'institution juridique*, Paris : Sirey, 1939

ARTICLES

AARNIO Aulis, « Dogmatique juridique », *in* ARNAUD André-Jean (dir.), *Dictionnaire encyclopédique de théorie et de sociologie du droit,* Paris-Bruxelles : LGDJ-Story-Scientia, 1988, p. 107
ABBATUCCI Séverin, SABLIER Bertrand et SABLIER Vincent, « Crise de l'acier : le retour de l'imprévision dans les marchés de travaux », *AJDA* 2004. 2192
ALLAIRE Frédéric :

- « La résiliation unilatérale des marchés publics d'assurance, continuité des contrats administratifs et droit des assurances », *RFDA* 2005.1099
- « Dépasser le droit des marchés publics », *AJDA* 2009.1696
- « Le droit des opérations publiques ou l'émergence d'un droit général de la mise en concurrence », *CMP* n° 5 Etude mai 2018

ALLIEZ Quentin, « Une définition de la clause réglementaire ? Oui. Une simplification du contentieux ? Non », *AJDA* 2018.1168
ALT-MAES Françoise, « La contractualisation du droit pénal : mythe ou réalité ? », *Revue de science criminelle et de droit pénal comparé* 2002, n° 3, p. 501
AMILHAT Mathias :

- « Les tiers au contrat ne peuvent se prévaloir que des clauses réglementaires de ce dernier... et elles sont strictement définies ! », *JCP Adm.* 2014, n° 2154
- « Contractualisation, négociation, consensualisme : nouvelles approches du droit public », *RFDA* 2018.1
- « Le code, les principes fondamentaux et la notion de commande publique, Une copie à revoir ? », *AJDA* 2019.793

AMSELEK Paul :

- « Le service public et la puissance publique, Réflexions autour d'une étude récente », *AJDA* 1968.500

- « La qualification des contrats de l'administration par la jurisprudence », *AJDA* 1983.4

ANDRIEU Stéphane, « Les contrats de service public du secteur de l'énergie », *RFDA* 2017.246

ANTIPPAS Jérémy :

- « L'utilisation du droit administratif en droit civil », *RFDA* 2014.795
- « Regards comparatistes internes sur la réforme du droit des contrats, Réflexion sur l'identité contractuelle française », *AJDA* 2016.1620

ANTOINE Aurélien, « L'*intuitu personae* dans les contrats de la commande publique », *RFDA* 2011.879

ANTOINE Julien :

- « Les pouvoirs de sanction du cocontractant défaillant. Approche comparée entre droit des contrats administratifs et droit privé des obligations », *LPA* 2002, n° 200, p. 4
- « La mutabilité contractuelle née de faits nouveaux extérieurs aux parties, Analyse comparée entre droit des contrats administratifs et droit privé des obligations », *RFDA* 2004.80

ARHAB Farida, « L'essor de la convention d'assistance », *Recueil Dalloz* 1998, p. 566

ATIAS Christian, « Restaurer le droit du contrat », *D.* 1998, p. 137

AUBERT DE VINCELLES Carole, « La recherche d'une cohérence en droit européen de l'acquis communautaire à l'ébauche d'un droit européen du contrat », *in Droit européen du contrat et droits du contrat en Europe*, Paris : Litec, 2008, p. 19

AUBY Jean-Bernard :

- « La bataille de San Romano, réflexions sur les évolutions récentes du droit administratif », *AJDA* 2001.912
- « L'internationalisation du droit des contrats publics », *DA* n° 8, août 2003, chron. 14
- « Régulation et droit administratif », *in Etudes en l'honneur de Gérard Timsit*, Bruxelles : Bruylant, 2005, p. 209
- « L'analyse économique du droit administratif », *DA* n° 1, janvier 2007, Repère 1

AUBY Jean-François, « A propos des contrats d'exécution du service public », *in Contrats publics, Mélanges en l'honneur du Professeur Michel Guibal*, Montpellier : Presses de la Faculté de Droit de Montpellier, 2006, p. 797

AUBY Jean-Marie :

- *JCP* 1965, II, 14357
- « La théorie des institutions "transparentes" en droit administratif », *RDP* 1988.264

AUTIN Jean-Louis, « 50è anniversaire des Grands arrêts de la jurisprudence administrative, Les grands arrêts disparus », *RFDA* 2007.242

AYNES Laurent, « L'obligation de loyauté », *in L'obligation*, *APD* 2000, p. 195

BAHOUGNE Louis, « L'influence des méthodes comptables sur les règles de droit administratif », *in Les méthodes en droit administratif*, Colloque AFDA juin 2017, Paris : Dalloz 2018, p. 215

BARBIERI Jean-Jacques, « Pour une théorie spéciale des relations contractuelles », *RDC* avril 2006 n° 2

BAREYRE André, *« la crise du contrat de 1914 à nos jours », in L'évolution et la crise du contrat,* Bordeaux : Bière, 1937
BARNABE Quentin, « Léon Aucoc, une vision actuelle du service public », *RFDA* 2018.577
BASDEVANT-GAUDEMET Brigitte « avant-propos », in BASDEVANT-GAUDEMET Brigitte (coord.), *Contrat ou Institution : un enjeu de société*, Systèmes Droit, Paris : LGDJ, 2004, p. 4
BATTAGLIA F., « Le problème du contrat », *APD* 1940, p. 174
BATIFFOL Henri, « La "crise du contrat" et sa portée », *in Sur les notions du contrat, APD* 1968, p. 13
BAUZERAND Christian, « Vers une diversification des critères de compétence : la fin du critère unique ? La disparition (relative) de la clause exorbitance du contrat administratif », *in Centenaire de l'arrêt Société des granits porphyroïdes des Vosges (1912-2012), Que reste-t-il de nos classiques ?* Lille : Helinia éditions 2015, p. 133, spéc. p. 153
BAZEX Michel et BLAZY Sophie, « Le Conseil d'État et le "12" », *DA* n° 8, août 2004, Comm. 134
BEDIER Laure, « Une boîte à outils organisée selon la vie du contrat », *AJDA* 2018.2364
BEDUSCHI-ORTIZ Ana, « La notion de loyauté en droit administratif », *AJDA* 2011.944
BELLIER Stéphanie, « De l'art de découvrir des principes : le Conseil d'Etat entre sécurité juridique et confiance légitime », *in* PONTIER Jean-Marie (dir.), *Les Principes et le droit*, Aix-en-Provence : PUAM, 2007, p. 79
BELORGEY Jean-Michel, « Le point de vue du juge judiciaire et du juge administratif, L'expérience du Conseil d'Etat français », *LPA* 21 décembre 2006 n° 254, p. 20
BENABENT Alain, « La bonne foi », *Travaux de l'Association H. CAPITANT*, Paris : Litec, 1992, p. 291
BENOIT F.-P. :

- « De l'inexistence d'un pouvoir de modification unilatérale dans les contrats administratifs », *JCP* 1963, I-1775
- « Notions et concepts, instruments de la connaissance juridique, Les leçons de philosophe du droit de Hegel », *in Mélanges en l'honneur de Gustave PEISER*, Grenoble : PUG, 1995, p. 23

BEROUJON François « Evolution du droit administratif : avancée vers la modernité ou retour aux Temps modernes ? », *RFDA* 2008.449
BERRE (Le) Christophe :

- « La logique économique dans la définition du service public, RFDA 2008.50
- « La valeur économique en droit public », *AJDA* 2017.2343

BERTHON Geoffroy et CHENU Damien, « L'application de la notion de cause illicite au contrat administratif », *LPA* 24 juillet 2008, n°148, p. 13
BIENVENU Jean-Jacques :

- « Le droit administratif : une crise sans catastrophe », *Droits* 1986, p. 93
- « De la volonté interne à la volonté déclarée : un moment de la doctrine française », *in Droits n° 28, La volonté*, Paris : PUF, 1999, p. 3

BIGOT Grégoire, « Les faillites conceptuelles de la notion de service public en droit administratif », *RFDA* 2008.1

BIOY Xavier, « Notions et concepts en droit : interrogations sur l'intérêt d'une distinction… », *in* TUSSEAU Guillaume (dir.), *Les notions juridiques*, coll. Etudes juridiques, Paris : Economica, 2009, p. 20
BLANC G., « Transfert et cession de contrats administratifs : Le déclin des critères subjectifs d'autorisation et de contrôle *», JCP Entreprises et Affaires*, n° 51, 23 décembre 1999.2050
BLANC Y., « Le triangle du bien commun », *JA* 2012, n° 464, p.21
BOCCARA Valérie, « Le contrat administratif au cœur des préoccupations du Conseil d'État », Entretien avec Jean-Marc Sauvé, *LPA* 19 août 2008 n° 166, p. 3
BOIS DE GAUDUSSON (Du) Jean, « Avants propos », *in* TUSSEAU Guillaume (dir.), *Les notions juridiques*, coll. Etudes juridiques, Paris : Economica, 2009, p. IX
BOITEAU Clotilde, « Vers une définition du service public ? », *RFDA* 2007.803
BONICHOT Jean-Claude, « Où en est la science administrative ? », *AJDA* 2003.961
BOUCHER Julien et BOURGEOIS-MACHUREAU Béatrice, « Les trois visages de la cause dans les contrats administratifs », *AJDA* 2008.575
BOUHIER Vincent et HEINICH Julia, « Clause de réexamen, de dureté et de hardship », *in Contrats de droit privé et contrats de droit administratif, Droit comparé interne,* Paris : LGDJ Lextenso 2019, p. 147
BOULANGER Jean, « Les principes généraux du droit et droit positif », *in Le droit privé français au milieu du XXe siècle, Etudes offertes à Georges Ripert,* Tome 1, Paris : LGDJ, 1950, p. 54
BOULOUIS Nicolas :

- « Responsabilité contractuelle et responsabilité décennale des constructeurs : une remise en perspective », *RFDA* 2007.712
- « Regards d'un rapporteur public du côté du droit privé des contrats », *AJDA* 2009.921
- « Contrats administratifs entre personnes privées : *quid novi sub sole* ? », *in Mélanges en l'honneur du Professeur Laurent Richer, A propos des contrats des personnes publiques*, Paris : LGDJ Lextenso, 2013, p. 27

BOULOUIS Nicolas, MELLERAY Fabrice, NOGUELLOU Rozen, PIMONT Sébastien, « Contrats publics, contrats privés, Convergences et divergences après la réforme du droit des contrats », *Cahiers de droit de l'entreprise* n°5, septembre-octobre 2018, p. 9
BOULOUIS Nicolas et DACOSTA Bertrand, « L'élaboration du code de la commande publique : cinq actes sans tragédie », *RFDA* 2019.197
BOURDON Pierre :

- « La résiliation unilatérale d'une convention de coopération entre personnes publiques », *AJDA* 2015.1482
- « Le code de la commande publique : une codification à droit quasi constant », *AJDA* 2020.149

BOUSQUET Jérémy :

- « Les fondements de l'action en responsabilité en présence d'un contrat administratif », *AJDA* 2019.2535
- « L'application des clauses de règlement des différends du contrat administratif illégal », *AJDA* 2020.2207

BOUSSARD Sabine, « L'éclatement des catégories de service public et la résurgence du "service public par nature" », *RFDA* 2008.43
BRACONNIER Stéphane :

- « Les limites de l'opération de qualification des contrats administratifs, L'exemple des polices d'abonnement conclues par les collectivités locales avec les gestionnaires de services publics industriels et commerciaux », *AJDA* 2006.2099
- « L'articulation entre dol et pratiques anticoncurrentielles dans les marchés publics », *AJDA* 2007.2200
- « L'indemnisation des préjudices nés de la rupture anticipée d'un contrat public d'affaires pour motif d'intérêt général » *AJDA* 2009.2035
- « Retour gagnant du mieux-disant social dans les marchés publics », *RDI* 2013.365
- « L'accord autonome dans les contrats de partenariat public-privé, Utiles précisions de la jurisprudence », *AJDA* 2013.529
- « La typologie des contrats publics d'affaires face à l'évolution du champ d'application des nouvelles directives », *AJDA* 2014.832
- « Contentieux des contrats : le choc de sécurisation ? », *AJDA* 2014.945

BRECHON-MOULENES Christine :

- « Liberté contractuelle des personnes publiques », *AJDA* 1998.643
- « Choix des procédures, choix dans les procédures », *AJDA* 1998.753
- « De la loyauté de l'autorité publique contractante », *in Mouvement du droit public, Mélanges en l'honneur de Franck MODERNE*, Paris : Dalloz, 2004, p. 439

BRENET François :

- « La qualification des contrats de mobilier urbain : nouvelles précisions », *RFDA* 2003.252
- « La théorie du contrat administratif, Evolutions récentes », *AJDA* 2003.919
- « Le droit des marchés publics et les services publics sociaux », *RDSS* 2006.811
- « Les conditions de mise en œuvre de la théorie des sujétions imprévues : la clause faisant état d'une incertitude ne fait pas obstacle à l'imprévisibilité », *DA* n° 5, mai 2010, comm. 75
- « L'obligation d'exécution du contrat administratif unilatéralement modifié par l'administration pour motif d'intérêt général », *DA* janvier 2011, n° 1, comm. 3
- « Résiliation d'un contrat domanial dans le but de transformer l'activité exercée en service public », *DA* n° 4, Avril 2011, comm. 38
- « La portée des clauses d'indemnisation en cas de résiliation unilatérale », *DA* n°7, juillet 2011, comm. 67
- « Irrecevabilité du référé précontractuel de l'attributaire du contrat », *DA* n° 3, mars 2012, n° 26
- « Un nouveau recours devant le juge du contrat : l'action en rétablissement de l'état antérieur du contrat », *DA* mai 2013, n° 33
- « Libres propos sur la "judiciarisation" du contrat administratif : un nouveau juge pour un nouveau contrat administratif ? », *in Mélanges en l'honneur du Professeur Laurent Richer, A propos des contrats des personnes publiques*, Paris : LGDJ Lextenso, 2013, p. 529
- « Résiliation du contrat administratif par le cocontractant de l'Administration », *DA* n° 2, février 2015, comm. 12
- « Le contrat domanial », *AJDA* 2016.1803

- « La codification des textes "épars" du droit de la commande publique », *AJDA* 2019.389
- « Le service public dans le code de la commande publique », *Cahiers de droit de l'entreprise*, n°6 novembre-décembre 2019, p. 31
- « Les contrats de droit privé des personnes publiques », *AJDA* 2021.76

BRETHE de la GRESSAYE Jean :

- « Institution », *Répertoire civil Dalloz*, p. 1071, spéc. p. 1076
- « Droit administratif et droit privé », *in Le droit privé français au milieu du XXe siècle, Etudes offertes à Georges Ripert*, Tome 1, Paris : LGDJ, 1950, p. 310

BRETONNEAU Aurélie et LESSI Jean, « Contentieux contractuel : la révolution rentre au port », *AJDA* 2014.1035

BRODERICK J.-A., « La notion d'"institution" de Maurice Hauriou dans ses rapports avec le contrat en droit positif français », *Sur les notions du contrat, APD*, 1968, p. 143

BROS Sarah et LAFAIX Jean-François, « La validité du contrat », *in Contrats de droit privé et contrats de droit administratif, Droit comparé interne*, Paris : LGDJ Lextenso 2019, p. 99, spéc. p. 111

BRUERE Jean-Christophe, « Le consensualisme dans les contrats administratifs », *RDP* 1996.1715

BRUNET Pierre, « A quoi sert la "théorie" des principes généraux du droit ? » *in* CAUDAL Sylvie (dir.), *Les principes en droit,* Etudes juridiques, Paris : Economica, 2008, p. 175 spéc. p. 181

BURDEAU Georges, « Le déclin de la loi », *APD* 1963, p. 35

BUY Frédéric et DUBREUIL Charles-André, « Regards croisés droit public/droit privé : Théorie de l'imprévision, parle-t-on de la même chose ? », *JCPA* n°43 27 octobre 2014

BUY Frédéric et MARTIN Julien, « Propos conclusifs », *in Contrats de droit privé et contrats de droit administratif, Droit comparé interne*, Paris : LGDJ Lextenso 2019, p. 291

CADIET Loïc :

- « Interrogations sur le droit contemporain des contrats », *in Le droit contemporain des contrats*, Paris : Economica, 1987, p. 10
- « Une justice contractuelle, l'autre », *in Le contrat au début du XXI*[e] *siècle, Etudes offertes à Jacques GHESTIN*, Paris : LGDJ, 2001, p. 177

CAILLE Pascal et LATINA Mathias, « Force obligatoire, pouvoir de direction et de contrôle et bonne foi contractuelle », *in Contrats de droit privé et contrats de droit administratif, Droit comparé interne*, Paris : LGDJ Lextenso 2019, p. 127

CAILLOSSE Jacques :

- « Le droit administratif français saisi par la concurrence ? », *AJDA* 2000.99
- « Sur quelques problèmes actuels du droit administratif français », *AJDA* 2010.931
- « Le juge administratif et la question de l'efficacité », *RDP* 2013 n°1, p. 27
- « Personnes publiques et concurrence : quels enjeux théoriques ? », *AJDA* 2016.761
- « Les méthodes d'enseignement du droit administratif », *in Les méthodes en droit administratif,* Colloque AFDA juin 2017, Paris : Dalloz 2018, p. 77, spéc. p. 85

CALAIS-AULOY Marie-Thérèse, « Du discours et des notions juridiques (notions fonctionnelles et conceptuelles) », *LPA* 9 août 1999, n° 157, p. 4
CALMETTE Jean-François :
- « L'évolution de la prise en compte de l'analyse économique par le juge administratif », *DA* n°7, juillet 2006, Etude 14
- « L'analyse économique dans les contrats publics, Un usage relatif et finalisé », *AJDA* 2020.925

CANEDO Marguerite :
- « L'exorbitance du droit des contrats administratifs », *in L'exorbitance du droit administratif en question(s),* Etudes réunies par F. MELLERAY, Poitiers : Université de Poitiers, 2004, p. 137
- « La jurisprudence *Société Entreprise Peyrot* : stop ou encore ? », *RFDA* 2015.32
- « Faut-il renoncer au critère de la participation à l'exécution du service public ? », *RFDA* 2019.861

CANIVET Guy :
- « La Cour de cassation et la doctrine. Effets d'optique », *in Propos sur les obligations et quelques autres thèmes fondamentaux du droit, Mélanges offerts à Jean-Luc AUBERT,* Paris : Dalloz, 2005, p. 382
- « Le juge et la force normative », *in* THIBIERGE Catherine (dir),*La force normative, naissance d'un concept*, Paris : LGDJ, 2009, p. 23

CARTIER Emmanuel, « L'exorbitance comme mythe du droit administratif ? », *in Centenaire de l'arrêt Société des granits porphyroïdes des Vosges (1912-2012), Que reste-t-il de nos classiques ?,* Lille : Helinia éditions 2015, p. 31
CASAS Didier et DELVOLVE Pierre, « Un nouveau juge pour le contrat administratif », *RJEP* octobre 2007, n° 646
CASTAING Cécile, « L'extension du contrôle de conventionalité aux principes généraux du droit communautaire », *RTDE*, 2003, n° 2, p. 197
CAUDAL Sylvie :
- « Rapport introductif », *in* CAUDAL Sylvie (dir.) *Les principes en droit*, Etudes juridiques, Paris : Economica, 2008
- « Trente ans après la jurisprudence UAP, Retour sur les contrats entre personnes publiques », *AJDA* 2013.834

CAYLA Olivier, « Ouverture : La qualification ou la vérité du droit », *in La qualification, Droits,* n°18, Paris : PUF, 1993, p. 11
CHAMBOREDON Anthony, « La "texture ouverte" d'un code européen du droit des contrats », *JDI* 2001, n° 1, p. 5
CHANTEPIE Gaël, « La contractualisation en droit privé », *RFDA* 2018.10
CHAPUS René, « Dualité de juridictions et unité de l'ordre juridique », *RFDA* 1990.739
CHARLERY Corinne, « Réflexion sur la notion de clause exorbitante du droit commun », *LPA*, 6 avril 1998, n° 41, p. 4
CHATELIER (Le) Gilles, « Où en est-on de la mise en œuvre de la jurisprudence Commune d'Olivet ? », *AJDA* 2013.1092
CHAZAL Jean Pascal :
- « De la théorie générale à la théorie critique du contrat », *RDC*, 1er décembre 2003, n° 1, p. 27

- « Les nouveaux devoirs des contractants », *in La nouvelle crise du contrat*, JAMIN Christophe et MAZEAU Denis (dir.), Paris : Dalloz, 2003, p. 99

CHENEDE François :

- « Les emprunts du droit privé au droit public en matière contractuelle », *AJDA* 2009.923
- « La cause est morte…vive la cause ? », *CCC* 2016, mai 2016

CHEROT Jean-Yves, « Rapport de synthèse », *in Les méthodes en droit administratif*, Colloque AFDA juin 2017, Paris : Dalloz 2018, p. 261

CHEROT Jean-Yves et TREMEAU Jérôme, « La commande publique et le partenariat public/privé à nouveau devant le Conseil constitutionnel », *AJDA* 2002.1059

CHEVALLIER Jacques :

- « La résurgence du thème de la solidarité », *in La solidarité : un sentiment républicain ?* CURAPP, Paris : PUF, 1992, p. 111
- « Le service public : regards sur une évolution », *AJDA* 1997.8
- « L'obligation en droit public », *in APD*, *L'obligation*, Tome 44, 2000, p. 188
- « Doctrine ou science ? », *AJDA* 2001.603
- « Conclusion », *in B. BASDEVANT-GAUDEMET (coord.), Contrat ou Institution* : *un enjeu de société,* Systèmes Droit, Paris : LGDJ, 2004, p. 183
- « La gouvernance et le droit », *in Mélanges Paul Amselek*, Bruxelles : Bruylant, 2005, p. 189
- « Loi et contrat dans l'action publique », *Cahiers du Conseil constitutionnel* n°17, mars 2005
- « Contractualisation(s) et action publique », *RFDA* 2018.209

CHEVALIER Etienne, « La loyauté contractuelle : portée d'une notion novatrice en droit des contrats administratifs », *JCP A* 2012.2392

CLAMOUR Guylain :

- « Esquisse d'une théorie générale des contrats publics », *in Contrats publics, Mélanges en l'honneur du Professeur Michel Guibal*, vol. II, Montpellier : Presses de la Faculté de Droit de Montpellier, 2006, p. 637
- « Dérogations en cascade dans les contrats publics pour l'Euro 2016 », *CMP* n° 7, juillet 2011, comm. 190
- « Loi MURCEF : les enjeux de "l'administrativisation" des marchés publics », *JCP G* n° 13, mars 2012.I.123
- « Chassez le naturel, il s'enfuit au galop », *AJDA* 2015.601
- « Le sort des contrats domaniaux », *RFDA* 2016.270
- « L'exécution contractuelle d'office entre deux eaux », *AJDA* 2017.1963
- « Les chausse-trapes du contrat, Ou comment la responsabilité contractuelle ne saurait concerner l'usager du service public administratif », *AJDA* 2017.2418

CLAVAGNIER Brigitte, « Comment définir l'intérêt général ? », *JA* 2016, n°541, p.3

CLAY Thomas, « Arbitrage pour les personnes morales de droit public : le grand bazar ! » *LPA* mars 2008, p. 3

CLOUZOT Ludivine, « La théorie de l'imprévision en droit des contrats administratifs une improbable désuétude », *RFDA* 2010.937

COLLART DUTILLEUL François, « Quelle place pour le contrat dans l'ordonnancement juridique ? », *in La nouvelle crise du contrat*, JAMIN Christophe et MAZEAU Denis (dir.), Paris : Dalloz, 2003, p. 225

CONSTANS Louis, « Une fiction juridique : La "commune intention des parties" », *in Contrats publics, Mélanges en l'honneur du Professeur Michel Guibal*, Montpellier : Presses de la Faculté de Droit de Montpellier, 2006, vol. I, p. 21

CORAIL (De) Jean-Louis, « L'approche fonctionnelle du service public : sa réalité et ses limites », *AJDA* 1997.20

CORTOT-BOUCHER Emmanuelle, « L'office du juge du contrat dans le contentieux de la résiliation », *RFDA* 2011.507

COSSALTER Philippe :

- « La renaissance de la concession de travaux : un contrat ni souhaité ni souhaitable », *AJDA* 2009.1882
- « Une décision de résiliation d'un contrat administratif peut faire l'objet d'un recours en reprise des relations contractuelles accompagné d'une requête en référé suspension », *RJEP* n° 690, Octobre 2011, comm. 44
- « Les modèles de contractualisation », *RFDA* 2018.15

COUZINET Paul, « La théorie de la Gestion publique dans l'Œuvre de Maurice Hauriou », *in La pensée du Doyen Maurice Hauriou et son influence (journées Hauriou)*, Toulouse, mars 1968, Paris : A. Pédone, 1969, p. 157

DACOSTA Bertrand :

- « Pouvoir de modification unilatérale d'un contrat par la personne publique », *RJEP*, n° 685, avril 2011, comm. p. 18
- « Esquisse d'une typologie des requérants en matière contractuelle », *AJDA* 2014.2049
- « L'écriture du code », *AJDA* 2019.376

DEKENS Olivier, « Théorie et expérience », *in* ZARADER Jean-Pierre (dir.), *Les grandes notions de la philosophie*, Paris : Ellipses, 2010, p. 904

DELACOUR Éric :

- « Modification du contrat par avenant : incidences sur le financement des investissements du service », *CMP* n° 5, mai 2002, comm. 123
- « Contrôle juridictionnel d'une mesure de résiliation », *CMP* n° 2, février 2004, n° 32
- « Pouvoir de résiliation unilatérale et règles de comptabilité publique », CMP n° 5, mai 2006, comm. 136
- « Les contrats publics des personnes privées en droit français », *in Contrats publics, Mélanges en l'honneur du Professeur Michel Guibal*, Montpellier : Presses de la Faculté de Droit de Montpellier, 2006, vol. I, p. 633

DELALOY Guillaume, « L'incidence du changement de statut d'EDF sur la nature juridique des contrats conclus avec les producteurs autonomes d'électricité », *CMP* mars 2006, n° 3, Etude 3

DELELIS Philippe, « Résiliation des délégations de service public », *CMP* n°5, mai 2004, p. 13

DELLA CANANEA Giacinto, « Organiser la pluralité : le fonds commun des droits administratifs en Europe », *in Les méthodes en droit administratif*, Colloque AFDA juin 2017, Paris : Dalloz 2018, p. 135

DELOS Joseph, « La théorie de l'Institution, Solution réaliste du Problème de la Personnalité Morale et le droit à fondement objectif », *in APD* 1931, p. 135

DELPECH Xavier, « Le droit de la commande publique dans une zone de turbulence », *AJ contrat 2020*, p. 397

DELVOLVE Pierre :

- « Constitution et contrats publics », *in Mouvement du droit public, Mélanges en l'honneur de Franck MODERNE*, Paris : Dalloz, 2004, p. 469
- « Les contrats globaux », *RFDA* 2004.1079
- « Contrats publics et sécurité juridique », *in* CONSEIL D'ETAT, *Le contrat, mode d'action publique et de production de normes, EDCE, n° 59, Paris : La Documentation française, 2008,* p. 340
- « La constitutionnalisation du droit administratif », *in Cinquantième anniversaire de la Constitution française*, Association française de droit constitutionnel, Paris : Dalloz, 2008, p. 418
- « Le contentieux des contrats publics en Europe, Présentation », *RFDA* 2011.1
- « L'actualité de la théorie des bases constitutionnelles du droit administratif », *RFDA* 2014.1211
- « Les contrats de la "commande publique" », *RFDA* 2016.200
- « Les nouvelles dispositions du code civil et le droit administratif », *RFDA* 2016.613
- 1996, n° 82880, *Sitomap*, *RDI* 1996 p. 208, obs. F. LLORENS et Ph. TERNEYRE

DENIZOT Aude, « Les modalités d'indemnisation du cocontractant à la suite d'une résiliation unilatérale dans l'intérêt général », *JCPA* 2012.2395

DENOIX DE SAINT MARC Renaud, « La question de l'administration contractuelle », *AJDA* 2003.970

DEVES Claude, « Société d'économie mixte locale et conseiller intéressé à l'affaire », *AJDA* 2013.1059

DIDIERLAURENT Matthieu, « La remise en ordre inachevée de l'occupation contractuelle du domaine public », *AJDA* 2015.1519

DIDRICHE Olivier, « Les évolutions récentes des contrats administratifs », *AJCT* 2016.132

DIDRY Claude, « Emmanuel Lévy et le contrat, la sociologie dans le droit des obligations », *Droit et Société* 56-57/2004

DIESSE François, « Le devoir de coopération comme principe directeur du contrat », *in Le droit et l'immatériel, APD* 1999, p. 259

DION Nathalie, « Le juge et le désir du juste », *D.* 1999, p. 195

DOMINO Xavier et BRETONNEAU Aurélie, « De la loyauté dans le procès administratif », *AJDA* 2013.1276

DOUENCE Jean-Claude :

- « Les conventions entre personnes publiques », *in Mélanges en l'honneur du Professeur Michel Stassinopoulos*, Paris : LGDJ, 1974, p. 113
- « Les contrats de délégation de service public », *RFDA* 1993.936

DOUENCE Maylis, « Les limites au principe de libre détermination de l'objet d'une délégation de service public », *AJDA* 2017.359

DOURLENS Nicolas et De MOUSTIER Roland, « Les clauses de résiliation dans les contrats publics », *CMP* n° 2, février 2014, 2

DRAGO Roland :

- « Paradoxe sur les contrats administratifs », *in Etudes offertes à Jacques FLOUR,* Paris : Defrénois, 1979, p. 152
- « Le contrat administratif aujourd'hui », *Droits*, 1990, n° 12, p. 110

- « La notion d'obligation : droit public et droit privé », *in L'obligation, APD*, 2000, p. 45

DREYFUS Jean-David :

- « L'"élément exorbitant", critère de qualification des contrats entre personnes publiques », *AJDA* 2003.2205
- « Modalités de publicité des contrats de partenariat : publication du décret d'application de l'ordonnance n° 2004-559 du 17 juin 2004 », *RDI* 2004.545
- « Illicéité de l'objet d'une convention garantissant la délivrance d'un permis de construire », *AJDA* 2005.1531
- « Les mesures de police affectant l'exécution du contrat », *AJDA* 2010.800
- « Contrats administratifs entre personnes publiques et théorie générale des contrats administratifs », *AJDA* 2013.846
- « Le régime des contrats publics d'affaires, Passation et exécution des contrats publics d'affaires », *AJ Contrats d'affaires – Concurrence – Distribution*, 2015, p. 156

DREYFUS Jean-David et BASSET Bruno, « Autour de la notion de "droit commun de la commande publique" », *AJDA* 2004.2256

DUBOIS J., « Le Tribunal des conflits réitère sa jurisprudence Bergas », *JCP A* n° 30, 23 juillet 2007.2197

DUBREUIL Charles-André :

- « Conseiller intéressé : le Conseil d'Etat précise la notion d'"intérêt distinct" », *AJDA* 2013.626
- « La responsabilité contractuelle : quelle originalité du droit administratif ? », *AJDA* 2019.2546
- « Conditions de versement d'une indemnité d'imprévision », *AJDA* 2020.796

DUDOGNON Charles, « L'avenant au contrat administratif », *RDP* septembre 2009, n° 5, p. 1353

DUFFY Aurélie, « La constitutionnalisation de la liberté contractuelle », *RDP* 2006.1569

DUMAS Auguste, « De l'essence du droit », *APD* 1936, p. 100

DUPEYROUX Henri, « Les grands problèmes du droit », *APD* 1938, p. 7

DUTHEILLET de LAMOTTE Louis et ODINET Guillaume, « La recevabilité des moyens en contentieux administratif », *AJDA* 2016.479

ECKERT Gabriel :

- « Réflexions sur l'évolution du droit des contrats publics », *RFDA* 2006.238
- « Les pouvoirs de l'Administration dans l'exécution du contrat et la théorie générale des contrats administratifs », *CMP*, n° 10, octobre 2010, étude 9
- « Liberté contractuelle et étendue du droit à indemnisation en cas de résiliation », *CMP* n° 7, juillet 2011, comm. 216
- « Clause d'indemnisation en cas de résiliation ou de non-renouvellement », *CMP* n° 8, août 2012, comm. 246
- « Contrats entre personnes publiques et droit de la concurrence, Les contrats échappant aux règles de publicité et de mise en concurrence », *AJDA* 2013.849
- « Faut-il "administrativiser" les contrats privés de la commande publique ? », *CMP* n°1 Repère janvier 2020

EDDAZI Fouad, « Contrats d'armement : la responsabilité contractuelle à l'épreuve du secret de la défense nationale », *AJDA* 2012.1568
EISENMANN Charles, « Quelques problèmes de méthodologie des définitions et des classifications en science juridique », *APD* 1966, p. 25
ESPAGNO Delphine, « Une rencontre entre Léon Duguit et Maurice Hauriou : l'analyse institutionnelle du service public », *in Etudes en l'honneur du Professeur J.-A. MAZERES*, Paris : LexisNexis 2009, p. 339
ETIENNEY DE SAINTE MARIE Anne, « La durée du contrat et la réforme du droit des obligations », *Recueil Dalloz* 2011, p. 2672
EVEILLARD Gweltaz, « Les matières réservées par nature à l'autorité judiciaire », *AJDA* 2017.101
FALLON Damien, « Léon Blum et la fonction administrative », *RFDA* 2013.162
FARDET Christophe, « La clause exorbitante et la réalisation de l'intérêt général », *AJDA* 2000.115
FATOME Etienne, « Les avenants », *AJDA* 1998.760
FAVRET Jean-Marc, « Recevabilité du recours pour excès de pouvoir en matière contractuelle », *AJDA* 2018.909
FEVROT Olivier, « Oxymore pour les contrats administratifs : la modification unilatérale consentie des clauses financières », *CMP* n°4, avril 2008
FINK et STORCK Pierre, « "Forum Shopping" et concurrence entre les procédures collectives en Europe », *Journ. sociétés* sept. 2009, p. 30
FLECHEUX Georges, « Renaissance de la notion de bonne foi et de loyauté dans le droit des contrats », *in Le contrat au début du XXIe siècle, Etudes offertes à Jacques GHESTIN*, Paris : LGDJ, 2001, p. 345
FLEURY Thibault, « Liberté contractuelle des personnes publiques, Questions critiques à l'aune de quelques décisions récentes », *RFDA* 2012.231
FOLLIOT-LALLIOT Laurence, « La globalisation du droit des marchés publics », *BJCP* mars 2005, p. 94
FOLLIOT-LALLIOT Laurence et HOUTCIEFF Dimitri, « Tiers et effet relatif du contrat », *in Contrats de droit privé et contrats de droit administratif, Droit comparé interne*, Paris : LGDJ Lextenso 2019, p. 195
FONT Nicolas, « L'attractivité des travaux publics dépassée ? », *AJDA* 2015.1326
FONTAINE Cécile et BODA Jean-Sébastien, « La cour administrative d'appel de Nancy et le régime juridique des concessions de distribution publique d'électricité », *JCPA*, n° 50, 15 décembre 2014.2346
FORT François-Xavier, « Les aspects administratifs de la liberté contractuelle *in Contrats publics, Mélanges en l'honneur du Professeur Michel Guibal*, Montpellier : Presses de la Faculté de Droit de Montpellier, 2006, vol. I, p. 27
FORT-BESNARD Amélie, « Incidence d'une pratique anticoncurrentielle sur la validité du contrat et droit à réparation », *AJDA* 2018.904
FRACKOWIAK Céline, « L'action en rétablissement de l'Etat antérieur du contrat : bon Béziers de Lille », *AJDA* 2013.1115
FRACKOWIAK Céline et De la ROSA Stéphane, « La genèse du code de la commande publique », *AJ contrat* 2019, p. 156
FRISON-ROCHE Marie-Anne :

- « Volonté et obligation », *in L'obligation, APD* 2000, p. 130
- « L'intérêt pour le système juridique de l'analyse économique du droit », *LPA* 19 mai 2005

GAHDOUN Pierre-Yves :

- « La liberté contractuelle des personnes publiques et la Constitution, Un aspect méconnu de la décision "GDF" du Conseil constitutionnel (note sous Cons. const., 30 novembre 2006, *loi relative au secteur de l'énergie*) », *RDP* 1er mai 2007 n° 3.845
- « Le Conseil constitutionnel et le contrat », *Nouveaux cahiers du conseil constitutionnel*, 2011, p. 51

GALLET Jean-Louis, « Juge judiciaire et droit administratif », *AJDA* 2013.391

GAUDEMET Jean, « Naissance d'une notion juridique, Les débuts de l'"obligation" dans le droit de la Rome antique », *in L'obligation, APD 2000,* p. 19

GAUDEMET Yves :

- « Prolégomènes pour une théorie des obligations en droit administratif français », *in Nonagesimo anno, Mélanges en hommage à Jean GAUDEMET*, Paris : PUF, 1999
- « Les contrats de partenariat public-privé : étude historique et critique », *BJCP* 2004, p. 331
- « Le contrat administratif, un contrat hors-la-loi », *Cahiers du Conseil constitutionnel* n° 17, Dossier Loi et contrat, mars 2005
- « Rapport de synthèse : bilan et perspectives du processus de réforme du droit de la commande publique », *CMP* n° 5, mai 2005, étude 12
- « Pour une nouvelle théorie générale du droit des contrats administratifs : mesurer les difficultés d'une entreprise nécessaire », *RDP* 20 octobre 2010 n° 2, p. 313
- « Rapport introductif : les méthodes en droit administratif », *in Les méthodes en droit administratif,* Colloque AFDA juin 2017, Paris : Dalloz 2018, p. 3

GAUTIER Pierre-Yves, « Prolégomènes à une théorie générale des contrats spéciaux », *RDC* 2006-2 p. 610

GERARD Philippe, « Aspects de la problématique actuelle des principes généraux du droit », *Déviance et société*, 1988, vol. 12, n° 1, p. 75

GHESTIN Jacques :

- « L'utile et le juste dans les contrats », *in L'utile et le juste*, *APD,* 1981, p. 35
- « La notion de contrat », *Recueil Dalloz* 1990, p. 147
- « Les données positives en droit », *RTD Civ*., 2002, p. 11

GIACUZZO Jean-François, « L'arrêt Société des Granits porphyroïdes des Vosges, Légende, réalité…et grandeur », *AJDA* 2013.2474

GLASER Emmanuel, « L'office du juge du contrat », *RFDA* 2010.506

GOURDOU Jean et TERNEYRE Philippe, « Dol et responsabilité du cocontractant », *RJEP* n° 653, mai 2008, n° 20

GROPPALI Alessandro, « Le rôle de la volonté dans la formation des actes juridiques », *in Le problème du contrat, APD*, n° spécial 1940, p. 202

GROS Manuel :

- « L'erreur de Léon Blum ? », *AJDA* 2013.1489
- « Rapport de synthèse », *in Centenaire de l'arrêt Société des granits porphyroïdes des Vosges (1912-2012), Que reste-t-il de nos classiques ?* Lille : Helinia éditions 2015, p. 169

GRYNBAUM Luc, « La notion de solidarisme contractuel », *in Le solidarisme contractuel*, Paris : Economica, 2004, p. 25

GRZEGORCZYK Christophe, « Statut et fonction de la théorie dans la science du droit (remarques méthodologiques », *APD* 1977, p. 177
GUASTINI Riccardo, « Les principes de droit en tant que source de perplexité théorique », *in* CAUDAL Sylvie (dir.), *Les principes en droit*, Etudes juridiques, Paris : Economica, 2008, p. 113
GUEZOU Olivier :

- « Droit de la concurrence et contrats publics », *in Contrats publics, Mélanges en l'honneur du Professeur Michel Guibal*, Montpellier : Presses de la Faculté de Droit de Montpellier, 2006, vol. I, p. 122
- « Concurrents évincés et recevabilité des recours dans les contrats publics : un exemple de darwinisme contentieux », in *Mélanges en l'honneur du Professeur Laurent Richer, A propos des contrats des personnes publiques,* Paris : LGDJ Lextenso, 2013, p. 651

GUGLIELMI Gilles et KOUBI Geneviève, « La notion de service public en droit européen », *AJDA* 2009.1783
GUIBAL Michel :

- « Droit des marchés publics », *JCP E* 2002, n°16.677
- « A propos d'une incertitude : la notion de personne publique contractante », *in Mélanges en l'honneur du professeur Jean-Philippe COLSON,* Grenoble : PUG, 2004, p. 230

GURVITCH Georges, « Les idées-maitresses de Maurice Hauriou », *in APD*, 1931, p. 155
GUYOMAR Mathias, « La recherche du juste équilibre », *in Les méthodes en droit administratif,* Colloque AFDA juin 2017, Paris : Dalloz 2018, p. 53
HAESAERT Jean, « La technique juridique », *APD* 1939
HAMELIN Jean-François et MULLER Etienne, « La qualification du contrat », *in Contrats de droit privé et contrats de droit administratif, Droit comparé interne*, Paris : LGDJ Lextenso 2019, p. 3 spéc. p. 25
HARDY Jacques, La résistible classification des contrats de la commande publique, AJDA 2014.1497
HASTINGS-MARCHADIER Antoinette, « Les contrats de droit privé des personnes publiques et la liberté contractuelle », *AJDA* 1998.683
HAURIOU André, « L'utilisation en droit administratif des règles et principes du droit privé », *in Recueil d'études sur les sources du droit en l'honneur de François Geny*, Tome III, Paris : Sirey, 1934, p. 99
HEBRAUD Pierre, « La notion de temps dans l'œuvre du Doyen Maurice Hauriou », *in La pensée du Doyen Maurice Hauriou et son influence (journées Hauriou)*, Toulouse, mars 1968, Paris : A. Pédone, 1969, p. 179
HOEPFFNER Hélène :

- « Le régime des modifications conventionnelles des conventions de délégation de service public - À propos de l'avis du Conseil d'État du 19 avril 2005 », *CMP* n° 12, Décembre 2006, étude 19
- « La modification des contrats de la commande publique à l'épreuve du droit communautaire », *RFDA* 2011.98
- « La modification des contrats », *RFDA* 2016.280
- « Respect du principe de continuité du service public par le concessionnaire », *AJDA* 2017.1286

- « L'encadrement de la modification d'une concession par les principes généraux de la commande publique », *AJDA* 2018.1104
- « Les méthodes non autoritaires des autorités administratives *», in Les méthodes en droit administratif,* Colloque AFDA juin 2017, Paris : Dalloz 2018, p. 185
- « Exécution des marchés publics », *CMP* n°1, janvier 2019

HOEPFFNER Hélène et HONTEBEYRIE Antoine, « Période précontractuelle promesses et avant-contrats », *in Contrats de droit privé et contrats de droit administratif, Droit comparé interne*, Paris : LGDJ Lextenso 2019, p. 31

HOSTIOU René, « Complémentarité des compétences juridictionnelles et indemnisation des préjudices consécutifs à la réalisation d'une voie routière », *AJDI* 2001.451

HUBERT René, « Science du droit, sociologie juridique et philosophie du droit », *APD* 1931, p. 43

HUILLIER (L'), « Les contrats administratifs tiennent-ils lieu de loi à l'administration ? », *D.* 1953, chron. 87

HUSSON Léon, « Les apories de la logique juridique », *in La logique juridique, travaux du 2ème colloque de philosophie du droit comparée*, Toulouse, sept. 1966, Philosophie comparée du droit et de l'Etat, Paris : A. Pedone, 1967, p. 29

IONASCO Trajan R, « De la volonté dans la formation des contrats », *in Recueil d'études sur les sources du droit en l'honneur de François Gény, Tome II, Les sources générales des systèmes juridiques actuels,* Paris : Sirey, 1977, p. 369

JACOT Nicolas, « La notion de force majeure dans les contrats publics », *in Contrats publics, Mélanges en l'honneur du Professeur Michel Guibal*, Montpellier : Presses de la Faculté de Droit de Montpellier, 2006, p. 275

JAMIN Christophe :
- « Plaidoyer pour le solidarisme contractuel », *in Le contrat au début du XXIe siècle, Etudes offertes à Jacques GHESTIN*, Paris : LGDJ, 2001, p. 441
- « Quelle nouvelle crise du contrat ? », *in La nouvelle crise du contrat*, JAMIN Christophe et MAZEAU Denis (dir.), Paris : Dalloz, 2003, p. 7

JEAMMAUD Antoine :
- « La règle de droit comme modèle », *D.* 1990, p. 199
- « Le principe de faveur », *Droit social*, 1999, p. 115
- « De la polysémie du terme « principe » dans le langage du droit et des juristes », *in* CAUDAL Sylvie (dir.), *Les principes en droit,* Etudes juridiques, Paris : Economica, 2008, p. 49

JEANNEAU Benoît, « La théorie des principes généraux du droit à l'épreuve du temps », *EDCE*, Paris : La Documentation française, 1981-1982, p. 33

JEGOUZO Laurence, « L'application de la force majeure en droit des contrats » *in Mélanges en l'honneur du Professeur Laurent Richer, A propos des contrats des personnes publiques*, Paris : LGDJ Lextenso, 2013, p. 364

JESTAZ Philippe :
- « Doctrine et jurisprudence : cent ans après *», RTD Civ.* 2002, p. 1
- « Quel contrat pour demain ? », *in* JAMIN Christophe et MAZEAU Denis (dir.), *La nouvelle crise du contrat*, Paris : Dalloz, 2003, p. 243

JEZE Gaston :
- note *RDP* 1914 p. 153
- « Utilité des études de jurisprudence », *RDP* 1914, p. 312

JOSSAUD Alain, « Pour un droit public des marchés », *AJDA* 2002.1481

JOSSERAND Louis :
- « Aperçu général des tendances actuelles de la théorie des contrats », *RTD Civ.,* 1937, p. 7
- « L'essor moderne du concept contractuel », *in Recueil d'études sur les sources du droit en l'honneur de François Gény,* Tome II, Les sources générales des systèmes juridiques actuels, Paris : Sirey, 1977, p. 338

JOUANJAN Olivier, « La volonté dans la science juridique allemande au XIXème siècle : itinéraires d'un concept, entre droit romain et droit politique », *in Droits n° 28, La volonté*, Paris : PUF, 1999, p. 53

JOURDAIN Patrice, « La bonne foi », *Travaux de l'Association H. CAPITANT*, Paris : Litec, 1992, p. 121

KAHN Philippe, « Les principes généraux du droit devant les arbitres du commerce international », *JDI* 1989, n° 2, p. 306

KALFLECHE Grégory :
- « Homonymie et intégration communautaire », *in* TUSSEAU Guillaume (dir.), *Les notions juridiques*, coll. Etudes juridiques, Paris : Economica, 2009, p. 139
- « Contractualisation et interventionnisme économique », *RFDA* 2018.214
- « Fonder une responsabilité à l'issue du contrat : des questions encore en suspens », *AJDA* 2019.2558

KALINOWSKI Georges, « De la spécificité de la logique juridique », *APD* 1966, p. 7

KALOUDAS Christos, « La conception française du service public à l'épreuve du droit de l'Union européenne », *Revue de l'Union européenne* 2013, p.156

KARPENSCHIF Michaël :
- « Vers une définition communautaire du service public ? », *RFDA* 2008.58
- « Haro sur les contrats de droit privé de la commande publique », *AJDA* 2020.2281

KELSEN Hans, « La théorie juridique de la convention », *in Le problème du contrat, APD*, n° spécial 1940, p. 33

KOVAR Jean-Philippe, « Où en est la liberté du commerce et de l'industrie ? », *DA* n° 12, décembre 2007, Etude 18

KOVAR Robert, « Droit communautaire et service public », *RTD eur.* 1996, p. 215

LABETOULLE Daniel, « L'arbitrage en droit public, Etude du groupe de travail sur l'arbitrage », *JCP A* 2007.2082

LACHAUME Jean-François :
- « L'évolution du contrat administratif en droit français », *in L'évolution contemporaine du droit des contrats,* Journées R. SAVATIER, Paris : PUF, 1986, p. 61
- « La liaison entre la compétence et le fond en droit administratif », *in L'exorbitance du droit administratif en question(s),* Etudes réunies par F. MELLERAY, Paris : LGDJ, 2004, p. 71

LAFAIX Jean-François :
- « Le juge du contrat face à la diversité des contentieux contractuels », *RFDA* 2010.1089
- « La loyauté des relations contractuelles au regard de la théorie du contrat », *in Mélanges en l'honneur du Professeur Laurent Richer, A propos des contrats des personnes publiques*, Paris : LGDJ Lextenso, 2013, p. 365

- « La jurisprudence Tarn-et-Garonne appliquée aux concurrents évincés », *AJDA* 2016.1120
- « La codification et la fin des contrats », *RFDA* 2019.227

LAFFAILLE Franck, « La jurisprudence Tarn-et-Garonne ou le tiers "sans qualité" », *AJDA* 2018.1201

LAFORE Robert, « Solidarisme et doctrine publiciste », *in Solidarité(s) perspectives juridiques,* Paris : LGDJ, 2009, p. 47

LANDAIS Claire et LENICA Frédéric, « Légalité sous réserve de l'ordonnance du 17 juin 2004 sur les contrats de partenariat », *AJDA* 2004.2383

LASSERRE Bruno, « Seize ans après Million et Marais, Les riches heures du contrôle de légalité des actes administratifs au regard des règles de concurrence », *AJDA* 2014.110

LATOURNERIE Roger :

- « Essai sur les méthodes juridictionnelles du Conseil d'État », *in Livre Jubilaire du Conseil d'État*, Paris : Sirey, 1952, p. 177
- « Sur un Lazare juridique, bulletin de santé de la notion de service public ; agonie, convalescence ou jouvence », *EDCE*, Paris : La documentation française n° 14, 1960, p. 61

LAUBADERE (De) André, « L'administration concertée », *in Mélanges en l'honneur du Professeur Michel Stassinopoulos*, Paris : LGDJ, 1974, p. 407

LAVIALLE Christian, « La "tangibilité" de l'ouvrage public », *RFDA* 2003.484

LEI Maxime, « Compétences et contrats publics », *RFDA* 2019.1011

LEQUIEN Michel et CUCHE Pascal, « La notion de "bancabilité" dans les opérations de financement privé d'équipements publics », *DA* n° 12, décembre 2004, Etude 22

LESSI Jean, « Les questions préjudicielles du juge administratif à l'autorité judiciaire », *AJDA* 2015.274

LESSI Jean et DUTHEILLET de LAMOTHE Louis :

- « Les habits neufs de la clause exorbitante », *AJDA* 2014.2180
- « Fin d'un splendide isolement : l'abandon de la jurisprudence Entreprise Peyrot », *AJDA* 2015.1204
- « Être ou ne pas être un contrat », *AJDA* 2015.1413

LEVENEUR Laurent, « L'originalité du régime des contrats privés des personnes publiques », *RFDA* 2020.957

LIBERT Xavier, « Les modifications du marché en cours d'exécution : avenants, décisions de poursuivre, régularisations », *AJDA* 1994.65

LICHERE François, « Les contrats d'achat obligatoire d'électricité : naissance, mort et résurrection du régime exorbitant du droit commun ? », *in Mélanges en l'honneur du Professeur Laurent Richer, A propos des contrats des personnes publiques,* Paris : LGDJ Lextenso, 2013, p. 149

LIMOUZIN-LAMOTHE Philippe, « Les avenants : observations complémentaires », *AJDA* 1998.767

LINDITCH Florian :

- « Recherche sur la place de l'amortissement en droit administratif », *AJDA* 1996, p. 100
- « Une nouvelle circulaire pour encourager le recours à la transaction en matière de commande publique », *JCP A* n° 42, 12 octobre 2009.2235
- « Le contrat et la performance, une rencontre impossible ? », *RFDA* 2014.403

- « L'ordonnance relative aux marchés publics : champ d'application », *JCPA* n°41, 12 octobre 2015.2290
- « Les critères d'identification du contrat administratif moderne », *in Centenaire de l'arrêt Société des granits porphyroïdes des Vosges (1912-2012), Que reste-t-il de nos classiques* ? Lille : Helinia éditions 2015, p. 160

LLORENS François :

- « Le droit des contrats administratifs est-il un droit essentiellement jurisprudentiel ? », *in Mélanges offerts à Max CLUZEAU*, Toulouse : Presses IEP Toulouse, 1985, p. 377
- « La jurisprudence Société entreprise Peyrot : nouveau développement », *RFDA* 1985.362
- « Typologie des contrats de la commande publique », *CMP* n° 5, mai 2005, Etude 7
- « La liberté contractuelle des collectivités territoriales », *CMP* n° 5, mai 2007, étude 6
- « Inapplicabilité de la théorie de l'imprévision à un contrat nul », *CMP* n°5 2010, n° 179
- « Sujétions techniques imprévues : précisions sur les conditions d'imprévisibilité et d'extériorité et sur l'application de la théorie à un sous-traitant », *CMP* n° 5, mai 2010, comm.167
- « Imprévision et sujétions techniques imprévues : condition d'extériorité », *CMP* n° 2, février 2011, comm. 51
- « Imprévision : l'augmentation du prix du pétrole n'est pas imprévisible », *CMP* n° 5, mai 2011, comm. 145
- « Théorie de l'imprévision : incidence d'une clause de révision des prix inadaptée et appréciation du bouleversement de l'économie du contrat passé avec un groupement solidaire », *CMP* n° 7, juillet 2011 comm. 207

LLORENS François et SOLER-COUTEAUX Pierre :

- « Marchés publics, compétence juridictionnelle et fond du droit », *CMP*, aout 2001, n° 8
- « La concurrence à tout et à n'importe quel prix ? », *CMP* juin 2002, n° 6
- « Le régime d'ordre public des contrats administratifs », *CMP* Repère mai 2017
- « La théorie administrative de l'imprévision est-elle dépassée ? », *CMP* n°3 Repère mars 2018
- « La catégorie des contrats de service public a-t-elle encore un avenir ? », *CMP* n°5 Repère mai 2018

LOKIEC Pascal, « Le droit des contrats et la protection des attentes », *D.* 2007, p. 321

LOMBARD Frédéric :

- « Légalité du paiement du stationnement par carte prépayée uniquement », *AJDA* 2006.2011
- « Constitution et contrats publics : développements récents, A propos de la décision Conseil constitutionnel, 13 août 2015, n° 2015-257 L et des ordonnances relatives aux marchés publics (23 juillet 2015) et aux contrats de concession (29 janvier 2016) », *Constitutions*, 2016, p. 277
- « Modalités d'indemnisation du cocontractant en cas de résiliation pour motif d'intérêt général », *AJDA* 2017.1678

LOMBARD Martine, « Service public et service universel ou la double inconstance », *in Les mutations contemporaines du droit public, Mélanges en l'honneur de Benoît Jeanneau*, Paris : Dalloz, 2002, p. 507
LONG Marceau, « Service public, services publics : déclin ou renouveau ? », *RFDA* 1995.497
LOUVARIS Antoine, « La dénomination de "contrats publics d'affaires" », *AJ Contrats d'affaires – Concurrence – Distribution*, 2015, p. 152
LUCHAIRE François, « Les fondements constitutionnels du droit civil », *RTD Civ.* 1982.245
LUXEMBOURG Fanny, « Le fait du prince : convergence du droit privé et du droit public », *JCP G.* n°8, 20 février 2008, I 119
MAGNON Xavier, « En quoi le positivisme - normativisme - est-il diabolique ? », *RTD Civ* 2009.269
MAILLOT Jean-Marc, « L'indisponibilité des compétences en droit public français », *LPA*, 28 septembre 2004 n° 194, p. 3
MAINGUY Daniel, « Pour une théorie générale des contrats spéciaux ? », *RDC* 2006 p. 615
MAMOUDY Olga, « Une balance déséquilibrée », *AJDA* 2019.1087
MARCOU Gérard, « Maintenir l'expression et la notion de "service public" », *AJDA* 2008.833
MARCOVICI Emilie, « André de Laubadère, théoricien du droit des contrats administratifs », *RFDA* 2010.1240
MARCOVICI Laurent, « Sauvons l'arrêt Martin ! », *AJDA* 2013.1297
MARGUERY Laure, « La "loyauté des relations contractuelles" en droit administratif : d'un principe procédural à un principe substantiel, *RFDA* 2012.663
MARTIN Julien :

- « Absence de délibération autorisant la conclusion du contrat et exigence de loyauté des relations contractuelles », *AJDA* 2015.175
- « L'autonomie du raisonnement sur la compétence juridictionnelle, L'exemple de l'action "contractuelle" du voiturier », *AJDA* 2020.1668

MARTY G., « La théorie de l'Institution », *in La pensée du Doyen Maurice Hauriou et son influence (journées Hauriou),* Toulouse, mars 1968, Paris : A. Pédone, 1969, p. 29
MATHIEU Bertrand, « Liberté contractuelle et sécurité juridique : Les oracles ambigus des sages de la rue de Montpensier, A propos de la décision 96-385 DC du Conseil constitutionnel du 30 décembre 1996 », *LPA* 7 mars 1997, n° 29, p. 5
MAUGÜE Christine « Les variations de la liberté contractuelle dans les contrats administratifs », *AJDA* 1998.694
MAUGÜE Christine et ROUSSEL Sophie, « La codification de la jurisprudence dans le code de la commande publique : jusqu'où ? », *RFDA* 2019.213
MAULIN Éric :

- « Compétence, capacité, pouvoir », *in La compétence,* AFDA, Paris : LexisNexis-Litec, 2008, p. 33
- « L'invention des principes » *in* CAUDAL Sylvie (dir.), *Les principes en droit*, Etudes juridiques, Paris : Economica, 2008, p. 23

MAZEAUD Denis :

- « Loyauté, solidarité, fraternité : la nouvelle devise contractuelle ? », *in L'avenir du droit, Mélanges en hommage à François TERRE*, Paris : Dalloz, 1999, p. 603
- « Solidarisme contractuel et réalisation du contrat », *in Le solidarisme contractuel*, Paris : Economica, 2004, p. 57
- « La révision du contrat », *LPA* 30 juin 2005 n° 129, p. 4
- « Un droit européen en quête d'identité, Les principes du droit européen des contrats », *in Le contrat en Europe aujourd'hui et demain, Paris :* Société de législation comparée, 2008, p. 97

MAZERES Jean-Arnaud, « La théorie de l'institution de Maurice Hauriou ou l'oscillation entre l'instituant et l'institué », *in Pouvoir et liberté, Etudes offertes à Jacques Mourgeon*, Bruxelles : Bruylant, 1998, p. 239

MEKKI Mustapha, « Clauses abusives et clauses exorbitantes du droit commun, Regard d'un civiliste », *in Contrats de droit privé et contrats de droit administratif, Droit comparé interne*, Paris : LGDJ Lextenso 2019, p. 87

MELLERAY Fabrice :

- « Le droit administratif doit-il redevenir jurisprudentiel ? », *AJDA*, 2005, p. 637
- « Précisions sur la notion de clause exorbitante », *DA* mai 2008, n° 5
- « Léon Duguit », *in Le renouveau de la doctrine Française*, HAKIM Nader et MELLERAY Fabrice (dir), Paris : Dalloz, 2009
- « A propos de l'intérêt donnant qualité à agir en contentieux administratif, Le "moment 1900" et ses suites », *AJDA* 2014.1530
- « Marcel Waline et la manière française contemporaine de faire du droit administratif », *RFDA* 2014.145
- « Du pouvoir de résiliation unilatérale d'un contrat administratif par le cocontractant de l'administration », *AJDA* 2015.396
- « Brèves observations sur les "petites" sources du droit administratif », *AJDA* 2019.917

MELLERAY Fabrice et NOGUELLOU Rozen, « La codification de règles jurisprudentielles », *AJDA* 2019.381

MENEMENIS Alain, « L'ordonnance sur les contrats de partenariat : heureuse innovation ou occasion manquée ? », *AJDA* 2004.1737

MESCHERIAKOFF Alain-Serge, « Ordre intérieur administratif et contrat », *RFDA* 1997.1130

MESTRE Jacques :

- « Bonne foi et équité, même combat ! », *RTD Civ.* 1990.649
- « L'économie du contrat », *RTD Civ.* 1996.901

MILLARD Éric, « Hauriou et la théorie de l'institution », *Droit et société* 30/31-1995, p. 381

MODERNE Franck :

- « Principes fondamentaux, principes généraux, Actualité des principes généraux du droit », *RFDA* 1998.495
- « Légitimité des principes généraux et théorie du droit », *RFDA* 1999.722
- « Actualité des principes généraux du droit », *in* AVRIL Pierre et VERPEAUX Michel (dir), *Les règles et les principes non écrits en droit public*, Paris : Panthéon Assas, 2000, p. 47

- « Faut-il vraiment "administrativiser" l'ensemble des marchés publics ? », *AJDA* 2001.707
- « A propos de la codification du droit des contrats publics. Réflexions sur l'expérience française », *in Etudes en l'honneur de Gérard Timsit*, Bruxelles : Bruylant, 2005, p. 433
- « La liberté contractuelle est-elle vraiment et pleinement constitutionnelle ? », *RFDA* 2006.2
- « Une illustration exemplaire de la théorie du dol dans le contentieux des contrats administratifs », *RFDA* 2008.109

MOLLION Grégory :

- « La théorie de l'accessoire dans les contrats publics », *CMP* 2009, Etude 10
- « La préservation de la distinction entre contrats domaniaux et délégations de service public », *AJDA* 2010.731

MONJAL Pierre-Yves, « Au fondement du droit de l'Union européenne. Recherches doctrinales sur le concept de « commun » », *RDP* 1er septembre 2007 n° 5, p. 1291

MONJAL Pierre-Yves et KOUAKOU KOUASSI Samuel, « Les services d'intérêt général (SIG) : quelles perspectives pour les services publics en Europe ? », *Rev. UE* 2013, p. 391

MOREAU Jacques, « Les matières contractuelles », *AJDA* 1998.747

MORIN Gaston :

- « Les tendances actuelles de la théorie des contrats et les relations du réel et des concepts. A propos des articles de M. Josserand », *RTD Civ.*, 1937.553
- « La désagrégation de la théorie contractuelle du Code », *APD* 1940, p. 7

MORVAN Pascal, *in* ALLAND Denis et RIALS Stéphane, *Dictionnaire de la culture juridique*, Quadrige, Paris : PUF, 2003, p. 1201

MOURY Jacques, « Une embarrassante notion : l'économie du contrat », *D.* 2000, Chron. p. 382

MUIR WATT Horatia, « Les principes généraux du droit international privé français », *JDI* 1997, n° 2, p. 403

NAJJAR Ibrahim, « La potestativité, Notes de lecture », *RTD Civ.* 2012.601

NGAMPIO-OBELE-BELE Urbain, « Les évolutions jurisprudentielles relatives à la résiliation des contrats administratifs », *DA* n°11 Etude 14 novembre 2015

NICINSKI Sophie :

- « Le dogme de l'autonomie de la volonté dans les contrats administratifs », *in Contrats publics, Mélanges en l'honneur du Professeur Michel Guibal*, Montpellier : Presses de la Faculté de Droit de Montpellier, 2006, vol. I, p. 61
- « L'arrêt Commune d'Olivet et les distributeurs d'eau », *AJDA* 2009.1747
- « La délégation de service public et le temps », *AJDA* 2013.1441

NOGUELLOU Rozen :

- « La cession de contrats », *Revue des contrats*, 1er juillet 2006, n°3, p. 966
- « Les catégories du droit des contrats administratifs, *in* AUBY Jean-Bernard (dir.), *L'influence du droit européen sur les catégories du droit public*, Thèmes et commentaires, Paris : Dalloz, 2010, p. 679

OPPETIT Bruno, « Les principes généraux en droit international privé », *APD* 1987, p. 179

PAGE H., « Essai pour une formalisation structurale du droit positif français », *APD* 1970, p. 237

PARAIN-VIAL J., « Logique juridique et Fondement du Droit », *in La logique juridique, travaux du 2ème colloque de philosophie du droit comparée*, Toulouse, sept. 1966, Philosophie comparée du droit et de l'Etat, Paris : A. Pedone, 1967, p. 163 spéc. p. 179

PAULIAT Hélène, « Les concessions de travaux publics : grand renouvellement ou simple actualisation ? », *RDI* 2010.416

PAYNOT-ROUVILLOIS Anne, « Personnalité morale et volonté », *in La volonté, Droits n° 28,* Paris : PUF, 1999, p. 28

PENTECOSTE Jérôme et VILLATEAU Éric, « La refonte du PPP français à la lumière du PFI 2 britannique », *in* REGOURD Serge et RAPP Lucien (dir.), *Du contrat de partenariat au marché de partenariat*, Bruxelles : Bruylant, 2016, p. 291

PERREAU E.H. « Une évolution vers un statut légal des contrats » *in Recueil d'études sur les sources du droit en l'honneur de François Gény*, Tome II, Les sources générales des systèmes juridiques actuels, Paris : Sirey, 1977, p. 354

PETIT Jacques, « Rapport de synthèse », *in La personnalité publique,* colloque AFDA des 14 et 15 juin 2007, Paris : LexisNexis Litec, 2007, p. 250

PEYRICAL Jean-Marc, « Les avenants source d'unification du droit des contrats publics », *in Contrats publics, Mélanges en l'honneur du Professeur Michel Guibal*, Montpellier : Presses de la Faculté de Droit de Montpellier, 2006, p. 825

PICARD Etienne :

- « La liberté contractuelle des personnes publiques constitue-t-elle un droit fondamental ? », *AJDA* 1998.651
- PICARD Etienne, « Rapport de synthèse », *in La compétence,* AFDA, Paris : LexisNexis-Litec, 2008, p. 238

PIERO BUZZINI Gionata, « La "généralité" du droit international, réflexion sur la polysémie d'un concept », *RGDIP* 2004, n° 2, p. 381

PIMONT Sébastien, « Peut-on réduire le doit en théories générales ? Exemples en droit du contrat », *RTD. Civ.* 2009.417

PLESSIX Benoît :

- « La théorie des vices du consentement dans les contrats administratifs », *RFDA* 2006.12
- « Application immédiate des dispositions de la loi SAPIN relatives à la durée des DSP », *RJEP,* octobre 2009, n° 668, comm. 41
- « Droit administratif », *JCP G* n° 13, 29 mars 2010, doctr. 365
- « La nullité d'un contrat de l'administration devant le juge judiciaire », *RFDA* 2013.541

PONSARD Régis, « Pour une épistémologie de la science du droit administratif ? », *in Les méthodes en droit administratif*, Colloque AFDA juin 2017, Paris : Dalloz 2018, p. 99

PONTIER Jean-Marie :

- « Sur la conception française du service public », *D.* 1996, p. 9
- « L'intérêt général existe-t-il encore ? », *D.* 1998, p. 327
- « Considérations générales sur les principes en droit », *in* PONTIER Jean-Marie (dir.), *Les Principes et le droit*, Aix-en-Provence : PUAM, 2007, p. 9
- « La liberté contractuelle des personnes publiques », *AJDA* 2013.837
- « Le retour de la clause exorbitante du droit commun », *AJDA* 2018.1721
- « Contractualisation et libre administration », *RFDA* 2018.201

POULET Florian et THIBIERGE Louis, « Pouvoir du juge et contrat : la révision du contrat », *in Contrats de droit privé et contrats de droit administratif, Droit comparé interne*, Paris : LGDJ Lextenso 2019, p. 173
POULET-GIBOT LECLERC Nadine, « La contractualisation des relations entre personnes publiques », *RFDA* 1999.551
POURCEL Éric, « De la résiliation appliquée aux marchés publics d'assurance », *CMP* 2008, n° 2
POUYAUD Dominique, « L'office du juge du contrat », *RFDA* 2010.519
PREVOST J.-F., « A la recherche du critère du contrat administratif (qualité des contractants) », *RDP* 1971.837
PROS-PHALIPPON Chloé, « La recherche d'un meilleur équilibre contractuel par le contrat : la clause de résiliation au profit de la personne privée cocontractante », *RFDA* 2015.47
PUGEAULT Serge, « Les clauses de résiliation unilatérale dans les contrats administratifs sont désormais admises mais sous conditions », *D.* 2015, p. 145
RAINAUD Jean-Marie, « Le contrat administratif : volonté des parties ou loi du service public ? », *RDP* 1985.1204
RAKOTONDRAHASO Faneva, « L'indemnisation dans la résiliation des contrats administratifs », *CMP* 2014, étude 1
RAMPELBERG René-Marie, « L'obligation romaine : Perspective sur une évolution », *in L'obligation, APD 2000,* p. 51
RAPP Lucien :

- « La politique de libéralisation des services en Europe, entre service public et service universel », *RMCUE* 1995, p. 352
- « Stabilité du contrat et mutabilité de son objet », *CMP* n°7, juillet 2008
- « Electrique ! », *AJDA* 2010.1337
- « Nature juridique et régime contentieux du contrat de raccordement électrique », *AJDA* 2012.764

RAYNARD Jacques, « Pour une théorie générale des contrats spéciaux : des insuffisances respectives du droit général et du droit spécial », *RDC* avril 2006 n° 2, p. 597
RAYNAUD Fabien et FOMBEUR Pascale, « Notion de contrat administratif », *AJDA* 1999.554
REGLADE M., « La place de la convention dans une classification des actes juridiques », *in Le problème du contrat, APD*, n° spécial 1940, p. 159
RENARD-PAYEN Olivier, « En mettant en cause le déséquilibre financier existant dès la conclusion d'une convention et non la modification imprévue des circonstances économiques, une société rompt unilatéralement le contrat », *JCP Entreprise et Affaires* n° 20, 13 mai 2004.737
RIBOT Catherine :

- « Délégations de service public et droit du marché », *CMP* n° 5, mai 2003, n° 8
- « Dualisme juridictionnel et droit des contrats. L'indolence du caméléon », *in Le dualisme juridictionnel,* Paris : Dalloz, 2007, p. 148

RICCARDI David, « Le coût financier, un motif d'intérêt général pour faire obstacle à la résiliation », *AJDA* 2017.2198
RICCI Jean-Claude :

- « Rapport introductif », *in Y. LUCHAIRE (dir.), Collectivités territoriales et gouvernance contractuelle*, coll. Logiques juridiques, Paris : L'Harmattan, 2006, p. 3
- « Le contrat au service des politiques publiques – Rapport de synthèse », *RFDA* 2014.652

RICHER Laurent :
- « La fin de la convention de délégation », *AJDA* 1996.648
- « La fin des contrats », *RFDA* 2016.294
- « Le comportement de la personne publique valant résiliation tacite du marché public », *AJDA* 2019.1056

RIEG Alfred :
- « Le rôle de la volonté dans la formation de l'acte juridique d'après les doctrines allemandes du XIXème siècle », *in APD, Le rôle de la volonté dans le droit,* Paris : Sirey, 1957, p. 133
- « Le contrat dans les doctrines allemandes du XIXème siècle », *in APD 1968, Sur les notions du contrat*, p. 31

RIPERT Georges, « L'ordre économique et la liberté contractuelle », *in Recueil d'études sur les sources du droit en l'honneur de François GENY*, Tome 2, Paris : Sirey, 1934, p. 347

RIVERO Jean :
- « Apologie pour les faiseurs de systèmes », *D.* 1951, chron. 23, p. 99
- « Maurice Hauriou et le droit administratif », *in La pensée du Doyen Maurice Hauriou et son influence (journées Hauriou*), Toulouse, mars 1968, Paris : A. Pédone, 1969, p. 141

ROBINEAU Yves, « Droit administratif et codification », *AJDA* 1995.110

ROBLOT-TROIZIER Agnès, « Retour sur le pouvoir de contrôle de l'administration à l'égard de son cocontractant », *RFDA* 2007.990

ROCHFELD Judith :
- « Résolution et exception d'inexécution », *in Les concepts contractuels français à l'heure des Principes du droit européen des contrats,* REMY-CORLAY Pauline et FENOUILLET Dominique (dir.), Paris : Dalloz, 2003
- « Prérogatives contractuelles unilatérales : les "clauses exorbitantes du droit commun" s'invitent dans le débat », *RDC* 1er avril 2012 n° 2, p. 377

ROLIN Frédéric :
- « La liberté contractuelle des personnes publiques, CE 5 mars 2003, Ordre des avocats à la Cour d'appel de Paris, req. n° 238039, *RFDA* 2003.619 », *RDC*, 1er avril 2004 n° 2, p. 423
- « L'habilitation à contracter », *in Contrats publics, Mélanges en l'honneur du Professeur Michel Guibal*, Montpellier : Presses de la Faculté de Droit de Montpellier, 2006, vol. I, p. 188
- « La cause dans le droit des obligations : droit public, droit privé », in Dossier *RDP,* 20 décembre 2012, n°4.827 (table ronde)

ROSA Audrey, « La contractualisation et le contribuable », *RFDA* 2018.236

ROSA Fabrice et RICCARDI David, « Responsabilité et indemnisation », *in Contrats de droit privé et contrats de droit administratif, Droit comparé interne,* Paris : LGDJ Lextenso 2019, p. 259

ROSA (De la) Stéphane, HOUTCIEFF Dimitri et MAZEAUD Denis, « Cause du contrat ou contrepartie convenue », *in Contrats de droit privé et contrats de droit administratif, Droit comparé interne*, Paris : LGDJ Lextenso 2019, p. 61
ROTOULLIE Jean-Charles :
- « Sécurité juridique et tolérance des illégalités », *AJDA* 2019.1094
- « La reconnaissance d'un nouveau motif de résiliation unilatérale : l'irrégularité du contrat administratif », *AJDA* 2021.164

ROUBIER Paul :
- « L'ordre juridique et la théorie des sources du droit », *in Le droit privé français au milieu du XXe siècle*, Etudes offertes à Georges Ripert, Tome 1, Paris : LGDJ, 1950, p. 11
- « Le rôle de la volonté dans la création des droits et des devoirs », *in APD, Le rôle de la volonté dans le droit,* Paris : Sirey, 1957, p. 14

ROUQUETTE Rémi, « Contribution à la classification des contrats synallagmatiques de l'administration », *AJDA* 1995.483
ROUSSEL Sophie et NICOLAS Charline, « Le "mandat administratif" à son crépuscule », *AJDA* 2018.267
ROUVILLOIS Frédéric :
- « Les marges de manœuvre de l'acheteur public » (Note sous CE, 25 mai 2018, n° 417428, *Office public de l'habitat Hauts-de-Seine Habitat, Lebon, AJDA* 2018 p.1064), *RFDA* 2018.1050
- « Le paradoxe de la jurisprudence sur les vices du consentement dans les marchés publics », *AJDA* 2018.1904

ROUX Christophe, « La dévolution transparente des titres d'occupation du domaine public », *DA* Etude juin 2017
ROYER Erwan, « Publication d'une ordonnance sur les contrats de concession de travaux publics », *Dalloz actualité* 23 juillet 2009
RUELLAN Aymeric, « Le partage des risques et la portée matérielle des théories de la force majeure, du fait du prince et de l'imprévision », *AJDA* 2006.1597
SAMSON Corinne, « La remise en cause du prix par les sujétions imprévues : oui mais… (Vers une régularisation contractuelle du bouleversement de l'économie du marché) », *Construction et urbanisme*, n°4, avril 2003, chron. 4
SAUNIER Sébastien :
- « L'autonomie de la volonté en droit administratif français : une mise au point », *RFDA* 2007.609
- « Solidarité et services publics », *in Solidarité(s) perspectives juridiques*, Paris : LGDJ, 2009, p. 255

SAUVE Jean-Marc, L'actualité du contentieux des contrats publics, 4èmes États généraux du droit administratif, 27 juin 2014
SCHWARZE Jürgen, « Tendances vers un droit administratif commun en Europe », *RTDE*, 1993, n° 2, p. 235
SESTIER Jean-François, « Les principes de la commande publique » *in* CAUDAL Sylvie (dir.), *Les principes en droit,* Etudes juridiques, Paris : Economica, 2008, p. 189
SEUBE Jean-Baptiste, « Contrats privés - contrats administratifs : points de convergence ? », *in Contrats publics, Mélanges en l'honneur du Professeur Michel Guibal*, Montpellier : Presses de la Faculté de Droit de Montpellier, 2006, vol. I p. 367

SILVA (De) Isabelle, « Le régime de l'action en garantie du maître de l'ouvrage contre les constructeurs », *RFDA* 2004.895
SINKONDO Marcel H., « La notion de contrat administratif : acte unilatéral à contenu contractuel ou contrat civil de l'administration ? », *RTD Civ.* 1993.239
SOLER-COUTEAUX Pierre, « Résiliation judiciaire d'un contrat de fourniture d'eau », *CMP* n°1, novembre 2000, comm. 15
SOURZAT Lucie, « Appréciation d'une mesure d'annulation d'une concession d'aménagement et de ses effets à l'égard de l'intérêt général », *AJDA* 2019.1459
STECK Olivier, « L'arrêt De Groot et Bejo : une nouvelle illustration du dialogue des juges », *Dalloz* 2007 p. 994
STOYANOVITCH Konstantin, « Y a-t-il une science du droit ? Contribution à l'épistémologie générale », *APD* 1959, p. 67
SYMCHOWICZ Nil :

- « Contrat administratif et mise en concurrence : la question des cessions », *AJDA* 2000.104
- « Pour un Code de la commande publique », *CMP* n° 4, avril 2007, étude 4
- « L'intervention du juge du contrat dans l'exécution des contrats administratifs », *AJDA* 2015.320

TANGUY Yann, « L'institution dans l'œuvre de Maurice Hauriou, Actualité d'une doctrine », *RDP* 1991.61
TARLET Fanny, « Roger Latournerie, "juge du juste" », *RFDA* 2017.383
TERNEYRE Philippe :

- « Marchés administratifs », *JCPG* novembre 1986, n° 48
- « Le législateur peut-il abroger les articles 6 et 1123 du Code civil ? Sur la valeur constitutionnelle de la liberté contractuelle », *in Mélanges en l'honneur de Gustave PEISER*, Grenoble : PUG, 1995, p. 473
- « L'influence du droit communautaire sur le droit des contrats administratifs », *AJDA* 1996.84
- « La liberté contractuelle est-elle un droit fondamental ? Le point de vue constitutionnel », *AJDA* 1998.667
- « Les marchés publics et le droit communautaire », *in B. LUKASZEWICZ et H. OBERDORFF (dir.), Le juge administratif et l'Europe*, PUG, 2004, p. 171
- « L'arbitrage des litiges contractuels intéressant les personnes publiques », *BJCP* 2007, n° 52, p. 170
- « Plaidoyer pour l'exception d'inexécution dans les contrats administratifs », *in Juger l'administration, administrer la justice, Mélanges en l'honneur de Daniel Labetoulle*, Paris : Dalloz, 2007, p. 805
- « Le droit du contentieux des contrats administratifs a-t-il enfin atteint sa pleine maturité ? », *Le contrat, mode d'action publique et de production de normes, EDCE*, n° 59, Paris : La Documentation française, 2008, p. 383
- « L'avenir de la coopération entre personnes publiques : un avenir réel mais limité », *RFDA* 2014.407
- « La durée des contrats », *RFDA* 2016.276

TERNEYRE Philippe et NOGUELLOU Rozen, « Ordonnances domaniales : encore un effort pour les cessions ! », *AJDA* 2017.1102
TERRE François, « Sur la sociologie juridique du contrat », *APD* 1968, p. 71

TESSON Fabien, « La cour de justice de l'Union européenne précise l'exception à l'application du droit de la commande publique aux coopérations entre collectivités publiques », *JCP A*, n°3, 14, janvier 2013
THIBIERGE-GUELFUCCI Catherine, « Libres propos sur la transformation du droit des contrats », *RTD Civ.* 1997.357
THIELE Renaud, « Caractère excessif ou dérisoire des pénalités contractuelles », *AJDA* 2016.218
THIREAU Jean-Louis, « Droit commun », *in* ALLAND Denis et RIALS Stéphane, *Dictionnaire de la culture juridique*, Quadrige, Paris : PUF, 2003, p. 446
TRUCHET Didier :

- « Nouvelles récentes d'un illustre vieillard : label de service public et statut du service public », *AJDA* 1982.430
- « Le contrat administratif, qualification juridique d'un accord de volontés », *in* CADIET Loïc (dir.), *Le droit contemporain des contrats*, Paris : Economica, 1987, p. 196
- « Plaidoyer pour une cause perdue : la fin du dualisme juridictionnel », *AJDA* 2005.1767
- « Renoncer à l'expression "service public" », *AJDA* 2008.553
- « La reconstruction de l'office du juge du contrat administratif : comment et jusqu'où ? », *in Mélanges en l'honneur du Professeur Laurent Richer, A propos des contrats des personnes publiques*, Paris : LGDJ Lextenso, 2013, p. 715
- « Office du juge et distinction des contentieux : renoncer aux "branches" », *RFDA* 2015.657
- « Contractualisation et décentralisation fonctionnelle », *RFDA* 2018.221

UBAUD-BERGERON Marion :

- « Le juge, les parties et les tiers : brèves observations sur l'effet relatif du contrat », *in Contrats publics, Mélanges en l'honneur du Professeur Michel Guibal*, Montpellier : Presses de la Faculté de Droit de Montpellier, 2006, vol. I, p. 576
- « L'incompétence », *in La compétence*, AFDA, Paris : LexisNexis-Litec, 2008, p. 145
- « La notion de droit réel en droit administratif », *in* TUSSEAU Guillaume (dir.), *Les notions juridiques*, coll. Etudes juridiques, Paris : Economica, 2009, p. 85
- « Décompte général : la notion de sujétions techniques imprévues s'apprécie au regard des conditions climatiques normales du lieu d'exécution du contrat et de l'ampleur du projet », *CMP* n° 1, janvier 2012, comm. 18
- « Le champ d'application organique des nouvelles dispositions », *RFDA* 2016.218
- « Contrat administratif, fait du prince et responsabilité administrative », *AJDA* 2019.2553
- « Passation et exécution : le code de la commande publique innove-t-il ? », *RFDA* 2019.219

UNTERMAIER-KERLEO Elise :

- « Les "contrats" entre personnes publiques sont-ils des contrats ? », *AJDA* 2013.843

- « La double définition de l'acte réglementaire. Encore des zones d'ombre ! », *AJDA* 2017.1725

VANIER Léo, « Externaliser, L'influence des méthodes économiques sur les modalités de l'action administrative », *in Les méthodes en droit administratif*, Colloque AFDA juin 2017, Paris : Dalloz 2018, p. 155

VAN HOECKE Marc, « La théorie du droit (implicite) des praticiens du droit », *in Mélanges en l'honneur de M. TROPER*, Paris : Economica, 2006, p. 987

VAN LANG Agathe :

- « Le dualisme juridictionnel en France : une question toujours d'actualité », *AJDA* 2005.1760
- « Solidarisme contractuel et contrat administratif : une association impensable ? » *in Le solidarisme contractuel*, Paris : Economica, 2004, p. 143

VEDEL Georges :

- note sous Tribunal civil de la Seine, 28 novembre 1952, *Dr Giry*, *JCP* 1953, II n° 7371
- « Remarques sur la notion de clause exorbitante », *in L'évolution du droit public, Etudes offertes à Achille Mestre*, Paris : Sirey 1956, p. 559

VENEZIA Jean-Claude :

- « Réflexions sur le rôle de la volonté en droit administratif », *in Etudes offertes à PIERRE KAYSER*, Aix-en-Provence : PUAM, 1979, p. 383
- « Complément au Printemps de la jeune recherche Gaston Jèze », *RFDA* 2012.1229

VIER Charles-Louis, « La bonne foi dans le contrat administratif », », *in Mélanges en l'honneur du Professeur Laurent Richer, A propos des contrats des personnes publiques*, Paris : LGDJ Lextenso, 2013, p. 477

VIGUIER Jacques, « Existe-t-il une hiérarchie entre les éléments de l'idée d'œuvre de l'Etat chez Maurice Hauriou ? », *in Etudes en l'honneur du Professeur J.-A. MAZERES*, Paris : LexisNexis, 2009, p. 821

VILA Jean-Baptiste, « Équilibre entre intangibilité et révision du prix d'un marché public : une application conditionnée de la formule d'indexation », *CMP* n°2, Février 2012, comm. 44

VILLEY Michel :

- « Essor et décadence du volontarisme juridique », *in APD, Le rôle de la volonté dans le droit*, 1957, p. 92
- « Histoire de la logique juridique », *in La logique juridique*, Paris : A. Pedone, 1967, p. 81
- « Préface historique à l'étude des notions de contrat », *APD* 1968, *Sur les notions du contrat*, p. 2

VINEY Geneviève, « Chronique d'actualité : responsabilité civile », *JCP* 1994 I, 3809, p. 557

WAKED JABER Rita, « La notion de contrat administratif international (Les potentialités d'une théorie d'avenir) », *LPA* 14 décembre 2012, n° 250, p. 6

WALINE Jean :

- « Le rôle de la volonté dans la théorie de l'acte administratif unilatéral et dans le droit civil des contrats », *in Le rôle de la volonté dans les actes juridiques, Etudes à la mémoire du professeur Alfred Rieg*, Bruxelles : Bruylant, 2000, p. 873

- « La théorie générale du contrat en droit civil et en droit administratif », *in Le contrat au début du XXIe siècle, Etudes offertes à Jacques GHESTIN*, Paris : LGDJ, 2001, p. 965
- « Les contrats entre personnes publiques », *RFDA* 2006.229
- « Marceau Long et le critère du service public », *in Le service public, Mélanges en l'honneur de Marceau Long*, Paris : Dalloz, 2016, p. 481, spéc. p. 482

WALINE Marcel :
- « Empirisme et conceptualisme dans la méthode juridique : faut-il tuer les catégories juridiques ? », *Mélanges en l'honneur de Jean DABIN*, Tome 1, Bruxelles-Paris : Bruylant-Sirey, 1963, p. 359
- « La théorie civile des obligations et la jurisprudence du Conseil d'Etat », *in Etudes juridiques offertes à Léon JULLIOT De la Morandière*, Paris : Dalloz 1964, p. 631

WEBER Yves :
- « Les acteurs des contrats de l'administration », *in Mélanges en l'honneur de Gustave PEISER*, Grenoble : PUG, 1995, p. 522
- « La théorie des vices du consentement dans les contrats administratifs », *in L'unité du droit, Mélanges en hommage à Roland Drago*, Paris : Economica, 1996, p. 315

WEIL Prosper :
- « Le critère du contrat administratif en crise », *in Le juge et le droit public, Mélanges offerts à Marcel WALINE,* Tome II, Paris : LGDJ, 1974, p. 847
- « Le renouveau de la théorie du contrat administratif et ses difficultés », *in Mélanges en l'honneur du Professeur Michel Stassinopoulos*, Paris : LGDJ, 1974, p. 217

WROBLEWSKI Jerzy :
- « L'attitude philosophique et l'attitude aphilosophique dans la théorie contemporaine du droit », *APD* 1966, p. 273
- « Principes du droit », *in* ARNAUD André-Jean (dir.), *Dictionnaire encyclopédique de théorie et de sociologie du droit*, Paris-Bruxelles : LGDJ-Story-Scientia, 1988, p. 317-319

YANNAKOPOULOS Constantin, « L'apport de la protection de la libre concurrence à la théorie du contrat administratif », *RDP* 1er mars 2008, n° 2.421

YOLKA Philippe :
- « Le sort des contrats domaniaux en cas de déclassement », *JCP A* n°3, 14 janvier 2013.2011
- « Penser le droit administratif autrement ? », *AJDA* 2019.1622

ZARADNY Aude, « L'influence de la légistique sur les caractéristiques du droit administratif », *in Les méthodes en droit administratif*, Colloque AFDA juin 2017, Paris : Dalloz 2018, p. 19

ZELCEVIC-DUHAMEL Ana, « La notion d'économie du contrat en droit privé », *JCP* 2001.I.300

TABLE DES MATIERES

Structures éditoriales du groupe L'Harmattan

L'Harmattan Italie
Via degli Artisti, 15
10124 Torino
harmattan.italia@gmail.com

L'Harmattan Hongrie
Kossuth l. u. 14-16.
1053 Budapest
harmattan@harmattan.hu

L'Harmattan Sénégal
10 VDN en face Mermoz
BP 45034 Dakar-Fann
senharmattan@gmail.com

L'Harmattan Cameroun
TSINGA/FECAFOOT
BP 11486 Yaoundé
inkoukam@gmail.com

L'Harmattan Burkina Faso
Achille Somé – tengnule@hotmail.fr

L'Harmattan Guinée
Almamya, rue KA 028 OKB Agency
BP 3470 Conakry
harmattanguinee@yahoo.fr

L'Harmattan RDC
185, avenue Nyangwe
Commune de Lingwala – Kinshasa
matangilamusadila@yahoo.fr

L'Harmattan Congo
67, boulevard Denis-Sassou-N'Guesso
BP 2874 Brazzaville
harmattan.congo@yahoo.fr

L'Harmattan Mali
ACI 2000 - Immeuble Mgr Jean Marie Cisse
Bureau 10
BP 145 Bamako-Mali
mali@harmattan.fr

L'Harmattan Togo
Djidjole – Lomé
Maison Amela
face EPP BATOME
ddamela@aol.com

L'Harmattan Côte d'Ivoire
Résidence Karl – Cité des Arts
Abidjan-Cocody
03 BP 1588 Abidjan
espace_harmattan.ci@hotmail.fr

Nos librairies en France

Librairie internationale
16, rue des Écoles
75005 Paris
librairie.internationale@harmattan.fr
01 40 46 79 11
www.librairieharmattan.com

Librairie des savoirs
21, rue des Écoles
75005 Paris
librairie.sh@harmattan.fr
01 46 34 13 71
www.librairieharmattansh.com

Librairie Le Lucernaire
53, rue Notre-Dame-des-Champs
75006 Paris
librairie@lucernaire.fr
01 42 22 67 13

www.ingramcontent.com/pod-product-compliance
Lightning Source LLC
LaVergne TN
LVHW021145061026
849535LV00002B/361